古代インド沙門の研究

最古層韻文文献の読解

A Study of *Samaṇa* in Ancient India

The Common Foundation of Early Buddhism and Early Jainism and the Formation of Their Respective Characteristics

Yamazaki Moriichi

山崎守一 著

大蔵出版

目　次

凡　例　*xvii*

略号表　*xviii*

第 1 章　問題の所在と研究方法 ……………………………… *3*

第 1 節　問題群としての「沙門」 ……………………………… *3*

1　沙門の存在と社会的地位への言及　*3*

2　バラモンの生活と宗教　*7*

3　沙門の思想と実践　*9*

4　インド古典文献の成立事情　*18*

第 2 節　研究史 ……………………………………………… *20*

1　起源・成立に関する研究　*20*

（1）沙門の起源　*21*

① バラモン・ウパニシャッドに起源を認める研究群　*21*／② 独自の起源を認める研究群　*24*／③ 今後の研究課題　*25*

（2）仏教の成立に関する研究　*26*

① 沙門研究の流れから　*26*／② 雲井昭善教授『仏教興起時代の思想研究』　*27*／③ 中村元教授『原始仏教の成立』　*28*／④ 宮坂宥勝教授『仏教の起源』　*30*／⑤ 塚本啓祥教授「仏教・ジャイナ教の発生基盤とその形成」　*32*／⑥ 研究方法と今後の課題　*34*

（3）ジャイナ教の成立に関する研究　*36*

① 概要と 1900 年代前半の研究　*36*／② デオによる研究　*38*／③ 松濤誠廉教授、中村元教授の研究　*40*／④ ディクシットの研究　*42*／⑤ 研究方法と課題　*45*

2　仏教とジャイナ教の関係を主題とする研究　*46*

（1）類似作品の研究　*46*

①『ウッタラッジャーヤー』とその類似物語　*46*／②『マハーバーラタ』から見る類似作品の研究　*49*／③ 並行詩節を扱った研究　*51*／④ 類似性

が示しうることと示しえないこと（研究課題） *52*

(2) 内容比較に基づく研究　*53*

① 共通基盤の存在を裏づける研究　*54* ／② 語義の原型と継承、変遷についての研究　*55* ／③ 戒律の継承関係に関する研究　*58* ／④ 両宗教の独自性に関する研究　*59* ／⑤ 研究課題　*60*

3　問題の所在　*61*

第３節　研究の方法と資料 …………………………………………… *62*

第１章 註 ……………………………………………………………… *70*

第２章　修行者の名称とその特性 ………………………… *77*

第１節　沙門 ……………………………………………………… *79*

1　初期仏教文献に現われる samaṇa　*79*

(1) 修行者としての samaṇa　*79*

① 沙門ゴータマの形容、bhikkhu との同義　*79* ／② 真の修行者、bhikkhu, brāhmaṇa, muni との同義　*80* ／③ 尊敬の対象、brāhmaṇa との同義　*81* ／④ ブッダの教えのもとにある修行者、samaṇa-brāhmaṇa　*81* ／⑤ 出家隠遁者、pabbajita との同義　*82*

(2) 覚者としての samaṇa　*83*

①「静める」からの理解　*83* ／② 生死を超越した人、sorata との同義　*83* ／③ ブッダによる覚者の定義　*83*

(3) 初期仏教における samaṇa　*84*

2　初期ジャイナ教文献に現われる samaṇa　*85*

(1) 同義語から見る samaṇa の特徴　*85*

① 自制者（saṃja(y)a, Skt. saṃyata）、調御者（danta）との同義　*85* ／② bhikkhu（Skt. bhikṣu）との同義、快楽を遠ざける修行者　*85* ／③ 苦行に励む者、tavassin（Skt. tapasvin）との同義　*86* ／④ 牟尼、muṇi との同義　*87* ／⑤ 自制者（davia, Skt. dravika）、賢人（paṇḍia, Skt. paṇḍita）との同義　*87* ／⑥ 善き修行者、sāhu（Skt. sādhu）との同義　*88* ／⑦ 尊敬の対象、māhaṇa（Skt. brāhmaṇa）との同義　*88* ／⑧ マハーヴィーラへの尊称としての samaṇa　*89*

(2) 沙門の外形的・行為的特徴　*89*

① 沙門の外形的行動規定　*89*／② すべての生類に危害を加えない――通俗語源解釈　*90*／③ 修行の妨げとなるものについて　*90*

(3) 初期ジャイナ教における samaṇa　*92*

3　両宗教における沙門（samaṇa / samaṇa）の特徴　*92*

第2節　比丘（乞食者、行乞者） ……………………………………… *93*

1　初期仏教文献に現われる bhikkhu　*94*

(1) 本来の一般的な意味の否定　*94*

(2) 比丘たることの本質　*95*

(3) 比丘の条件と修行　*96*

① 五著と五蓋を放棄せる比丘　*96*／② 渇愛を断絶せる比丘　*98*／③ 執著なき比丘　*100*／④ 傷害せぬ比丘　*100*／⑤ 無畏なる比丘　*100*／⑥ 我所なき比丘　*102*／⑦ 正しい時を守る粗食の比丘　*103*／⑧ 蔑みと羨みを離れる比丘　*104*／⑨ 寂静なる比丘　*104*／⑩ 法随順の比丘　*105*／⑪ 自制せる比丘　*105*／⑫ 無漏を目指す比丘　*106*／⑬ 占相を禁じられた比丘　*107*／⑭ 覚者の教えに努力する比丘　*108*

(4) 初期仏教における bhikkhu　*109*

2　初期ジャイナ教文献に現われる bhikkhu　*111*

(1)『ウッタラッジャーヤー』第15章を中心に見た bhikkhu　*111*

① 愛欲を求めない比丘、乞食遊行者としての比丘　*111*／② 貪著なき生活　*112*／③ 無殺害と忍耐　*114*／④ 苦難の克服　*116*／⑤ 五大誓戒等の実践　*117*／⑥ 迷妄を征する苦行者・沙門・出家者・離繫者　*121*／⑦ 呪法の忌避　*123*／⑧ 医療の禁止　*123*／⑨ 在家称賛の禁止　*125*／⑩ 無所得の実践　*126*／⑪ 食に対する無執著　*127*／⑫ 三紀律の遵守　*128*／⑬ 寂黙行の実践　*129*／⑭ 恐れに動揺しない比丘　*130*／⑮ 教義への随順　*130*／⑯ 感官の制御　*131*

(2) Utt. 第15章以外に見出される比丘の諸条件　*134*

① 言葉への注意　*134*／② 時を守ること　*134*／③ 自他の救済　*134*／④ 飲酒の禁止　*135*

(3) 初期ジャイナ教における bhikkhu　*135*

3　両宗教における比丘（bhikkhu / bhikkhu）の特徴　*138*

第3節　自制者 …………………………………………………………… *139*

1　初期仏教文献に現われる saññata　139
(1) 覚者・尊者について言われる自制　139
(2) 自制と同格の表現　140
2　初期ジャイナ教文献に現われる saṃjaya　141
(1) 修行僧 bhikkhu と同義の saṃjaya　141
(2) 危難に対処する心得としての自制　141
① 渇きの危難　141 ／② 殺害の危難　142 ／③ 草に触れる危難　142
(3) 遊行時の注意規定としての自制　142
(4) 乞食の注意規定としての自制　143
(5) 自制者と同格、または目標の存在　144
3　両宗教における自制者（saññata / saṃjaya）の特徴　145
第４節　在家からの出家者 ……………… 145
1　初期仏教文献に現われる anāgāra / anagāra　146
(1) 家を出るということをなした者　146
(2) 現世的欲望の放棄　146
2　初期ジャイナ教文献に現われる aṇagāra　147
(1) 在家から出家した苦行者　147
(2) 現世的欲望の放棄　148
① 現世的な欲望一般の放棄　148 ／② 不淫行、性的欲望の放棄　148
(3) 迫害に耐える出家者　150
(4) 修行完成者としての出家　151
3　両宗教における出家者（anagāra / aṇagāra）　152
第５節　出家隠遁者 ……………… 153
1　初期仏教文献に現われる pabbajita　153
(1) 世俗を離れた出家者　153
(2) 在家者の対概念としての出家者　154
2　初期ジャイナ教文献に現われる pavvaia　155
(1) 対義語と同義語の検討　155
① gihin の対義語としての出家者　155 ／② aṇagāriya の同義語としての出家者　156 ／③ saṃjaya（Skt. saṃyata）の同義語としての出家者　156

(2) その他の出家修行の特徴 *157*
① 出家の継続の勧め *157* ／② 親族・縁者の出家の勧奨 *157* ／③ 出身身分関係からの解放 *158*
(3) 離繋者・牟尼なる出家者 *158*
3 両宗教における出家隠遁者（pabbajita / pavvaia） *159*
第6節 遊行者 …… *160*
1 初期仏教文献に現われる paribbājaka *160*
(1) 通俗語源解釈――サビヤの問いとブッダの答え *160*
(2) 同格の語による意味理解 *161*
① 聖典に通じた人 *161* ／② 聖人 *161* ／③ 行ないの具わった人 *162*
2 初期ジャイナ教文献に現われる parivvāyaga / parivvāyaka *162*
3 両宗教における遊行者（paribbājaka / parivvāyaga, parivvāyaka） *162*
第7節 苦行者 …… *163*
1 初期仏教文献に現われる tapassin *163*
2 初期ジャイナ教文献に現われる tavassin *164*
(1) 同義語の検証 *164*
① 比丘（bhikkhu）との同義 *164* ／② 自制者（saṃjaya）との同義 *165* ／③ 聡明な人（mehāvin）との同義 *166*
(2) 苦行者の特質 *166*
① 乞食による生存 *166* ／② 禁欲 *167*
(3) ジャイナ教特有の4つの条件とそれによる達成 *167*
3 仏教とジャイナ教における苦行者 *168*
第8節 声聞 …… *169*
1 初期仏教文献に現われる sāvaka *169*
(1) 出家・在家で揺れる定義 *169*
① 出家・在家を含む声聞 *169* ／② 在家信者としての声聞 *170* ／③ 出家修行者としての声聞 *170*
(2) 教団の変遷と在家信者の位置づけ *170*

2 初期ジャイナ教文献に現われる sāvaa *171*
（1）商人である声聞 *171*
（2）*Kalpa-sūtra* における用例 *172*
3 両宗教における声聞（sāvaka / sāva(g)a） *172*
第9節 小結（修行者群） …… *173*
第2章 註 …… *174*
第3章 聖者の名称とその特性 …… *195*
第1節 バラモン …… *196*
1 初期仏教文献に現われる brāhmaṇa *196*
（1）四姓中のバラモン *196*
（2）真のバラモン *197*
① 外面的基準の否定・行為による判断 *197*／② 完全なる涅槃 *198*／③ 最高の目的・境地の達成 *199*／④ 生存を滅した人（精神的束縛からの解放） *200*／⑤ 実践道における資質 *201*／⑥ 同義的使用の諸語による検証 *202*
（3）初期仏教文献におけるバラモン *204*
2 初期ジャイナ教文献に現われる māhaṇa / bambhaṇa *205*
（1）四姓中のバラモン *205*
（2）ジャイナ教の修行者としてのバラモン *207*
① 沙門と並列されるバラモン *207*／② 永遠なるものに目覚めるべきバラモン *208*／③ 忍耐のバラモン *208*／④ 五境（あるいは、村の慣習から）の遠離者 *208*／⑤ 四汚濁の断絶者 *210*／⑥ 業の滅尽者（自制者・苦行者） *211*／⑦ 梵行者 *211*／⑧ 真のバラモン *212*
（3）解脱者と同一視されるバラモン *214*
① 沐浴者との同義 *214*／② 牟尼との同義 *214*
（4）初期ジャイナ教文献におけるバラモン *215*
第2節 沐浴者 …… *216*
1 初期仏教文献に現われる nhātaka / nahātaka *216*

2　初期ジャイナ教文献に現われる siṇāyaa　*217*

第3節　牟尼 ……………………………………………… *217*

1　初期仏教文献に現われる muni　*217*

（1）出家修行者としての牟尼　*217*

①乞食する牟尼　*217*／②論争の回避　*218*／③我所なき遊行者　*219*／④不放逸の実践　*219*／⑤淫行の放棄　*220*／⑥執著なき牟尼　*220*／⑦寂黙行者　*221*／⑧駿馬　*221*／⑨知田者、賢人との同義　*221*

（2）修行完成者としての牟尼　*222*

①交際関係を回避せる者　*222*／②一人遊行する大聖仙　*223*／③生の滅した終極を見る者　*223*／④到彼岸者　*224*／⑤渇愛を滅した解脱者　*224*／⑥すべてに無関心である者（論争の回避）　*225*／⑦智慧と戒を具えた無漏者　*226*／⑧感官の制御者　*227*／⑨善悪の分別者　*227*／⑩最高目的に到達せる者　*228*／⑪不死に至る自制者　*229*／⑫慳貪を離れた寂静なる者　*229*／⑬依止・苦悩・欲望なき遊行者　*230*／⑭比丘中の「道を説く者」　*231*／⑮明行足の聖者　*231*／⑯智慧を完成するバラモン　*231*

（3）仏陀の別称　*232*

①釈迦族出身の牟尼　*232*／②具眼者なる大牟尼　*233*／③覚者たる牟尼（太陽の末裔、悪魔を征服した牟尼等）　*233*

2　初期ジャイナ教文献に現われる muṇi　*234*

（1）出家修行者としての牟尼　*234*

①aṇagāra との同義　*234*／②bhikkhu との同義　*235*／③isi との同義　*236*／④tavodhaṇa との同義　*236*／⑤paṇḍia との同義　*237*／⑥mehāvin との同義　*238*／⑦saṃjaa（Skt. saṃyata）との同義　*239*／⑧māhaṇa（Skt. brāhmaṇa）との同義　*239*／⑨tahāgaya（Skt. tathāgata）との同義　*240*

（2）牟尼の実践道　*240*

①食に対する無執著　*240*／②自制する修行者　*241*／③寂静なる牟尼　*242*／④快楽の抑制　*242*／⑤不放逸の実践　*243*／⑥知者に到達せる賢人　*245*／⑦福田としての牟尼　*246*／⑧誓戒の本質　*246*／⑨乞食者としての牟尼　*246*／⑩遊行者としての牟尼　*247*／⑪自負心等の遠離　*247*／⑫苦行の実践（断食）　*248*／⑬不殺生の実践　*248*／⑭我所の遠離　*249*／⑮言葉の過失なきこと　*250*／⑯林棲者としての牟尼　*250*

(3) 修行完成者としての牟尼 251
① āiṇṇa (Skt. ājanya) との同義 251／② 理想的修行者ナミ 252／③ vīra との同義 252／④ īsa (Skt. īśa) との同義 253／⑤ 阿闍梨としての牟尼 253／⑥ マハーヴィーラの別称 253

第４節 聖仙 ……………………………………………………………… 254

1 初期仏教文献に現われる isi 254
① 苦行者との同義 254／② Asita の呼称 254／③ 修行の完成者（仏陀） 255

2 初期ジャイナ教文献に現われる isi 256
(1) 同義的使用の諸語による検討 256
① arahaṃta, buddha, virata, vipāva, danta, davia, tāi と同格 256／② uggatava, mahappan, jitindia, saṃjaa, bambhayārin, mahājasa, mahāṇubhāga, ghoravvaa, ghoraparakkama と同格 257／③ saṃbuddha, paṇḍiya, paviyakkhaṇa との同義 258／④ muṇi との同義 259／⑤ kusala, siṇāyaa との同義 259／⑥ mahesi との同義 259／⑦ tāi との同義としての大聖仙 260／⑧ 涅槃に到達せる大聖仙 261／⑨ ヴァルダマーナの別称 261／⑩ 完成途上の出家修行者としての大聖仙 262／⑪ 一般修行者 (tāi) との同義 262
(2) 聖仙の実践 262

第５節 聖人 ……………………………………………………………… 263

1 初期仏教文献に現われる tādi 264
① 仏陀を形容する語としての tādin 264／② 解脱者 264／③ paṇḍita との同義 265／④ vīra との同義 266

2 初期ジャイナ教文献に現われる tāin 266
① 愛欲の遠離 266／② 解脱者 267／③ 不殺生の人 267／④ 無所有の人 268／⑤ 学習と禅定を楽しむ 268

第６節 阿羅漢 ……………………………………………………………… 269

1 初期仏教文献に現われる arahant 269
① 到彼岸者・等正覚者 269／② 聖者・法に従って生きる人 270／③ バラモンと同格 270／④ 修行完成者 271／⑤ 最上の人 271／⑥ 出家

修行者　271

2　初期ジャイナ教文献に現われる arahaṃta　272
① マハーヴィーラの別称　272／② パーサの別称（正覚者・一切智者・救世者・勝者）273／③ 世々にある者　273

第７節　善き修行者 ……… 273

1　初期仏教文献に現われる sādhu　274

2　初期ジャイナ教文献に現われる sāhu　274
（1）同義的使用における sāhu　274
① 比丘の別称　274／② 自制者としての sāhu　275／③「上人」「聖者」としての sāhu　275／④ 解脱者・覚者としての sāhu　275
（2）固有名詞につく尊称　276
（3）形容詞としての用例　276
（4）sāhu の実践　276
① 愛欲を断つ善き人　276／② 乞食　277

第８節　聡明な人 ……… 278

1　初期仏教文献における medhāvin　278
① 端正な人　279／② 放逸ならざる人　279／③ 心を護る　279／④ 法に従う　280

2　初期ジャイナ教文献に現われる mehāvin　280

第９節　多聞 ……… 282

1　初期仏教文献に現われる bahussuta　282

2　初期ジャイナ教文献に現われる bahussua　283

第 10 節　到彼岸者 ……… 285

1　初期仏教文献に現われる pāragū　285
① 愛欲を捨て激流を渡る人　285／② 仏陀を指す pāragū　286

2　初期ジャイナ教文献に現われる pāraa, pāraga　287
① 出家修行者マハーヴィーラの苦難　287／② 明行足　288／③ すべての存在の超越者　288／④ 輪廻の支配を脱した人　289

第 11 節　仏陀（覚者） ………… *290*

1　初期仏教文献に現われる buddha　*290*

（1）三宝の一としての帰依処　*290*

（2）覚者の本性　*291*

① 勝利者　*292* ／② 五戒、不放逸、禅定　*292* ／③ 事象の究極に精通　*293* ／④ 修行の完成者、理想的人間像　*294* ／⑤ 仏陀の属性　*295* ／⑥ 覚者の教法の内容　*297*

（3）修行完成者の名称　*300*

① バラモン　*300* ／② 善逝　*301* ／③ 師、悪魔の征服者、牟尼、明行足　*301* ／④ 道を知る者　*302* ／⑤ 知田者、賢人　*303*

2　初期ジャイナ教文献に現われる buddha　*305*

（1）愚者の反対語としてのブッダ（賢者）　*305*

（2）修行完成者としてのブッダ　*307*

① sāhu（Skt. sādhu）との同義　*307* ／② tāi（Skt. tādṛś）との同義　*307* ／③ saṃjaa（Skt. saṃyata）, parinivvuḍa（Skt. parinirvṛta）との同義　*308* ／④ suviṇīa（Skt. su-vinīta）との同義　*308* ／⑤ vīra との同義　*309* ／⑥ nāyaa（Skt. jñātaka）, pariṇivvua（Skt. parinirvṛta）, vijjācaraṇasaṃpanna（Skt. vidyācaraṇasaṃpanna）との同義　*309* ／⑦ isi との同義　*309* ／⑧ jiṇa との同義　*310*

（3）修行者の師としてのブッダ　*310*

① paṇḍita, paṇṇa（prajña）の師として　*311* ／② bhikkhu（bhikṣu）の師として　*312* ／③ nigganthа（nirgrantha）の師として　*313* ／④ viṇīa（vinīta）, māhaṇa（brāhmaṇa）の師として　*314* ／⑤ siṇāyaa（snātaka）, māhaṇa の師として　*315* ／⑥ muṇi（muni）の師として　*315* ／⑦ 修行者の師として　*316*

第 12 節　勝者 ………… *317*

1　初期仏教文献に現われる jina　*317*

① 到彼岸の遊行者　*317* ／② 修行完成者としての仏陀　*318* ／③ ゴータマ・ブッダの尊称　*318* ／④ ガナの師にして最高の境地に達せる指導者　*318* ／⑤ 聖仙中の雄牛・牟尼　*319* ／⑥ 仏陀の別称　*319*

2　初期ジャイナ教文献に現われる jiṇa　*320*

（1）開祖、救世者（tīrthaṅkara）としての jiṇa　*320*

① 開祖ヴァルダマーナ（Skt. Vardhamāṇa, AMg. Vaddhamāṇa） *320* ／
② パーサ（パールシュヴァ） *322*
(2) 修行の完成者 *323*
① 単数形の jiṇa *323* ／② 複数形の jiṇa *324* ／③ 複合語の jiṇa *326*
(3) jiṇa の教説 *326*
① 注意規定と教義 *326* ／② 安楽へと導く妙薬 *328* ／③ 多聞（博学、suya, Skt. śruta）とその譬喩的定義 *330*
(4) jiṇa の位置づけ *333*
① 善き修行者（sāhu, Skt. sādhu）の師 *333* ／② 牟尼（muṇi, Skt. muni）の師 *334* ／③ 比丘（bhikkhu, Skt. bhikṣu）の師 *334*

第 13 節　英雄 …………………………………………………… *335*

1　初期仏教文献に現われる vīra *335*
(1) 勇猛なる出家修行者 *335*
(2) バラモンと同一視される勇者 *335*
① 雄牛・大聖仙・勝利者・沐浴者・覚者なるバラモン *335* ／② 一切世界を征服せるバラモン *336*
(3) 解脱者としての勇者 *336*
① 仏陀と同義の大雄 *336* ／② 牟尼・倶生眼者との同義 *337*

2　初期ジャイナ教文献に現われる vīra *338*
(1) 修行者としての vīra *338*
① 不殺生の人 *338* ／② 成就への道を歩む賢人 *338*
(2) 同義語から見る vīra の特性 *338*
① aṇantacakkhu（全智者）との同義 *339* ／② sutavassiya（善き苦行者）との同義 *339* ／③ purisādāṇīya（人中の駿馬）との同義 *340* ／④ muṇi との同義 *340* ／⑤ vejja（医者）との同義 *340* ／⑥ arahaṃta（阿羅漢）との同義 *341* ／⑦ 最終解脱に到達する遊行者（āmokkhāe parivvaejjāsi） *341* ／⑧ niggantha（離繫者）との同義 *341* ／⑨ 開祖マハーヴィーラ *342*

第 14 節　如来 …………………………………………………… *342*

1　初期仏教文献に現われる tathāgata *342*
2　初期ジャイナ教文献に現われる tahāgaya *345*

第 15 節　独存者 …… 346
1　初期仏教文献に現われる kevalin　346
2　初期ジャイナ教文献における kevalin　348
第 16 節　駿馬 …… 349
1　初期仏教文献に現われる
ājañña, ājānīya, ājāniya, ājāniyya, ājāneyya　349
2　初期ジャイナ教文献に現われる āiṇṇa　353
第 17 節　ナーガ …… 355
1　初期仏教文献に現われる nāga　355
2　初期ジャイナ教文献に現われる nāga, nāya, nāa　356
第 18 節　小結（聖者群） …… 357
第 3 章 註 …… 368
第 4 章　戒の共通基盤と特殊化 …… 399
第 1 節　初期仏教の教戒 …… 399
1　研究の目的と方法　399
2「慈悲経」（Mettasutta）　400
3「迅速経」（Tuvaṭakasutta）　402
第 2 節　初期ジャイナ教の教戒 …… 408
第 3 節　戒と誓戒の基本的立場 …… 412
1　沙門の戒蘊　413
2　ジャイナ教の誓戒　417
3　仏教の四非事と四波羅夷法　418
第 4 節　ジャイナ教における五大誓戒の成立 …… 421

第５節　仏教における五戒の成立 …… *430*

1　善き修行者　*431*

2　五戒の体系　*434*

第６節　仏教・ジャイナ教における戒の起源と特殊化 …… *439*

1　戒の成立に関わる問い　*439*

2　沙門の実践道とバラモンの苦行者　*439*

①所有物をもたない　*441*／②乞食のためにのみ村に入る　*442*／③意・語・身を護る　*443*／④螺髪／剃髪　*445*

3　四住期の成立と実践道の源泉　*446*

4　小結　*448*

第４章 註 …… *449*

第５章　教理の共通基盤と特殊化 …… *459*

第１節　法と実践道 …… *459*

1　初期仏教文献における法　*459*

2　初期ジャイナ教文献における法　*463*

3　両宗教におけるダルマの共通性　*465*

4　古代インドにおける法概念の変遷　*467*

5　沙門の法とその基盤　*470*

第２節　輪廻の思想 …… *473*

1　共通基盤としての輪廻思想と業思想　*473*

2　業説　*475*

3　地獄の思想　*478*

①大釜で煮られる　*479*／②焼かれる　*480*／③裂かれ、圧しつぶされる、食われる　*481*／④剣、矢、槍、剃刀で切られ、裂かれ、突き刺される　*482*／⑤引き裂かれる、焼かれ煮られる、ついばまれる　*483*／⑥渇き、剃刀の刃のある河　*484*／⑦剣の葉　*485*／⑧狩猟され、切り裂かれ、打

たれる　485／⑨ 溶けた銅、鉄、錫、鉛、燃えているものの飲食　486

第3節　涅槃 …… 488

1　安穏　488

2　彼岸　495

(1) 彼岸に関する譬喩　495

(2) 到彼岸者　499

(3) 到彼岸の方法　504

3　涅槃に関する種々の表現　507

(1) 苦しみの終滅　507

(2) 最後身　509

(3) 不死の獲得　513

(4) 涅槃の内容　515

(5) 涅槃に到る方法　517

第4節　小結 …… 519

第5章 註 …… 522

第6章　並行詩脚から見た沙門の実態 …… 539

第1節　並行詩節・並行詩脚の種々相 …… 539

第2節　『ダンマパダ』並行詩脚対照表 …… 544

1 『ダンマパダ』並行詩脚対照表の成立経緯　544

2　並行詩脚対照表　545

第3節　「苦行者の詩」に見られる定型句的表現 …… 575

1　愚者と賢者　575

(1) 愚者と賢者の対句　575

(2) 賢者は冷静　577

2　修行者の外貌　579

3　法に基づく　580

① 法を喜び、法を楽しむ　580／② 法に住し、正直で柔和なことを喜ぶ

581／③ 法の会得　582

4　修行の目的　583

①苦からの解放　583／②死から逃れる　583／③幸福を求める　584

5　修行者の心構え　584

①自制に心がける　584／②愛欲を絶つ　586／③執著を捨てる　587／④疑惑を超える　588／⑤貪・瞋・癡を捨てる　589／⑥自己に打ち克つ　591／⑦不放逸　593

6　修行者の実践道　594

①辺境の臥坐所に親しむ　594／②合掌して立つ　596／③寂静への道の実践　597／④耐える　598／⑤在家者と接触しない　599／⑥指導者たれ　602

7　五戒の遵守　603

①不殺生　603／②不偸盗　607／③無所有　608

8　施物に関する注意　610

9　輪廻思想と解脱　614

①人は必ず死ぬ　614／②死後の不幸　616／③激流を渡る　619

10　平等思想　621

11　直喩　623

①へびの脱皮の譬喩　623／②獅子の譬喩　624／③犀の角の譬喩　626／④耕作の譬喩　627／⑤月に因んで　630

12　その他の定型句的表現　631

①彼を私（われわれ）はバラモンと呼ぶ　631／②これが諸仏の教えである　632／③貪りの対象となるもの　632／④「わがもの」という観念　633／⑤明行足　634／⑥沙門・バラモン　635／⑦三業の清浄　636／⑧苦は恐怖　637／⑨村にあっても森にあっても　638／⑩同趣旨の詩節　639

13　小結　640

第4節　沙門の動態と変容 …… 641

1　遊行者の共同体　641

2 修行者の生活様式の変化 642
3 生活法をめぐる論争 644
(1) Devadattaの五法 644
(2) ヴェーサーリー結集の論争 646

第6章 註 …… 649

第7章 結論 …… 657

第1節 修行者の実践道 …… 657

第2節 聖者の理想像と実践道 …… 660

第3節 戒と法、涅槃の概念 …… 662

第4節 沙門の実践道と変化の兆し …… 666

あとがき 669
英文梗概 673
索 引 689
引用索引 707

凡　例

⑴引用原典と作品名の表記について

a) 引用原典には、公刊された書籍（表記はローマナイズ）を使用した。よって出典リスト（略号表）に挙げた書籍は書誌に基づく表記をしたため、研究者それぞれの使用言語により作品名の綴りを異にするものがある。ただし、本文中で作品を示す場合は、現在最も妥当と思われる表記を用いた。

ex. 作品名：*Āyāraṅga-sutta* ／ 出典中の表記例：*Ācārāṅga-Sūtra*, *Āyāraṃga Sutta* 等
　　　　：*Sūyagaḍaṅga* ／ 　　　　　　：*Sūyagaḍa*, *Sūyagaḍaṃ* 等

b) 引用末尾の出典表記は次のとおり。但し（ ）内はあるもののみ。

韻文：作品名（略号）と（巻）、章・節等および詩節番号によって示した。

散文：作品名（略号）と（巻）、ページ・行を示す。

ex. Āy. 1.9.3.8 ／ Isibh. *32.1（* は散文を示す）

例外として Āy. の散文は Āy. 1.2.6.2 [12.7] の形式により巻・章等の表示に加え [ページ・行] を示した。

c) 1 つの作品について、引用の箇所により複数の原典を使い分けた場合がある。この場合、出典表記には作品名に基づく略号を用い、略号表には引用範囲と対応する原典、原典識別のための略号を記した。

⑵引用原文と和訳について

a) 原典の引用に際しては、本文中では和訳・原文の順、註では原文・和訳の順での列記を原則とした。本文では日本語による論旨の展開を重視し、註ではより専門的な解説を意図したためである。

b) 引用原文において、各々の節・項等のテーマに関わる重要な語には下線を付し、それに準ずる語はイタリックにして強調した。

c) 引用原文中の用語解説に際し、語源と変遷を示す derivation の説明等で語の冒頭に * を付したものは、その語が文献上は未確認であるが、語の発展上、要請・推測される語形であることを示す。また、削除して読むべき綴りは [ ] 内に、付加して読むべき綴りは〈 〉内に示す。

d) 複合語については、必要に応じて元の語間にハイフンを挿入した。

⑶韻律の表記について

煩雑さを避けるため、韻律図解（calculation of metrical scheme）は必要最低限とし、主に註において示した。記号は以下のとおりである。

短音：∪　　長音：—　　短・長音可：⊻　　短音の連音による長音扱い：$\underline{\smile\smile}$

略号表

引用原典

Aṇu. = *Aṇuogadāra*, Jaina-Āgama-Series No. 1.
AN. = *Aṅguttara Nikāya*, PTS（= Pali Text Society）.
Ap. = *Apadāna*, PTS.
Ausg. Erz. = *Ausgewählte Erzählungen in Māhārāshṭrī*, H. Jacobi, Leipzig 1886.
Āy. = *Ācārāṅga-Sūtra: Erster Śrutaskandha*, W. Schubring, Leipzig 1910.
The Āyāraṃga Sutta of the Śvetāmbara Jains, H. Jacobi, London 1882. quote *Āyāraṅga-sutta*, part II.（Āy. II）
Bh.G. = *The Bhagavad-gītā*, R. C. Zaehner, Oxford 1969.
Dasav. = *The Dasaveyāliya Sutta*, Edited by E. Leumann and Translated, with Introduction and Notes by W. Schubring, Ahmedabad 1932.
Deśīn. = *Deśīnāmamālā of Hemacandra*, R. Pischel, 1880, 2nd ed., Poona 1938.
Devendra = *Uttarādhyayāni śrīmān-Nemicandrācāryaviracitasukhabodhānāmyā vṛttyā samalaṅkṛtāni* , Valad 1937.
Div. = *The Divyāvadāna: A Collection of Early Buddhist Legends*, E. B. Cowell and R. A. Neil, Cambridge 1886, repr. Amsterdam 1970.
DN. = *Dīgha Nikāya*, PTS.
Dhp. = *Dhammapada*, O. von Hinüber, K. R. Norman, PTS, Oxford 1994.
Dhp-a. = *Dhammapada-aṭṭhakathā*, PTS.
GDhp. = *The Gāndhārī Dharmapada*, J. Brough, London 1962.
Isibh. = *Isibhāsiyāiṃ: Aussprüche der Weisen*, W. Schubring, Hamburg 1969.
Itv. = *Itivuttaka*, PTS.
Jā. = *Jātaka*, PTS.
Kalp. = *The Kalpasūtra of Bhadrabāhu*, H. Jacobi, Leipzig 1879, repr. Nendeln 1966.
Manu. = *The Manusmṛti*, Varanasi 1970.
MBh. = *The Mahābhārata: for the first time critically*, edited by Vishnu S. Sukthankar et al., 22 vols, Poona 1933–59.
Miln. = *Milindapañho*, PTS.
MN. = *Majjhima Nikāya*, PTS.
Mvu. = *Le Mahāvastu*, É. Senart, 3 vols, Paris 1882–97.
PDhp. = "Patna Dharmapada", M. Cone, JPTS XIII, Oxford 1989, pp. 101–217.
Pj II = *Paramatthajotikā* II, PTS.
Rau. = "Bemerkungen und nicht-buddhistische Sanskrit-Parallelen zum Pāli-Dhammapada", *Jñānamuktāvalī*, New Delhi 1959, pp. 159–175.
Rām. = *Rāmāyaṇa*, G. H. Bhatt et al., 6 vols, Baroda 1960–71.

Śāntisūri	=	*Vādivetāla-śrī-Śāntyācāryavihitaśiṣyahitākhyavṛttiyuktāni Śrī-Uttarādhyayāni*, Ujjayinī 1950.
Śīlāṅka	=	*Ācārāṅgasūtram and Sūtrakṛtāṅgasūtram*, with the Niryukti of Ācārya Bhadrabāhu Svāmī and the Commentary of Śīlāṅkācārya, Delhi.
Sat.	=	*Das Saptaçatakam des Hāla*, A. Weber, Leipzig 1881, repr. Nendeln 1966.
SN.	=	*Saṃyutta Nikāya*, PTS（SN. i edited by G. A. Somaratne, PTS, Oxford 1998）.
Sn.	=	*Suttanipāta*, D. Andersen and H. Smith, PTS, London 1913.
Sut.	=	*Suttāgame*, 2 vols, the Sthānakvāsī, Muni Śrī Phūlachandjī Mahārāj, Gurgaon 1954.
Sūy.	=	*Sūyagaḍaṅga*, quotation from 3 books as follows: quote I 1–3: *Studien zum Sūyagaḍa*, W. B. Bollée. The critical ed. of chapters 1（Teil I, Wiesbaden 1977）and 2–4（Teil II, Stuttgart 1988）of the *Sūyagaḍaṅga*.（Sūy-B） quote I 4: "Itthīparinnā", L. Alsdorf, IIJ vol. 2, 1958. The critical ed. of chapter 4 of the *Sūyagaḍaṅga*, pp. 253–256.（Sūy-A） quote I 5–II 7: *Sūyagaḍaṃ*, P. L. Vaidya, Poona 1928.（Sūy-V）
Th.	=	*Theragāthā*, PTS.
Th-a.	=	*Theragāthā-aṭṭhakathā*, PTS.
Thī.	=	*Therīgāthā*, PTS.
Ud.	=	*Udāna*, PTS.
Utt.	=	*The Uttarādhyayanasūtra*, J. Charpentier, Uppsala 1922.
Uv.	=	*Udānavarga*, F. Bernhard, Göttingen 1965.
Vin.	=	*Vinaya-piṭaka*, PTS.
大正蔵	=	大正新脩大蔵経、東京。
南伝	=	南伝大蔵経、東京。

主要研究書・論文（一部 critical editions を含む）

ĀP	=	L. Alsdorf, *Die Āryā-Strophen des Pali-Kanons: metrisch hergestellt und textgeschichtlich untersucht*, Mainz 1968. Denotes the critical ed. of two suttas of the *Suttanipāta*.
ĀU	=	L. Alsdorf, *The Āryā Stanzas of the Uttarajjhāyā: Contributions to the Text History and Interpretations of a Canonical Jaina Text*, Mainz 1966.
BS	=	H. Lüders, *Beobachtungen über die Sprache des buddhistischen Urkanons*, Berlin 1954.
DJ	=	W. Schubring et al., *The Doctrine of the Jainas: Described after the Old Sources*, 2nd ed., Delhi 2000.
Dhp-R	=	S. Radhakrishnan, *The Dhammapada*, Oxford 1950.
EV I	=	K. R. Norman, *The Elders' Verses I: Theragāthā*, PTS, London 1969.

EV II = K. R. Norman, *The Elders' Verses II: Therīgāthā*, PTS, London 1971. Including the list of alternative readings for the *Therīgāthā*, pp. 197–199.

GD = K. R. Norman, *The Group of Discourses* (*Sutta-Nipāta*), vol. II, 2nd ed., PTS, Oxford 2001. This indicates the list of preferred readings in the *Suttanipāta*, pp. 412–413.

JS I = H. Jacobi, *Jaina Sutras*, part I, SBE vol. 22, 1884.

JS II = H. Jacobi, *Jaina Sutras*, part II, SBE vol. 45, 1895.

Sv = Śri Vīrasamāja ed., Rājanagara 1932.

Sh = Sheth Devachand Lalbhai Jain Pustakoddhar Fund, Series No. 104, 1960.

Tha-ī = *The Thera- and Therī-gāthā*, 2nd ed., PTS, London 1966. Appendix I, by K. R. Norman, indicates the list of alternative readings for the *Theragāthā.* Appendix II, by L. Alsdorf, denotes the critical ed. of the Āryā stanzas in the *Theragāthā* and the *Therīgāthā.*

(Utt. works) This abbreviation denotes the critical editions by K. R. Norman which treate chapters 1, 4 and 8 of the *Uttarajjhāyā* as shown in sequence below.

Utt(1) = "Uttarajjhayaṇa-sutta I: an Edition and Translation with a Metrical Analysis and Notes", *Jain Studies in Honour of Jozef Deleu*, Tokyo 1993, pp. 375–394.

Utt(2) = "Uttarajjhayaṇa Studies: an Edition and Translation of the Fourth Ajjhayaṇa, with a Metrical Analysis and Notes", *Siddhantacharya Pandit Kailashchandra Shastri Felicitation Volume*, Rewa 1980, pp. 564–572.

Utt(3) = "Kāvilīyaṃ: a Metrical Analysis of the Eighth Chapter of the Uttarādhyayana-sūtra", *Mahāvīra and His Teachings*, Bombay 1977, pp. 9–19.

Utt(4) = "Uttarajjhayaṇa-sutta XIV: Usuyārijjaṃ", *Aspects of Jainology* (*Pt. Dalsukh Bhai Malvania Felicitation Volume*), vol. 3, Varanasi 1991, pp. 16–26.

Utt-L = K. C. Lalwani, *Uttaradhyayana Sutra*, Calcutta 1977.

Utt-V = R. D. Vadekar, N. V. Vaidya, *Uttarādhyayanasūtram: A Jain Canonical Work*, Poona 1959.

UttS = L. Alsdorf, "Uttarajjhāyā Studies", IIJ vol. 6, 1962. This shows the critical ed. of chapter 15 of the *Uttarajjhāyā* (pp. 116–119) and chapter 10 of the *Dasaveyāliya* (pp. 123–127).

WD = K. R. Norman, *The Word of the Doctrine* (*Dhammapada*), PTS, Oxford 1997.

学術誌・連続出版物

ABORI = Annals of the Bhandarkar Oriental Research Institute, Poona.

AO = Acta Orientalia, Leiden.

BDCRI = Bulletin of the Deccan College Research Institute, Poona.

BSO(A)S = Bulletin of the School of Oriental (and African) Studies, London.

IA = Indian Antiquary, Bombay.

IHQ	=	Indian Historical Quarterly, Calcutta.
IIJ	=	Indo-Iranian Journal, The Hague.
IL	=	Indian Linguistics, Calcutta.
IT	=	Indologica Taurinensia, Torino.
JAOS	=	Journal of the American Oriental Society, New Haven.
JOI(B)	=	Journal of the Oriental Institute, Baroda.
JPTS	=	Journal of the Pali Text Society, London, Oxford, etc..
JRAS	=	Journal of the Royal Asiatic Society, London.
MSS	=	Münchener Studien zur Sprachwissenschaft, Munich.
SBB	=	Sacred Books of the Buddhists, PTS, London.
SBE	=	Sacred Books of the East, Oxford.
SII	=	Studien zur Indologie und Iranistik, Reinbek.
WZKM	=	Wiener Zeitschrift für die Kunde des Morgenlandes, Vienna.
WZKS(O)	=	Wiener Zeitschrift für die Kunde Süd(- und Ost)asiens, Vienna.
ZDMG	=	Zeitschrift der Deutschen Morgenländischen Gesellschaft, Leipzig / Wiesbaden.
『印仏研』	=	『印度学仏教学研究』日本印度学仏教学会、東京。

辞典・文法書等

AMgD	=	Muni Shri Ratnachandraji Maharaj, *An Illustrated Ardha-Magadhi Dictionary*, 5 vols, 1923-32.
AR	=	*Ādhidhāna-Rājendra Kosh: Jain Encyclopedia, A Dictionary of Prakrit Magadhi to Sanskrit*, 7 vols, Ratlam 1913-25.
BHSD	=	F. Edgerton, *Buddhist Hybrid Sanskrit Dictionary*, New Haven 1953.
BHSG	=	F. Edgerton, *Buddhist Hybrid Sanskrit Grammar*, New Haven 1953.
CDIAL	=	R. L. Turner, *A Comparative Dictionary of the Indo-Aryan Languages*, London 1966.
CPD	=	*A Critical Pāli Dictionary*, Copenhagen 1924-.
DP	=	M. Cone, *A Dictionary of Pāli*, part I (a-kh), Oxford 2001, part II (g-n), Bristol 2010.
DPPN	=	G. P. Malalasekera, *Dictionary of Pāli Proper Names*, 2 vols, London 1937-38.
Geiger	=	W. Geiger, K. R. Norman, *A Pāli Grammar*, Oxford 1994 (revised ed. of *Pāli Literatur und Sprache*, Strassburg 1916).
MW	=	M. Monier-Williams et al., *A Sanskrit-English Dictionary: etymologically and philologically arranged, with special reference to cognate Indo-European languages*, revised ed., Oxford 1899.
PED	=	T. W. R. Davids, W. Stede, *Pali-English Dictionary*, PTS, 1921-25.
Pischel	=	R. Pischel, *Grammatik der Prakrit-Sprachen*, Strassburg 1900.
PSM	=	H. D. T. Sheth, *Pāia-Sadda-Mahaṇṇavo*, 2nd ed., Benares 1963.

PTC = F. L. Woodward et al., *Pāli Tipiṭakaṃ Concordance*, 3 vols, PTS, 1952–63.
PW = O. Böhtlingk, R. Roth, *Sanskrit-Wörterbuch*, 7 vols, St. Petersburg 1855–75.
SG = W. D. Whitney, *Sanskrit Grammar*, Cambridge, Massachusetts, 1889.

その他

（言語）

AMg. = Ardha-Māgadhī
BHS = Buddhist Hybrid Sanskrit
Deśī = Deśīnāmamālā of Hemacandra
I.E. = Indo-European
J.M. = Jaina-Māhārāṣṭrī
J.Śa. = Jaina-Śaurasenī
MIA = Middle Indo-Aryan
OIA = Old Indo-Aryan
Pā. = Pāli
Pkt. = Prākrit
Skt. = Sanskrit

（言語学）

1st–3rd = person
abl. = ablative
absol. = absolutive
acc. = accusative
adj. = adjective
adv. = adverb
aor. = aorist
caus. = causative
dat. = dative
denom. = denominative
du. = dual
fem. = female
fut. = future
gen. = genitive
i.e. = id est
inf. = infinitive
inst. = instrumental
loc. = locative
m. = male

nom.	=	nominative
nt.	=	neuter
opt.	=	optative
palatal.	=	palatalisation
part.	=	participle
pass.	=	passive
perf.	=	perfect
pl.	=	plural
pp.	=	past participle
pres.	=	present
prp.	=	present participle
sg.	=	singular
voc.	=	vocative

（韻文及び一般）

cf.	=	confer
cty	=	commentary
ed.	=	edition, edited
esp.	=	especially
et al.	=	and others
etc.	=	et cetera
ex.	=	example
f., ff.	=	following page(s)
g.	=	gāthā
ibid.	=	ibidem
m.c.	=	metri causa
mor.	=	morae（mātrās）
n., nn.	=	note(s)
op. cit.	=	opere citato
p., pp.	=	page(s)
PTS	=	Pali Text Society
q.v.	=	quod vide（which see）
repr.	=	reprint
St.	=	Stanza
s.v.	=	sub voce
syl.	=	syllables
v., vv.	=	verse(s)
viz.	=	videlicet, namely
v.l.	=	varia lectio（variant reading）

vol.	=	definition of volume
vols	=	amount of volumes
§, §§	=	section(s)

古代インド沙門の研究

― 最古層韻文文献の読解 ―

第１章　問題の所在と研究方法

第１節　問題群としての「沙門」

現在でもカースト制が根強く残っているインドにおいて、しかしすでに紀元前６世紀頃には支配階級であるバラモンの力に陰りが生じ、やがて沙門と呼ばれる対抗勢力が現われた。彼らが思想的・宗教的なグループを形成し、出家遊行の修行形態が広く行なわれたり、バラモンに匹敵するほどの尊敬を受けたりしたという事実は、大変興味深いものと思われる。しかもそのグループの１つがブッダを中心とする仏教徒のサンガであり、また同時期に台頭してくるジャイナ教の教団であったということから、これらの比較研究によってそれらに共通する思想的・宗教的、また社会的な基盤とそれぞれの独自性を知ることができるのではないかと考えられる。それは仏教興起の事情と当時の教説を理解する上で、不可欠な課題と思われるのである。

本章ではこうした問題意識に基づき、本節でまずその事実を文献や資料等により確認することから始め、第２節で従来の研究史を辿り、そこにまだ未着手の研究領域のあることとそのための方法論を第３節で明らかにしたいと考える。

１　沙門の存在と社会的地位への言及

まず、諸文献・諸資料の中に、沙門の存在をたずねよう。われわれは、これに適するものとして、

　１．ギリシア人による記録

　２．アショーカ王碑文

　３．インド古典文献（ジャイナ教・仏教の聖典）

を参照することができる。なお、インド古典文献として取り上げる仏教やジ

ャイナ教の聖典は、それぞれの教団が確立した後の作品である。しかしそれ以前の直接資料が存在しない以上、その最古層に属するものを手がかりとし、その成立事情等を検討することによって実像に迫る努力をしていきたいと思うのである。

まず、ギリシア人によるものとして、2つ挙げられる。1つはギリシア人メガステネス（Megasthenes）による『インド誌』（*Ta Indika*）で、紀元前4世紀末のインドにおいて、バラモン（Βραχμᾶναι = Brakhmānai, Brāhmaṇāḥ, nom. pl.）と沙門（Σαρμᾶναι = Sarmānai, Śramaṇāḥ, nom. pl.）と呼ばれる2派の哲学者（Philosophos）群が存在したことを語っている[1]。その記述によれば、バラモンは社会の指導的地位にあり、出自の正しさによって聖職を継承している。他方、沙門は出自に関係なくすべての階級から入門することができ、出家者としての修行を行なえば、誰でも沙門と認められる。また、バラモンは沙門より多く尊敬されている。なぜなら、バラモンの教義は沙門のそれより確立していて影響力が強かったからである、という内容が今日まで伝わっている。

メガステネスの言う沙門の中に、仏教やジャイナ教、アージーヴィカ教（邪命外道）の修行者が含まれていたかどうかは個別には言及されていない。しかし、断食をすることによって自殺する修行者や、裸体の哲学者の存在に言及していることから、少なくともジャイナ教の修行者が沙門の1つに含められていたことが推定される。

また、さらに時代は下るが、ギリシア人クレメンス（Clemens, A.D. 215頃没）が『ストロマティス』（*Stromateis*）の中でやはり沙門等について報告しており、その一環として仏陀に関する記述のあることは、仏教徒を沙門に含めた1例と言えよう[2]。

次に、アショーカ（Aśoka）王碑文（B.C. 3世紀）においては、「バラモン・沙門」（bāmha-samaṇa-, baṃbhaṇa-samana-, bramaṇa-śramaṇa-, brāmhaṇa-sramaṇa）もしくは「沙門・バラモン」（samana-baṃbhana, samana-bāhana, śramaṇa-bramaṇa）という複合語が見られる[3]。このことはバラモンと同等に遇される沙門が存在したことを示している。さらに、そこにどのような教団があったかと言えば、仏教僧伽（Saṃgha）、婆羅門（Bābhana）、邪命外道（Ājīvika）、尼犍陀

（Nigaṃṭha, ジャイナ教）の名称が挙げられている[4]。

初期の仏教聖典である『スッタニパータ』（*Suttanipāta* 1079-1080）やジャイナ教聖典の『ウッタラッジャーヤー』（*Uttarajjhāyā* 32.21）にも、アショーカ王碑文と同様に「沙門・バラモン」（仏教＝パーリ語：samaṇa-brāhmaṇa／ジャイナ教＝アルダ・マガダ語：samaṇa-māhaṇa）という複合語が見られ、その意味するところは同碑文と共通していたと考えられる。

また、これら沙門の存在を伝えるインド古典文献にも、正統バラモンとは異なる種々の出家遊行者の教団が存在し、多数の思想家や宗教家が存在したことが述べられている。

『ウッタラッジャーヤー』（18.23）や、同じくジャイナ教の『スーヤガダンガ』（*Sūyagaḍaṅga* 1.12.1）の伝えるところによると、363の学派があり、これらを大別すると、作用論（Kiriyavāya, Skt. Kriyavāda）、無作用論（Akiriyavāya, Skt. Akriyavāda）、無知論（Annāṇavāya, Skt. Ajñānavāda）、持律論（Vinayavāya, Skt. Vinayavāda）、の4種になるということである[5]。

> 大牟尼よ、作用〔論〕、無作用〔論〕、持律〔論〕、無知〔論〕、
> これら4つの立場（学説）によって、限られた知識をもつ人は何を話すのか。
>
> kiriyaṃ akiriyaṃ viṇayaṃ annāṇaṃ ca mahāmuṇī
> eehiṃ cauhiṃ ṭhāṇehiṃ meyanne kiṃ pabhāsaī（Utt. 18.23）

また、『ターナンガ』（*Ṭhānaṅga*）は、沙門としての宗教生活を送る人たちの集団を次の5つに分類する。Niggaṃṭha, Sakka, Tāvasa, Gerua, Ājīva である。これらはサンスクリット名 Nirgrantha, Śākya, Tāpasa, Gairika, Ājīvika に対応する[6]。

次に、仏典『ディーガ・ニカーヤ』（*Dīgha Nikāya*）の「梵網経」（Brahmajāla-suttanta）では当時の思想家の見解を62に分類することを、仏陀が弟子に説き明かしたと伝えている[7]。

また、同じく『ディーガ・ニカーヤ』の「沙門果経」（Sāmaññaphala-suttanta）は6人の自由思想家を挙げ、彼らの教説がどのようなものであったかを伝えている（DN. i pp. 52-59）。これを示せば以下のごとくである。

プーラナ・カッサパ（Pūraṇa Kassapa）── 道徳否定論

マッカリ・ゴーサーラ（Makkhali-Gosāla）── 決定論

アジタ・ケーサカンバリン（Ajita Kesa-kanbalin）── 唯物論

パクダ・カッチャーヤナ（Pakudha Kaccāyana）── 七要素説

ニガンタ・ナータプッタ（Nigaṇṭha Nāta-putta）── ジャイナ教

サンジャヤ・ベーラッティプッタ（Sañjaya Belaṭṭhi-putta）── 不可知論

さらに、『アングッタラ・ニカーヤ』（*Aṅguttara Nikāya* iii pp. 276-277）では、仏陀と同時代の学派の名称として次の 10 のものが挙げられている[8]。

1. Ājīvaka
2. Nigaṇṭha
3. Muṇḍasāvaka
4. Jaṭilaka
5. Paribbājaka
6. Māgaṇḍika
7. Tedaṇḍika
8. Aviruddhaka
9. Gotamaka
10. Devadhammika

以上のとおり、ギリシア人の記録やアショーカ王碑文、インド古典文献はいずれも沙門と呼ばれる人々の存在、すなわちヴェーダ聖典の権威を認めない、独自の思想を表明する修行者、つまりバラモン教以外の修行者の存在をはっきりと記録している。

そして、アショーカ王碑文と仏教・ジャイナ教聖典では、そうした沙門と呼ばれる修行者がバラモンと複合語をなして並記されており、これによりバラモンと同等に遇される沙門が少なからず存在したこと、それが複合語として言い習わされるほどに長期に及び、社会に浸透していたことが読み取れる。

初めに述べたとおり、仏教やジャイナ教の聖典類が当該の教団確立後のものである点については、後にその成立事情や読解の方法論を考察し、仏陀やマハーヴィーラ在世当時の宗教事情の検討を試みていく。この検討を通して、バラモンに対立する存在としての沙門の姿がより如実に浮かび上がってくるはずである。

2 バラモンの生活と宗教

ここで四姓の一階級としてのバラモンの社会生活や祭祀に言及することは、沙門を性格づける上でも有効となるので、簡略に述べてみたいと思う[9]。

周知のとおり、バラモンは出自による階級制の最上層である。バラモンの家系に生まれれば誰でもがバラモンであり、社会の上層部に位置することが約束されていた。

彼らの人生観を Utt. 14 から一部引用してみよう。

バラモンの司祭官に 2 人の息子があった。2 人の息子は出家者になることを希望して父親に次のように言う。

「この人間の状態は恒久でなく、多くの障害があり、また寿命は長くないということを見て、それ故、私たちは家において悦びを得ません。私たちは挨拶して〔出家し〕、牟尼となるでしょう。」

asāsayaṃ daṭṭhu imaṃ vihāraṃ
　　bahuantarāyaṃ na ya dīhamāuṃ
tamhā gihaṃsi na raiṃ lahāmo
　　āmantayāmo carissāmu moṇaṃ（Utt. 14.7）

これに対して父親は次のごとく言う。

「息子たちよ。ヴェーダを学び、婆羅門たちに食べ物を供し、子供たちを家に安住させ、婦人たちと快楽を楽しんでから、森に住み、称賛される牟尼となれ。」

ahijja vee parivissa vippe
　　putte pariṭṭhappa gihaṃsi jāyā
bhoccāṇa bhoe saha itthiyāhiṃ
　　āraṇṇagā hoha muṇī pasatthā（Utt. 14.9）[10]

(中略)「この家で過ごせば、財産、婦人、親族を自由にできるから、わざわざ出家する必要はない。」(Utt. 14.16)

この父親の受け答えの内容から、バラモンの理想とした人生観を窺い知ることができる。つまり彼らは、4 つの生活階梯 (āśrama, 四住期、cāturāśramya)

が確立する以前から、年齢に応じて学生期（梵行期）と家住期の２つの住期に相当する生活を送ることを良しとしていたようである[11]。ヴェーダの学習が終わると家庭に戻り、結婚して子供を儲け、家督を受け継ぎ、何不自由ない生活を送ることができた。

なお、時代が下ると、子供が成長するのを見届け、社会人としての義務を果たした後に、林住期という住期が加わることになる。この住期では、梵我一如の真理を体得し、輪廻からの解脱を求める生活に入ることが一般的となったようである。したがって、「ヴェーダの学習→家住者→年老いて出家」の図式に則ることが理想であり、推奨されてもいたと考えられる。

次項で取り上げるUtt. 12には、祭祀に携わるバラモンが、聖火を祀り、祭祀を行なう祭官として描かれている。当然、人々に供養される存在であり、食事はバラモンのために用意されたものを食べる。

バラモンの宗教の本質を形成するものは布施、供犠、祭祀である[12]。古代の人々が自然を支配する神々の存在を信じるのは当然のことであり、それらの神々にバラモンを介して祈禱し、現世における吉祥と安楽を願い、死後には神々の住む天に生まれることができ（生天の信仰は古くからインドの民間信仰としてあったようである）、すべてが充足されることを求めたのは、きわめて自然な感情と言うべきであろう。その実現のために神酒と供物を捧げ、神々を讃えて歌い、祭りを行なったのである[13]。

火は供犠を行なう者が供物を神に運ぶためのものであり、祭祀には欠かせなかった。こうした祭祀によって、バラモンは人間と神との仲介者の役割を果たすものと考えられていたのである。

この供犠祭がどのようなものであったかを、『スッタニパータ』等の最古の仏典は伝えている。馬の祀り（馬祠祭、これをバラモンの供犠祭に比定すれば、aśvamedha）、人間の祀り（人祠祭、puruṣamedha）、ソーマの祀り（vājapeyya）、擲棒の祀り（śamyāprāsa）、無遮会（niraggala）等である。馬祠祭とは馬を神に犠牲として捧げる祭典であり、大がかりな儀式で費用がかかるため大王のみが主催することができた。人祠祭とは人身御供のことで、人間を神に捧げる祭典であり、ソーマの祀りとは神々に飲み物を捧げる祭典である。擲棒

(śamyā) とは祭式用具の一種であり、その木製の棒を投げ、棒の落ちたところに祭壇を作ってその祀りを行なった。無遮会とは誰に対しても供養する祭りであり、王が施主となって貴賤男女の区別なく平等に布施を行なった。これらの祀りを王に行なわせることによってバラモンは財を得ていたと言う。

バラモンの生活は、他からの受施を基本としており、受施に関する厳格な規定が設けられていた。しかし、すべてのバラモンが祭事に携わり、ヴェーダ学の専門家、すなわち出家者として生活することは不可能であった。むしろ家住者として生活する者が多く、法典類は家住者の方を正統とみなしている。彼らのうちには Utt. 14 に見られるように宮廷僧という在家の祭官として生活する者もあり、出家者とともにバラモンの宗教の担い手であった。また、裁判官や陪審員のような司法官として、あるいは宗教的学術の教授によって生活する者もいた。あるいはまた、国王から牧草地や農耕地を施与されて農牧に従事する者もいたのであった。

最後に、バラモンの外見上の特徴に触れておこう。バラモンたちは螺貝のように髪を結ぶ、いわゆる螺髪であったと『ダンマパダ』(*Dhammapada*) は描写している (Dhp. 393)。逆に、沙門たちの剃髪は、バラモンには忌み嫌われていたようである。バラモンの犯罪者が死刑を宣告された場合、剃髪することによって許されたという報告がある (Manu. 8.379) ほど、それは不名誉なことだったのであろう。

3　沙門の思想と実践

ジャイナ教聖典の最古層に属する『ウッタラッジャーヤー』(Utt.) の第 12 章「黄色い髪をした者」(Hariesa, Skt. Harikeśa) は、ジャイナ聖典に保存された沙門詩集の中で最も興味深い作品の 1 つである[14]。

この章における主人公は、不可触賤民 (cāṇḍāla) の家系に生まれた Harikeśa-Bala という名の比丘である。彼は感官を制御しており、高い徳を備えた聖者 (muṇi) である[15]。彼の外貌は痩せ衰え、みすぼらしい風体をしている。もっと具体的に言えば、色が黒く、歯が突き出ており、鼻がくぼみ、醜く、糞掃衣を着ている。彼は自分を「沙門」(samaṇa) と呼び、自制と梵行 (brahmacārin) に努め、ものは所有しない。自分で料理をしないのはもちろん、自分のために作られた食べ物は食べず、他の人のために用意された食べ物を乞食して生命を維持している。

この物語は、この沙門 Bala が乞食のためにバラモンたちの祭祀場にやって来て、初めはバラモンたちに拒絶されるのだが、最後はバラモンたちに問われ、真実の祭祀とは何かを説き明かすことで結ばれている。つまり、祭官としてのバラモンに対立する修行者が存在したこと、そしてバラモンの宗教とは異質な要素をもつ沙門の宗教のありようを、われわれはここに見ることができるのである。

文脈に沿って、沙門の宗教の根本的な立場を簡潔に示せば、下の 4 つにまとめられるであろう。

1. 不可触賤民の生まれであっても、修行によって聖者となりうる。
2. 外貌は痩せており、糞掃衣をまとっている。
3. 遊行の生活を基本とし、乞食によって生命を維持する。
4. 動物を犠牲にする祭祀を否定する。

これらはジャイナ教のみならず、仏教の古層の聖典の中にも見出されるものである。したがって、それぞれを支持する宗教的立場をそれらの聖典から提示することは、正統派のバラモンの宗教に対立する宗教者の思想と実態をよく示すに違いない。

まず、第 1 にカースト制度を否定し、行為が人を聖者とするという思想について、もう少しジャイナ教聖典から引用しておこう。

> 剃髪によって沙門 (samaṇa) ではない。オーム (oṃ) を唱えることによってバラモン (bambhaṇa)[16] ではない。
> 森に住むことによって牟尼 (muṇi) ではない。クシャ草で作られた上衣を着ることによって苦行者 (tāvasa) ではない。
> 平等によって沙門となり、梵行によってバラモンとなり、
> 知識によって牟尼となり、苦行によって苦行者となる。

行為によってバラモンとなり、行為によってクシャトリヤとなり、
行為によってヴァイシャとなり、行為によってシュードラとなる。

na vi muṇḍieṇa samaṇo na oṃkāreṇa bambhaṇo
na muṇī raṇṇa-vāseṇaṃ kusa-cīreṇa tāvaso（Utt. 25.31）
samayāe samaṇo hoi bambhacereṇa bambhaṇo
nāṇeṇa u muṇī hoi taveṇa hoi tāvaso（Utt. 25.32）
kammuṇā bambhaṇo hoi kammuṇā hoi khattio
vaiso kammuṇā hoi suddo havai kammuṇā（Utt. 25.33）

同様の思想は、仏教聖典の最古層に属する『スッタニパータ』にも見出せる。

生まれを問うな。しかし（ca）、行為を問え。実に火は薪から生ずる。賤しい生まれであっても、意志堅固である牟尼は、慎みによって自己を制し、駿馬（りっぱな聖者）となる。

mā jātiṃ puccha, caraṇañ ca[17] puccha,
　　kaṭṭhā have jāyati jātavedo:
nīcākulīno pi munī dhitīmā
　　ājāniyo hoti hirīnisedho（Sn. 462）

また、チャンダーラ族の子孫で犬殺しのマータンガと名づけられた者が、神々へ至る大道を歩んで梵天に到達するのに、賤しい出自が何の障害にもならなかったことを述べ、これに対して、生まれがよく、ヴェーダを読誦するバラモンであっても、悪い行為をするなら現世において非難され、来世には悪く運命づけられると説く（Sn. 137–141）。そして次のごとく結ばれる。

生まれによって賤しい人となるのではない。生まれによってバラモンとなるのでもない。行為によって賤しい人となり、行為によってバラモンとなる。

na jaccā vasalo hoti, na jaccā hoti brāhmaṇo,
kammanā vasalo hoti, kammanā hoti brāhmaṇo（Sn. 142 = 136）

同様のことが Sn. 650 でも説かれる。

生まれによってバラモンとなるのではない。生まれによって非バラモン

となるのでもない。行為によってバラモンとなり、行為によって非バラモンとなる。

na jaccā brāhmaṇo hoti, na jaccā hoti abrāhmaṇo,

kammanā brāhmaṇo hoti, kammanā hoti abrāhmaṇo（Sn. 650）[18]

このように、仏教もジャイナ教もともにバラモン文化の中で培われてきた四姓制度（varṇa）を認めない。出自のいずれを問わず、人間の価値はその人の行為によって決定されることを教示している。

なお、駿馬は完成者であるりっぱな聖者の譬えに用いられる。当時の社会環境を鑑みるに、牛馬は農耕において貴重な存在であったことから、聖者は牛や馬に譬えられるのである。この駿馬（ājañña, ājāniya）は「神々を含めた世界の中での最上者（purisājañña）」（Sn. 544）と言われ、そのような聖者は「執著の根源をなすところの諸々の束縛を、内にも外にも断ち切り、すべての執著の根源である束縛から解放された聖人」（Sn. 532）と称賛される。

ジャイナ教でも同様で、非常に博学な人（pavara-bahussua）── これは聖者と同義である ── が、駿馬（āiṇṇa, Utt. 11.16）[19] に譬えられている。

第2に、外貌は痩せており、糞掃衣をまとっている、ということについて論じる。

「沙門」と総称される修行者の外貌については、ジャイナ教の『ダサヴェーヤーリヤ』（*Dasaveyāliya-sutta*）に「内と外の関係を捨てるとき、剃髪（muṇḍa）して家を捨てた出家者となる」（Dasav. 4.18）や「裸体であって、剃髪しており、長い身毛と爪を有し、欲望を鎮めた者に、どうして装飾品が必要であろうか」（Dasav. 6.65）といった記述があることにより、頭髪を剃って裸体、または最初の例の Bala のように糞掃衣をまとっていたことが知られる。

バラモンたちの髪型については先に見たとおりの螺髪だが、上の第1と趣旨を同じくする仏教の『ダンマパダ』の次の詩節を引用しておこう。

螺髪を結うことによって、種姓によって、生まれによってバラモンではない。真理と法をつかんだ人は安楽であり、彼こそバラモンである。

na jaṭāhi na gottena na jaccā hoti brāhmaṇo,

yamhi saccañ ca dhammo ca so sukhī so ca brāhmaṇo（Dhp. 393）

服装については上の引用のように裸体の修行者もいたが、糞掃衣（paṃsukūla）をまとっている者もいた。糞掃衣とは、人々が捨てたボロ切れをゴミ捨て場から拾い集めて作られた衣のことである。そして、生命を支える最小限度の食事しかとらないことから、痩せて血管が浮き出ていた。初期の仏典もジャイナ教聖典もこの事実を告げている。

糞掃衣をまとい、痩せて血管が浮き出ていて、一人森の中にあって瞑想する人、彼を私はバラモンと呼ぶ。

paṃsukūladharaṃ jantuṃ kisaṃ dhamanisanthataṃ
ekaṃ vanasmiṃ jhāyantaṃ tam ahaṃ brūmi brāhmaṇaṃ（Dhp. 395）

烏の足の関節のように痩せていて、血管が浮き出ており、食べ物と飲み物の量を知っている人は、憂いのない心をもって行動すべきである。

kālī-pavvaṃga-saṃkāse kise dhamaṇi-saṃtae
māyanne asaṇa-pāṇassa adīṇa-manaso care（Utt. 2.3）[20]

第3に、沙門は遊行乞食を旨とした。Balaのような沙門たちは、他人のために料理された食べ物の残飯を施与され、それによって生命を支えている。仏教、ジャイナ教ともに、その聖典には「飲食に関して量を知り」（Dhp. 185）、「衣食の量を少量で満足すべき」（Sn. 971）ことや、「飲食に関して量を知る者たる」（Sn. 338）ことが説かれ、さらに、「わずか少量を食べ」（Utt. 15.16）、「種々の食べ物をわずかの量において」（Dasav. 5.1.74）、「味わうためにわずかを」（Dasav. 5.1.78）という表現が見出される。このような環境にあって沙門は、当然のこととして、味に耽溺することなど決して許されるはずがなかった。

味に耽溺すべきでない。

rase ca nānugijjheyya（Sn. 922c）

味に耽溺しない。

rase ca nānugijjhati（Sn. 854d）

家において寝ないで、少欲で、見知らぬ人から食を求める、欲望のない智慧ある人は、美味なものに耽溺すべきでなく、悩まされるべきでない。

aṇukkasāī[21] app'icche annāesī alolue
rasesu nāṇugijjhejjā nāṇutappejja pannavaṃ（Utt. 2.39）

これに対してバラモンは供養されるべき人である。先のバラモンは祭祀が終わってご馳走が並べられ、宴会が始まろうとしていたときに、Balaを拒んで言う。「食事はバラモンたちに用意され、われわれ自身のため、もっぱらわれわれだけに用意された」と（Utt. 12.11）。

この第2と第3の意味するところは、徹底した自制と梵行、感官の制御という修行の表出である。社会の最上層に位置し、満ち足りた生活にあったバラモンに対し、このような人々の存在そのものがアンチテーゼではなかっただろうか。

第4に、動物を犠牲にする祭祀の否定がある。人祠祭のような野蛮な行為があったことは、『スッタニパータ』よりも成立の遅い作品を収録する他のニカーヤにも伝えられているが[22]、そのような行為ばかりでなく、一切の犠牲が否定される。しからば、沙門たちにとって、どのようなものが祭祀と考えられたのだろうか。彼らは決して牛を殺さず、米、臥具、衣服、バター、油を捧げることを祭祀としていた（Sn. 295）。

また、初期ジャイナ教聖典に、

「私たちは沙門（samaṇa）である」と言いながら、野獣のように生きものの殺生に無知な、そのような愚かな者たちは、邪悪な見解の故に地獄に行く。

"samaṇā mu" ege vayamāṇā　　paṇa-vahaṃ miyā ayāṇantā
mandā nirayaṃ gacchanti　　bālā pāviyāhi diṭṭhīhiṃ（Utt. 8.7）[23]

とあり、動物を犠牲にして行なう祭祀を非難する。そして正しい祭祀とはどのようなものであるかを次のように説く。

6種の生類を傷つけないで、嘘をついたり、与えられないものを取ったりしないで、財産、婦人たち、自負心、欺きを捨てて、人々は自制を実践すべきである。

5つの制御（saṃvara）によって善く守られ、この世における生命を望まず、身体を捨て、清らかで捨身の人たちは、偉大な勝利、最上の施物を得る。

chajjīvakāe asamārabhantā
　　mosaṃ adattaṃ ca asevamāṇā
pariggahaṃ itthio māṇamāyaṃ
　　eyaṃ parinnāya caranti dantā（Utt. 12.41）
susaṃvuḍā paṃcahi saṃvarehiṃ
　　iha jīviyaṃ anavakaṃkhamāṇā
vosaṭṭhakāi suicattadehā
　　mahājayaṃ jayai jannasiṭṭhaṃ（Utt. 12.42）

6種の生類とは地身（puḍhavi-kāiyā）、水身（āu-kāiyā）、火身（teu-kāiyā）、風身（vāu-kāiyā）、樹身（vaṇassai-kāiyā）、動身（tasa-kāiyā）のことであるが[24]、当時の分類法であり、詰まるところすべての生類を意味している。これら六生類を傷つけることを止め、自制に努め、勝者（修行の完成者）になることが最上の施物を得ることになると説く。

さらに続けて、

苦行は〔聖〕火であり、生命は火炉である。精進はひしゃくであり、身体はふいごである。業は燃料である。自制、精進、寂静を聖仙によって称賛された献供として私は与える。

tavo joī jīvo joiṭhāṇaṃ
　　jogā suyā sarīraṃ kārisaṃgaṃ
kammehā saṃjamajogasantī
　　homaṃ huṇāmi isiṇaṃ pasatthaṃ（Utt. 12.44）

と説き、苦行を聖火、生命を火炉、精進をひしゃく、身体をふいご、業を燃料といった具合に、バラモンの祭式に使用する用具を沙門の用語に個別に対比させ、献供は自制、精進、寂静に相当すると述べる。

このようなバラモンに対抗する修行者たちが存在したことは事実である。彼らはバラモンの祭祀を認めず、自制者として修行を積み、最高の勝者の境地を目指したのであった。

以上、社会生活の中でバラモンが長い時間をかけて形成してきた社会制度であるとか、社会通念に反駁する宗教者たちを検討してきた。これらの宗教者たちには当然のこととして、バラモンの宗教者とは違う人生の理想像があったはずである。その理想としたところのものを『ウッタラッジャーヤー』の第14章を中心に[25]、検討しよう。

先にバラモンの生活と宗教を見た際、出家したいと言う息子を引き止める父（バラモンの司祭官）の言葉を引用した。ここでは逆に息子たちの主張に焦点を当てて、2人の息子と父親との会話を見てみたい。なお、わかりやすくするため、一部要約して示す。

2人の息子：この人間の状態は恒久でなく、多くの障害があり、また寿命は長くないということを見て、それ故、私たちは家において悦びを得ません。私たちは挨拶して〔出家し〕、牟尼となるでしょう。(中略)

ヴェーダの学習は救いとはならず、婆羅門に食を供することは闇から闇に〔あなたを〕導く。生まれた子供たちも救いとはならない。感覚的な享楽は瞬時の幸福であり、輪廻から解脱する妨げとなる。苦しみの人生を送り、ついには死ぬ。(Utt. 14.12–14, 要約)

父：この家で過ごせば、財産、婦人、親族を自由にできるから、わざわざ出家する必要はない。(Utt. 14.16)

2人の息子：財産が何の役に立とうか。親族や愛欲が何の役に立とうか。それ故、私たちは多くの徳を具えた沙門となるため、出家する。(Utt.14.17)

父：何によって世間の人が苦しめられ、あるいは何によって囲まれているのか。あるいは何が空しからぬものと言われるのか。(Utt. 14.22)[26]

2人の息子：世間の人は死によって苦しめられ、老いによって囲まれている。夜は空しからぬものと言われる。(Utt. 14.23)[27]

父：在家生活を送った後に、われわれ夫婦は出家する。(Utt. 14.26)

2人の息子：すぐに出家し、法を実践して、もはや再生しない。(Utt. 14.27–28)[28]

父：息子を失った人にとって家庭生活は無意味である。それはちょうど、枝のない樹木、翼のない鳥、家来のない王、商品のない商人のようなものである。(Utt. 14.29–30)[29]

さらに、この会話に母親も加わり、まず父親が出家の決意をし、母親がこれに続き、ついにIṣukāra王とその王妃までもが出家に導かれるのである。

以上の会話から知ることのできる沙門の理想は、生・老・死の苦悩や輪廻の悲惨さを実感したら、すぐに出家して、乞食・遊行の生活に入ることである。出家者であることを基本理念として、財産の所有のみでなく、家族・縁者をすべて捨て去ったのが沙門である。

先に見たバラモンの「ヴェーダの学習→家住者→年老いて出家」という人生観とは打って変わった切迫感がここにはある。これは、一体どこから生じてくるのだろうか。1つには、この時期生々しい描写で流布された地獄への恐れ、輪廻への恐れがあるようである。死して地獄や畜生に生まれ変われば、筆舌に尽くしがたい苦しみが襲ってくる[30]。従来是とされたこの世的な価値観を覆すそのような危機感が沙門の宗教を要請し、沙門たちの活動と成熟がまたこの世的な価値や既存の宗教を相対化する、そのような時代であったのであろうか。

われわれはこうしてギリシア文献、アショーカ王碑文、仏教・ジャイナ教の古層の聖典を検討することによって、バラモンの宗教に属さない、もっと正確に表現するなら、バラモンの宗教に対抗する反バラモン的な沙門の宗教が存在したことを知りえた。

次節では沙門についての研究史を辿ることとするが、その前にこれらインド古典文献の成立事情を概観しておこう。

4 インド古典文献の成立事情

以上、紀元前6～4世紀のインドにおいて、バラモンと沙門という精神生活を異にする2つの階層が存在したことに言及してきた。これを論証するために使用した資料は、主として仏教とジャイナ教の古層の文献であった。これら2つの宗教に由来する文献は、今日、「仏教文学」「ジャイナ教文学」と呼ばれているが、その起源は沙門たちによって独自に発展させられた口承文学にあることが知られている。

口承文学自体は今日残ってはいないが、われわれはその存在を数多くの並行詩脚（parallel pāda）の存在によって知ることができる。というのも、古代インドには、吟遊詩人によって詠まれた多くのパーダ（pāda）群があり、これらは沙門たちに広く知られていたと考えられるからである。ヴィンテルニッツ（M. Winternitz）の言葉を借りるなら[31]、仏陀の時代にはすでに、散文や韻文からなる無尽蔵庫、すなわちアークヤーナ（Ākhyānas, 説話）、イティハーサ（Itihāsas, 史伝）、プラーナ（Purāṇas, 伝説）、ガーター（Gāthās, 詩頌）を含む一大口承文学群が存在していて、あたかも文学的公共財産を形成しており、叙事詩の詩人と同様、仏教徒もジャイナ教徒もそこから多くの言葉を引き出すことができたと考えられる。沙門やバラモンの聖仙（ṛsi）たちは、それらを自由に組み合わせて1詩節を形成し、一連の詩作品に編み上げ、その中に自分たちの思想を組み込んでいった、と解することができるのである。

また、この現象は並行詩脚のみに限定されない。古いジャイナ教と仏教両伝承を比較検討してみると、双方に類似した説話が多く見出される。双方の説話の中には並行詩脚がいくつも見られるものがあり、同一素材に由来する作品であることを推定せしめる。例えば、仏教文献の『ジャータカ』No. 497（Mātaṅga-jātaka）とジャイナ教聖典の『ウッタラッジャーヤー』第12章（Harikeśa)、『ジャータカ』No. 498（Citta-Sambhūta-jātaka）と『ウッタラッジャーヤー』第13章（Citra-Sambhūta)、『ジャータカ』No. 509（Hatthipāla-jātaka）と『ウッタラッジャーヤー』第14章（Iṣukāra）がそれである。

このように諸文献を見るならば、伝統的なバラモンの聖典とは異なる沙門詩集成が存在していたと考えざるをえないのである。われわれがそれらの並行詩脚を見出すことができるのは、初期仏典（パーリ語）、ジャイナ教聖典（アルダ・マガダ語）、さらに『マハーバーラタ』（サンスクリット語）等の文献群である。ヴィンテルニッツはそのような沙門の聖徒物語を伝える文献を「苦行者の詩」（ascetic poetry）と呼ぶが[32]、彼もまた同様に、この「苦行者の詩」作品群に仏教やジャイナ教の聖典だけでなく、バラモン教の『マハーバーラタ』（*Mahābhārata*）等を含めている。

『マハーバーラタ』は、本来的には民族的な叙事詩であった。しかし現在の形態は雑多の内容を含むものに増補改変されており、この改変過程において仏教・ジャイナ教聖典と同様の並行詩脚・詩節を含む文献として形成されていったと考えることができる。こうして正統派のサンスクリット文学は「苦行者の詩」作品へと姿を変えていったのであろう。つまり、新興の沙門グループのみならず、伝統勢力をも巻き込んで変化を促す文化的潮流が、そこにはあったと考えられるのである。

それは例えば、仏教・ジャイナ教で使われる修行者の名称にも見て取ることができる。つまり本章初めに見たとおり、世が世ならば肩を並べることのなかったはずのバラモンと沙門が複合語を成して記録に留められていること、バラモンの「文化」という枠組みを否定し逸脱していったこれら沙門のグループが自分たち自身の呼称として「バラモン」等の名を採用していくことなどである。そして、沙門グループの代表格とみなされる仏教とジャイナ教の間には、saṃnyāsin（遁世者）, bhikṣu（比丘）, gati（苦行者）, yogin（瑜伽行者）, muni（牟尼）等の修行者の呼称をはじめ、教団組織や戒律、思想の中核にも共通性が見出される。彼らが古層の聖典群を成立させ、その修行生活を成立させていった際の、母体となったものの豊潤さはいかばかりであったろうか。

それは果たしてどのような社会的基盤であったのだろうか。両者はどのようにしてその共通の母体から独立・分離していったのか、そしてその動機と契機はどのようなものであったのだろうか。

第２節　研究史

第１節において、われわれは沙門と総称されるバラモンに対立する宗教者の存在を確認してきた。

そしてこれにより、この沙門の宗教がどのような社会的・思想的基盤から生まれたか、また、仏教やジャイナ教がどのような背景から誕生したか、あるいはまた、この両宗教と沙門の宗教との関わりはどうであったか等、種々の問題が立ち現われてくることとなった。就中、沙門の起源と仏教・ジャイナ教の成立についての問題は重要である。

この種の問題を取り扱った研究書や研究論文は決して多いとは言えないが、本節では先学の研究成果と問題点を概観してみたいと思う。

なお、このような場合、基本的には発表の年代順に見ていくことが妥当と思われるが、多少分類的に整理を加えておきたい。と言うのも、まず研究対象が沙門、仏教、ジャイナ教と分けて考えられ、それにより採用される文献にも相違があるからである。また、関心の方向として、そのいずれかの起源・成立が主題の場合と、仏教とジャイナ教の関係が主題の場合とに分けられるからである。

またさらに、社会的・思想的背景への関心から言えば、それら新興の宗教が既存のバラモン教・ウパニシャッド哲学を下敷きとし母体とするものであったと見るのか、それとも別個の宗教として立ち上がりつつ同じ社会に属することの結果として何らかの交渉があったと見るのか、という系統的な違いを踏まえておきたいと思う。これは特に沙門の起源に関する２つの研究群として認められ、当然ながら、仏教・ジャイナ教両宗教の性格にも関わることとして重要と考えた。

1　起源・成立に関する研究

上のとおり、ここではまず起源・成立に関する研究を、沙門、仏教、ジャイナ教の順に、見ていくこととしよう。なお、研究者によっては、仏教・ジャイナ教を沙門の一部と捉えて、その論述において区別しない場合もある。そのようなものについては、その重点の所在により適宜分類した。

(1) 沙門の起源

沙門の起源についての研究は、ヨーロッパ人学者を中心に種々の学説が打ち立てられた。

① バラモン・ウパニシャッドに起源を認める研究群

ハーディ (S. Hardy, 1850)[33]とケルン (H. Kern, 1896)[34]は、Āpastambha や Gautama や Manusmṛti を基礎資料として、四生活階梯 (āśrama) の学生期または梵行期に当たる梵行者 (brahmacārin) が、沙門の原型であったと述べている。なぜならば、学生期にある人たちと沙門に期待されるものの多くが一致しているからである。例えば彼らには、聖人であることが要求される。独身であること、絶対的に高潔であること、飲酒をしないこと、他の生類を傷つけないこと、芳香や膏薬や美しい装いを避けること、踊りや歌や世俗的な享楽から離れること、黄色の袈裟を着ること、肉体を鍛練すること等が強いられる。これらの梵行者に対する規定が仏教徒や他の沙門の集団を彷彿とさせる、と主張するのである。

また、ドイセン (P. Deussen, 1900)[35] は、仏教とジャイナ教を沙門の代表と考えており、これら両宗教の共通基盤がウパニシャッドに見出されると述べる。つまり、仏教とジャイナ教はウパニシャッドの思想を改変しつつ取り入れたと見て、両宗教の教理と実践を「変質したウパニシャッドの思想」であると結論するのである。

ヤコービ (H. Jacobi, 1884)[36] とビューラー (G. Bühler, 1903)[37]、シャルパンティエ (J. Charpentier, 1922)[38] は精力的に研究成果を発表し、ジャイナ教と仏教の修行生活における規則が、バラモン教の第 4 の生活階梯 (āśrama)、すなわち、saṃnyāsa の正確な模写である、と考えた。

三者の中から、ヤコービの説を紹介してみよう。ヤコービは、ジャイナ教の五大誓戒と仏教の五戒がバラモン教から影響を受けて成立したこと、すなわち、ジャイナ教や仏教の戒の祖型になるような共通モデルを、バラモンの苦行者（saṃnyāsin）の規範に基礎づけられることを述べた。

以下、ヤコービの挙げている五戒に該当する以外の数例を示してみよう。

1. 所有物をもたない
2. 乞食のためにのみ村に入る
3. 意・語・身を護る
4. 螺髪あるいは剃髪

ヤコービはこれらの項目について、saṃnyāsa, ジャイナ教、仏教の3つの組織を比較検討した後に次のように述べる。

> これら仏教やジャイナ教のような反バラモン的規則は第4の生活階梯の規則に含まれる。この第4生活階梯は非正統派（heretical）のモデルであった。それ故に仏教とジャイナ教は〔一見するとバラモン教に対立するように見えるが、実際には〕バラモン教から発展した宗教と理解されなければならない。突然に興起したのではなく、長い年月をかけて続けられた宗教運動によって準備されたものである。

バグワット（D. Bhagwat, 1939）は[39]、沙門は学生期（梵行期）とバラモン論者（brahmavādin）の双方の特質を含んでいるという見方をする。沙門は日常生活における道徳規範（例えば、贅沢をしない、貞節を守る）について学生期の規則を原型としているが、知的部分はバラモン論者に依存していると言う。それ故に、沙門は梵行者と遊行者（バラモンの知性を身につけた者）とを合体させたような存在であり、沙門の行動規範の多くは、学生期とバラモン論者双方の規則と慣習に由来していると述べる。

しかしながら、これらの研究については、主に2つの観点からして小さからぬ瑕疵があると言わねばならない。

その1つは、バラモンの四生活階梯に対する理解の問題がある。その1例が、学生期（梵行期）の意義である。

バラモンの学生期にある学生は、新しい知識を得て、良い師匠（guru）になることを目指していた。学習が完成するまで師匠に仕え、寝食を共にしなければならない。ある場合には、学生は師匠の家で生涯を過ごすこともあった。他方、一般的には、学生期の学生は学業が終わると結婚生活に入ることが当然とされていた。

このような師弟関係のあり方や、良い師匠になるというそもそもの目標設定、そして将来に結婚生活を予定するという各要素は、四生活階梯における学生期を捉える上では無視できないものである。にもかかわらず、それらの各要素に注意を向けることなく、単にその時期だけの生活態度の類似によって、それを沙門の起源として位置づけること（ハーディとケルンの説）には、あまり意味がないのではないだろうか。

同様に、バラモン教における saṃnyāsa āśrama, すなわち第 4 の生活階梯である遊行期は、仏教やジャイナ教よりも成立が古いとは考えにくい。

例えば、ロウ（N. N. Law, 1939）[40] は、『ブリハド・アーラヌヤカ・ウパニシャッド』（*Bṛhad-āraṇyaka-upaniṣad*）や『チャーンドーグヤ・ウパニシャッド』（*Chāndogya-upaniṣad*）のような最古のウパニシャッドにおいては、四時期は未だ確立していなかったと述べる。また、ダット（S. Dutt, 1962）[41] は、4 種のアーシュラマ自体が初期ウパニシャッドの時代には十分確立されていないし、厳密に実施されていないこと、後期ウパニシャッドが宗教的托鉢主義に好意的であるのに対して、初期のウパニシャッドは否定的であることを述べ、第 4 アーシュラマである遊行期は、逆に沙門主義の影響を受けて成立したと見ている。

このように見れば、ヤコービらの説は影響関係を逆に読み取ってしまったのではないかとの疑念が生じる。また、沙門の行動規範を学生期に、哲学的思考をバラモン論者（遊行者）に負っているとするバグワットについても、これら四生活階梯への理解の問題として、疑念が生じるのである。

また、より本質的に考えて、ある宗教の修行や哲学的な思考を、他との一致・不一致によりその起源・継承関係を確定できるのか、という問題を第 2 に考える必要があろう。

修行者の実践や哲学的思考がある部分で一致したからといって、それが必ずしも同一の出所を示していることにはならないのではないか。バラモン教と沙門や仏教・ジャイナ教が苦行者の実践倫理に関して共通の基本的規則を含んでいたとしても、そのことがこれらの宗教間における規則の交換や貸借関係を証明するとは断定できない。それは上に述べたとおりなのである。ましてや現時点では、文献研究によってそれぞれの成立事情を正確に知ることが困難である以上、類似よりは相違に注意を向ける必要があると言わねばならないだろう。

さらに言えば、仏教もジャイナ教も反バラモン主義的であるのは明らかであり、ドイセンが仏教やジャイナ教の思想の起源であると述べたバラモン哲学の基本的な部分でさえ、詳細に検討を加えれば、これら両宗教に受け入れられているとは言いがたい。確かにヤコービの述べるような宗教運動、批判的継承という説は某かの説得力をもつように思われるが、すでに第1節で見たように、バラモンの宗教による人生観・世界観と仏教・ジャイナ教のそれとは全く異質なものなのである。

以上、総じて言えば、沙門の起源をバラモン・ウパニシャッドに求めることは難しいと結論できるだろう。そこで次に、沙門の起源を独自の思潮、風土に求めた研究を見てみたい。

② 独自の起源を認める研究群

オルデンベルク（H. Oldenberg, 1881, 1890, 1923）[42]は次のように述べる。

> 仏陀が出現する以前に、随所に多種多様な指導者が現われ、それぞれに「ヴェーダ聖典によるバラモンとは異なる仕方で解脱に到達する唯一真実なる新しい道を発見した」と唱えた。これらの指導者は弟子とともに国土を遊行していた。彼らはバラモン教を基礎としない全くの自由な信仰を確立するとともに、多数の宗派を生ぜしめた。これらの宗派に属する人々はニッガンタ（Nigganṭha）、すなわち束縛を離れた人々、あるいはアチェーラカ（Acelaka）、すなわち裸の人々と呼ばれ、その他にも種々の名称で呼ばれた。そしてこれら多様な宗派の修行者を一括して沙

門（śramaṇa）と呼び、バラモンとは区別していた。沙門としての模範的な修行生活をする人々もあったが、食事もとらず薪の上に横になるといった厳しい難行苦行に励む修行者もいた。このような禁欲主義は瑜伽（yoga）の影響を受けて成立したと考えられる。

要するに彼は、バラモンと明確に区別された一群の修行者、いわゆる沙門が、仏陀が出現する以前に、バラモン教を基礎としない多数の宗派を形成していた、と主張するのである。

また、ウパーデ（A. N. Upadhye, 1943）[43] は、土着の思想について、次のような学説を発表している。

　アーリア人が到来する以前に、ガンジス河やヤムナー河流域の肥沃な土地に高度な文明国家が成立していて、宗教的指導者がいたと想定することができる。後のヴェーダのテキストは、ヴェーダの権威に服さないマガダ国の反抗やジャイナ教と仏教の繁栄に言及している。また、ブラーフマナ時代の後期において哲学的思想の溝（gap）が見られるが、このギャップがアーリア人の思想に影響を及ぼしたに違いない土着思想の流れの存在を示唆している。この土着の思想をマガダの宗教と名づける。

先に四生活階梯についての見解を紹介したダットは、このウパーデの学説を受けて、沙門の発生基盤が、アーリア文化とは全く別個のインドの土着の要素から発展したものにあると考えた。すなわち、彼はヴェーダからウパニシャッド時代までの僧院生活を調査して、次のように結論づける。東部には完全にアーリア化されない共同体があって、その人たちがアーリア人の思想、考え方、哲学的思索に影響を受けながら、沙門の宗教を誕生させ、仏教を準備したのである、と。

③ 今後の研究課題

以上、沙門の起源についての代表的な学説を紹介してきた。これらの学説は、いずれもバラモン文献に重点を置いた考証から導き出されたものである。つまり、対立者である沙門の位置づけに関して、完全に中立的な見地から述べているとは限らないという留保はあってしかるべきと言えよう。

起源については未だ定説を得ているわけではないが、バラモン・ウパニシャッドの伝統を起源とする諸説には上に見たように瑕疵があり、独自起源の諸説に説得力があるように思われる。

ここで、仏教とジャイナ教の両宗教がいかなる基盤から興起したかを究明することは、逆に基盤となった沙門の実態を明らかにすることにも寄与するだろう。さらに、以下のような疑問を解明する手がかりとなることも期待される。

1. 仏教・ジャイナ教が成立した、その当時のインド社会で、どのような宗教や思想が広く行なわれていたか。
2. それらの思想や宗教から、両宗教は何を受容したか。
3. 両宗教が受容したものはどのような経過を辿り、それぞれの独自性の下に再形成されたのか。

まず、仏教がいかなる社会的・思想的基盤から興起したかについての学説から見ていこう。

(2) 仏教の成立に関する研究

① 沙門研究の流れから

まず、上の検討を踏まえ、沙門の独自起源説の流れから、仏教への言及を確認しておこう。

オルデンベルク[44]は、仏陀の誕生以前から同時代までの修行者もしくは哲学者について、彼らが六師外道と総称され、自由思想家（詭弁論者）と見られていたと述べている。彼らはバラモンの宗教的権威から脱して庶民の要求に答えようとし、バラモンの培った道徳観を攻撃し、新しい倫理観を打ち立てた。すなわち、バラモン教の価値観が自由思想家たちによって大きく揺り動かされた時代に、仏陀が出現したと考えている。オルデンベルクがこの見解を導くに当たって用いた資料は不明であるが、背景としての沙門の起源を考えるとき、ある程度自然な流れとして見ることができよう。

さらに、ウパーデとダットは、東部地方の完全にアーリア化されない共同体の中で成長したのが沙門の制度と慣習であり、その意味でこの東部地方こそが沙門を育み、仏陀を誕生せしめた場所であると述べている。

次に、本邦における学説を、4人の研究者のものに絞り、少し詳しく紹介しよう。

② 雲井昭善教授『仏教興起時代の思想研究』

雲井昭善教授の『仏教興起時代の思想研究』(1967)[45]は、仏教興起時代の社会的基盤を追求した上で、宗教としての仏教が当時のインド社会にあっていかなる位置づけを与えられていたか、仏陀の教えがどのように当時の社会に受け入れられていたかという課題を、その当時の諸思想と関係づけつつ側面から浮き彫りにしている。そしてそのための手続きとして、

1. 仏教興起時代の諸思想の検討（2・3章）
2. 仏教が興起した時代の社会的基盤の追求（4章）

という2方面からのアプローチを行なっている。

同書の第2章は、「自由思想家」の必然的誕生の条件について述べる。すなわち第1には、仏教興起直前のウパニシャッド哲学における個の自覚があり、これが自由思想家を出現せしめる端緒となったと見ている。また第2には、経済的社会機構の発展の結果、バラモンの祭祀万能主義に対する批判・反発が起こり、これによって自由思想家、すなわち六師外道や、六十二見の哲学思想家がさまざまな思想を主張できるようになったことを述べる。

第3章「仏教興起時代の諸思想」では、仏陀在世中における自由思想家の共通基盤と系譜を明らかにし、特に、順世派（Lokāyata）の唯物論的思想や邪命派（Ājīvika）の仏教教団との関係・交流に焦点を当てている。

第4章「仏教興起の社会的基盤」においては、仏教が興起した社会的基盤が種々の角度から追求されている。そしてその結果として、バラモン衰退の理由としては、

1. 内面的には、バラモン宗教の宗教性が問題にされたこと、換言すれば、自由思想の興起が旧来の形式的な祭祀宗教を押しやろうとしたこと
2. 外面的には、社会機構の変動と経済力の進展にともなって、商工業者

の進出が目立ち、そのために経済力のある者が社会的実力をもち、社会の中核を担うべく旧来の勢力に取って代わったということ

の2つが挙げられる。

1については既に第2章で見た内容である。

2については、職業の分化、生産技術の向上、大商人の出現、東西交通路の整備など、従来の司祭者バラモンが統治する農村社会には見られない顕著な社会変動が起こったことを挙げている。それらは村落社会機構から都市国家機構への変動、経済社会の確立を意味している。そして、新興の仏教教団を支えたのは、これら新興の商人・資産家やバラモンの影響力に取って代わって支配権を確立しようとした国王や王族であった、と結論している。

③ 中村元教授『原始仏教の成立』

中村元教授の『原始仏教の成立』(1969)[46]は、最初期の仏教を取り巻く思想的情勢、教団の成立過程を取り扱うことによって、原始仏教がいかなる経過を辿って成立したかを解明した著作である。

この研究書は第1篇として「思想史的背景」を取り上げ、原始仏教以前、あるいは同時代のインド社会においてどのような思想や宗教が流布していたかを述べている。そして、これらの思想や宗教から原始仏教がどのようなものを受け入れ、それらをどのように仏教独自の思想に改変していったかを詳しく述べている。

原始仏教聖典によると、仏教興起時代におけるバラモン教に対する異端的諸思想は、62種、大別すると次の2種に分類されると言う。

1.（万有の）過去に関する見解

2. 未来に関する見解

また、第1節に詳しく挙げたとおり、初期ジャイナ教聖典によれば、バラモン教に対して4種に大別される363種の異端説があったと言う。

さらにまた、哲人とみなされる自由思想家が存在したことも知られている。これらはいずれもバラモンの権威を認めない人たちで、沙門（śramaṇa）と総称された。原始仏典によれば、これらの代表的人物が第1節で紹介した、

いわゆる六師外道と呼ばれる思想家たちである。

中村教授は、これら六師より釈尊が若年であり、六師の思想的影響を受けつつも、それを乗り越えたところに自己の立場を表明したと見ている。

次に第2篇「釈尊を慕う人々」では、最初期の仏教の様子が以下のように述べられている。

インド思想は内向的・内省的であると言われるが、最初期の仏教徒も決して例外ではなかった。最初期の聖典には、人生の苦悩と絶望の表現が極端に多く見られ、厭世観が漂っている。その結果として出家志向が随所に見られる。

また、最初期の仏教では理想的な修行完成者をバラモンと呼び、生まれによるのではなく、行為の清浄さによってバラモンの尊称が使用された。しかしその次の段階になると、理想的修行者はブッダ（buddha）あるいはアラハー（arahā）と呼ばれ、やがてブッダとアラハーが区別されるに至る。そして仏教はブッダを、ジャイナ教はアラハーを用いるようになる。

このようなことから、最初期の仏教においては、仏教独自の術語（technical terms）はなく、バラモン教やジャイナ教からの借用語（loan-word）が多かったことがわかる。上の例の他にも、例えば、仏弟子のことを「教えを聞く人」(sāvaka, ジャイナ教では sāvaga）と呼び、在俗信者を「仕える人」(upāsaka, ジャイナ教では uvāsaga）と呼んでいた。これらのことは、仏教がその興起時代には、一般思想界で用いられていた呼称をそのまま取り入れていたことを示していると、中村教授は考える。

ところで、最初期の仏教教団において、修行者はどのようなことに心がけ、修行の日々を送っていたのであろうか。中村教授の指摘にしたがって分類すれば以下のようになる。

1. 無所有に心がける。
2. 禅定、すなわち「行住坐臥」に心を制して努める。
3. 婦女を遠ざける —— 性的関係の否定。
4. 托鉢の行を行なう。ジャイナ教と同様に、節食減食に努め、美味な物に心を奪われない。

5. 塵衣（paṃsukūla, 糞掃衣）をまとう。塵衣は棄てられたボロ切れを集めて作られた修行者の着る衣類である。
6. 所有は原則として認められていなかったが、「食べ物と住処と臥具と大衣とその塵を取り去るための水」が生活必需品として認められていた。
7. 最初期の段階では、出家者は文字どおり家を出て、人里離れた臥坐所や樹下や墓地、山間の洞窟の中に住んでいた。やがて、雨期をしのぐための草葺きの小さな小屋（kuṭī, kuṭikā）に住むようになった。

ここに示されたのは、古層に属する聖典から読み取れる実践道の一端である。これらの項目は、最初期の仏教教団に仏教独自の戒律規定が存在しなかったことを物語っている。仏教興起時代に諸宗教間で行なわれていた戒律規定の中から、仏教の教えからして妥当な規定を導入した。つまり、教団組織が確立される以前は、むしろ一般的な戒めの方が重視され、やがて教団の膨張に伴って弟子たちのための戒律が制定され、律蔵として体系化された。また、教団の発展につれて、バラモン教の遊行者の習俗を取り入れ、ウポーサタ（uposatha, 布薩）や雨安居等を教団の制度や慣習として確立させていったと考えられる。

中村教授は以上のように述べている。

④ 宮坂宥勝教授『仏教の起源』

宮坂宥勝教授の『仏教の起源』（1971）[47] は、古代インドの歴史・文化に関する先行諸研究を基礎とし、さらに自らの考古学的学術調査の成果を加えて、仏教の興起に関する新しい提言をした。古来、釈尊は王宮で美女に囲まれ、贅沢な暮らしをしていたが、生・老・病・死の苦の解決が不可欠であることに気づき出家し、新しい宗教を創設したということが定説となっていた。宮坂教授は、仏陀は釈迦族という種族（部族と同じ意味で使用している）の出身であり、古代の平和な共和制国家をモデルとして僧伽を創設したと見ている。

紀元前 6 ～ 5 世紀の仏陀在世時に、インド社会には 2 つの国家形態があった。

一方は、古代インドより受け継がれてきた種族社会であり、共和制的な国家形態をとっていた。釈迦族も１つの共和制的な種族国家であったと言える。そしてこの時代には、ガンジス平原を中心として農業技術が発達し、余剰の農作物が売買されるようになる。その結果、都市が成立するとともに、資産者（gṛhapati）という新たな富裕階級が生まれ、彼らが仏教などの新興教団を支援する役割を果たすようになる。

ところが、他方では専制的な国王が生まれてくる。コーサラやマガダの国王が専制的な国王であった。彼らは武力によって、弱小種族国家を次々と併合していった。釈迦族がコーサラ国に併合されたのもこの時期であった。つまり仏陀の時代には共和制の種族国家と専制国家とが併存していたのである。換言するなら、種族国家から大きな階級社会へと移行する時代であったと言える。階級社会が確立されるにつれて、職業が固定化・世襲化し、カーストが成立してしまうと、自由な社会活動ができなくなってしまう。加えて国王の圧政があり、当然のこととして、人々は束縛された中から何か自由を求めるようになってくる。このような抑圧された社会状況にあって人々は、古代の理想的な共和制国家に思いを馳せるようになった。そこで、当時の種々の教団は古代の共和制を新しい教団形成の原型として取り入れた。種々の教団とは沙門のサンガ（saṃgha）あるいはガナ（gaṇa）と言われていたものを指す。

そして釈迦族の間で行なわれていた種族宗教 ── これは民間信仰的なものであった ── があり、これを宮坂教授は、仏教の前身となる１つの宗教と考えている。キリスト教にはそれに先立つユダヤ教があり、ジャイナ教には23人のティールタンカラ（Tīrthaṅkara）がいた。ジャイナの第23祖パーサは実在した人物と考えられており、その直後の第24祖マハーヴィーラが彼以前の宗教を改革してジャイナ教を創始したのである。それと同様に仏教にも前身となるべき宗教があって、それが釈迦族の民間宗教であり、それを改革して仏陀が仏教を創始したのではないかという仮説を立てている。

要するに、釈迦族の１つの宗教から仏教が発生したのであるが、その場合にも、ナーガ信仰等の土着の信仰や、バラモンの宗教や沙門の宗教が、原始的な仏教に多大な影響を与えていることは看過できることではない。そしてまた、仏教の起源をさぐる上でも、それらは重要な役割を果たしていると宮坂教授は述べる。

⑤ 塚本啓祥教授「仏教・ジャイナ教の発生基盤とその形成」

最後に、塚本啓祥教授による「仏教・ジャイナ教の発生基盤とその形成」(1983)[48] を取り上げよう。反バラモンの代表的集団として仏教とジャイナ教が挙げられることを提示し、この両教団の発生基盤と、独立・分離の動機と契機を取り扱った研究である。

塚本教授は、仏教やジャイナ教が興起する以前にすでに遊行者が存在していたということを認めている。この視座から両宗教発生の基盤を解明する手がかりを得るため、原始仏教・ジャイナ教の古聖典に現われる「修行者」の名称とその用例の検討を行なっている。ここに取り挙げられた名称は、以下の 12 種である（翻訳名は筆者）。

1. Pā. anāgāra / AMg. aṇāgāra（在家からの出家者）
2. Pā. pabbajita, pabbajjā / AMg. pavvajjā（出家隠遁者）
3. Pā. paribbājaka / AMg. parivvāyaa（遊行者）
4. Pā. bhikkhu / AMg. bhikkhu, bhikkhāa; sabhikkhu（比丘）
5. Pā. samaṇa / AMg. samaṇa（沙門）
6. Pā. brāhmaṇa / AMg. māhaṇa（バラモン）
7. Pā. isi, mahesi / AMg. isi（聖仙）
8. Pā. arahant / AMg. arahaṃta（阿羅漢）
9. Pā. paṇḍita / AMg. paṃḍiya（賢人）
10. Pā. buddha / AMg. buddha, paḍibuddhajīvi（仏陀・覚者）
11. Pā. vīra / AMg. mahāvīra（勇者）
12. Pā. muni / AMg. muṇi（牟尼）

教授はそれぞれの名称を含む詩節の内容を吟味した後で、1 ～ 4 は仏教やジャイナ教発生期の修行者一般の性格をとらえており、5 ～ 12 は当時の一般的修行者の概念を超えて、より高い実践的・内面的価値を志向している名称であると結論する。

次に、「遊行者の共同体」について検討が加えられる。*Dharma-sūtra*（『法経』）と *Dharma-śāstra*（『法典』）は、四時期の家住期を最高の生活階梯と見ているが、Saṃnyāsa に関するウパニシャッドは遁世期（遊行期）を最高と見ている。この立場の対立は、前者が根本的にはヴェーダの伝統を維持しているのに対し、後者はヴェーダの社会的慣習と宗教的文化を否定しているからである。仏陀の時代にはいまだ四時期は確立していなかったが、当時の宗教的実践者の間には林棲者と遊行者の 2 種類が存在していたと考えられ、バラモンの側にも家住期を終えた者にこの 2 種類が生ずるようになっていたと指摘している。そしてこのような変化を引き起こした社会環境は、仏教やジャイナ教のような革新的宗教を誕生させた社会的基盤の成立と類似の関係にあると言う。

この革新的宗教の共同体には、僧伽の主（saṃghin）、教団の主（gaṇin）、教団の導師（gaṇācariya）、教派の開祖（titthakara）と呼ばれる samaṇa（śramaṇa, 沙門）が存在した。これらの沙門によって指導された遊行者の共同体はサンガ（saṃgha）、またはガナ（gaṇa）と呼ばれ、一種のセクトを形成した。そして次のように結んでいる。

> 師（satthā）と法（dhamma）に帰依して、その導師によって創始されたサンガまたはガナの中で生活することが、当時の遊行者の慣習であったと考えられる。したがって、一人の師と、彼によって説かれた法とに帰依する信仰者のグループが、遊行者のサンガまたはガナを規定する構成の条件であった。そして釈子沙門（Samaṇa-Sakyaputtiya）を師とし、その法に帰依する遊行者の一団が、仏教僧伽のもっとも原始的な形態であった。この構成はジャイナ教のガナにおいても同様であった。

また、「教団形成の動機と契機」においては、仏教の出家者の生活の定住化と住処の僧院化の問題が扱われている。出家者は安居の後に遊行し、次の安居に再び前の「住処」または「園」に戻って居住する習慣となった。住処に属する出家者の一団は、単位を構成して saṃgha と呼ばれた。このサンガは遊行者の共同体の独立の組織体となり、婆羅門やジャイナ教の遊行者の性格から区別されることになった。ここに独立した教団が形成されていく。このような傾向はジャイナ教においても指摘される。

このようにして、仏教やジャイナ教は初期の遊行生活から、saṃgha や gaṇa における修道僧としての生活へと移行していくのであるが、それを促進せしめたのが教法の特殊化であった、と見ている。具体的には「悟りの内容と実践道」と法（戒律）の体系化である。

塚本教授は、まず仏教とジャイナ教の説く悟りには、非常に類似した表現があることを指摘し、この事実から、両宗教が現世よりの解脱を目標とした共通の基盤に立っていたことを推定する。と同時に、教法の体系化に伴い、双方の悟りの内容の相違点が明瞭に現われてきたことを、詩節によって例示する。すなわち、仏教は「正しい智慧によって四諦をみる」ことを涅槃に到る道であると説くのに対して、ジャイナ教は「自制と苦行とによって過去の業を滅する」ことによって涅槃が得られると説いている。

戒律についても同様に、原初形態において共通なものが、次第に各教団の立場と展開の相違に関連して、異質の体系化が進んだと結論している。

⑥ 研究方法と今後の課題

以上、わずかな概略の紹介ではあるが、4 氏の研究を尋ねた。

雲井教授は思想史や社会経済史の側面から仏教興起時代の諸思想と社会基盤に、宮坂教授は国家体制の変化とそれに対抗する民間・土着の信仰に焦点を当て、いずれも仏教の誕生を促す大きな背景を描き出したと言えよう。しかし、2 人の研究は残念ながら、仏教の興起という課題を扱いながら、自由思想、あるいは種族的な宗教といった基盤から、仏教がどのようにして独自性を主張して、独自の教団を形成していったかという問題までは取り扱っていない。

中村教授は、「〔従来の研究〕は大抵、確定的に編纂された経蔵または律蔵に基づいてなされている。しかしわたくしは、これらの聖典が確定する以前の古い資料とみなされるものに基づいて、発展史的にたどることに努めた」

と述べているように、『スッタニパータ』のような最古の聖典を基本資料として、最初期の仏教徒の姿を描き出すことに努めている。また、ジャイナ教をはじめとする仏教以外の古い詩節や所伝も資料として付加して、その後の研究にもさまざまな示唆を与えている。実際、教授は次項に紹介するとおり、この仏教成立の研究に先立ってジャイナ教についての研究を上梓してもいる。しかし、それにもかかわらず、原始仏教の資料を主とし、ジャイナ聖典を従としており、仏教やジャイナ教団の発生基盤を明かすことを意図していない。

塚本教授は、古層の文献を用いて仏教・ジャイナ教の両宗教教団の形成の動機と契機、教法の特殊化の過程を論述し、ジャイナ教と仏教の発生基盤、さらに、両宗教が共通の基盤より、独立・分離した動機と契機について貴重な考察を示した。就中、教授が仏教・ジャイナ教に先行する遊行者の共同体の存在を認め、この視座から両宗教の展開・独立を跡づけたことは大変興味深く思われる。ただ、全体的に引用された詩節の数が少ないのが惜しまれる。そのため、語の意味の全体像の中の一部を導いているにすぎない場合があった。例えば、bhikkhu という語は修行完成者の意味で使われることがあるにもかかわらず、修行者一般を表わすと捉えている、というような場合である。

そして、これらの研究において残念に思うのは、多くの場合、仏典が原典として採用され、仏教の古層の資料には目が届いていても、沙門を代表するもう一方の雄であるジャイナ教の聖典との比較検討は不十分なことである。例えば雲井教授の研究では、自由思想家の諸思想の中で仏教との関係が論じられたのはアージーヴィカやローカーヤタであったが、最も緊密な関係があったジャイナ教について、その資料による検討がほとんどなされていなかった点が惜しまれる。

このような意味で、ジャイナ教古層聖典や『マハーバーラタ』等に見られる詩節をも基礎資料として、より豊富に精査・採用した上で比較検討するような総合的研究は残された課題である。古い聖典を扱うに当たってはテキスト・クリティーク（Text Critique）は避けて通れない問題であり、パーリ語の知識のみならず、アルダ・マガダ語をはじめとする、いわゆる中期インド・アリアン語（Middle Indo-Aryan）の言語能力も要求されることになる。この点は、本邦の研究者にとって小さからぬ困難と言えるだろう。

他方、宮坂教授が行なったような、当該宗教の聖典ではなく文化・歴史の方面からの、考古学的調査も加えての研究はこれらの不十分さを異なる角度から補い、あるいは聖典自体の検証という意味でも有用性の高いものであろう。このような方法論の研究も、今後さらに充実させていくことが望まれる。

（3）ジャイナ教の成立に関する研究

① 概要と1900年代前半の研究

仏教に匹敵するほど、厖大な資料が現存しているのがジャイナ教である。今日のインドでは仏教がほとんどすたれてしまったのに対し、ジャイナ教は依然として民衆に浸透しており、インド民族資本の半数以上がジャイナ教徒に掌握されていると言われている。

ジャイナ教には白衣派と空衣派があるが、この白衣派に伝わる根本聖典は、アーガマ（Āgama）、あるいはシッダーンタ（Siddhānta）と総称され7部45聖典から成っている。すなわち、アンガ（Aṅga, 12聖典）、ウヴァンガ（Uvaṃga, 12）、パインナ（Paiṇṇa, 10）、チェーヤスッタ（Cheyasutta, 6）、ナンディー（Nandī, 1）、アヌオーガダーラー（Aṇuogadārā, 1）、ムーラスッタ（Mūlasutta, 4）である。これらはアルダ・マガダ語（Ardha-Māgadhī）で書かれており、韻文や散文から構成されている。

内容的には、多種多様であるが、ジャイナ教の戒律、教理、実践道等がその中心をなしている。

しかし、ジャイナ教が現在でも根強く信仰されているにもかかわらず、これまでに諸学者の努力によって校訂本として出版された聖典は、ほんのわずかでしかない。また、上の原典は新古の内容を不統一に含んでおり、一概に聖典の新古を決定することは不可能である。

伝説によると、ジャイナ教にはマハーヴィーラに先立つ23人のティールタンカラ（Tīrthaṅkara）がいたことになっている。しかし実際には、ジャイナ教も仏教と同様に遊行者という共通基盤から興り、第24祖と言われるマハーヴィーラにより独自の教団へと発展していったことに間違いはないであろう。それ故に、最初期のジャイナ教の教理と実践道の実態を知り、さらに最初期の仏教の実態と比較することによって両者の共通部分と異質な部分とを判別していけば、沙門の実態を解明する手がかりが得られることになる。

今日、仏教の戒律、教義、実践道等を扱った研究書、及び研究論文は圧倒的な数を占めているが、これに対して、ジャイナ教に関する研究は格段に少ないと言わざるをえない。

ジャイナ教全般にわたる研究書としては、スティーヴンソン（S. Stevenson, 1915）の書物が最初であろう[49]。彼女はGujaratのキリスト教伝道教会で修行した人である。彼女は当時発表された論文や研究書を基礎資料としながら、ジャイナ教の実質上の開祖であるマハーヴィーラの生涯、マハーヴィーラ以前の教祖とマハーヴィーラの弟子たち、ジャイナ教団史、ジャイナ教教理、儀礼、神観、建築物等について詳しく記述している。

グラーゼナップ（H. v. Glasenapp, 1925）の著作[50]では、スティーヴンソンが用いたよりもさらに多くの研究書と原典テキストが用いられ、知識の集積がなされており、有益な書物となっている。

また、シューブリング（W. Schubring, 1935）の書物[51]は、われわれにとって最も基本的かつ有益にジャイナ教の知識を与えてくれると言えよう。彼の研究は、学術誌に載せられた関係論文もさることながら、何よりもジャイナ聖典の原典テキストに基づいて論理を展開しており、これは研究史上特筆すべきことである。

彼の書物はジャイナ教の研究史に始まり、ジャイナ教の歴史、ジャイナ教聖典、世界観、人生観、そして解脱のための実践道までを網羅していると言ってよい。各項目には原典テキストの箇所が記されており、直接原典を確認することができるので、ジャイナ教の全体像を知りうるすぐれた研究書であると言えよう。

金倉圓照教授の『印度古代精神史』(1939)[52] は、ジャイナ聖典『アーヤーランガ』、『ヴィヤーハパンナッティ』、『ジナチャリヤ』、『ニラヤーヴァリヤーオー』を資料として、まずはじめに教祖マハーヴィーラ（大雄）の伝記を記している。次にジャイナの前史、聖典の分類と成立、教義について説明しているが、ジャイナの教義は、世界観、人生観などを主とする哲学的な部門と、宗教的理想を実現するための実践に関する部分とに分けて論説している。そして業論、実践倫理としての苦行と解脱へと論は進み、最後にジャイナ形而上学に深く関わる「スヤード・ヴァーダ」とそれを補足する「ナヤ」の論で締めくくっている。

金倉教授は、第二次大戦前のドイツ人ジャイナ教学者の著作を精読し、それをコンパクトに要約する形で以上の内容を示している。必要に応じて原典テキストより関係する文節を引用しているため、不可欠の研究書と言えよう。ただ残念なことに、ここに述べられたことは、必ずしも初期ジャイナ教の姿を示しているわけではない。教義に関して言えば、法数の整う以前の姿を浮かび上がらせることも今後必要となるのではないだろうか。

さらに、『印度精神文化の研究 ── 特にヂャイナを中心として』(1944）において、金倉教授はジャイナ教全般にわたる研究成果を発表している[53]。インドの諸宗教とジャイナ教、ジャイナ教の歴史、ウマースバーティに基づくジャイナ教義を述べ、さらにジャイナの哲学や知識論、論理学に及び、婆羅門教、ジャイナ教、仏教 3 者の交渉の 1 事例にも触れている。

② デオによる研究

デオ（S. B. Deo, 1956)[54] は、ジャイナ教聖典の原典テキストに基づき、その僧院生活を克明に描き出している。

彼はこの研究を開始するに当たって、批判的校訂本がほとんど存在しないが、批判的校訂本が現われるのを待つことができないまま論を進めると断り書きをしている。現存するわずかの校訂本、また校訂されていない原典テキストによって論を進めたため、後世、修正を必要とする場合が出てくる可能性は高い。しかしながら、この研究によって個々の聖典の成立年代が明らかになり、その成果はジャイナ教聖典の批判的校訂本作成の一助になると期待できるのである。

彼の著作は6部11章から成る。第1部は3章より成り、序論の役割を果たしている。第1章は、インドの僧院生活とその中でのジャイナの僧院生活を取り扱っている。第2章は、ジャイナ僧院生活の研究資料論であり、第3章は、沙門の起源についての諸学説を述べている。

第2部は、ジャイナ僧院生活における理論と実践がどのような歴史的背景から誕生したかについて論述している。

第3部では、ジャイナ僧院生活の実践と基本的理論の研究が取り扱われる。第1章は、アンガ（Aṅga）とムーラスートラ（Mūlasūtra, 根本経）を資料として、第2章は、残りの根本聖典を、第3章は、後期の註釈文献を資料として論を展開している。そして第4章では、比丘尼（bhikkhunī）の出家生活を描いている。

さらに、ジャイナの僧院生活に関して、文献から読み取られたことを裏づけるために、碑文から確実な証拠を挙げ、第4部としている。

第5部においては、ジャイナの僧院生活が社会に与えた影響と、社会がジャイナの僧院生活に与えた影響とについて論述している。

第6部は結論であるが、要約して示せば以下のようになる。

1. インド僧院生活の種々の形態の中にあって、ジャイナの僧院生活は厳格かつ正統主義を貫くという点で、独特の位置づけをされている。
2. 白衣派の聖典でさえも、書き記されたのは紀元後6世紀を遡ることはなく、個別の聖典はそれぞれ成立年代がまちまちである。しかし、その中でもAṅga聖典は古い層に属するし、白衣派と同様に空衣派によっても高い評価をもって保持された。
3. ジャイナの僧院生活は土着の宗教の信仰生活と共通する諸要素の混合の上に興起したように思われる。
4. ジャイナ教はインド各地にゆっくりと広まり、王族や民衆の支持を獲得していった。

5. Aṅga と Mūlasūtra に基づけば、僧院生活は未だ組織化されておらず、倫理的規範を確立することに注意が払われていた。しかし、Aṅga 以降に作成された聖典によれば、ジャイナ僧院は空衣派、白衣派を問わず組織化された共同体であり、聖職階級制度と学習のカリキュラムが確立していたことがうかがわれる。修行僧は以前の段階よりも一層社会と接触しており、僧院生活の実践道が変化したことを示している。とはいっても、ジャイナ教の倫理の本質が変化したわけではない。
   註釈書が書かれる頃になると、さらに社会との接触をもつようになった。僧院生活の規則は理論的に変化していないが、実際の行動面では多様化していったことがわかる。
6. 僧尼は常に修行僧に従属する存在であったが、女性の在家ジャイナ信徒の組織化に重要な役割を演じた。
7. 碑文は空衣派と白衣派の Saṅgha と Gaccha のような数多くの地域的単位を明らかにする。また、種々の年代におけるジャイナ教の支持者と、種々のカーストを含む僧院の構成者を明かしてくれる。
8. ジャイナ教の誓戒である不殺生等の五戒は「道徳の法典」として、インド文化の形成において柔和かつ平和的な側面を成熟させる役割を担った。

以上見てきたとおり、デオの研究は、比較的古層に属すると考えられるアンガ聖典を主な基礎資料としており、最初期のジャイナ教団の姿を明らかにした点で大きな価値をもつものである。

③ 松濤誠廉教授、中村元教授の研究

松濤誠廉教授の「ジャイナ教」(1967)[55] は、欧文と邦文で書かれたジャイナの教義に関する研究書及びジャイナ教の教団に関する研究書を参考文献としながら、主としてウマースバーティの『諦義証得経』(*Tattvārthādhigama-sūtra*) の教義体系を基礎資料として、ジャイナ教の教理を概説している。

1. 世界観
2. 有情(生類)観

3. 解脱修行

4. 知識と認識

の4節から構成されており、確立されたジャイナ教の教理を知る上では格好の参考書となる。

中村元教授が *Āyāraṅga*, *Sūyagaḍaṅga*, *Uttarajjhāyā* の原典テキストと先行する諸研究論文を基礎資料として、原始ジャイナ教を解明した論文、「インド思想と仏教」(1967)[56] は以下の6つのパートから成る。

第1節「ジャイナ教の成立」では、ジャイナ教の開祖ニガンタ・ナータプッタ（Nigantha Nātaputta）の生涯を述べた後、ジャイナ教と仏教との類似性を強調し、ジャイナ教を研究することは、仏教研究のために是非必要であることを強調する。その理由に当たる部分を引用してみよう。

> ジャイナ教はその後仏教と相並んで発達し、正統バラモン系統以外の二大宗教の一つとしてインド文化の諸方面に著しい影響を及ぼした。すなわちジャイナ教は仏教と同じ時代に、ほぼ同じ地方（東北インド）で同じ階級（王族）の出身者によって創められ、同様な社会的地盤において成立し、相似た発展過程をたどり、時代ごとに同様な変化を示している。教理も似ているし、同じような術語を用い、神話伝説にも共通なものが少なくない。開祖の生涯・伝記も類似している。はじめのうちは、ともに俗語（プラークリット）を用いていた。すなわち原始仏教聖典はパーリ語でまとめられ、ジャイナ教聖典はアルダマーガディー語で書かれているが、両言語ともに俗語の部類におさめられ、サンスクリットとは異なっている。教団の構成も非常に良く類似していて、どちらも出家修行僧が中心となり、在俗信者がそれに帰依し、それを支持するということになっている。また修行を完成した人の呼び名が共通で、仏教でもジャイナ教でも、ブッダ、マハーヴィーラ、タターガタ（如来）、アルハット（阿羅漢）、バガヴァットなどと言う。

第2節「根本的立場」では、解脱に到達するために、マハーヴィーラが否定主義／相対主義（syādvāda, anekāntavāda）の立場をとっていること、祭祀を中心としたヴェーダ聖典の権威を否定したことを述べる。

第3節「形而上学」では、ジャイナの世界観の基礎原理として五実在体を説く。

第4節「輪廻」では、繋縛（bandha）の故に諸々の霊魂が地獄・畜生・人間・天上の四迷界にわたって輪廻し、絶えず苦しみの生存を繰り返している、という教理を解説する。

第5節「修行と解脱」では、輪廻を脱出し、解脱に到達するための修行方法が述べられている。ジャイナ教の説く究極の解脱は「身体の壊滅＝死」とともに実現されるものであり、それを理想と考えていたことを示す。

第6節「在俗信者」では、ジャイナ教における在俗信者の位置づけについて述べる。実際問題として在俗信者は厳重な苦行を行なって解脱に到達することは不可能である。故にジャイナ教の高僧の教えにしたがって専ら道徳的生活を送ればよいとされた。それ故、「侍する人」（uvāsaga = upāsaka 優婆塞）なのであると言う。

④ ディクシットの研究

ディクシット（K. K. Dixit）は『初期ジャイナ教』（1978）[57] において、Aṅga聖典を基礎資料として用い、これらのテキストの内容を歴史的に分析し、評価して、新旧の層を分類している。この分類に当たって彼は、新旧の判別基準を3つ設定している。

1. 韻律……トリシュトゥブ（Triṣṭubh）もアヌシュトゥブ（Anuṣṭubh）もヴェーダ（Veda）に使用された古い韻律であるが、前者は古典サンスクリットやパーリ語では廃退したのに対し、後者は古典サンスクリットやパーリではすたれることなく、教理を説明するための標準的韻律となった。したがって、Triṣṭubh も Anuṣṭubh もジャイナ作品の古い層を示していることに疑いはないが、どちらかと言うと、すたれてしまった前者（Triṣṭubh）の韻律を含むテキストの方がより古い層を表わしていると言える。ただし、古層のプラークリット作品は、アーリヤー（Āryā）韻律であることに注意しておく必要がある。

2. 社会的背景……沙門の集団から興起した宗教集団のテキストは、社会的事情を反映している。例えば、熱心な在家信徒について叙述するような文節は、比較的新層を表わしている。
3. 独自の概念……体系化された後のジャイナ教独自の教理は、古い聖典には決して現われることがない。したがって、体系化されたジャイナ教独自の教理が見られる聖典の文節は、比較的新層に属すると言うことができる。

これら3つの基準からすれば、ジャイナ教聖典では、『アーチャーランガ』（Skt. *Ācāraṅga*）Iと『スートラクリターンガ』（Skt. *Sūtrakṛtāṅga*）I,『ウッタラードヤヤナ』（Skt. *Uttarādhyayana*）、『ダシャヴァーイカーリカ』（Skt. *Daśavaikālika*）が、仏典では、『スッタニパータ』（*Suttanipāta*）が最古層に属すると見ることができる。彼の研究は、これらの古層聖典を基礎資料として論理が展開される。

とりわけ、第1章は13節に分かれており、その13節各々について、3部構成で最初期のジャイナ教の実態を著述している。まず、最初に一般論が述べられ、第2にそれに関連することがらが『アーヤーランガ』（AMg. *Āyāraṅga*）Iの文節から引用され、さらに続いて同様のことが『スーヤガダンガ』（AMg. *Sūyagaḍaṅga*）Iの文節から取り上げられる。ここで問題とされる13節（項目）とは以下のとおりである。

1. ジャイナ教の修行者として出家生活を送ることが無条件に強調される。
2. 極端に厳しい苦行生活が強いられる。
3. 他に危害を加えること（ārambha）と所有（parigraha）は最悪の罪である。
4. 所有には物質的なものと、すべての社会的関係をもつことの2つが含まれており、これら2つを放棄することが説かれる。
5. ārambhaには6種類の対象がある。すなわち、人間や動物のような動身と、動かない生類として、地身と水身、火身、風身、樹身が挙げられている。

6. 煩悩（kaṣāya）と五大誓戒（mahāvrata）は、最初期の段階では未だ確立されていなかった。すなわち、koha（怒り）, māṇa（慢心）, māyā（偽り）, lobha（貪り）の四煩悩として体系化されるのは後の時代であり、同様に不殺生、不妄語、不偸盗、不淫、無所有の五大誓戒として体系化されるのも後世のことである。
7. 苦難（parīṣaha）と乞食の過失（bhikṣādoṣa）は後世、22のパリーシャハ（parīṣaha）と46のビクシャードーシャ（bhikṣādoṣa）に体系化されるが、初期の段階でも苦難に耐えることと、乞食において過失を犯さないという実践倫理は説かれていた。
8. 僧院生活における規則が述べられるのは、『ヴヤヴァハーラ・スートラ』（*Vyavahāra-sūtra*）が最初である。しかし、最古層聖典からは聖職階級制度や僧院の単位については知ることができない。すなわち、僧院生活における規則は系統立てて述べられていない。
9. 再生の解脱（mokṣa）の教理に関わる業（karma）論は、初期の聖典に特徴的に現われる。しかしながら、初期の聖典においては再生と解脱の正確なメカニズムを述べてはいない。
10. 5で見たような6種の生類という教理を除けば、初期聖典には存在論は系統立てて述べられていない。存在論が体系化されるのは異教徒との論争が盛んに行なわれるようになってからのことである。
11. 認識論についても、初期の段階でジャイナ教特有の認識論は述べられておらず、後世において体系的に述べられるようになった。
12. 神話学の面でも、ジャイナ特有のものは見られない。再生が語られるとき、地獄がしばしば描写されるが、宇宙論についての記述があるわけではない。
13. マハーヴィーラを描いた伝記において、彼は超人的人物、または神格化された人物として記述されていない。24代のTīrthaṅkaraとして、あるいはarhat（阿羅漢）の1人として描かれている。

また、著作の後半において、ディクシットはAṅgaに用いられた用語と概念とを『スッタニパータ』に見られるそれらと比較した。これは初期ジャイナ教聖典を歴史的見地において批判的に評価するための最初の試みであった。

⑤ 研究方法と課題

これまでジャイナ教における初期段階の全体像に焦点を当てた代表的研究書及び研究論文を見てきた。しかしながら、これらの研究において、マハーヴィーラ時代のジャイナ教の全貌が明確に示されているとは言えず、今後、最古層と思われる詩節の総合的研究によって、できうる限り解明することが不可欠であると考えられる。

ジャイナ教の教理体系を概説するのに、従来一般にはウマースバーティの『諦義証得経』を主な資料とし、必要に応じて古い聖典を用いる研究方法がとられてきた。と言うのも、その教理はマハーヴィーラの思想から広範な展開を示さなかったことから、その方法で十分と考えられたからである。しかしこの場合、体系化された教理を知ることはできても、未だ体系化されない原始的な教理を遡って知ることはできないという欠点がある。

これに対して言えば、中村教授は最古層と見られる聖典によって教理を説明しているので、ここに示されたものは、ほとんど最初期のものと言ってさしつかえないであろう。霊魂や原子論もマハーヴィーラによって説かれたものと言えるだろうし、業を物質ととらえ、外部から漏入して霊魂に付着し、そのために霊魂が昇天・解脱することができないという考え方も、マハーヴィーラに帰せられるかもしれない。

中村教授の研究は網羅的に整理されている。しかしながら、個々の古層聖典においても新古の層の区別があることには、より以上に注意が必要であったように思われる。例えば五大誓戒は、ディクシットが述べているように、マハーヴィーラの時代に確立されたとは言えないであろう。また、修行に関する術語や概念において仏教とジャイナ教に共通なものがあった場合も、ジャイナ教がオリジナルで仏教がコピーであると考えるのは早計であったのではないだろうか。

ディクシットの研究は、Aṅga に述べられた内容を明らかにし、Aṅga における個々の教理の発展過程を解明した点において、また初期ジャイナ教聖典と初期仏教聖典との比較を通して歴史的見地から批判的に評価する試みにおいて、高く評価されるものであろう。

繰り返すようだが、最古層と見られる詩節の総合的研究、その用語と概念の比較研究による、ジャイナ教、仏教双方の草創期のありようの解明が待たれているのである。

以上、沙門、仏教、ジャイナ教それぞれの起源・成立に関する研究を概観してきた[58]。

2 仏教とジャイナ教の関係を主題とする研究

(1) 類似作品の研究

仏教とジャイナ教の初期の姿、そして当時の社会的背景を知るための第一歩として、それらの古層のテキストを批判的に読み取る綿密な作業が必要である。例えばヴィンテルニッツ（Winternitz, 1927）は、ジャイナ教や仏教に類似した作品を広範囲にわたって指摘している[59]。これに倣い、本項でもまず物語として類似する作品を取り上げた研究を紹介し、次いで並行詩節を指摘する研究を紹介したい。

①『ウッタラッジャーヤー』とその類似物語

初めに物語の類似性として『ウッタラッジャーヤー』を取り上げた研究を、その対象箇所ごとに紹介していこう。主なものは Utt. 12 ～ 14 である。

Utt. 12（Harikeśa）と Jā. 497（Mātaṅga-jātaka）は、シャルパンティエ（1909）[60]によって比較検討されている。

ガテギ（A. M. Ghatage, 1936）[61]も仏教とジャイナ教両伝承の比較研究の重要性を述べている。両宗教における説話の比較研究をすることによって、他方の作品から借用したものか、共通の基盤に立つものか、偶然一致したものか、決定できるものと考えている。

彼は Utt. 12 Hariesijjaṃ と Jā. 497 Mātaṅga-jātaka の類似性に言及し、2作品を比較すると仏教作品は念入りに作られていて、意図することも複雑である。それに対してジャイナ作品は素朴で簡潔である。したがって、ジャイナ作品の方が仏教作品よりも古い成立である、と結論する。これは以下で見るとおり、彼の Utt. 13, 14 についての結論とも一貫している。

矢島道彦教授[62]は「Mātaṅga-jātaka と Uttarajjhāyā 12 の比較研究」(1981)において、後半のいくつかの箇所を取り上げ、Jaina と Pāli 両伝承の比較研究による説話祖型の探求を試みている。対話の韻文と物語叙述の散文より成る文学作品を Ākhyāna と言うが、Mātaṅga-jātaka も *Uttarajjhāyā* 12 もこの文学作品の1つに数えられる。

しかし両作品は多少異なる方法をもって聖典化され伝持されている。パーリ伝承の説話においては、その韻文と散文の内で、対話韻文のみが聖典と見做され、固定した語法を欠く散文伝承はそのまま聖典外に放置されたと考えられる。そのため物語を叙述する散文の記憶が失われ、またそれがため、韻文の脈絡や話者に就いての誤解が生じたとしても、止むをえないことであった。実際、その文面からはパーリ伝持者が物語を誤解し、多くの変更、改変を余儀なくされたことが推察される。このようなパーリの伝承経緯を考えれば、対比される Jaina 伝承の物語の素朴さが自ずと浮かび上がってくる、というのが教授の主張するところである。

Utt. 13 (Citta-Sambhūijjaṃ) と Jā. 498 (Citta-Sambhūta-jātaka) に見られる Citra と Sambhūta の物語は、ロイマン (E. Leumann, 1891) によって最初に取り上げられ、検討された[63]。すなわち Citra と Sambhūta と名づけられた2人がおり、過去世で互いに乞食した間柄であるが、2人の性格の相違によって異なった運命をたどる話である。その後、シャルパンティエ (1922) は彼の Utt. の校訂本の中で、両伝承の素材になった説話祖型を再編するという新しい試みを行なっている[64]。

ガテギはまず、この Utt. 13 と Jā. 498 の比較検討から始める。これら2つの物語は話の概要と主な出来事に共通性が見られるばかりでなく、それぞれの詩節にも一致点が見出せる。しかし相違点も明らかで、Utt. が詩節のみで伝えているのに対し、Jā. は詩節と散文から構成されている。そして、散文の部分は言語学的にも論理的にも詩節よりはるかに遅い成立であると知られ、この事実から、Utt. の物語が Jā. よりも古い作品であると認められる。

さらに相違点を上げれば、Utt. は 2 人の過去世について具体的には何も言及しないのに対し、Jā. は 2 人の過去世について詳細に述べる（アヴァンティ国においてはチャンダーラ、ネーランジャラー河畔では鹿、ナンマダー河岸ではミサゴ、今世ではバラモンと王族であった）。また、Jā. の詩節は、Utt. の詩節よりも話が内容的によく調和している。この事実は、Utt. が語を配列するのに苦労したのに対し、Jā. が幸運にもかなり早期に配列の整った註釈を用いることができたことによると言う。

ガテギは、これらに加え、Utt. 13 にない Jā. 498 の前半の部分は Utt.13 が書かれた後の成立であることも併せて考え、Utt. がより古形を留めていると結論する。

アルスドルフ（L. Alsdorf, 1957）[65] はこの Citra と Sambhūta の物語（Utt. 13 と Jā. 498）について、双方の類似性を示す詩節を中心にして問題点を指摘・検討し、シャルパンティエの見解の訂正を行なうとともに、Jā. と Utt. の詩節の批判的翻訳に役立つテキストの補正を試みている。

次の Utt. 14 Iṣukāra 王の物語は、すでに紹介したとおり、仏教作品 *Jātaka* の 509 Hatthipāla-jātaka（護象本生物語）と共通な内容をもつ作品である[66]。

ロイマン、シャルパンティエに続きガテギもまた、Utt. 12 及び 13 についてと同様、Utt. 14 Iṣukāra 王の物語について検討を加えている。

Jā. の Hatthipāla-jātaka の物語の要旨は以下のとおりである。王とその司祭に子供がなかったが、樹神の援助によって司祭は 4 人の子供を得、その 4 人とも出家志向であった。そして彼らは出家者となり、まず司祭の妻を出家させ、次に司祭、ついに王と王妃をも出家に導いてしまう。

Jā. の物語は Utt. に欠けている司祭の息子の誕生について詳細に語ってい

るが、Utt. は登場人物が天宮から降りて同じ町に生まれるところから始まる。さらに、これら2つの物語において、子供の数に相違がある。すなわち、Jā. においては4人、Utt. においては2人である。また、Utt. の中では司祭と王との間に、Jā. におけるような緊密な関係は認められない。

これら2作品の新旧を判断すれば、Utt. の詩節が古いだけでなく、よく古形を留めていて、Jā. よりも興味深い、とガテギは考える。

②『マハーバーラタ』から見る類似作品の研究

他方、民間伝承とされる『マハーバーラタ』に軸足を置きつつジャイナ教や仏教の教えに肉薄せんとする研究もある。

『マハーバーラタ』(MBh.) には仏教やジャイナ教に共通、あるいは類似した説話や詩節があることがすでに指摘されている。特に MBh. 第12篇 Śānti-parvan (寂静篇) の第3部 Mokṣadharma-parvan (解脱法品。以下の村上論文では *Mdh* と略している) には、仏教作品やジャイナ作品と類似の説話、あるいは共通の詩節があるばかりでなく、思想的にも同一とみなされるものが存在する。MBh. の刊本は、これまでカルカッタ、ボンベイ、クンバコーナム、プーナで出版されてはいたが、批判校訂本[67]とその詩句索引[68]の出版は、研究者に多大なる便益を供すとともに、MBh. 研究の出発点ともなった。

村上真完教授の「無欲と無所有 ── マハーバハーラタと仏教 (一)」(1980)[69]は、この批判校訂本を底本とする MBh. の第12篇第168章と第171章の和訳を中心にした研究である。この研究を進めるに当たって教授は、ニーラカンタの註釈を含むプーナで出版された6巻本を参照しつつ和訳し、MBh. 中の他の箇所や仏教などの他の文献に見られる共通、または類似した詩節があれば、それを洩れなく引用して論理を展開している。

まず、第168章の主題は「悲しみの克服の教え」と命題された。MBh. の筋の構成は、ユディシュティラ (Yudhiṣṭhira) の問いに対して、戦いに傷つき、死を待つ老将軍ビーシュマ (Bhīṣma) の返答よりなり、MBh. の最初の第168章では、ビーシュマによって2つの物語が語られる。1つはセーナジット（Senajit）物語（vv. 8–53）であり、もう 1 つはその物語の中に引かれる形で出てくるピンガラー（Piṅgalā）物語（vv. 46–52）である。

これらの物語を通して、この章が悲しみの克服、苦の克服を主題としており、そのために無欲、渇愛の滅、離欲を説いていることが明らかにされた。さらに教授は、MBh. と共通な詩節を仏教文献から引用するにとどまらず、特に渇愛の滅に関しては、仏教以外にプラーナ文献や哲学学派の文献にも言及している。

次に、離欲、すなわち無所有の勧めは第 170 章と第 171 章に説かれるが、ジャイナ教と仏教との間に共通の物語や詩節があるという観点から、第 171 章が「無所有の教え」として取り上げられる。

第 171 章においてビーシュマは、「マンキ物語」を引いてユディシュティラに厭離と離欲等の徳目を説く。そして無欲が最大の楽（幸福）であることを教える。

第 171 章の後半は、ジャナカ王の歌とボードヤの歌の 2 種類の引用から構成される。まず、ジャナカ王の歌第 56 詩節：

およそ何物もない私の財（vitta）はまことに無限だ。

〔火事で〕ミティラー〔の町〕が焼けても、私の何物も焼けない。

は無所有こそが最上の幸福であることを説いたもので、MBh. に種々伝えられるのみならず、仏教やジャイナ教においても並行詩節（parallel gāthā）の存在することが例示される。

ジャナカ王の歌に続いて、ボードヤという仙人の物語に移行する。ここでも厭離と無欲が主題である。要するに第 171 章は無欲、無所有を説くが、これを徹底するには出家遁世の生き方が望まれる。この出家の生き方を示したのが、ジャナカの歌であり、ボードヤの歌である。

村上教授による MBh. 第 12 篇第 169 章の研究（1981）は、稿を改めて発表された[70]。ヴェーダの学習を初めとする生活に対する批判として、人は常に死の危険にさらされているという無常観と、死を克服すべく出家して森に住み、不殺生、真実、無欲を守るべきことが説かれる。この中で教授は、MBh. 169 に共通する Utt. 14 と Jā. 509 の並行詩節を取り上げている。

③ 並行詩節を扱った研究

この他、並行詩節を扱った研究も数多く存在する。

ペイ（M. G. Pai, 1927）[71] は、Dhp. におけるジャイナ教聖典との並行詩節、もしくは類似的表現に言及している。

サンデサーラ（U. J. Sandesara, 1955）[72] は、Utt. と MBh. の 2 作品に見られる並行詩節を例示している。

ロート（G. Roth, 1976）[73] は、先に述べたように村上教授も取り上げた MBh. 12.171 の中で、その並行詩節である Utt. 9 を取り上げている。

この Utt. 9 は Namipavvajjā と題され、ミティラー（Mithilā）のナミ（Nami）王とバラモンに変装したインドラとの対話で構成される。ロートはまず、第 14 詩節を引用する。

> 私たちは自分のものを何ももたない。幸福に生活し、生存する。ミティラーが燃えているとき、私の何ものも燃えない。
>
> suhaṃ vasāmo jīvāmo jesi mo natthi kiṃcaṇa
> mihilāe ḍajjhamānīe na me ḍajjhai kiṃcaṇa（Utt. 9.14）

この第 1 半詩節に類似したものとして Dhp. 200,『ガーンダーリー・ダルマパダ』（*Gāndhārī Dharmapada*）168 を、詩節全体が並行関係にあるものとして Uv. 30.44 を、Mithilā を主題とした詩節に MBh.（17.18, 171.56, 268.4）を指摘する。

その他、Utt. 9.34 に相当する詩節として、

1. *Patna Prakrit Dharmapada*, XX, sahasra-vargga, v. 3
2. GDhp. 19.1（305）
3. *Mahāvastu*, III 434.17-18
4. Uv. 23.3, p. 291

を挙げ、Utt. 9.44 には、

1. Dhp. 70

2. PDhp. 389

3. Uv. 24.20E

4. Mvu. III 435.19–20

が並行関係にあることを指摘する。

④ 類似性が示しうることと示しえないこと（研究課題）

前述のように、仏教とジャイナ教を対照したときに、

1. 物語が似ている場合

2. 詩節が同一である場合

の2つのケースがあることに気づく。

ガテギが指摘したごとく、ジャイナ作品である *Uttarajjhāyā* と仏教作品の *Jātaka* の類似した説話作品が同一の素材に基づくことに何の疑いもないであろう。彼は Utt. や Jā. に限らず、この他にも類似した物語を説く作品が数多く存在することを指摘し、またジャイナ作品の中における詩節と仏教作品における詩節とが類似している、いわゆる並行詩節（parallel gāthā）の存在も指摘する。そしてこのような現象が起こったのは、仏教・ジャイナ教聖典が作成される以前に、苦行者の生活や理想を取り扱う詩集が浮動していて、それがこれら両宗教の聖典において編入された、と結論している。

アルスドルフによれば[74]、これらの類似作品は古い Ākhyāna 作品である。Ākhyāna というのは1つの文学形式の名称であり、韻文の対話と、物語を叙述する散文とから構成される作品のことである。先に言及された Utt. 12 と Jā. 497, Utt. 13 と Jā. 498, Utt. 14 と Jā. 509 についても、Jā. 作品は対話の韻文と物語叙述から成る典型的な Ākhyana 形式であるのに対し、Utt. の作品は物語叙述の散文をも韻文に再編し、1つの聖典と化している。しかし、これが本来 Ākhyāna 作品であったことは諸註釈類からも容易に知られる。

このような Ākhyāna 形式の作品も、いわゆる「沙門の文学」の範疇に入り、類似した Ākhyāna 作品が仏教とジャイナ教の両宗教の聖典に存在することは、両宗教が共通基盤にあったことを裏づけることになる、と彼は結論する。

なお、村上教授は 1980 年の研究の結びとして、MBh. 168, 169, 171 の詩

節と対応する仏教文献の出典箇所を表にして示している。そして、ここに示されたのは原始経典の詩節であり、これらの詩節の中に仏教の真髄を求めようという見方には注意を要すること、つまり、いわゆる最古の詩句の中に述べられていることが仏教特有のものであると結論できるだろうか、と疑問を呈している。その上で教授は、仏教とは何であったか、仏教がいつ仏教特有のものを形成せしめたのかの問いに答えるためには、原始経典の散文の部分に顧慮する必要があることを提言している。

また、2 に挙げた並行詩節の存在は、両宗教が独自の教団として成立する以前の、遊行者の共同体における教理や修行の実践道を明かす、貴重な第 1 次資料となるはずである。ただし、先に紹介した並行詩節の研究では、3 人ともに並行関係にある詩節を指摘したに留まり、そのどちらか一方が他方から借用したものかどうか等の議論には至らなかった。前後関係を見定めるには、なお、何らかの確実性のある方法論や指標の確立を待つ必要があると言えよう。

(2) 内容比較に基づく研究

研究史概観の最後に、仏教・ジャイナ教両聖典の比較に基づいて、両宗教の戒、あるいは教義上の中心概念、また実践道の本来の形式等について、より具体的にその内実を確認しようとした研究を概観していきたい。

そのような比較研究が行なわれるようになった大きな契機は、ハンブルク大学のアルスドルフ教授による 1965 年の講演にあった。それは『ジャイナ教研究の現状と将来の課題』[75] と題され、最初期の仏教を研究するに当たって、ジャイナ教の古層文献に基礎となる資料が存在することを提示し、両宗教の比較研究の重要性を示したものであった。

以来、わが国においてもジャイナ教と仏教とを比較研究することによって、仏教の教理を解明する、あるいは逆にジャイナ教の教理を理解するといった研究の成果が報告されるようになってきた。

以下、主なものについて概略を紹介しよう。

① 共通基盤の存在を裏づける研究

本庄良文教授[76]は「初期仏典における沐浴者（snātaka）」（1979）において、「沐浴者」という語が仏教やジャイナ教において「真の婆羅門」の呼び名としてあらわれ、内面的な解釈が施されていることを指摘する。snātakaという語は、四住期の最初の学生期を終えたばかりの者をさすのであるが、仏典やジャイナ教聖典においては意味の転換がはかられ、りっぱな修行者の呼称になった。このように本来、バラモン教の用語であった語を内面的に解釈し直す態度は、バラモンが祭式に使用する火、道具類、水などにも適用される。

仏典：舌＝木杓、心臓＝火炉、よく調御された内面＝祭火、ダルマ＝戒を岸とし、濁りなく、賢者から賢者へと賛嘆されていく池

ジャイナ：苦行＝火、命我＝火炉、行為＝木杓、身体＝牛糞、業＝燃料、ダルマ＝池、梵行＝寂静のための霊場

と解釈し、仏教もジャイナ教も外面的なやり方で清浄が得られるのではなく、梵行を修することによる内面の浄化こそが重要であると説く。このことは仏教とジャイナ教の両宗教が共通に依拠した原伝承があったことを推定させる、と教授は指摘した。

高木訷元教授[77]は「沙門の解脱道」（1982）において、ジャイナの古資料『聖仙の語録』（*Isibhāsiyāiṃ*, イシバーシヤーイム）に基づき、仏教、ジャイナ教、アージーヴィカの三教に見られる沙門の解脱道について概観している。教授は、これら三教をバラモンとは異なった宗教文化の領域に属する沙門の宗教と呼び、ヴァーラッタヤ（Vārattaya）の著作と言われる『聖仙の語録』第27章の所説を、まさしく「沙門の修道」（samaṇa-sampayā）についての概略であると見ている。

ここに於いて説かれていることは、次の2点に尽きる。

1. 涅槃に到るべき修道は禅定と学習であること
2. 沙門の避けるべき修道の障害、つまり解脱の障害が占相や呪術にあること

ヴァーラッタヤ所説の第1偈からは、愛執（siṇeha）→ 業（kamma）→ 苦

(dukkha) という因果の図式を読み取ることができる。したがって、苦滅すなわち涅槃の完成は、この図式の逆観ということになり、愛執の厭離と業を滅することによる。ジャイナ教も仏教も愛執を厭離するには、一処不住の遍歴行と人里離れた場所での独住を説く。また、業を滅するためには、禅定 (jhāṇa) と学習 (ajjhayaṇa) に努め励むべきことが教示される。これが第1の論点である。

第2には、沙門道にとって障害となるべきことがらが述べられる。即ち、手足の肢分占い (aṅga)、前兆占い (nimitta)、天変地異の占い (uppāda)、夢占い (supina)、体相占い (lakkhana)、諸種の護摩 (homa)、家相占い (vatthu-vijjā)、あるいはさまざまな明呪 (vijjā)、占星、予言、医術等を「低劣な明呪」(tiracchāna-vijjā) として、それぞれに関わることを禁じている。特に経典によっては、占相や呪術そのものの否定と言うよりも、むしろ遍歴行者たる沙門が、そうした呪術や占相によって生計を立てることが非難され、禁止されているのである。

さらに、四種禁戒にも言及し、四種禁戒や五大誓戒が、パーサやマハーヴィーラに特有の思想ではなく、当時沙門道として広く行なわれていた道徳律であった、と結んでいる。

このように本庄教授も高木教授も反バラモンとしての沙門の存在を認めており、このような沙門の修行実践道のある部分が仏教やジャイナ教に共通に受け入れられたことを提示している。

② 語義の原型と継承、変遷についての研究

次に、本来、仏教でもジャイナ教でも同一の概念をもっていた術語が、それぞれの教団が確立するにつれて、本来もっていた意味を失い、それぞれの教団独自の概念に改変されていったことを論証した論文を紹介しよう。

荒牧典俊教授の「Pāli parissaya について」(1978)[78] は、『ダンマパダ』や『スッタニパータ』に見られる難語 parissaya の本来の形が、ジャイナ古経に

おける parissava（-srava）もしくは parissu（-śru）であったことを論証する。この論文は3つのパラグラフから構成されている。

まず第1節は、ジャイナ古経に見られる parissava の用例の検討から始まる。parissava が元来、āsava と一対になる語であって、parissava が業を獲得することによって輪廻し続ける存在にとっての「暴流の外流」であるのに対し、āsava はその「暴流の内流」である。これらは世間的存在へ引き込まんとして苦行者に迫り来る暴流であり、苦行者はこの暴流を克服することによって解脱する。

第2節において、『ダンマパダ』328 に見られる parissaya は仏教梵語伝承、すなわち説一切有部及び根本説一切有部においては、parisrava となっている。したがって、Pā. parissaya が Pkt. parissava（Skt. parisrava）に対応することがわかる。

さらに、語義の面でも parissaya がジャイナ古経の parissava に対応することを論証する。その例として、『スッタニパータ』の Kāmasutta（Sn. 769-771）, Sāriputtasutta（Sn. 955-975）を引用して、parissaya がジャイナ古経の parissava と同様に、ひとり遊行する苦行者に外から迫り来る「外流」であると結論する。

第3節では、最初に、『アングッタラ・ニカーヤ』58 における parissaya の用例を検討し、『スッタニパータ』の Sāriputta 以来の伝統が受け継がれていることを確認する。ただし、『アングッタラ・ニカーヤ』58 や『マッジマ・ニカーヤ』Pāsādikasutta において、parissaya の語が用いられる箇所は共通の伝承に基づいており、utu-parissaya-「自然環境の悪条件」という複合語に固定して用いられている。つまり、もはやこの段階になると、ジャイナ古経や『スッタニパータ』における「輪廻の暴流の外流」という意味が失われている。この理由を荒牧教授は、僧伽を形成し、僧院に定住するようになるにつれ、忘れられたと推定する。

さらに荒牧教授は、ジャイナ古経の parissava や『ダンマパダ』『スッタニパータ』の parissaya は、アショーカ王碑文の palissava と基本的に同義であることを論証している。

仏教やジャイナ教において教義上、重要な位置づけをされる āsrava（Pā., Pkt. āsava, 漢訳「漏」）の起源とその展開を研究したのは、榎本文雄教授の「āsrava（漏）の成立について ── 主にジャイナ古層経典における」（1979）[79] である。

教授はまず、ジャイナ古層経典の1つ『ウッタラッジャーヤー』の第23章を中心として、āsrava と基本形（ā- √sru）を同じくする assāvī（Skt. āsrāvin）という語の意味の検討から始める。その結果、この語はジャイナ教、仏教共通の源流に由来し、それは、「(舟へ水が）漏れ込むこと、流入すること」である。つまり、輪廻の洪水の流れが身体という舟に漏れ込むことであり、しかも、漏れ込む水は、輪廻の洪水の海を渡るに際し、それを妨げるものである。その意味で assāvī という語は、輪廻からの解脱を妨げるもの、言い換えれば、輪廻の原因が流入することである、と述べている。

次に、『スーヤガダンガ』1.11.24 に見られる語 āsava（Skt. āsrava）が輪廻の激流という文脈の中に位置し、assāvī と同じ意味で用いられていることを検討する。『イシバーシヤーイム』における āsrava も同様の意味で用いられている。また、āsrava がカルマン（karman）の流入を意味する傾向が見られ、これは pāvāiṃ kurute「彼は悪をなす」と同一である。そして、『ウッタラッジャーヤー』30.6 で āsava が karman とともに複合語を形成し、「流入」を意味することが確認される。そこで、これ以後、ジャイナ教では āsava は単独で「karman の流入」を意味することとなる、と述べている。

一方、原始仏典では、『イシバーシヤーイム』第28章と深い関係にある『スッタニパータ』の Kāmasutta に含まれる第770詩節に見られる parissaya という語が、ジャイナの assāvī の意味を残存している。しかも、『スッタニパータ』770d は『アタルヴァ・ヴェーダ』5.19.8b と同一である。このことから Utt. 23.70 や Sn. 770 はこの『アタルヴァ・ヴェーダ』の伝承を受けていると結んでいる。

③ 戒律の継承関係に関する研究

戒律に関してもジャイナ教と仏教には深い関係があり、それを論じたものに長崎法潤教授の「ジャイナ教の戒律 ── 仏教の戒律との関係を中心にして」(1981)[80] がある。

ジャイナ教と仏教は、それらの興起時代、布教活動において共通するばかりでなく、教義においても互いに交渉関係にあった。故に長崎教授は、戒律に関しても互いに関係があったと考えられるとする立場に立つ。そして、ジャイナ教の禁戒が仏教の五戒や八斎戒のモデルであったことを論じている。

まず、ジャイナ教の禁戒（vrata）について述べる。この禁戒には出家者のための大禁戒（mahāvrata）と、部分的に緩和した在家信者の倫理規定である小禁戒（anuvrata）とがある。マハーヴィーラに先立つ第23祖パールシュヴァ（＝パーサ）は、「生物を傷つけない」、「非真実を行なわない」、「与えられざるものを取らない」、「他に何物も与えない」の四戒を説いたと言う。しかしマハーヴィーラは、第4の「他に何物も与えない」を「不淫」と「不所得」に分けて五禁戒にしたと言う。そしてこの五禁戒を緩和した倫理規定が、在家者の守る小禁戒である。

さらにマハーヴィーラは、在家信者のために小禁戒の補助的な役割をなす7種の禁戒（śīla-vrata）を説いている。

徳禁戒（guṇavrata）…1. 方位の禁戒
2. 場所の禁戒
3. 無意味な毀傷の禁戒

学禁戒（śikṣāvrata）…1. 反省瞑想
2. 断食精進日
3. 飲食その他の愛用の禁戒
4. 客僧の供養

一方、仏教では第5番目の戒に、不所得ではなくて不飲酒を採用している。この理由を長崎教授は次のように考えている。不殺生から不淫まではパールシュヴァの教えであり、どの宗教の信者にも通ずる倫理規定であった。しかし、第5の不所得はマハーヴィーラの説いた教えであり、ジャイナ教独特の教えである。したがって、仏陀はジャイナ教独特の不所得を採用することができなかったと考えるのである。

その他に仏教の五戒がジャイナ教の五禁戒から影響を受けた証拠として、法句経に現われる五戒の徳目の順位がジャイナ教のそれに一致することがあげられる。そして仏教の八斎戒、すなわち五戒の他に不非時食戒（正午以後食事をしない）、不塗飾香鬘戒（花環、香料、塗油、飾り物などをつけない）、不座高広大牀戒（高くて大きなベッドを用いない）を含めた在家信者のための八斎戒も、ジャイナ教の禁戒と学禁戒をあわせたものと近似していることから、ジャイナ教から採用されたと結論する。

④ 両宗教の独自性に関する研究

両宗教聖典の比較研究の中には、仏教特有の思想とは何か、あるいはジャイナ教特有の思想とは何か、いわば両宗教の思想上の相違についての研究も見られる。

仏典やジャイナ教聖典において、自宗派の正統性を主張するために、他宗派の不完全性を批判している一節に遭遇することがある。これを手がかりにその主張の真意を見極めていくことができると考えるのである。

谷川泰教教授の「ジャイナ教の解脱観 ― 仏教との交渉において」(1979)[81]は、初期仏教聖典とジャイナ古聖典の中に見られる解脱観を考察している。

仏教もジャイナ教も解脱を究極の目標としている。しかし、解脱観とそれに到達するための手段には確たる相違が見られる。

ジャイナ教の祖師マハーヴィーラは苦行を主とする禅定を重視したが、この苦行を主とする禅定は解脱の因となるものであると説かれる。そして、完全な解脱は肉体の死を意味すると考えられている。

これに対し、仏陀は苦行を捨て、静慮を主とする禅定による解脱を説いたと言う。ジャイナ教から見れば、仏教徒の禅定は快楽を求めて静慮しているのであり、鳥やみさご等が獲物である魚をねらっているときの集中力に等しく、不浄で卑しい禅定である、と批判される。また、ジャイナ教が仏教を批判する理由としては、他にも、仏教徒が種子や冷水を使用すること（冷水には微生物がいて殺生戒を犯すことになる)、その人のために特別に料理された食事を辞さないこと、などがある。

教授は、禅定と解脱観をはじめとする、このようなさまざまな相違点にジャイナ教の独自性を認めている。

⑤ 研究課題

以上、4つのポイントに分けて研究を概観した。それぞれに戒、あるいは教義上の中心概念を取り扱い、そのありようを鮮明にしようとする研究である。

最前からの検討をもとに言えば、2つの宗教について、戒律であれ教理であれ、そのある一部分が一致する場合に、その影響関係を措定することの難しさについての自覚といかにしてその関係を確定するかの方法論がここでも重要と思われた。例えば長崎教授の研究では、何故ジャイナの五禁戒が仏教の五戒より成立が早く、モデルであったかは論じられていないし、近似しているという理由だけで一方が他方から影響を受けたとは言えないであろう。

この種の問題を解決するには、

1. 宗教Aと宗教Bに一方向的な影響関係があることの、時間的前後関係、不可逆性の検証
2. 宗教Aと宗教Bがともに影響を受けている祖型、共通のモデルの有無の検証

をクリアすることが不可欠となる。これには、例えば、ディクシットがテキストの新旧について判別の基準を設けたように、何らかの客観的と言える基準を設定する必要がある。恐らく相当量のテキストの読解を通じてのみ、それは可能となるのであろう。また、もしそれにふさわしい指標を見出せない場合には、謙虚に類似性の指摘に留まることをもって是とすべきではないだろうか。

3　問題の所在

これまで本書の主題に関わる先学の研究成果のうち、主要なものを概観してきた。

各項において研究課題を振り返ることはしてきたので、ここではそれらに漏れ、なお総論として確認しておかなければならないことに限って考えてみよう。

1つには、文献の質と量の問題がある。バラモンと沙門、仏教とジャイナ教のそれぞれの関係を考察するには、それぞれについての信頼に足る質を具えた文献が一定量必要である。

これまでの研究では、そのように広く資料を採用し、相当量の初期仏典とジャイナ聖典を資料として、バラモン教に対抗して台頭した沙門の実態と、彼らが仏教やジャイナ教を成立せしめた諸条件を包括的に考究した研究書は未だ現われていないと言わねばならない。換言するならば、仏教とジャイナ教の資料を同質かつ同量に用いて、何が共通基盤であり、何が独自性であるかについて解答を与えた研究書は未だ現われていないということになる。

初期の仏典を読むとき、仏教特有のものとは言えない異質な要素に出くわすことがしばしばある。そこで、仏教独自のものと異質なものを、どこで見分けるかという問題が起こってくるが、その場合、ジャイナ文献の助けを借りる以外に方法はないであろう。両宗教に共通な用語や思想概念があるとき、それは共通基盤にあった頃のものであるという推論が成り立つ。また、共通でないものが見出されるとき、それはその思想の系統の特質と見ることができよう。

したがって、初期仏教文献や初期ジャイナ教文献を比較検討し、両宗教発生の基盤を解明する手がかりを得ることは不可欠の研究と考えられる。なぜなら両宗教の古層聖典には紀元前6～4世紀、すなわち仏陀やマハーヴィーラ時代の社会事情と宗教事情を読み取ることのできる背景的な記述が内包されていると考えられるからである。

第３節　研究の方法と資料

本研究の目的は、仏教とジャイナ教が成立するための諸条件の把握を試みることにある。そのためには、この両宗教が興起するに当たって共通の基盤になったと考えられる遍歴の修行者「沙門」の実態と特性を解明する必要がある。そしてそれには、仏教とジャイナ教の最古の聖典群の読解と比較検討が必須の方法であり、その理由は以下のとおりである。

紀元前６〜４世紀のインドにおいて、さまざまな宗教が存在したことが事実であっても、それぞれの宗教が自らの記録を残しているわけではない。むしろ今日、ほとんどが残っておらず、仏教とジャイナ教のもののみが伝えられているといっても過言ではない。しかも、採用する文献は最初期のものに限らなければならない。『スッタニパータ』の成立にしても仏陀の時代まで遡ることはできないし、ジャイナ教の古層聖典もマハーヴィーラの時代まで遡ることはできないが、新層に属する文献よりは、はるかに仏陀やマハーヴィーラの時代を推定する手がかりを与えてくれると考えられるからである。

このようなわけで、研究対象とする文献は次のとおりとなる。

仏教文献

『スッタニパータ』（経集）

『ダンマパダ』（法句経）

ジャイナ教文献

『アーヤーランガ・スッタ』

『スーヤガダンガ・スッタ』

『ウッタラッジャーヤー』

『イシバーシヤーイム』

『ダサヴェーヤーリヤ・スッタ』

しかしながら、これら原典テキストはかなり厄介な文献学的註記を必要とし、読解が困難である。

その理由の第1に、言語の難解さがある。古層聖典を研究するに当たっては、まず厳密な校訂本が必要となり、その校訂本に基づく翻訳と内容の検討が当然の手続きとなる。翻訳をする場合、文法はもとより、語彙、構文論等の組織的研究が要求される。しかしながら、初期のジャイナ聖典にしろ、仏典にしろ、校訂本や翻訳において、現段階では多くの解決すべき問題を残している。

ジャイナ教の聖典語であるアルダ・マガダ語と初期仏典のパーリ語は、中期インド・アリアン語に属する言語である[82]。

ヴェーダ語や古典サンスクリット語を古代インド・アリアン語（Old Indo-Aryan = OIA）と呼ぶのに対し、中期インド・アリアン語（Middle Indo-Aryan = MIA）と総称されるものは、アショーカ王碑文語（Aśoka）、パーリ語（Pāli）、仏教混淆梵語（Buddhist Hybrid Sanskrit）、マガダ語（Māgadhī）、半マガダ語（Ardha-Māgadhī）、マハーラーシュトラ語（Māhārāṣṭrī）、ジャイナ・マハーラーシュトラ語（Jaina-Māhārāṣṭrī）、シューラセーナ語（Śaurasenī）等である。

OIA は MIA に連続していることは言うまでもない。サンスクリット語の中には MIA よりも成立が遅い語彙もあるが、MIA の語彙はサンスクリット語に還元（還梵）できるのが普通である。ただし、サンスクリット語に起源を有しない語彙も多々含まれ、Deśī と呼ばれている。

これら MIA の範疇に含まれる諸方言は互いに関連性があり、それ故、MIA の1言語を読む場合でも、MIA に含まれる複数の言語とサンスクリットの知識が要求される。例えば、アルダ・マガダ語 vūhae（Utt. 10.36, pāda c）を見てみよう。

> そして寂静の道を実践すべきである。ゴーヤマよ、貴重な機会を無駄にすべきでない。
>
> santī-maggaṃ ca vūhae
>
> samayaṃ goyama mā pamāyae（Utt. 10.36cd）

この語のサンスクリット対応語は bṛṃhayet とされるが、何故 bṛṃhayet と vūhae が関係あるかを解明する場合、パーリ語の brūheti が解決の鍵を握っている。すなわち、サンスクリット bṛṃhayati（3. sg. pres.）がパーリ語 brūheti を経てアルダ・マガダ語 vūhei（vūhayai, aya = e は書記法の違いによる）へと発展したことを読み取らなければならない。そしてさらに、Skt. bṛṃhayati > Pā. brūheti > AMg. vūhei（vūhayai）と発展したこの vūhei の願望法（opt.）が vūhae であるといった具合である[83]。

初期仏典はパーリ語で、初期ジャイナ聖典はアルダ・マガダ語で書かれ、語学的に難解な文献が数多く含まれている。このようなとき、他の文献との比較（並行詩節や並行詩脚）がこの種の問題解決には不可欠となる。

また、例えば、ジャイナ聖典 Utt. 2.39 の詩脚 pāda a に、

aṇukkasāī app'icche（家において寝ないで、少欲で）

がある。

この aṇukkasāī は難解で、種々に解釈されてきた。註釈家デーヴェーンドラ（Devendra）は aṇukaśāyi = alpakaśāyī と説明し、シャルパンティエは aṇukaṣāyī あるいは anutkaṣāyī とサンスクリット対応語を考えた。

英訳では、ヤコービは 'not resentful', 'sinful' とし、アルスドルフは 'infinitesimal passion' とした。一見解答は得られないかに思われた。

ところがこの場合、ノーマン（K. R. Norman）教授[84] によってすでに指摘されたのであるが、この pāda と並行関係にある仏典 Dhp. 404c の、

anokasāriṃ appicchaṃ

がこの語 aṇukkasāī の解決に有力な手がかりとなる。

つまり、AMg. aṇukkasāin と Pā. anokasārin が対応し、このことから anoka- > aṇukka-（-ok- > -ukk-）と解することができ、次いで -sāin は -śāyin に由来したことが推定され、語の発展過程が少しずつ解きほぐされていく。その結果、anokaśāyin > aṇukkasāin の意味は 'not sleeping in a house' と理解することが可能になる。

このような意味で、フランケ（R. O. Franke）[85] やボレー（W. B. Bollée）[86] の pāda（詩脚）対照表は研究者に多大なる便宜を供してくれる。また、1989 年に完結した村上真完教授と及川真介氏の『仏のことば註』[87] には、『スッタニパータ』に横たわる文献学的問題や思想的問題を解決するための研究がなさ

れている。

なお筆者は、このような困難な作業に寄与すべく、初期仏教聖典と初期ジャイナ教聖典の語彙索引と詩脚索引を順次公刊し、その一部は本書にも掲載している[88]。

現在ではこれらのものを活用できはするが、これらを駆使してもまだ難解な言語に取り組まなければならないことは明らかである。

文献読解の困難な理由として、第2に、口誦伝承であったものを集成したため、詩節が新層・古層の区別なく編入され、1つの聖典を形成しているということが挙げられる。韻文において詩節の最小単位は詩脚（pāda）である。韻律の制約を受けつつ4詩脚で1詩節を形成するのが普通である。このような事情から、わずか1詩節といえども、全体として辻褄の合わないことが時としてある。また、いくつかの詩節が集成されて、1つの章を構成するのであるが、詩節の寄せ集め（patch-work）であるため、章全体の内容に付加部分があったり、欠損する箇所があったりで、章全体としてはまとまりに乏しい場合もある。このような意味で、初期ジャイナ教文献において後期の文献のような体系的哲学を期待することは不可能である。

パーリ語聖典においても事情は同様である。例えば、Sn. に耕作の譬喩と呼ばれるくだりがある。

> 信仰が種子であり、苦行が雨であり、智慧が私の軛と鋤である。慚が轅であり、心が〔牛に結びつける〕縄であり、思念が鋤先と鋤棒である。
>
> saddhā bījaṃ, tapo vuṭṭhi, paññā me yuganaṅgalaṃ,
> hirī īsā, mano yottaṃ, sati me phālapācanaṃ（Sn. 77）
>
> 私は身体を守り、言葉を守り、お腹の食べ物を節制する。私は真実が雑草を刈って、〔そして〕柔和が軛を取り外すのである。
>
> kāyagutto vacīgutto āhāre udare yato
> saccaṃ karomi niddānaṃ, soraccam me pamocanaṃ（Sn. 78）
>
> 努力は私の軛をかけた牛（荷駄牛）である。逆戻りせずに安穏（涅槃）にまで運んで行ってくれる。そこに着ければ悲しむことはない。

viriyam me dhuradhorayhaṃ yogakkhemādhivāhanaṃ

gacchati anivattantaṃ, yattha gantvā na socati（Sn. 79）

ここではまず v. 78 の第 1 半詩節が耕作のイメージから離れてしまって、違和感を醸し出している。しかも、v. 77 と v. 79 では軛は修行に利するものに自身を結びつけるのであるが、この詩節では軛を外すことを説き、軛の意味合いが逆転しているかのようである。「柔和」が軟弱さや放逸を示すのであれば、それは修行を妨げるものとして「軛を外す」のであるかもしれないが、「節制」「雑草を刈る」といった文脈からすれば、ここだけをそのようなネガティブな（注意規定に結びつくような）言説と読むことはむずかしい。すなわちここから言えることは、バックグラウンドとして耕作の譬喩がすでに流通していたこと、それを取り入れて一連の説示を図ったところが、韻律上、欠損させられない音節を満たすために意味的な一貫性を放棄したかに見えるということ、あるいは後世、何らかの理由で 1 詩節を挿入したのかもしれないこと、等であり、まさにパッチワークと言うべき成立過程が窺われるのである。

この『スッタニパータ』や『ダンマパダ』にしてもパーリ文献協会（PTS）[89] から校訂本が出版されていて、研究者の基礎資料となっている。しかし、これらのテキストは、使用された写本が限定されていることと、韻律上未解決の問題が数多く残されていることから、批判校訂本とは認められていない。アルスドルフ[90] やボレー[91] は、東洋諸国で校訂されたパーリ聖典、いわゆる oriental edition-s を参照し、韻律上の諸問題を解決することによって、これまでの古い校訂本を再校訂する必要性を強調している。

初期仏典の言語であるパーリ語においてすら（アルダ・マガダ語と比べて、テキストの校訂と翻訳上の諸問題がはるかに少ないにもかかわらず）、今までのところパーリ語の形成に中期インド・アリアン語のどの方言が、あるいはどれだけの複数の方言が影響をもたらしたかが、不確定のままである。それ故、ガイガー（W. Geiger）の『パーリ語文法』[92] もパーリ語の全貌を明らかにしてはいないし、古い校訂本に基づいた辞典類[93] も正しい意味を与えているとは限らないことになる。ここにパーリ語の再検討がなされなければならない理由がある。

幸いにも、『アーヤーランガ・スッタ』と『イシバーシヤーイム』はシューブリングによって、『ウッタラッジャーヤー』はシャルパンティエによって、『ダサヴェーヤーリヤ・スッタ』はロイマンによって批判校訂本（critical editions）が出版されており、さらにこれらテキストの部分修正も発表されている。また、アルスドルフは韻律学の視座から、古 Āryā 韻律で書かれた Sūy. I 4（Itthīparinnā）の校訂本とその英訳を発表した[94]。さらに、彼は「パーリ聖典における Āryā 詩」において、古い韻律である古 Āryā の作品の校訂を行なっている[95]。この中には Sn.（8. Mettasutta, 14. Tuvaṭakasutta）と *Theragāthā*（65, 1243–1245）, *Therīgāthā*（23, 24）の新しい校訂が含まれている。さらに彼は、Utt. の中から Āryā 韻律で書かれた詩節の再校訂を行なうとともに、英訳と研究も行なっている[96]。

ノーマン教授は[97]、古 Āryā 韻律で書かれた Utt. 8 の校訂を行ない、metre の分析と英訳、ならびに註記を付している。また教授は、Utt. 4 と Utt. 1 の校訂と英訳を発表している[98]。

ボレーは[99]、Sūy. 1.1.1 ～ 1.1.4 の校訂とその独訳、さらに註記を発表し、またその続編として、Sūy. 1.2.1 ～ 1.2.3, 1.3.1 ～ 1.3.4, 1.4.1 ～ 1.4.2 の校訂とその独訳、及び註記も公刊している[100]。この他、Jaina Āgama Series のテキストは多くの示唆を与える[101]。

われわれは、これら批判校訂本を底本として、またそれらを基礎として研究された現代の文法家の文法的知識をも参照しながら、1 語 1 語正しく解釈する必要がある。註釈書も、また註釈で十分説明されていない語彙の意味を確かめるために復註（ṭīkā）も、一応は参考にするが、註釈書の解釈にとらわれてはならない。なぜなら、1 つの語彙を後世の註釈者たちによって与えられた意味で解釈するのではなく、最古の長老たちや、仏陀あるいはマハーヴィーラ直属の弟子たちの考えであるような本物の意味を把握しなければならない、少なくともそうするように努力しなければならないからである。

本書は、これらの文献学上の問題を考慮しつつ、古層聖典を基礎資料とし、言語学や歴史的事実を熟慮し、できうる限り古層に属すると考えられる詩節を中心に論証を進めるつもりである。

以下、各章の構成を述べておこう。

まず第2章においては、仏教やジャイナ教の古層聖典に見られる修行者を表わす名称の用例を示し、これら修行者の名称に共通な概念と特殊な意味を賦与していることについて検討する。

そして第3章においては、両宗教の古層聖典に現われる聖者の名称を挙げ、これら聖者の名称に共通な概念と特殊な意味を賦与していることについて検討する。

第2章と第3章での検討結果は、両宗教の修行者や聖者が、古代インド共通の修行者群と聖者群を基盤として成立し、次第にその特殊化が進んだことを明らかにするであろう。

第4章においては、沙門の戒が当時のインド社会の共通の慣習法を基盤としていることを考察し、やがてそれを基盤として特殊化していく過程を解明する。

第5章では、仏教やジャイナ教に見られる、1. 法と実践道、2. 輪廻の思想、3. 涅槃の考え方を通して、両宗教の教理の共通基盤と特殊化について考察するであろう。

以上の検討を通して、仏教やジャイナ教に共通な要素、あるいは類似性が指摘されることから、古代インド社会において、バラモン教に対する「沙門」という共通基盤が推定されることになるであろう。

そして最後に、本書の最も独創的な研究成果になると思われるが、第6章において、沙門の実態解明の手がかりとして、初期の仏典とジャイナ教聖典、さらには『マハーバーラタ』等のバラモン文献にも見出される並行詩脚の内容的特色を示す。並行詩脚とは、ヴィンテルニッツが「苦行者の詩」と呼ぶ文献群の中に見られる parallel pāda のことである。これらの文献は、ヴェーダの神話ではなく歌い継がれた民間伝承を基礎としており、これらの中には仏教やジャイナ教の聖典はもちろん、少数ではあるがバラモン教の叙事詩までもが含まれている。当時は、人口に膾炙された多くの浮動詩脚（floating pāda）が存在していて、沙門やバラモンの聖仙（ṛṣi ; Pā., Pkt. isi）たちは、これらの詩脚を自由に組み立てて、自らの思想を表現する詩節を作成していったと解することができる。そのため、われわれはこれらの並行詩脚を初期の仏典（パーリ語）、ジャイナ教聖典（アルダ・マガダ語）、『マハーバーラタ』等のバラモン文献（サンスクリット語）に見出すことができるのである。

これら「苦行者の詩」文献群に見られる定型句的表現から、仏教とジャイナ教の戒と教理がその原初形態において共通の基盤を有したことを推定する論拠を、総合的に究明したいと思う。

第1章 註

第1節

1　メガステネス自身の文書は散逸しており、Strabon（『地理書』XV 1.59）の言及によって知られている。cf. R. C. Majumdar, *The Classical Accounts of India*, Calcutta 1960, p. 425f. ; 塚本啓祥『アショーカ王』平楽寺書店、1973年、p. 173ff. ; 中村元『原始仏教の思想　上　原始仏教3』（中村元選集第13巻）春秋社、1970年、p. 571ff., pp. 589–631.

2　中村元博士（*op. cit.*, p. 610f.）は、『ストロマティス』では、シャモン、バラモン、森に住む人々（hylobioi）の記述の後に、仏教徒が別に記されているのであるから、仏教徒は前三者には含まれない独立の宗教類型であろう、と見ている。

3　J. Bloch, *Les Inscriptions d'Asoka*, Paris 1950, pp. 97, 98, 112, 115, 120.

4　石柱法勅第7章、Bloch, *op. cit.*, p. 170f. ; 塚本啓祥『アショーカ王碑文』（レグルス文庫）第三文明社、1976年、p. 133.

5　Utt. 18.23 ; Sūy. 1.12.1. 詳しくは金倉圓照『印度古代精神史』岩波書店、1939年、pp. 166–173 ; 中村元『原始仏教の成立　原始仏教2』（中村元選集第12巻）春秋社、1969年、p. 19ff. を参照。

6　JS I, p. 128, n. 1.

7　金倉圓照、*op. cit.*, pp. 161–166.

8　T. W. R. Davids, *Dialogue of the Buddha*, I, London 1899, p. 220.

9　辻直四郎編『印度』偕成社、1943年、p. 48による。

10　この詩節（詩偈、偈頌）と共通なものにJā. 509, g. 4とMBh. 12.169.6がある。

11　辻直四郎編、*op. cit.*, p. 110.

12　雲井昭善『仏教興起時代の思想研究』平楽寺書店、1967年、p. 237.

13　「リグ・ヴェーダ II 13.14」『ヴェーダ学 I』（辻直四郎著作集　第1巻）法藏館、1981年、p. 39.

14　J. Charpentierの校訂本、pp. 109–115.

Utt. 12と類似した説話が、仏教文献の『ジャータカ』（No. 497 Mātaṅga-jātaka）に見られ、すでにCharpentierによって指摘・検討されている。Charpentier, "Studien über die indische Erzählungsliteratur 2", ZDMG 63, 1909, pp. 171–188 ; *The Uttarādhyayanasūtra*, Uppsala 1922, pp. 323–327.

アルスドルフはmetreの視点からテキストの再校訂とH. Jacobiの英訳（JS II, pp. 50–56）に反駁した伝統的翻訳の修正を行なっている。L. Alsdorf, "Uttarajjhāyā Studies", IIJ vol. 6, 1962, pp. 128–133.

いくつかの箇所を取り上げ、Jaina, Pāli両伝承の比較による説話祖型の探求を試みた矢島道彦の研究「Mātaṅga-jātakaとUttarajjhāyā 12の比較研究」（『仏教学』第11号、1981年、pp. 1-25）がある。その後、氏は続編「パーリMātaṅga-jātakaとジャイナ伝承の比較研究 ―〈布施〉をめぐるバラモンと僧の対論」（『高崎直道博士還暦記念論集・

インド学仏教学論集』春秋社、1987年、pp. 61-74）を公表している。

「苦行者への畏怖」を扱う中で、本庄良文はvv. 23, 27, 28に言及する（「苦行者？としての仏陀」『日本仏教学会年報』第50号、1985年、p. 43f.）。

なお、邦訳と言語学的註記については拙稿「Uttarajjhāyā研究 III」（『中央学術研究所紀要』第11号、1982年）pp. 3-29を見よ。

15 「彼はsamitiに専心し、guptiによって善く護られている」（v. 17）と述べられている。ジャイナ教では5つのsamiti（五用心）と3つのgupti（三紀律）を説く。詳しくは第2章第2節2(1)⑤と⑫を見よ。

16 bambhaṇaはアルダ・マガダ語におけるmāhaṇaの一方言である。発展過程は次のようになる。Skt. brāhmaṇa > bamhaṇa > bambhaṇa > *bāhaṇa > māhaṇaとなる。

17 pāda aのcaは順接ではなくて逆接の意味である。Pā. においてpanaと同義に用いられることがある。cf. J. S. Speyer, *Sanskrit Syntax*, Leiden 1886, p. 341.

18 abrāhmaṇaは「非バラモン」と訳すが、このa-は単なる否定ではなく、逆の意味にする接頭辞（英語のanti-のような）と解する。

19 āiṇṇaは註釈家によってākīrṇa（iva）vinītāśvaḥと説明されるが、正しい語源はSkt. ājanyaで‘thoroughbred’, つまり駿馬である。第3章第16節で主題的に扱い、特にその註234にはāiṇṇa解釈と語源等をめぐる諸説について詳述した。

20 Utt. 2.3に類似した詩節がTh. 243にもある。「手足がカーラー樹の結節のような人がいる。彼は痩せて、血管が浮き出ているが、食べ物と飲み物の量を知っており、心の憂えることがない。」

21 aṇukkasāinは難解な語彙である。本章第3節p. 64および第2章註77参照。

22 SN. i 76 ; AN. ii 42, iv 151 ; Itv. 21. 雲井博士（*op. cit.*, p. 241）の指摘による。

23 これは古Āryā韻律の詩である。韻律の特徴については第4章註3で詳しく説明する。

24 「6種の生類」については*Dasaveyāliya-sutta*の第4章の冒頭の部分で説かれる。

25 Utt. の第14章Iṣukāra王の物語は、仏教作品*Jātaka*におけるHatthipāla-jātaka（No. 509, *Jātaka* vol. VI, pp. 473-491）と共通な内容をもつ作品である。Utt. 14のテキストはLeumannによって編纂され（E. Leumann, “Die Legende von Citta und Sambhūta”, WZKM vol. 6, 1892, pp. 27-33. さらに、p. 14ff. でこの章の導入となるŚāntyācāryaのNiryuktiについても言及している）、また、Charpentierによっても*Jātaka* No. 509と*Mahābhārata*第12篇との関連に言及した研究がなされている。Charpentier, “Studien über die indische Erzählungsliteratur 1”, ZDMG 62, 1908, pp. 725-747. このうちp. 735ff. でUtt. 14のドイツ語訳をしている。

本邦においては、村上真完博士が古代インドの出家志向を扱う中で、MBh. とJā. に関連してUtt. 14のvv. 9, 12, 21-23を取り上げている。村上真完「無常観と出家志向 ―― マハーバハーラタと原始仏教」『仏教研究』第10号、1981年、pp. 51-74. Utt. の邦訳については、拙稿「Uttarajjhāyā研究 V」『中央学術研究所紀要』第12号、1983年、pp. 7-12を見よ。

26 MBh. 12.169.8とJā. 538, g. 103に類似している。

27 MBh. 12.169.9, 12.309.17とJā. 538, g. 104に類似し、第1半詩節はSn. 581abにほぼ

類似する。

28　v. 27 は Jā. 509, g. 7 に共通。

29　v. 29 は Jā. 509, g. 15 に共通。

30　地獄の恐ろしさ、苦しさは、Sūy. 第 1 篇第 5 章と Utt. 19.49–70 において生々しい描写で綴られている。詳しくは本書第5章第2節3で取り上げた。また、拙稿「Uttarajjhāyā 研究 VII」『中央学術研究所紀要』第 13 号、1984 年、p. 11 以下も参照。

31　M. Winternitz, *A History of Indian Literature*, vol. I, Calcutta 1927, 2nd ed., New Delhi 1972, p. 314.

32　Winternitz, *Some Problems of Indian Literature*, Calcutta 1925, p. 19.

第 2 節

33　S. Hardy, *Eastern Monachism*, London 1850, p. 74.

34　H. Kern, *Manual of Indian Buddhism*, Strassburg 1896, p. 73.

35　P. Deussen, “Outlines of Indian Philosophy”, IA vol. 29, 1900, pp. 365–398, esp., p. 397.

36　JS I.

37　G. Bühler, *The Indian Sect of Jainas*, London 1903, p. 15.

38　Charpentier, “The History of Jains”, *The Cambridge History of India*, vol. 1, 1922, p. 150.

39　D. Bhagwat, *Early Buddhist Jurisproduce*, Poona 1939, p. 17.

40　N. N. Law, *Studies in Indian History and Culture*, 1939, p. 3 ; H. D. Sharma, “History of Brahmanical Ascetism”, *The Poona Orientalist*, vol. 3, No. 4, 1939, p. 15.

41　S. Dutt, *Buddhist Monks and Monasteries of India, Their History and Their Contribution to Indian Culture*, London 1962, pp. 35–44.

42　H. Oldenberg, *Buddha: sein Leben, seine Lehre, seine Gemeinde*, Berlin 1881, 1890, 1923, esp., 1923, pp. 70–83（『仏陀』木村泰賢・影山哲雄共訳、1928, 1932, 1933 年、esp., 1933, pp. 99–115）.

43　A. N. Upadhye, *Bṛhatkathākośa of Hariṣeṇa*, Bombay 1943, Introduction, p. 12.

44　Oldenberg, *op. cit.*, pp. 80–83（木村・影山、*op. cit.*, pp. 111–115）.

45　雲井昭善『仏教興起時代の思想研究』平楽寺書店、1967 年。

46　中村元『原始仏教の成立　原始仏教 2 』（中村元選集第 12 巻）春秋社、1969 年。

47　宮坂宥勝『仏教の起源』山喜房仏書林、1971 年。

48　塚本啓祥「仏教・ジャイナ教の発生基盤とその形成」『東北大学文学部研究年報』第 32 号、1983 年、pp. 1–39.

49　S. Stevenson, *The Heart of Jainism*, Oxford 1915.

50　H. v. Glasenapp, *Der Jainismus*, Berlin 1925.

51　W. Schubring, *Die Lehre der Jainas: nach den alten Quellen dargestellt*, Grundriss der indo-arischen Philologie und Altertumskunde, vol. 3, No. 7, Berlin 1935 ;（英訳）*The Doctrine of the Jainas*, Delhi 1962, 2nd ed., Delhi 2000.

52　金倉圓照『印度古代精神史』岩波書店、1939 年。

53　金倉圓照『印度精神文化の研究 ── 特にヂャイナを中心として』培風館、1944 年。

54 S. B. Deo, *History of Jaina Monachism*, Poona 1956.

55 松濤誠廉「ジャイナ教」『インド思想』（講座東洋思想 1）東京大学出版会、1967 年、pp. 71–101.

56 中村元「インド思想と仏教」『インドの仏教』（講座仏教第 3 巻）大蔵出版、1959 年、pp. 20–50.

57 K. K. Dixit, *Early Jainism*, Ahmedabad 1978.

58 その後の研究に、以下のようなものがある。
中村元『思想の自由とジャイナ教』（中村元選集［決定版］第 10 巻）春秋社、1991 年；渡辺研二『ジャイナ教　非所有・非暴力・非殺生 ― その教義と実生活』論創社、2005 年；その書評として、拙稿「渡辺研二著『ジャイナ教　非所有・非暴力・非殺生 ― その教義と実生活』」『ジャイナ教研究』第 13 号、2007 年、pp. 95–115；英語圏では、P. Dundas, *The Jaina*, London and New York 1992, 2nd ed., 2002 等。

59 Winternitz, *A History of Indian Literature*, vol. II, Calcutta 1927, 2nd ed., New Delhi 1972；中野義照訳『ジャイナ教文献』日本印度学会、1976 年；同訳『仏教文献』日本印度学会、1978 年。

60 Charpentier（1909）, 前註 14 を見よ。

61 A. M. Ghatage, “A Few Parallels in Jain and Buddhist Works”, ABORI 1935–36, vol. 17, No. 4, 1936, pp. 340–350.

62 矢島道彦「Mātaṅga-jātaka と Uttarajjhāyā 12 の比較研究」『仏教学』第11号、1981 年、pp. 1–25. 続編に、「Mātaṅga-jātaka とジャイナ伝承の比較研究 ―〈布施〉をめぐるバラモン僧の対論」『高崎直道博士還暦記念論集・インド学仏教学論集』春秋社、1987 年、pp. 765–778.

63 Leumann, “Die Legende von Citta und Sambhūta”, WZKM vol. 5, 1891, pp. 111–146；vol. 6, 1892, pp. 1–46（テキストは pp. 22–27 に掲載されている）.

64 Utt., pp. 329–331.

65 Alsdorf, “The Story of Citta and Sambhūta”, *Felicitation volume presented to Professor S. K. Belvalkar*, Benares 1957, pp. 202–208.

66 前註 25 を見よ。

67 *The Mahābhārata: for the first time critically*, edited by Vishnu S. Sukthankar et al., 22 vols, Poona 1933–59.

68 *The Pratīka-Index of the Mahābhārata: being a Comprehensive Index of Verses-Quarters occurring in the Critical Edition of the Mahābhārata*, edited by P. L. Vaidya, 6 vols, Poona 1967–72.

69 村上真完「無欲と無所有 ― マハーバハーラタと仏教（一）」『東北大学文学部研究年報』第 29 号、1980 年、pp. 140–213.

70 村上真完「無常観と出家志向 ― マハーバハーラタと原始仏教」『仏教研究』第 10 号、1981 年、pp. 51–74.

71 M. G. Pai, “Jaina References in the Dhammapada”, IHQ, 1927, pp. 473–485.

72 U. J. Sandesara, “Some Parallels between the Mahābhārata and the Uttarādhyayana Sūtra”,

ABORI vol. 36, 1955, pp. 167-171.

73 G. Roth, "Dhammapada Verses in Uttarajjhāyā", *Sambodhi*, vol. 5, 1976, pp. 166-169.

74 Alsdorf, "The Ākhyāna Theory Reconsidered", JOI(B) vol. 13, 1963/64, pp. 195-207.

75 Alsdorf, *Les études jaina: état présent et tâches futures*, Paris 1965.

76 本庄良文「初期仏典における沐浴者（snātaka）」『仏教論叢』第 23 号、1979 年、pp. 60-63.

77 高木訷元「沙門の解脱道」東北印度学宗教学会『論集』第 9 号、1982 年、pp. 313-340.

78 荒牧典俊「Pāli parissaya について」『足利惇氏博士喜寿記念・オリエント学 インド学論集』国書刊行会、1978 年、pp. 381-396.

79 榎本文雄「āsrava（漏）の成立について ― 主にジャイナ古層経典における」『仏教史学研究』第 22 巻第 1 号、1979 年、pp. 17-42.

80 長崎法潤「ジャイナ教の戒律 ― 仏教の戒律との関係を中心にして」佐々木教悟編『戒律思想の研究』平楽寺書店、1981 年、pp. 75-95.

81 谷川泰教「ジャイナ教の解脱観 ― 仏教との交渉において」『日本仏教学会年報』第 44 号、1979 年、pp. 31-48.

第 3 節

82 インド・アリアンがパンジャーブ地方に侵入して以来、今日のヒンドゥーに至るまで、インドで使用された主な言語を、大きく 3 つの時期に分けると以下のようになる。

i 古代インド・アリアン語（Old Indo-Aryan = OIA）
　ヴェーダ語（Vedic）
　古典サンスクリット語／標準サンスクリット語（Sanskrit）

ii 中期インド・アリアン語（Middle Indo-Aryan = MIA）
　古層：アショーカ王碑文語（Aśoka）
　　パーリ語（Pāli）
　　ガンダーラ語（Gāndhārī）
　　仏教混淆梵語（Buddhist Hybrid Sanskrit）
　中層：アルダ・マガダ語（Ardha-Māgadhī）
　　ジャイナ・マハーラーシュトラ語（Jaina-Māhārāṣṭrī）
　　ジャイナ・シューラセーナ語（Jaina-Śaurasenī）
　　マハーラーシュトラ語（Māhārāṣṭrī）
　　マガダ語（Māgadhī）
　　シューラセーナ語（Śaurasenī）
　　ピシャーチャ語（Paiśācī）
　新層：アパブランシャ語（Apabhraṃśa）

iii 近代インド・アリアン語（Modern Indo-Aryan）

83 vūhae : 詳しくは第 2 章註 85 を参照。

84 K. R. Norman, "Middle Indo-Aryan Studies III", JOI(B) vol. 11, 1962, pp. 323-324. 拙

稿「Uttarajjhāyā 研究 V」『中央学術研究所紀要』第 12 号、1983 年、p. 39.
aṇukkasāī については第 2 章註 77 参照。

85 R. O. Franke, "Die Suttanipāta-gāthā mit ihren parallelen", ZDMG 63, 1909, pp. 1–64, 255–286, 551–586 ; ZDMG 64, 1910, pp. 1–57, 760–807 ; ZDMG 66, 1912, pp. 204–260, 699–708. Franke, *Kleine Schriften*, 1978 にも収録されている。

86 W. B. Bollée, *The Pādas of the Suttanipāta: With Parallels from the Āyāraṅga, Sūyagaḍa, Uttarajjhāyā, Dasaveyāliya and Isibhāsiyāiṃ*, SII Monographie 7, Reinbek 1980 ; *Reverse Index of the Dhammapada, Suttanipāta, Thera- and Therīgāthā Pādas: With Parallels from the Āyāraṅga, Sūyagaḍa, Uttarajjhāyā, Dasaveyāliya and Isibhāsiyāiṃ*, SII Monographie 8, Reinbek 1983.

87 村上真完・及川真介『仏のことば註 ── パラマッタ・ジョーティカー』第 1 巻〜第 4 巻、春秋社、1985–89 年 ;『仏と聖典の伝承 ── 仏のことば註〈パラマッタ・ジョーティカー〉研究』春秋社、1990 年。

88 語彙索引、詩脚索引について、および「『ダンマパダ』の並行詩脚対照表」は第 6 章第 2 節を参照のこと。

89 拙稿「K. R. ノーマン著・パーリ研究の現状と今後の課題（訳）」『中央学術研究所紀要』第 24 号、1995 年、pp. (1)-(29).
かつて筆者は、Pali Text Society を慣例に習い、「パーリ聖典協会」と訳したが、今回は、森祖道教授の提案（『仏教研究』第 22 号、巻頭言）に従い、「パーリ文献協会」と訳した。これまでの PTS 出版目録を見ても、また、ノーマン教授の記述からもわかるように、PTS 出版物は聖典である三蔵の原典とその英訳から、三蔵以外のパーリ語で書かれた文献、いわゆる「蔵外文献」へと拡がっており、今後ますますそのようになっていくことが予想されるからである。事実、PTS は、パ・英辞典、パーリ三蔵用語辞典、文法書、学術誌、註釈書（aṭṭhakathā）や復註（ṭīkā）、東南アジア写本の刊行といった具合に、三蔵以外のパーリ語文献全般及びそれに関連する書物をも幅広く出版しているのである。

90 Alsdorf, "Bemerkungen zum Vessantara-Jātaka", WZKS(O) I, 1957, pp. 1–70 ; *Die Āryā-Strophen des Pāli-Kanons*, Wiesbaden 1968 ; "Das Jātaka vom weis en Vidura", WZKS(O) XV, 1971, pp. 23–56.

91 Bollée, *Kuṇālajātaka*, London 1970.

92 W. Geiger, *Pāli Literatur und Sprache*, Strassburg 1916: revised and edited by Norman, Oxford 1994.

93 PED の増補・改訂版の発刊が進行中である。M. Cone, *A Dictionary of Pāli*, part I (a-kh), Oxford 2001, part II (g-n), Bristol 2010.

94 Alsdorf, "Itthīparinnā", IIJ vol. 2, 1958, pp. 249–270.

95 Alsdorf, *Die Āryā-Strophen des Pāli-Kanons*, Maintz 1968.

96 Alsdorf, *The Āryā Stanzas of the Uttarajjhāyā*, Maintz 1966.

97 Norman, "Kāvilīyaṃ: a Metrical Analysis of the Eighth Chapter of the Uttarādhyayana-sūtra", *Mahāvīra and His Teachings*, Bombay 1977, pp. 9–19.

98 Norman, "Uttarajjhayaṇa Studies: an Edition and Translation of the Fourth Ajjhayaṇa, with a Metrical Analysis and Notes", *Siddhantacharya Pandit Kailashchandra Shastri Felicitation Volume*, Rewa 1980, pp. 564–572 ; "Uttarajjhayaṇa-sutta I: an Edition and Translation with a Metrical Analysis and Notes", *Jain Studies in Honour of Jozef Deleu*, Tokyo 1993, pp. 375–394.

99 Bollée, *Studien zum Sūyagaḍa*, Teil I, Wiesbaden 1977.

100 Bollée, *Studien zum Sūyagaḍa*, Teil II, Stuttgart 1988.

101 1982年に9冊が公刊され、この中には次の経典が含まれる。*Paṇṇavaṇāsutta*, *Āyāraṅga*, *Sūyagaḍa*, *Uttarajjhāyā*, *Dasaveyāliya* and *Isibhāsiyāiṃ*, *Āvassayasutta*, *Viyāhapaṇṇattisutta*. 引き続き刊行が進行中と思われるが、筆者は未見である。

第２章　修行者の名称とその特性

初期の仏教聖典と古層のジャイナ教聖典において、修行者や聖者の呼称にはさまざまなものがあると同時に、両者で共通のものが数多く見出せる。このことは仏教とジャイナ教が出家遊行者という共通の基盤から台頭したことを推定せしめる１つの要因でもある。例えば次のようなものがある。

沙門（仏教：samaṇa / ジャイナ教：samaṇa)、比丘（bhikkhu / bhikkhu)、遊行者（paribbājaka / parivvāyaga, parivvāyaka)、牟尼（muni / muṇi)、聖仙（isi / isi)、聖人（tādin / tāin)、阿羅漢（arahant / arahaṃta)、覚者（buddha / buddha)、勝者(jina / jiṇa)、如来（tathāgata / tahāgaya)。

また、バラモン（brāhmaṇa / māhaṇa, bambhaṇa）や沐浴者（nahātaka, nhātaka / siṇāyaa）のように、仏教やジャイナ教で使用するのは間違いではないかと思われるような呼称もある。これらはもともとバラモン教の用語であるが、意味の転化をはかり、内面的に価値の問い直しをしたものと言えよう。

さらに、動物に譬えられた呼称もある。ナーガという象（nāga / nāga）や駿馬（ājañña, ājānīya / āiṇṇa）である。インドにおいて、ブッダ在世当時の社会環境から考えると、象・牛・馬は農耕等の日常的な労働力として、あるいは祭祀や軍事においても、貴重な存在であった。就中、純血種の馬、特に疾走する駿馬は尊いものとして人々に敬われ、譬喩的に勝れた高貴な人を表わした。

この第２章においては修行者を表わす名称とその特質を、次の第３章では聖者の名称とその特質をなるべく多くの用例から述べていくが、中には厳密に分類しきれないものもある。例えば、「比丘」は修行者の呼称であるが、一般の「比丘」より上位にある修行者、あるいは「比丘」の師としての聖者に使用されることがある。また逆に、「牟尼」は修行完成者としての「聖者」の呼称であるが、一般の出家修行者を指して使われることもある。

ジャイナ聖典は、

工芸によって生計を立てることなく、家なく、友なく、感官を征服し、
すべて〔の束縛〕から解放され、家で寝ることなく、わずか少量を食べ、
家を捨てて一人行く、〔そのような〕人は〔真実の〕比丘である。

asippa-jīvī agihe amitte
　　ji'indie savvao vippamukke
aṇukkasāī lahu-appa-bhakkhe
　　ceccā giham egacare, sa bhikkhū（Utt. 15.16）

と、出家遊行者の心構えを教戒している。つまり修行者（比丘）は、職や家を捨て、家で寝ることなく、生命を維持するための少量の食事をすべきこと、「一人行く」（あるいは「一人修行する」）、すなわち一人で遊行すべきことが規定されていた[1]。

しかしながら、この規定は出家遊行者の生活規定を簡潔に示したものにすぎず、独立した宗教教団という概念からはほど遠いものである。その上、第1章で見たとおり、当時はさまざまな思想家、宗教的実践者が輩出していることからも、この規定が必ずしもジャイナ教に特有の生活規定ではなかったと推察できる。

その証左に、これは叙事詩においても見られる表現であり[2]、「一人行く」という言葉に象徴される精神態度は、仏教やジャイナ教が独自の集団として活動を始める以前に形成されていた共通の価値観や人生観に根ざすものである。そしてそれがこの時期、特に思想や宗教の分野において、出家遊行という生き方に凝縮されていたのであろう。

したがって、これは出家遊行者の生活規定を簡潔にまとめてはいるが、それがジャイナ教独自のものであったというのではなく、ジャイナ教という修行者集団がそうした遊行者の中に生じたグループの1つであり、その文化を共有していたことを指し示していると見なければならない。

同様に、仏教においても「犀の角のようにただ一人歩むべきこと」（eko care khaggavisāṇakappo : Sn. 35-75d）が示され、犀の角が一本であるごとく、修行を志した者は、脇目もふらず、自己の信念に基づいて、ただ一人で行動せよ、と教示している。また、「獅子のように、象のように、一人歩む人（ekacaraṃ）」

(Sn. 166a)、「一人で歩む修行を堅く守れ」(Sn. 821c) という表現もある。さらに、「この一人歩む人を牟尼と呼ぶ」(tam āhu ekaṃ muninaṃ carantaṃ : Sn. 208c) という表現もあり、初期の仏教においても、修行者は「一人歩むべきこと」が前提となっていたのである。

したがって、仏教やジャイナ教の成立に関わる経緯を繙こうとするならば、このような古層の聖典に現われる「修行者」のさまざまな呼称とその用例を取り上げ、これら修行者の外形的・内面的特質の究明と、そこにおいて何が共通な概念であり、何が特殊な意味であるかの検討から始めなければならない。

第1節　沙門

バラモンに対抗する出家修行者の総称として samaṇa (Skt. śramaṇa) の呼称が存在する。修行者の名称とその特質を明らかにするに際し、まずこの samaṇa という語が初期仏教教団及び初期ジャイナ教教団において具体的にどのような概念を有していたかを検討してみよう。

なお、「沙門」という語は śr > ṣ の音変化に基づく、ガンダーラ語 ṣamaṇo からの音写語であることが、ジョン・ブラフ教授 (J. Brough) によって明らかにされている。

1　初期仏教文献に現われる samaṇa

(1) 修行者としての samaṇa

① 沙門ゴータマの形容、bhikkhu との同義

『スッタニパータ』に、バラモンであるセーラが、沙門ゴータマ・ブッダを賛嘆して、次のように話しかける詩節がある。

> 皮膚が黄金のような比丘は見るも美しい。このように容姿が最高であるのに、あなたが沙門としての生活を送ることに何の必要があるのですか。
>
> kalyāṇadassano *bhikkhu* kañcanasannibhattaco

kin te samaṇabhāvena evaṃ uttamavaṇṇino（Sn. 551）

ゴータマは出自がよく、眼は清らかで、歯も白く、容貌が美しい。註釈（Sn., p. 106）によれば、偉人の三十二相を具えている彼が、在家者としての生活を営むなら、転輪王となり、出家者としての生活を送るなら、諸々の煩悩を取り除いた覚者（buddha）となることができると言う。その彼が転輪王となる道を捨て、どうして労苦の多い沙門としての生活を送っているのか、とバラモンであるセーラが尋ねたのである。

ここでは沙門が比丘と同義語として使われる例が見られるだけでなく、バラモン教とは異なる沙門としての修行形態が存在することも窺い知ることができる。

② 真の修行者、bhikkhu, brāhmaṇa, muni との同義

修行形態、あるいは志すべき生活態度として、次のような表現を見出すことができる。ここでは samaṇa は比丘だけでなくバラモン（brāhmaṇa）とも同義に用いられる。

〔りっぱな衣服で〕飾っていても、平静に行ない、寂静であって、調御し、自制し、梵行をなし、すべての生きとし生けるものに暴力を用いない人、彼はバラモン（brāhmaṇa）であり、沙門（samaṇa）であり、比丘（bhikkhu）である。（Dhp. 142）

バラモンとは、本来、ヴェーダの宗教においては司祭者を意味し、カースト制度における最上位の階級の者とみなされていたが、仏教においては意味内容を改変して、真の出家修行者を指す場合が多い。この詩節においても同様である。したがって、沙門は真の修行者としてのバラモンや比丘と同義である。

また、生きとし生けるものすべてに暴力を用いないということの譬喩に、次のようなものがある。

蜜蜂が花から色香を害なわずに蜜をとって飛び去るごとく、牟尼（muni）はそのように村において〔乞食して〕行くべきである。（Dhp. 49）

この牟尼は「すべきである」と教示されているので、ブッダや修行完成者

の意味ではない。その意味で、修行者としての samaṇa と同義の用例と理解できる。

他方で、誓戒を守らず（abbato）、偽りを言い、欲望と貪欲をもつ人は、いくら剃髪していても沙門ではない（Dhp. 264）という否定形の定義も見られる。剃髪することは沙門の条件ではあるが、これはあくまでも外形であり、内面的特性ではない。外形の特性に加えて、誓戒を守り、真実を語ること、さらに欲望と貪欲を離れることという内面的特性を併せ持つこと（あるいはそのようなあり方を目指すこと）が、真実の沙門として承認されるために必要とされている。

③ 尊敬の対象、brāhmaṇa との同義

さらに、samaṇa は尊敬の意味で用いられ、バラモン社会におけるバラモンと同等の地位にあったことは、samaṇa-brāhmaṇa という複合語の用例からも窺われる[3]。

もしこの世に真実、調御、施捨、忍耐よりも勝れたものがあるなら、さあ、それら他のものをも広く沙門・バラモン（samaṇa-brāhmaṇa）たちに尋ねよ。（Sn. 189）

今、どうして私は、広く沙門・バラモンたちに尋ねる必要がありましょうか。この私は今日、来世の利益が何であるかを知ります。（Sn. 190）[4]

これら 2 詩節のうち、前者は世尊（bhagavat＝仏陀）がアーラヴァンカ神霊に対して言った言葉であり、後者はアーラヴァンカ神霊が世尊に対して答えた言葉である。このことからバラモンは、もはや司祭者を意味するのではなく、沙門と同義であり、真の出家修行者のことであると読み取ることができる。

④ ブッダの教えのもとにある修行者、samaṇa-brāhmaṇa

今見たとおり、沙門・バラモンは尊敬の対象ではある。しかしながら、彼らはブッダ（覚者）とは同格でなく、ブッダの教えのもとにある修行者であることが知られる。このことは次の詩節からも知ることができる。

尊者ナンダが言った。「誰でも沙門・バラモン（samaṇa-brāhmaṇa）たちは、見ることによっても、聞くことによっても清浄が得られると言います。戒や誓戒によっても清浄になれると言います。世尊よ、彼らはそのようなことに基づいて自制し修行して、生と老いとを超越したのでしょうか。世尊よ、あなたに尋ねます。それを私にお説きください」と。（Sn. 1079）[5]

世尊は答えた。「ナンダよ、誰でも沙門・バラモンたちは、見ることによっても、聞くことによっても清浄が得られると言う。戒や誓戒によっても清浄になれると言う。種々の方法によって清浄になれると言う。そのようなことに基づいて自制し修行していても、彼らは生と老いとを超越していない、と私は言う」と。（Sn. 1080）

これに続く詩節（Sn. 1082）によれば、ブッダの言わんとする趣旨は以下のとおりである。沙門・バラモンと言われる修行者のすべてが生と老いとに覆われているのではない、既存の見解（見ること）や学問（聞くこと）、戒や誓戒をすっかり捨て、妄執にとらわれることなく、心の汚れを除き去った、いわゆる煩悩をすっかり捨て去った人であれば、誰でもが「輪廻の激流（洪水）を渡った」聖者であると説くのである。

⑤ 出家隠遁者、pabbajita との同義

忍耐と堪忍は最高の苦行、涅槃は最高であると覚者たち（buddhā）は説く。他人を害する人は出家隠遁者（pabbajita）ではない。他人を悩ますのは沙門（samaṇa）ではない。（Dhp. 184）

ここも沙門は覚者の地位にはない。覚者の教えを乞い、修行する人のことであり、出家隠遁者（pabbajita）と同義に使用される。

また、出家修行者時代のブッダを samaṇa と呼んでいる用例もある（Sn. 714, 868）。

(2) 覚者としての samaṇa

① 「静める」からの理解

通俗語源解釈（folk etymology）から沙門の定義をしている詩節もある。

小さかろうと大きかろうと、悪をすべて静めた人は、諸々の悪を静め滅ぼしたが故に沙門と呼ばれる。(Dhp. 265)

ここでは、諸悪を静めることが、沙門の資格であることを説く。

この「静める」の動詞語根は √sam（Skt. √śam）であり、samaṇa と音が似ていることから導き出されている。つまり、samet（静める), samitatta（寂静）からの通俗語源解釈である。

② 生死を超越した人、sorata との同義

また、寂静にして悪を捨て、生死を超越した人が沙門であると説かれる。

寂静にして善（puñña）と悪とを捨て、塵を離れ、この世とあの世を知り、生と死を超越した人、〔そのような〕聖人は、まさしく沙門と呼ばれる。(Sn. 520)[6]

あらゆることがらに無関心であり、気をつけている。世間において何ものをも傷つけることなく、激流を渡り、濁りなく、傲慢さのない沙門、彼は温和な人（sorata）である。(Sn. 515)[7]

このように、samaṇa とは生死を超越した人で、涅槃の境地を得た人のことであり、覚者といわれるべき人である。sorata はブッダの敬称であった muni あるいは ādiccabandhu（太陽の末裔）とも言い換えられる（Sn. 540)。したがって、ここでの samaṇa は修行完成者としてのブッダを意味していることに間違いはない。

③ ブッダによる覚者の定義

ところで、この覚者と認められる沙門は、ブッダによって次のように定義される。

疑いを超越し、〔苦悩の〕矢を離れ、涅槃を楽しみ、欲望なく、神々を含

めた世間の指導者、そのような人を覚者たちは、「道を知る者」(magga-jina[8], Skt. mārgajña) と言う。(Sn. 86)

この世で最高のものを最高であると知り、ここで法を説き分別する人、疑いを断ち、貪愛に動かされないその牟尼を、彼らは比丘たちの中で、第2の「道を説く者」(maggadesin) と言う。(Sn. 87)

善く説かれた法の言葉である道に生き、よく自制し、気をつけて、非難のない言葉を使用する人、彼を比丘たちの中で、第3の「道に生きる者」(maggajīvin) と言う。(Sn. 88)

これらはいずれも、一般修行者の概念を超えて、より高い実践的・内面的価値を志向している修行者を意味する。

(3) 初期仏教における samaṇa

以上の用例から認められる samaṇa は、まず bhikkhu, brāhmaṇa, pabbajita と同義語として使用され、修行途上にある修行者を意味している。

内容的には、誓戒を守り、平静寂静で自制に努め、他に危害を加えることがなく、煩悩を除去せんがための修行である。外形的な剃髪や出家遊行は必要条件ではあっても、十分条件ではない。

と同時に、sorata に代表される同義語群では、samaṇa はブッダの敬称であり、修行完成者としてのブッダを指し、またブッダによって「道を知る者」(maggajina)、「道を説く者」(maggadesin)、「道に生きる者」(maggajīvin) と定義される「覚者としての沙門」を意味した。具体的には、自制や梵行 (brahmacārin) に努め励み、疑念をもたず、真実を語り、欲望や貪欲を離れ、涅槃の境地に到達した人を意味している。

なお、Sn. 550 において、samaṇasaṃgha という言葉が見られるように、かなり早い時期から反バラモン的な宗教活動をしている集団が samaṇasaṃgha と呼ばれ、活動していたことが知られる。

2　初期ジャイナ教文献に現われる samaṇa

(1) 同義語から見る samaṇa の特徴

はじめに、samaṇa が種々ある出家修行者の呼称と同義に用いられている例を取り上げる。

① 自制者（saṃja(y)a, Skt. saṃyata）、調御者（danta）との同義

samaṇa は saṃjaya（自制者）や danta（調御者）と同格に使用される（Utt. 2.27）。沙門は自制者としてあくまでも苦行、禁戒、〔感官の〕制御を受持することによって、誠実と徳とを具備している（Utt. 19.5）。自制を楽しむとは苦難（phāsa）・危難（parīsaha）に打ち克つことであり、安楽を楽しむことや、楽しみで満たされ、自分の想いのままに眠り、身体を洗って清浄になるような生活を送ることではない（Dasav. 4.26–27）。乞食者としての生活をすることである。

② bhikkhu（Skt. bhikṣu）との同義、快楽を遠ざける修行者

（意思の）強い比丘は決して享楽の愛欲に陥ってはならないことが説かれるが、この bhikkhu は samaṇa と同義に解される（Sūy. 1.4.2.1）。

この愛欲（bhoga-kāmin）とは婦人との交際を意味する。婦人の誘惑は離れがたく、それ故、出家修行者は婦人と同席してはならない。

> 「三昧と瞑想を止めてしまって、彼らは彼女たちと親密になる」と。それ故、沙門たちは彼らの魂の利益のために、婦人たちと同じ椅子に坐らない。
>
> “kuvvanti saṃthavaṃ tāhī　　pabbhaṭṭhā samāhi-jogehī ! ”
> taṃhā samaṇā na samenti　　āya-hiyāe sannisejjāo（Sūy. 1.4.1.16）[9]

よく学んだ人（vidū）でさえ婦人と接触することによって、解脱に達するという最終目的を放棄せざるをえなくなる（Sūy. 1.4.1.26）。それ故に、沙門は婦人に近づいてはならない、と説かれる。

さらに、沙門あるいは比丘と呼ばれる者にとってはもう１つ解決すべきことがある。それは触ることによって起こる肉体的な快感（phāsa）[10]である。この快感は多くの人にとって誘惑的であり、沙門も繰り返しこれに突き当たる。しかし、沙門たる比丘はそれを不都合なものとして嫌悪しなければならない（Utt. 4.11）。

③ 苦行に励む者、tavassin（Skt. tapasvin）との同義

samaṇe tavassī の主格での使用が見られる。沙門は苦行に努め励む修行者ということになり、感官の快い対象に心を向けるべきでないことが、次のように説かれる。

> 三昧を求め、苦行に努める沙門は、感官の快い対象に考え方を固定すべきでない。感官の対象に心を向けるべきでない。
>
> je indiyāṇaṃ visayā maṇunnā
> 　　na tesu bhāvaṃ nisire kayāi
> na yāmaṇunnesu maṇaṃ pi kujjā
> 　　samāhikāme samaṇe *tavassī*（Utt. 32.21）

具体的には、苦行に努める沙門（samaṇe tavassī）は容姿、美、外見、笑い、おしゃべり、身振り、婦人に目を向けることなく、それらを心に思い浮かべることのないよう努力精進することである（Utt. 32.14）。ジャイナ教において、梵行（brahmacārin）達成の条件として、

1. 婦人の肢体、手足、容姿、婦人のおしゃべり、めくばせを目で捉えること
2. 婦人の叫び、すすり泣き、歌、笑い、歓喜、悲しみを耳によって捉えること

を避けるべきことが挙げられる（Utt. 16.4–5）。

また、苦行者（tavassin）として、適量の食事をとり、善き友を見つけ、人里離れた場所に住することが大切である。

> 三昧を求め、苦行に努める沙門は、適量の食糧をとることを望むべきであり、賢い理解のある友を望むべきであり、人里離れた場所に住するこ

とを望むべきである。

āhāram icche miyam esaṇijjaṃ
　　sahāyam icche niuṇattha buddhiṃ
nikeyam icchejja vivegajoggaṃ
　　samāhikāme samaṇe *tavassī*（Utt. 32.4）

④ 牟尼、muṇi との同義

牟尼である沙門は 13 年もの間、これらの寝場所で過ごした。昼も夜も彼は立ったままで努力しつつ、不放逸に心を統一して禅定した。

eehiṃ *muṇī* sayaṇehiṃ　　samaṇe āsi pa-telasa vāse;
rāiṃdiyaṃ pi jayamāṇe　　appamatte samāhie jhāi（Āy. 1.9.2.4）

これはマハーヴィーラの出家修行時代を指す詩節であり、彼が samaṇa あるいは muṇi と呼ばれたことを示している。彼の住居がどのようなものであったかは前詩節で語られている（Āy. 1.9.2.2–3)。それによれば、彼は、仕事場、井戸、市場、麦藁小屋、庭園、墓地、空き家、木の根元に居所を求めていた。

このような場所で生活しつつ、解脱を目的として修行することは、沙門あるいは牟尼と呼ばれる出家者の務めである。それ故、「解脱を目的とするこの牟尼は、満足して粗末なものを用い、粗末な生活をしてよく満足する人である」(Dasav. 5.2.34）と言われる。

⑤ 自制者（davia, Skt. dravika)、賢人（paṇḍia, Skt. paṇḍita）との同義

自制に努め励み、清浄かつ寂静に生涯を送る沙門は自制者（davia）や賢人(paṇḍia）と言われる。

すべて自制に関して、一様性をもち清浄である沙門は遊行すべきである。一生涯、寂静である人は自制者、賢人として死を迎える。

sama annayarammi saṃjame
　　saṃsuddhe samaṇe parivvae;
je āvakahā samāhie,

davie[11] kālam akāsi *paṇḍie*（Sūy. 1.2.2.4）

⑥ 善き修行者、sāhu（Skt. sādhu）との同義

このように、世間において善き修行者（善き人、sāhu）である解脱した沙門たちは、蜂の花におけるごとく、布施と食に満足している。

em ee samaṇā muttā je loe santi *sāhuṇo*

vihaṃgamā va pupphesu dāṇa-bhattesaṇe rayā（Dasav. 1.3）

この場合の samaṇa は、「解脱した人」＝sāhu と同義に用いられ、修行者一般より上位の修行の完成者の意に用いられている。このような沙門は、蜂が花を傷つけずに蜜を吸うように、何ものをも傷つけることなく遊行する、と説いている。これはすでに見たとおり、仏教においても同様な譬喩がある。

⑦ 尊敬の対象、māhaṇa（Skt. brāhmaṇa）との同義

大きな供儀を捧げ、沙門・バラモン（samaṇa-māhaṇa）に食べ物を供養し、施物を与え、自分自身〔世俗的な〕享楽をして、供儀を捧げて、それからあなたは出家することができるでしょう。

jaittā viule janne bhoittā samaṇa-*māhaṇe*

dattā bhoccā ya jiṭṭhā ya tau gacchasi khattiyā（Utt. 9.38）[12]

māhaṇa は Skt. brāhmaṇa から派生した語である。Ardha-Māgadhī においては māhaṇa の他に bambhaṇa の語形も見られる。恐らく māhaṇa は bambhaṇa の1つの方言であろう。この詩節は世俗的布施の対象として、沙門とバラモンを同格に取り扱っている。しかし、ここでのバラモンは、仏教のところで言及したように、ヴェーダの宗教における司祭者を意味してはいない。ジャイナ聖典に見られるバラモンとは、真の修行者としての沙門と同義である。samaṇa も māhaṇa も尊敬の意味で用いられ、samaṇa-māhaṇa の複合語の用例は、バラモン社会における婆羅門と同等の地位にあったことを窺わせ、仏教文献のところで取り上げた samaṇa-brāhmaṇa と同義と言える。

⑧ マハーヴィーラへの尊称としての samaṇa

同義語があるわけではないが、samaṇa がマハーヴィーラに対する尊称として用いられる例もあるので、ここに示しておく。

まず、Utt. の第 2 章の冒頭（散文）に、

> Kāśyapa 族の沙門であるマハーヴィーラ世尊（bhagavan）は、ここに 22 の苦難・危難（parīsaha）[13] を説き明かされた。（Utt. 2 章初）

とある。また、Āy. においてマハーヴィーラの修行者としての生活を述べる中に、彼を「沙門・世尊は」（samaṇa bhagavaṃ）の尊称で表わしている詩節がある（Āy. 1.9.1.1）。

さらに Sūy. においても、沙門 Nāyaputta（Jñātṛ 族の出身）とあるが、これは本名を Vardhamāna というマハーヴィーラの別称である（Sūy. 1.6.23）[14]。

（2）沙門の外形的・行為的特徴

① 沙門の外形的行動規定

さらに詳しく samaṇa の特質を探ってみよう。仏教でもそうであったように、ジャイナ聖典も外形的な沙門、すなわち剃髪をしているだけでは沙門でないことを述べている。

> 剃髪によって沙門ではない。オーム（oṃ）を唱えることによってバラモンではない。森に住むことによって牟尼ではない。クシャ草で作られた上衣を着ることによって苦行者ではない。
>
> na vi muṇḍieṇa samaṇo na oṃkāreṇa *bambhaṇo*
> na *muṇī* raṇṇa-vāseṇaṃ kusa-cīreṇa *tāvaso*（Utt. 25.31）

出家修行者のそれぞれの呼称であるところの沙門、バラモン、牟尼、苦行者を同格に扱い、修行者としての外形を否定している。ではどうあればよいかといえば、次のように説く。

> 平等によって沙門となり、梵行によってバラモンとなり、知識によって牟尼となり、苦行によって苦行者となる。
>
> samayāe samaṇo hoi bambhacereṇa *bambhaṇo*
> nāṇeṇa u *muṇī* hoi taveṇa hoi *tāvaso*（Utt. 25.32）

② すべての生類に危害を加えない ── 通俗語源解釈

上の引用にもあったが、samaṇa を sama（等しい）という形容詞から導き出すという、通俗語源解釈による行為的特徴づけをしている[15]。

「平等」ということは、すべての生きものに等しく振舞うことを意味する。1 例を示してみよう。

> 私にとって〔殺害、死等は〕苦であって、好ましくないように、すべての生きものにとってもそのようである、と知って、殺しもしないし、殺させもしない。それ故、〔すべての生きものに〕等しく振舞う人、彼は沙門である。
>
> jaha mama ṇa piyaṃ dukkhaṃ jāṇiya emeva savvajīvāṇaṃ
>
> na haṇai na haṇāvei ya samamaṇatī teṇa so samaṇo（Aṇu. g. 129）

ここに示されるように、すべてに等しく振舞うとは、すべての生類に危害を加えないことを意味する。したがって、

> 「私たちは沙門である」と言いながら、野獣のように生きものの殺生に無知な、そのような愚かな者たちは、邪悪な見解の故に地獄に行く。
>
> "samaṇā mu" ege vayamāṇā　　pāṇa-vahaṃ miyā ayāṇantā
>
> mandā nirayaṃ gacchanti　　bālā pāviyāhi diṭṭhīhiṃ（Utt. 8.7）

とあるように、沙門はすべての生類に対して、絶対に危害を加えてはならないのである。この詩節は、Charpentier が述べているように[16]、婆羅門の動物を犠牲にして行なう祭祀に対する非難であると解釈される。生きものの殺害（の禁止）に無知な者、すなわち五大誓戒を知らない者は沙門とは言えないことを示している。

③ 修行の妨げとなるものについて

沙門にとって修行の妨げ、もしくは障害になるものとして、占相と所有が挙げられる。占相にどのようなものがあるかといえば、相占い（lakkhaṇa）、夢占い（suviṇa）、肢分占い（aṅgavijja）であるが、これらは、予言や呪術とともに沙門には禁止されていた。

次に示すUtt. 8.13は古Āryā韻律であり、ジャイナ教聖典のうちでも最古と言える詩節の1つである。すなわち、ジャイナ教では、呪法がかなり早い段階から禁止されたことの証左と言えよう[17]。

相占い（lakkhaṇa）、夢占い（suviṇa）、そして肢分占い（aṅgavijja）〔によって吉兆を予言すること〕を使用する人たちは、実際に「沙門」と呼ばれない。諸阿闍梨（āyāria）によってこのように言われた。

je lakkhaṇaṃ ca suviṇaṃ ca　　aṃga-vijjaṃ ca je pauṃjanti
na hu te "*samaṇā*" vuccanti　　evam āyāriehim akkhāyaṃ（Utt. 8.13）

そしてそれらは解脱の障害となる、と説かれるが、そのように説かれることによって、実際にはそれらによって生計を立てていた出家修行者たちもいたことが窺われる。

相占いや夢〔占い〕を用いる人、占いや呪願に深く関わる人、いかさまの明呪という〔カルマンの〕流入をもたらす手段によって生計を得る人は、その〔応報の〕時に避難所がありません。

je lakkhaṇaṃ suviṇa pauṃjamāṇe
　　nimitta-koūhala-saṃpagāḍhe
kuheḍavijjāsava-dāra-jīvī
　　na gacchaī saraṇaṃ tammi kāle（Utt. 20.45）

また、財や親族や愛欲は、障害となるものであって、涅槃に到達するためには無益である。ジャイナ教は所有を厳しく戒めており、所有には、財のような物質的なものばかりでなく、親族のような肉親も含められる。したがって、これらを放棄して、乞食遊行することが沙門の実践道である。この実践道を通して沙門は多くの徳を具えるのである。

［2人の息子］「宗教の軛の実践において、財によって何がありましょう。親族によって、愛欲によって〔何がありましょう〕。私たちは多くの徳を具えた沙門になるでしょう。そして乞食のために遊行します。」

dhaṇeṇa kiṃ dhammadhurāhigāre
　　sayaṇeṇa vā kāmaguṇehi ceva
samaṇā bhavissāmu guṇohadhārī

bahiṃvihārā abhigamma bhikkhaṃ（Utt. 14.17）

(3) 初期ジャイナ教における samaṇa

初期ジャイナ教における samaṇa は、仏教以上に多種の語と同義に用いられており、それぞれの語のもつ修行のイメージや力点を samaṇa の語自体のものとして包含していくようなニュアンスが感じられる。すなわち、saṃjaya として禁戒を守り、苦行と自制に努めること、bhikkhu として享楽や肉体的快感、さらに婦人を避けること、tavassin として感官の対象、とりわけ婦人に目を向けず、適度の食事をして人里離れた場所に住むこと、muṇi としてこのような場所で粗末な生活をし、不放逸に努め、禅定すること、davia として自制に努めること等が挙げられるが、これらは修行者としての samaṇa の実践道と言うべきものを具体的に指し示すのである。

また、すべての生類に危害を加えないことをその行動指針とし、それはある意味では婆羅門との対立姿勢を強調するものであったかもしれない。この「平等」とともに梵行、知識、苦行という実践道を示し、修行の妨げとなる占いや所有を禁じている。

他方では、samaṇa は解脱した sāhu, māhaṇa とも同格であって、世俗的には尊敬と布施の対象として、バラモンと同格の地位にあったことを窺わせるのであった。

3 両宗教における沙門（samaṇa / samaṇa）の特徴

以上、仏教においてもジャイナ教においても、samaṇa が他の出家者の呼称と同義に使用されていること、それぞれの呼称が含意する特質を通じて沙門という言葉を豊富化していること、そしてその特質の一端を窺い知ることができた。

ただ両宗教における samaṇa の用例をこのように並べてみることによって、それぞれの性格の違いもまた現われるところがあったように思う。もちろん出家遊行の生活や梵行等共通するところもあるが、この段階ですでにジャイナ教が具体的な行動指針や禁止事項を掲げていること、逆に仏教では「清浄」や「道」といった内面的価値が志向されていることが明らかになったのではないだろうか。

ここに検討された samaṇa は、バラモンに対抗するグループの総称としての samaṇa ではなく、出家修行者の一呼称としての samaṇa であった。仏教やジャイナ教文献において等しく samaṇa は bhikkhu, brāhmaṇa / māhaṇa, muni / muṇi の同義語として使用されていたが、それぞれの呼称の内容が必ずしも一致してはいない。しかし、両宗教において samaṇa の特質には概して一致点が見出される。

外形的な沙門の風貌（剃髪）をしていても、沙門としての内容が伴わなければ、それは沙門と言えないとは、両宗教の等しく説くところである。その内容とは、自制や梵行に努め励み、他を害することなく、欲望や貪欲を離れ、涅槃の境地に達することである。

ジャイナ教における用例が仏教より多く、samaṇa の規定が多く存在する。仏教の samaṇa に規定されないものとして、婦人を避けること、人里離れた場所で粗末な生活をすること、占相の禁止、所有しないこと等が挙げられるが、これらの徳目は、仏教の他の呼称のところで規定されている。したがって samaṇa で規定された大部分が、仏教・ジャイナ教両文献に等しく説かれていると言えよう。

第２節　比丘（乞食者、行乞者）

第１節で見た沙門（samaṇa）は多くの語と同義的に使用され、その意味内容も幅の広いものであった。これに対するに「比丘」はどうであろうか。bhikkhu は Skt. bhikṣu に対応する語で、そもそもは「乞う人」「乞食者」を意味していた。それが沙門の活動の時代には、いわゆる托鉢する修行者を指すようになっていったと思われる。「比丘」はその音写による漢訳である。

比丘についてこれまでに見てきた古典文献を概観すると、沙門のように多くの語と同義的に使われるというよりは、仏教・ジャイナ教双方で、自らの教団の構成メンバーを示す語として、その存在を明確化しようとしているように感じられる。つまり、さまざまに述べられている戒めや励行すべきことがらによって、比丘のありうべき姿が浮き彫りにされてくるように思われるのである。

なお仏教では、後にパーリ律で227の戒条を、四分律では250戒を受持した男子の修行者を比丘と呼ぶのであるが、古聖典においては、それらいわゆる具足戒を受けた修行者を指してはいないようである。

そこで、最初期に比丘とはどのような修行者として輪郭を縁どられているのかを、Dhp. やUtt. 等の用例から検討してみよう。

1　初期仏教文献に現われる bhikkhu

(1) 本来の一般的な意味の否定

今述べたとおり、比丘はそもそもは乞食者を指しており、そこには宗教的理由により乞食を行なうという意味合いは含まれていなかった、もしくは希薄であった。しかるに『ダンマパダ』では、

> 他人に乞うからといって、そのことによって比丘ではない。在家の法を受持しているなら、そのことによって比丘ではない。(Dhp. 266)

と述べ、他人に食を乞うだけでは比丘ではない、と世間一般の意味を否定している。まずこのことをあえて言表している点に、比丘の意味の大きな転回点を見てよいであろう。

また、並列して在家の法（vissa-dhamma）を受持している者は比丘ではないと述べることによって、比丘という語の適用を出家者に限定している[18]。つまり、従来の広い意味の「比丘」の中から単なる乞食者と在家者を排除し、出家修行者のみを比丘と呼ぶ、と言っていることになる。

これにより、以下に見ていく比丘に対するさまざまな禁止や奨励が本来の世間一般の意味の比丘にではなく、出家修行者としての「真の比丘」に関わる規定であるというように際立たせられてくるのである。

(2) 比丘たることの本質

さらに、具体的に比丘としての資格、真の比丘の本質とはどのようなものであるのかを、上と同様、排除されるものを見ることによって浮き上がらせてみよう。

Dhp. 73によれば、比丘たるにふさわしくない者とは「虚構の名声を得ようとし、名誉を得ようとし、僧伽の中で権勢を得ようとし、他人の家において供養を受けることを望む人」のことであり、また、Sn. 276においては、「論争を楽しみ、愚癡の性質に覆われ、覚者（buddha）によって説かれた法を理解しない人」のことと言われる。

このような比丘は愚かであって、俗人（凡夫）と何ら変わるところがない。このような比丘は涅槃に達することができず、その反対に、輪廻転生し、死後には苦しみに向かうことになる。

> 苦難の場所に陥り、母胎から母胎へと生まれ変わり、闇から闇へと行く。このような比丘こそ死後苦しみに向かう。(Sn. 278)

ここに説かれることは、比丘が棄却すべきあり方である。したがって、これらの反対のものが比丘たることの本質を指示していると理解できる。すなわち、比丘たる者は出家遊行者として世俗的欲望の除去に努め、それにより、もはや転生することのない涅槃を得べき存在であると考えられていたことが知られる。

そして、この目的達成のために、不放逸（appamāda）ということが比丘を性格づけるものとして述べられている。

放逸（pamāda）とは怠けることであり、出家遊行の生活を自堕落に台無しにしてしまう悪因と考えられる。不放逸（appamāda）とはこの語に否定の接頭辞a-を冠し、単に「励むこと」という以上に放逸を否定する気持ちをもって「怠けないこと」に打ち込み、むしろ「楽しむ」までにならなければならない。

> 不放逸を楽しみ（appamādarata）、放逸に恐れを見る比丘は、燃えている火のように、微細なものでも粗大なものでも、束縛を焼きながら行く。

(Dhp. 31)

不放逸を楽しみ、放逸に恐れを見る比丘は、〔完全なる状態から〕落ちることがなく、涅槃に近づいている。(Dhp. 32)

このように、比丘とは、悪因を恐れ、怠ることなく自己の完成と涅槃への到達のために精進する者である、と宣言される。

その出家遊行の生活について、さらに具体的に、さまざまな特徴が述べられる。以下にこれらを見ていくこととしよう。

(3) 比丘の条件と修行

① 五著と五蓋を放棄せる比丘

五著とは、三毒にさらに2つの執著を加えた5つの執著を言う。五著の一々について、三毒は古くからほぼ確定しているようであるが、残りの2著については異論があり、一定していない。そこでまず、三毒について確認しておく。

三毒とは、貪欲 (rāga)、瞋恚 (dosa)、愚癡 (moha) を指し、善根を害する3つの毒のことである。仏教ではこれを涅槃に達することを妨げる3つの煩悩として、それから離れるべきことを説く。Sn. の「へびの章」は順次これら三毒を捨て去るべきことを教える。

罪を犯すこともなければ、他人に罪を犯させることもなく、すべてのものは虚妄であると〔知って〕、貪欲を離れた比丘は、この岸とかなたの岸とをともに捨てる。へびが脱皮して古い皮を捨て去るように[19]。(Sn. 11)

罪を犯すこともなければ、他人に罪を犯させることもなく、すべてのものは虚妄であると〔知って〕、瞋恚を離れた比丘は、この岸とかなたの岸とをともに捨てる。へびが脱皮して古い皮を捨て去るように。(Sn. 12)

罪を犯すこともなければ、他人に罪を犯させることもなく、すべてのものは虚妄であると〔知って〕、愚癡を離れた比丘は、この岸とかなたの岸とをともに捨てる。へびが脱皮して古い皮を捨て去るように。(Sn. 13)

また、貪瞋癡の三毒と同様に驕慢（高慢、māna）や疑惑（kathaṃkathā）をもつことも戒めている。

激流が非常に弱い葦の橋を壊すように、高慢をすっかり取り除いた比丘は、この岸とかなたの岸とをともに捨てる。へびが脱皮して古い皮を捨て去るように。

yo mānam udabbadhī asesaṃ
　　naḷasetuṃ va sudubbalaṃ mahogho
so bhikkhu jahāti orapāraṃ
　　urago jiṇṇam iva tacaṃ purāṇaṃ（Sn. 4）

比丘が貪欲と生存とを捨て、〔他人を〕切ったり、縛ったりすることを止め、彼は疑惑を超え、煩悩の矢を抜き去っている。彼は世間において正しく遊行するであろう。

lobhañ ca bhavañ ca vippahāya
　　virato chedanabandhanāto bhikkhu
so tiṇṇakathaṃkatho visallo,
　　sammā so loke paribbajeyya（Sn. 367）

貪欲（rāga）、瞋恚（dosa）、愚癡（moha）に高慢（māna）と誤った見解（ditthi）を加えた5つの執著（五著）を捨てることが比丘の条件であり、このことが Dhp. 370 に説かれる。

5つを断つべきであり、5つを捨てるべきであり、そして特に5つを修習すべきである。5つの執著を超えた比丘は激流を渡った人と言われる。

pañca chinde pañca jahe pañca vuttaribhāvaye,
pañcasaṅgātigo bhikkhu oghatiṇṇo ti vuccati（Dhp. 370）[20]

断つべき5つとは、註釈（Pj II）において heṭṭhā apāya-sampāpakāni pañc' orambhāgiya-saṃyojanāi と説明される、下方に結びつける5つの繋縛（五下分結）を意味している。これら5つは、三界のうちで最下の欲界において衆生を束縛している5種の煩悩のことである。すなわち、貪（rāga）、瞋恚（dosa）、有身見（sukkāya-ditthi）、戒禁取見（sīla-bbata-parāmāsa）、疑（vicikicchā）を指す。

次の捨てるべき5つとは、註釈において upari-devaloka-sampāpakāni pañc' uddhaṃbhāgiya-saṃyojanāni と説明される。すなわち、上方に結びつける5つの繋縛（五上分結）を意味しており、三界のうちで上方の色界と無色界において衆生を束縛している5種の煩悩のことである。色界における貪（rāga）、無色界における貪（rāga）、掉挙（uddhacca）、慢（māna）、無明（avijjā）を指す。

修習すべき5つとは、註釈において saddhādīni pañcindriyāni と説明され、悟りを得させるための信（saddhā）、勤（viriya）、念（sati）、定（samādhi）、慧（paññā）の五根（五勝根）のことである[21]。

そして、執著を起こさせる根本となる五著を捨てることが比丘に課せられた修行である。

また、『スッタニパータ』では五蓋を捨てるべきことが説かれる。

> 5つの蓋を捨て、悩みなく、疑惑を超え、苦悩の矢のない比丘は、この岸とかなたの岸とをともに捨てる。へびが脱皮して古い皮を捨て去るように。
>
> yo nīvaraṇe pahāya pañca
> 　　anigho[22] tiṇṇa-kathaṃkatho visallo,
> so bhikkhu jahāti orapāraṃ
> 　　urago jiṇṇaṃ iva tacaṃ purāṇan ti（Sn. 17）

漢訳において五蓋と訳される5つの蓋（pañca nīvaraṇa）とは、貪欲（rāga）、瞋り（pratigha）、睡眠（styāna-middha）、掉挙（auddhatya-kaukṛtya）、疑（vicikitsā）のことである。この五蓋と悩み、疑惑、苦悩を捨てることも比丘の条件である。

② 渇愛を断絶せる比丘

愛欲（kāma）や渇愛（taṇhā）を少しももたないことが比丘として最高の生き方であることを教える。まず、愛欲（vanathaja）[23]については以下のとおりである。

> 生存に縛りつける原因となるような愛欲から生ずるものを、少しももたない比丘は、この岸とかなたの岸とをともに捨てる。へびが脱皮して古い皮を捨て去るように。
>
> yassa vanathajā na santi keci
> 　　vinibandhāya bhavāya hetukappā

so bhikkhu jahāti orapāraṃ

urago jiṇṇam iva tacaṃ purāṇaṃ（Sn. 16）

愛欲は人間を生存に縛りつける原因となるものであるから、比丘は愛欲を求めてはならないし、同時に生存（bhava）を貪り求めてもいけない。

また、渇愛（taṇhā）は解脱の妨げとなるから、比丘は渇愛から離れるべきことが説かれる。

渇愛に占められた人々は罠にかかった兎のように徘徊する。それ故に、比丘は自分の離欲を望んで、渇愛を振り払うべきである。

tasiṇāya purakkhatā pajā

parisappanti saso va bādhito,

tasmā tasiṇaṃ vinodaye

bhikkhu ākaṃkha virāgam attano（Dhp. 343）[24]

このように渇愛を断ち切り、再生することを滅ぼした人は涅槃に達することができる真の比丘であると説かれる。

世尊は答えた。「サビヤよ、自ら道を修して、涅槃に達し、疑いを超え、非生存と生存とを捨て、〔修道に〕住して、再生することがもはや滅ぼされた人、彼が比丘である。（Sn. 514）

生存に対する渇愛を断ち切り、心静まった比丘にとって、生を繰り返す輪廻は超えられた。彼にとってもはや新しい生存はない。（Sn. 746）

そうであればまた、梵行（brahmacariya）の実践に励み、渇愛を離れることも涅槃を得るための条件である。

世尊が答えた。「メッティヤよ、愛欲に対して梵行を実践し、渇愛を離れて、いつも注意深く、熟考の後に寂静に達した比丘、彼に動揺は存在しない。（Sn. 1041）

しかし善も悪も捨てて、梵行を行なって、思慮深く世に振舞うなら、彼は実に比丘と言われる。

yo 'dha puññañ ca pāpañ ca bāhetvā brahmacariyavā

saṃkhāya loke carati sa ve bhikkhū ti vuccati（Dhp. 267）[25]

③ 執著なき比丘

渇愛を離れることが涅槃を得るための条件であることを②において見たが、何ものにも愛著（kāma）もしくは執著（taṇhā）しないことも比丘の資格要件である。

渇愛は苦の起こる原因であるところの過患と知って渇愛を離れ、執著することなく、よく気をつけて比丘は遊行すべきである。(Sn. 741)

それ故によく知って、比丘は注意深くして、すべての世間において何ものにも執取すべきでない。死の領域に執著されたこの人々を、「取得にとらわれている」と観察しつつ。(Sn. 1104)

④ 傷害せぬ比丘

何ものをも傷つけないことが比丘の資格として説かれる。

自分に適することを知り、あるがままに法を知り、比丘は世間において何ものをも傷つけるべきでない。彼は世間において正しく遊行するであろう。(Sn. 368)[26]

「何ものをも傷つけるべきでない」という表現は、ジャイナ教の Āy. 1.3.3.3 [16.1] にも見られる。na hammai kaṃcaṇaṃ savva-loe ≒ na hiṃsae kiṃcaṇa savvaloe（Sūy. 1.5.2.24b）「全世界において、人は何ものをも傷つけない」。そして傷つけない対象は微生物にまでも及ぶのである。当時の出家修行者は「眼を下に向けて歩く」ことによって、路上の虫けらさえ踏み殺さないように気をつけていた[27]。それを物語る詩句が次のものである。

眼を下に向けて気をつけている人は、賤しい家柄の出身の人ではないようである。王の使者たちよ、走りなさい。比丘がどこに行くのか〔見つけるために〕。(Sn. 411)

⑤ 無畏なる比丘

比丘たる者は恐怖に怯えてはならないことを説く。

何故恐怖が問題になるのかと言えば、比丘は人のいない坐所（āsana）や樹下（rukkhamūla）や墓地（susāṇa）、あるいは山間の洞窟（pabbatānaṃ guhāsu）

に住むことを生活の基盤としているからである（Sn. 958-959)。そしてそれは世俗的な利益のために在家者と親近することを避けるため（Sn. 929）である。

しかし、そのような場所にはさまざまな難儀・苦難（phassa)、恐ろしい危難（parissaya)が待ち構えている。比丘たる者はそのような場所にあっても、怯え、震えてはならないのである。

比丘が苦難に遇っても、彼は何ごとにも悲嘆してはならない。彼は生存を求めてはならないし、恐怖に出会っても怯えてはならない。

phassena yadā phuṭṭh’ assa,　　paridevaṃ bhikkhu na kareyya kuhiñci
bhavan ca nābhijappeyya　　bheravesu ca na sampavedheyya（Sn. 923）[28]

生存を求めないのであれば、生命を脅かすものを恐れる必要はない。

賢明な比丘は気をつけて、自制に基づいた生活をしつつ、5つの恐怖に怯えるべきでない。すなわち虻と蚊とへびと人間、〔そして〕四足獣〔という5つのものの襲撃〕による接触の苦難（phassa）である。

Pañcannaṃ dhīro bhayānaṃ na bhāye
　　bhikkhu sato（sa）pariyantacārī:
ḍaṃsādhipātānaṃ siriṃsapānaṃ
　　manussaphassānaṃ catuppadānaṃ（Sn. 964）

ここに挙げられた5種の恐怖、さらにまた、病気、飢え、寒冷と酷暑の phassa（Sn. 966)，これらの phassa は parissaya と同様、辺境の臥坐所において修行者が征服すべき（abhisambhaveyya, 960, 965）もの、耐えるべき（adhivāsayeyya, 966）ものとみなされている。

不死の境地に赴く人にとって、世間においてどれほど多くの危難（parissaya）があることか。比丘は人里離れた臥坐所（sayanāsana）にあって、それら（危難）を征服すべきである。

kati parissayā[29] loke gacchato amataṃ disaṃ
ye bhikkhu abhisambhave pantamhi sayanāsane（Sn. 960）

他の教えを信奉する人たちを恐れるべきでない。たとい、彼らが多くの危害を加えるのを見た後であっても。さらにまた、善を求める人は諸々の parissaya を克服すべきである。

paradhammikānam pi na santaseyya
disvā pi tesaṃ bahubheravāni,
athāparāni abhisambhaveyya
parissayāni kusalānuesī（Sn. 965）

病気の苦難（phassa）や飢え〔の苦難〕に苦しんでも、彼は寒冷と酷暑〔の苦難〕を耐えるべきである。種々にそれらによって苦しめられても、かの家なき人は努力して堅固に精進すべきである。

ātaṃkaphassena khudāya phuṭṭho
sītaṃ accuṇhaṃ adhivāsayeyya,
sa tehi phuṭṭho bahudhā anoko
viriyaṃ parakkamma daḷhaṃ kareyya（Sn. 966）

恐れに対しては、世間を離れ、執著を断ち、善を求め、努力して堅固に精進すること、これらが征服の糧なのである。

⑥ 我所なき比丘

比丘には取るものもなければ、捨て去るものもない。すなわち、無所得の成就を目指さなければならない。特に自分の肉体にわがものという思いを懐かないことが比丘としての資格である。

彼自身の名色について、わがものという思いが全く存在しないで、何もないことを悲しまない人、彼は実に比丘と言われる。

sabbaso nāmarūpasmiṃ yassa n' atthi mamāyitaṃ
asatā ca na socati sa ve bhikkhū ti vuccati（Dhp. 367）[30]

「わがものという思い」（mamāyita）がこの意味で使用されるのは、仏教とジャイナ教に限られているようである。ジャイナ教の Āy. 1.2.6.2 [12.7] に全く同一の pāda b : jassa n' atthi mamāiyaṃ が存在する。

以下、両宗教聖典から 1 例ずつ例示することにする。

Sn. 805 では、

わがものと思うために人々は悲しむ。なぜなら、所有物は常住でないからである。これは別れがあるだけだと見て、家に住むべきでない。

socanti janā mamāyite,
　　na hi santi niccā pariggahā,
vinābhāvasantam ev' idaṃ,
　　iti disvā nāgāram āvase（Sn. 805）

とあり、『スーヤガダンガ』においては、

牟尼は諸法の彼岸に到った者であり、殺害することを止めた。自分のものという観念は悲しい。彼らは自分の財産を獲得しない。

dhammassa ya pārae muṇī
　　ārambhassa ya antae ṭhie
soyanti ya ṇaṃ mamāiṇo
　　no labbhanti niyaṃ pariggahaṃ（Sūy. 1.2.2.9）

と述べられる。

また、初期仏教においては「わがものという思い」を取り除き、生・老・憂・悲の苦を捨て去った人が智者（vidvan）となるのであり、それは取りも直さず比丘ということになる。

このように住みつつ、気をつけ、不放逸である比丘は、わがもの（我所）とみなしたものを捨て、生や老いや憂いや悲しみをも捨てて、この世で智者となり、苦を捨てるであろう。（Sn. 1056）

⑦ 正しい時を守る粗食の比丘

比丘には托鉢に歩く時間も決められている。

比丘は実に、時ならぬ時に歩き回るべきでない。しかし、正しい時に乞食のために村を歩くべきである。というのは、執著は時ならぬ時に歩いている人につきまとうからである。それ故、覚者たちは時ならぬ時に歩くことはない。

na ve vikāle vicareyya bhikkhu,
　　gāmañ ca piṇḍāya careyya kāle,
akālacāriṃ hi sajanti saṅgā,

tasmā vikāle na caranti buddhā (Sn. 386)[31]

そして、比丘は正しい時に食べ物を得て、一人で戻って来て、ひそかに坐るべきである。身体をよく抑制して、内なる心を考えつつ、彼は心を外に放ってはならない。

piṇḍañ ca bhikkhu samayena laddhā
eko paṭikkamma raho nisīde,
ajjhattacintī na mano bahiddhā
nicchāraye saṅgahītattabhāvo[32] (Sn. 388)

正しい時というのは正午以前、すなわち、午前中を意味する。これに対して時ならぬ時とは正午過ぎ、午後である。比丘は午前中に托鉢し、一人で食べる。正午を過ぎたら一切食べ物を口にしないと決められている。

⑧ 蔑みと羨みを離れる比丘

また、比丘は托鉢時に得たものがどんなものであっても、どんなに少量であっても蔑んではならない。他人の得たものを羨んでもならない。

自分の得たものを軽蔑すべきでない。他人〔の得たもの〕を羨むべきでない。他人を羨む比丘は三昧を得ることができない。

たとい、得たものが少なくとも、比丘が得たものを軽蔑しないなら、怠ることなく清浄に生きる彼を神々も称賛する。(Dhp. 365-366)

乞食行を行なっても、必ずしも施食が得られるとは限らない。食べ物を得ても驕るべきでないし、得られなくても悲しむべきでないことを教示する。

⑨ 寂静なる比丘

仏教においては身と口と意とが静まっていることの重要性を説き、このことを成就した人を「寂静なる人」(upasanta) と呼ぶ。

身体も静か、言葉も静か、心も静かで、よく三昧に入り、世俗の誘惑を吐き棄てた比丘は寂静なる人と言われる。(Dhp. 378)

なお、ジャイナ教では、身と口と意をよく護ることを「三紀律」といい、同様に重視している。

⑩ 法随順の比丘

法をよく理解し、法に従うことも比丘の務めである。

口を自制し、思慮して語り、心落ちつき、意味と法とを明らかにする比丘、彼の言葉は甘美である。

yo mukka-saññato bhikkhu mantabhāṇī[33] anuddhato
atthaṃ dhammañ ca dīpeti madhuraṃ tassa bhāsitaṃ（Dhp. 363）

法を喜び、法を楽しみ、法を熟考して、法に従っている比丘は、正法から堕落することがない。

dhammārāmo dhammarato dhammaṃ anuvicintayaṃ
dhammaṃ anussaraṃ bhikkhu saddhammā na parihāyati（Dhp. 364）[34]

⑪ 自制せる比丘

身体を制御することはよい。言葉を制御することはよい。心を制御することはよい。あらゆることについて制御することはよい。比丘はあらゆることについて制御し、すべての苦から解放される。

kāyena saṃvaro sādhu, sādhu vācāya saṃvaro,
manasā saṃvaro sādhu sādhu sabbattha saṃvaro
sabbattha saṃvuto bhikkhu sabbadukkhā pamuccati（Dhp. 361）

手を自制し、足を自制し、言葉を自制し、最高に自制し、内なる心を楽しみ、三昧に入り、一人満足する人、彼を比丘と呼ぶ。

hatthasaññato pādasaññato
　　vācāya saññato saññatuttamo,
ajjhattarato samāhito
　　eko santusito tam āhu bhikkhuṃ（Dhp. 362）[35]

手足等の身体や言葉を自制し、他との関わりを断ち切り三昧に入る人が比丘であることを教える。

手を自制し、足を自制し、言葉を自制し、感官を自制し、

hattha-saṃjae pāya-saṃjae

vāya-saṃjae saṃjaindie（Dasav. 10.15ab）
という表現はジャイナ教聖典にも見られる。

そして、自ら自己を制御する人はすべての束縛を超えている。

自ら自己を励まし、自ら自己を熟慮せよ（paṭimāse)。比丘よ、自己を護り、念を有する人は幸福に住するであろう。

attanā coday’ attānaṃ paṭimāse attam attanā,
so attagutto satimā sukhaṃ bhikkhu vihāhisi（Dhp. 379）[36]

確かに尊者よ、これはまさにそのとおりである。尊者よ、このように生活し、制御した比丘はすべての束縛を超えている。彼は世間において正しく遊行するであろう。(Sn. 375)

⑫ 無漏を目指す比丘

無明（avijjā）を捨て去り、漏（āsava）を消滅し、悪い思惟（vitakka）を焼き尽くし、随眠（anusaya）と患悩（daratha）を生み出さぬよう努めるのも比丘である。

この汚れよりもっときたない汚れがある。無明が最大の汚れである。比丘たちよ、この汚れを捨てて、汚れのない者となれ。(Dhp. 243)

私は出家することの楽しみを得、それは凡夫の親近できないものである。比丘は、漏（アーサヴァ）が消滅しない限りは、自信をもつことができなかった。

phusāmi nekkhammasukhaṃ aputhujjanasevitaṃ;
bhikkhu vissāsa māpādi appatto āsavakkhayaṃ（Dhp. 272）[37]

〔悪い〕思惟が焼かれて、心の内がよく整えられた比丘は、この岸とかなたの岸とをともに捨てる。へびが脱皮して古い皮を捨て去るように。(Sn. 7)

随眠がいささかも存在することなく、悪の諸根が破壊された比丘は、この岸とかなたの岸とをともに捨てる。へびが脱皮して古い皮を捨て去るように。

assānusayā na santi keci,

mūlā akusalā samūhatāse[38],

so bhikkhu jahāti orapāram

urago jiṇṇam iva tacaṃ purāṇaṃ（Sn. 14）

この岸に帰り来たる縁となる諸々の患悩を全く生み出さない比丘は、この岸とかなたの岸とをともに捨てる。へびが脱皮して古い皮を捨て去るように。

yassa darathajā na santi keci

oraṃ āgamanāya paccayāse[39],

so bhikkhu jahāti orapāraṃ

urago jiṇṇam iva tacaṃ purāṇaṃ（Sn. 15）

āsava は、ジャイナ教と仏教の古層聖典に共通して見られる、教義上、重要な語である。上の引用では Dhp. 272 に出る「アーサヴァを滅ぼし尽くして」の原語は、「アーサヴァッカヤ」(āsavakkhaya) であり、アーサヴァ (āsava) とカヤ (kkhaya, 滅尽) との複合語である。また、「キーナーサヴァ」(khīṇāsava) とも言い、これはキーナ (khīṇa, 滅尽) とアーサヴァとの複合語である。

アーサヴァ (āsava < ā- √sru) の本来の意味は「漏れ込んでくる」ことである。仏教の姉妹宗教と言われるジャイナ教では、現在まで語源どおりに理解され、業が霊魂に漏れ込んでくることを意味する。にもかかわらず、仏教では、正反対の「漏出」と考えられ、通常、漏れ出る汚れ＝煩悩と解釈されてきた。ただし、仏教においても古い詩節 (cf. Sn. 178, 219, 1145) では、ジャイナ教と同様、「漏れ出てくる煩悩」というよりは「漏れ込んでくる水」に譬えられる輪廻の原因としての煩悩が考えられており、ジャイナ教との比較によりこのことが理解されるのである。

⑬ 占相を禁じられた比丘

修行の妨げになるものとして、種々の占いが禁止されている。以下に引く Sn. のみでなく、ここには挙げないが後の DN. i 67ff. では、より詳しく論じられている。

世尊は言った。「吉凶の占いは根絶され、天変地異の占い、夢占い、相占いを止め、吉凶の過失を完全に捨てた比丘は、世間において正しく遊行するであろう」と。

yassa maṅgalā samūhatā
ti Bhagavā
uppādā supinā ca lakkhaṇā ca,
sa maṅgaladosavippahīno
bhikkhu sammā so loke paribbajeyya（Sn. 360）

また、これら占いの他に懐妊術や医術を行なうことを厳しく戒めている。

アタルヴァ〔・ヴェーダ〕の呪法、夢占い、相占い、星占いを行なってはならない。また、〔動物の〕鳴き声や懐妊術や医術を、私の弟子は用いてはならない。

āthabbaṇaṃ supina-la(k)khaṇaṃ　no vidahe atho pi nakkhattaṃ
virutan ca gabbha-karaṇaṃ 〈ca〉　tikicchaṃ māmako na seveyya（Sn. 927）[40]

この Sn. 927 は古 Āryā 韻律の作品であり、最古のものと考えられることから、かなり早い段階より、占相や医術を用いることが禁止されていたことを知りうる。前節で見たジャイナ教の同じく古 Āryā 韻律の詩節 Utt. 8.13 とほとんど同内容である。

⑭ 覚者の教えに努力する比丘

比丘の目標は、これらの修行を実践することによって涅槃を得ること、すなわち不死に到達することにあった。以下の詩節はこのことを教える。

1つは利得に達する道であり、もう1つは涅槃に到る道である。覚者の弟子である比丘はこのことを知って、恭敬を喜ぶべきでなく、孤独の境地に励むべきである。(Dhp. 75)

世俗的な恭敬を喜ばず、ひたすら涅槃を求めて孤独の境地に励むべきことが説かれている。そして孤独の境地からやがて涅槃の境地に到達する。これは不死、平安、不滅なる寂静の境地のことである。

自己自身は寂静であるべきである。比丘は他から寂静を求めるべきでない。自己自身が寂静となった人にとって、拾い上げられるものがあろうか。どうして捨てられるものがあろうか。(Sn. 919)

欲望と貪欲を離れ、この世において智慧ある比丘は、不死、平安、不滅なる寂静の境地に到達した。(Sn. 204)

このような安楽な涅槃の境地に到達するには、覚者の教えを信じ（pasanno buddhasāsane, Dhp. 368）[41]、覚者の言葉を聞いて、それを完全に理解すること（Sn. 202）が不可欠となる。覚者の教えに精進する（yuñjate buddhasāsane）比丘は、覚者と同一であるとも説かれる（Dhp. 382)。覚者は自己の完成者であり、比丘は覚者を目標として努力精進する修行者であらねばならない。

この法を知り、わきまえつつ比丘は、常に気をつけて学ぶべきである。涅槃が寂静であると理解して、ゴータマの教えにおいて怠るべきでない。(Sn. 933)[42]

覚者の教えに随順する比丘は、当然のこととして、覚者に対して尊敬の念をもって共に礼拝することが大切となる。

これら300人の比丘たちは合掌して立っています。勇者よ、足を伸ばしてください。龍たちに師〔の足〕を礼拝させましょう。(Sn. 573)

（4）初期仏教における bhikkhu

以上見てきたとおり、比丘は、貪欲（rāga)、瞋恚（dosa)、愚癡（moha)、高慢（māna)、誤った見解（ditthi）の5つの執著と、5つの蓋（pañca nīvaraṇa）を放棄しなければならない（①)。また、比丘が貪り求めてはならないもの、断ち切るべきものとして、愛欲（vanathaja, kāma)、渇愛（tasiṇā, taṇhā）や愛著、生存（bhava）が挙げられる。これらを断ち切ることによって輪廻転生（再生）することを防止できるからであり、それには梵行（brahmacariya）に励むことが大切となる（②③)。

これらに加えて、さらに具体的に次のようなことが挙げられた。

1. すべての生類を傷つけない（④)
2. 人里離れた場所で生活し、何ものにも怯えない（⑤)
3.「わがものという思い」を捨て、何も所有しない（⑥)

4. 正しい時に托鉢し、粗食に耐える（⑦）

5. 他との比較や評価を離れる（⑧）

6. 身・口・意を制御する（⑨〜⑪）

7. 無明（avijjā）や漏（āsava）や悪い思惟（vitakka）を根絶し、随眠（anusaya）や患悩（daratha）を生み出さない（⑫）

8. 占相を行なわない（⑬）

これらの修行の実践は不死の境地、すなわち涅槃を得るためである。それ故、比丘は自己の完成者である覚者（buddha）を敬い、その教えに従い精進する（⑭）ことになるのである。

なお(1)で述べたように、比丘の語は世間一般の意味を否定され、単なる乞食者から仏教の出家修行者を指す語となっていく。そこで、次のように一種のステータスとして出家者（pabbajita）と同義に用いられる。

比丘たちよ、私に耳を傾けなさい。〔悪を〕振り払う法をあなた方に説こう。そしてそれをあなた方すべては心にとどめよ。目的を見つめる思慮ある人は出家者にふさわしいその行為のあり方を洗練せよ。(Sn. 385)

また比丘は、修行が進めば賢人（paṇḍita, 註37参照）や牟尼（寂黙行者、muni）と言い換えられる場合もある。

この世で最高のものを最高であると知り、ここで法を説き分別する人、疑いを断ち、貪愛に動かされないその牟尼を、彼ら（諸々の覚者、buddhā）は比丘たちの中で、第2の「道を説く者」と言う。(Sn. 87)

この詩節はSn. 86-88の一連の中で説かれたものである。ちなみにこの前後では、「疑いを超越し、〔苦悩の〕矢を離れ、涅槃を楽しみ、欲望なく、神々を含めた世間の指導者、そのような人を覚者たちは、〈道を知る者〉（magga-jina）[43]と言う」(Sn. 86)、「善く説かれた法の言葉である道に生き、よく自制し、気をつけて、非難のない言葉を使用する人、彼を比丘たちの中で、第3の〈道に生きる者〉と言う」(Sn. 88）と説かれている。

比丘＝牟尼をもう1例見てみよう。

青い頸の孔雀が空を飛ぶとき、ガチョウの速さに及ばないように、そのように在家者は、遠離して、林の中で禅定する牟尼である比丘に及ばない。(Sn. 221)

これらは、出家修行者である比丘が、精進の結果、やがては賢人や牟尼となっていくこと、涅槃に到る正しい途上にあることをそれとなく静かに、しかし疑いの余地のない事実として説得的に語っているとも理解できるだろう。

2　初期ジャイナ教文献に現われる bhikkhu

『ウッタラッジャーヤー』第15章「真実の比丘」は16の詩節から構成されている。そのそれぞれの詩節の最後は sa bhikkhū で終わり、比丘のあるべき姿をそれらの詩節に託していることがわかる。そこでこれら16の詩節を中心に、ジャイナ教徒が求めていた比丘像を検討してみることにする[44]。

(1)『ウッタラッジャーヤー』第15章を中心に見た bhikkhu

① 愛欲を求めない比丘、乞食遊行者としての比丘

「私は法を理解して牟尼の生活をするでしょう。」成し遂げ、正直で、欲望から逃れるであろう。彼は親を捨てるべきであり、愛欲を求めず、見知らぬ人々から乞食しながら、遊行すべきである。〔そうすれば〕彼は〔真実の〕比丘である。

monaṃ carissāmi samecca dhammaṃ
　　sahie ujju-kaḍe niyāṇa-chinne
saṃthavaṃ jahejja akāma-kāme
　　annāesī parivvae, sa bhikkhū (Utt. 15.1)[45]

人間にとって捨てがたいものは愛欲である。しかしながら、その愛欲を断ってこそ（真実の）比丘であると言う。次の詩節は束縛と争いを捨てた比丘には、もはや愛欲がないことを説く。

比丘はすべての束縛とこの種の争いを捨てるべきである。〔そのような〕聖人はすべての種類の愛欲を見つつも執らわれない。

savvaṃ ganthaṃ kalahaṃ ca　　vippajahe tahā-vihaṃ bhikkhū
savvesu kāma-jāesu　　pāsamāṇo na lippaī tāī（Utt. 8.4）

このUtt. 15.1と8.4の文脈からは、愛欲にまつわる束縛と争いを捨てるために、遊行乞食という方法が採用されたことがうかがえる。親に対する見知らぬ人、家（定住）に対する遊行の生活である。当然に蓄財を前提とする購入も、良い条件の家を選ぶこと、馴染みの家を作ることも否定される。

乞食したもので生存する比丘は行乞すべきであって、購入してはならない。売買は大きな罪である。乞食で生存することは喜びを与えるものである。

bhikkhiyavvaṃ na keyavvaṃ bhikkhuṇā bhikkhavattiṇā
kayavikkao mahādoso bhikkhavattī suhāvahā（Utt. 35.15）

比丘は常に上〔位〕と下〔位〕の家（kula）に〔等しく〕乞食を行ずべきである。低い家を通り越して高貴な（ūṣadha）〔家〕を保持すべきでない。

samuyāṇaṃ care bhikkhū kulaṃ uccāvayaṃ sayā
nīyaṃ kulam aikkamma ūsaḍhaṃ nābhidhārae（Dasav. 5.2.25）

すなわち、乞食で生存すべきこと（bhikkhavatti, Skt. bhikṣā-vṛtti）、それは単なる食住の規定ではなく、より深く人間の根幹に関わる（愛欲を捨てるための）修行の方法であることを教えているように思われる。その意味でこの「真実の比丘」の第1に、愛欲と乞食に関わる詩節が置かれたのではないだろうか。

② 貪著なき生活

貪欲をなくし、何ごとにも愛著しないで生活することの重要性が説かれる。

彼は貪欲をなくして生活すべきである。傑出して、〔罪を犯すことを〕止め、ヴェーダ（Veda）に通じ、彼自身を護る。賢明で卓越し、すべてを理解し、何ごとにも愛著しない人は〔真実の〕比丘である。

āovarayaṃ carejja lāḍhe
　　virae veyaviyāya-rakkhie 〈ya〉,

panne abhibhū ya savva-daṃsī

je kamhiṃ ci na mucchie, sa bhikkhū（Utt. 15.2）[46]

比丘は貪欲ばかりでなく、貪欲、瞋恚、愚癡、の三毒を捨てるべきであることが説かれる。

貪欲を捨て、瞋恚を捨て、愚癡を捨て、常に賢明でメール（Meru）山のように、風によっても揺り動かされることのない比丘は、自己を護りながら苦難に耐えるべきである。

pahāya rāgaṃ ca taheva dosaṃ

mohaṃ ca bhikkhū satataṃ viyakkhaṇo

meru vva vāeṇa akampamāṇo

parīsahe āyagutte sahejjā（Utt. 21.19）

貪欲と瞋恚は2つの悪であり、悪い業を生み出すものである。常にそれらを避ける比丘は〔転生の〕輪にとどまらない。

rāgadose ya do pāve pāvakammapavattaṇe

je bhikkhū rumbhaī niccaṃ se na acchai maṇḍale（Utt. 31.3）

これら三毒を捨て、何ごとにも愛著しないことが比丘の資格であり、愛著しないことが解脱への道であることが種々に説かれている。

1例として、比丘が何ごとにも愛著していないことの大切さは次のように説かれる。

比丘にとって渡りがたい小さな愛著がある。それら〔愛著〕のために、ある者は心くだけ、自制することができない。

ah' ime suhumā sangā bhikkūṇaṃ je dur-uttarā

jattha ega visīyanti na cayanti javittae（Sūy. 1.3.2.1）

しかしながら、愛著があるが故に自制に努めないでいると悪業を積むことになるので、愛著を捨てるべきことが説かれる。

あらゆる愛著は大きな漏である、と知って、比丘は最高の法を聞いて、生命を望むべきでない。

taṃ ca bhikkhū parinnāya savve sangā mahāsavā

jīviyaṃ nāvakankhijjā soccā dhammaṃ aṇ-uttaraṃ（Sūy. 1.3.2.13）

また、愛著に導くもの、すなわち人々の中に住むのを避けることの大切さも説かれる。

牟尼は長い間、人々の中に住むべきでない。共に住むことによって愛著が増大する。常に行じない比丘は自我の目的の故に業に苦しむ。

na ciraṃ jaṇe saṃvase *muṇī*,
　　saṃvāseṇa siṇehu vaddhatī
bhikkhussa aṇicca-cāriṇo
　　att'aṭṭhe kammā duhāyatī（Isibh. 27.1）

以前の関係を捨てて、人は何ごとにも愛著すべきではない。愛著に導くものの中で愛著がなければ、比丘は過失や罪悪から解放される。

vijahittu puvva-saṃjoyaṃ　　na siṇehaṃ kahiṃci kuvvejjā
asiṇeha siṇeha-karehiṃ　　dosa-paosehi muccae bhikkhū（Utt. 8.2）[47]

③ 無殺害と忍耐

殺害はジャイナ教では絶対にしてはならないことであり、五大禁戒の第一に数えられている。他を害しないことは、比丘の第一条件である。

悪口と殺害を征服して、堅固な牟尼は卓越した生活をすべきであり、〔その生活が〕常に彼自身を守っている。心を取り乱すことがなく、歓喜することがなく、すべてを耐える人は〔真実の〕比丘である。

akkosa-vahaṃ viittu dhīre
　　muṇi care lāḍhe niccam āya-gutte;
avvagga-maṇe asaṃpahiṭṭhe
　　je kasiṇaṃ ahiyāsae, sa bhikkhū（Utt. 15.3）[48]

Dasav. でも同様に述べられている。害することは口（悪口、口論）に気をつけて回避すべきであり、心の平静、寂静、自制が勧められる。

口論を引き起こす話をすべきでない。また、怒らず、感官を征服せよ。静寂にして、自制の堅固である行為に努力し、寂静であって害することの少ない人、彼は〔真実の〕比丘である。

na ya vuggahiyaṃ kahaṃ kahejjā

na ya kuppe nihu’indie pasante,
saṃjama-dhuva-⟨dhīra-⟩joga-jutte
uvasante aviheḍae [je], sa bhikkhū（Dasav. 10.10）[49]

さらに詳しく、他を害することがないということは、人間あるいは動物にとどまらず、微生物にまで及ぶこと、そのために何を避けるべきかが具体的に述べられる。

地面を掘るべきでなく、掘らしめるべきでない。冷水を飲むべきでなく、飲ましめるべきでない。よく磨かれた刃のように、鋭い火、それを燃やさず、燃やしめるべきでない。彼は〔真実の〕比丘である。

puḍhaviṃ na khane [na] khaṇāvae
sīôdagã na pie [na] piyāvae,
agaṇiṃ satthaṃ jahā su-nisiyaṃ
taṃ na jale na jalāvae [je], sa bhikkhū（Dasav. 10.2）

風であおぐべきでなく、あおがしめるべきでない。草を切るべきでなく、切らしめるべきでない。種子を常に避けつつ、芯をもったものを食べるべきでない。彼は〔真実の〕比丘である。

aṇileṇa na vīe na vīyāvae,
hariyāṇi na chinde [na] chīdāvae;
bīyāṇi sayā vivajjayanto
saccittaṃ nāhārae [je], sa bhikkhū（Dasav. 10.3）

大地、〔水、〕草、樹木に住んでいる、動、不動〔の生きもの〕に害がある。それ故、自分のために作られた食事を食べるべきでなく、料理することなく、料理させるべきでない。彼は〔真実の〕比丘である。

vahaṇaṃ tasa-thāvarāṇa hoī
puḍhavī-⟨jala⟩-taṇa-kaṭṭha-nissiyāṇaṃ,
tamhā uddesiyaṃ na bhunje,
no vi pae na payāvae [je], sa bhikkhū（Dasav. 10.4）

また、Utt. 15.3 では、比丘たる者はすべてに耐えねばならないことを教えていた。具体的には、以下の詩節にあるような脅迫とか、恐怖、恐ろしい声、嘲笑にも耐え、さらに、打たれても怒らず、忍耐こそ実践すべき最高の法であるという。

実に村における棘、悪口、打撃、脅迫、そして恐怖、恐ろしい声、嘲笑に耐え、等しく楽と苦に耐える人は〔真実の〕比丘である。

jo sahai hu gāma-kaṇṭae
akkosaṃ ca pahāra-tajjaṇāo [ya],
bhaya-bherava sadda sa-ppahāse
sama-suha-dukkha-sahe ya je, sa bhikkhū（Dasav. 10.11）

比丘は打たれても怒るべきでない。また心を汚すべきでない。忍耐を最高のものであると知って、比丘は法を実践すべきである。

hao na saṃjale bhikkhū maṇaṃ pi na paosae
titikkhaṃ paramaṃ naccā bhikkhū dhammaṃ samāyare（Utt. 2.26）

なお、②で取り上げた Isibh. 27.1 にも見られたが、上の Utt. 15.3 では、牟尼が比丘と同一視されていることにも注意しておきたい。

④ 苦難の克服

Utt. 15.3 に引き続き、15.4 では耐えることが主題となる。

粗末な臥坐所と宿泊所（辺地の坐臥）、寒冷と酷暑、種々の虻と蚊に親しみ近づいている。心を取り乱すことがなく、歓喜することがなく、すべてを耐える人は〔真実の〕比丘である。

pantaṃ sayaṇāsaṇaṃ bhaittā
sī'uṇhaṃ vivihaṃ ca daṃsa-masagaṃ
avvagga-maṇe asaṃpahiṭṭhe
je kasiṇaṃ ahiyāsae, sa bhikkhū（Utt. 15.4）[50]

Utt. 2 は出家修行者が征服すべき 22 の苦難・危難（parīsaha）があることを述べている。寝台の苦難は第 11 番目、寒さの苦難は第 3 番目、暑さの苦難は第 4 番目、そして虻と蚊の苦難は第 5 番目に位置づけられている。マハーヴィーラによって説き明かされたこれらの苦難は、経験しても逃れてはならない、むしろ打ち負かさなければならない苦難である。まず、苦行を行なっている比丘が寝台の高低に悩まされないことを説く詩節を紹介する。

苦行者である堅固な比丘は、寝台の高低によって甚だしく悩まされないだろう。〔しかし〕悪い見解をもつ人は悩まされる。

uccāvayāhiṃ sejjāhiṃ tavassī bhikkhu thāmavaṃ
nāivelaṃ vihammejjā pāva-diṭṭhī vihammaī（Utt. 2.22）

次に、第 3 の苦難である寒さの苦難は比丘が耐えねばならないことを Utt. 2.7 は教える。

「私には〔寒さを〕阻止するものがない。皮膚を護るものがない。私は火を用いるのだ」と比丘は考えるべきでない。

na me nivāraṇam atthi chavittāṇaṃ na vijjaī
ahe tu aggiṃ sevāmi ii bhikkhū na cintae（Utt. 2.7）

寒さの苦難に関するものとして無衣服の苦難も説かれる。

「衣が古くなってしまい、私は衣のない者となるだろう」とか、あるいは「私は〔新しい〕衣をもつであろう」とか比丘は考えるべきでない。

parijuṇṇehi vatthehiṃ hokkhāmi tti acelae
aduvā sacele hokkhāmi ii bhikkhū na cintae（Utt. 2.12）

このようなすべての苦難に耐えることが比丘の資格と言えよう。

⑤ 五大誓戒等の実践

彼は名誉ある歓待、供養、挨拶を望まず、まして称賛を望まない。彼は自制者であり、誓戒を保ち、苦行者であり、成し遂げ、自分自身を求める。彼は〔真実の〕比丘である。

no sakkaim icchaī, na pūyaṃ,
　　no vi ya vandaṇagaṃ, kuo pasaṃsaṃ !
je saṃjae suvvae tavassī
　　sahie āya-gavesae, sa bhikkhū（Utt. 15.5）[51]

歓待を受けたり称賛されることは人間にとって嬉しいことに違いはないが、しかし、それは同時に解脱を得る修行の妨げにもなるのである。次の 2 詩節はこのことを的確に教えている。

比丘として求めることなく、味を貪ることなく、延命を望むことなく、乞食を実践すべきである。繁栄と尊敬と恭敬をも捨て、自己を確立し、偽りのない人、彼は〔真実の〕比丘である。

alola-bhikkhū na rasesu giddhe

unchaṃ care jīviya nābhikankhī

iḍḍhiṃ ca sakkārana pūyaṇaṃ ca

cae ṭhiy'appā aṇihe [je], sa bhikkhū（Dasav. 10.17）

彼は生命を恐れるべきでない。彼は称賛されることを望むべきでない。人のいない家にとどまる比丘の心を、恐ろしいことが驚かすであろう。

no abhikankhejja jīviyaṃ

no vi ya pūyaṇa-patthae siyā

abbhattham uventi bheravā

sunnāgāra-gayassa bhikkuṇo（Sūy. 1.2.2.16）

Utt. 15.5 で「自制する」という動詞 saṃjaa（Skt. saṃyata）は、人称形で saṃjaya（自制した人）, つまり解脱を目指す「修行者」一般を指す言葉である。それ故、比丘が自制に努力することは、基本的な行であって、自制に努めれば苦から解放され、婦人たちと関係を結ぶこともなくなることが説かれる。

今、生物（命我）と非生物（素材）との区別を、心を集中して私から聞きなさい。このことを知って比丘は正しく自制に努力すべきである。

jīvājīvavibhattiṃ suṇeha me egamaṇā io

jaṃ jāṇiūṇa bhikkhū sammaṃ jayai *saṃjame*（Utt. 36.1）

よく自制した比丘は汚れのない場所に住むことを望むべきである。そこでは苦から解放され、婦人たちによって逼られることもない。

phāsuyammi aṇābāne itthīhiṃ aṇabhiddue

tattha saṃkappae vāsaṃ bhikkhū *paramasaṃjae*（Utt. 35.7）

自制はまた、苦行でもある。比丘は多くの徳をともなった苦行を楽しむことが説かれる。

墓地において、プラティマー（pratimā）を行じ、恐怖や畏怖を見て恐れるべきでない。また、単に種々の徳をともなった苦行を楽しみ、身体を求めない人、彼は〔真実の〕比丘である。

paḍimaṃ paḍivajjiyā masāṇe

no bhāe bhaya-bheravāi dissā,

viviha-guṇa-tavo-rae ya niccaṃ

na sarīraṃ c' abhikankhī [je], sa bhikkhū（Dasav. 10.12）

プラティマーというのは、断食または食の制限による修行のことであり、ここでは、この修行は人里離れた墓地で行なわれるべきことが説かれている。

また、五大誓戒を保つことも比丘の資格である。Utt. と Dasav. から引用してみよう。

〔五〕誓戒、〔五〕感官の対象、〔五〕用心、〔五〕行為に関して常に努力する比丘は〔転生の〕輪にとどまらない。

vaesu indiyatthesu samiīsu kiriyāsu ya

je bhikkhū jayaī niccaṃ se na acchai maṇḍale（Utt. 31.7）

五大誓戒は Dasav. の第 4 章に詳しく説かれており、項目を列挙すれば次のとおりである。

1. 不殺生（ahiṃsā）
2. 不妄語（asatya tyāga）
3. 不偸盗（asteya）
4. 不淫（abrahmacarya）
5. 無所得（aparigraha）

ジャイナの出家修行者は、これらの 5 項目を無条件かつ完全に遵守することが義務づけられている。ついでながら、避けるべき愛欲を生むが故に努めて自制しなければならない 5 つの感官（五根）とその対象（五境）、また常に身を慎むよう努力すべき五用心、五行為についても見てみよう。

五根、五境とは、

1. 眼根（cakṣur-indriya）：色
2. 耳根（śrotra-indriya）：声
3. 鼻根（ghrāṇa-indriya）：香
4. 舌根（jihvā-indriya）：味

5. 身根（kāya-indriya）　：触

のことである。

五用心（注意規定、samiti）は Utt. において、後述する三紀律（防護規定）とともに次のように説かれている。

8 つの基本的な教義は samiti と gupti である。すなわち、5 つの samiti と 3 つの gupti が列挙される。

aṭṭha pavayaṇamāyāo samiī guttī taheva ya
paṃceva ya samiīo tao guttīo āhiyā（Utt. 24.1）

samiti は īryā〔-samiti〕, bhāṣā, eṣaṇā, ādāna, uccāra であり、〔gupti は〕mano, vāg, kāya〔であり、合わせて〕8 つである。

iriyābhāsesaṇādāṇe uccāre samiī iya
maṇaguttī vayaguttī kāyaguttī ya aṭṭhamā（Utt. 24.2）

この注意すべき 5 項目（五用心）を詳しく見れば、以下のとおりである[52]。

1. 人、獣、車等が通った道を歩き、他の生きものを殺害しないように注意すること（īryā-samiti）
2. 優しい、礼儀正しい、甘い、正しい会話をすること（bhāṣā-samiti）
3. 42 種の過失によって汚されていない施物を乞うこと（eṣaṇā-samiti）
4. 僧として修行に必要なことがらを受持すること（ādāna-samiti）
5. めったに人が通らない場所で排泄すること（uccāra-samiti）

また、五行為（kriyā）とは束縛に導く 5 種の行為、すなわち、

1. 身体を不注意に動かすことから生ずる悪い行為（kāyikī）
2. 武器を不注意に使用することから生ずる悪い行為（adhikaraṇikī）
3. 嫌悪から生ずる悪い行為（pradveṣikā）
4. 意図的になされた悪い行為（paritāpanikī）
5. 生きものを傷つける行為（prāṇātipātikī）

のことである[53]。

五大誓戒（禁戒）を遵守して、5 種の行為、すなわち五漏（pañcāsava, Skt. pañcāsrava）を閉ざすことも比丘の務めである。次の Dasav. の詩節はそのことを明言している。

ナーヤプッタ（Nāyaputta＝マハーヴィーラ）の言葉を喜び、六生類（＝6種の生類）を自己と等しいものと考えるべきである。五大誓戒を受け入れ、五漏を閉ざすべきである。彼は〔真実の〕比丘である。

roittā Nāyaputta-vayaṇaṃ
appa-same mannejja chap-pi kāe
panca ya phāse mahavvayāiṃ
pancāsava-saṃvārae [je], sa bhikkhū（Dasav. 10.5）

⑥ 迷妄を征する苦行者・沙門・出家者・離繋者

しかし彼は生活を投げ捨て、すべての迷妄を制御し、苦行者は婦人たちを常に放棄すべきである。そして〔彼女たちに対して〕好奇心を起こすべきでない。彼は〔真実の〕比丘である。

jeṇa puṇa jahāi jīviyaṃ
mohaṃ vā kasiṇaṃ niyacchaī,
[nara] nāriṃ pajahe sayā *tavassī*
na ya koūhallaṃ uve, sa bhikkhū（Utt. 15.6）[54]

比丘にとって、次から次へと起こる迷妄は征服しがたいものである。

彼が迷妄のグナ（従属的性質）を征服し続けるとき、何度も何度も、多くの形態の触ることによって起こる肉体的快感が沙門につきまとう。しかし比丘は、心の中でそれを不都合なものとして嫌悪すべきである。

muhuṃ muhuṃ mohaguṇe jayantaṃ
aṇegarūvā *samaṇaṃ* carantaṃ
phāsā phāsantī asamaṃjasaṃ ca
na tesi bhikkhū maṇasā pausse（Utt. 4.11）

迷妄を征服すると同様に大事なことは、婦人に近づかないことである。なぜなら、婦人は修行の妨げとなるからであり、比丘にとって婦人が大敵であることを以下の詩節は示している。

人は婦人たちを欲すべきでない。出家者（aṇāgāra）は婦人たちを捨てるべきである。法を完全に理解して、比丘はそこ（法）において自分自身を確立すべきである。

nārīsu novagijjhejjā　　itthī vipajahe *aṇāgāre*

dhammaṃ ca pesalaṃ naccā　　tattha ṭhavejja bhikkhu appāṇaṃ（Utt. 8. 19）

梵行を実行する比丘は、心に楽しみを生み、愛欲や貪欲を増大する話を婦人たちとすることを避けるべきである。

maṇapalhāyajaṇaṇī kāma-rāga-vivaḍḍhaṇī

bambhacera-rao bhikkhū thīkahaṃ tu vivajjae（Utt. 16.2）

梵行を実行する比丘は、婦人との関係、また、しばしばの会話を常に避けるべきである。

samaṃ ca saṃthavaṃ thīhiṃ saṃkahaṃ ca abhikkhaṇaṃ

bambhacera-rao bhikkhū niccaso parivajjae（Utt. 16.3）

ここに引用した詩節を含む Utt. の第 16 章は、序文に相当する散文と 16 の Śloka 詩から構成されている。内容的には、尊者長老たちによって示された「梵行達成のための 10 の条件」である。

そして、愛欲を離れた比丘については、次のように述べられている。

王様、凡夫が好み、苦をもたらす愛欲に楽はありません。偉大な苦行者である比丘は愛欲に無関心であり、戒の功徳に喜びを見出します。

bālābhirāmesu duhāvahesu

　　na taṃ suhaṃ kāma-guṇesu rāyaṃ

viratta-kāmāṇa *tavohaṇāṇaṃ*

　　jaṃ bhikkhuṇaṃ sīla-guṇe rayāṇaṃ（Utt. 13.17）

振り返ってみれば、冒頭、Utt. 15.6 の詩節において比丘は苦行者（tavassin）と言い換えられている。4.11 では比丘は沙門と同一視され、8.19 の詩節においては出家者（aṇagāra, aṇāgāra は m.c.）と同一視されている。Utt. の第 16 章で述べられる梵行を実践する主体は（先の引用箇所、16.2–3 には出ていないが）ニルグランタ（Nirgrantha, 離繋者）である。したがって、比丘はニルグランタでもある。また、最後に引いた詩節では偉大な苦行者（tavohaṇa, Skt. tapodhana）と言われている。

⑦ 呪法の忌避

引き裂くこと、音、地球や天空、夢、相や杖や家宅の呪法、身体の欠陥、〔動物の〕鳴き声の意義、〔そのような〕明呪に住しない人は〔真実の〕比丘である。

chinnaṃ sarā bhomam antalikkhaṃ
　suminaṃ lakkhaṇa-daṇḍa-vatthu-vijjaṃ
anga-viyāraṃ sarassa vijjaṃ
　je vijjāhī na jīvaī, sa bhikkhū（Utt. 15.7）[55]

このような呪法（明呪、vidyā）は、前節の沙門に関する諸文献、また本節で見た初期仏教文献においても禁じられており、仏教徒やジャイナ教徒によって等しく忌み嫌われていたようである[56]。

⑧ 医療の禁止

呪文（mantra)、さまざまな医者の処方、吐剤、下剤、〔煙で〕燻すこと、眼に油を塗ること、入浴、庇護の〔ために泣く〕病人、医学的治療、この〔すべてを〕捨てて遊行するであろう人は〔真実の〕比丘である。

mantaṃ [mūlaṃ] vivihaṃ ca vejja-cintaṃ,
　vamaṇa-vireyaṇa-dhūma-netta-siṇāṇaṃ
āura-saraṇaṃ tigicchiyaṃ ca —
　taṃ parinnāya parivvae, sa bhikkhū（Utt. 15.8）[57]

比丘たる者は、呪文、すなわち⑦に見たように明呪を行なうことを止めなければならず、薬を使用したり、医学的治療をすることも禁止されている。出家修行者は、食べ物や飲み物を求めて森や湖を歩き回り、決して医学的治療をしない野獣のごとく遊行し、自制や苦行によって法を実践すべきことが勧められている。

Utt. 第 19 章の第 75 ～ 84 詩節は、このことを説いている。出家を希望して許可を求める息子とその両親との会話である。少し長くなるが、引用してみよう。

母と父は彼に言った。「息子よ、人は自分の意志によって出家する。しかし、ただ沙門の生活において治療できないことは苦である。」

taṃ bint' ammāpiyaro chandeṇaṃ putta pavvayā
navaraṃ puṇa sāmaṇṇe dukkhaṃ nippaḍikammayā（Utt. 19.75）[58]

彼は答えた。「お母さん、お父さん、そのように〔あなた方が言われた〕そのことは明白です。林野において誰が野獣や鳥の治療をするのですか。

so bei ammāpiyaro evam eyaṃ jahā phuḍaṃ
paḍikammaṃ ko kuṇaī araṇṇe miya-pakkhiṇaṃ（Utt. 19.76）[59]

林野において野獣がそれ自身によって歩き回るように、そのように私は自制や苦行によって法を実践するでしょう。

ega-bbhūe araṇṇe va jahā u caraī mige
evaṃ dammaṃ carissāmi saṃjameṇa taveṇa ya（Utt. 19.77）

大きな林野において野獣が木の根元で重い病気にかかるとき、その時、誰がそれを治療するのですか。

jayā migassa āyaṃko mahā'raṇṇammi jāyaī
accantaṃ rukkha-mūlammi ko ṇaṃ tāhe tigicchaī（Utt. 19.78）[60]

誰がそれ（野獣）のために薬を与えますか。あるいは誰がその〔無病〕安楽を尋ねますか。あるいは誰がそれのために食べ物と飲み物を取って来て与えるでしょうか。

ko vā se osahaṃ dei ko vā se pucchaī suhaṃ
ko se bhattaṃ ca pāṇaṃ vā āharittu paṇāmae（Utt. 19.79）[61]

それが安楽であるとき、その時、それは食べ物と飲み物を求めて森や湖の周りを歩き回ります。

jayā ya se suhī hoi tayā gacchai goyaraṃ
bhatta-pāṇassa aṭṭhāe vallarāṇi sarāṇi ya（Utt. 19.80）[62]

森や湖において〔食べ物を〕食べ、飲み物を飲んでから、野獣のように行動して〔あちこち歩き回り〕、それは野獣の行動に向かいます。

khāittā pāṇiyaṃ pāuṃ vallarehiṃ sarehi ya
miga-cāriyaṃ carittāṇaṃ gacchaī miga-cāriyaṃ（Utt. 19.81）[63]

そのように自制に努力している比丘は多くの場所に行き、野獣のように行動して、彼は天国に行きます。

evaṃ samuṭṭhio bhikkhū evam eva aṇegae
miga-cāriyaṃ carittāṇaṃ uḍḍhaṃ pakkamaī disaṃ（Utt. 19.82）[64]

野獣はそれ自身、多くの場所を歩き、多くの場所に住み、常に食べ物を得るように、そのように托鉢に従事する牟尼は〔得られた食べ物を〕蔑んだり、非難したりすべきではありません。

jahā mige ege aṇegacārī
　　aṇegavāse dhuvagoyare ya
evaṃ muṇī goyariyaṃ paviṭṭhe
　　no hīlae no vi ya khiṃsaejjā（Utt. 19.83）[65]

私は野獣のように行動するでしょう。」「息子よ、意のままにするがよい。」母と父によって許され、その時、彼は財産を放棄した。

miga-cāriyaṃ carissāmi evaṃ puttā jahā suhaṃ
ammāpiīhi 'ṇunnāo jahāi uvahiṃ tahā（Utt. 19.84）

⑨ 在家称賛の禁止

王族、衆会、ウグラ、王子、バラモン、ボーガ、そして種々の芸術家、彼らを称賛し、供養してはならない。これを捨てて遊行するであろう人は〔真実の〕比丘である。

khattiya-gaṇa ugga rāyaputtā
　　māhaṇa bhoiya viviha-sippiṇo ya —
no tesī vae siloga-pūyaṃ !
　　taṃ parinnāya parivvae, sa bhikkhū（Utt. 15.9）[66]

ウグラ（Ugra）は王族（kṣatriya）とシュードラ（śūdra）の混血したカーストを指し、ボーガ（Bhoga）は Skt. で Bhoja であり、よく知られた王族である[67]。当時、王族、教団、ウグラ、王子、バラモン、ボーガ族、芸術家等は称賛され、供養される対象であったことが知られる。しかし比丘は、これらの人々と関わりをもたずに遊行生活を送るべきであることが説かれる。

⑩ 無所得の実践

出家者として知り合い、あるいは出家者になる以前に親密であった在家者たちに、世俗の利益のため親しみ近づかない人は〔真実の〕比丘である。

gihiṇo je pavvaieṇa diṭṭhā
　　appavieṇa va saṃthuyā havejjā
tesiṃ ihaloiya-pphal'aṭṭhā
　　[jo] saṃthavā na karei ⟨je⟩, sa bhikkhū（Utt. 15.10）[68]

在家者に近づくことは世俗的な利益を求めることになり、金銀や財等の所有物をもつことにつながるので、比丘は在家者との関係を断つことが勧められる。同様のことが以下の２詩節においても説かれている。

比丘は〔在家の人々とは〕異なった者として行動すべきである。所有物を作るべきでない。在家の人々と接触せずに、住居をもたずに遊行すべきである。

asamāṇe care bhikkhū neva kujjā pariggahaṃ
asaṃsatte gihatthehiṃ aṇieo parivvae（Utt. 2.19）

常に４つの汚濁を吐き出すべきである。覚者（ブッダ）たちの言葉に堅固な関係をもつべきである。財なく、金と銀とを捨てて、在家者との関係を避けるべきである。彼は〔真実の〕比丘である。

cattāri vame sayā kasāe
　　dhuva-jogī ya havejja buddha-vayaṇe,
ahaṇe nijjāya-rūva-rayae
　　gihi-jogaṃ parivajjae ⌊je⌋, sa bhikkhū（Dasav. 10.6）

無所得を修している比丘の目指すものは解脱であり、解脱を妨げるものが世俗的欲望にあると考えていたことを考慮するなら、無所得こそ最善であると説かれて当然である。このことは以下の詩節によっても支持される。

比丘は金や銀を心の中でさえ欲しがるべきでない。土塊と金を同等にみなして、売買から離れるべきである。

hiraṇṇaṃ jāyarūvaṃ ca maṇasā vi na patthae

sama-leṭṭhu-kaṃcaṇe bhikkhū virae kayavikkae（Utt. 35.13）

世俗的所有（服、装飾、家屋等）に執著せず、貪らず、無意識に残された残飯〔を乞い〕、偉大かつ充実した修行者であって、売買と蓄積から離れ、そしてすべての執著から離れた人、彼は〔真実の〕比丘である。

uvahimmi amucchie agiddhe
annāya-unchaṃ pula-nippulāe
kaya-vikkaya-sannihīo virae
savva-sangāvagae ya je, sa bhikkhū（Dasav. 10.16）

ジャイナの修行者はこのように無所得の誓戒を護ることに徹底しており、家族を捨て、仕事に従事しないことが解脱への近道であると教える。

息子や妻を捨て、仕事に従事しない比丘にとって、愛しいものは何もないし、愛しくないもの（憎いもの）もない。

catta-putta-kalattassa nivvāvārassa bhikkhuṇo
piyaṃ na vijjaī kiṃci appiyaṃ pi na vijjaī（Utt. 9.15）

⑪ 食に対する無執著

寝台、住居、飲み物、食べ物、見知らぬ人たちのさまざまな2つの異なった食べ物、これらを享受することを拒まれても、ニルグランタ（離繋者、niyaṇṭha, Skt. nirgrantha）は怒らない。彼は〔真実の〕比丘である。

sayaṇāsaṇa-pāṇa-bhojanaṃ
vivihaṃ khāima-sāimaṃ paresiṃ
adae paḍisehie *niyaṇṭhe*
je tatthā na paussaī, sa bhikkhū（Utt. 15.11）[69]

この詩節において比丘はニルグランタでもある。比丘が乞食に歩いていても何も得られないときがあることを物語っている。しかし、正しい時に行じ、人間のなすべきことをなす限りにおいて、たとい施物が得られないとしても、かえって「苦行である」と考えて耐えるべきことを教える。

比丘よ、正しい時に行じ、人間のなすべきことをなすならば、「得られない」と言って悲しむべきでなく、「苦行である」と考えて耐えるべきである。

sai kāle care bhikkhū, kujjā purisakāriyaṃ

“alābho” tti na soejjā, “tavo” tti ahiyāsae（Dasav. 5.2.6）

このように怒らないで耐えることも比丘の資格であり、このことは必ずしも施物に関してのみではなく、罵りに対しても適用される。

他の人が比丘を罵っても、その人に対して怒るべきでない。彼（罵る人）は子供のようなものである。それ故、比丘は怒るべきでない。

akkosejjā pare bhikkhuṃ na tesiṃ paḍisaṃjale

sariso hoi bālāṇaṃ tamhā bhikkhū na saṃjale（Utt. 2.24）

⑫ 三紀律の遵守

三紀律は意・口・身に関わる節制・制御を述べるもので、五用心とともに次の詩節で端的に述べられている。

iriyābhāsesaṇādāṇe uccāre samiī iya

maṇaguttī vayaguttī kāyaguttī ya aṭṭhamā（Utt. 24.2）

すなわち、gupti には3つあり、次のとおりである。

1. mano-gupti（瞑想や学習等によって感官の享楽から心を護ること）
2. vāg-gupti（沈黙を誓願することにより悪言を発するのを妨げること）
3. kāya-gupti（罪深い行為をなすことから身体を護り制御すること）

そしてその実践の様子は、次のような詩節から窺うことができる。

何か種々の食べ物、飲み物、見知らぬ人たちのさまざまな2つの異なった食べ物、彼は〔それらの分け前をもらえなかった〕その〔比丘〕を憐れまない。意・口・身をよく護っている。彼は〔真実の〕比丘である。

jaṃ kiṃ c’ āhāra-pāṇa-jāyaṃ

vivihaṃ khāima-sāimaṃ paresiṃ [laddhuṃ]

jo taṃ tiviheṇa nāṇukampe

maṇa-vaya-kāya-susaṃvuḍe, sa bhikkhū（Utt. 15.12）[70]

註釈家の註釈は Jacobi の英訳「もし彼が食べ物や飲み物、おいしいものや薬味を得て、意・口・身において〔病気の仲間の比丘に〕同情を感じないなら、〔その時、彼は悪い比丘である〕」に具現されている。しかし、Jacobiは自ら、この詩節の翻訳は不可能であることを註記している[71]。

ここにAlsdorfの見解を示せば次のようになる[72]。註釈家がv. 12の第1半詩節と第2半詩節とでは筋道が立たないと感じたことは正しいが、v. 12とそれに先立つv. 11との関連を確立できなかったことに問題がある、と。Alsdorfの英訳はv. 11とv. 12を関連づけようとしている。すなわち、「もし比丘が求めた食べ物を拒まれても、彼が怒ることは罪深いことであり、また拒絶を目撃した他の比丘が彼を憐れむなら罪でさえある。そのような同情は、仲間の比丘が不当な扱いをされたという感情と他人の罪深い失望の分担とを含蓄している」と説明している。これは採用されよう。それ故、比丘は施食にありつけなかった比丘に同情してはならないし、このようなさまざまな場面で、三紀律（gupti）を遵守しなければならない[73]。

⑬ 寂黙行の実践

出家修行者にとって、食事は生命を維持するための最小限に抑えるべきことが説かれ、まして美味なものを食すること等、許されるはずもないことである。そして人々と共に住めば愛著が増大するから、辺境の地を遊行すべきことが説かれる。

> 粥汁、大麦粥、冷たい酸い粥、大麦水、この味のない食べ物を蔑んではいけない。彼は辺境の家々を遊行すべきである。〔そうすれば〕彼は〔真実の〕比丘である。
>
> āyāmagaṃ ceva javodanaṃ ca
> 　　sīyaṃ sovīraṃ javodagaṃ ca
> no hīlae piṇḍā nīrasaṃ taṃ,
> 　　panta-kulāi parivvae, sa bhikkhū（Utt. 15.13）[74]
>
> 牟尼は長い間、人々の中に住むべきでない。共に住むことによって愛著が増大する。常に行じない比丘は自我の目的の故に業に苦しむ。
>
> na ciraṃ jaṇe saṃvase *muṇī*,
> 　　saṃvāseṇa siṇehu vaddhatī

bhikkhussa aṇicca-cāriṇo

att'aṭṭhe kammā duhāyatī（Isibh. 27.1）

この詩節では比丘と牟尼（寂黙行者）とが同一視されている。

⑭ 恐れに動揺しない比丘

この世に神、人間、動物、そして怖くて、恐ろしく、恐れるべき大きなものの、さまざまな声がある。それらを聞いて動揺しない人は〔真実の〕比丘である。

saddā vivihā bhavanti loe

divvā māṇussagā tahā tiricchā

bhīmā bhaya-bheravā urālā

je soccā na vihijjaī, sa bhikkhū（Utt. 15.14）[75]

⑮ 教義への随順

この世においてさまざまな教義を理解して、成し遂げ、苦を克服し、自己を知り、賢明で卓越し、すべてを理解し、心が静まり、悩むことのない人は〔真実の〕比丘である。

vādaṃ vivihaṃ samecca loe

sahie khey'aige ya koviy'appā

panne abhibhū ya savva-daṃsī

uvasante aviheḍae, sa bhikkhū（Utt. 15.15）[76]

さまざまな教義（vādaṃ vivihaṃ）とは経典に説かれている教理のことであるから、経典の内容を深く理解し、経典に教え示されたとおりに行ずることも比丘の務めである。

雨期の４ヵ月は、〔１箇所に留まる〕最長の量であって、次の年は同所に住むべきでない。経典の意味の命ずるごとく、比丘は経典の道を行ずべきである。

saṃvaccharaṃ cāvi paraṃ pamāṇaṃ

vīyaṃ ca vāsaṃ na tahiṃ vasejjā

suttassa maggeṇa carejja bhikkhū

suttassa attho jaha āṇavei（Dasav. 12.11）

⑯ 感官の制御

工芸によって生計を立てることなく、家なく、友なく、感官を征服し、すべて〔の束縛〕から解放され、家で寝ることなく、わずか少量を食べ、家を捨てて一人行く、〔そのような〕人は〔真実の〕比丘である。

asippa-jīvī agihe amitte

ji'indie savvao vippamukke

aṇukkasāī lahu-appa-bhakkhe

ceccā gihaṃ egacare, sa bhikkhū（Utt. 15.16）[77]

この詩節は本章の初めにも引用し、修行者に対する規定として、特に「一人行く（egacare)」ことを中心に当時の出家遊行者を取り巻く文化的背景を確認した。そこでここでは角度を変えて感官の征服等、それ以外の要素について検討を加えよう。

感官の制御、束縛からの解放、生命を支えるための少量の食事、一人行ずることは多くの詩節において説かれるところのものである。今、それぞれについて言及した詩節を引用してみることにする。

まず初めに、比丘の資格として感官を征服することを説くものとして、次の詩節を挙げることができる。

Śvapāka（Śūdra の男性と Brāhmaṇa の女性との間に生まれた子）の家系に生まれ、最も高い徳を備えた牟尼であり、感官を制御した Harikeśa-Bala と名づけられた比丘がいた。

sovāga-kula-saṃbhūo guṇuttaradharo *muṇī*

hariesabalo nāma āsi bhikkhū jiindio（Utt. 12.1）

ここでも比丘は牟尼と同一視されている。

悩める世間は種々の病気によって苦しめられていると知って、感官に打ち勝った比丘は自分のものという意識がなく、自尊のない者となる。

ṇaccāṇa āturaṃ lokaṃ ṇāṇā-vāhīhi pīlitaṃ

ṇimmame ṇirahaṃkāre bhave bhikkhū jitindie（Isibh. 34.4）

この他に「すべての感官を統一した比丘は（savvindiya-samāhie bhikkhu）」（Dasav. 5.1.66）や「感官を正しく決定せしめた比丘は（suppaṇihiindie bhikkhū）」（Dasav. 5.2.50）がある。

次に、比丘が束縛から解放されているという記述も、多くの詩節に見られるところである。

牟尼、出家者、比丘には多くの幸福がある。彼はすべての束縛から解放され、〔自らを〕孤独であると見ている。

bahuṃ khu *muṇiṇo* bhaddaṃ *aṇagārassa* bhikkhuṇo

savvao vippamukkassa egantam aṇupassao（Utt. 9.16）

ここにおいて比丘は牟尼や出家者（aṇagāra）と同一視されている。

〔五〕用心（samiti）をもち、5つの制御によって常に守られている善き修行者（sāhu, Skt. sādhu）は、完全さに達する（成就者）まで、束縛で縛られた人たちの間で、比丘は束縛から自由になった人として暮らすべきである。

samie u sayā *sāhu* panca-saṃvara-saṃvuḍe

siehiṃ asie bhikkhū āmokkhāe parivvaejjāsi（Sūy. 1.1.4.13）

束縛の中でも特に生死の束縛を断つことが比丘の目標である。そして、再びこの世に還ることがないことを目指して修行に励むのである。

自我が常に幸福に住する人は、この不浄にして無常である身体の住居を、常に捨てるべきである。生死の束縛を断ち切って、比丘は再び戻ることのない境界（不還趣）に至る。

taṃ deha-vāsaṃ asuiṃ asāsayaṃ

　　sayā cae nicca-hiya-ṭṭhiy'appo[78]

chindittu jāī-maraṇassa bandhaṇaṃ

　　uvei bhikkhū apuṇāgamaṃ gaiṃ（Dasav. 10.21）

また、比丘が生命を維持するという目的でわずか少量の食事しかとらないことは、多くの詩節の説くところである。

汚穢を征服して、わずかな食べ物で生き、〔苦難に〕耐えるべきである。

そこで比丘が病になっても、食のあるところに〔行くべきではない〕。

kasāe payaṇue kiccā app'āhāro tiikkhae;

aha bhikkhū gilāejjā āhārass' eva antiyaṃ（Āy. 1.8.8.3）

比丘は並んで立つべきでない。乞食時の規則を実践すべきである。適度に求めて、正しい時に適切な量を食べるべきである。

parivāḍīe na ciṭṭhejjā bhikkhū dattesaṇaṃ care

paḍirūveṇa esittā miyaṃ kāleṇa bhakkhae（Utt. 1.32）

そして、比丘は自分で調理すべきでないし、人に調理してもらうこともできない。また、明日以降のことを考えて、自ら保存したり、他人に保存させたりすることもできない。

体が飢えに苦しめられても、苦行者である堅固な比丘は、〔食べ物を〕自分で切るべきでないし、他人に切らせるべきでもない。自分で調理したり、他人に調理させるべきでない。

digiṃchā-parigae dehe tavassī bhikkhū thāmavaṃ

na chinde na chindāvae na pae na payāvae（Utt. 2.2）

同様に、食べ物あるいは飲み物、種々の2種類の食べ物を得て、明日あるいは明後日に役に立つであろう、とそれを保存すべきでないし、保存させるべきでもない。彼は〔真実の〕比丘である。

taheva asaṇaṃ 〈va〉 pāṇagaṃ vā

　　vivihaṃ khāima-sāimaṃ labhittā

"hohī attho sue pare vā"

　　taṃ na nihe na nihāvae [je], sa bhikkhū（Dasav. 10.8）

ただし、比丘が住居にもち帰って食べることを望むなら、正しく観察すべきことが説かれる。

また、比丘が住居に帰って食べることを望むなら、得た食べ物をもち帰って正しく観察すべきである。

siyā ya bhikkhu icchejjā sejjam āgamma bhottuyaṃ

sa-piṇḍapāyam āgamma uḍuyaṃ paḍilehiyā（Dasav. 5.1.87）

(2) Utt. 第 15 章以外に見出される比丘の諸条件

これまで Utt. 15 を中心として、どのような修行者が比丘と呼ばれたかを見てきたが、上記に含まれない比丘の性格を数例取り上げてみよう。

① 言葉への注意

身口意の中の言葉に注意すべきことが取り分けて説かれている。

比丘は嘘を取り除き、断定的に言うべきでない。言葉の過失を取り除き、常に欺きを避けるべきである。

musaṃ parihare bhikkhū na ya ohāriṇiṃ vae
bhāsā-dosaṃ parihare māyaṃ ca vajjae sayā（Utt. 1.24）

比丘が口論をし、悪い言葉を使うとき、彼は恐ろしいことを被るであろう。賢人は多くの利益を捨て、口論をすべきでない。

ahigaraṇa-karassa bhikkhuṇo
　　vayamāṇassa pasajjha dāruṇaṃ
aṭṭhe parihāyaī bahū
　　ahigaraṇaṃ na karejja *paṇḍie*（Sūy. 1.2.2.19）

② 時を守ること

比丘は乞食や食事以外でも、決められた時間に基づいて行動すべきことの大切さが説かれる。

比丘は正しい時に出発すべきであり、正しい時に帰って来るべきである。正しくない時を避けて、正しい時に正しい時間の間、行動すべきである。

kāleṇa nikkhame bhikkhū kāleṇa ya paḍikkame
akālaṃ ca vivajjittā kāle kālaṃ samāyare（Utt. 1.31）

Dasav. 5.2.4 も全く同様のことを説いている。

③ 自他の救済

他人と自己を救済することも比丘であることの条件である。

他人と自己を救うことのできる人、そのような比丘には食べ物と望むものすべてが与えられるであろう。

je samatthā samuddhattuṃ param appāṇam eva ya

tesiṃ annam iṇaṃ deyaṃ bho bhikkhū savva-kāmiyaṃ（Utt. 25.8）

④ 飲酒の禁止

仏教と同様、飲酒を禁じられている。

酒、あるいはメーラ酒、あるいは他の酔う液、〔酒の〕証拠のあるものを、比丘は自己の名声を守りつつ、飲むべきでない。

suraṃ vā meragaṃ vā vi annaṃ vā majjagaṃ rasaṃ

sa-sakkhaṃ na pibe bhikkhū jasaṃ sārakkham appaṇo（Dasav. 5.2.36）

（3）初期ジャイナ教における bhikkhu

以上、ジャイナ聖典に見られる比丘の用例を考察してきたのであるが、本来、この語は「食を乞う者」という意味であるから、生産活動に従事することなく、生命を支えるためにわずかの食を乞う出家修行者だけに限らず、単なる乞食者や在家者を含む者の意味に広く使用されていた。これに対し、先に仏教において本来の意味を否定し、仏教における比丘の特質を明確化していったことを見たが、ジャイナ教においても同様に、ジャイナ教としての見地から比丘たることの条件を説いたものが、本項で見てきたさまざまな詩節であると考えることができるだろう。

これまで Utt. 第 15 章を中心に検討してきた「比丘」の用例は多岐にわたっているが、以下に比丘としての条件を要約して分類してみよう。

まず、一人行く (egacara) 乞食の遊行者として、愛欲 (kāma)、愛著 (saṃga)、愛執 (siṇeha) 等の執らわれの原因となるものを放棄し、貪・瞋・癡の三毒を放棄することである。また迷妄 (moha) を征さなければならない。

第 2 に、人と共同生活を送れば、愛執 (siṇeha) が増大する。したがって、人里離れた辺境の地が生活の場所となる。この地の粗末な臥坐所で、寒さと暑さ、虻と蚊等の危難 (parīsaha) に耐え、猛獣の恐ろしさにも畏怖しないことである。

第3に、在家者との接触を断たなければならない。在家者に近づくことは、世俗的利益や財等の所有物をもつことにつながり、世俗的な名声とも無関係ではなくなる。比丘は、名声や恭敬を望まず、自制（saṃjaya）に努め、誓戒（vaa）を守る生活を送らなければならない。特に婦人との関係は絶対に避けなければならないし、すべての生類（微生物も含まれる）に対して、決して害ある行動を行なってはならない。その反対に、一人行く乞食者として遊行しているときに、打たれ罵られてもじっと耐えることである。

第4に、食に対する無執著が要求される。乞食行をしているからといっても、必ずしも食が得られるとは限らない。そのような場合にもじっと耐えねばならない。また、正しい時間に乞食して得られた食は、正しい量を食べる。その食は、自分のために料理されたものでなく、他人のために料理された残飯であるべきである。そして、比丘は自ら料理したり、他人に料理させたりすべきでなく、まして食を貯えることは絶対に許されない。

第5に、修行の妨げになるものとして種々の占相や呪法が挙げられる。例えば、相占い、夢占い、肢分占い、動物の鳴き声によって吉凶を判断すること等である。これらは絶対に避けられなければならないものである。また、医学的治療も禁止されていた。

第6に、三紀律を遵守することである。三紀律とは感官の享楽から心を護ること（mano-gupti）、沈黙によって悪言を発するのを妨げること（vāg-gupti）、罪深い行為をなすことから身体を制御すること（kāya-gupti）である。

第7に、教義をよく理解し、束縛からの解放に努力する。これは再生しないために不可欠のことである。

また、第15章以外の箇所から読み取った条件として、言葉に注意すること、決められた時間に基づいて行動すること、他人と自己との救済、禁酒等が挙げられていた。

なお、不放逸（怠らないこと）は特にどの行為を、というよりは、これらすべての修行に対する態度として一貫して述べられているものと理解してよいのではないだろうか。

Utt. 第 16 章の冒頭の散文は第 15 章を受けて、梵行（bambhacera）達成を目指す比丘の生活態度として、次のような項目に努力すべきことを教えている。すなわち、自制（saṃyama)、制御（saṃvara)、禅定（samādhi)、紀律(gupti)、梵行（bambhayārin)、感官を護ること（guttindia)、不放逸（appamatta）である[79]。

ここで最後に、比丘という語がどのような他の修行者の名称と同一視され、あるいは関係づけられているのかを整理しておきたい。

まず、比丘と同一視され、比丘の別称として使用された他の修行者の呼称を見よう。

出家者（aṇagāra）	(1) ⑥ Utt. 8.19, ⑯ Utt. 9.16, ほか Utt. 1.1, 2.28
沙門（samaṇa）	(1) ⑥ Utt. 4.11, ほか Dasav. 10.14
善き修行者（sāhu）	(1) ⑯ Sūy. 1.1.4.13
牟尼（muṇi）	(1) ③ Utt. 15.3, ⑯ Utt. 12.1, 9.16, ほか Isibh. 27.1, Sūy. 1.1.42
自制者（saṃjaya）	(1) ⑤ Utt. 15.5, ほか Utt. 12.40
苦行者（tavassin）	(1) ⑥ Utt. 15.6
偉大な苦行者（tavohaṇa）	(1) ⑥ Utt. 13.17
賢人（paṇḍia）	(2) ① Sūy. 1.2.2.19, ほか Utt. 31.21
離繋者（niggantha）	(1) ⑥ Utt. 16（序文), ⑪ Utt. 15.11（niyaṇṭha）

また、比丘より上位にある修行者、または比丘の師として使用される尊称もあり、比丘の実践目標として措定されていることがわかる。例えば、前出の善き修行者（sāhu）と覚者（buddha）である。

> 在家者たちは、ある比丘たちよりも自制にすぐれている。しかし、善き修行者（sāhu）たちは、すべての在家者たちよりも自制にすぐれている。
> santi egehiṃ bhikkhūhiṃ gāratthā saṃjam uttarā
> gāratthehi ya savvehiṃ *sāhavo* saṃjam uttarā（Utt. 5.20）

ここにおける善き修行者は、比丘より上位にある修行者を意味している。また次の詩節は、比丘の師としての覚者が述べられている。

心を集中して、覚者（ブッダ）たちによって説かれた道を私から聞け。
その道を実践して、比丘は苦の終わりをなす者となる。
suṇeha me egaggamaṇā maggaṃ *buddhehi* desiyaṃ
jamāyaranto bhikkhū dukkhāṇantakare bhave（Utt. 35.1）

このような言い換え・同一視、そしてまた実践目標の明示は、比丘という存在のイメージをより具体的なものとして当時の人々に示したであろう。と同時にわれわれに対しても、比丘というステータスが示し、要求するあり方がどのようなものであったかを提示してくれていると言えよう。

これらを通覧すれば、比丘という存在が覚者の教えに従い、苦の終焉、すなわち涅槃を得ることを最終目的として励む者であったことが知られる。

3　両宗教における比丘（bhikkhu / bhikkhu）の特徴

比丘に求められる実践道によって、貪欲（rāga）、瞋恚（dosa）、愚癡（moha）をはじめとし、愛欲（kāma）、渇愛（taṇhā）、愛執（siṇeha）等、人間が愛著するものを断ち切るべきであることは、仏教とジャイナ教が等しく説くところである。以下、両宗教が比丘の資格として等しく説く実践道を示してみよう。

1. 人里離れた辺境の地を生活基盤として、種々の苦難に耐え、恐ろしい野獣にも決して怯えない。
2. すべての生類に危害を加えない。
3. 在家者と接触することなく、何ものをも所有しない。
4. 正しい時に托鉢し、食に無執著でなければならない。すなわち、他人のために料理されたものを、生命を維持する最小限を食する。
5. 身・口・意を制御する。
6. 占相や呪法を行なわない。

この他に、ジャイナ教の比丘に託されて、仏教にはない実践道は、言葉に注意することや自他の救済、さらに禁酒である。その反対に、仏教にあってジャイナ教にないものとして、女性と関係しないこと、また、無明や漏や悪い思惟を根絶し、随眠や患悩を生み出さないことが挙げられる。しかしながら、これらの実践道は比丘ではなく、他の名称の修行者の資質に含まれていることは、やがて明らかとなろう。

比丘は他の修行者の名称に置き換えられてもいた。仏教では paṇḍita, muni, pabbajita であり、ジャイナ教ではもっと多くの名称と同一視されている。すなわち、aṇagāra, samaṇa, sāhu, muṇi, saṃjaya, tavassin, paṇḍia, niggantha, tavohaṇa である。

そして、仏教もジャイナ教も、不死の境地である涅槃を得て再生しないことが最終目的である。その目的成就のために、比丘は完成者である覚者の教えに従い、精進することになる。

第3節　自制者

1　初期仏教文献に現われる saññata

初期仏教文献には、この語はそう多くは見出されない。しかし、その意味合いは修行者の模範であり、修行における勝利者である。

以下にその用例を見よう。

(1) 覚者・尊者について言われる自制

Sn. 156 において、雪山夜叉が七岳夜叉に、ゴータマ・ブッダが生類に対して自制しているか、と尋ねる詩節がある。そしてその答えは次のごとくである。

> 七岳（サーターギラ）夜叉は言った。「彼は与えられないものは取らない。さらに生きものたちに対して〔傷つけることを〕自制する。放逸から遠ざかっている。覚者は禅定を怠らない。」(Sn. 157)

すべての生類に対して危害を加えない人が自制者（saññata）であり、それは取りも直さず、ゴータマ・ブッダその人のことである。

また、次の箇所では、食事をわずかの量にすべきことが説かれる。

世尊が言った。「あなたに聖者の道を説明しよう。〔食は〕剃刀の刃のようなものと思いなさい。舌で上口蓋を抑えて、腹に関して自制した者となれ。(Sn. 716)

この詩節において、自制者は食をとるのに十分用心すべきことが、大切な心構えとして説示されている。なお「剃刀の刃」とは、「剃刀の刃の上にある蜜を舐めるように用心する」という当時よく知られた言い回しがあり、これを下敷きにしたものと言われている。

(2) 自制と同格の表現

自制者はsatimant（思念をこらす人）とも言われる。すなわち、Sn. 88には「自制者（saññato）であり、思念をこらす人（satīmā）である」という表現がある。

また、自制者はその他にも、心が奮い立っている人、行ないの清い人、注意深く行動する人、法に従って生活する人、不放逸な人と同格である。

奮励し、気をつけて、行ないを清く、注意深く行動し、自制し、法に従って生き、不放逸である人の名声は増大する。(Dhp. 24)

このように、生類に危害を加えることなく、つつましやかな食をとり、修行者として模範的であることが自制者の資格であった。

すなわち、自制とは言い換えれば自己に打ち克つことであり、修行において勝利を得る者のことである。

自己に打ち克つことは、実に、他の人々に勝つことよりもすぐれている。自己を制御し、常に自制して行なう人は、神もガンダルヴァも悪魔も梵天も、このような人の勝利を敗北に転じさせることはできない。(Dhp. 104–105)

2 初期ジャイナ教文献に現われる saṃjaya

初期ジャイナ教においては、自制者は何よりも修行者を意味し、またこれまでに見てきた bhikkhu や samaṇa とも同義的に使われているようである。

(1) 修行僧 bhikkhu と同義の saṃjaya

Utt. の第 1 章に、若き修行僧が師匠に対してとるべき態度がこと細かに規定されている。この一連の詩節において修行僧とは比丘のことであるが、同義的に自制者（saṃjaa < Skt. saṃyata）と呼ばれている詩節もある。

自制した人は師の面前でしゃがんだり、腕組みをしたり、足を伸ばしたり、立ち上がったりすべきでない。

neva palhatthiyaṃ kujjā pakkhapiṇḍaṃ ca saṃjae
pāe pasārie vāvi na ciṭṭhe guruṇantie（Utt. 1.19）[80]

(2) 危難に対処する心得としての自制

遊行の生活をしていると、さまざまな困難に出くわす。その時それらの困難に対する対処の仕方として自制が説かれる。

① 渇きの危難

その時、渇きに悩まされながらも、嫌悪を懐き、羞恥によって自制した人は、冷水を用いるべきでなく、蒸留したものを求めて行為すべきである。

tao puṭṭho pivāsāe doguṃchī lajja-saṃjae
sīodagaṃ na sevijjā viyaḍassesaṇaṃ care（Utt. 2.4）

この詩節は、ジャイナ教で説かれる 22 の危難（parīsaha）の中の第 2「渇きの危難」（pivāsā-parīsaha, Skt. pipāsā-parīṣaha）について述べている。危難と言うほどの渇きであれば、生命に関わることもありうるだろう。しかし、冷水ではなく蒸留水を飲むことを勧めている理由は、前にも見たが、冷水の中の微生物を飲み込んで殺してしまうことを恐れているからである。

つまり、ひどい渇きにあっても、自制し、不殺生の遵守を優先すべきである、という教えである。

② 殺害の危難

その反対に、自制者が殺害の危険に遭遇する場合がある。遊行中に他人から打たれても、じっと耐え、忍耐を最高のものと考えるべきであると説かれている。22 の危難のうち、第 13 番目の「殺害の危難」(vaha-parīsaha) である。

> ある人があるところで、自制し調御した沙門を打ったとしても、「生命に破壊はない」と、そのように自制者は考えるべきである。
>
> samaṇaṃ saṃjayaṃ dantaṃ haṇejjā koi katthaī
>
> natthi jīvassa nāsu tti evaṃ pehejja saṃjae (Utt. 2.27)

③ 草に触れる危難

さらに、第 17 番目の「草に触れる危難」(taṇa-phāsa-parīsaha) にも耐えなければならない。

> 裸体で粗野で自制した (saṃjaya) 苦行者が草の上に横たわるとき、彼の身体は傷つけられるであろう。
>
> acelagassa lūhassa saṃjayassa tavassiṇo
>
> taṇesu sayamāṇassa hujjā gāyavirāhaṇā (Utt. 2.34)

草の上に横たわっているとき、草に触れる苦痛を受ける。また、強烈な日光が降り注げば、比類なき苦痛が生じるはずである。しかし、それでも自制者は、裸のままで通し、決して着物を着用することなどしないのである。

ところで、この saṃjaya を六師外道の 1 人、サンジャヤ・ベーラッティプッタと解釈する学説もあるが[81]、苦行者 (tavassin) と同格の自制者と解すべきである。なぜなら、Utt. の第 2 章は 22 の危難を順次説明しており、それらの危難に耐え、克服するのは出家修行者であるからである。

(3) 遊行時の注意規定としての自制

次に、遊行時の注意規定を見よう。

彼（Harikeśa-Bala）は歩行、乞食、会話、受・持、排泄の注意規定（samii）において、制御し、自制し、深い瞑想〔の具有〕者であった。

iriesaṇabhāsāe uccārasamiīsu ya

jao āyāṇanikkheve saṃjao susamāhio（Utt. 12.2）

samii は後世になって、五用心（samiti）として体系化されるが、初期の段階では法数が確定していなかったようである[82]。

これらの注意規定を守るに際して、まず自制という態度が必要とされた。それ故に、遊行する修行者は自制者なのである。

(4) 乞食の注意規定としての自制

五用心が課せられると同時に、自制者には乞食の注意規定も課せられる。

この詩節では saṃjaya は samaṇa の同義語である。

彼は自分以外の他人のために用意された施食を受け、それを食べることのみが許される。自分のために料理されたものであれば、その食材は自分のために殺されたことになるからである。同じ趣旨で、自ら料理することも絶対に禁じられていた。

私は沙門です。自制者です。梵行を実践しております。私は財産もなく、料理することもなく、受納（所得）することもありません。他人のために用意された食べ物のために、乞食時に私はここにやって来ました。

samaṇo ahaṃ saṃjao bambhayārī

virao dhaṇapayaṇa-pariggahāo

parappavittassa u bhikkhakāle

annassa aṭṭhā iha-m-āgao mi（Utt. 12.9）[83]

そして Utt. 1.34 では、自制者が乞食のために立つべき場所も規定している。その場所は遠すぎもせず、近すぎもしない、他の修行者たちの見えないところと言われる。そして、他人のために作られた食べ物を気持ちよく受け取ることが肝要である。

また Utt. 1.35 では、その施食を食べる場所が規定される。それは、生類のいない、種子の蒔かれていない遮蔽された場所とされ、正しい時にこぼさずに食べるべきことが説かれている。

(5) 自制者と同格、または目標の存在

自制者という語と同格に並ぶ表現を多種にわたって用いているのは、(2)で紹介したUtt. 第2章の危難に対する心得の章である。そこでは出家修行者の呼称として自制者（saṃjaya）と同格的に、比丘（bhikkhu)、沙門（samaṇa)、賢人（paṇḍia)、聡明な人（mehāvin）等が見出される。

と同時に他の箇所では、自制者は、厳格な苦行者（uggatava)、大我をもてる者＝偉大なる精神をもてる者（mahappan)、感官の制御者（jitindia)、梵行者（bambhayārin）とも呼ばれる（Utt. 12.22)。また、誓戒を保つ人（suvvaa)、苦行者（tavassin)、成就者（sahia)、自己を求める人（āyagavesaa）でもある。彼は名誉ある歓待、供養、挨拶、称賛を決して望まない（Utt. 15.5）ばかりでなく、苦行（tava)、禁戒（niyama)、〔感官の〕制御を受持してもいる（Utt. 19.5）のである。

そして、

> 自制者は種々の〔異教説に対する〕欲望と、〔自分自身の〕欲求とを放棄すべきである。それらはどこにおいても無益である。このように知って、人は〔出家者として〕生活すべきである。
>
> nāṇāruiṃ ca chandaṃ ca parivajjejja saṃjae
>
> aṇaṭṭhā je ya savvatthā iya vijjām aṇusaṃcare（Utt. 18.30）[84]

と説かれ、欲望や欲求は愛欲（kāma）と同様に無益であると理解して、放棄すること、すなわち、内面的清浄に努めるべきとされる。

また、自制者の遊行の目的は寂静の道（santīmagga）を実践することにある。

> 完全に安らかになったブッダは、村にあっても町にあっても、自制者として遊行すべきである。そして寂静の道を実践すべきである。ゴーヤマよ、貴重な機会を無駄にすべきでない。
>
> buddhe parinivvuḍe care
>
> gāmagae nagare va saṃjae
>
> santī-maggaṃ ca vūhae

samayaṃ goyama mā pamāyae（Utt. 10.36）[85]

3　両宗教における自制者（saññata / saṃjaya）の特徴

以上、両宗教における自制者の語の用例を見た。

ジャイナ教に比して仏教においては用例が少なかった。これはジャイナ教では苦行を強調することから、自制と苦行とがイメージ的に結びつき、教団が形成された後も、この語が修行者を表わすのに用いられた故と考えられよう。

仏教においては、生類を傷つけることと食に対して自制する意味で用いられ、自己に打ち克つことを意味する。そして、法に従って不放逸に修行実践する梵行者のことである。

他方、ジャイナ教では、自制に励む梵行者であり、不殺生を実践し、他人のために料理されたわずかの食をとることが述べられ、これらは仏教と同様であることを示している。しかし、ジャイナ教の自制者はこれらの他に、遊行時の注意として、他人から迫害を受けても耐えること、草に接触することから生ずる苦痛を克服すること、5つの用心（samiti）の実践者であり、寂静の境地を目指して修行することが示される。さらにまた、供養を望んではならないし、欲望をすべて放棄し、その上、師の面前では規律正しく振舞うことが要求される。

ただし、これらのことはジャイナ教の自制者の特質に加えられてはいるが、仏教の他の呼称の概念にも含まれているところのものであり、ジャイナ教のオリジナルではない。

第４節　在家からの出家者

ここで見る「家なき人」、すなわち出家者を意味する呼称は、一般に anāgāra もしくは anagāra と表記されるものである。

ところで、出家者にはもう１つ別の語もある。次節にて検討する出家者（出家隠遁者、pabbajita）である。これは第１節において沙門の同義語として引用され（Dhp. 184）、第2節においては比丘に対して「出家者にふさわしい」行為を提言（Sn. 385）する、一種の規矩として機能するものであった。

この2つの語の間には厳密な違いはなく、ともに在家者に対置される同義語でもある。

本節では、anāgāra が初期仏教・ジャイナ教文献においてどのように描かれているか検討してみよう。

1　初期仏教文献に現われる anāgāra / anagāra

(1) 家を出るということをなした者

智慧豊かなゴータマよ、私はあなたに尋ねます。「家から出て出家者となる人であろうと、あるいはまた、家に留まる在家の信徒であろうと、人はどのように行なえば善き（sādhu）声聞（sāvaka）となるのですか。」

pucchāmi taṃ gotama bhūripañña:
kathaṃkaro *sāvako sādhu*[86] hoti,
yo vā agārā anagāram eti
agārino vā pan' upāsakāse（Sn. 376）

ここでは、出家ということが文字どおり「家を出る」こととして捉えられている。

(2) 現世的欲望の放棄

次に、具体的に「出家修行者」（anāgāra）とはどのような人であったのであろうか。Sn. と Dhp. に共通の詩節があるので、それらを手がかりとして検討してみよう。

在家者とも出家者とも交わらず、家なく彷徨い[87]、欲望の少ない人、彼を私はバラモンと呼ぶ。（Sn. 628 = Dhp. 404）

在家者とも出家者とも交渉がないということは、すでに見たように、仏教における修行が「一人で行く」とか「一人で修行する」ことを前提としていたからである。仏教では一人で修行する人を独覚（paccekabuddha, Skt. pratyekabuddha）と呼んだが、anāgāra はこれと同義に使用されている。

また、anāgāra と呼ばれる仏教修行者は、当時出家修行者の呼称として用いられていたバラモンと同一に解される。

この世において愛欲を捨て去り、出家者として遊行し、愛欲と生存を滅し尽くした人、彼を私はバラモンと呼ぶ。（Dhp. 415 = Sn. 639）

この世において渇愛を捨て去り、出家者として遊行し、渇愛と生存を滅し尽くした人、彼を私はバラモンと呼ぶ。（Dhp. 416 = Sn. 640）

このように anāgāra は家を捨て一人行く遊行者であり、その本質は愛欲と渇愛、さらに生存をも滅し尽くすことを目的としている。家とは実際にさまざまな現世的欲望や執著が形を成す場であり、それを象徴するものでもあったのだろう。それらを滅し尽くした修行完成者が、バラモンと呼ばれるのである。

2　初期ジャイナ教文献に現われる aṇagāra

(1) 在家から出家した苦行者

仏教と同様、ジャイナ教においても、家を捨てることはそのまま修行の道に入ることであった。

修行時代のマハーヴィーラは種々の呼称によって呼ばれていたが、aṇagāra もその１つである。Āy. の第９章は、マハーヴィーラの在家から出家した苦行者としての生活を古 Āryā 韻律で述べている。

１年と１ヵ月以上も世尊は服を脱がなかった。それから彼は服を捨て、裸となり、それを捨て、家なき人となった。

saṃvaccharaṃ sāhiyaṃ māsaṃ　　jaṃ na rikkh' āsi vatthagaṃ bhagavaṃ
acelae tao cāī　　taṃ vosajja vattham aṇagāre（Āy. 1.9.1.4）

冬季が半分過ぎたとき、家なき人はその服を脱ぎ捨て、腕を伸ばして歩くべきである。幹に依りかかるべきでない。

sisiraṃsi addha-paḍivanne　　taṃ vosajja vattham aṇagāre
pasārettu bāhu parakkame　　no avalambiyāṇa khandhaṃsi（Āy. 1.9.1.22）

ジャイナ教における出家者の資格は、裸形にあることが知られている。

のちにジャイナ教団は、初期の裸形による修行を堅持する「空衣派」（Digambara）から、在家の白衣を着るようになった「白衣派」（Śvetāmbara）が分離し 2 派に分裂したが、初期のジャイナ教では（白）衣を脱ぎ捨てることがすなわち出家したことになる。これはジャイナ教の「無所得戒」の実践形態の 1 例である。

（2）現世的欲望の放棄

これも仏教と同じく、家を捨てることの実質的・象徴的意味であり効果と言えよう。ここでは大別して 2 つ、欲望一般と特に性的な欲望について用例がある。

① 現世的な欲望一般の放棄

ジャイナ教において aṇagāra はどのような特質をもつのであろうか。Āy. 1.2.2.1 [7.23–25] に見られる aṇagāra の定義について検討してみよう。

欲望を取り除き、出家して彼は行為を止め、知り、見る。検討することによって彼は欲望をもたない。彼は出家者と呼ばれる。

viṇaittu lobhaṃ nikkhamma
esa akamme jāṇai pāsai, paḍilehāe nāvakaṅkhai,
esa aṇagāre tti pavuccai（Āy. 1.2.2.1 [7.23–25]）

出家者（aṇagāra）たる者は、欲望を抱いた結果を深く考慮することにより、欲望を捨て去り、解脱を妨げるすべての行為をもはやなさない、と述べられている。

② 不淫行、性的欲望の放棄

出家者にとって、修行の妨げになるものとして婦人の誘惑が挙げられる。

人は婦人たちを欲すべきでない。出家者は婦人たちを捨てるべきである。

法を完全に理解して、比丘はそこ（法）において自分自身を確立すべきである。

nārīsu novagijjhejjā　　itthī vipajahe aṇāgāre
dhammaṃ ca pesalaṃ naccā　　tattha ṭhavejja bhikkhu appāṇaṃ（Utt. 8. 19）[88]

婦人との交わりを絶つことが、出家者にとってどんなに難しく、また大切なことであるのかは、以下に引く Sūy. において 1 章を割いて説明していることからも窺い知ることができる。しかも、この章は古 Āryā 韻律で記されており、先に見た呪法の禁止と同じく、婦人との交わりの禁止がごく初期から説かれたことが窺われるのである[89]。

あるいは、心に束縛となる様々なものを伴って、優しく礼儀正しく彼に近づいて、彼女たちは甘い言葉をかけ、（感情の）おもむくままに話すことによって彼を思うように操る。

maṇa-bandhaṇehi ṇegehī　　kaluṇa-viṇīyam uvagasittāṇaṃ
adu manjulāī bhāsanti,　　āṇavayanti bhinna-kahāhī（Sūy. 1.4.1.7）

そしてそれから、再び車大工が輪ぶちを次第に曲げるように、彼女たちの目的に彼を屈服させる。罠にかかった羚羊のように、彼はその時もがくが、自由にはならない。

aha tattha puṇo namayantī　　rahakāro va nemim aṇupuvvaṃ[90];
baddhe mie va pāseṇā　　phandante na muccae tāhe（Sūy. 1.4.1.9）

あるいは、罠にかかって死んだ動物（羚羊）をおとりにして、〔人が〕恐怖のない単独のライオンを罠にかけるように、このように婦人たちは自制した孤独な出家者でさえも捕らえてしまう。

sīhaṃ jahā va kuṇimeṇā　　nibbhayam egacaraṃ ti pāseṇā,
ev' itthiyāo bandhanti　　saṃvuḍaṃ egaīyam aṇagāraṃ（Sūy. 1.4.1.8）[91]

彼の娘たちや義理の娘たち、看護婦たちや女性の召使たち、彼女たちが大人であろうと子供であろうと、出家者は親密になるべきでない。

avi dhūyarāhi suṇhāhī　　dhāīhī aduva dāsīhī
mahaīhi vā kumārīhī　　saṃthavā se na kujja aṇagāre（Sūy. 1.4.1.13）[92]

火に包まれた漆の壺が熱によってすぐに壊されるように、そのように出家者たちでさえ、婦人たちとの交際によってだめにされるであろう。

jau-kumbhe joi-uvagūḍhe　　āsu 'bhitatte nāsam uvayāi;
ev' itthiyāhi aṇagārā　　saṃvāseṇa nāsam uvayanti（Sūy. 1.4.1.27）

〔婦人たちの中には〕顔立ちのよい出家者に一身を捧げることによって、彼に「あなた！ 着物、鉢、食べ物と飲み物を受け取ってください」と言う者がいる。

saṃlokaṇijjam aṇagāraṃ　　āya-gayaṃ nimantaṇeṇ' āhu:
"vaṭṭhaṃ va, tāya, pāyaṃ vā　　annaṃ pāṇagaṃ paḍiggāhe !"（Sūy. 1.4.1.30）[93]

このような婦人の誘惑を振り払って、出家者は命我（jīva）を清浄なものに変える。

〔霊魂の〕レーシュヤー（leśyā）がよく清らかにされ、知性があり、賢い人は、他人に対する行為を避けるべきである。出家者は思考と言葉と行為において、すべての艱難辛苦に耐えるべきである。

suvisuddha-lese mehāvī　　para-kiriyaṃ ca vajjae nāṇī
maṇasā vayasā kāeṇa　　savva-phāse sahejja aṇagāre（Sūy. 1.4.2.21）[94]

leśyā とは本来、命我（jīva）の道徳次元を 6 つの色彩によって表わすジャイナ教特有の術語である。命我はこの 6 色のうち、どれかの色をもっている。それぞれの色は特性をもっているが、白色のレーシュヤーが最もすぐれており、以下、順に萌黄、赤、灰、青、黒となる。婦人との関係を絶つことにより命我を清浄に保てば色が変わり、解脱へと近づくのである。

(3) 迫害に耐える出家者

生きものを傷つけることを止めるとともに、感官に苦痛をもたらす迫害行為（gāma-kaṇṭaa）に耐えることも出家者の条件である。

家なき人は、生きものに対して杖を〔使用することを〕止め、身体を投げ出し、完全に理解して、世尊（マハーヴィーラ）はそれら村の棘に耐えるだろう。

nihāya daṇḍaṃ pāṇehiṃ　　tam kāyaṃ vosajja-m-aṇagāre

aha gāma-kaṇṭae, bhagavaṃ　　te ahiyāsae abhisameccā（Āy. 1.9.3.7）[95]

pāda c, gāma-kaṇṭaka の gāma とは、註釈書類によると、耳等の諸感官の集合であり、kāma-kaṇṭaya は不快な感覚の対象である。それ故、伝統的に gāma-kaṇṭaya は「諸感官を不快にするもの」と説明されてきた。

しかし、これは後世の解釈であって、オリジナルな意味は文字どおり「村の棘」である。これは、修行時代のマハーヴィーラが遊行しているとき、村落において、犬に咬まれたり、村人から杖で打たれるといった種々の迫害を受けたことを意味する。Āy. の第 9 章はマハーヴィーラの苦行の様を描いているのであり、村落で受ける種々の苦難を村の棘と形容しているのである。したがって、Jacobi 訳の 'the abusive language of the peasants' も gāma-kaṇṭa(y)a の 1 つである。

aṇagāra は遊行者である以上、無一文で村落を托鉢して歩くのであるから、当然のこととして精神的に不快な出来事にも遭遇する。それら不快な出来事は、上に述べたような感官に苦痛をもたらす迫害と同様、耐えるべきである。

村から村へ歩いている無一文の出家者に不快が入るであろう。その困難・苦難（parīsaha）に耐えるべきである。

gāmāṇugāṃ rīyantaṃ aṇagāraṃ akiṃcaṇaṃ

araī aṇuppavesejjā taṃ titikkhe parīsahaṃ（Utt. 2.14）

akiṃcaṇa（Skt. akiñcana）は AMgD によれば、'not possessed of worldly effect' の訳が与えられ、ジャイナ教の「無所得戒」を基本とし、苦行の実践道とも関連する。

（4）修行完成者としての出家

勝者の教え（jiṇa-sāsaṇa）を伝授する立場で描かれ、よって修行完成者と見られる aṇagāra も存在した。名を Gaddabhāli（Gardabhāli）尊者と言う。Utt. 18 の前半には Sañjaya 王が aṇagāra Gardabhāli 尊者の導きによって、ジャイナの修行者となることが述べられている。

サンジャヤは出家者である Gaddabhāli 尊者の面前で王権を放棄して、

勝者の教え〔を受けて家から〕出離した。

saṃjao caiuṃ rajjaṃ nikkhanto *jiṇasāsaṇe*

gaddabhālissa bhagavao aṇagārassa antie（Utt. 18.19）

勝者（jiṇa）については第 3 章第 12 節で詳しく見るが、上の詩節からは、出家者 Gardabhāli が勝者の地位に達していることが読み取れるのである。

3　両宗教における出家者（anagāra / aṇagāra）

anagāra / aṇagāra は、両宗教のいずれからしても、家を出る（捨てる）ということが第一義であり、このことの実質的・象徴的意味として現世的欲望の放棄ということが含意された。そして、一方では愛欲等を滅し尽くしてバラモンと呼ばれ、他方では尊者、勝者と呼ばれるようになる。

すなわち、初期仏教文献に現われる anagāra / anāgāra は、1. 在家からの出家を最上の修行者であるとみなして、生活階梯の転換を求めるとともに、2. 現世的欲望、すなわち愛欲（kāma）や渇愛（taṇhā）等の放棄を必要条件としている。また、生存を滅した人の例もある。

初期ジャイナ教文献に現われる aṇagāra は、外形的には、1. 在家からの出家修行者であることを求め、2. 現世的欲望の放棄を前提としている。前節の自制者と同様に用例はジャイナ教に多く、したがってジャイナ教における出家者像の方が詳細である。具体的には単独で遊行し、不殺生を厳守し、遊行中のどんな迫害・困難をもじっと堪え忍ぶ。また、修行の妨げとなる婦人との関係は一切もたず、常に命我を清浄に保ち、解脱を目標としている出家者であり、そこには苦行を行なうということも含意されていた。さらに、束縛から解放された出家比丘（saṃjogā vippam ukkassa aṇagārassa bhikkhuṇo : Utt. 1.1）という表現があることから、すでに解脱に到達した出家者をも意味した。

総じて言うならば、出家ということは修行の程度によって限定される呼称ではなく、修行者であるというそのこと自体を包括的に示していると考えてよいのではないだろうか。

仏教もジャイナ教もほぼ同様の概念を保持しているが、仏教にはないジャイナ教特有の leśyā という術語が見られ、ここにはジャイナ教の独自性も現われている。

第5節　出家隠遁者

前節に続き、出家者を表わす語である。ここでは、上で見た anāgāra との異同にも留意しつつ、見ていきたいと思う。

1　初期仏教文献に現われる pabbajita

(1) 世俗を離れた出家者

Turner によれば、pravrajyā は 'going abroad' であり、*pravrajiyā には、1. Pā. pabbajjā, Pkt. pavvajjā ; 2. Pkt. pavvaia を与えており、Pā. pabbajjā と pabbajita は同じ語彙（pra- √vraj）である（CDIAL 8811）。

出家者（pabbajita = pabbajati の pp., Skt. pravrajita）の定義を述べた詩節があるので、まずこの箇所から見てみよう。

ただし、このような解釈は多くの場合、その語の発音に近い音をもつ語根や名詞・形容詞等から導き出される、通俗語源解釈（folk etymology）と呼ばれるものである。この通俗語源解釈は言語学的研究の視点から見れば、必ずしも正しいとは言えず、ある意図のもとに人々によって語り伝えられ、受け継がれてきた伝統的解釈と言うことができる。

> 悪を取り除いたのでバラモンと呼ばれ、行為が安らかであるので沙門と呼ばれる。自己の汚れを取り除いた（pabbājayam）が故に出家者（pabbajita）と呼ばれる。(Dhp. 388)

ここで汚れ（mala）とは貪欲（rāga）等三毒や五著、五蓋のうちに数えられる本質的な障礙を意味し、これらを取り除いた人が出家者と言われる。

(2) 在家者の対概念としての出家者

在家者（gihin）の対概念を含む語として出家者（pabbajita）が用いられている。

「これはまさに私がなしたことである、と在家者も出家者もともに考えよ。およそなすべきこととなすべからざることについては私の意向に従え」と凡夫は思う。こうして欲望と高慢が増大する。

“mam’ eva kata maññantu gihī pabbajitā ubho,
mam’ evātivasā assu[96] kiccākiccesu kismici”,
iti bālassa saṃkappo, icchā māno ca vaḍḍhati（Dhp. 74）

この出家者（pabbajitā）は、修行者として未熟な段階にある者と、理想的な修行者の2つに分類することができる。

ある人たちは出家者であっても摂事（布施・愛語・利行・同事）を行なうことは難しく、また、家に住んでいる在家者も〔同様である〕。他人の子供たちにほとんど関わることなく、犀の角のようにただ一人歩むべきである。

dussaṅgahā pabbajita pi eke
　　atho gahaṭṭhā gharam āvasantā,
appossukko paraputtesu hutvā
　　eko care khaggavisāṇakappo（Sn. 43）

dussaṅgaha を註釈家は dussaṅgaha = asantosābhibhūta と説明しているが、GD では ‘hard to consort with’ となっている。すなわち、第1半詩節は出家者も在家者も理想的な出家生活を送ることが困難であることを述べている。

法に基づいた行ないと、梵行、これを人々は最上の力であると言う。もし人が家から出て家なき状態となり、出家者となったとしても。

dhammacariyaṃ brahmacariyaṃ etad āhu vasuttamaṃ[97]:
pabbajito pi ce hoti agārasmā angāriyaṃ（Sn. 274）

出家者は法にかなった行ないと、清らかな行ないを実践しなければならない。出家者であるからといって怠ってはいけない。理想的な出家者とは、常に法にかなった生活と梵行を心がけている人のことである。

ブッダも「愛欲に危険があると見て、出家は安穏である」と考えて、出家者となったのであり、もはや世俗的愛欲を望んでいない。

kāmesv-ādīnavaṃ disvā nekkhammaṃ daṭṭhu khemato（Sn. 424ab）
tamhā kulā pabbajito ’mhi rāja
na kāme abhipatthayaṃ —（Sn. 423cd）[98]

初期の段階において、pabbajita は在家者に対して出家者という広義に使われていたようである。塚本教授[99]は、pabbajita は第 2 の生活階梯である家住期（gṛhastha）から第 3 の生活階梯である林棲期（vānaprastha）へ向かうことで、kula（家族）から遊行生活に入ることの意味に解釈している。

2 初期ジャイナ教文献に現われる pavvaia

AMg. pavvaia は Pā. の pabbajita に対応し、Skt. pravrajita（cf. BHS pravrājita）「出家者」と同義である。当然のこととして、ジャイナ教の出家修行者を表わすことに相違ないが、どのような修行者を意味していたのか、もう少し詳しく見ておきたい。そこでまず、pavvaia の同義語の検討から始めることにする。

（1）対義語と同義語の検討

① gihin の対義語としての出家者

私が考えるに、何らかのものでさえ〔蓄えること〕は貪欲に触れる。蓄積を望む人は在家者であり、出家者ではない。

lobhassesaṇuphāse manne annayarām avi
je siyā sannihī-kāme *gihī* pavvaie na se（Dasav. 6.19）

蓄えは世俗的行為であって、出家者のすべき行為ではない。出家者はわずかであっても蓄えをすることが認められていない。なお、ここで言う蓄えとは、いわゆる富、経済的な蓄えにとどまらない。生存の要件と考えられる衣食住すべてにわたる所有・蓄積を言うのである。

② aṇagāriya の同義語としての出家者

これまでにも見たとおり、出家者は住むべき住居をもたないことが条件であるが、Dasav. においても同様のことが述べられている。そしてそのことには、容姿としての剃髪が伴った。すなわち一見して出家者とわかることが、自らの戒めともなり他者からの接触の制限としても働いたと考えられよう。次に挙げる詩句の「内と外の関係を捨てる」「防護」とはそのような意味である。

内と外の関係を捨てるとき、剃髪して家を捨てた出家者となる。

jayā cayai saṃbhogaṃ sabbhintara-bāhiraṃ

tayā muṇḍe bhavittāṇaṃ pavvaie *aṇagāriyaṃ*（Dasav. 4.18）

剃髪して家を捨てた出家者となるとき、人は無上の法である勝れた防護に触れる。

jayā muṇḍe bhavittāṇaṃ pavvaie *aṇagāriyaṃ*

tayā saṃvaramukkaṭṭhaṃ dhammaṃ phāse aṇuttaraṃ（Dasav. 4.19）

③ saṃjaya（Skt. saṃyata）の同義語としての出家者

若く貴い方であるにもかかわらず、あなたは出家者である。享楽に興ずる年頃なのにあなたは沙門として努力している。自制者（saṃjaya）よ、それ故に私はこの意味を聞きたい。

taruṇo si ajjo pavvaio bhogakālammi *saṃjayā*

uvaṭṭhiu si sāmaṇṇe eyam aṭṭhaṃ suṇemi tā（Utt. 20.8）[100]

pavvaia（出家者）は saṃjaya（自制者）と置き換えられ、世俗的享楽を放棄し、沙門としての生活に努力している修行者を指し示す。この pavvaia の特質については、同じ章においてもう少し詳細に述べられる。

次の日の朝に、私は親族の人たちに別れを告げ、安穏で、調御（自制）し、かつ行為を止めた、家なき出家者となった。

tao kalle pabhāyammi āpucchittāṇa bandhave

khanto danto nirārambho pavvaio 'ṇagāriyaṃ（Utt. 20.34）

すなわち、出家者とは、住むべき住居をもたず、心が安穏であり、自らを制する者である。ここで言う行為とは、殺害につながる行為（ārambha）である。これまでに見たことから言えば、一般的な殺害はもとより、調理や生水に関する禁止、一挙手一投足におよぶ顧慮をも含むものであろう。

（2）その他の出家修行の特徴

上で見た対義語、同義語からの pavvaia の特徴づけのほかに、いくつか特徴的な用例を見ることができる。それらがいかなる修行の道を描き出しているか、以下に見てみよう。

① 出家の継続の勧め

財産と妻を捨てて、出家者となって家なき者となる。吐き出したものを再び人はとるべきでない。ゴーヤマよ、貴重な機会を無駄にすべきでない。

ciccāṇa dhaṇaṃ ca bhāriyaṃ
　　pavvaio hi si aṇagāriyaṃ
mā vantaṃ puṇo vi āie
　　samayaṃ goyama mā pamāyae（Utt. 10.29）[101]

「吐き出したものを再び飲む」とは、出家の生活を捨てて、世俗的生活に戻ることを意味している[102]。それ故、1度、妻と財産を放棄して出家者となったら、もはや還俗すべきでない、と説かれているのである。なぜなら、人間として生を受けることは極めて稀であり、人間として生まれたからには決して修行の機会を逃すべきではない、と考えられているからである。仏教の盲亀浮木の譬え等で表現されているものと同根の思想である。

② 親族・縁者の出家の勧奨

彼女が出家したとき、戒を護る多聞のその婦人は、多くの人たち、親族、召使をそこにおいて出家せしめた。

sā pavvaiyā santī pavvāvesī tahiṃ bahuṃ

sayaṇaṃ pariyaṇaṃ ceva sīlavantā bahussuyā（Utt. 22.32）

pavvāvesī は Skt. pravrajati の opt. aor. である。この Skt. 語形を推定すると *pravrajāpayati であり、これが pav(ay)āvei と転訛し、さらに pavāvei となったものである。したがって「彼女は出家せしめた」となる。出家者にとっては、自己が出家した後は身内の者たちを出家させることも大切な行と考えられた。

③ 出身身分関係からの解放

バラモン、あるいは王族の生まれであろうと、ウグラ族の子孫であろうと、リッチャヴィー族であろうと、出家者となって、他人によって施与された食を食する人は、〔かつての〕誇り高き種姓を誇らない。

je māhaṇe khattiyajāyae vā

tahuggaputto taha lecchaī vā

je pavvaīe paradattabhoī

gotte na je thabbhai māṇabaddhe（Sūy. 1.13.10）

Ugra 族とは王族（kṣatriya）と奴隷（śūdra）との混血である。Licchavī 族は仏典や碑文によれば、富裕な名門であった。しかしどのような出身身分にあろうと、一たび出家者となれば、修行者としての姿勢のみが問われたのである。

（3）離繋者・牟尼なる出家者

この他に、出家者としての最終目的であるところの、無上の境界や菩提の達成を得たと言われる pavvaia もいる。この場合の pavvaia は、ジャイナ修行僧の最高者に与えられる称号、離繋者（nirgrantha）、または牟尼と呼ばれている。

ある出家者、Nirgrantha（離繋者）は法を聞いて、戒律を身につけ、非常に得がたい菩提の達成を得て、その後、意のままに生活するであろう。

je kei ū pavvaie *niyaṇṭe*

dhammaṃ suṇittā viṇaovavanne
sudullahaṃ lahiuṃ bohilābhaṃ
viharejja pacchā ya jahāsuhaṃ tu（Utt. 17.1）[103]

Sauvīra 国の王たちの牡牛（主）である Udāyaṇa は〔王国を〕放棄して、牟尼として行動した。彼は出家者となり、無上の境界を得た。

sovīrarāyavasabho caittāṇa *muṇī* care
udāyaṇo pavvaio patto gaim aṇuttaraṃ（Utt. 18.48）[104]

3 両宗教における出家隠遁者（pabbajita / pavvaia）

初期仏教文献において、pabbajita / pabbajjā は在家者に対しての出家隠遁者という広義に使われている。それも修行者として未熟な段階にある者と、理想的な修行者の 2 種類がある。具体的な出家隠遁者の内容としては、通俗語源解釈をして世俗的欲望を取り除いた（pabbājaya）人と規定している。

一方、ジャイナ教においては、在家者（gihin）の対比語として、内面的には世俗的欲望の放棄を、外形的には剃髪の出家者（aṇagāriya）としての形態を必要とした。また、saṃjaya の同義語であり、住むべき住居なく、施食によって生命を支え、殺害につながる行為（ārambha）を止め、親族も出家に導く修行者である。さらに、離繫者（niggantha）・牟尼（muṇi）たることを出家の理想像として掲げている。

すなわち、両宗教における出家隠遁者（Pā. pabbajita, AMg. pavvaia）の語はまず在家者（gihin）と対比して使用され、そのあるべき姿がさまざまに説かれていた。その意味では前節で見た anagāra / aṇagāra と同じく、修行の度合い等によって限定された呼称ではなく、広い意味での出家修行者を指していたと考えられる。

第６節　遊行者

1　初期仏教文献に現われる paribbājaka

(1) 通俗語源解釈 ── サビヤの問いとブッダの答え

Sn. において、サビヤが sottiya, ariya, caraṇavat, paribbājaka の定義をブッダに尋ねる詩節がある。

サビヤは言った。「何を得た人を聖典に通じた人と言うのですか。何によって聖人と言い、また、どうして行ないの具わった人と言うのですか。何故、人は遊行者と名づけられるのですか。世尊よ、私が尋ねたことに答えてください。」

"kiṃ pattinam āhu *sottiyaṃ*
iti Sabhiyo
ariyaṃ kena, kathañ ca *caraṇavā* ti,
paribbājako kin ti nāma hoti,
puṭṭho me Bhagavā vyākarohi" (Sn. 533)

これに応じて、ブッダは Sn. 537 において「遊行者」(paribbājaka) の本質を説く。

上に、下に、横に、中央にも、苦しみの惨めな結果をもたらすどんな行為も回避して、よく知り尽くして行ないつつ、偽りと慢心と貪欲と怒りと、名称と形態とを滅尽した〔人〕。彼を利得を得た遊行者と呼ぶ」と。

dukkhavepakkaṃ yad atthi kammaṃ
uddhaṃ adho ca tiriyañ câpi majjhe
parivajjayitā pariññacāri
māyaṃ mānam atho pi lobhakodhaṃ
pariyantam akāsī nāmarūpaṃ,
taṃ paribbājakam āhu pattipattan" ti (Sn. 537)[105]

すなわち遊行者について、苦の果報をもたらすどんな行為も回避して4つの汚濁[106]を滅尽した人であると規定している。そしてその際、行為を回避する（parivajjayita）のがparibbājakaであるとの通俗語源解釈を援用している。

（2）同格の語による意味理解

また、サビヤの問いに含まれる他の3語、「聖典に通じた人」（sottiya）はSn. 534で、「聖人」（ariya）はSn. 535で、「行ないの具わった人」（caraṇavat）はSn. 536でそれぞれ本質規定されているが、この一連の問いと答えによって、paribbājakaがsottiyaやariya, caraṇavatと同格であることを知ることができる。

① 聖典に通じた人

「世間において、すべての法を聞いて、〔そして〕熟知して、サビヤよ」と世尊は答えた。「咎められたり、咎められないいかなることをも、克服し疑惑なく解脱し、あらゆるところで苦悩のない人を〈聖典に通じた人〉と言う。

“sutvā sabbadhammaṃ abhiññāya loke
Sabhiyā ti Bhagavā
sāvajjānavajjaṃ yad atthi kiñci
abhibhuṃ akathaṃkathiṃ vimuttaṃ
anighaṃ sabbadhi-m-āhu *sottiyo* ti（Sn. 534）

② 聖人

さまざまなアーサヴァ（āsava）[107]と執著を断って、彼は母胎〔の臥床〕に近づかない。3種の想念（おもい）と泥を除いて、彼は妄想分別（kappa）[108]に赴かない。彼を彼らは〈聖人〉と言う。

chetvā āsavāni ālayāni
vidvā so na upeti gabbhaseyyaṃ,
saññaṃ tividhaṃ panujja paṃkaṃ

kappan n' eti, tam āhu *ariyo* ti（Sn. 535）

③ 行ないの具わった人

〔誰でも〕この世において、行ないによって目標に到達して、常に有能であって、法を知り、あらゆることに執著しないで、〔しかし〕解脱して、反抗心のない彼は、〈行ないの具わった人〉である。

yo idha caraṇesu pattipatto
kusalo sabbadā ajāni dhammaṃ,
sabbattha na sajjati vimutto,
paṭighā yassa na santi, *caraṇavā* so（Sn. 536）

そして、これら3つの語が示す修行者はいずれも解脱者であることから、上の「利得を得た」という表現は「解脱の境地を得た」ことと同義と理解でき、それ故、仏教における paribbājaka は解脱の境地にある理想的修行者を意味していると理解できるのである。

2 初期ジャイナ教文献に現われる parivvāyaga / parivvāyaka

この語はジャイナ教の初期聖典、例えば Isibh. においては、勝れた修行者の尊称として用いられている。

バラモンにして遊行者、阿羅漢であり聖仙たる Sirigiri によって言われた。

Sirigiriṇā māhaṇa-parivvāyageṇa arahatā isiṇā buiyaṃ（Isibh. *37.2）

ほかにも Pinga（Isibh. *32.1）と Isigiri（Isibh. *34.33）がこのような尊称で呼ばれている。

3 両宗教における遊行者（paribbājaka / parivvāyaga, parivvāyaka）

仏教でもジャイナ教でも、「遊行者」（Pā. paribbājaka / AMg. parivvāyaga）は一般的な修行者や出家者を指すことはなく、それとは区別されるべき解脱者を示している。またそれによって、勝れた修行者の尊称としても使われる語である。

すなわち、例えば仏教では、Dhp. において、4つの汚濁（怒り、慢心、偽り、貪欲）を回避する、と通俗語源解釈をしているように、苦の果報をもたらす行為の回避、四汚濁の滅尽をその本質と規定しており、聖典に通じた人(sottiya)、聖人（ariya)、行ないの具わった人（caraṇavat）と同格に用いられる遍歴の遊行者を言っている。

他方、ジャイナ教においては、勝れた修行者の尊称として用いられ、阿羅漢（arahat)、聖仙（isi）と同格とみなされている。

この事例からは、paribbājaka も parivvāyaga も一般的修行者とは区別されるべき尊称ということになるが、Dhp. の通俗語源解釈と Isibh. のきまり文句とを考慮すれば、これらの用例は最古層とはみなしがたく、parivrājaka は、本来は単なる修行者の名称にすぎなかったと考えられる。

第7節　苦行者

1　初期仏教文献に現われる tapassin

tapassin は初期仏教ではほとんど用いられなかった。ただ Sn. に聖仙（isi）と同義に用いられている用例がある。

> 昔の聖仙たちは自己を制御する苦行者であった。5つの愛欲の対象を捨てて、彼らは自己の目的を実践した。
> isayo pubbakā āsuṃ saññatattā tapassino,
> pañca kāmaguṇe hitvā attadattham[109] acārisuṃ（Sn. 284）

すなわち、昔の聖仙は自己を制御する人であり、苦行者であったと言われている。ここで言われる聖仙とは古のバラモンであり、法に則って生きた人々のこととされる。

この言はバラモンの問いに対して答えたものであり、ブッダ自身や仏教徒の励行すべきことがらとしての苦行について述べたのではなかった。

ただし、苦行という概念がなかったかといえば、そのようなことはなく、沙門の思潮と用語を共有してはいたのである。

忍耐と堪忍は最高の苦行、涅槃は最高であると「覚者たち」は説く。他人を害する人は出家者ではない。他人を悩ますのは沙門ではない。

khantī paramaṃ tapo titikkhā,
　　nibbāṇaṃ paramaṃ vadanti buddhā,
na hi pabbajito parūpaghātī
　　samaṇo hoti paraṃ viheṭhayanto（Dhp. 184）

ここで言う苦行（tapas）は、一般的な身を苛む苦行のみを意味していたのではなく、むしろ美徳を備えており、じっと堪え忍ぶ人のことを意味している。なお、ここでは覚者（buddha）の語が複数形で使われているが、これについては第3章第11節「仏陀（覚者）」で検討する。

2　初期ジャイナ教文献に現われる tavassin

（1）同義語の検証

ジャイナ教文献においては、tavassin（Skt. tapasvin）は修行者の他の呼称と同義に使用されているので、まずそれらの検討から始めよう。

① 比丘（bhikkhu）との同義

一人行ずる出家修行者が耐え、克服しなければならない種々の苦難がある。次の2つの用例はすでに比丘の節で見たものであるが、確認のために再掲しておく。

体が飢えに苦しめられても、苦行者である堅固な比丘は、〔食べ物を〕自分で切るべきでないし、他人に切らせるべきでもない。自分で調理したり、他人に調理させるべきでない。

digiṃchā-parigae dehe tavassī *bhikkhū* thāmavaṃ
na chinde na chindāvae na pae na payāvae（Utt. 2.2）[110]

これは苦行者である比丘が、飢えの苦難・危難（digiṃchā-parīsaha）に苦しめられても、それに耐えねばならないことを示している。また、寝台の苦難・危難（sejjā-parīsaha）も説かれる。苦行者の寝る場所は、人の近づかない墓地、空き家、木の根元等であり、在家者のような快適な寝台を期待すべくもない。

苦行者である堅固な比丘は、寝台の高低によって甚だしく悩まされないだろう。〔しかし〕悪い見解をもつ人は悩まされる。

uccāvayāhiṃ sejjāhiṃ tavassī *bhikkhu* thāmavaṃ
nāivelaṃ vihammejjā pāva-diṭṭhī vihammaī（Utt. 2.22）

上の２つはいわば身体的な苦痛に因を発する苦難であったが、次のように精神的な、知見の苦難・危難（daṃsaṇa-parīsaha）もこの語によって説かれている。

「確かに他の世は存在しないし、苦行者の神通力もない。私は欺された」とそのように比丘は考えるべきでない。

n’ atthi nūṇaṃ pare loe iḍḍhī vā ’vi tavassiṇo
aduvā[111] vaṃcio mi tti ii *bhikkhū* na cintae（Utt. 2.44）

知見の苦難とは、誤ったものの考え方のことで知の障害を意味する。誤った考え方として、この詩節以外に「性交を離れ、制御すること（susaṃvuḍa）は無意味である」（Utt. 2.42）と考えること、「苦行と宗教的規律を実践し、誓戒を遂行しても知の障害は除かれない」（Utt. 2.43）、「ジナ（jiṇa, 勝者）は過去、現在、未来の三世にわたって存在することはない」（Utt. 2.45）と考えることが挙げられる。

比丘と同義に用いられる苦行者は、飢えに耐え、寝場所を選ばず、神通力（iḍḍhi）をもっている。

次に、saṃjaya の同義語としての苦行者を見てみよう。

② 自制者（saṃjaya）との同義

すでに第３節 saṃjaya のところで述べたが（Utt. 2.34）、ジャイナ教の修行僧は裸体で遊行するのであるから、草に触れる苦痛を伴う。特に横になるときは、草の種類によっては耐えがたい苦痛を伴う場合がある。

また、上の①で見た bhikkhu とこの② saṃjaya が並列して使われることもある。

彼は名誉ある歓待、供養、挨拶を望まず、まして称賛を望まない。彼は自制者であり、誓戒を保ち、苦行者であり、成し遂げ、自分自身を求める。彼は〔真実の〕比丘である。

no sakkaim icchaī, na pūyaṃ,
　　no vi ya vandaṇagaṃ, kuo pasaṃsaṃ！
je *saṃjae* suvvae tavassī
　　sahie[112] āya-gavesae, sa *bhikkhū*（Utt. 15.5）

③ 聡明な人（mehāvin）との同義

苦行者は聡明な人（mehāvin）と同義に用いられる。

聡明な人は苦行をなす。良き味の物を避けるべきである。酒と放逸を楽しまない苦行者は大変にすぐれた者である。

tavaṃ kuvvai *mehāvī*, paṇīyaṃ vajjae rasaṃ
majja-ppamāya-virao tavassī aiukkaso（Dasav. 5.2.42）

苦行者である聡明な人は、良い味の食べ物を食べず、酒を味わい楽しまず、放逸に振舞わない。

(2) 苦行者の特質

① 乞食による生存

次に、ジャイナ教が tavassin の特徴をどのようにとらえていたかを検討してみよう。

苦行者は本質的に乞食によって生命を維持していた。

あなた方のためにたくさんの食べ物が施与され、〔あなた方によって〕食べられ、味わわれた。私が乞食によって生活していることを、あなた方は知りなさい。苦行者は残った残り物を受け取りなさい。

viyarijjai khajjai bhujjaī
　　annaṃ pabhūyaṃ bhavayāṇam eyaṃ
jāṇeha me jāyaṇajīviṇu tti
　　sesāvasesaṃ labhaū tavassī（Utt. 12.10）[113]

バラモンは、バラモンのために料理された食べ物を食べるのに対し、苦行者は、バラモンに施与された残り物を食べるのである。したがって、苦行者のために料理された食べ物等ありうるはずがない。

② 禁欲

また、婦人との関係は絶対に禁止される。

しかし彼は生活を投げ捨て、すべての迷妄を制御し、苦行者は婦人たちを常に放棄すべきである。そして〔彼女たちに対して〕好奇心を起こすべきでない。彼は〔真実の〕比丘である。

jeṇa puṇa jahāi jīviyaṃ
　　mohaṃ vā kasiṇaṃ niyacchaī,
[nara] nārim pajahe sayā tavassī
　　na ya koūhallaṃ uve, sa *bhikkhū*（Utt.15.6）

このように、乞食して残飯を受け、それによる生命の維持と、婦人との関わりを絶対にもたないことが tavassin の資格である。

(3) ジャイナ教特有の４つの条件とそれによる達成

次は、極めてジャイナ教的な苦行者の姿と見てよいだろう。

人間の状態を得て、ダルマを聞いて、信じる苦行者は、努力をして、〔カルマンの流入を〕防止し、塵を振り払うべきである。

māṇusattaṃmi āyāo jo dhammaṃ socca saddahe
tavassī vīriyaṃ laddhuṃ saṃvuḍe niddhuṇe rayaṃ（Utt. 3.11）

すなわち、人間としての誕生（māṇusatta）、ジャイナ教の聴聞（suī）、ジャイナ教の信仰（saddhā）、苦行に努め励むこと（saṃjamaṃmi vīriya）は、４つの貴重なことがらとしてUtt.の第3章に詳述されるが、この詩節はこれら4つの条件を満たした苦行者が、カルマンの流入を防止し、塵（raya）を振り払うべきことを説いている。

ジャイナ教の教義においては、人が身・口・意の活動を行なうと、その人の行為（カルマン）に相当する物質（poggala）が流れ込んできて、その人のジーヴァ（jīva）に付着する。これが漏（āsava）と言われる。そして、この流れ込んできた物質はジーヴァに付着して、業身（kamma-sarīraga）と言われる微細な物質の集合体を形成する。このためジーヴァは業身に覆い囲まれてしまう。これが縛（bandha）である。その結果、ジーヴァは昇天して成就者／解脱者の世界に行くことができずに、地獄・動物界・人間・神の世界の4つの迷いの世界を繰り返し輪廻転生して、苦しみが絶えないと説かれる。そこで、ジーヴァが解脱者の世界に昇天するためには、自制によって新たな業を作らず（saṃvara＝遮。ここで言う「カルマンの流入の防止」）、苦行によって過去の業を滅ぼす（nijjarā＝滅。同じく「塵を振り払う」）ことが必要なのである。

3　仏教とジャイナ教における苦行者

苦行者の用例は仏典ではわずか1例しかなく、5つの欲望の対象を放棄する自制者の意味で用いられている。また、Dhp. 184の例で見たように、苦行という概念は、仏教としての意味内容に改変され用いられたようである。

一方、ジャイナ教においては、苦行者はbhikkhu, saṃjaya, mehāvinと同義に用いられている。bhikkhuとしては、飢えに耐え、自分で料理したり、させたりしない、寝る場所を選ばない、神通力を具有することを特長とする。saṃjayaとしては、草に接触することから生ずる多くの苦痛に耐えること、在家者から歓待、供養、授受等を望まず、修行に専心することが挙げられる。mehāvinとしては、風味を貪らず、酒に溺れたり、放逸であってはならないことが説かれる。

そして、乞食による生活を基本として、カルマンの流入を防止し、塵（raya）

を振り払うべきことが規定されている。

第8節　声聞

1　初期仏教文献に現われる sāvaka

(1) 出家・在家で揺れる定義

① 出家・在家を含む声聞

この語 sāvaka は Skt. śrāvaka で、漢訳仏典において「声聞」、すなわち、「教えを聞く人」と訳される。教えを聞く人とは、出家修行者であろうと、在家信徒であろうと、仏陀の教えを聞く人はすべて sāvaka と言われ、仏陀の弟子を意味している。

> 覚者を謗り、あるいは出家であろうと、在家であろうと、彼（覚者）の弟子（sāvaka）を謗る人、彼を人は賤しい人であると知るべきである。(Sn. 134)

ここには、覚者の弟子（sāvaka）に出家と在家の2とおりの意味が含まれていることが明確に示されている。もう1例見てみよう。

> 智慧豊かなゴータマよ、私はあなたに尋ねます。「家から出て出家者となる人であろうと、あるいはまた、家に留まる在家の信徒であろうと、人はどのように行なえば善き声聞となるのですか。」
>
> pucchāmi taṃ gotama bhūripañña:
> 　　kathaṃkaro sāvako sādhu hoti,
> yo vā agārā anagāram eti
> 　　agārino vā pan' upāsakāse（Sn. 376）

この詩節においても、出家者（anagāra）と在家信者（upāsaka）の両者とも sāvaka と呼ばれており、善き声聞となることのできる存在である。

このように最初期の段階では、sāvaka は出家と在家の双方を含んでいたことが知られる。

② 在家信者としての声聞

しかし他方で、sāvaka が出家者の総称である比丘（bhikkhu）と明らかに区別されている詩節もある。

> もし彼が、声聞と、あるいは他の誰かと、あるいは比丘と話すなら、すぐれた法を話すべきであって、中傷や他人を誹謗する言葉を発すべきでない。(Sn. 389)

ここでは、声聞と比丘は同格であり、声聞は比丘をその範疇に含んでいない。この時、もし比丘が出家者の総称であるならば、声聞は出家者を含まず在家者のみを意味することになる。また、もし比丘が出家者の一部分のことであったり何らかの狭義の呼称であるなら、声聞はこの狭義の比丘（出家者）を除く出家者と在家者を指していることになる。

③ 出家修行者としての声聞

また逆に、声聞が出家修行者と限定される用例もある。

> 1つは利得に達する道であり、もう1つは涅槃に到る道である。覚者の弟子（sāvaka）である比丘はこのことを知って、恭敬を喜ぶべきでなく、孤独の境地に励むべきである。(Dhp. 75)

この sāvaka は明らかに比丘、出家修行者を指している。

このように用例には指示対象の幅が見られ、用法の新古を改めて論じなければならないだろう。とは言え、sāvaka 本来の語義から言って、そこに出家と在家を分ける眼差は存在せず、仏陀の教えを聞く人のすべて、すべての仏弟子を言うのであった。したがって、少なくとも初期仏教教団においては、upāsaka（在家信者）も声聞のうちに数えられていたと理解して間違いのないものと思われる。

(2) 教団の変遷と在家信者の位置づけ

周知のように、声聞の語はやがて小乗という伝統的仏教の1つの立場に立つ修行者を意味するようになっていくが、その過程には教団の変化や出家・在家の位置づけの変化があったと考えられている。このことを中村博士[114]は次のように述べている。

「教団が発展して、教団の権威が確立すると、出家修行者は在家信者に対して、一段と高いところに立つようになる。他方、在俗信者は一段と低いものと考えられる。そこで「教えを聞く人」とは、教団で集団生活をしている出家修行者にのみ限られるようになった。しかしそれは、後世になってから意義が変化したのである。そうして、ある時期から在俗信者は「仕える人」（upāsaka）と呼ばれるようになった。」

中村説を確実に証明することは不可能であるが、間違いはないであろう。そしてそうであるならば、この用例の検討から、上に見たDhp.の詩節がSn.のそれよりも新層に属するものであることが明らかになる。

2 初期ジャイナ教文献に現われる sāvaa

(1) 商人である声聞

Utt.の第21章「サドラパーラ」は次の詩節より始まる。

> チャンパー（Campā）にパーリタ（Pālita）と名づけられた商人である声聞（sāvaa < śrāvaka）がいた。彼は尊き大我（mahappa, Skt. mahātman）であるマハーヴィーラの弟子（sīsa）であった。
> 声聞として、彼は離繋者（niggantha）の教えによく精通していた。かつて商売のために彼は、舟でPihuṇḍa町へ行った。
> campāe pālie nāma sāvae āsi vāṇie
> mahāvīrassa bhagavao sīse so u mahappaṇo
> nigganthe pāvayaṇe sāvae se vi kovie
> poeṇa vavahante pihuṇḍaṃ nagaram āgae（Utt. 21.1-2）

そして、第5詩節（Utt. 21.5）において再び「商人である声聞は」（sāvae vāṇie）が現われる。この用例での sāvaa はマハーヴィーラの教えを聞く在家信者のことであり、決して出家修行者を指しているのではない。

ジャイナ教の古層の聖典の中で、sāva(y)a / sāvaga なる語が見られるのは上の箇所のみのようである。つまり、ほとんど用例がないと言ってよい。

(2) *Kalpa-sūtra* における用例

古層よりも少し新しい聖典と見られている *Kalpa-sūtra* では、出家の修行者、沙門（samaṇa）と婦人の沙門（samaṇī）に対して、在家の信者、声聞（sāvaya）と婦人の声聞（sāviyā）という使われ方をしている。したがって、先に見た「商人である声聞」の使われ方がそのまま引き継がれ、出家修行者に限定されていく仏教とは逆の意味で定着したことが知られる[115]。

3 両宗教における声聞（sāvaka / sāva(g)a）

仏典に見られる sāvaka は、最初期においては、後世におけるように出家修行者のみを限定して用いられてはいない。仏陀の教えを聞く人はすべて仏弟子（sāvaka）とみなされる。すなわち、sāvaka には出家修行者、在家信者の 2 種類があった。しかし、教団が確立され、出家者が在家者よりも一段と勝れたものとみなされるにつれ、sāvaka は出家修行者のみを意味するようになる。

これに対してジャイナ教は、「マハーヴィーラの教えを聞く」在家信者、それも商人を声聞（sāvaa）と呼んでいる。

前節までで見た出家者や苦行者の語とは逆に、声聞の語は仏教の方により多くの用例が認められ、仏教の歴史の中では明らかに特徴的な 1 つの形態（段階）を支える人々を指す語となって定着する。そのためここに見た最初期の教団の発展に伴い、一定時期までには教団中核の構成員を指し示す語となっていき、在家、すなわち教団の外郭に位置する人々の呼称となったジャイナ教の例とは対照的な経過を辿ったのであった。

推測の域を出ないが、苦行を旨とするジャイナ教では、単に教えを聞く者は修行の実践者とはみなされず、その意味で在家に限定されて使われたのではないだろうか。そしてこれと反対に、実践と両立すべき智慧にも価値を見ていく仏教においては、教えを聞くことは出家者に望まれる宗教的実践として位置づけられるものであったのではないだろうか。つまり、用例が少なく、古くからの意味が特に重要でもなく、特殊なものとして確定していたわけでもないこの語においては、両教がどのような宗教としてその独自性を形成・表現していくかということの差異が、かえって端的に現われているように思われるのである。

第９節　小結（修行者群）

仏教やジャイナ教の古層の聖典に見られる修行者の一般的名称から、主なものを取り上げ、種々検討を試みた。その結果、それぞれの呼称には用例数にばらつきがあるため、１つの呼称を取り上げた場合、ジャイナ教にある概念が仏教にはなかったり、その逆であったりした。特に「苦行者」の語とそれに関連して見たジャイナ教の業理解は仏教との相違が顕著であった。

しかし、これら８種の呼称を総合してみると、修行者の行なうべき実践道という点では、わずかの例外を除いて、仏教とジャイナ教が等しく説いているといっても過言ではないことがわかる。このことは、それら実践道が仏教やジャイナ教が独自の集団として活動を始める以前、つまりバラモンに対抗して遊行・遍歴する沙門の集団として共同生活を送っていた頃に形成された共通の行法であること、そして彼らが独自の宗派を形成した最初期の頃においても、そのままそれらが各宗派の実践道として採用されたことを物語っていると言えよう。

第2章 註

第1節

1 egacare : 註釈家 Devendra は ekaḥ rāga-dveṣa-rahitaḥ carati ekacaraḥ と説明する。しかし L. Alsdorf によれば 'living alone, living singly' であり、sahie を 'living together with fellow-monks' (v.l.) とする Devendra の説明は矛盾することになる。仏教では一人修行する人を pratyekabuddha と呼んだが、ジャイナ教でも「一人で行く」とか「一人で修行する」ことが前提となったようである。例えば、iha-m-egesiṃ ega-cariyā hoi (Āy. 1.6.2.3 [29.12]) がある。

2 村上真完・及川真介(『仏のことば註 (1) ── パラマッタ・ジョーティカー』pp. 297-298)に従って示せば、「一人きりでさまよえ (vicara-ekākī)」(MBh. 12.234.9)、「私は一人行ずる (carāmy ekaḥ)」(MBh. 12.308.28)、「常にただ一人行くがよい」(MBh. 12.237.4) 等がある。

3 S. Dutt, *Buddhist Monks and Monasteries of India: Their History and Their Contribution to Indian Culture*, London 1962, pp. 48-49.

4 Sn. 190d : yo attho samparāyiko は SN. i 87, 89 の yo c' attho samparāyiko と並行関係にある。SN. において「不放逸の賢者 (dhīra) が次の 2 つのことがらを体得する」とあり、それを受けて、現世の利益と来世の利益とをともに達成するのが賢者であるという。ここも「来世に関することがら」、すなわち「来世の利益」を意味している。

5 Sn. 971c 同様、yathā を yatā と読む。

6 tathattā : Skt. tathatva の abl. で 'in truth' の意味である (PED, s.v.)。

7 ussada の BHS は utsada である。ussada は 'arrogance', 'haughtiness' (CPD, s.v.) の意味にとる。

8 magga-jina : 中村教授は、khettajina (Sn. 523) について、「ブラーフマナ、ウパニシャッド、叙事詩に頻繁に出てくる kṣetrajña (田を知る者) にもとづいて、仏教徒がこのように改めたのではなかろうか。つまり訛ったのである。第 524 詩の説は kṣetrajña の原意に解することも可能である」と述べている。『ブッダのことば (スッタニパータ)・改訳』岩波文庫、1984 年、p. 349.

この種の問題を解決するためには、中期インド・アリアン語における svarabhakti vowel (挿入母音) の知識を必要とする。つまり、kṣetra-jña は khetta-jña と転訛するのであるが、svarabhakti vowel の -i- が挿入されて khetta-jina と転訛したのである。magga-jina も同様で、本来は mārga-jña であったはずであり、Pā. は magga-jña とはならずに magga-jina と転訛したのである。cf. GD, p. 182, および第 3 章註 145.

9 H. Jacobi はこの詩節全体を経作者によるものと見ているが、Schubring はこの詩全体を前詩節で怒った人たちの言葉とする。しかし、Alsdorf は第 1 半詩節を前詩節で怒った人たちの言葉で、第 2 半詩節を経作者が引用したものと見ている。

pāda b = Utt. 8.14b : pabbhaṭṭhā samāhi-joehiṃ.

sannisejjā : v.l. sannisijjā. Jacobi は 'to the apartment（of women）' と、Schubring は 'for lodging together' と訳している。これは Pā. sannisajjā（Skt. saṃnisajjā）と同一語とみなしたことによるのであろうか？ これに対して、Alsdorf は Utt. の第 16 章 "bambhacera-samāhiṭhāṇā" ＝「梵行達成のための条件」の 10 項目のうち、その前半の 6 項目を挙げ、sannisejjā ＝「共通の椅子」を導いている。この語 sannisejjā が見られるのは、第 3 項目である。すなわち、以下のとおりである。

no itthī saddhiṃ *sannisejjā*-gae viharittā havai se nigghanthe. taṃ kaham iti ce. āyariyāha. nigganthassa khalu itthīhiṃ saddhiṃ *sannisejjā*-gayassa bambhayārissa bambhacere saṃkā vā kaṃkhā vā viigicchā vā samupajjijjā bhedaṃ vā labhejjā ummāyaṃ vā pāuṇijjā dīhakāliyaṃ vā rogāyaṃkaṃ havejjā kevali-pannattāo dhammāo bhaṃsejjā. tamhā khalu no niggaṃthe itthīhiṃ saddhiṃ *sannisejjā*-gae viharejjā.

ニルグランタは婦人たちと一緒に同じ椅子に坐らない。もし〔誰かが〕「それは何故ですか」〔と尋ねるなら〕、学匠は答えた。実にニルグランタが婦人たちと一緒に同じ椅子に坐るなら、彼は梵行者であっても、梵行に関して疑問、あるいは欲望、あるいは疑惑が起こり、あるいは〔善行を〕止めてしまい、あるいは愛欲の虜になり、あるいは長い時間、苦痛な病気にかかり、あるいはケーヴァリンが宣言した法から逃げ去るであろう。それ故、そのニルグランタは婦人たちと一緒に同じ椅子に坐らない（拙稿「Uttarajjhāyā 研究 V」『中央学術研究所紀要』第 12 号、p. 15）。

また、Alsdorf は S. B. Deo（*History of Jaina Monachism*, Poona 1956, p. 152）の sannisijjā の説明を引用している。

10 phāsa : Pā. の phassa, Skt. の sparśa, 'touching' に相当し、語源は spṛś-, 'to touch' である。術語としては、多くの場合、本文前頁の①に見られるように修行者が克服すべき苦難という意味に用いられる。他に危難と訳した parīsaha や、parissava, saṃbāha, uvasagga がある。しかしながら、この Utt. 4.11 に見られる phāsa は語源（触る）に導かれ、「触ることによって起こる肉体的快感」を意味している。他に語源を同じくする phāsua も用いられ、Skt. 対応語は *spārśaka（fit to be touched, 心地良きこと）である。Utt. 4.11 全文は和訳を付して本章第 2 節 2(1)⑥に引いた。

11 davia / daviya は Skt. dravika に対応し、'free from passion, possessor of self-restraint, devoid of the karmic dust, excellent, i.e. worthy of liberation' の意味をもつ。cf. K. R. Chandra, "Notes on Some Words from Ācārāṅga", JOI(B) vol. 20, pp. 240–241.

12 jaittā, jiṭṭhā : jaittā は動詞 √yaj（生け贄を捧げる、お供儀をする）の absol. である。したがって *yaj-itvā > jaittā. また、jiṭṭhā の Skt. における動詞 √yaj は absol. で iṣṭvā である。弱（weak）grade from ij + tvā > iṣṭvā > y-iṭṭhā > j-iṭṭhā. cf. W. D. Whitney, *The Roots, Verb-Forms and Primary Derivatives of the Sanskrit Language*, Leipzig 1885, p. 129.

したがって、jiṭṭhā と先の jaittā は両方とも、AMg. においては √yaj の absol. である。

māhaṇa : Skt. 対応語は brāhmaṇa である。derivation: brāhmaṇa > bămᵇhaṇa > bambhaṇa > bā(b)haṇa > bāhaṇa > māhaṇa. -b- > -m- の例として kabandha > kamandha（Pischel, § 250）; paribandh- > palimanth-（Norman, "Middle Indo-Arian Studies V", JOI(B) vol.14, 1965, p. 116）を挙げることができる。

13 Utt. の第 2 章で 22 種の parīsaha（「苦難」「克己」、Skt. parīṣaha）を説く。すなわち、1. 飢えの苦難、2. 渇きの苦難、3. 寒さの苦難、4. 暑さの苦難、5. 虻と蚊の苦難、6. 無衣服の苦難、7. 不快の苦難、8. 夫人の苦難、9. 徘徊の苦難、10. 休息の苦難、11. 寝台の苦難、12. 悪口の苦難、13. 殺害の苦難、14. 乞食の苦難、15. 無所得の苦難、16. 病気の苦難、17. 草に触る苦難、18. 垢の苦難、19. 恭敬と尊敬の苦難、20. 智慧の苦難、21. 無知の苦難、22. 知見の苦難、である。

Utt. 19.31–32 ではそれらのうち、(1) chuhā（第 2 章では digiṃchā), (2) taṇhā（第 2 章では pivāsā), (3) sīya, (4) uṇha, (5) daṃsa-masaga, (12) akkosā, (11) (dukkha-) sejjā, (17) taṇa-phāsā, (18) jalla, (13) vaha（vadhaparīṣahā は tāḍana, tarjana, そして vadha-bandha-parīṣahā を含む), (14) jāyaṇā, (15) alābhayā を順次取り上げている。

第 4 のアンガ『サマヴァーヤンガ』(*Samavāyaṃga*) 22.1 でも 22 種の「苦難／危難」を説くが、20. daṃsaṇa-parīsaha, 22. pannā-parīsaha であり、Utt. の順序と異なる。DJ, § 176 を見よ。

14 Sn. III 6. Sabhiyasutta および Sāmaññaphala-suttanta 7（DN. i 49）も Nigaṇṭha Nātaputta に言及する。

15 拙稿「通俗語源説にみるジャイナの修行者像」『印仏研』35-1, 1986 年、pp. 409–412.

16 Utt., p. 308.

17 ジャイナ教聖典全体でもこの古 Āryā 韻律で書かれたものは、この *Uttarajjhāyā* 第 8 章（Kāvilīyaṃ「カピラの詩節」、Śloka である第 17 詩節を除く）と *Sūyagaḍaṅga-sutta* I 4, *Āyāraṅga-sutta* I 9 のわずか 3 章に見られるにすぎない。したがって、これらの章のインドの韻律学史に占める重要性と、文献学的重要性には極めて大きなものがあると言えよう。Old Āryā の特徴については第 4 章註 3 参照。

第 2 節

18 vissa- をどのように解釈するかは、古くから論じられてきた問題である。vissa- は PED では viśva（all）の意味が与えられ、Max Müller の英訳も同様である。F. M. Müller, *The Dhammapada*, SBE vol. 10, part 1, Oxford 1881, p. 66.

また、Radhakrishnan は vissaṃ = Skt. viṣvak を 'on all side, completely' と理解して、vissa-dhamma＝「すべての法」と解釈する。しかしながら、註釈は visama＝「部分的な、不公平な」あるいは「生肉の臭い」の意味に解して、「身業にのみ関わる法」と理解している。vissan ti vissaṃ, vissagandhaṃ vā kāyakammādikaṃ dhammaṃ samādāya caranto bhikkhu nāma na hoti.

しかし、これをこの詩節の対応句から読み解くと、Uv. 32.18（= Mvu. III 422.13）は veśmāṃ dharmāṃ samādāya であり、vissa- の対応語は veśma- となる。これは Tibet 訳 groṅ paḥi chos によっても立証され、Pā. vissa- の Skt. 対応語が veśma- であることは確定できる。そしてそうであれば、vissa- < *vessa- < veśma- の語源的発展過程を読み取ることができる。このことは、『ガーンダーリー・ダルマパダ』の読み : veśma dharma samada'i（samādāya）からも支持され、かようにして「在家の法を受持する者は比丘でない」という読みが確定される。GDhp., pp. 191–192 ; WD, p. 125.

19　PTS 本では、pāda a を yo nāccasārī na paccasārī と読んでいるが、yo nāccasarī na p' accasārī の読みを採り訳す。以下の Sn. 12, 13 も同じ。GD, p. 1.

「古い皮を脱ぎ捨てる」という表現は、ウパニシャッドや『マハーバーラタ』に見出すことができ、Utt. 14.34 や 19.86 にも見られる。

20　この詩節は Th. 15 と 633 に全同である。

21　中村元『ブッダの真理のことば 感興のことば』岩波文庫、1978 年、p. 141f..

22　anigho : CPD, s.v. anigha（or anīgha）と BHSD, s.v. nigha and nīha がある。パーリ語では、anigho（Sn. 17, 1048, 1060）/ anīgho（Dhp. 294, 295 ; Th. 745）がある。cf. DP, s.v. anigha, anīgha. Sn. 17 の metre（Aupacchandasaka）は anigho を必要とする。パーリ語の anigha における短音 -i- は、恐らく AMg. aṇiha から確信できる。cf. aṇihe（Dasav. 10.17 ; Sūy. 1.2.2.30）.

23　Dhp-a. III 424 で vanatha は vana + stha と分解されて、mahantā rukkhā vanaṃ nāma, khuddakā tasmiṃ vane ṭhitattā vanathā nāma と説明される。このことから vanatha- には 1. 森（vana）、2. 愛欲／煩悩（vana）の 2 とおりの意味（語呂合わせ、word-play / pun）があり、2 が Pj II, 495.13–14 の説明とも一致する。

24　pāda a, purakkhata : PED は 'honoured, esteemed, prefered' の意味しか与えていない。これに対して MW は 'attacked, assailed, accused, etc.' を与え、また、Skt. 作品で証明された意味は 'accompanied by, possessed of, occupied with' である。これらは文脈によく適合する。cf. EV I, p. 144.

pāda c, tasiṇā : PED はこの語が taṇhā の方言であることを記す。taṇhā の Skt. は tṛṣṇā（渇愛）であり、語源の発展過程は tṛṣṇā > *tasṇā > *tahṇā > taṇhā となる。なお、h と n の入れ替わりは metathesis（字位転換）によって説明される。また、tasiṇā には tṛṣṇā > *tasṇā > tasiṇā の発展過程を読み取ることができる。この場合の i は発音の便宜上求められた svarabhakti vowel（挿入母音）である。

25　pāda a, 'dha : この語は idha と同義と解すべきであり、dha / ca / tu = 'but' である。並行詩脚から見れば、この pāda は Dhp. 412a と同じであり、Sn. 636 とも同一である。しかしながら、これらの pāda に相当する Uv. は、

yas tu puṅyaṃ ca pāpaṃ cāpy（Uv. 33.29）

と読んでおり、dha = tu という対応関係にある。また、Pā. の dha は Uv. の tu と同様に GDhp. の du に相当する。例えば、Dhp. 267 = GDhp. 68 = Uv. 32.19 ; Dhp. 409 = GDhp. 19 = Uv. 33.25 ; Dhp. 412 = GDhp. 46 = Uv. 33.29 ; Dhp. 415 = GDhp. 20 がある。

tu（しかし）の意味では他に atha が Dhp. 85, 120, 136, 387 で使用されており、dha = atha と解することができる。すなわち、-th- > -dh- の方言からの借用語である。

なお、Dhp. 267 は、本節 1 (1)「本来の一般的な意味の否定」で言及した前詩 Dhp. 266 と一対の詩節と考えられる。

26　pāda b = Sn. 368b : na ca bhikkhu hiṃseyya kañci loke. cf. Sn. 515b : na so hiṃsati kañci sabbaloke. 類似の詩節に Āy. 16.1 がある。

27　ジャイナ教では、微生物を誤って殺害しないために、口にマスクをしたり、柔らかい払子で道をはいて歩いたり、濾過器で濾して水を飲むなどの作法を行なっている（Dasav.

10.2 ; Utt. 2.4)。また『マヌ法典』(6.68)には、生類を庇護するために日夜、常に地面を注視して歩くべきことが説かれている。

28 phassa : Jaina の phāsa に相当し、苦難を言う術語である。本章註 10 に見たように AMg. phāsa には意味の異なる用法もあるが、仏教では見出されていない。

pāda a : phuṭṭh' assa = puṭṭho siyā.

29 parissaya : Jaina の parīsaha, Skt. sparśa に相当し、語源は spṛś, 'to touch' である。語源が同じ phassa, AMg. phāsa と同様、この語も修行者に迫り来る危難、障害という意味に用いられる術語である。他に sambādha も使用される。

parissaya の語源については第 6 章第 3 節 6 ①とその註 31, および拙稿「Pā. parissaya と AMg. parīsaha との関連性について」『印仏研』39-2, 1991 年、pp. 935-939 ; 同「初期仏教・ジャイナ教の共通基盤」『ジャイナ教研究』第 4 号、1998 年、pp. 30-33 も参照。

30 本文に引用した Dhp. 367 に類似した詩節が Sn. にある。pāda d が異なる。

sabbaso nāmarūpasmiṃ yassa n' atthi mamāyitaṃ
asatā ca na socati, sa ve loke na jiyyati(Sn. 950)

31 pāda b の ca は離接接続詞(disjunction)である。すなわち ca は tu(but)の意味をもつ。cf. Mvu. III 328.18. このことは種々の作品の註釈において ca = pana として説明されており、すでにパーリ文法家によって証明されている。cf. J. S. Speyer, *Sanskrit Syntax*, p. 341.

ジャイナ教にも類似した詩節がある。

kāleṇa nikkhame bhikkhū kāleṇa ya paḍikkame
akālaṃ ca vivajjittā kāle kālaṃ samāyare(Utt. 1.31 = Dasav. 5.2.4)
比丘は正しい時に出発すべきであり、正しい時に帰って来るべきである。正しくない時を避けて、正しい時に正しい時間の間、行動すべきである。

32 atta-bhāva : pāda d のこの語は BHS で ātmabhāva であり、'body'(BHSD, s.v.)の意味にとっている。CPD(s.v. atta)も同じく 'body' の意味を挙げている。これに対し、PED(s.v. atta)は BHSD のような意味を載せていない。

33 pāda b, mantabhāṇin : この語をどのように解釈するかが問題となるが、manta-bhāṇin < manda-bhāṇin (= Skt. mandra) = 'speaking in moderation' の意味にとる。cf. BS, p. 167 ; GDhp., p. 249.

34 Mvu. にも全く同一な詩節がある。

dharmārāmo dharmarato dharmam anuvicintayaṃ
dharmaṃ samanusmaraṃ bhikṣu saddharmān na parihāyati(Mvu. III 422.4-5)

35 saññata:saṃyata とも表記され、自制を意味する。教義的に極めて重要な術語である。第 2 半詩節は Th. 981cd に同じ。また、Mvu. III 423.1-2 にも同じである。

adhyāyarato samāhito
eko saṃtuṣito tam āhu bhikṣuṃ(Mvu. III 423.1-2)

36 pāda a = Th. 637c. pāda ab に類似した表現は、ジャイナ教聖典にも見られる。

appaṇā c' eva-m-appāṇaṃ codito vahate rahaṃ(Isibh. 4.23cd)
appaṇā c' eva appāṇaṃ codittā subham ehatī(Isibh. 4.24cd)

ātmanという語は、パーリ聖典においてatta(ṇ)という1語形をもって現われる。一方、ジャイナ古層聖典においてappa(ṇ)-, atta(ṇ)-, āta-, āya-の4語形が存在する。

アショーカ（Aśoka）王碑文における-tm- > -tt-と-tm- > -tp-は地域差を示している。西方Girnārがātpa-を示すのに対し、北部Kalsiはatta-である。

それ故、ātman > atta(ṇ)とātman > appa(ṇ)は異なった音韻法則に基づいていることを表わしている。言い換えるならば、atta(ṇ)-とappa(ṇ)-は同じくātmanから派生しているのであるが、地域によって異なって転訛したatta(ṇ)-とappa(ṇ)-が、AMg.においては共に採用されたように思われる。このことはajjhappa-とajjhattha- / ajjhatta-についても言いうることであろう。

次に、なぜatta(ṇ)-, āta-, āya-が同一作品に現われるかという疑問が解決されなければならないであろう。ātmanは、一方ではātman > *ātpan > appa(ṇ)であり、他方ではātman > atta(ṇ) > āta > āya（ただし、āta-にはJ.Śa.ではāda-が対応する）である。すなわち、語源的にはatta(ṇ)が古くてāta-, āya-の順に転訛したことになる。つまり、地域的な差異と時代的な差異が生じ、それらが錯綜して伝播したということが考えられる。

拙稿「ジャイナ古層聖典におけるappa(ṇ)-, atta(ṇ)-, āta-, āya-について」『印仏研』33-1, pp. 365–360を見よ。

37　この第2半詩節には、否定辞の類がない。しかしそれでは意味的に成立しないので、Dhp-a.や並行詩節を尋ねて、これを解釈する。

まず、Dhp-a.はvissāsa māpadi, vissāsaṃ na āpajjeyyaと説明しており、註釈者が禁止のmāを含めて理解していたことが知られる。したがってm.c.で-ṃなしのacc.である。そしてそのようなケースはほかにも存在することがわかる。すなわちDhp. 272の並行詩節である。例えば、

spṛhayaṃ naiṣkramya-sukhaṃ apṛthagjana-sevitaṃ
bhikṣu viśvāsam āpadye aprāpte āśravakṣaye（Mvu. III 422.10–11）

でも詩節には否定辞が見られないが、このāpadye（pāda c）は前詩節からのnaを含めて理解されるべきものとされている。また、

bhikṣur viśvāsan āpadyed aprāpte hy āsravakṣye
spṛśet tu saṃbodhisukhaṃ akāpuruṣasevitam（Uv. 32.32）

でも、前詩節32.31にあるnaが否定の意味を与えることになる。なぜなら32.31には動詞がなく、32.31に置かれたnaが32.32のāpadyedにかかってna āpadyedと読まれるからである。

このことはDhp. 272にも適用されて、前詩節Dhp. 271のnaがāpādiにかかるとの結論を導く。

さらに意味的な理解から見れば、第2半詩節の類似表規であるTh. 585が参考になる。

na ca appatvā dukkhass' antaṃ vissāsam eyya paṇḍito（Th. 585cd）
しかし、賢人は苦の終わりを得るまで、自信をもつべきではない。

これによれば、「～するまで、自信をもつべきでない」という戒めの言い回しが1つの定型として存在したことが推測され、Dhp. 272がこれを利用していると解することの妥当性が見えてくる。また、GDhp.ではbhikkhu viśpaśa mavadi（GDhp. 66）とあり、

はっきりと禁止の mā を伴った用例がある。

このような詩節の単位を越えた否定辞の存在と意味的な検討から、cty のように否定の意味にとることができる。

しかしながら、新しい PTS の Dhp. 272c の読みは bhikkhu vissāsa māpādi で、opening は —∪——, cadence は pathyā が ∪——∪ となる。そうなると、vissāsaṃ の -ṃ は省略され、mā は否定を表わし、āpādi は aor. であると理解できるので、pāda c は「自信をもつことができなかった」という過去の叙述となる。

なお、上で見た Th. 585 では、bhikkhu は paṇḍita と同義に用いられている。

38 pāda b, samūhatāse : gāthā において -āse の nom. pl. はしばしば共有である。-āse は Veda 語の -āsas に相当し、-e < -as = o は東部形、māgadhism と呼ばれる。cf. Geiger, § 79.4.

39 pāda b, paccayāse : この語も nom. pl. である。

40 原文は Alsdorf の校訂本、ĀP に拠った。ジャイナ教聖典にもよく似た表現がある。本章第 2 節 2 (1) の⑦と⑧を見よ。

41 同様の表現は Mvu. III 421.18–19 にもある。

42 ĀP による。Old Āryā の第 1 と第 2 半詩節それぞれの韻律の図解（calculation of metrical scheme）を以下に示す。

—— | ∪—∪ | —— | ∪, ∪∪— | —— | ∪—∪ | —— | — ‖ （19 syl. 31 mor.）
etan ca dhammam aññāya vicinaṃ bhikkhū sadā sato sikkhe
—— | ∪—∪ | —— | —, —∪ | —— | ∪—∪ | ∪∪— | — ‖ （19 syl. 31 mor.）
santī ti nibbutiṃ ñatvā sāsane gotamassa na pamajje（Sn. 933）

43 maggajina = maggajña については本章註 8 を見よ。

44 Alsdorf, “Uttarajjhāyā Studies”, IIJ vol. 6, pp. 116–119 のテキスト（UttS）を使用する。なぜならば、彼の校訂本は、韻律に注意を払ったこれまでで最もよい critical edition と考えられるからである。

45 Pā. や AMg. など、いわゆる MIA の作品（経典）が作成された頃は、ヴェーダ期の韻律から古典期の韻律への過渡期であって、韻律にはさまざまな制限があったり、ヴェーダ期のものが廃棄されたり、新たな韻律が加えられていたりするのが通常である。『ウッタラッジャーヤー』の韻律もこの過渡期を反映している。

Triṣṭubh 律は 1 pāda が 4 + 3 + 4 という構造をもつ 11 音節の韻律であって、opening, break, cadence で構成される。そして break は caesura（休止）と密接に関連している。

また、Mātrāchandas は AMg. 文献において少数である Gaṇacchandas よりもさらに少ない。Mātrāchandas には Vaitālīya と Aupacchandasaka とがあるが、これらで著わされたものは、ジャイナ教聖典の中で Utt. 10 と 15, Sūy. I 12, Dasav. 10 のわずか 4 章に見られるにすぎない。Vaitālīya は Pkt. では Māghadika とも呼ばれ、マガダ地方で用いられたことが推定される。

伝統的な韻律規定によれば、Mātrāchandas は 1 詩節が 4 つの pāda から構成される。そして奇数（odd）pāda ac は各 14 mātrā（mora), 偶数（even）pāda bd は各 16 mātrā を有する。ac では音節配列の自由な各 6 mātrā の opening, bd では同様な各 8 mātrā の opening の後に、固定された cadence —∪—∪— を伴うのが Vaitālīya であり、—∪—∪

—— を伴うのが Aupacchandasaka である。

本文で取り上げた Utt. 15.1 の詩節は、pāda a が Indravajrā, pāda cd は変則的な Triṣṭubh, pāda b は Aupacchandasaka により構成される patch-work 詩節となっている。そのため、第 1 人称で語られる pāda a と、第 3 人称で語られる残りの pāda 群とでは筋道が通らなくなってしまっている。

sahie : cty は sahitaḥ, sameto 'nya-sādhubhir iti gamyate, na tv ekākī と註記する。これは、Jacobi によって採用され、「他の僧と共に」と訳された。しかし、Alsdorf はこの解釈が、Utt. 15.16 の egacare や Utt. の、

ega eva care lāḍhe abhibhūya parīsahe
gāme vā nagare vāvi nigame vā rāyahāṇie（Utt. 2.18）
村、町、都市、王都において諸々の苦難を克服して、すばらしい人は一人行くべきである。

と矛盾することから、Schubring の訳語 'fertig'（*Ācārāṅga-Sūtra*, Glossar, s.v. sādh）によって 'accomplished' の訳語を与える。筆者もこれを採用する。

jahijja : Alsdorf が jahejja と校訂するも、jahijja / jahejja の両形が見られる。

annāya-esī : cty に ajñātaḥ, tapa-ādibhir guṇaiḥ anavagata eṇayate grāsādikam, ajñataiṣī とある。これに基づいて Jacobi は 'as an unknown begger' と訳す。しかし、Utt. 2.39 における annāesī は 'begging from strangers' と訳している。ajñāta-eṣin > annāya-esin であるから、Alsdorf が述べているように 'begging from strangers（= those who are unknown）' の意味である。

46 lāḍha（傑出して）: Jacobi は、(1) lāḍhe = sadaṇuṣṭhānatayā pradhānaḥ と説明し、(2) lāḍha はまた、マハーヴィーラの時代に未文明の種族が移住した西 Bengal における一国の名前でもあると述べ、さらに JS II, p. 70, n. 1 を見よ、と註記する。彼は両方の語源を疑問視しつつも、その訳語 'a model of righteousness' は (1) に基づいていると思われる。

Pischel（§ 564）は lāḍha を laṭṭha（= anyāsakto manoharaḥ priyaṃvadaṣ ca : Deśīn. 7.26）の異読とみなし、lāḍha も laṭṭha も *laṣṭa（Skt. laṣita）から派生したとする。しかし、Skt. laṣ- は「欲する、希望する」を意味するだけである。

ここに Alsdorf の解釈を示せば次のようになる。Skt. の辞典によれば、Bengal 地方の名前は Rāḍhā であり、これに準じて lāḍha を rāḍha と見れば、女性名詞 rāḍhā は 'lustre, beauty, splendor' の意味を見出す。rāḍha / lāḍha は Skt. rāṣṭra から派生したのであろう。rāṣṭra は過去分詞 rājita（sich auszeichnend, prangend, glänzend, verschönert : PW）をもつ rāj- に由来する。iṭ なしに形成された rāj- の過去分詞は *rāṣṭa であり、Pkt. では rāḍha / lāḍha となる。

このようにして、Bengal 地方の名前は実際、Skt. rāṣṭra に戻り、一方、その辞書編纂者の *rāḍhā（lustre, splendor）と AMg. lāḍha（sadanuṣṭhānatayā pradhānaḥ）は、どちらも aniṭ 過去分詞 *rāṣṭa から派生することに疑いはないと結論される。

Alsdorf のこの説明を否定する理由は何もないように思える。*rāṣṭa > *raṭṭha / *rāṭha > rāḍha は極めて自然であり、意味 'shining' = 'outstanding' = 'brilliant' も、文脈によく適合する。拙稿「Uttarajjhāyā 研究 V」『中央学術研究所紀要』第 12 号、p. 34.

abhibhū ya : Alsdorfに従い、abhibhūyaをabhibhū yaと読む。

savva-daṃsī : ctyにsarvaṃ gamyamānatvāt prāṇigaṇaṃ paṣyati ātmavat prekṣate sarva-darśīとある。

pāda ac = Aupacchandasaka, b = Vaitālīya, d = Aupacchandasaka（ただしkamhi ciについては、Alsdorfの読みに従いkamhiṃ ciをとる）.

47 vijahittu : 語尾 -ittuは本来inf.であるが、しばしばabsol.として使用される（Pischel, § 576)。この例はBHSでも見られる（BHSG, § 35.54)。

この詩節は、古Āryā韻律で書かれたものである。拙稿「Uttarādhyayana-sūtra第8章Kāvilīyaṃの研究」『中央学術研究所紀要』第9号、1980年、pp. (1)-(23) 参照。

-karehiṃ : -karesuとして解する。語尾 -ehi(ṃ) は、通常はpl. inst.として使用される。しかし、東部方言においてはloc.を示し、元来のloc., -esuは -ehiに取って代わられている。Pischel（§ 371）もこの変化を指摘し、Apabhraṃśaと同様にAMg.でも、loc.とinst.とが同一になると述べている。この類例はアショーカ王碑文に見られ、東部の第6 Rock Edictにはmahāmātehi（大臣たちに）がpl. loc.として使用されている。これに対するに西方Girnārのアショーカ碑文ではmahāmātresuと、元のloc.の形を留めている。これらの使用例から、ここでは -karehiṃの形がpl. loc.を示していると解すべきであると結論する。なお、AMg.をはじめとするPkt.では -esuと -ehiの混用は双方向に起こっており、読解を一層困難なものにしている。A. M. Ghatage, “Instrumental and Locative in Ardha-Māgadhī”（IHQ 13, 1937, pp. 52-58）はAMg.におけるinst.とloc.の用例を集めている。パーリ語の用法については、EV I, p. 134 ; BS, pp. 220-225を見よ。また、前掲拙稿、p. (17) を見よ。

48 韻律はAupacchandasakaである。

viittu : Devendraはviditvāと説明し、Jacobiはこれを採用し、‘ignorant’ の訳語を当てている。しかし、文脈に適合しない。Alsdorfはvijityaにとっているのでこれに従う。

pāda b : muṇī careをmuṇi care（Alsdorf）と読む。

ahiyāsae : Devendraはahiyāsae < adhyāste = sahate（Utt. 15.3）と説明する。また、この語はUtt. 2.23の他、Āy.にも数多く出てくるのであるが、Śīlāṅkaによりadhyāsayati = adhisahate（Āy. 1.9.2.10）と説明される。辞書編纂者や文法学者は、註釈家のこの見解に基づいているように思われる。例えば、PSM（s.v. ahiyāsa), AMgD（s.v. ahiyāsa), Pischel（§ 499）等である。しかしahiyās- < adhyās-は可能でも、adhy + √āsに「耐える」の意味を見出すことはできない。そのため註釈家はadhyās = (adhi)sah-と説明したのではなかろうか。

これに対しA. F. R. Hoernle（*The Uvāsagadasāo or The religious profession of an Uvāsaga expounded in ten lectures being the seventh Anga of the jains*, vol. 2, Translation, Calcutta 1888, n. 194）はahiyāsei, Skt. adhivāsayatiの項に ‘he bears or suffers’ を記し、E. Leumann（*Das Aupapātika Sūtra*, Glossar, s.v. ahiyāsijj）はahiyāsijjをahiyāse（Skt. adhivāsay), すなわち ‘ertragen’ のpass.であることを記している。さらにSchubring（Āy., Glossar, s.v. √vas）もこの語が動詞語根√vasに由来していることを示している。

adhivās-はPā.やBHSで「耐える」の意味をもつ。cf. BHSD（s.v. adhivāsana ‘endurance', s.v. adhivāsayati, -seti 'endures'), CPD (s.v. adhivāsan(ā) 'endurance', s.v. adhivāseti 'to endure').

49 Dasav. 10 に関しても Alsdorf の校訂本、UttS (pp. 123–127) を底本とする。

50 韻律は Aupacchandasaka である。

bhaittā : cty の説明に bhaittā < bhuktvā とあり、伝統的に bhuktvā = sevitvā として説明されてきた。Jacobi は「粗末な寝台と宿泊所に満足し、寒・暑、ハエとブヨに耐える」の訳語を当てている。一方、Alsdorf は 'enduring' としている。

しかし bhaittā < bhuktvā がどのように可能になるかが問題となろう。これは語形的に見て否定せざるをえず、検討するに bhaittā の Skt. 形として bhajitvā が考えられる。

PED (s.v. bhajati) によれば、しばしば bhajati = sevati であることがあり、意味として 'to associate with, keep companionship with, follow, resort to; to be attached to, love' が挙げられている。

pāda a, pantaṃ sayaṇāsaṇaṃ bhaittā : これに類似した Pāli 句がある。Sn. 72c : sevetha pantāni senāsanāni である。sevetha を M. V. Fausböll (*The Sutta-Nipāta*, SBE vol. 10, part 2, Oxford 1881, p. 11) は 'haunts' と、R. Kloppenborg (*The Paccekabuddha*, Leiden 1974, p. 122) は 'you should make use of' と訳している。さらに、Th. 142a も同文であり、Norman (EV I, p. 19) は 'one should make use of solitary beds and seats' と訳す。

pāda b, -masagaṃ : ∪∪− と読む。

51 韻律は Aupacchandasaka である。

Alsdorf に従い、se を je に改めた。

sahie < sahitaḥ, v.l. の註記（前註 45）を見よ。

52 J. J. Meyer, *Hindu Tales* (based on an english translation of Ausg. Erz., pp. 129–130), London 1909, p. 11, n. 2 にも五用心（5 samiti）について詳しい記述がある。B. C. Law, "A Few Thoughts on Jainism", *Journal of Indian History*, vol. 39-1, 1961, p. 246 も参照。

53 cf. S. Stevenson, *The Heart of Jainism*, Oxford 1915, repr. 1970, p. 141.

54 pāda a, jeṇa : Jacobi は 'because; in so far as' から 'if' の意味に訳す。

pāda ab は Vaitālīya, cd は Aupacchandasaka である。ただし、Alsdorf の校訂本によって伝統的な読み nara を省略し、さらに koūhallaṃ uvei を koūhallaṃ uve と読む。彼はまた、「uve は奇妙に思われるが、carejja = care から類推することによって uvejja = uve が明らかにされる」とする。

55 韻律は Aupacchandasaka である。ただし、Alsdorf に基づき saraṃ を sarā, vijayaṃ を vijjaṃ, vijjāhiṃ を vijjāhī, jīvai を jīvaī に読み改めた。

この詩節におけるそれぞれの明呪の項目は、Charpentier が註記の中で詳しく論じている。

pāda b, suminaṃ : suviṇa < svapna, derivation: svapna > *supna > supina (Pā.) > suviṇa / sumiṇa (AMg.). Skt. から Pā. への発展過程、すなわち va と u の交替は、MIA における Samprasāraṇa と呼ばれる。cf. Norman, "Samprasāraṇa in Middle Indo-Aryan", JRAS, 1958, pp. 44–50.

lakkhaṇa-daṇḍa- : Ausg. Erz. (36.24) に daṇḍa-lakkhaṇa 'the sings of sticks' が出ており、

その特徴が Utt. 8.13, 20.45, 28.6, 28.11-13 の 6 つの詩節によって詳述されている。

pāda bc, vijjaṃ : 伝統的に vijayaṃ（勝利）と読まれてきた。しかし、Alsdorf は vijayaṃ（∪∪－）が韻律を損なわないことを認めつつも、意味をなさないので vijjaṃ（the science）に読み改めており、筆者もそれに従った。

確かに vijaya は「勝利」の意味であり、ここの文脈には不適合であるが、cty は vijayaḥ とは śubhāśubha-nirūpaṇābhyāsaḥ であると説明する。cty からすれば、sarassa vijaya- は「動物の鳴き声によって幸運と不運を決定、あるいは考察すること」を意味しているのであるから、AMg. vicaya の Skt. は vijaya ではなく、vicaya（search, investigation, examination）ということになる。cf. MW（s.v. vicaya), PED（s.v. vicaya). そして vicaya > vijaya は語源的に極めて可能性が高く、Jacobi が 'the meaning of cries（of animals)' と訳しているように、意味上の発展 examination, investigation > significance は、MW には見出せなくとも可能のように思われる。

56 呪法の否定は、仏教では先に見たとおり Sn. 360, 927 に、また DN. i 21f., 67f. にも見られる。ジャイナ教では本節のほか、第 1 節に Utt. 8.13, 20.45 を引いた。また、特に沙門や比丘の語は含まないが以下のとおり Sūy. にも見られる。

samvaccharaṃ suviṇaṃ lakkhaṇaṃ ca nimittadehaṃ ca uppāiyaṃ ca
aṭṭhaṅgameyaṃ bahave ahittā logaṃsi jāṇanti aṇāgayāiṃ（Sūy. 1.12.9)

なお、A. L. Basham, *History and Doctrines of the Ājīvikas*, London 1951, p. 213f. ; 高木訷元「沙門の解脱道」東北印度学宗教学会『論集』第 9 号、p. 325 も併せ参照。

57 pāda a, mūlaṃ を除去し、vivihaṃ と vejja- の間に ca を挿入する。pāda b, siṇāṇaṃ の韻律は －－ である。pāda c, āure saraṇaṃ を āura-saraṇaṃ に改める。pāda d, parinnāya の韻律は ∪∪－∪ である。これらは Alsdorf の読みであるが、siṇāṇaṃ は s[i]ṇāṇaṃ と読むことができる。s の後の -i- は、svarabhakti vowel である。この挿入母音は韻律上無視されねばならない。多くの場合、詩節が作成された時代には未だ挿入母音が発展していなかったことによると思われる。cf. EV I, § 51 ; EV II, § 75.

netta- : cty には nettaṃ ti netra-śabdena netra-saṃskārakam iha samīrāñjan' ādi gṛhyate とある。

saraṇaṃ は cty によって smaraṇaṃ とされるが、saraṇaṃ < Skt. śaraṇaṃ（Alsdorf).

parinnāya : cty は parinnāya tti jña-parijñayā pratyākhyāna-parijñayā ca pratyākhyāya と述べる。

医薬の使用は仏教徒も禁じられていたことが知られる。cf. Th. 939 ; DN. i 12, 21f.. しかし、後期になると許された。H. Kern and B. Nanjio, *Saddharmapuṇḍarīka*, Bibliotheca Buddhica X, St. Petersbourg 1908-1912, p. 13（I, 36).

58 cty : taṃ mṛgāputraṃ brūtaḥ ambāpitarau, chandasā abhiprāyeṇa svakīyenêti gamyate. pāda a は 7 音節しかない。しかしながら、その並行詩脚である Utt. 19.24a には taṃ binti ammāpiyaro とある。

navaraṃ は J.M. でも見られ（cf. Ausg. Erz. 29.1, 32.8, 33.12)、Jacobi は「直ちに、ただ」という訳語を与えている。Meyer（*Hindu Tales*, p. 109, n. 5）は kevalam = 'only' のことであると記す。さらに Māhārāṣṭrī においても ṇavaraṃ として見出すことができ（cf.

Sattasaī, v. 485)、kevalaṃ と註釈される。

navaraṃ は nava に接尾辞 -ra が添えられた acc. であり（cf. SG, § 1188)、副詞として使用される。それ故、navaraṃ は ‘newly’, ‘recently’, ‘immediately’, ‘at once’ を意味し、それから ‘only’, ‘but’ の意味をもつようになったと考えられよう。s.v. navari（K. R. Norman, *Causaraṇa-Paiṇṇaya*, Madras, p.42).

59　pāda ab = v. 44ab.

Skt. において cadence —∪∪⏓ の前における opening は、必ず ⏓—∪⏓ でなければならない（A. K. Warder, *Pali Metre*, London 1967, § 242)。この意味では pāda c は変則的である。もし kuṇaī paḍikammaṃ と読むことが許されるなら、cadence は pathyā となり、metre は正常化されるが、これを支持する資料は何も存在しない。

また、paḍikammaṃ には v.l. parikammaṃ がある。Skt. では prati-, pari- は異なる意味をもつ別々の接頭辞であったが、MIA, Pkt. では、paṭi-（paḍi-）/ pari- は併存する 2 つの語形として混同されることがある（M. B. Emeneau, “Confusion in Prakrit between the Sanskrit Prepositions prati and pari”, JAOS vol. 51, 1931, pp. 33-39)。しかし、本来の意味を辿れば、paḍikammaṃ が正しい読みであろう（cf. MW, s.v. pratikarman)。

kuṇaī : 本来は kuṇai であり、Warder（*ibid*., § 242）によれば、最後の音節が短音になることは稀であるから、kuṇaī は m.c. である。kuṇai の Skt. は kṛnoti（Pischel, § 508）である。kṛnoti は kuṇo(t)i と転訛するはずであるが、ここで kuṇai とあるのは、-ati 動詞の語源から類推して -oti > -ati の転換が考えられるということであろう。

miya / miga < Skt. mṛga は、語義的には「羚羊」の意味であるが、以下の詩節においては、もっと一般的な意味で「野獣」として使用される。cf. JS II, p. 97, n. 1.

60　rukkha の Skt. 対応語は vṛkṣa と考えられてきた。しかし rukkha < rukṣa（cf. MW, s.v.）である。Charpentier による Utt. 14.29 の註記を見よ。

tāhe : 註釈家によって tadā と説明される（PSM, s.v. tāhe ; Pischel, § 425)。しかし語源的には、Skt. 対応語は tarhi = ‘then’ である。この発展過程を示せば、tarhi > *tahhi > *tāhi > tāhe である。

tigicchai : Pā. は tikicchati である。derivation: Skt. cikitsati > *cigicchati > tigicchai. Pkt. において c > t は極めて稀であり、Pischel（§ 215）によって √cit の希求動詞 cikits-（治療する）からの数例が示されているにすぎない。ex. tigicchā, tigicchaya, vitigicchā, etc.. また、L. A. Schwarzschild（“Some ‘unusual’ sound-changes in Prākrit”, JAOS vol. 92, p.102）によれば、c > t は稀に起こる異音化の 1 つであり、話し手が第 1 音節と第 2 音節とは異なるという感情をもち、初めの子音を区別しがちであることによって生じると説明される。

61　Sv において pāda a: se = asmai, b: se = asya, c: se = asya と Skt. に戻される。se は 3 人称の oblique case で acc. / dat. / gen. / abl. / loc. をとることができる。cf. me, te. この詩節においては dat. である。

paṇāmae < praṇāmayet = arpayet と説明される。Pā. paṇāmeti に「与える」の意味は存在しないが、Edgerton（BHSD, s.v. praṇāmayati, °meti）は AMg. や他の Pkt. においてこの意味が存在することを記している。

62 cty : yadā ca sa sukhī bhavati svata eva rogâbhāvatas tadā gacchati, gor iva caraṇaṃ gocaras tam, vallarāṇi gahanāṇi.

Pischel（Deśīn., Glossary, p. 78）は、vallaraṃ = araṇyam ‘a forest’ と説明する。

63 cty において vallarehiṃ = vallareṣu, sarehi = sarassu と註解される。これは東部方言における inst. / loc. の混同による。本章註 47 を見よ。

pāda c は miga- = ⏑⏑ と読む。v. 82c も同様である。

第 2 半詩節は cty において以下のように説明される。tathā mṛgāṇāṃ caryā itaś cêtaś côtplavan’ ātmakaṃ caraṇaṃ mṛgā-caryā tāṃ caritvā āsevya gacchati mṛgāṇāṃ caryā ceṣṭā svātantryôpaveśan’ ādikā yasyāṃ sā mṛgā-caryā mṛg’ āśrayabhūs tām. Jacobi の訳、「野獣の習性によってそれは歩き回り、寝るであろう」は cty に基づいているのであろう。

64 samuṭṭhio : cty において samutthitaḥ saṃyamânuṣṭhānaṃ prati udyataḥ と説明される。

uḍḍhaṃ pakkamaī < ūrdhvaṃ gacchati / prakrāmati は Skt. において「死ぬ、天国へ行く」を意味する（MW, s.v. ūrdhva)。

65 pāda a の韻律は Triṣṭubh である。第 6 音節は長音となり、古典規範からは変則となる（cf. E. W. Hopkins, *The Great Epic of India*, N.Y. 1901, p. 275)。それ故、ege = –⏑ と見るべきであろう。

なお、ege に v.l. eṇe がある。すなわち eṇa-, ena- であれば、‘black antelope’（羚羊）を意味し、文脈に適合する（Charpentier)。

pāda d は cty において hīlae < hīlayet = avajānīyāt, khiṃsaejjā < khiṃsayet = nindet と註解され、āhar’ āprāptau svaṃ paraṃ vā が補われる。和訳でも〔 〕内に補った。

khiṃsaejjā : Charpentier は Utt. 17.4 の註記で、khiṃs- は稀に起こる動詞語根であり、Skt. kṣan- の希求形と見ている。また、Turner（CDIAL 3889）は *khiss-（grin, snarl）> Pkt. khiṃsā-（blame）と記している。khiṃs- に対応する語が Skt. に存在しないので正しいようにも思えるが、Śīlāṅka が khiṃsae（Āy. 1.2.4.4）を nindet（opt., ‘blame’）と註解しているのは、恐らく語源として nindet を与えているのであろうと思われる。これらのことから言えば、khiṃs- を kṣan- の希求形と見るか、*khiss- を仮定するか、はたまた nindet を語源と見るか、であるが、いずれでもなく、未確認の Deśī 語根と見る方がよいように思われる。

拙稿「Uttarajjhāyā 研究 Ⅶ — 第 19 章「ムリガーの王子」」『中央学術研究所紀要』第 13 号、1984 年、pp. (40)-(43) を見よ。

66 Alsdorf は pāda b の vivihā ya sippiṇo を viviha-sippiṇo ya と、pāda c の tesiṃ vayai を tesī vae と読む。これに従って訳す。

67 Utt. の Charpentier による註記、p. 338.

68 韻律は Aupacchandasaka である。

pāda d : Alsdorf により、jo saṃthavaṃ na karei sa bhikkhū を [jo] saṃthavā na karei 〈je〉, sa bhikkhū と読む。

69 pāda a : Vaitālīya.

pāda b, khāima-sāimaṃ : Pischel（§ 602）によれば、AMg. において形容詞の多くは、現在語基あるいは語根に kṛt-suffix の -ima を添えて形成される。したがって、khāima =

khād-（to eat）+ ima, sāima = svādaya-（svād- は 'to taste'）+ ima ということになる。

そして、この形容詞はドイツ語の -bar を添えた形容詞に相当する。ドイツ語 -bar は「可能」や「傾向」、'capable of being ～' を意味する。つまり、khāima は 'eatable' = 'food', そして、sāima も 'tastable' = 'eatable' = 'food' の意味となる。そこで、khāima-sāimaṃ = 'two different food' に解する。

BHS で用いられる -(i)ma は多くの場合、比較（対照）形容詞であるが、AMg. 同様、「可能」や「傾向」を表わす例も見られる。cf. BHSG（§ 22.15）, BHSD（s.v. saṃcārima）. 詳しくは、拙稿「Uttarajjhāyā の言語学的研究 ―― 接尾辞 -ima について」東北印度学宗教学会『論集』第 10 号、1983 年、pp. 140–142 を見よ。

pāda c, adae : Alsdorf は Devendra の説明 adae = adadadbhyaḥ を否定した上で、ad-（to eat, to enjoy）の inf. 以外に考えられないとする。その場合、正当な inf. の carittae に対して cārae と carie があるのと同様に、正当な attae あるいは adittae に対し、adae があると言えよう。

pāda d, tatthā で a > ā は m.c..

70 pāda a, ca を c' とする。

pāda b, laddhuṃ : metre の視点から余分となるので除去する。類似詩節として、Dasav. 10.8b, 9b に viviham khāima-sāimaṃ labhittā がある。

Alsdorf は pāda d に対して Dasav. 10.7d に maṇa-vaya-kāya-susaṃvude [je], sa bhikkhū があることを指摘している。

71 JS II, p. 72.

72 UttS, p. 123.

73 三紀律については、仏教・ジャイナ教に共通する戒として第 4 章第 6 節にて、視点を変えて検討する。前註 52 に挙げた Meyer および Law も参照。

74 Alsdorf は pāda a を Indravajrā とし、pāda b の sovīra- を sovīraṃ に、pāda c の na を no, piṇḍaṃ を piṇḍā, tu を taṃ に改める。

pāda a, āyāmaga : Jacobi は āyāmaka = avaśrāvaṇa と説明するが、āyāmaga は ācāmaka のミスプリントであろう。cf. JS II, p. 72, n. 2.

javodaṇa : yavodana = yava-bhakta.

pāda b, sovīra : sauvīra = kāñjika. cf. JS II, p. 72, n. 3.

pāda c, hīlae : cty は hīlayet dhig-idaṃ kim anenāniṣṭena? iti na nindet と説明する。hīḍ- の opt. である。MW には 'despise' が確認されないが、PED（s.v. hīleti）で確認される。

75 Alsdorf は、pāda b : māṇussagā を －◡◡－ と見て、この直後に tahā を、pāda d の最初に je を挿入する。

pāda b, tiriccha : tirikkha としても出てくる。Pischel（§ 151）は tirikkha = *tiryakṣa < tiryak とする。語源を検討すれば、tiryañc- / tiryak- であるから *tirīkṣa > tirikkha 'animal'（ya / i は Samprasāraṇa）である。cf. samyañc- / samyak-.

pāda d, soccā < *śrutya.

vihijjaī : Devendra は na vyathate, dharma-dhyānato na calati と記す。Charpentier によれば、vyath- > va(t)h- が一般的であるから、vihijjai は vi- √hā の pass. である。したが

って vihijjai < vihīyate となる。文脈からすれば Devendra の説明は的を射ているが、MW（s.v. vi- √hā）からはこの意味を見出すことができない。

76　pāda b, sahie : Devendra はこの語に対し註釈を加えているが、Jacobi は韻律の視点から sahie を後世の付加と見る（JS II, p. 72, n. 4）。Charpentier も sahie が韻律を損なうことを認めつつ、Devendra が註釈しているので維持している。これに対して、Alsdorf は Aupacchandasaka 韻律の場合、sahie を省くと、本来 8 mor. であるべき偶数 pāda b の opening が 6 mor. になり、韻律を損なうので、sahie を維持しつつ、kheyāṇugae に対して khey'aige（khedātigataḥ）を推測する。これは韻律を正常化し、適切な意味を与える。そこで khey'aige を採用する。kheda は 'distress' の意味である。

pāda c に Utt. 15.2c : panne abhibhū ya savva-daṃsī, pāda d に Dasav. 10.10d : uvasante aviheḍae [je], sa bhikkhū の並行詩脚を認める。

77　韻律は Upajāti である。

このv. 16 に類似した詩節が仏典にも見られる。

asippajīvī lahu atthakāmo
　　yatindriyo sabbadhivippamutto
anokasārī amamo nirāso
　　hatvā māraṃ ekacaro, sa bhikkhū（Ud. 3.9）
yas tv alpajīvī laghur ātmakāmo
　　yatendriyaḥ sarvagatiḥ pramuktaḥ,
anokasārī hy amamo nirāśaḥ
　　kāmamṃjahaś caikacaraḥ, sa bhikṣuḥ（Uv. 32.5）

aṇukkasāin : この語は第 1 章第 3 節で例示したとおり、Utt. 2.39 にも見られる。

aṇukkasāī app'icche annāesī alolue
rasesu nāṇugijjhejjā nāṇutappejja pannavaṃ（Utt. 2.39）

他に pāda a は Sn. 628c; Uv. 33.20c; Dhp. 404c; GDhp. 32c; PDhp. 44c; Miln. 386 に見られ、pāda c も Sn. 922c に見られる。

Devendra はどちらも aṇukaśāyī = alpakaśāyī と説明する。Charpentier（Utt. 2.39 の註記）はこの語が aṇu-kaṣāyī, あるいは anutkaṣāyī にもとれることを示している。他方、Jacobi の英訳は 'not resentful'（2.39），'sinless'（15.16），Alsdorf の訳は 'infinitesimal passion' である。

しかしながら、Norman（"Middle Indo-Aryan Studies III", JOI（B）vol. 11, pp. 323–324）は Utt. 2.39a が、

asaṃsaṭṭhaṃ gahaṭṭhehi anāgārehi c' ūbhayaṃ
anokasāriṃ appicchaṃ tam ahaṃ brūmi brāhmaṇaṃ（Dhp. 404）

の pāda c に酷似していることを指摘する。そして AMg. aṇukkasāin と Pā. anokasārin が対応し、このことから anoka- > aṇukka-（-ok- > -ukk- は Pischel, § 90 を見よ）と解することができ、恐らく -sāin は -śāyin に由来したであろうことを示唆する。したがって、anokaśāyin > aṇukkasāin の意味は 'not sleeping in a house' となり、このことは MW（s.v. anokaśāyin）によって確認することができる。

78 ṭṭhiy'appo : Schubring による原典、Dasav. は AMg. 表記であり、そのローマナイズは以前筆者が発表したが、この箇所は ṭṭhiyappā であった。しかしその後も検討を重ねたところ、ここは ṭṭhiy'appo とすべきとの結論に至った。今回底本とした UttS において、Alsdorf も同様の見解を示している。

79 Utt., p. 128.

第 3 節

80 pāda a, palhatthiyaṃ : この語の由来を prahlasta と見る Pischel（§ 285）の説明は間違いである。なぜなら、pra-hras から palhattha への発展は音声どおりの変化（phonetic change）ではないからである。Devendra は paryastikā jānujaṅghoparivastraparivesṭanarūpā と註釈する。Ghosal も palhattha は Skt. paryasta に相当する pallattha の正常な発展と説明する。paryasta から pallattha への転訛は文法家によって許され、pallattha から palhattha への発展は容易に理解される。S. N. Ghosal, "A Note on the Nasals in Contact with Aspirates in Prākrit", JOI(B) vol. 5, 1965, p. 360, n. 1.

語源発展は、pary-asta > paly- > palla- > palha- と見ることができる。cf. R. C. Childers, *A Dictionary of the Pali Language*, London 1875（s.v. pallatthikā = 'sitting on the hams, squatting'）; CDIAL 7939（s.v. paryastikā = 'sitting on the hams'）.

pāda d と Dasav. 8.45d は並行関係にある。

81 中村元『原始仏教の成立　原始仏教 2』（中村元選集第 12 巻）春秋社、1969 年、p. 115.

82 Utt. 24.2. 本章第 2 節 2 (1) ⑤で五根、五行為とともに各条を挙げた。

83 iha-m-āgao mi : cty は ihamāgaomi を iha yajñapāṭe āgatoasmi と解釈し、iha-m-āgao mi と分解する。この mi は asmi（I am）に対応する。derivation: asmi > amhi > mhi > *ammi > m] mi.

84 -ruī, cty : kriyāvādy-ādi-mata-viśayam abhilāṣaṃ.

chanda, cty : chandaś ca svam ativikalpitam abhiprāyam.

iya は ii, iti の異読がある。iya = 㐅 と解すべきであろう。

pāda d に対し Devendra は iti ity evaṃ rūpāṃ vidyāṃ samyag ātmikāṃ anv iti lakṣīkṛtya sañcareḥ samyak saṃyamādhvani yāyā と説明する。Jacobi の英訳 'One should live up to this wisdom' はこの註釈に基づいている。しかし、Jacobi は註記の中で、vijjā は vidvān であり、v. 31 における vijjā と同じであると考えた。すなわち、vijjām は Devendra が考えたような aṇusaṃcare の目的語ではなく、それ故にここでの m はしばしば見られる sandhi consonant（cf. Pischel, § 353）である、と。Jacobi の見解は Charpentier によって採用された。

85 pāda c, vūhae : Devendra は vūhae = vṛṃhayet であり、bhavyajanaprarūpaṇayā vṛddhiṃ nayeḥ と説明する。Jacobi は脚註では būhae = vṛṃhayet と述べているにもかかわらず、vṛṃhae を 'he should preach to all' と訳す。

また、Sūy. 2.2.5.32 にも同じ句があり、Jacobi は śāntimārgaṃ ca vṛṃhayet を 'he should improve his chances for final liberation' と訳していることから、Śīlāṅka の解釈（vṛṃhayet

= vardhayet）の立場を採用していることが推察される。

つまり、Utt. と Sūy. という別の聖典にある句についてではあるが、1つの語に対して Jacobi は異なった訳語を当てていることになる。しかし Pischel（§ 76）も同じく vūhae = vṛṃhayet と述べているように、vūhae は √bṛh の 3. sg. opt. であることに疑いはない。このことは、以下のように仏教文献からも証明されよう。

pāda c に類似した句が、Dhp. 285c にも見られる。santimaggam eva brūhaya である。Dhp-a.（III 429）によれば、brūhaya = vaḍḍhaya ということになるが、語形的には不可能である。Max Müller と Radhakrishnan は 'cherish the way of peace' と訳している。さらに、仏教梵語文献にも類似した句がある。すなわち、śāntimārgam eva bṛṃhayen（Uv. 18.5c）である。

これらのパラレルな部分から、AMg. vūhae は語源的には動詞 √bṛh の caus., bṛṃhayati 'to make big, strong' であり、Pā. brūheti 'to make strong, practise, devote oneself to' の opt. であることは明らかである。すなわち、vūhae は Skt. bṛṃhayati > Pā. brūheti > AMg. vūhei（vūhayai）と発展した vūhei の opt. であり、意味はパーリ語と同様に、「実践する」が文脈によく適合している。

pāda d, samayaṃ : Jacobi はこれを 'all the while' ととり、'Gautama, be careful all the while' と英訳する（JS II, p. 44）。しかし Alsdorf は samaya を 'opportunity, occasion' の意味に解し、pamāyae の目的語にとる。そして pamāyae は pra + √mad の caus. の opt. であり、Skt. 対応語は pramādayeḥ となる。したがって samayaṃ goyama mā pamāyae は 'O Gautama, you should not waste the opportunity' である。仏教に盲亀浮木の譬えがあるが、ジャイナ教でも輪廻転生を認め、人間に生まれ変わることは極めて難しいと考えている。そのため、人間として生まれたからには修行の機会を失うべきでないと説いている、との理解である。なお、AMg. Goyama（Skt. Gautama / Gotama）は男性の名前としては珍しいものではなく、ここではマハーヴィーラの弟子を指し、釈尊とは別人である。cf. L. Alsdorf, "Uttarajjhāyā Studies", IIJ vol. 6, pp. 111-115 ; 谷川泰教「Uttarajjhāyā 研究 I ── 第 3 章と第 10 章を中心として」『密教文化』第 114 号、1975 年、pp. 45-32 ; 渡辺研二「Uttarajjhāyā の研究 II ── 10 章に関する Alsdorf 説の検討と和訳」『大正大学大学院研究論集』第 2 号、1978 年、pp. 226-213 ; 拙稿「Uttarajjhāyā 研究 II」『中央学術研究所紀要』第 10 号、1981 年、p. 6f..

第 4 節

86 pāda b, sāvako sādhu : 先学の訳ではほとんどが「sāvaka はどのようにすれば〈よい〉（sādhu）のですか」としているが、sādhu sāvako「善き声聞」と解する。

87 「家なく彷徨い」と訳した箇所はパーリ文献で anokasārin, Skt. anokasārin であり、PED では 'living in a houseless state' と解釈された。しかしジャイナ教聖典を援用して語義を検討してみると、Utt. には aṇukkasāin（Utt. 15.16）の語があり、これは Skt. anokaśāyin（not sleeping in a house）から派生した語であったことが結論された（本章註 77 参照）。したがって、もしこの異同が、パーリ語を理解するにあたって sandhi consonant を誤って置き換えた結果に起因すると考えるべき場合には、ジャイナ教文献と同様、「家屋の中で寝ない」と読むべきということになる。今後さらに注意深い検討が必要であろう。拙稿「Uttarajjhāyā 研究 V」『中央学術研究所紀要』第 12 号、1983 年、p. 39.

88 pāda b の itthī vippajahe aṇāgāre は itthī vipajahe aṇāgāre と改める。cf. Utt(3).

pāda d, appāṇaṃ : 前註 36 に示したように、Skt. ātman という語は、パーリ聖典において atta(ṇ) という 1 語形をもって現われ、他方、ジャイナ古層聖典においては appa(ṇ)-, atta(ṇ)-, āta-, āya- の 4 語形が存在する。

ここに appa(ṇ) の発展過程を示せば以下のようになる。ātman > ātpan > appa(ṇ) である。したがって、pāda d は 'a monk should establish himself therein' となる。

89 呪法の禁止については本章第 1 節 2 (2) ③を、古 Āryā 韻律については註 17 を参照。

90 pāda b, aṇupuvvaṃ : 伝統的には āṇupuvvīe（Skt. ānupūrvyā）と読まれていたのであるが、Alsdorf は同義語の aṇupuvvaṃ（Skt. anupūrvam）と読む（m.c.）。

91 Alsdorf は第 8 詩節と第 9 詩節の順序を逆にして解釈している（cf. Sūy-A）。その理由としては、1.「彼を思うように操る」(āṇavayanti, v. 7d）と「彼を屈服させる」(namayanti, v. 9a）が直接繋がることと、2. 羚羊が罠にかかった譬えとライオンが罠にかかった譬えが直接結びつくという文脈を指摘している。本稿もこれに従う。

pāda d, egaīya は Pā. ekākiyo に同じ。Th. 541 の註釈は、ekākiyo ti ekākī asahāyo とあり、「友人のいない孤独な人」を意味し、asahia（Sūy. 1.4.1.1c）と同義語である。

je māyaraṃ ca piyaraṃ ca　　vippajahāi puvva-samjogaṃ
"ege 'sahie carissāmi　　āraya-mehuṇo vivittesī"（Sūy. 1.4.1.1）
母、父、そして以前に関係したもの〔すべて〕を捨てる〔比丘は〕、「私は友をもたずに一人行くでしょう。性的な享楽をやめた人として、孤独な場所を求めつつ」〔と決意している〕。

92 第 1 半詩節は cty において、

adu ṇāiṇam ity ādi, vivikta-yoṣitā sārdham anagāram athaikadā dṛṣṭvā yoṣij-jātīnāṃ suhṛdāṃ vā apriyaṃ citta-duḥkhāsikā bhavati, evaṃ ca te samāśaṅkeran.

と説明される。

93 pāda b : cf. 6b = bhikkhuṃ āyasā nimantenti.

pāda c : 伝統的には、tāya ではなく tāi（cty）と読まれ、cty では trāyin と、Schubring においては tyāgin と説明されてきた。しかし、Alsdorf は tāi が tāya = tāta の単なるスペルの間違いと見る。Bollée も tāya と読む。

94 この leśyā は Utt. 34 の主題である。cf. DJ, p. 195f. ; 土橋恭秀「Uttarajjhāyā 第 34 章における leśyā」『印仏研』21-2, pp. 948-953.

pāda c, maṇasā, vayasā, kāeṇa のうち、kāeṇa は AMg. の古いテキストにおいて kāyasā の形態も散見される。後世、仏典においては身・口・意の三業として体系づけられるが、ジャイナ聖典においても 3 gupti としてまとめられる。cf. 第 2 章第 2 節 2 (1) ⑫。

pāda d, phāsa については前註 10 を見よ。

95 pāda b, vosajja : Skt. vo-sṛjya に由来。vo- < vyava-, vyapa- については Schwarzschild に以下の論文がある。"The Middle Indo-Aryan Prefix vo- 'off' and Some Phonological Problems Associated with it", JAOS vol. 85, p. 351.

pāda d, ahiyāsae :「耐える」と読むが、その解釈には諸説ある。本章註 48 を見よ。
abhisameccā < abhi-sam- √i（absol.）.

第 5 節

96　pāda c, mam' evātivasā assu : Dhp-a. において mam' eva vase vattantu と説明される。

97　vasuttama（vas' uttama）: vasu uttama（最上の富、宝石）と解するか、vasa uttama（最上の力）と解するかが問題となるが、このような sandhi は vasa uttama と解釈される。

98　Sn. 423-424 は要約して 1 詩節にした。

99　塚本啓祥「仏教・ジャイナ教の発生基盤とその形成」『東北大学文学部研究年報』第 32 号、1983 年、p. 4.

100　pāda d, suṇemi : śru- の 1st sg. pres. に suṇāmi と suṇemi がある。Pischel（§ 503）によれば、suṇāmi が一般的であるが、J.M. や AMg. において suṇemi が優勢になってきたことになる。
tā は cty において tāvat に同じと説明される。

101　āie については、その伝統的注釈からして混乱があり、解明が困難であったが、近年の Alsdorf の研究により言語学的、文法的解明に大きな進展を見た。Charpentier の示唆も踏まえて考察するに、この語は「再び取る（飲む）」の意で、語源は ā- √dā と考えられる。詳しくは拙稿を見よ。「Uttarajjhāyā の言語学的註記」『印仏研』30-1, pp. 424-426.
pāda d, samayaṃ goyama mā pamāyae については前註 85 を見よ。

102　UttS, p. 124 ; Alsdorf, "Vāntam āpātum", IL vol. 16, 1955, pp. 21-28.

103　pāda a は u を ū に改める。
pāda c は opening : ∪−∪− , break : / ∪∪− , cadence : −∪−− となる。
pāda d は viharejja = ⏑⏑ − ∪ となる。

104　Udāyaṇa 王とその子 Abhīi の物語は、第 5 Aṅga の *Viyāhapannatti*（*Vyākhyā-prajñapti*）の第 13 章にも見られる。cf. J. Deleu, *Viyāhapannatti*, Brugge 1970, p. 199.
この説話に類似した作品は、仏典にも見出すことができる。
・*Divyāvadāna*, pp. 544-586, Rudrāyaṇāvadāna
・『根本説一切有部毘奈耶』巻 45-46（大正蔵 23 巻、873b-882a）
・『弥沙塞部和醯五分律』巻 18（大正蔵 22 巻、126b-127a）
・『雑宝蔵経』巻 10（大正蔵 4 巻、495a-496b）
・『雑蔵経』（大正蔵 17 巻、559a-c）
Charpentier は、Ausg. Erz. に v.l. Uddāyaṇa があるように、この王の名前は Uddāyaṇa と表記されるべきことを主張する。Skt. 名は Udrāyaṇa ということになる。cf. H. Lüders, *Philologica Indica*, Göttingen 1940, p. 657.

第 6 節

105　この詩節は Mvu. III 400.11-16 に類似するばかりでなく、Āy. 1.2.6.5 [12.28-29] にも類似する。

uḍḍha ahaṃ triyaṃ disāsu;

se savvao savva-parinna-cārī（Āy. 1.2.6.5 [12.28-29]）

106 仏教では他に第3章第1節1(2)⑥で引用したSn. 469にも四汚濁への言及があるが、両者とも4項目列挙の順は、偽り（māya）、高慢（māna）、貪欲（lobha）、怒り（kodha）となっている。ジャイナ教では順序を異にしている。cf. 第3章第3節2(2)⑪とその註67.

107 āsava : 本章第2節1(3)⑫を参照。

108 kappaには、1.「時間」「劫」、2.「妄想分別」の2つの意味がある。この詩節では1の意味ではなく、2の意味にとる。妄想も分別もほぼ同意に用いられ、真実でないものを真実であると誤って考えること、誤った思惟・判断であり、迷妄の心であるから、一般に虚構や幻想と翻訳する。cf. 中村元『仏教語大辞典』、s.v. 妄想、妄想分別；DP : one side of an argument, a（false）supposition, a figment.

第7節

109 atta-d-atthaには -d- がある。Pā. やBHSには、有機的構造である sandhi consonants, あるいは hiatus-bridgers（母音接続結合）がある。sandhi consonants としては y, m, r, d, t, n, h が使用される。Geiger, § 73 ; BHSG, §§ 4.57-67.

110 pāda c に類似の詩脚として hariyāṇi na chinde [na] chīdāvae（Dasav. 10.3b）がある。

111 aduvā : Schubring（Āy., p. 65）と Bollée（Sūy-B, p. 181）は adu = yad u を与える。このPā. 対応語は ādu 'or' である（CPD, s.v. ādu）。したがって adu vā = yad u vā「あるいは」となる。東部方言において接頭辞 y- は省略され、ここでもその現象は適用されている。東部方言における接頭辞 y- の省略については、Norman, "Notes on the Aśokan Rock Edicts", IIJ vol. 10, 1967, pp. 165-167 を見よ。

112 sahie : 本章註45を見よ。

113 この詩節は Jā. に類似のものがある。

annaṃ tava idaṃ pakataṃ yasassi,
　　taṃ khajjare bhuñjare piyyare ca,
jānāsi tvaṃ paradattūpajīviṃ,
　　uttiṭṭha, piṇḍaṃ labhataṃ sapāko ti（Jā. 497, g. 2）

第8節

114 中村元『ブッダのことば』p. 324.

115 Kalp., Sāmācārī, § 64.

第3章　聖者の名称とその特性

前章において、一般的修行者の名称とその特性を検討したのであるが、これらの修行者の概念を超えて、より高度の実践的価値を志向する聖者の呼称も存在する。それらを以下のとおり、Pā. と AMg. を並記して示す。

1. brāhmaṇa / māhaṇa, bambhaṇa（バラモン）
2. nhātaka, nahātaka / siṇāyaa（沐浴者）
3. muni / muṇi（牟尼）
4. isi, mahesi / isi, mahesi（聖仙・大聖仙）
5. tādi(n) / tāi(n)（聖人）
6. arahat, arahant / arahaṃta（阿羅漢）
7. sādhu / sāhu（善き修行者・善き人）
8. medhāvin / mehāvin（聡明な人）
9. bahussuta / bahussua（多聞）
10. pāragū / pāraa, pāraga（到彼岸者）
11. buddha / buddha（仏陀・覚者）
12. jina / jiṇa（勝者）
13. vīra / vīra（mahāvīra）（勇者・英雄）
14. tathāgata / tahāgaya（如来）
15. kevalin / kevalin（独存者）
16. ājañña, ājānīya / āiṇṇa（駿馬）
17. nāga / nāga, nāya, nāa（ナーガ）

これらのうち、1と2はバラモン教の用語であるが、意味の転化をはかり、内面的に価値の問い直しをしたものである。3～10はすでに見た修行者の一般的名称として使われながら、同時に一格上位の尊称としても用いられているものである。11～15は修行の完成者を意味し、仏陀やマハーヴィーラその人を指していることもある。

また、聖者は牛（usabha）や駿馬（ājañña, 16）に譬えられる。このような譬喩の生まれる背景として当時の社会環境を鑑みるに、牛や馬が農耕の補助動物として身近にあり、貴重な存在でもあっただろうし、その特性に対する一種畏敬の念もあっただろうことが想像される。さらに、聖者は神話的存在の nāga（17）にも譬えられる。

今ここに、これら聖者を表わす名称の含まれた詩節を順次検討することによって、これら聖者の外形的、内面的特質を明らかにしてみることにする。

第1節　バラモン

1　初期仏教文献に現われる brāhmaṇa

先取りになるが、仏教においてはバラモンの呼称はまず解脱者を指している。これに対し、ジャイナ教ではむしろ多くの場合修行者を指しており、その捉え方には微妙な違いがあるように思われる。

そしてそれは、まず四姓中のバラモンについての言及に現われているように思われる。

（1）四姓中のバラモン

Sn. において四姓階級の最高位にあるバラモンの記述が見られる。開祖ゴータマ・ブッダが、バラモン本来の法を守っていた昔の、本来のバラモンとは何かを、すでに堕落した当時のバラモンたちに説き明かす一節である。

彼らのために調理され、戸口のところに用意された食べ物、信仰心をこめた食べ物、彼ら（信徒）は、これ（食べ物）を求めている人たち（バラモン）に与えられるべきであると考えた。

yaṃ tesaṃ pakataṃ āsi dvārabhattaṃ upaṭṭhitaṃ
saddhāpakatam esānaṃ dātave tad amaññisuṃ（Sn. 286）

繁栄した地方や国々は、多色の衣服や臥床や住居をもって、これらのバラモンを崇めた。

nānārattehi vatthehi sayaneh' āvasathehi ca

phītā janapadā raṭṭhā te namassiṃsu brāhmaṇe（Sn. 287）

法によって守られたバラモンたちは、〔神聖で〕犯されることがなく(avajjhā)、打ち負かされることがなかった（ajeyyā)。家々の戸口において彼らを妨げることは誰もできなかった。

avajjhā brāhmaṇā āsuṃ ajeyyā dhammarakkhitā,

na ne koci nivāresi kuladvāresu sabbaso（Sn. 288）[1]

なお、上の引用を含む一連の箇所（Sn. 284-315）を読むと、仏教においては古えの苦行者としてのバラモンを評価する側面があり、堕落する歴史的経過を見て個人批判とはしていないニュアンスがうかがわれる。このような態度は、バラモンという語を自らの宗教の中で用いていく際に相応の扱いを帰結するようにも思われる。

(2) 真のバラモン

「バラモン」の呼称がヴェーダ宗教に見られる司祭者を直接に指示した上のような用例をむしろ例外として、初期仏典ではその意義内容を改変し、理想的修行者の呼称として用いられている場合が多い。そこで、『ダンマパダ』第26章に説かれる「真のバラモン」とはどのような性格をもっているかを中心に検討してみることにする。

① 外面的基準の否定・行為による判断

バラモンの外貌や素性によってバラモンと呼ばれるのではなく、むしろ、糞掃衣をまとい痩せ細るような修行を行ない、それにより真理と法に到達したことが、仏教の聖者の条件である。

螺髪を結うことによって、種姓によって、生まれによってバラモンではない。真理と法をつかんだ人は安楽であり、彼こそバラモンである。(Dhp. 393)

当時のバラモンの髪が螺貝のように結われていたため、髪型によって一目でバラモンを認識することができた。しかし、これはあくまでも外形的なことであり、バラモンの本質をついたものではない。また、身分が世襲制であれば、種姓や生まれた家柄によってその身分が決定されるが、そのような外形的なものを仏教は問題とせず、内面性のみを問題としていく。外形だけ整えても内面は決して浄まらない。それは愚者の行為である。

愚者よ、何のために螺髪を結うのか。何のために羚羊の皮をまとうのか。
あなたの内側は邪悪で満ちている。外側〔だけ〕をきれいにしている。
kin te jaṭāhi dummedha, kin te ajinasāṭiyā,
abbhantaran te gahanaṃ, bāhiraṃ parimajjasi（Dhp. 394）

すなわち、行為の如何によって人はバラモンのように尊敬され、反対の場合は非難されるのである。いつも引き合いに出される詩節がある。

生まれによってバラモンとなるのではない。生まれによって非バラモンとなるのでもない。行為によってバラモンとなり、行為によって非バラモンとなる。（Sn. 650）

糞掃衣をまとい、痩せて血管が浮き出ていて、一人森の中にあって瞑想する人、彼を私はバラモンと呼ぶ。（Dhp. 395）

② 完全なる涅槃

このようなバラモンと呼ばれる聖者は単なる修行者ではなく、すでに涅槃に到達していて、輪廻の生存を繰り返さない人を指している。このような人は「輪廻や迷妄を渡り終わって、彼岸に達している」（Dhp. 414 = Sn. 638）と表現されるが、次のようにも言われる。

彼岸もなく、此岸もなく、彼岸・此岸なるものもなく、恐怖から解放され、束縛のない人、彼を私はバフモンと呼ぶ。（Dhp. 385）

彼岸とは悟りの境地であり、此岸とは迷いの生存である。この両方ともないとは、悟りと迷いの両方を超越しているということであり、もはや生存を繰り返すことのない完全なる涅槃を意味する。したがって真実のバラモンとは、涅槃に到達してもはや生存を繰り返さない人を意味する。

このことはSn. によっても確認することができる。

彼らは見解を形成しない。彼らは〔いずれか1つの見解を〕特に好むことがない。彼らは諸々の事物に固執しない。バラモンは戒や誓戒によって導かれない。彼岸に渡って、聖人（このような人、tādi）[2]は再び戻って来ない。

na kappayanti na purekkharonti,
　dhammā pi tesaṃ na paṭicchitāse,
na brāhmaṇo sīlavatena neyyo,
　pāraṃgato na pacceti *tādī* ti（Sn. 803）

ここに述べられた見解とは、註釈 Pj II によると、六十二見説を指す。しかし、Sn. が作成されるとき、六十二見説が整えられていたかどうかは甚だ疑問である。ここの意味は排他独善説を形成することなく、教条主義に陥ることのないようにという諭しである。

③ 最高の目的・境地の達成

バラモンは修行により最高の目的を達成した人のことでもある。

禅定し、塵なく、落ちついてなすべきことをなし、漏を去り、最高の目的を達成した人、彼を私はバラモンと呼ぶ。（Dhp. 386）

そして、最高の目的を達成した人はまた、「最高の境地にある」という意味でも「バラモン」と呼ばれる。この最高の境地は、苦行（tapas）、梵行（brahmacariya）、自制（saṃyama）、調御（dama）によって達成される。

苦行、梵行、自制、調御によって、これらによって人はバラモンとなる。これがバラモンの最高の境地である。

tapena brahmacariyena saṃyamena damena ca
etena brāhmaṇo hoti, etaṃ brāhmaṇam uttamaṃ（Sn. 655 = Th. 631）[3]

怒ることなく、誓戒を護り、戒を保ち、傲慢から離れ、調御し、最後の身体をもつ人、彼を私はバラモンと呼ぶ。（Dhp. 400 = Sn. 624）

最高の目的、最高の境地の達成とは、もはや輪廻転生を繰り返さないことであり、最後身をもつ人（antimasarīra）とも表現される。今世の肉体が最後の肉身であるという理解である。

④ 生存を滅した人（精神的束縛からの解放）

輪廻転生を免れたバラモンを実際の詩節の中ではどのように表現しているだろうか。例えば「不死の底に達した人」(amatogadhaṃ anuppattaṃ)、「生存を滅した人」(bhavaparikkhīṇa) 等の表現がある。

執著がなく、知識の故に疑惑なく、不死の底に達した人、彼を私はバラモンと呼ぶ。

yassālayā na vijjanti aññāya akathaṃkathī
amatogadhaṃ anuppattaṃ tam ahaṃ brūmi brāhmaṇaṃ (Dhp. 411 = Sn. 635)

月のように汚れなく、清く、澄んでいて、濁りなく、快楽と生存を滅し尽くした人、彼を私はバラモンと呼ぶ。(Dhp. 413 = Sn. 637)

この世において愛欲を捨て去り、出家者として遊行し、愛欲と生存を滅し尽くした人、彼を私はバラモンと呼ぶ。(Dhp. 415 = Sn. 639)

この世において渇愛を捨て去り、出家者として遊行し、渇愛と生存を滅し尽くした人、彼を私はバラモンと呼ぶ。(Dhp. 416 = Sn. 640)

これらの詩節では、生存を滅し尽くした人、すなわち涅槃を獲得した人の資格として、快楽や愛欲や渇愛を離れていることが挙げられている。愛欲や渇愛は人の心の中に湧き起こる煩悩であるが、除去したり、放棄しなければならない精神的束縛は、この他にも多数説かれている。それらをここに列挙すれば、以下のとおりである。

悪を取り除く (Dhp. 388)
身・口・意を制御する (Dhp. 391)
束縛を離れる (Dhp. 397 = Sn. 621)
善・悪の両方に執著しない (Dhp. 412 = Sn. 636)
執らわれない (Dhp. 402 = Sn. 626)
欲望がない (Dhp. 404 = Sn. 628 ; Dhp. 410 = Sn. 634)
怒らない (Dhp. 389)
貪欲・瞋恚（嫌悪）・高慢・偽善を離れる (Dhp. 407 = Sn. 631)

これらのことが達成されているなら、バラモンとしての特質が備わっていることになる。

また、以上のことは精神面での資質であり、次に示すように実践道の面での資質もある。

⑤ 実践道における資質

在家者、出家者のいずれとも交わらず、禅定に励むべきことが説かれるが、ほかに、五戒の範疇に分類されうる徳目が示されている。詩節の順序に従って提示してみよう。

1. 無所有

〔バラモンの〕胎から生まれ、母から生まれた人を私はバラモンと呼ばない。もし彼が所有物をもつなら、彼は「きみと呼びかける人」(bhovādin) と名づけられる。何ものも所有せず、執著のない人、彼を私はバラモンと呼ぶ。

na cāhaṃ brāhmaṇaṃ brūmi yonijaṃ mattisambhavaṃ
bhovādi nāma so hoti, sa ve hoti sakiñcano,
akiñcanaṃ anādānaṃ tam ahaṃ brūmi brāhmaṇaṃ（Dhp. 396 = Sn. 620）

当時、目下の者もしくは同僚に呼びかけるときは「きみ」(bho) を用い、目上の人には 'bhante' を使用するのが普通であった。バラモン階級は一般に仏陀に敬意を表さず 'bho' と呼びかけたので、それに対して仏教徒は非難の意を込めて「きみと呼びかける人」とバラモン階級を呼んだのである[4]。それ故に、所有物をもつ人は理想的修行者（＝バラモン）ではなく、バラモン階級の人ということになる。

このように執著することや所有することのないことが、バラモンとしての1つの資格であることは、他の詩節においても説かれる。

バラモンは他のもの（学派）によって清浄になるとは言わない。〔すなわち〕見たもの、聞いたものによって、戒律や誓戒、思考したものによって〔清浄になるとは言わない〕。福徳や悪に執著することなく、彼は得たもの（所有）を棄て[5]、この世において〔福徳や悪をさらにもっと〕作ることはない。

na brāhmaṇo aññato suddhim āha

diṭṭhe sute sīlavate mute vā,

puññe ca pāpe ca anūpalitto

attañjaho na-y-idha pakubbamāno（Sn. 790）

バラモンは限界を超越している。何かを知り、あるいは見ても彼は執著しない。彼は貪欲を貪ることもなく、離欲に愛著することもない。彼がこの世で執著するものはもはやない。（Sn. 795）

2. 不殺生

動こうが動くまいが、生きものに暴力を加えることなく、殺すこともなく、殺させることもない人、彼を私はバラモンと呼ぶ。（Dhp. 405 = Sn. 629）

生あるものすべてに慈しみの心をもって接し、自ら殺害したり、人に命じて殺害させるようなことがあってはならない。

3. 真実の言葉を話す

荒々しくない、はっきりと伝わる、真実である言葉を発し、それ（言葉）によってどんな人も怒らせない人、彼を私はバラモンと呼ぶ。（Dhp. 408 = Sn. 632）

荒々しい言葉、わざとよく聞こえないように言われた言葉や聞こえよがしの言葉、嘘偽りの言葉等、人を怒らせたり不快にさせたりするためにも、人は言葉を使う。そのようなことは、してはならないのである。

4. 離不与取

この世において、長かろうと短かろうと、小さかろうと大きかろうと、美しかろうと醜かろうと、世間において、与えられていないものを取らない（離不与取）人、彼を私はバラモンと呼ぶ。（Dhp. 409 = Sn. 633）

これは、与えられていないものを取らないという不偸盗戒に相当する。

⑥ 同義的使用の諸語による検証

精神的に開放され、⑤で見たような実践道に励む人は、理想的な人物であり、バラモンと呼ばれるにふさわしい。それ故に、以下に見るように、理想的聖者の特質を表現する名称は、バラモンと言い換えられている。

快楽と不快とを捨て、清浄となり、再生をもたらす基礎がなく、すべての世界を征服した勇者、彼を私はバラモンと呼ぶ。（Dhp. 418 = Sn. 642）

誰でも生きとし生けるものの死と生をすべて知り、執著がなく、善逝であり、覚者である人、彼を私はバラモンと呼ぶ。（Dhp. 419 = Sn. 643）

神々も、ガンダルヴァたちも、人間も、その行方を知らない人、漏を滅ぼした人（khīṇāsava）である阿羅漢（arahant）、彼を私はバラモンと呼ぶ。

yassa gatiṃ na jānanti devā gandhabbamānusā
khīṇāsavaṃ[6] *arahantaṃ* tam ahaṃ brūmi brāhmaṇaṃ（Dhp. 420 = Sn. 644）

前にも、後にも、中間にも、何も所有せず、無一物で執著のない人、彼を私はバラモンと呼ぶ。（Dhp. 421 = Sn. 645）

〔人間中の〕雄牛、勝れた人、英雄、大聖仙、勝利者であり、欲望がなく、沐浴者（nhātaka）、覚者である、彼を私はバラモンと呼ぶ。

usabhaṃ pavaraṃ vīraṃ mahesiṃ vijitāvinaṃ
anejaṃ nhātakaṃ[7] *buddhaṃ* tam ahaṃ brūmi brāhmaṇaṃ（Dhp. 422 = Sn. 646）

前世の生涯を知り、天界と苦界とを見る。生を滅ぼしえて智慧を完成した牟尼、完成すべきことをすべて完成した人、彼を私はバラモンと呼ぶ。（Dhp. 423）

これらの詩節の中のバラモンは、何度も繰り返すが、実際に祭祀を行なうバラモンではなく、真のバラモンの意味を内面的に転換したものである。つまり、これらはバラモンのあるべき特質を説明しているのであり、バラモンが修行者のモデルとして捉えられていることを意味する。

繰り返すようだが、以上をまとめれば、仏典におけるバラモンは、涅槃に到達した修行完成者の呼称であり、勇者（vīra）、善逝（sugata）、覚者（buddha）、阿羅漢（arahant）、雄牛（usabha）、勝れた人（pavara）、大雄者・英雄（mahāvīra / vīra）、大聖仙・聖仙（mahesi / isi）、無欲者（aneja）、勝利者（vijitāvin）、沐浴者（nhātaka）、牟尼（muni）、そして如来（tathāgata）、独存者（kevalin）とも呼ばれている。

如来、独存者については以下のとおりである。

偽りは住まず、慢心（高慢）もなく、貪欲を離れ、自己本位の気持ちなく、欲なく、怒りを押しやり、完全に寂静を得て、そのバラモンは悲しみの汚れを捨てた。その如来は献菓に値する。

yamhī na māyā vasatī na māno,
　　yo vītalobho amamo nirāso
panuṇṇakodho abhinibbutatto,
　　so brāhmaṇo sokamalaṃ ahāsi,
tathāgato arahati pūraḷāsaṃ（Sn. 469）[8]

世尊が答えた。「サビヤよ、すべての悪を取り除き[9]、汚れなく、よく三昧に入り、自己を確立し、輪廻を越えて、独存者となり、執著しない（頼らない）、〔そのような〕聖人はバラモンと言われる。

bāhetvā sabbapāpakāni
　　　　Sabhiyā ti Bhagavā
　　vimalo sādhusamāhito ṭhitatto
saṃsāram aticca *kevalī* so,
　　asito tādi pavuccate [sa] brahmā（Sn. 519）

如来（tathāgata）も独存者（kevalin）も悟りを得た者に対する尊称である。ジャイナ教も仏教も最初期には、Pā. tathāgata / AMg. tahāgaya と kevalin の両方を、覚者となった修行完成者の尊称として用いていた。

やがて、仏教は主として tathāgata を、ジャイナ教は kevalin を選択的に受け継いでいくことになるが、その定着に至る経緯はまた別の機会に見ていくこととしたい。

(3) 初期仏教文献におけるバラモン

いずれにしても、「バラモン」という呼称は、仏教においては解脱の境地にある修行の完成者を示し、一般の修行僧とは区別されるべき尊称であることを知ることができた。

このような境地に到達すると、もはや世間における諸々の偏見の対象に心動かされることもなく、仏陀の教えこそが最勝のものであることを知っている。Sn. はこのことを教える。

バラモンは他人によって導かれることがない。熟考した後、諸法（教え）に固執しない。それ故に、彼は諸々の論争を超越している。というのは、他の法（教え）を最勝のものとみなさないからである。

na brāhmaṇassa paraneyyam atthi
dhammesu niccheyya samuggahītaṃ,
tasmā vivādāni upātivatto,
na hi seṭṭhato passati dhammam aññaṃ（Sn. 907）

2 初期ジャイナ教文献に現われる māhaṇa / bambhaṇa

初期ジャイナ教文献においても、われわれは2とおりのバラモン（AMg. māhaṇa, bambhaṇa[10]）を見出す。すなわち、バラモン教において祭祀を司る司祭としてのバラモンと、ジャイナ教の修行僧としてのバラモンである。

初期仏教文献におけるバラモンは「真のバラモン」として悟った聖者を意味したが、ジャイナ教においてはそれは聖者に限らず、往々にして修行者であることに大きな相違がある。

しかし、ジャイナ教聖典においても、司祭者としてのバラモンよりもジャイナ教独自の意味合いで修行僧の呼称として用いられることの方が多い点は、仏教と同様と言えよう。

ここではまず、司祭者としてのバラモンの用例から検討してみよう。

（1）四姓中のバラモン

Utt. 12, Hariesa は、ジャイナ聖典に保存される沙門詩のうちで、最も興味深いものの1つである。第1章で簡単に触れたが、ここでもう少し詳しく見てみよう。

不可触民（śvapāka）出身の牟尼で Harikeśa-Bala と名づけられた比丘がいて、食を求めてバラモンの祭祀場に近づいた。そこで Bala はバラモンたちによって締め出されそうになる。このとき、Bala を憐れんだ夜叉（yakkha）とバラモンたちのやりとりがある。

バラモンたちは言った。

食事はバラモンたちに用意され、われわれ自身のため、もっぱらわれわれだけに用意された。われわれはおまえにそのような食べ物と飲み物を与えないであろう。何故おまえはそこに立っているのか。

uvakkhaḍaṃ bhoyaṇa māhaṇāṇaṃ
attaṭṭhiyaṃ siddham ih' egapakkhaṃ
na ū vayaṃ erisam annapāṇaṃ
dāhāmu tujjhaṃ kim ihaṃ ṭhio si（Utt. 12.11）[11]

夜叉は言った。

農夫たちは高地と低地に〔成長することを〕期待して、種子を蒔く。この同じ信をもって私に与えよ。実にこの田地は福徳を生ずるはずである。

thalesu bīyāi vavanti kāsagā
taheva ninnesu ya āsasāe
eyāe saddhāe dalāha majjhaṃ
ārāhae puṇṇam iṇaṃ khu khittaṃ（Utt. 12.12）

バラモンたちは言った。

この世において蒔かれたものが福徳として成長する田地を、われわれは知っている。すなわち〔高貴な〕出生と知識を兼ね備えたバラモンたちを。彼らは勝れた田地である。

khettāṇi amhaṃ viiyāṇi loe
jahiṃ pakiṇṇā viruhanti puṇṇā
je māhaṇā jāivijjovaveyā
tāiṃ tu khettāi supesalāiṃ（Utt. 12.13）

夜叉は言った。

怒り、自負し、殺害し、嘘を言い、盗みをし、財産をもつ人たちは、〔高貴な〕出生と知識に欠けたバラモンたちである。彼らは非常に害悪な田地である。

koho ya māṇo ya vaho ya jesiṃ
mosaṃ adattaṃ ca pariggahaṃ ca
te māhaṇā jāivijjāvihūṇā
tāiṃ tu khettāi supāvayāiṃ（Utt. 12.14）

これらの詩節に見られる māhaṇa, すなわちバラモンが、カースト制度最上位のバラモンたちを指すことは明らかである。

先に見たように、仏教においては古えの苦行者としてのバラモンを評価し、堕落を個人批判に結びつけていないニュアンスがうかがわれた。これに比してジャイナ教では「非常に害悪な田地」と批判している。以下、それぞれの捉え直しの中ではいずれもバラモンが軽んじられることはないのであるが、それぞれの宗教的態度の違いのようなものの表出とも思われ、興味深く感じられる。

では次に、ジャイナ教において定義されるバラモンの特性について見てみよう。

(2) ジャイナ教の修行者としてのバラモン

以下では、主に修行者としてバラモンの呼称が使われている用例を見ていこう。

① 沙門と並列されるバラモン

大きな供物を捧げて、沙門（samaṇa）やバラモン（māhaṇa）に食べ物を与えて、施物を与えて、自分自身楽しんで、お供えをして、それからあなたは行く（出家する）ことができるでしょう。おお君主よ。

jaittā viule janne bhoittā *samaṇa*-māhaṇe
dattā bhoccā ya jiṭṭhā ya tao gacchasi khattiyā（Utt. 9.38）[12]

ここでは、samaṇa と māhaṇa が複合語として用いられている（ただし、第2章第1節で見たように、このような複合語は初期仏教文献にも現われる）。この箇所では、沙門（samaṇa）とバラモン（māhaṇa）という異なる2つのグループの修行者を表わしていることを、文脈から汲み取ることができる。

② 永遠なるものに目覚めるべきバラモン

修行者の一呼称としてのバラモンの用例は、例えば次のごとくである。

Āy. においてバラモンと呼ばれる修行者の心構えが説かれている。すなわち、ジャイナの修行者は神々の幻影を信ずるべきでなく、永遠の法を求め目覚めるべきであると。

ここでのバラモンは決して階級の最上位者を指していない。むしろ第2章で見た sādhu（善き修行者）を意味しているとする註釈もある。

> 永遠なるものに目覚めるべきである。神々の幻影を信ずるべきではない。バラモンはこのことを知るべきであり、すべての欺きを捨てるべきである。
>
> 'sāsaehiṃ' nimantejjā —: divvaṃ māyaṃ na saddahe.
> taṃ paḍibujjha <u>māhaṇe</u> savvaṃ nūmaṃ vihūṇiyā（Āy. 1.8.8.24）

③ 忍耐のバラモン

修行者が遊行しているとき、在家者、あるいは他の遊行者から種々の迫害を受けることがある。しかし、ジャイナの修行者はそのような不快に耐えなければならない。また、在家者からのもてなしを快く享受してはならないし、自ら求めてもならない。次の詩節はこのことを教えている。

> 常に用心深く、種々の異なった不快な心地に耐えるべきである。不快と快を克服して、バラモンはほとんど話をすることなく歩き回る〔べきである〕。
>
> ahiyāsae sayā samie　　phāsāiṃ virūva-rūvāiṃ;
> araiṃ raiṃ ca abhibhūya　　rīyaī <u>māhaṇe</u> abahu-vāī（Āy. 1.9.2.10）

④ 五境（あるいは、村の慣習から）の遠離者

無駄話をしないだけでなく、五境を離れることもバラモンの修行の1つとなる。五境とは、五根、すなわち、眼・耳・鼻・舌・身の対象となる、色・

声・香・味・触のことである。

五境に対する欲望から離れ、バラモンはほとんど話をすることなく歩き回る。冬に世尊はしばしば木陰で禅定した。

virae ya *gāma-dhammehiṃ* rīyai māhaṇe abahu-vāī,
sisirammi egayā bhagavaṃ chāyāe jhāi āsī ya（Āy. 1.9.4.3）[13]

しかしながら、gāmadhamma- を「五境」と理解するのは、ジャイナ教の真の意味であろうか。確かに Jacobi[14] は Āy. 1.9.4.3a : virae ya gāma-dhammehiṃ を、'being averses from the impressions of the senses'（五境から離れる）と訳している。また、韻律（metre）が異なるだけで、Āy. 1.9.4.3a と同じ詩脚の Sūy. 1.11.33a : virae gāma-dhammehiṃ を、'indifferent to worldly objections'（〔五感でとらえられる〕物体／対象に無関心で）とも訳し[15]、さらに、Sūy. 1.2.2.25b : gāmadhamma ii me aṇussuyaṃ の gāmadhamma を 'sensual pleasures' と訳している[16]。いずれも gāmadhamma の意味は、五境（色・声・香・味・触）に執著して起こる 5 種の欲望である。

しかしこれに対して、MW では grāma-dharma を 'the observance of customs of a village' とし、五境の意味はない。また、AMgD（s.v. gāma-dhamma）は 'a longing, desire, for the five objects of the senses viz. sound, form, taste, smell and touch' を第一義とし、第二義に 'the practices and customs of villages' を挙げる。

ところで、Āy. の第 9 章の全詩節は、マハーヴィーラの想像を絶するような苦行を描写している。マハーヴィーラの Lāḍha 国での修行は大変厳しいものであり、マハーヴィーラといえども、村人に襲われたり、犬に咬みつかれたり、種々の迫害をじっと堪え忍んだという。

Lāḍha において彼に多くの困難があった。村人たちが彼を襲った。乱暴な地方の信仰深いところでさえ、犬どもは彼を傷つけ襲った。

Lāḍhehiṃ tass' uvasaggā bahave: jāṇavayā lūsiṃsu,
aha lukkha-desie bhatte, kukkurā tattha hiṃsiṃsu nivaiṃsu（Āy. 1.9.3.3）

ほとんどの人は〔彼を〕傷つけ、咬みついている犬どもを追い払おうとしない。「chuc-chuk」と叫んで〔彼を〕打ち、「犬どもよ、沙門を咬め」

と叫ぶ。

appe jaṇe nivārei　　lūsaṇae suṇae ḍasamāṇe,

'chuc-chuk' kārenti āhantuṃ　　'samaṇaṃ kukkurā ḍasantu' tti（Āy. 1.9.3.4）

そしてこれらの迫害について、次の詩節では「村の棘」（gāma-kaṇṭae）に「耐える」（ahiyāsae）と表現されている。

家なき人は、生きものに対して杖を〔使用することを〕止め、身体を投げ出し、完全に理解して、世尊はそれら村の棘に耐えるだろう。

nihāya daṇḍaṃ pāṇehiṃ　　taṃ kāyaṃ vosajja-m-aṇagāre

aha *gāma-kaṇṭae*[17], bhagavaṃ　　te *ahiyāsae* abhisameccā（Āy. 1.9.3.7）

このような表現の存在とMW等の語義からすれば、先に挙げたĀy. 1.9.4.3のpāda aを「村の慣習（gāma-dhamma）から離れる（virae）」と理解するのは無理なことではない。そしてそうであるならば、この「村の慣習から離れる」とpāda bの「話すことなく歩き回る」は、文脈的によく適合するように思われる。

⑤ 四汚濁の断絶者

バラモンにとっては、これら五境を離れるだけでなく、さらに4つの汚濁煩悩（kaṣāya）を断ずることも大切な修行となる。

バラモンは欺き、貪欲、自負、怒りをなすべきでない。これらの愛執を正しく理解して、頭陀を行じる人は謙虚である。

channaṃ ca pasaṃsa no kare

　　na ya ukkosa pagāsa māhaṇe

tesiṃ su-vivega-m-āhie;

　　paṇayā, jehi su-josiyaṃ dhuvaṃ（Sūy. 1.2.2.29）

上の欺き（channa = māyā）、貪欲（pasaṃsa = praśaṃsā, lobha）、自負（ukkosa = utkarṣa, māna）、怒り（pagāsa = prakāśa, krodha）という四煩悩は、古くからジャイナ教聖典に説かれている[18]。

⑥ 業の滅尽者（自制者・苦行者）

塵で覆われた鳥が、身震いすることによって白い塵を取り払うように、そのように自制者（davia）であり、苦行を実践している苦行者（tavassin）であるバラモンは業を滅し尽くす。

sauṇī jaha paṃsu-guṇḍiyā
　　vihuṇiya dhaṃsayaī siyaṃ rayaṃ
evaṃ *daviyo*vahāṇavaṃ
　　kammaṃ khavai *tavassi*-māhaṇe（Sūy. 1.2.1.15）

この詩節において、バラモンは自制者（davia）や苦行者（tavassin）と同義に用いられている。そして、業を滅し尽くした解脱者と認められる。業の滅は古来インドで修行者の目標とするところであり、その成就者（siddhi）はジャイナ教においても理想的修行者であった。そして、バラモンと呼びならわされていたことも事実である。

平等によって沙門となり、梵行によってバラモンとなり、知識によって牟尼となり、苦行によって苦行者となる。

samayāe samaṇo hoi *bambhacereṇa* bambhaṇo
nāṇeṇa u muṇī hoi taveṇa hoi tāvaso（Utt. 25.32）[19]

⑦ 梵行者

バラモンは文字どおり梵行（bambhacera）によってバラモンと呼ばれるのであるが、この bambhacera とは具体的に何を指すのであろうか。今、ここに、Utt. 25.19–29 において taṃ vayaṃ būma māhaṇaṃ の定型句で終わる詩節を見てみよう。

世間においてバラモン（bambhaṇa）と呼ばれ、火のように崇められている人がいる。しかし、熟達者（kusala）が常に指摘するところの人、彼をわれわれはバラモンと呼ぶ。

je loe bambhaṇo vutto aggīva mahio jahā
sayā *kusala*-saṃdiṭṭhaṃ taṃ vayaṃ būma māhaṇaṃ（Utt. 25.19）

司祭階級のバラモン（bambhaṇa）は、火を用いて祭式を行なうことによって人々から崇められているが、ジャイナ教においては、道を極めた熟達者（kusala）の認める人が真のバラモンであるという。このことは外形的な価値基準ではなく、より高い実践的・内面的価値を有することを基準とし、それにふさわしい修行者を評価・指導できる人のいたことを意味していると考えられる。

次に見る五誓戒等はそのような実践的・内面的基準の1つとして目指されたのだろう。

⑧ 真のバラモン

以下に見ていく用例では、バラモンの語は修行者を指すばかりでなく、涅槃に到達した人を含めている場合がある。その意味では、第2章で尊称としてのバラモンの語を見たとおり、ある程度修行の深まった修行者を想定して使われていると考えることができるだろう。

出家して〔在家に〕戻ろうとする執著がなく、悲しむことなく、聖典の言葉を楽しむ人、彼をわれわれはバラモンと呼ぶ。

jo na sajjai āgantuṃ pavvayanto na soyaī
ramai ajjavayaṇaṃmi taṃ vayaṃ būma māhaṇaṃ（Utt. 25.20）

磨かれた金のように、汚れや悪が火できれいにされ、貪欲や瞋恚（嫌悪）や恐怖を取り去ってしまった人、彼をわれわれはバラモンと呼ぶ。

jāyarūvaṃ jahāmaṭṭhaṃ niddhant' amala-pāvagaṃ
rāga-dosa-bhayāīyaṃ taṃ vayaṃ būma māhaṇaṃ（Utt. 25.21）[20]

痩せて、自己に打ち克ち、肉と血がひからび、よく誓戒を護り、涅槃に到達した苦行者、彼をわれわれはバラモンと呼ぶ。

tavassiyaṃ kisaṃ dantaṃ avaciyamaṃsasoṇiyaṃ
suvvayaṃ pattanivvāṇaṃ taṃ vayaṃ būma māhaṇaṃ（Utt. 25.22）

動こうと動くまいと生きものを完全に理解し、〔身・口・意という〕3つの方法で彼らを完全に傷つけない人、彼をわれわれはバラモンと呼ぶ。

tasapāṇe viyāṇettā saṃgaheṇa ya thāvare
jo na hiṃsai tiviheṇa taṃ vayaṃ būma māhaṇaṃ（Utt. 25.23）

怒り、笑い、貪欲、恐怖があるからといって、決して嘘を語らない人、彼をわれわれはバラモンと呼ぶ。

kohā vā jai vā hāsā lohā vā jai vā bhayā
musaṃ na vayaī jo u taṃ vayaṃ būma māhaṇaṃ (Utt. 25.24)

感覚のあるものでもないものでも、わずかなものでも、多くのものでも、与えられないものを取らない人、彼をわれわれはバラモンと呼ぶ。

cittamantam acittaṃ vā appaṃ vā jai vā bahuṃ
na giṇhāi adattaṃ je taṃ vayaṃ būma māhaṇaṃ (Utt. 25.25)

神であれ、人間であれ、心によっても、身体によっても、言葉によっても、それらと肉欲的に交わらない人、彼をわれわれはバラモンと呼ぶ。

divva-mānusa-tericchaṃ jo na sevai mehuṇaṃ
maṇasā kāya-vakkeṇaṃ taṃ vayaṃ būma māhaṇaṃ (Utt. 25.26)

水の中で成長した蓮が水によって汚されないように、そのように諸々の愛欲に汚されない人、彼をわれわれはバラモンと呼ぶ。

jahā pomaṃ jale jāyaṃ novalippai vāriṇā
evaṃ alittaṃ kāmehiṃ taṃ vayaṃ būma māhaṇaṃ (Utt. 25.27)

貪欲でなく、人に知られずに生き、家なく、無一物で、在家者と親密な交際のない人、彼をわれわれはバラモンと呼ぶ。

aloluyaṃ muhājīviṃ aṇagāraṃ akiṃcanaṃ
asaṃsattaṃ gihatthesu taṃ vayaṃ būma māhaṇaṃ (Utt. 25.28)

親戚、縁者と以前からの結びつきを捨て、享楽に執著しない人、彼をわれわれはバラモンと呼ぶ。

jahittā puvvasaṃjogaṃ nāisaṃge ya bandhave
jo na sajjai bhogesuṃ taṃ vayaṃ būma māhaṇaṃ (Utt. 25.29)

バラモンと呼ばれるための条件の内容について概観したのであるが、これらの詩節の内容の多くは五誓戒の範疇に分類することができよう。まず v. 23 は不殺生戒を説くが、不殺生の根底には一切衆生に対する慈しみの心が求められる。これは Isibh. 26.7 に説かれるところである。

6種の命体の幸福を望み、一切の衆生に対して慈しみの心を起こし、我（ātā）が清浄になった人、彼はバラモンと名づけられるべきである。

chaj-jīva-kāya-hiṭae savva-satta-dayā-vare

sa māhaṇe tti vattavve ātā jassa visujjhatī（Isibh. 26.7）

次の v. 24 は不妄語戒を、v. 25 は不偸盗戒を、v. 26 は不淫戒を、vv. 28–29 は無所得戒をそれぞれ説いている。

(3) 解脱者と同一視されるバラモン

主に修行者として意味づけられるバラモンの用例を見てきたが、明らかに解脱者を指す用例もある。

① 沐浴者との同義

すべての業から解放されたバラモン、すなわち理想的修行者は、沐浴者（siṇāyaa）とも言われる。

覚者はこれら（特性）を明らかにした。それらによって人は沐浴者となる。すべての業から解放された人、彼をわれわれはバラモンと呼ぶ。

ee pāukare buddhe jehiṃ hoi *siṇāyao*

savva-kamma-vinimmukkaṃ taṃ vayaṃ būma māhaṇaṃ（Utt. 25.34）

沐浴者（siṇāyaa, Skt. snātaka）はバラモン教において四住期の学生期を終えたばかりの者を指すのであるが、仏教やジャイナ教ではバラモンと同格となり解脱者を意味している。

② 牟尼との同義

この他にバラモンは、牟尼（muṇi）と同一視されることもある。ここでは Sūy. から3つの例を示すが、前の2例は修行完成の途上にある修行者、最後の1例は解脱者であることを窺わせる。

〔へびが〕その脱け殻を捨て去るように、牟尼は彼が塵を捨てるべきであると考えて、種姓と他のすぐれた点を自慢することがない。またバラモンは、他人を中傷することが不幸をもたらすことになる〔と考える〕。

taya sam va jahāi se rayaṃ

ii saṃkhāya *muṇī* na majjaī

goy' annayare va māhaṇe,

ah' a-seya-karī 'nnesi inkhiṇī（Sūy. 1.2.2.1）

へびが「古い皮を捨て去る」という表現は、ウパニシャッド、『マハーバーラタ』、Sn. にも見られる。1度出家してしまえば、出家以前の種姓は全く関係のないものとなり、いかに修行して解脱を得るかだけが問題となる。牟尼であるバラモンの本質は自制にあったようである。

牟尼は過去と未来の法を、はるか離れて見る。バラモンもまた、荒々しい行為を受け、打たれても、自制に励む。

dūraṃ aṇupassiyā *muṇī*

tīyaṃ dhammam aṇ-āgayaṃ tahā

puṭṭhe pharusehi māhaṇe

avi haṇṇū[21] samayammi rīyai（Sūy. 1.2.2.5）

完全なる智慧をもって牟尼は常に自制する。彼は正しく法を説く。バラモンは常に小さな〔過ちさえ〕犯すことはない。彼は怒らないし、自慢しない。

panna-samatte sayā jae

samiyā dhammam udāhare *muṇi*

suhume u sayā a-lūsae

no kujjhe no māṇi māhaṇe（Sūy. 1.2.2.6）

(4) 初期ジャイナ教文献におけるバラモン

すでに第2章で見たように、バラモンの語は尊敬の対象を意味し、沙門とともに使われていた。その文脈で、ジャイナ教においては尊敬に値する修行者の意味でバラモンの語が多く使われたと考えることができよう。

第2節　沐浴者

沐浴者（nhātaka, nahātaka / siṇāyaa）は、バラモン教における学生期を終えたばかりの者を指すのであるが、第1節「バラモン」と同様に、解脱者、勝れた修行者の尊称として仏教やジャイナ教で用いられている。そこには両宗教が共通に依存した原伝承のあったことが窺われる[22]。

1　初期仏教文献に現われる nhātaka / nahātaka

初期仏教文献においては、沐浴者は雄牛（usabha）、勇者（英雄、vīra）、大聖仙（mahesi）、勝利者（vijitāvin）、覚者（buddha）、バラモン（brāhmaṇa）と同等である（Sn. 646 = Dhp. 422）。

すなわち、仏教において nhātaka はもはやオリジナルな意味を失い、仏教の修行者の名称となるのであるが、どのような修行者が沐浴者と言われるのかを見てみよう。

> すべての世界で内にも外にも一切の罪悪を洗い落として、妄想分別に支配される神々と人間の中にあっても妄想分別に赴かない人、その彼を沐浴者と呼ぶ。
>
> ninhāya sabbapāpakāni
> 　　ajjhattaṃ bahiddhā ca sabbaloke
> devamanussesu kappiyesu
> 　　kappan n' eti, taṃ āhu nhātako ti（Sn. 521）

「一切の罪悪を洗い落として（ninhāya）」と、沐浴者（nahātaka / nhātaka）とは、語呂合わせになっている。つまり、nahāyati = nhāyati（AMg. siṇāi. cf. siṇāyanti ; Skt. snāti, snāyati）「沐浴する」と nahātaka（Skt. snātaka）「沐浴者」は、通俗語源解釈（folk etymology）をしているのである[23]。

この詩節で kappa は、妄想分別、誤った思惟・判断、迷妄の心であり[24]、沐浴者は「妄想分別をしない人」であるという。

2 初期ジャイナ教文献に現われる siṇāyaa

前項で触れた仏典の詩節（Sn. 646 = Dhp. 422）と同様な詩節が、以下に見るようにジャイナ教聖典の中（Utt. 25.34）にも存在する。

本来、ジャイナ教では冷水でも温水でも沐浴は禁止されている（Dasav. 6. 61-63[25]）。水の中には必ず微細な生類がいるからである。そしてそれ故であろうか、ジャイナ教聖典において siṇāyaa の用例が見られるのは、わずかである。

覚者はこれら（特性）を明らかにした。それらによって人は沐浴者となる。すべての業から解放された人、彼をわれわれはバラモンと呼ぶ。

ee pāukare buddhe jehiṃ hoi siṇāyao

savva-kamma-vinimmukkaṃ taṃ vayaṃ būma māhaṇaṃ（Utt. 25.34）

この引用箇所では覚者が沐浴者（siṇāyaa < Skt. snātaka）やバラモン（māhaṇa < Skt. brāhmaṇa）の師として表現されている。そして、沐浴者と呼ばれる理想的修行者は、一切の業から解放され、バラモンと同格の解脱者として描かれている。

すなわち、仏教と同様にジャイナ教でも、外面的なやり方で清浄が得られると説くのではなく、梵行（AMg. bambhacera / Pā. brahmacariya）を修することによって、内面を浄化することが重要であり、それによる譬喩的な用法としての沐浴者であることが理解されよう。

第３節　牟尼

1 初期仏教文献に現われる muni

(1) 出家修行者としての牟尼

① 乞食する牟尼

遊行者としての托鉢時の注意が説かれる。蜜蜂が花を傷めず蜜を吸って飛び去るごとく、そのように牟尼も施食を求めるべきことが教示される。

蜜蜂が花から色香を害なわずに蜜をとって飛び去るごとく、牟尼はそのように村において〔乞食して〕行くべきである。

yathāpi bhamaro puppham[26] vaṇṇagandhaṃ aheṭhayaṃ
paleti rasam ādāya evaṃ gāme munī care（Dhp. 49）

出家修行者の生活を蜜蜂に譬えることは、仏教とジャイナ教にともに知られている[27]。ただし、仏教では牟尼が主語となるのに対し、ジャイナ教では「善き人（修行者）」（sāhu, 第 7 節参照）が主語となっている。

牟尼は、乞食行が終われば、森のほとりに行く。

彼は托鉢を行なって、森のほとりに行くべきである。木の根元に立っているか、〔あるいは〕坐所に来る人、彼は牟尼である。

sa piṇḍacāraṃ caritvā vanantam abhihāraye
upaṭṭhito rukkhamūlasmiṃ āsanūpagato muni（Sn. 708）[28]

出家者は生産活動に従事することがないのであるから、托鉢によって生命を維持するだけのわずかな食べ物を在家者から受けることになる。そして、施与された食べ物には無関心であるべきことが説かれる。

他人によって与えられたもので生活し、〔容器の〕上から、中央から、また残りの部分から食べ物を受け取り、称賛することもない。彼を賢者たちはまさに牟尼と知る。（Sn. 217）

② 論争の回避

牟尼は論争をすべきでなく、その土台としての出家乞食、愛欲から離れること、上に見た食べ物をはじめとしてあらゆることに好みを示してはならない。

家を捨てて、家なく彷徨い、村において親交をなさず、愛欲から離れ、好みを示すことなく、牟尼は人々と論争すべきでない。

okam pahāya aniketasārī
　　gāme akubbaṃ muni santhavāni
kāmehi ritto apurekkharāno[29]

kathaṃ na viggayha janena kayirā（Sn. 844）

それら（偏見）を離れて世間を遊行する龍（牟尼）は、それらを取り上げて口論すべきでない。水の中で成長する茎に棘のある蓮が、水にも泥にも汚されないように、そのように牟尼は平安（寂静の境地）を説く者であって、貪欲でなく、愛欲にも世間にも汚されない（執著しない）。

yehi vivitto vicareyya loke,
na tāni uggayha vadeyya *nāgo*:
elambujaṃ kaṇṭakaṃ vārijaṃ yathā
jalena paṃkena c' anūpalittaṃ,
evaṃ munī santivādo agiddho
kāme ca loke ca anūpalitto（Sn. 845）[30]

先に見たように、牟尼の資格として論争しないことと同時に、貪欲を捨て去ることも大事な要素となる。貪欲は大抵の場合、慳（ものおし）みと一対になって現われることが多い。

人は正直で傲慢でなく、詐（いつわ）りなく、悪口を言わず、怒るべきでない。牟尼は悪い貪りと慳みとを超えるべきである。（Sn. 941）

③ 我所なき遊行者

わがものという観念ならびに所有を捨てることも牟尼の務めである。

わがものという思いを貪り求める人たちは、憂いや悲しみや慳みを捨てることがない。それ故に、諸々の牟尼は安穏（khema）を見つつ、所有を捨てて遊行した。（Sn. 809）

④ 不放逸の実践

牟尼は所有に執著することなく、輪廻転生を終焉に導く努力をすべきである。このために不放逸に励むべきことが説かれる。

想いを理解して、牟尼は所有に執著することなく激流を渡るべきである。〔煩悩の〕矢を抜き去って、不放逸に励んで、彼はこの世とあの世を望

まない。(Sn. 779)

⑤ 淫行の放棄

世俗との交渉を絶ち、森林奥深く入って修行していても、修行を妨げる種々のものが現われ出るものである。その中でも最も危険なものは婦人の誘惑である。

森において火の炎のように〔高低〕種々のものが現われてくる。婦人たちは牟尼を誘惑する。彼女たちをしてあなたを誘惑させるな（彼女たちがあなたを誘惑することがないように）。

uccāvacā niccharanti dāye aggisikhūpamā

nariyo munim̩ palobhenti, tā su tam̩[31] mā palobhayum̩（Sn. 703）

修行に励み賢者と認められる人といえども、1度婦人との交わりに耽ると、愚者のように深みにはまってしまう。それ故に、牟尼は修行を堅固にし、婦人とは絶対に交わってはならない。

この危険（＝淫欲の交わり）を知り、牟尼はこの世で前にも後にも一人で行く修行を堅固なものにすべきである。淫欲の交わりに耽るべきでない。(Sn. 821)

遊行し、淫欲の交わりを断ち、若いときに何ごとにも執著せず、驕りと怠りから離れ、完全に解放された比丘がいる。彼を賢者たちはまさに牟尼と知る。(Sn. 218)

⑥ 執著なき牟尼

何ごとにも執著しない（na upanibajjhate kvaci）ことの大切さは、水滴と蓮との関係で述べられる。

たとえば、水滴が蓮の葉にくっつかないように、そのように牟尼は見たり、聞いたり、思索したどんなことにも執著しない。(Sn. 812)

牟尼は何ものにも依存することなく、愛しいものも愛しくないものも作らない。悲しみも貪欲も彼にまつわりつかない。たとえば、水滴が蓮の葉にくっつかないように。(Sn. 811)

⑦ 寂黙行者

牟尼にとって沈黙こそが第一であり、食を求めるような言葉を発してはならない。

村にやって来て、牟尼は家々で無思慮に食を求めるべきでない。話を止めて、思わせぶりな言葉をいうべきでない。

na munī gāmam āgamma kulesu sahasā care
ghāsesanaṃ chinnakatho, na vācam payutaṃ bhaṇe（Sn. 711）[32]

思わせぶりな言葉（vācam payutaṃ）というのは、食を求めていることをにおわせて催促する言葉のことをいう。

⑧ 駿馬

鞭を当てられた良い駿馬が従順に勢いよく走るごとく、修行に邁進する良い牟尼は駿馬に譬えられる。この場合の駿馬とは修行完成者を意味している。

生まれを問うな。しかし、行為を問え。実に火は薪から生ずる。賤しい生まれであっても、意志堅固である牟尼は、慎みによって自己を制し、駿馬（ājāniya）となる。

mā jātiṃ puccha, caraṇañ ca[33] puccha,
　　kaṭṭhā have jāyati jātavedo:
nīcākulīno pi munī dhitīmā
　　ājāniyo hoti hirīnisedho（Sn. 462）

慎みによって自己を制した人は駿馬のごとく、猛烈な努力によって生存にまつわる憂いを取り去るべきことがDhp. においても説かれるが、駿馬自体については第16節で詳しく見ることとする。

⑨ 知田者、賢人との同義

さらに、修行者としての牟尼は「知田者」（田を知る者、khettajina）や賢人（paṇḍita）と同一視され、覚者（buddha）の指導のもとにあることが知られる。

サビヤは言った。「覚者たちは誰を〈知田者〉と言うのですか。何故に巧みな人と言うのですか。どうして賢人なのですか。どうして牟尼と呼ばれるのですか。私はお尋ねします。世尊よ、答えてください。」

"kaṃ *khettajinaṃ*[34] vadanti buddhā,
　　iti Sabhiyo
　kusalaṃ kena, kathañ ca *paṇḍito* ti,
muni nāma kathaṃ pavuccati,
　puṭṭho me Bhagavā vyākarohi"（Sn. 523）

これに対して世尊が答えた。「サビヤよ、神々の田、人間の田、梵天の田というすべての田を考察して、すべての田の根本的な束縛から解放された聖人、このような人がこれらの故にまさに知田者と呼ばれる。

"khettāni viceyya kevalāni
　　Sabhiyā ti Bhagavā
　divyaṃ mānusakañ ca brahmakhettaṃ
sabbakhettamūlabandhanā pamutto
　khettajino tādi pavuccate tathattā（Sn. 524）

(2) 修行完成者としての牟尼

これまで出家修行者としての牟尼が、どのような心がけで修行に励むかを中心に見てきたのであるが、以下、一般的修行者としての概念を越え、より高い実践的かつ内面的価値をもった修行完成者としての牟尼像を検討してみよう。

Sn. 第1の「へびの章」の中に、牟尼という一節（vv. 207–221）があるので、まずこれらの詩節の検討から始めてみよう。

① 交際関係を回避せる者

親しくなることから恐怖が生じ、家〔の生活〕から塵が生ずる。家がないことと親しくなることのない状態、これが実に牟尼の見解である。(Sn. 207)

牟尼の生活には、もはや他人との交際による世俗的な喜憂や、家・家族を維持する世間的な思い煩いがない。それらはそもそも牟尼の眼中に入らないのである。

② 一人遊行する大聖仙

すでに生じたもの（煩悩）を断ち切り、〔新たに〕生長するもの（煩悩）を生長させず、それに〔水分を〕与えない人、この一人行く人を彼らは牟尼と呼ぶ。かの大聖仙は寂静の境地を見た。(Sn. 208)

出家者として妨げになるすべてのことを断ち切り、以後もそれらに近づかず内面的にも生じさせることがない人、そして一人行く人が牟尼である。そして牟尼は大聖仙（mahesi）というに等しく、悟っていると言われている。なお、「かの大聖仙」とは仏教の開祖、仏陀その人のことである。

一人遊行する牟尼は、放逸ならず、非難と称賛とに心動かされず、獅子が音に震えないように、風が網で捕らえられないように、蓮が水によって汚されないように、他人を指導するが、他人に導かれない人、彼を賢者たちはまさに牟尼と知る。(Sn. 213)

牟尼は他の人々からの非難や称賛等に煩わされることなく、師となることはあっても師につくことはない。ただ一人で遊行するのである[35]。

再三引用しているが、Sn. 35–75 の pāda d は「犀の角のようにただ一人歩むべきである」(eko care khaggavisāṇakappo）と述べ、犀の角が 1 つしかないように、修行者が一人で遊行することを奨励し重要としてきた。修行の成就者であれば、当然そのあり方が変わることはない。ただ、ここでは師という立場で他者と接することが新たに述べられていることにも注意を置いておきたい。

③ 生の滅した終極を見る者

〔存在の〕根底を考えて、種子を殺し、彼はそれに〔愛執の〕湿潤を与えないであろう。実にその牟尼は、生と滅の終極を見つつ、〔日常的〕思索を捨て、〔いかなる範疇にも〕数えることができない。(Sn. 209)

「〔いかなる範疇にも〕数えることができない」と訳した na upeti saṃkhaṃ

とは、もはや輪廻する生存に戻らないことを意味する。牟尼は生死を知り尽くし、煩悩（種子）を滅ぼして、もはや業を形成しない（湿潤を与えない）。このことはSn. 484にも説かれるところである。

煩悩の破壊者であり、生死を知り、牟尼の特性を身に備えたそのような牟尼が、祭祀（yañña）のためにやって来た。(Sn. 484)

④ 到彼岸者

すべての住処を知り、〔しかし〕それらの何ものも欲しないで、貪りを離れ、欲のないその牟尼は、実に〔善あるいは不善の〕行為をなさない。なぜなら、彼は彼岸に達しているからである。(Sn. 210)

貪欲を離れ、何ごとにも、善不善いずれにも執著しないことも牟尼の条件である。そのような牟尼であればこそ、彼岸に到達した覚者なのである。

⑤ 渇愛を滅した解脱者

すべてに打ち克ち、すべてを知り、大変に聡明で、すべての事物存在（法）に執著することなく、すべてを捨て、渇愛の滅において、解脱した人、彼を賢者たちはまさに牟尼と知る。

sabbābhibhuṃ sabbaviduṃ sumedhaṃ
　　sabbesu dhammesu anūpalittaṃ
sabbañjahaṃ *taṇhakkhaye* vimuttaṃ,
　　taṃ vāpi[36] dhīrā munim̱ vedayanti（Sn. 211）

渇愛を滅ぼし（taṇhakkhaya-）、あるいは愛欲に縛られない人（kāmesu an-apckhina-）も牟尼と呼ばれるにふさわしい人である。

諸々の愛欲に捕らえられた人々は、諸々の愛欲に縛られることなく、それを離れて遊行し、激流を渡った人である牟尼を羨む。(Sn. 823)

激流を渡った人（oghatiṇṇa）という表現は、牟尼につけられた尊称であり、解脱した人のことを意味する。

⑥ すべてに無関心である者（論争の回避）

牟尼は、どんなことにも関心を示すことがなく、決して論争に加わらない。

そして、これらはこだわりがあることを知って、諸々のこだわりを知って、〔真理を〕知りつつ、かの熟考せる牟尼は解脱しており、論争に加わらない。賢者は種々の生存を受けることがない。（Sn. 877）

諸々の束縛を解き放ち、この世で牟尼は論争が起こったとき、どの党派にも与しない。寂静でない人の中にいても寂静であり、無関心であり、彼は「他の人々がそれらを取り上げればよい」と〔言いつつ諸説を〕取り上げない。（Sn. 912）

したがって、牟尼はどんな口論が起ころうとも、それに近づかない。

実に悪意をもって論争する人たちがいる。また、これこそが真理であると確信した心をもつ人たちも実に口論する。しかし、牟尼はどんな口論が起こってもそれに近づかない。それ故に、牟尼は何ごとにも心の乱れることがない。（Sn. 780）

saccamanā は、ブッダゴーサにより ye tesaṃ sutvā saddahiṃsu, te saccamanā ti adhippāyo（Pj II, 519）と説明される。すなわち、「これら（外道、titthiya）の説を聞いて真実だと信ずる人たち」を意味する。しかし、あえて拡大解釈する必要はないように思われる。saccamanā は、「自分の考えこそが真理であると確信した心をもつ人たち」を意味する。自分の考えのみが正しいと思うことこそが論争を引き起こすからである。それ故に牟尼たる者は、言葉を慎むことが重要となる。

怒ることなく、震えることなく、誇らず、後悔することなく、穏やかに話をし、そわそわすることなく、彼は実に言葉を慎んだ牟尼である。（Sn. 850）

つまり、論争に加わらないこと、言葉を慎むことは、すべてのことに無関心であり、こだわらない精神性の証左なのである。

彼はおよそ何でも、見えたもの、聞こえたもの、あるいは思われたもの、すべての精神現象（法）に対して関心がない。その牟尼は重荷をおろし、解放されており、思い計らい（妄想）なく、節制することなく、求めることもない。

sa sabbadhammesu visenibhūto,

yaṃ kiñci diṭṭhaṃ va sutaṃ mutaṃ vā,

sa pannabhāro muni vippayutto

na kappiyo nūparato[37] na patthiyo（Sn. 914）

彼（sa）というのは前詩節（Sn. 913）に現われた賢者（dhīra）を指し、Sn. 877 と同様に牟尼は賢者と同一視される。

⑦ 智慧と戒を具えた無漏者

智慧の力があり、戒と誓戒を備えていて、三昧に入っており、禅定を楽しみ、念を持し、執著から解放され、荒れたところがなく、漏（āsava）のない人、彼を賢者たちはまさに（vā = eva）牟尼と知る。

paññābalaṃ sīlavatūpapannaṃ

samāhitaṃ jhānarataṃ satīmaṃ

saṅgā pamuttaṃ akhilaṃ anāsavaṃ[38],

taṃ vāpi dhīrā muniṃ vedayanti（Sn. 212）

証を得ようとする者は、この場合は牟尼であるが、戒・定・慧の三学を修学すべきことが説かれる。戒（sīla）はインド思想一般において「戒め」「慎み」等の意味で広く用いられ、誓戒（vrata）はジャイナ教において主として用いられた。sīla も vrata も悪を抑制する自発的な力であり、善い習慣的な力である。これが身につけば、無意識のうちに戒を犯そうとしても習慣化した戒の潜在力によって、戒に背く行為はもはや行ないえないことになる。また、禅定（jhāna）や三昧（samādhi）は早い時期から精神統一を意味し、解脱を得るための智慧の獲得に不可欠であると考えられていた。そしてその智慧が得られたなら、もはや愛欲、あるいは所有とは無縁の者となることができるのである。

〔師いわく、〕彼（牟尼）は願望のない人であり、彼は希望をもたない。彼は智慧のある人で、彼は智慧を得ようとしていない。トーディヤよ、牟尼はこのようであると認識せよ。彼は何ものをも所有せず、愛欲と生

存に執著しない。(Sn. 1091)

⑧ 感官の制御者

他の人々が口をきわめて極端なことを語っても、水浴場における柱のようである(不動である)。欲情を離れ、感官をよく静めている人、彼を賢者たちはまさに牟尼と知る。(Sn. 214)

註釈によると thambha(柱)というのは、水浴場に掘り建てられた四角または八角の柱を指す。この柱は人が沐浴するとき、高貴な人であろうと下賤な人であろうと、身体を洗うために身体をこすりつける垢すりのような役割を果たしている。しかし、そのことによってこの柱は傲りも遜りもしないのである[39]。この柱のように、他人が言葉で攻撃してきても平然としており、感官を制御することも牟尼の特徴である。

自己を制していて(saññatatto = saññatatatto)、悪いことをなさず、若かろうと中年であろうと、牟尼は自己を制している。彼は怒ることなく、何人をも怒らせることがない。彼を賢者たちはまさに牟尼と知る。(Sn. 216)

自己を制し(yatatto = yatatatta)、自ら怒ることなく、他人を怒らせることもないのが牟尼である。

ところで、patch-work 詩であることを念頭に置きつつも、1つの完成した詩であるとみなして考えるなら、次のように訳すことも可能である。この場合 saññatatto ≒ yatatto と考える。

誰でも十分に自己を制した人は、若かろうと、中年であろうと、牟尼であろうと、悪をなさない。〔また〕怒ることなく、何人をも怒らせない。彼を賢者たちはまさに牟尼と知る。

⑨ 善悪の分別者

④の「到彼岸者」では善不善のいずれをもなさないこと、⑥の「無関心」ではどのような党派にも与せず寂静でこだわらないことが牟尼の特徴とされた。これらと一見矛盾するようではあるが、それらは当然ながら善悪を知ら

ないことではなかった。

梭（ひ）のようにまっすぐ自ら立っていて、諸々の悪い行為を嫌い、悪い行為と善い行為を考察している人、彼を賢者たちはまさに牟尼と知る。

yo ve ṭhitatto tasaraṃ va ujjuṃ[40]

jigucchati kammehi pāpakehi

vīmaṃsamāno visamaṃ samañ ca,

taṃ vāpi dhīrā muniṃ vedayanti（Sn. 215）

善悪の道理をよくわきまえ、悪い行為を決して行なわないことが、初期の段階から牟尼の資格であった。

善い〔人たち〕と悪い〔人たち〕の法を知って、内に、また外にあらゆる世界において、執著の網を越えて、神々と人間とによって供養されるべきその人、彼は牟尼である。(Sn. 527)

また、Dhp. においては、通俗語源解釈を否定して、牟尼の内面的性格を説き明かしている。

愚かで無知なる人が沈黙によって牟尼なのではない。秤を手にもつがごとく、勝れたものをとり、諸悪を取り除く人は賢人にして牟尼である。それ故に彼は牟尼である。世間において〔善悪の〕両者をよく考える人は、それ故に牟尼と呼ばれる。(Dhp. 268-269)

沈黙（mona）していることが牟尼の資格であるという通俗語源解釈を否定して、牟尼である人は悪をなさない人のことであると述べる。また、Dhp. 269bc では善悪を「よく考える」(muṇāti)[41] という本来の語源から牟尼の語を導き出して説いている。ちなみに、漢訳『法句経』ではこの意味を受けて「仁明」「明知ある人」と訳している。

⑩ 最高目的に到達せる者

世間を知り、第一義を見、激流や大海を渡った聖人（tādin）、束縛を破り、拘束がなく、漏のない人、彼を賢者たちはまさに牟尼と知る。(Sn. 219)

⑪ 不死に至る自制者

彼らは２人とも住居と生活が隔たっていて、等しくない。〔２人とは〕妻を養っている在家者と、よく誓戒を守っている無私な人（出家者）である。在家者は他の生きものを害して制御しないが、牟尼は自制していて、常に生命あるものを守る。

asamā ubho dūravihāravuttino:
　　gihi dāraposī amamo[42] ca subbato,
parapāṇarodhāya gihī asaññato,
　　niccaṃ muni rakkhati pāṇine yato（Sn. 220）

註釈によると、出家者は比丘（bhikkhu）のことであり、在家者は猟師を指す[43]。これら２人は森の中で生活しているのであるが、前者は尊敬に値する生活をしており、決して鳥獣を殺すようなことはない。それに対して後者は鳥獣を殺す生活を送っている。

自制（yata）したり、制御（saṃvuta）している人は、決して他の生きものを傷つけることはない。そして、そのような牟尼は不死に到達している。

殺害することなく、常に身体を制御している牟尼たちは、不死の状態に赴く。そこに行って悲しまない。（Dhp. 225）

以上が Sn. 207-221 における修行完成者としての牟尼（muni）像であるが、他の詩節に現われた修行完成者としての牟尼を見てみよう。

⑫ 慳貪を離れた寂静なる者

牟尼は貪りを離れ、慳みを離れ、自分が勝れた者たちの中にいるとも、等しい者たちの中にいるとも言わない。彼は妄想分別することがない者となって、もはや妄想分別することがない。（Sn. 860）

貪りと慳みとを離れるべきことが牟尼としての資格であることを、本節(1)②においてすでに見たところであるが、自分が勝れているとか劣っているとかいう世俗的価値観にとらわれずに、さらに妄想分別（kappa）に支配されることもない。ほぼ同様なことが Sn. 954 においても説かれる。

牟尼は、自分が等しい者たちの中にいるとも、劣っている人たちの中にいるとも、勝れた人たちの中にいるとも言わない。彼は寂静であり、慳みを離れ、獲得することもなく、放棄することもない。(Sn. 954)

⑬ 依止・苦悩・欲望なき遊行者

仏弟子ナンダ（Nanda）が仏陀に尋ねる。

尊者ナンダが言った。「世間には諸々の牟尼がいる、と人々は語ります。どういうわけで人々はこのように〔言うのですか〕。人々は知識ある人を牟尼と言うのですか。あるいは実に〔質素な〕生活を送る人を〔牟尼と言うのですか〕。」

"'santi loke munayo'
　　　icc-āyasmā Nando
　janā vadanti, ta-y-idaṃ kathaṃ su[44]:
ñāṇūpapannaṃ no muniṃ vadanti
　udāhu ve jīvitenūpapannaṃ"（Sn. 1077）

これに対して仏陀は次のように答える。

「ナンダよ、達人（kusala）たちは、世間において、〔哲学的〕見解によっても、学問によっても、知識によっても、牟尼であるとは言わない。人と交際することなく苦悩なく、欲望なく遊行する人たち、彼らを牟尼であると私は呼ぶ。」

"na diṭṭhiyā na sutiyā na ñāṇena
　munīdha Nanda kusalā vadanti,
visenikatvā anighā nirāsā
　caranti ye, te munayo ti brūmi"（Sn. 1078）

visenikatvā は Sn. 833 にも見られ、Buddhaghosa はその箇所の註釈で「煩悩の軍勢を滅ぼして」（visenikatvā ti kilesasenaṃ vināsetvā）と説明する[45]。そして、PED（s.v. viseni < senā）では「武装を解除すること」という意味を与え、vināsa（< vi-naś）については「煩悩の軍勢を滅亡させること」と解釈している。したがって、viseni と vināsa は同一義である。

Āy. 1.6.3.2 には visseṇi-kaṭṭu があり、kaṭṭu は kṛtvā の意味でも使用されるので、ここの visenikatvā は visseṇī-kattā と考えることができよう。visseṇī は Skt. viśrayanī もしくは viśreni であることから、「人との交際がない」ことを意味する[46]。BHS viśreṇī-kṛtvā は Edgerton によって「交際を避けて」という意味が与えられる[47]。

⑭ 比丘中の「道を説く者」

以下は第2章第1節「沙門」の (2) ③で引いたが、ここでも訳文を再録しておきたい。覚者としての比丘（bhikkhu）と同義に使用される場合がある。

> この世で最高のものを最高であると知り、ここで法を説き分別する人、疑いを断ち、貪愛に動かされないその牟尼を、彼らは比丘たちの中で、第2の「道を説く者」（maggadesin）と言う。（Sn. 87）

⑮ 明行足の聖者

後世、如来の十号の一として数えられる明行足（vijjācaraṇasampanna）と同義に使用される。

> 〔雪山に住むという神霊が言った。〕「牟尼の心は行動と言葉とを具備している。明知と行動とを具備している彼をあなたは正しく賛嘆する。
> 牟尼の心は行動と言葉とを具備している。明知と行動とを具備している彼にあなたは正しく随喜する。（Sn. 163A–163B）

Sn. 163Ac, 163Bc に見られるこの観念は、かなり古い時代に成立したものとされている。なお、仏教と同様にジャイナ教においても明行足の語は使われるが、牟尼ではなくブッダの語とともに使用されているので、本章第11節にて見ることとする。

⑯ 智慧を完成するバラモン

バラモンは本来、ヴェーダ聖典を受持する司祭者のことを指していた。しかし、本章第1節で見たとおり、仏教やジャイナ教においては、形骸化した祭祀を執り行なう堕落したバラモン僧を意味するのではなく、むしろ、修行を完成した理想者を指している。そして、この理想的修行者の意味において牟尼が使用されている場合がある。

真理から逸脱することなく、バラモンである牟尼は高地に立っている。一切を放棄して彼は実に寂静な人と言われる。

saccā avokkamma muni thale tiṭṭhati *brāhmaṇo*,
sabbaṃ so[48] paṭinissajja sa ve santo ti vuccati（Sn. 946）

前世の生涯を知り、天界と苦界とを見る。生を滅ぼしえて智慧を完成した牟尼、完成すべきことをすべて完成した人、彼を私はバラモンと呼ぶ。（Dhp. 423）

真理を体得し、智慧を完成した人は牟尼の尊称で呼ばれる。これは覚者（buddha）に他ならない。

そして、そのように牟尼と呼ばれた修行完成者たちの中でも、特に歴史上の仏教の開祖仏陀を直接指している詩節があるので、それらを見てみることにする。

（3）仏陀の別称

① 釈迦族出身の牟尼

以下の詩節では、明らかに歴史上の開祖をゴータマと呼び、ゴータマを牟尼と呼んでいる。これは後世釈迦牟尼（Śākya-muni）という称号に発展していく。

牟尼の心は行動と言葉とを具備している。さあ、明知と行動とを具備したゴータマにまみえよう。

sampannaṃ munino cittaṃ kammanā vyappathena ca,
vijjācaraṇasampannaṃ handa passāma *Gotamaṃ*（Sn. 164）

羚羊のような脚があり、痩せ細っており、勇者であり、小食で貪ることがなく、森の中で瞑想している牟尼ゴータマに来たりまみえよ。

eṇijaṃghaṃ kisaṃ vīraṃ[49] appāhāraṃ alolupaṃ
muniṃ vanasmiṃ jhāyantaṃ ehi passāma *Gotamaṃ*（Sn. 165）

② 具眼者なる大牟尼

また、仏陀に呼びかけるときに、「眼ある方よ」(cakkhuma) という別名で呼びかける場合がある。

世尊にまみえたわれわれにとって、得たものは実に少なくありません。眼ある方よ、われわれはあなたに帰依します。あなたはわれわれの師となってください。偉大な牟尼よ。

lābhā vata no anappakā,
　　ye mayaṃ bhagavantaṃ addasāma,
saraṇaṃ taṃ upema *cakkhuma*,
　　satthā no hohi tuvam mahāmuni (Sn. 31)[50]

私が以前に抱いていたその疑問にあなたは答えました。眼ある方よ、確かにあなたはよく覚れる牟尼です。あなたには蓋うものがありません。(Sn. 541)

Sn. 31 はダニヤが仏陀に話しかけている詩節であり、Sn. 541 はサビヤが仏陀に話しかけている詩節である。したがって、牟尼は疑いもなく開祖仏陀その人のことである。

③ 覚者たる牟尼 (太陽の末裔、悪魔を征服した牟尼等)

牟尼である仏陀に対して、具眼者の他にも別名で呼びかけている詩節は多いが[51]、2, 3 例示するにとどめる。

あなたは私の懸念を知って、私の疑いを運び去ってくださいました。あなたに帰命します。牟尼よ、牟尼としての道をきわめ達した方よ、心に荒みがない方よ、太陽の末裔よ、あなたは温和な人です。

yaṃ me kaṃkhitam aññāsi,
　　vicikicchaṃ maṃ atāresi namo te,
muni monapathesu pattipatta,
　　akhila *ādiccabandhu* sorato si (Sn. 540)[52]

この詩節はサビヤが仏陀に対して述べた詩節であり、仏陀は牟尼と言い換えられ、さらに太陽の末裔 (ādiccabandhu) と置き換えられる。

さらに、以下の詩節では、サビヤは仏陀を悪魔を征服した牟尼であると讃える。

あなたは覚者であり、あなたは師であり、あなたは悪魔を征服した牟尼です。あなたは潜在的煩悩（随眠）を断ち切って、彼岸に達しており、これらの人々を渡らせます。（Sn. 545 = 571）

2　初期ジャイナ教文献に現われる muṇi

(1) 出家修行者としての牟尼

ジャイナ教において修行者は牟尼と呼ばれることも多い。そして牟尼は、出家修行者の他の名称と同一の意味で、しばしば使用されていることがある。ここにこれらの呼び名を挙げてみることにする。

① aṇagāra との同義

牟尼、出家者、比丘には多くの幸福がある。彼はすべての束縛から解放され、〔自らを〕孤独であると見ている。

bahuṃ khu muṇiṇo bhaddaṃ *aṇagārassa bhikkhuṇo*[53]
savvao vippamukkassa egantam aṇupassao（Utt. 9.16）

牟尼は束縛から解放されており、家族のない孤独な者として生きるのである。ここで牟尼は出家者、比丘と同格に使われており、一般的な意味における出家修行者のことと解される。

第 2 章で見たとおり、aṇagāra とは、家に住むことを放棄し出家（pavajjā < Skt. pravrajyā）生活をする者であり、執著（saṃga）を離れた人のこととして牟尼とも呼ばれる。

家に住むことを放棄し、出家生活をする牟尼は、人につきまとうこれらの執著を知るべきである。

gihavāsaṃ pariccajja *pavajjām* assie muṇī
ime saṃge viyāṇijjā jehiṃ sajjanti māṇavā（Utt. 35.2）

② bhikkhu との同義

Śvapāka の家系に生まれ、最も高い徳を備えた牟尼であり、感官を制御したハリケーシャ・バラ（Hariesabala, Skt. Harikeśa-Bala）と名づけられた比丘がいた。

sovāga-kula-saṃbhūo guṇuttaradharo muṇī
hariesabalo nāma āsi *bhikkhū* jiindio（Utt. 12.1）

sovāka とは Skt. の Śvapāka に相当し、奴隷階級（śūdra）の男性とバラモン（brāhmaṇa）の女性との間に生まれた子供のことで、社会の最下層に属する。

しかし、この詩節においては、そのような出自の牟尼は比丘と同一視され、高い徳を備え感官を制御した者と言われている。このように、修行を積み上げれば、家系に関係なく、比丘あるいは牟尼と呼ばれるということを知ることができる。

Dasav. においては、大地のごとく不動の精神をもち、来世への願望をもたず、すべてに対して好奇心をもたない者が比丘であり、牟尼であると言われる。

常に体を解き放ち、放棄して、侮られ、打たれ、傷つけられても、牟尼は大地に等しいものとなるべきである。来世への願望をもたず（aṇiyāṇa, Skt. anidāna）、好奇心のない者は比丘である。

asaiṃ vosaṭṭha-catta-dehe
akkuṭṭhe va hae va lūsie vā
puḍhavīe-same muṇī havejjā
aṇiyāṇe akuūhale [ya je], sa *bhikkhū*（Dasav. 10.13）[54]

Sūy. 1.7.29 においても、牟尼と比丘は同一視され、以下のように説かれる。

自制を実践するために牟尼は食べるべきである。比丘は罪を取り除こうと望むべきである。彼が苦痛を感ずるとき、自制を用いるべきである。戦闘の先頭におけるように敵を調伏すべきである。

bhārassa jāā muṇi bhuñjaejjā
kaṃkhejja pāvassa vivega *bhikkhū*

dukkheṇa puṭṭhe dhuyamāiejjā

　　saṃgāmasīse va paraṃ damejjā（Sūy. 1.7.29）

悪口と殺害を征服して、堅固な牟尼は卓越した生活をすべきであり、〔その生活が〕常に彼自身を守っている。心を取り乱すことがなく、歓喜することがなく、すべてを耐える人は〔真実の〕比丘である。

akkosa-vahaṃ viittu dhīre

　　muṇi care lāḍhe niccam āya-gutte;

avvagga-maṇe asaṃpahiṭṭhe

　　je kasiṇaṃ ahiyāsae, sa *bhikkhū*（Utt. 15.3）

③ isi との同義

尊者よ、愚かで無知な少年たちのなしたその軽蔑を許してください。諸聖仙（isi）は恵み深く、実に諸牟尼は怒りに傾注しないものです。

bālehi mūḍhehi ayāṇaehiṃ

　　jaṃ hīliyā tassa khamāha bhante

mahappasāyā *isiṇo* havanti

　　na hu muṇī kovaparā havanti（Utt. 12.31）

牟尼は聖仙とも呼ばれ、恵み深く、怒りを離れている。また、卓越した生活をし、自制を守っている者も牟尼である。このことは上に引いた Utt. 15.3 に説かれる。

④ tavodhaṇa との同義

このように大誓戒（mahāpainna）を保ち、偉大な名声をもち、厳しく調伏された偉大な苦行者、偉大な牟尼は、ついにこの偉大なニルグランタ（niyaṇṭha/nigganthа, Skt. nirgrantha）の偉大な義務である説法に到達した。

evuggadante vi mahā*tavodhaṇe*

　　mahāmuṇī mahāpainne mahāyase

mahā*niyaṇṭhijjam* iṇaṃ mahāsuyaṃ

　　se kaheī mahayā vitthareṇaṃ（Utt. 20.53）[55]

牟尼は苦行者（tavodhaṇa）と同一視される。Nirgrantha は一般には離繫者と訳すが、ここでは mahā を冠せられ、マハーヴィーラを指す。すなわち、牟尼は苦行者としての修行の結果、マハーヴィーラと同等の境地に到達したのである。

⑤ paṇḍia との同義

このように牟尼が 2 種類の苦行を完全に行なうなら、かの賢人（paṇḍia）はすぐにすべての輪廻から解放されるでしょう。

evaṃ tavaṃ tu duvihaṃ je sammaṃ āyare muṇī
so khippaṃ savva-saṃsārā vippamuccai *paṇḍio*（Utt. 30.37）

2 種類の苦行とは、内的苦行（abbhintara）と外的苦行（bāhirabbhantara）のことである。内的苦行と外的苦行は、ジャイナ教において解脱を得るための実践道として重んじられている。これらの苦行は、*Tattvārthādhigama-sūtra* 9. 19–27 において体系的に説かれているのであるが、金倉圓照博士[56]によると以下のようになる。

外的苦行とは、1. 断食、2. 減食、3. 一定の条件に適合しない食べ物の施与を受用しないこと、4. 酒、肉、蜜等の美味の捨離、5. 閑居孤坐、6. 特定の姿勢を保って寒熱に身を曝す苦行の 6 種である。

内的苦行にもやはり 6 種がある。すなわち、1. 懺悔、2. 端然（＝毘奈耶）、3. 奉仕、4. 勉学、5. 放慮、6. 静慮（＝禅）である。この 1 には 9 区分あり、告白、改悔、その両者、（受用物の）離棄、（身体、側近等に対する愛著の）放棄、苦行、法臘の削減、別住、僧籍復帰である。2 に 4 区分あり、智、見、行、礼節に関して行儀作法を正しくすること。3 に 10 区分あり、阿闍梨、和尚、苦行者、学僧、病人、団体、部族、僧伽、聖僧、俗信士に対する奉仕。4 に 5 区分あり、経典の教えを受けること、質問、熟考、暗誦、説法である。5 に 2 区分あり、外在物と内在物それぞれに無関心であること。6 の静慮には区分はなく、これらのうち最も重要であると考えられている。

これら内的と外的の 2 種の苦行をすべて行なうなら、賢人であるところの牟尼は解脱を得ることができるのである。また、賢人である牟尼は自負心や欺き、世俗的虚栄心を熟知した上で涅槃に向かうことが、Sūy. 1.9.36 において説かれる。

賢人は過度の自負心や欺き、すべての世俗的虚栄心を知って、それから牟尼は涅槃に向かう。

aimāṇaṃ ca māyaṃ ca taṃ parinnāya *paṇḍie*

gāravāṇi ya savvāṇi nivvāṇaṃ saṃdhae muṇi（Sūy. 1.9.36）

⑥ mehāvin との同義

徳の大海である諸々の善く説かれた言葉を聞いて、賢者（mehāvin）である牟尼は五〔誓戒〕を楽しみ、三〔紀律〕を護り、四汚濁を離れて行ずべきである。彼は尊敬に値する。

tesiṃ gurūṇaṃ guṇasāgarāṇaṃ
　　soccāṇa *mehāvi* subhāsiyāiṃ
care muṇī pañcarae tigutto
　　caukkasāyāvagae[57], sa pujjo（Dasav. 9.3.14）

先に見たとおり、4つの汚濁（caukkasāya, Skt. catur-kaṣāya）とは怒り、慢心、偽り、貪欲のことである。これらは我（ātman）の汚れなき性質を覆い隠し、生存の輪廻を彷徨う原因となるものである。

これら汚濁を離れて行ずる賢者たる牟尼には、憎悪という世俗的束縛から解放されることも大切な修行の目的となる。

憎悪に執著する人は、業を積み上げる。死ぬとき彼は、近づきがたい困難に〔遭遇する〕。それ故に、賢者（mehāvin）は法をよく見、牟尼はすべての世俗的束縛から解放されて遊行すべきである。

verāṇugiddhe nicayaṃ karei
　　io cue se iham aṭṭhaduggaṃ
tamhā u *mehāvi* samikkha dhammaṃ
　　care muṇī savvau vippamukke（Sūy. 1.10.9）

⑦ saṃjaa（Skt. saṃyata）との同義

勝れた乞食を行なう牟尼・自制者は戸の閂、鉄棒、門、扉によりかかって立つべきでない。

aggalaṃ phalihaṃ dāraṃ kavādaṃ vā vi *saṃjae*

avalambiyā na ciṭṭhejjā goyaragga-gao muṇī（Dasav. 5.2.9）

saṃjaa は Skt. saṃyata, Pā. saññata に対応し、よく制御された（人）、すなわち、自制者を意味する。牟尼はこの自制者と同格であり、勝れた乞食者として描かれている。

⑧ māhaṇa（Skt. brāhmaṇa）との同義

バラモンは本来、司祭者を指すのであるが、ここでは修行者である牟尼と同義にとらえられる。

〔へびが〕その脱け殻を捨て去るように[58]、牟尼は彼が塵を捨てるべきであると考えて、種姓と他のすぐれた点を自慢することがない。またバラモンは、他人を中傷することが不幸をもたらすことになる〔と考える〕。

tayā saṃ va jahāi se rayaṃ
　　ii saṃkhāya muṇī na majjaī
goy' annayare va *māhaṇe*,
　　ah' a-seya-karī 'nnesi inkhiṇī（Sūy. 1.2.2.1）

牟尼は過去と未来の法を、はるか離れて見る。バラモンもまた、荒々しい行為を受け、打たれても、自制に励む。

dūraṃ aṇupassiyā muṇī
　　tīyaṃ dhammam aṇ-āgayaṃ tahā
puṭṭhe pharusehi *māhaṇe*
　　avi haṇṇū samayammi rīyai（Sūy. 1.2.2.5）

これら 2 つの詩節では、バラモンと呼ばれる牟尼は未だ修行完成者とは言えず、修行完成の途上にある修行者とみなすことができよう。しかし、次の詩節に描かれる牟尼（バラモン）は完全智者であることを窺わせる。

完全なる智慧をもって牟尼は常に自制する。彼は正しく法を説く。バラモンは常に小さな〔過ちさえ〕犯すことはない。彼は怒らないし、自慢しない。

panna-samatte sayā jae
　　samiyā dhammam udāhare muṇi
suhume u sayā a-lūsae
　　no kujjhe no māṇi *māhaṇe*（Sūy. 1.2.2.6）

⑨ tahāgaya（Skt. tathāgata）との同義

温かい水やお湯を使う、法に安住する牟尼は、〔悪い行為を〕恥ずかしいと思う。悪い王たちと関係することは、如来にとって三昧の妨げとなる。

usiṇodaga-tatta-bhoiṇo
　　dhamma-ṭhiyassa muṇissa hīmao
saṃsaggi a-sāhu-r-āihiṃ
　　a-samāhī u *tahāgayassa* vi（Sūy. 1.2.2.18）

冷水は微生物が存在する可能性があるために使用することが禁止されている[59]。冷水を使用しない牟尼は如来（tathāgata）とも同一視される。一般に如来とは悟りを得た人、修行完成者を意味し、ブッダの別称とされているが、ここでは牟尼と同様で、修行完成の途上にある人と考えられているようである。

(2) 牟尼の実践道

それでは次に、牟尼という呼称を与えられた修行者が、具体的にはどのような点に注意を払い、何を求めて修行しているのかを見てみることにする。

① 食に対する無執著

Utt. 8.11 において比丘（bhikkhu）が生命を支えるためにわずかな食べ物を食べ、風味に貪欲であってはならないことが説かれるが、牟尼（muṇi）についても同様のことが言われる。

大牟尼は貪欲を離れ、味に貪欲でなく、舌を調御し、執著から離れている。彼は美味のために食べるべきでなく、生命の維持のために食べるべきである。

alole na rase giddhe jibbhādante amucchie

na rasaṭṭhāe bhuṃjijjā javaṇaṭṭhāe mahāmuṇī（Utt. 35.17）

食べ物、飲み物の適量を知って、彼はおいしいものを望まないし、あこがれない。牟尼は目をこするべきではないし、身体をかきむしるべきでない。

māyanne asaṇa-pāṇassa　　nāṇugiddhe rasesu apaḍinne

acchiṃ pi no pamajjiyā,　　no vi ya kaṇḍūyae muṇī gāyaṃ（Āy. 1.9.1.20）

また、よく料理されたもの、つまり加工されたものを、牟尼は避けるべきことが説かれる。

よく作られたもの、よく料理されたもの、よく切られたもの、よく取られたもの、死んだもの、よく熟練されたもの、よく得られたものといった非難されるべきことを、牟尼は避けるべきである。

sukaḍi tti supekki tti succhinne suhaḍe maḍe

suṇiṭṭhie suladdhi tti sāvajjaṃ vajjae muṇī（Utt. 1.36 = Dasav. 7.41）

② 自制する修行者

自分の欲望や感情を抑えて努め励む修行者、すなわち自制者として生きる人も牟尼と呼ばれる。

この世で牟尼は自制者として生き、後になって業の汚れのない者となるだろう。塵のなくなった澄んだ水も再び塵で汚れるように、そのように〔自我も〕そうである。

iha saṃvuḍe muṇī jāe pacchā hoi apāvae

viyaḍ'-ambu jahā bhujjo nīrayaṃ sarayaṃ tahā（Sūy. 1.1.3.12）

他を傷つけることを止め、自制を実践している人を、寒さが時々苦しめる。ジナの教えを聞いて、牟尼は時間を越えて歩くべきでない。

carantaṃ virayaṃ lūhaṃ sīyaṃ phusai egayā

nāivelaṃ muṇī gacche soccāṇaṃ jiṇa-sāsaṇaṃ（Utt. 2.6）

そして解脱を目的とし自制する牟尼は、また自制を楽しむのである。自制は解脱への橋渡しをする修練である。

それ故に、これら沙門たちは知れ、「解脱を目的とするこの牟尼は、満足して粗末なものを用い、粗末な生活をしてよく満足する人である。」

jāṇantu tā ime samaṇā "āyayaṭṭhī ayaṃ muṇī

saṃtuṭṭho sevaī pantaṃ lūha-vittī sutosao"（Dasav. 5.2.34）

すべての理に従っている生物と非生物〔の性質〕を、このように聞いて、また信じて牟尼は自制を楽しむべきである。

iya jīvam ajīve ya soccā saddahiūṇa ya

savva-nayāṇam aṇumae ramejja saṃjame muṇī（Utt. 36.248）

③ 寂静なる牟尼

感官を病むとき、牟尼は寂静を得べきである。〔死に対して〕不動で寂静なる彼は非難されるところがない。

indiehiṃ gilāyanto samiyam āhare muṇī,

tahā 'vi se agarahe acale je samāhie（Āy. 1.8.8.14）

牟尼の実践の条件として種々の項目が説かれる中で、心を静めること、すなわち寂静なることが説かれる。

不快に背を向けて、罪から離れ、自己を守り、法を喜びとし、罪を犯さず、心を静めて牟尼は行動すべきである。

araiṃ piṭṭhao kiccā virae āya-rakkhic

dhamm' ārāme nirārambhe uvasante muṇī care（Utt. 2.15）

④ 快楽の抑制

世俗的な快楽に身を任せることは、常にすべての修行者に対して戒められてきたが、牟尼に対しても同様に戒められている。具体的には観劇や観戦等、また在家者との接触も禁じられている。

困難なこと、耐えることが困難なことを無視して、牟尼は遊行しつつ、物語、俳優、歌、なぐり合いの戦い、こぶしの戦いに〔興味を〕示さない。

pharusāiṃ duttiikkhāiṃ　　aiyacca muṇī parakkamamāṇe
āghāya-naṭṭa-gīyāiṃ　　daṇḍa-jujjhāiṃ muṭṭhi-jujjhāiṃ（Āy. 1.9.1.9）

牟尼は、抑制のない在家者の家にとどまるべきでない。村の子供たちのスポーツを〔見ることによって〕、あまりにも長く楽しむべきでない。

n'annattha antarāeṇaṃ paragehe na nisīyae
gāmakumāriyaṃ kiḍḍaṃ nāivelaṃ hase muṇī（Sūy. 1.9.29）

さらに、在家者からの外形的な尊敬を期待してはならないし、甘んじてもいけない。牟尼は真に尊敬される人であるべきである。

主人は立ち上がって尊敬をこめた挨拶をし、招待するであろう。それら（挨拶等）を行なう人たちを、牟尼は望むべきでない。

abhivāyaṇamabbhuṭṭhāṇaṃ sāmī kujjā nimantaṇaṃ
je tāiṃ paḍisevanti na tesiṃ pīhae muṇī（Utt. 2.38）

⑤ 不放逸の実践

ヴェーダ聖典、ウパニシャッド、『マハーバーラタ』、また仏教やジャイナ教聖典等、古代インド文献に広く用いられる「不放逸」（apramāda）という語は、怠けないこと、注意深さ、励み等を意味している。牟尼は自己の日常生活において、どんなに些細なことをする場合でも常に注意深く、熱心に、油断せずに行ずることが要求される[60]。

牟尼である沙門は13年もの間、これらの寝場所で過ごした。昼も夜も彼は立ったままで努力しつつ、不放逸（appamatta）に心を統一して禅定した。

eehiṃ muṇī sayaṇehiṃ　　samaṇe āsi pa-telasa vāse;
rāiṃdiyaṃ pi jayamāṇe　　*appamatte* samāhie jhāi（Āy. 1.9.2.4）

ここでは沙門＝牟尼の関係が示され、出家修行者時代のマハーヴィーラ個人のことを言っている。彼は悟りを得るために昼夜、不放逸に励み、禅定に入っていたことが知られる。

修行者は、一般に、非梵行（abambhacariya）とみなされる放逸（pamāya）を行なわない。

〔善行の〕破壊処を避ける牟尼は、恐ろしい非梵行であり、悪く行なわれる放逸を、世間において行なわない。

abambhacariyaṃ ghoraṃ *pamāyaṃ* durahiṭṭhiyaṃ
nāyaranti muṇī loe bheyāyayaṇa-vajjiṇo[61]（Dasav. 6.16）

さて、不放逸は解脱に到達するための手段でもあった。最高度の心統一の持続を要求される不放逸は、解脱（涅槃）の境地を獲得するのに不可欠の行であったのである。

調教された〔時〕、馬具を装備した馬のように、欲望を抑制することによって、人は解脱に到達する。若い時代に注意深く行動すべきである。それ故、牟尼は速やかに解脱に到達する。

chandaṃ-niroheṇa uvei mokkhaṃ
　āse jahā sikkhiya vamma-dhārī
puvvāi vāsāiṃ car' appamatte
　tamhā muṇī khippam uvei mokkhaṃ（Utt. 4.8）[62]

不放逸は解脱を得るのに不可欠な根本的態度であり、苦行を行なうにも、禅定と学問を行なうにも、不放逸に専念する必要がある。そのような態度があればこそ、それらによって完全な解脱に到達することができることを、次の２つの詩節は教える。牟尼のそうした努力精進の姿勢が不放逸と名づけられるのである。

苦行という矢によって、業である〔敵の〕鎧を貫通して、牟尼は戦いから解放されるとき、生存から解放される。

tavanārāyajutteṇa bhittūṇaṃ kammakaṃcuyaṃ
muṇī vigayasaṃgāmo bhavāo parimuccae（Utt. 9.22）

愛執の束縛を捨てて、禅定と学問に専心する牟尼は、常に熱せられた心をもって涅槃に念（mati）を置くべきである。

payahittu siṇeha-badhaṇaṃ

jhān' ajjhayaṇa-parāyaṇe muṇī

ṇiddhatteṇa sayā vi cetasā

ṇevvāṇāya matiṃ tu saṃdadhe（Isibh. 27.2）

⑥ 知者に到達せる賢人

牟尼は知者の本性を熟考し、知者に到達した人である。また、牟尼は賢人（paṃḍia）とも呼ばれる。

賢人は愚者の本性と知者〔の本性〕を熟考する。愚者の本性を捨て去り、牟尼は知者〔の本性〕に住する。

tuliyāṇa[63] bālabhāvaṃ abālaṃ ceva paṃḍie

caiūṇa bālabhāvaṃ abālaṃ sevaī muṇi（Utt. 7.30）

他の詩節においても、牟尼の条件として知者であることが要求される。Utt. 25.32 は修行者の呼称、すなわち沙門（samaṇa）、バラモン（bambhaṇa）、牟尼（muṇi）、苦行者（tāvasa）を挙げ、何故にそれぞれの呼称で呼ばれるのかを告げる。

平等によって沙門となり、梵行によってバラモンとなり、知識によって牟尼となり、苦行によって苦行者となる。

samayāe *samaṇo* hoi bambhacereṇa *bambhaṇo*

nāṇeṇa u muṇī hoi taveṇa hoi *tāvaso*（Utt. 25.32）

音が似ていることにより沙門を sama-（平等）にかけ、バラモンを bambhacera にかけ、苦行者を tava にかけて、通俗語源解釈をしている。しかしここでは、牟尼だけはそうした通俗語源解釈をせずに、知（jñāna）から導き出している。なお仏典においては、牟尼を沈黙（mona）から導き出す通俗語源解釈を採用する場合もあるとはいえ、本節 1 (2) ⑨で見たように、それを否定し、「よく考える」（muṇāti < √mnā）という本来の語源から牟尼のあるべき姿を説示している場合もある。

⑦ 福田としての牟尼

祭祀を行ない、動物を犠牲にするバラモンが、非常に害悪な田地に譬えられている[64]のに対し、牟尼は功徳を生み出す田地、すなわち福田として讃えられる。

ああ！ あなた方は、ただ言葉の重荷の運び屋にすぎない。あなた方はヴェーダを学んでも意味を理解しない。牟尼は高きと低きとを遊行した。彼らは非常に勝れた田地（khetta）である。

tubb' ettha bho bhāradharā girāṇaṃ
　　aṭṭhaṃ na jāṇeha ahijja vee
uccāvayāiṃ muṇiṇo caranti
　　tāiṃ tu *khettāi* supesalāiṃ（Utt. 12.15）[65]

⑧ 誓戒の本質

この世で牟尼は常に師に仕え、勝者の誓戒に通じ、行に通じ、過去に作った塵垢を振り捨て、光輝く無比の趣に行く。

gurum iha sayayaṃ paḍiyariya muṇī
　　jiṇa-*vaya*-niuṇe abhigama-kusale
dhuṇiya raya-malaṃ pure-kaḍaṃ
　　bhāsuram aulaṃ gaiṃ gaya（Dasav. 9.3.15）

師が教示した誓戒（vaya, Skt. vrata）に通じ、行ないが正しい人は無比の趣に行くのである。この無比の趣とは、もはや輪廻から解放され、2度と生存がないことである。

これは牟尼が完全に実践すべき誓戒の本質（pavayaṇa-māyā）である。その賢人はすべての輪廻からすぐに解放されるであろう。

esā *pavayaṇamāyā* je sammaṃ āyare muṇī
se khippaṃ savva-saṃsārā vippamuccai paṇḍie（Utt. 24.27）

⑨ 乞食者としての牟尼

かの牟尼は村においても、町においても、勝れた乞食行に住して、穏やかに怠ることなく、心乱されることなく、遊行すべきである。

se gāme vā nagare vā goyaragga-gao muṇī

care mandam aṇuvviggo avvakkhitteṇa ceyasā（Dasav. 5.1.2）

そして、牟尼としての最善の托鉢とは、野獣のごとく生活し、得られた食べ物に満足することである。Utt. 19.83 はこのことを示している。

野獣はそれ自身、多くの場所を歩き、多くの場所に住み、常に食べ物を得るように、そのように托鉢に従事する牟尼は〔得られた食べ物を〕蔑んだり、非難したりすべきではありません。

jahā mige ege aṇegacārī
　　aṇegavāse dhuvagoyare ya
evaṃ muṇī goyariyaṃ paviṭṭhe
　　no hīlae no vi ya khiṃsaejjā（Utt. 19.83）[66]

⑩ 遊行者としての牟尼

感官の集合を抑制し、正しい道を歩む（Utt. 25.2）。それも婦人に対してはすべての感官を覆い、その他の世俗的束縛からも解放されて遊行することが勧められる。

婦人からすべての感官を制御して、牟尼はすべて〔の世俗的束縛〕から解放されて遊行すべきである。見よ！ 生きものやそれぞれの生物は苦しみ、苦しみながら困惑している。

savvindiyābhinivvuḍe payāsu
　　care muṇī savvau vippamukke
pāsāhi pāṇe ya puḍho vi satte
　　dukkhena aṭṭe paritappamāṇe（Sūy. 1.10.4）

⑪ 自負心等の遠離

これら 3 点について、牟尼は常に自制すべきである。彼は高慢、怒り、偽り、そして貪りを離れるべきである。

eehiṃ tihi ṭhāṇehiṃ saṃjae sayayaṃ muṇi

ukkasaṃ jalaṇaṃ nūmaṃ majjhatthaṃ ca vigiñcae（Sūy. 1.1.4.12）

「これら3点」とは、1. 歩行、2. 坐ることと横たわること、3. 食べ物と飲み物のことである。

自負心（高慢）はここで「離れるべき」とされる4項目のうちに数えられている。その4つとは、征服しがたいものとしてジャイナ教聖典にしばしば登場する四汚濁のことで、高慢（自負心、ukkasa = Skt. utkarṣa, māṇa = Skt. māna）、怒り（jalaṇa = Skt. jvalana, koha = Skt. krodha）、偽り（Deśī: nūma ; māyā = Skt. māyā）、貪り（majjhattha = Skt. madhyastha, loha = Skt. lobha）であるが、使用される語には変動がある[67]。

⑫ 苦行の実践（断食）

断食による苦行も、牟尼にとって重要な実践である。

最後の1年、断食とācāmlaを交互に継続して、牟尼は半月後あるいは1ヵ月後に断食という苦行をやめる。〔これらを死ぬまで続ける。〕

koḍīsahiyam āyāmaṃ kaṭṭu saṃvacchare muṇī

mās' addha-māsieṇaṃ tu āhāreṇa tavaṃ care（Utt. 36.254）

Jacobiはkoḍīsahiyam āyamamをkoṭisahitaṃ ācāmlam, 'the austerity called ācāmla（= āyambila）' と記す[68]。そして、このJacobiが依拠している註釈家は、この句（phrase）に2とおりの説明を加える。

1. 一日断食して、次の日にācāmlaをとる。

2. 隔日に、ācāmlaをとるのをやめる。

ācāmlaというのは、ミルクでどろどろに煮た酸っぱい粥である[69]。恐らく、今日は断食をし、明日はācāmlaをとる、というように、断食とわずかな食をとることを交互に、死に至るまで続けるという苦行を実践するのである。

⑬ 不殺生の実践

ジャイナ教において、不殺生は最も強調された実践項目である。最善細心の注意を払い、坐ったり、横になったりする際に微生物を殺さないようにすることが牟尼に課せられる。

村にあっても森にあっても、場所を点検し、生きものがほとんどいないことを知って、牟尼は筵を広げるべきである。

gāme vā adu vā raṇṇe thaṇḍilaṃ paḍilehiyā
appa-pāṇaṃ tu vinnāya taṇāiṃ saṃthare muṇī (Āy. 1.8.8.7)[70]

ところで、上の詩節を含む Āy. 1.8.8 において、修行が完成し、生涯を終えるに相応しい状態に達した賢者の 3 種の死の形式が、以下のように説かれている。

1. 森や村において生類がいないことを確かめて、筵を敷き横になりながら断食をする。横になった彼を、地面を這う生きものや空を飛ぶ生きものが襲って来て、彼の肉を食べ、血を吸っても、それを振り払ったりせずにじっと耐えるのである。また、世俗的なことがらに心を奪われない。漏入（āsava）が止み、縛（gantha）が滅したとき、その修行者は生涯を終えるのである。(vv. 7–11ab)
2. 草のある場所を避け、何も生えていない地面に直接横になる。原則として身体を動かさずに静かにしているのであるが、横臥、坐居に疲れたときには、身体の伸縮や歩行が許される。生類のいない場所で食を断ちながらじっと死を迎える。(vv. 11cd–18)
3. 生類のいない場所に留まり、そこを決して動くこともなく、身体の一切の動きをも止める。断食しながら、艱難（parīsaha）辛苦（uvasagga）に耐えて、すべての愛欲を離れて死を迎える。(vv. 19–23)

以上の 3 つの型である。いずれも断食が基本であるが、1 は爬虫類や鳥の襲撃を耐えながらの死、2 は一定の場所に留まって迎える死、3 は身体を全く動かすことなく死ぬことと特徴づけられる。この順番で 1 より 2 が、2 より 3 がより高次な死に方と考えられていて、これらの中から、どれか 1 つを選ぶべきことが勧められている。

⑭ 我所の遠離

「わがもの」という観念のない（n' atthi mamāiyaṃ : Āy. 1.2.6.2 [12.7]）牟尼

にとって、もはや財産は必要がない。

牟尼は諸法の彼岸に到った者であり、殺害することを止めた。自分のものという観念は悲しい。彼らは自分の財産を獲得しない。

dhammassa ya pārae muṇī
　　ārambhassa ya antae ṭhie
soyanti ya ṇaṃ *mamāiṇo*
　　no labbhanti niyaṃ pariggahaṃ（Sūy. 1.2.2.9）

「わがものという思い」(mamāyita）がこの意味で使用されるのは、仏教でも同様である。第 2 章第 2 節 1 (3) ⑥で述べたが、再度、該当箇所を引いておく。

わがものと思うために人々は悲しむ。なぜなら、所有物は常住でないからである。これは別れがあるだけだと見て、家に住むべきでない。（Sn. 805）

⑮ 言葉の過失なきこと

言葉使いに気をつけることも牟尼の大切な修行である。特にジャイナ教徒は言葉の過失を恐れる。

牟尼は善い言葉の清浄を観察して、また悪い言葉を常に避けるべきである。量られた悪くない〔言葉〕を考えて話すべきである。善人たちの中において彼は称賛を得る。

savvakka-suddhiṃ samupehiyā muṇī
　　giraṃ ca duṭṭhaṃ parivajjae sayā
miyaṃ aduṭṭhaṃ aṇuvīi[71] bhāsae
　　sayāṇa majjhe lahaī pasaṃsaṇaṃ（Dasav. 7.55）

⑯ 林棲者としての牟尼

第 1 章において、出家の許しを請う 2 人の息子に対する父親の発言を、バラモン階級の人生観・価値観として紹介したが、そこには家住期から林棲期へ、いわゆる āśrama（生活階梯）を移行して出家した者を牟尼とみなす、当時の「常識」もまた、写し取られていた。

息子たちよ。ヴェーダを学び、婆羅門たちに食べ物を供し、子供たちを家に安住させ、婦人たちと快楽を楽しんでから、森に住み、称賛される牟尼となれ。

ahijja vee parivissa vippe
　　putte pariṭṭhappa gihaṃsi jāyā
bhoccāṇa bhoe saha itthiyāhiṃ
　　āraṇṇagā hoha muṇī pasatthā（Utt. 14.9）[72]

（3）修行完成者としての牟尼

以上、未だ解脱を得るに至らず、その途上にあり、日夜、修行精進する修行者としての牟尼の特徴を例示してきたのであるが、次に修行者の中でも最高位にあると考えられる牟尼像を検討することにする。

① āiṇṇa（Skt. ājanya）との同義

長老であり、救世者（gaṇahara）であり、賢い牟尼である Gārga がいた。ガナ（教団）の指導者である駿馬（āiṇṇa）は、かつて三昧に住していた。

there gaṇahare gagge muṇī āsi visārae
āiṇṇe gaṇibhāvammi samāhiṃ paḍisaṃdhae（Utt. 27.1）

gaṇahara は Gaṇadhara に対応し、通常、Tīrthaṅkara の弟子を意味するのであるが、ここでは駿馬（āiṇṇa < Skt. ājanya）と同義に使われており、修行者の中でも上位にある牟尼を意味する。

āiṇṇa は註釈家たちによって ākīrṇa（iva）vinītāśvaḥ と説明されてきた。しかし、Charpentier[73] は ājanya = ājāneya（a noble horse, a thoroughbred）の可能性を示唆している。BHSD によれば、ājanya の他に ājaniya, ājānya, ājāniya, ājāneya（= Pā. ājañña, ājāniya, ājānīya, ājāniyya, ājāneyya）の語形が存在する。今、ここでは Charpentier の Skt. ājanya > AMg. āiṇṇa の妥当性が極めて高いように思われる。āiṇṇa は ājiṇṇa と ājaṇṇa を経て、ājanya に遡ることが読み取れよう。すなわち、ājanya > ājaṇṇa > ājiṇṇa（口蓋音の後では a > i）> āiṇṇa（thoroughbred）の変化を見ることができるのである。

駿馬は勝れていることに対する譬喩としてよく用いられる。ここも勝れた牟尼の譬えとして使用されている。

② 理想的修行者ナミ

それから Cakra と Aṅkuśa によって印されたすぐれた牟尼の足にお辞儀をしてから、彼は美しく揺れている耳飾りと王冠を身につけて虚空に飛び上がった。

to vandiūaṇa pāe cakkaṃkusala-khaṇe muṇi-varassa
āgāseṇuppaio laliyacalakuṃḍalatirīḍī（Utt. 9.60）[74]

ここで牟尼の足にお辞儀をして虚空に飛び上がったのは、シャクラ（インドラ）である。そしてすぐれた牟尼とは、ブッダもしくは王仙（rāyaisi）と呼ばれるナミ王のことである。ナミが出家者として理想的な生き方をしていることを、インドラは称賛したのである。それ故、ナミは理想的修行者である牟尼なのである。

③ vīra との同義

目覚めている牟尼である勇者（vīra）を、諸々の過失は遠く避ける。燃えている火を、焼けることを恐れる人々が目によって〔遠く避ける〕がごとくに。

jāgarantaṃ muṇiṃ *vīraṃ* dosā vajjenti dūrao
jalantaṃ jātaveyaṃ vā cakkhusā dāha-bhīruṇo（Isibh. 35.23）

vīra は「英雄」の意味であり、苦行生活において勇猛な修行者に対して与えられる尊称である。牟尼はこの勇者と同義である。

なお、「大」を冠した「マハーヴィーラ」（Mahāvīra, 大雄）は、取りも直さずジャイナ教の実質的開祖である第 24 祖 Tīrthaṅkara, ヴァルダマーナの呼称である。

④ īsa（Skt. īśa）との同義

神々の王、羅刹の王、また人王の有名な者たちは、一切衆生に対する慈悲を具備した牟尼・自在者（īsa）に敬礼する。

dev'indā dāṇav'indā ya ṇar'indā je vi vissutā

savva-satta-dayo'vetaṃ muṇ'*īsaṃ* paṇamanti te（Isibh. 45.21）

本来、īsa < Skt. īśa とは「何かを完全にマスターした人」「支配者」のことであり[75]、修行完成者を意味する。ここでは、牟尼は īsa と同義に用いられている。

⑤ 阿闍梨としての牟尼

漆喰で覆われた壁が衝撃によって弱くなるように、そのように〔僧は〕断食によって身体が痩せる。彼は生きものを傷つけることを避けるべきである。これは牟尼によって説かれた法である。

dhuṇiyā kuliyaṃ va levavaṃ
　　kasae deham aṇāsaṇā iha
a-vihiṃsā-m-eva pavvae
　　aṇudhammo muṇiṇā paveiyo（Sūy. 1.2.1.14）

ここに現われる牟尼は、一般の修行者とは区別されるべき尊称であり、解脱の境地にある修行の完成者ということになる。詩節中に語は現われないが、註釈類においては阿闍梨（ācārya）に比定されている。

⑥ マハーヴィーラの別称

マハーヴィーラが牟尼と呼ばれる詩節がある。

私はかつて独存者、大聖仙に尋ねた。「地獄における罪はどのようなものですか」と。知っておられる牟尼よ、そのことを知らない私に話してください。どのようにして愚かな人たちは地獄に行くのですか。

pucchiss' ahaṃ kevaliyaṃ mahesiṃ
　　kahaṃ bhitāvā naragā puratthā
ajāṇao me muṇi būhi jāṇaṃ

kahiṃ nu bālā naragaṃ uventi（Sūy. 1.5.1.1）

直後の Sūy. 1.5.1.2 において、牟尼は Kāśyapa と置き換えられ、マハーヴィーラを意味することがわかる。というのも、Kāśyapa は Kāśya の家系に属する者の謂いであり、ヴァルダマーナを指すからである。

第４節　聖仙

1　初期仏教文献に現われる isi

① 苦行者との同義

古来、叙事詩において、苦行者（tāpasa）のことを、尊者（bhagavat）、聖仙（ṛsi）、バラモン（再生者、vipra, dvija）と呼んでいた[76]。このことは最初期の仏教にも受け入れられたようである。Sn. に isi = tapassin が見られる。

昔の聖仙（isi）たちは自己を制御する苦行者（tapassin）であった。5つの愛欲の対象を捨てて、彼らは自己の目的を実践した。(Sn. 284)

5つの愛欲とは、5種の感覚器官を通じて享受される5種の対象のことである。すなわち、色・声・香・味・触の5つを kāma-guṇa と呼んでいる[77]。これら5つの愛欲を離れた自制者かつ苦行者であることが聖仙の資格であった。

② Asita の呼称

仏陀の父である浄飯王（Suddhodana）の宮廷祭官であったアシタ（Asita）[78]の呼称として isi が用いられる。

喜び満足していて、帝釈天を尊敬している、三十〔三〕人の天の一群と、浄衣をまとい、衣を手にして大いに賛嘆している神々（deva）とを、アシタ聖仙（isi）は日中の休憩所で見た。(Sn. 679)

カンハシリ（アシタ）と呼ばれる結髪の聖仙（isi）は、黄毛布に包まれ、その頭の上で白い日傘をかざされた、黄金の飾りのような〔王子〕を見て、心喜び、心地よくなって彼を抱きかかえた。

disvā jaṭī Kaṇhasirivhayo isi

suvaṇṇanekkhaṃ viya paṇḍukambale

setañ ca chattaṃ dhariyanta muddhani

udaggacitto sumano paṭiggahe（Sn. 689）

この宮廷祭官の髪型は、度々言及した「螺髻」もしくは「螺髪」(jaṭin）である。頭髪を束ねて縛り、螺貝の突起のような形をしているので、このように訳された[79]。

③ 修行の完成者（仏陀）

これまで苦行者やバラモンとしてのisiを見てきたのであるが、修行完成者としての用例も見られる。

言葉を護り、心をよく制御し、身体で悪いことをなすべきでない。これら3つの行為の道を清浄にするなら、人は聖仙たちによって説かれた道を獲得するであろう。

vācānurakkhī manasā susaṃvuto

kāyena ca akusalaṃ na kayirā

ete tayo kammapathe visodhaye[80],

ārādhaye maggam isippaveditaṃ（Dhp. 281）

註釈（Dhp-a. III 417.10）によれば、isi- は buddhādīhi = isīhi であり、覚者と同義である。

次に、複数の覚者を指すのではなく、仏陀その人の呼称として用いられている場合がある。

〔アジタが言った。〕バーヴァリーは頭と頭が裂けることについて尋ねました。世尊よ、それを説明してください。聖仙よ、われわれの疑問を追い払ってください。

muddhaṃ muddhādhipātañ ca Bāvarī paripucchati

taṃ vyākarohi *bhagavā*, kaṃkhaṃ vinaya no ise（Sn. 1025）[81]

世尊（bhagavat)、あるいは聖仙（isi）は仏陀その人を意味している。もう1例を示そう。バーヴァリーの弟子である16人のバラモン[82]が、仏陀のもとに近づいて仏陀に質問をする。

> これらの人たち（16人のバラモン）は、明行足であり聖仙である覚者のもとにやって来て、みごとな質問を発して、覚者たる最高の人に近づいた。(Sn. 1126)

以下、仏陀はこれらのバラモンに問われるごとに、解答を述べ、彼岸に到達する教えを述べるのである。

もっとも、isi（聖仙）とは、元来、叙事詩において山間林中に隠棲する修行者のことであった。初期仏典においても、インド古来の聖仙がもつ理想像を継承しており、時とともに仏陀その人もしくは修行完成者を意味するようになっていくのである。

2　初期ジャイナ教文献に現われる isi

(1) 同義的使用の諸語による検討

① arahaṃta, buddha, virata, vipāva, danta, davia, tāi と同格

『聖仙の言葉』(*Isibhāsiyāiṃ*) は全45章より成り、45人の ṛṣi（聖仙）の思想をそれぞれ1章を割いて述べている。各章の冒頭には必ず聖仙の名を挙げ、

> …… 阿羅漢、聖仙によって言われた。
>
> ...... *arahatā* isiṇā buiyaṃ (Isibh. 各章初)

で始まり、

> このように、彼はブッダ、愛著を離れた者、悪を離れた者、調御する者、自制者、乃至、聖者であって、再びこの世のために速やかに来ない、と私は言う。
>
> evaṃ se *buddhe virate vipāve dante davie* alaṃ *tāiṇo* puṇar-avi icc-atthaṃ havvaṃ āgacchati tti bemi (Isibh. 各章末)[83]

の定型句で終わっている。

したがって、isi（聖仙）という語は、arahaṃta（阿羅漢), buddha（覚者), virata（愛著を離れた者), vipāva（悪を離れた者), danta（調御者), davia（自制

者), tāi（聖者）と同格に扱われている。特にこれらのうち、arahat（arahaṃta）と tāi はほとんど同じ概念であり、buddha や tahāgaya（Skt. tathāgata, 真人）ともほぼ同義である。ジャイナ教において isi は、苦行生活における勇猛な修行者であり、かつ解脱者の尊称として用いられていた。

このように isi は、他の尊称と置き換えられて用いられる場合が甚だ多い。また、次のような用例もある。

> 私は神々の命令によって、命令された王によって与えられましたが、彼は私のことを受け入れませんでした。彼こそが諸王や神々によって尊ばれる聖仙であります。彼によって私は拒否されました。
>
> devābhiogeṇa nioieṇaṃ
> 　　dinnā mu[84] rannā maṇasā na jhāyā
> narindadevindabhivandieṇaṃ
> 　　jeṇamhi vantā isiṇā sa eso（Utt. 12.21）

この詩節は、バラモン Rudradeva の妻バドラー（Bhadrā）によって語られたものである。彼女は Kausalika 王の娘であり、夜叉の社にやって来て神を拝んだ。その社にいた痩せた汚い Bala を見て、嫌悪を感じた。夜叉はこれを不満に思い、Bhadrā の体内に入り、彼女は重病にかかった。どんな薬も彼女を治せなかったとき、夜叉は彼女の口を通して言った。「姫は偉大な僧を軽蔑した。その僧に嫁ぐなら、完治するであろう」と。王は同意して彼女の健康は戻った。それから Bhadrā は花嫁衣装を着て、その社に連れて行かれたが、Bala は拒否した。その後、姫は Rudradeva と名づけられたバラモンと結婚した。

② uggatava, mahappan, jitindia, saṃjaa, bambhayārin, mahājasa, mahāṇubhāga, ghoravvaa, ghoraparakkama と同格

彼女はこの経緯を語っているのであり、聖仙とは Bala のことである。さらに、isi である Bala は彼女によって別の尊称でも讃えられるのである。

> 実に彼こそが厳格な苦行者、大我をもてる者（mahātman > -*ātpan, 偉大なる精神をもてる者）、感官の制御者、自制者、梵行者であります。私自

身の父、Kausalika 王によって私が彼に与えられようとしたとき、私を欲しませんでした。

彼は著名であり、大徳の享受者、畏怖すべき戒行者であり、畏怖すべき勇者であります。軽蔑されえない彼を軽蔑しないでください、あなた方。彼がすべてを火で燃やさないように。

eso hu so *uggatavo mahappā*
jitindio saṃjao bambhayārī
jo me tayā necchai dijjamāṇiṃ
piuṇā sayaṃ kosalieṇa rannā（Utt. 12.22）
mahājaso eso *mahāṇubhāgo*
ghoravvao ghoraparakkamo ya
mā eyaṃ hīleha ahīlaṇijjaṃ
mā savve teeṇa bhe[85] niddahejjā（Utt. 12.23）

このように聖仙である Bala は、厳格な苦行者（uggatava)、大我をもてる者（偉大なる精神をもてる者、mahappan)、感官の制御者（jitindia)、自制者（saṃjaa)、梵行者（bambhayārin)、著名人（mahājasa)、大徳の享受者（mahāṇubhāga)、畏怖すべき戒行者（ghoravvaa)、畏怖すべき勇者（ghoraparakkama）と呼ばれ称賛されている。

しかしながら、uggatava と saṃjaa を除けば、上は一般的に通用する呼称ではない。

そこで、以下に一般的に用いられる尊称を数例提示してみよう。

③ saṃbuddha, paṇḍiya, paviyakkhaṇa との同義

諸々の正覚者、賢人、智者はそのように行じた。聖仙である Mṛgā の息子のように、彼らは享楽を止めた。

evaṃ karanti *saṃbuddhā paṇḍiyā paviyakkhaṇā*
viṇiaṭṭanti bhogesu miyāputte jahā-m-isī（Utt. 19.96）

Mṛgā の息子はジャイナの解脱者であり、聖仙である。したがって、isi は saṃbuddha, paṇḍiya, paviyakkhaṇa と同義に使用されているのを知ることが

できる。

④ muṇi との同義

isi は muṇi（牟尼）とも同義に用いられる。

尊者よ、愚かで無知な少年たちのなしたその軽蔑を許してください。諸聖仙は恵み深く、実に諸牟尼は怒りに傾注しないものです。

bālehi mūḍhehi ayāṇaehiṃ
　　jaṃ hīliyā tassa khamāha bhante
mahappasāyā isiṇo havanti
　　na hu *muṇī* kovaparā havanti（Utt. 12.31）

⑤ kusala, siṇāyaa との同義

kusala は Skt. kuśala に相当し、その道の「達人」（賢者）を意味する。この kusala と isi は同義に用いられる。

賢者たちはこの沐浴を示し、聖仙たちは大きな沐浴を称賛する。そこで大聖仙たちは沐浴し、穢れを除き、清浄になり、最高の境地を得る。

eyaṃ siṇāṇaṃ *kusalehi* diṭṭhaṃ
　　mahāsiṇāṇa isiṇaṃ pasatthaṃ
jahi *siṇāyā* vimalā visuddhā
　　mahārisī uttamaṃ ṭhāṇaṃ patta（Utt. 12.47）

大聖仙たちは、賢者たちによって示され、聖仙たちによって称賛された沐浴を行ない、穢れを除き、清浄になり、最高の境地を得たという。賢者や聖仙たちこそがまさに沐浴者と同じである。沐浴者は、内面的に身を修養するりっぱな人であることが極めて重要となる。ここでの沐浴も水を使っての外面的なことではなく、梵行修習による内面の浄化を意味する。

⑥ mahesi との同義

mahesi は本来、「大聖仙」と訳されるべき語（mahā + isi, 二重母音による変化により mahesi）であるが、isi と全く同義語として使用されていた。初期ジ

ャイナ教聖典においてはisiとmahesiに相違がなかったように思われるのである。そこで、以下ではisiの代わりにこのmahesiが使われている用例にも視野を広げて検討していきたい。1例を挙げてみよう。

自分のために与えられた施食、〔すなわち〕買われたり、準備されたり、運ばれてきたものを、自分のものとする人たちは殺害を認める、と大聖仙によって言われた。

je niyāgaṃ mamāyanti kīyam uddesiyāhaḍaṃ
vahaṃ te samaṇujāṇanti ii vuttaṃ mahesiṇā（Dasav. 6.49）

また、①②で見たisiであるBalaも大聖仙（mahesi）と呼ばれている箇所がある。

厳格な苦行者、畏怖すべき戒行者、畏怖すべき勇者である大聖仙は、毒蛇〔のようなもの〕である。乞食時に比丘を殺害するあなた方は、火の中に飛び込んでしまった蚊の大軍のようなものである。

āsīviso uggatavo mahesī
　　ghoravvao ghoraparakkamo ya
aganiṃ va pakkhanda[86] payaṃgasenā
　　je bhikkhuyaṃ bhattakāle vaheha（Utt. 12.27）

⑦ tāi との同義としての大聖仙

聖人ナーヤプッタによってそれは所得と呼ばれず、「愛著（mucchā）が所得と呼ばれる」と大聖仙によって言われた。

na so pariggaho vutto nāyaputteṇa *tāiṇā*
"mucchā pariggaho vutto" ii vuttaṃ mahesiṇa（Dasav. 6.21）

このmahesiはtāiと同格であり、この場合にはいずれも、ジャイナ教の事実上の開祖マハーヴィーラのことを言っている。

次に、saṃbuddha, paṇḍiya, paviyakkhaṇa, muṇi, kusala, tāiの尊称をもつisi（mahesi）の特質がどのようなものであったかを考察してみよう。

⑧ 涅槃に到達せる大聖仙

Utt. 13 に Citra と Sambhūta の物語があり、Sambhūta は感覚的な快楽を楽しんで地獄に落ちたのであるが、一方の Citra は涅槃に到達したことが述べられている。第 35 詩節は Citra が涅槃に入ったことを告げている。

しかし、すぐれた行為と苦行とをなせる大聖仙である Citra は、愛欲に無関心であり、最高の自制を実践して、最高の完全なる境界に到達した。

citto vi kāmehi viratta-kāmo
udagga-cāritta-tavo mahesī
aṇuttaraṃ saṃjama pālaittā
aṇuttaraṃ siddhi-gaiṃ gao（Utt. 13.35）

そして、このように解脱した大聖仙というものは高い知識と名声を得て、太陽のごとく輝いているのである。

知識に精通し、最高の法典を実践して、大聖仙は高い知識と名声を所有しつつ、空における太陽のごとく輝く。

sannāṇanāṇovagae mahesī
aṇuttaraṃ cariuṃ dhammasaṃcayaṃ
aṇuttare nāṇadhare jasaṃsī
obhāsaī sūrie vantalikkhe（Utt. 21.23）

⑨ ヴァルダマーナの別称

このような修行の完成した解脱者の中で最高である人は、マハーヴィーラその人であるということになる。

兵士の中で Vishvaksēna が、花の中で蓮華が最高であるように、聖仙の中で Vardhamāna が最高である。

johesu nāe jaha vīsaseṇe
pupphesu vā jaha aravindam āhu
khattīṇa seṭṭhe jaha dantavakke
isīṇa seṭṭhe taha *vaddhamāṇe*（Sūy. 1.6.22）

⑩ 完成途上の出家修行者としての大聖仙

しかしながら、isi（mahesi）は解脱の境地にある修行の完成者のみを表わしているわけではない。

> 大聖仙は謙虚であるべきだが、卑屈に頭を下げるべきでない。彼は供犠と非難に関係すべきでない。自制者は正しいこと（自制）を実行して、〔悪い行為を〕止めることによって、涅槃の道に入るであろう。
>
> aṇunnae nāvaṇae mahesī
> na yāvi pūyaṃ garahaṃ ca *saṃjae*
> sa ujjabhāvaṃ paḍivajja *saṃjae*
> nivvāṇamaggaṃ virae uvei（Utt. 21.20）

ここの mahesi は saṃjaa（自制者）と同格であり、涅槃を求めて完成途上にある出家修行者を意味する。

⑪ 一般修行者（tāi）との同義

また、Utt. 21.22 において isi は tāi と同格であり、苦難（parīsaha）の実践者として描かれている。この場合の tāi は⑦で見た tāi とは異なり、一般的修行者の呼称ということになる。

> 聖人（tāī）は、寂しい場所で、しかも汚れたままの、何にも覆われていない臥床に親しむべきである。大きな名声のある聖仙たちが実践するとき、彼は〔そのような臥床が〕身体に接触するという苦難に耐えるべきである。
>
> vivittalayaṇāi bhaejja *tāī*
> nirovalevāi asaṃthaḍāiṃ
> isīhi ciṇṇāi mahāyasehiṃ
> kāeṇa phāsejja parīsahāiṃ（Utt. 21.22）

（2）聖仙の実践

解脱者を示す語であった isi に一般修行者を表わす用例があったことを受け、解脱を目指し修行中である isi（mahesi）が、どのような実践によって目的を成就しようとしているのかを確認しておきたい。そのため、3つほどの詩節を示すことにする。

人は速やかに識別することができない。それ故、努力し、愛欲を捨てて、公平に世間を知って、大聖仙は自己を護り、不放逸をすべきである。

khippaṃ na sakkei vivegam euṃ
　tamhā samuṭṭhāya pahāya kāme
samicca loyaṃ samayā mahesī
　āyāṇurakkhī cara-m-appamatte[87]（Utt. 4.10）

大聖仙たちには苦難である敵があり、調御し、迷妄を取り除き、〔五〕根に打ち克ち、すべての苦の滅のために歩む。

parīsaha-riū[88] dantā dhuya-mohā jiindiyā
savva-dukkha-ppahīṇaṭṭhā pakkamanti mahesiṇo（Dasav. 3.13）

家なき居住と、正しい托鉢の行と、無意識に残された残飯と人里離れた生活、所有の少なさと口論を避けることは、聖仙たちの僧院における行であると宣言された。

aṇieya-vāso samuyāṇa-cariyā
　annāya-uñchaṃ pairikkayā ya
appovahī kalaha-vivajjaṇā ya
　vihāra-cariyā isiṇaṃ pasatthā（Dasav. 12.5）

第5節　聖人

この語 Pā. tādi, tādin は註釈家たちによって「保護者」「救世主」と解釈されてきた。tādi, tādin の AMg. 対応語 tāi, tāin も同様であって、どちらも Skt. trāyin に解釈されてきたからだ。

しかしながら、本来の意味は Pā. tādin も AMg. tāin も Skt. tādṛś（そのような種類の、高貴な人）から派生したもので、修行の完成者の尊称として用いられている[89]。したがって、仏教では覚者（buddha）を、ジャイナ教では勝者（jiṇa）を指した。BHSD（s.v. tāyin）に 'holyman' の意味があり、Norman も

tādin に 'Buddha-like or holy, venerable' の意味を与えている[90]。

ところが、この語に意味の変化が生じる。Roth によれば、仏教徒は tādin, tāyin に、ジャイナ教徒は tāi に 'a saint like that' という同じ意味をもたせていたが、7, 8 世紀頃より Tathāgata, あるいは Mahāvīra の別名（呼称）としての 'Saviour, Protector' に意味が変化したというのである[91]。そしてこのような意味の変化は、tāi が trai-（to protect）の意味での Skt. 動詞 tāy- に取って代わられた結果に他ならないという推論が、かなりの妥当性をもって成り立つように思われる。中村博士の指摘も同様である[92]。

まず、ここでは初期仏教文献に戻り、用例をたずねていくことにしよう。

1　初期仏教文献に現われる tādi

① 仏陀を形容する語としての tādin

こだわりなく、偽りなく、聖人（tādin）として、衆とともにやって来るその仏陀（覚者）のもとに、この世の多くの束縛ある人たちのために、質問をしに私は来たのです。（Sn. 957）

ここにおいて、tādin は仏陀その人である。

次に、仏陀と同等の修行完成者が、どのような特性の故に tādin と呼ばれるかを考察してみよう。

② 解脱者

聖人はよく戒を守り、大地のように怒ることなく、門柱に譬えられ、泥の濁りのない湖のようである。聖人に輪廻はない。（Dhp. 95）

寂静にして善と悪とを捨て、塵を離れ、この世とあの世を知り、生と死を超越した人、〔そのような〕聖人は、まさしく沙門と呼ばれる。（Sn. 520）

この世においていかなる罪も作らず、すべての繋縛と束縛とを捨て去り、いかなることにも執著しないで解脱している。〔そのような〕聖人は、まさしくナーガ（nāga）と呼ばれる。

āguṃ na karoti kiñci loke,
　　sabbasaṃyoga visajja bandhanāni
sabbattha na sajjati vimutto,
　　nāgo tādi pavuccate tathattā（Sn. 522）

戒を保ち、怒ることのない聖人は、王の権威を示す場所に建てられた石柱のごとく、不動である[93]。また、彼の心は湖のように澄んでいる。そのような聖人にもはや輪廻転生はない。そして、寂静な心をもつ聖人は生死を超越しており、真の意味での沙門である。

さらに、繋縛と束縛がなくなり、何ごとにも執著のない聖人は解脱者であり、神話的動物のナーガにも譬えられる。このように束縛から解放されることはことのほか大切なことで、「すべての田の根本的な束縛から解放された聖人、このような人がこれらの故にまさに知田者（khettajina < Skt. kṣetra-jña）と呼ばれる」（Sn. 524）、「すべての蔵（kosa）の根本の束縛から解放された聖人は達人と呼ばれる」（Sn. 525）、「すべての病の根源である束縛から解放された聖人は、まさしく知り尽くした人と呼ばれる」（Sn. 530）、「すべての執著の根源である束縛から解放された聖人は駿馬と呼ばれる」（Sn. 532）等の表現があることからも知られる。そして、このような聖人は牟尼とも言い換えられる。

世間を知り、第一義を見、激流や大海を渡った聖人、束縛を破り、拘束がなく、漏（āsava）のない人、彼を賢者たちはまさに牟尼と知る。（Sn. 219）

③ paṇḍita との同義

上のように tādin は muni とも言い換えられるが、その他にも別称が存在するので、それらを考察してみよう。

まず paṇḍita と同義の用例を見る。

内面的にも外面的にも両方の白きものを区別して、清らかさと智慧を備え、黒と白とを超越した、〔そのような〕聖人は、まさしく賢人（paṇḍita）

と呼ばれる。（Sn. 526）

白きもの（paṇḍara）は paṇḍita の語呂合わせ（word-play / pun）であり、白は善を、黒は悪を示唆している。したがって、聖人は善悪を超越した賢人ということになる。

④ vīra との同義

この世であらゆる悪を離れ、地獄の苦を超越して、精進を住居とする人、精進し、努力する、〔そのような〕聖人は、まさしく英雄（vīra）と呼ばれる。

virato idha sabbapāpakehi
　　nirayadukkham aticca viriyavāso[94]
so viriyavā padhānavā
　　vīro tādi pavuccate tathattā（Sn. 531）

E. M. Hare[95] は vīro と読み、PTS 本の dhīro とは異なる。Sn. 44 において vīro に対し v.l. dhīro があるように、パーリ語においては dha と va の混同はしばしば見られる[96]。文脈からしても vīro が正しい読みに思われる。悪い行為から離れ、精進努力する聖人に、もはや来世における地獄の苦しみは存在しないのである。

その他に、すべての生類に対して慈しみの心を起こし、決して傷つけるような行為をしない人（Sn. 155）が聖人と言われる。また、感官を静め、慢心を捨て去り、無漏（anāsava, Dhp. 94）[97] となった人も聖人である。

2 初期ジャイナ教文献に現われる tāin

① 愛欲の遠離

比丘として修行しているときに、束縛と争いを捨てるなら、その人は聖人（tāin）と同一であり、もはや愛欲に執らわれるようなことはない、という。

比丘はすべての束縛とこの種の争いを捨てるべきである。〔そのような〕聖人はすべての種類の愛欲を見つつも執らわれない。

savvaṃ ganthaṃ kalahaṃ ca　　vippajahe tahā-vihaṃ bhikkhū
savvesu kāma-jāesu　　pāsamāṇo na lippaī tāī（Utt. 8.4）[98]

② 解脱者

業を滅することによって涅槃に到達することができる。

深さにおいて海に等しく、征服しがたく、誰にも驚かされることなく、破壊されがたい極めて博学な聖人たち（tāiṇo）は、業を破壊して最上の境界に達した。

samudda-gambhīrasamā durāsayā
　　acakkiyā keṇai duppahaṃsayā
suyassa puṇṇā viulassa tāiṇo
　　khavittu kammaṃ gaim uttamaṃ gayā（Utt. 11.31）

業を滅して解脱の境地に達するわけであるが、その手段として、自制と苦行が挙げられる。

自制と苦行によって過去の諸々の業を滅して、成就の道に到達した聖人たち（tāiṇo）は、涅槃を得る。

khavittā puvva-kammāiṃ saṃjameṇa taveṇa ya
siddhi-maggam aṇuppattā tāiṇo parinivvuḍa（Dasav. 3.15）

③ 不殺生の人

苦の原因となる業を滅して涅槃に到るには、自制と苦行に努めるべきことが説かれるが、その他に生類を傷つけない不殺生も 1 つの手段である。

人は生類を傷つけるべきでない。そのような人は「周到な人」（samita）と言われる。彼の邪悪な業は、水が高原から流れ出るように、彼から去っていく。

pāṇe ya nāivāejjā　　se “samīi” tti vuccaī tāī
tāo se pāvayaṃ kammaṃ　　nijjāi udagaṃ va thālāo（Utt. 8.9）[99]

ここに述べる生類には、風によって吹き飛ばされる微生物までも含まれる。「ターラの扇、葉、枝を振動させることによって」、「衣服、鉢、布、箒等によって」風を起こすことは、微生物を傷つけることになり、非難されるものである。したがって、マハーヴィーラとみなされる聖人（tāin）は、決して風を起こすような過失をしないものである（Dasav. 6.37-39）。

④ 無所有の人

出家修行者の必需品であるまとう物、鉢、布、箒等を、出家者は自制のために持し、まとうのである。それ故に、これらは所得とはみなされず、聖人（tāin）であるナーヤプッタは愛著（mucchā）を所得と定義している（Dasav. 6.21）。聖人ナーヤプッタには所得がない。

寂静であり、自分のものという思いがなく、所有なく、智者の智を備え、名声ある聖人たちは、汚れなく、清き季節における月のごとく、成就（siddhi）と天宮（vimāṇa）に近づく。

saovasantā amamā akiṃcaṇā
sa-vijja-vijjāṇugayā jasaṃsiṇo
uu-ppasanne vimale va candimā
siddhiṃ vimāṇāi uventi tāiṇo（Dasav. 6.69）

愛著から離れることは無所有と同一であり、無所有であることは涅槃に等しいと説いている。

⑤ 学習と禅定を楽しむ

学習と禅定を楽しむことと苦行を楽しむこととを同等に見ている。

学習と良い禅定を楽しむ聖人であり、悪意なく、苦行を楽しむ人、その人の汚れが清められるのは、銀の汚れが火によって動かされるがごとくである。

sajjhāya-sajjhāṇa-rayassa tāino
apāva-bhāvassa tave rayassa
visujjhaī jaṃ se malaṃ pure-kaḍaṃ
samīriyaṃ ruppa-malaṃ va joiṇā（Dasav. 8.62）

苦行をすることによって業を滅ぼし、涅槃に到達することができることは先に見たところである。苦行＝学習と禅定であるから、学習と禅定とによって涅槃に到達することも可能である。この詩節は、学習と禅定を楽しむ人が聖人（tāi）であることを説く。

第６節　阿羅漢

1　初期仏教文献に現われる arahant

arahat は √arh（価値ある）の現在分詞であり、本来「人から供養を受けるに値する人」の意味である。漢訳においては「阿羅漢」と音写され、「応供」「応真」と訳している場合もある。初期仏教では修行道の四段階の最高位に到達した者、すなわち修行の完成者を意味する。しかしながら、Sn. や Dhp. のような最初期の聖典においては、仏陀と同様、理想的な修行の完成者を表わしていたと見ることができよう。

① 到彼岸者・等正覚者

まず、arahant は「彼岸に到達した人」（pāragū）であり、「等正覚者」（sammā-sambuddha）と認められる。

あなたは苦を滅ぼした人（antagū）、彼岸に到達した人（pāragū）です。あなたは阿羅漢であり、等正覚者です。あなたは漏（āsava）を滅ぼした人だと思います。あなたは輝き、理解力に富み、智慧豊かな方です。苦を滅ぼした方よ、あなたは私を〔彼岸に〕渡らせてくださいました。

antagū si *pāragū* dukkhassa,
　　<u>arahāsi</u> *sammāsambuddho*, khīṇāsavaṃ taṃ maññe,
jutimā mutimā pahūtapañño,
　　dukkhass' antakara atāresī maṃ（Sn. 539）

阿羅漢の特質として、「漏を滅ぼしていること」（khīṇāsavaṃ）が挙げられる。

pāragū は第 10 節で取り上げるが、接尾辞 -gū について触れておく。この -gū は OIA で行為者を表わす -ka に由来して生起したものである。すなわち、この語は pāra-ka から派生しており、pāra-ga を経て pāragū と展開している (pāraka > pāraga > pāragū)。したがって、antagū は「苦を滅ぼした人」であり、pāragū は、本来は「渡った人」を意味する[100]。

さて、阿羅漢はまた、正覚者（sambuddha）とも同一視される。

もし彼が家から出て、家なき状態に出家するならば、彼は〔煩悩の〕覆いを開いた、正覚者、無上の阿羅漢となる。

sace ca so pabbajati agārā anagāriyaṃ,
vivattacchaddo *sambuddho* arahā bhavati anuttaro（Sn. 1003）

② 聖者・法に従って生きる人

次に、阿羅漢を聖人（ariya)、法に従って生きる人（dhammajīvin）と同格と見る詩節がある。

阿羅漢や聖者や法に従って生きる人の教えを、悪い見解に依って罵る愚かな人は、カッタカ草の果実のように、自分自身の破壊のために果報を結ぶ。

yo sāsanaṃ arahataṃ *ariyānaṃ dhammajīvinaṃ*
paṭikkosati dummedho diṭṭhiṃ nissāya pāpikaṃ
phalāni kaṭṭhakasseva attaghaññāya phallati（Dhp. 164）

diṭṭhi は「悪い見解」を意味し、「真実の見解」は sammādiṭṭhi で表わす。pāda e, kaṭṭhakasseva をどのように解釈するかは問題となるが、「カッタカ草の果実のように」と訳す[101]。

③ バラモンと同格

また、阿羅漢は理想的人格としてのバラモンとも同格に扱われる。

神々も、ガンダルヴァたちも、人間も、その行方を知らない人、漏を滅ぼした人（khīṇāsava）である阿羅漢、彼を私はバラモンと呼ぶ。（Dhp. 420 = Sn. 644）[102]

④ 修行完成者

このような修行完成者としての阿羅漢の教えは、人々を涅槃に導く教えである。このことは Sn. 186 によって説かれる。

涅槃を得るための阿羅漢の法を信じて、不放逸であって賢明である人は、〔教えを〕聞こうと熱望することによって智慧を得る。

saddahāno arahataṃ dhammaṃ nibbānapattiyā
sussūsā labhate paññaṃ appamatto vicakkhaṇo（Sn. 186）[103]

⑤ 最上の人

このような阿羅漢の内面的な特質は Dhp. 97[104] に結論を見ることができよう。阿羅漢こそ最上の人（uttamapurisa）であるという。

愛著することなく、作られないもの（涅槃）を知り、〔輪廻との〕結びつきを断ち切り、〔再生の〕機会を排除して、欲求を吐き出した（捨てた）人、彼は実に最上の人である。

assaddho akataññū ca sandhicchedo ca yo naro
hatāvakāso vantāso sa ve uttamaporiso（Dhp. 97）[105]

⑥ 出家修行者

一方、阿羅漢の外形的形態について見ると、

気をつけている人は努力する。彼らは住居を楽しまない。白鳥が池を立ち去るように、彼らは家々を捨てる。

uyyuñjanti satīmanto na nikete ramanti te
haṃsā va pallalaṃ hitvā okamokaṃ jahanti te（Dhp. 91）

村にあっても森にあっても、低地にあっても高地にあっても、阿羅漢が住するところ、それは楽しい土地である。

gāme vā yadi vāraññe ninne vā yadi vā thale
yatth' arahanto viharanti taṃ bhūmiṃ rāmaṇeyyakaṃ（Dhp. 98 = Th. 991）[106]

とあり、住居（niketa）や家（oka）を捨てた出家者が阿羅漢と呼ばれている。

2 初期ジャイナ教文献に現われる arahaṃta

Isibh. において阿羅漢（arahaṃta）と聖仙（isi）とが同格に扱われていることについては、isi のところで見てきたとおりである。そして聖仙という語は、尊称の中でも覚者と同様に、高度な内面的特質を備えていたことも周知の事実であった。

ところで、阿羅漢はどのような呼称と同義に用いられ、どのような内面的特性を兼ね備えていたのであろうか。ジャイナ古聖典の中において arahaṃta の語はあまり多くはないが、検討してみることにしよう。

① マハーヴィーラの別称

まず、事実上の開祖、マハーヴィーラその人を指している場合がある。

このように、Vaiśāli 出身の阿羅漢 Nāyaputta 世尊は話された。彼は最高の知識と最高の信仰をもち、あるいは最高の知識と信仰とをもち合わせていた。

evaṃ se udāhu aṇ-uttara-nāṇī aṇ-uttara-daṃsī
aṇ-uttara-nāṇa-daṃsaṇa-dhare arahā nāya-putte
bhagavaṃ vesālie viyāhie（Sūy. 1.2.3.22）[107]

この他にもマハーヴィーラを阿羅漢と呼称している詩節がある。

阿羅漢によって説かれ、教えられた、意義の明確になった法を聞いて、人々は信仰をもち、存在なきものにする。あるいは、神々の王であるインドラのようになるであろう。

soccā ya dhammaṃ arahanta-bhāsiyaṃ
　　samāhiyaṃ aṭṭhapadovasuddhaṃ
taṃ saddahāṇā ya jaṇā aṇāū
　　indā va devāhiva āgamissanti（Sūy. 1.6.29）

ここでの阿羅漢は mahesi（大聖仙、Sūy. 1.6.26）とも呼ばれ、マハーヴィーラ自身を指している。

② パーサの別称（正覚者・一切智者・救世者・勝者）

次に、第 23 祖 Pāsa（Skt. Pārśva）を阿羅漢と呼んでいる詩節がある。

Pārśva と名づけられた勝者（jiṇa）がいる。彼は、人々によって供養される阿羅漢であり、正覚者であり、一切智者であり、ダルマの救世者（tīrthaṅkara）であり、勝者である。

jiṇe pāsi tti nāmeṇa arahā logapūio
saṃbuddhappā ya savvannū dhammatitthayare jiṇe（Utt. 23.1）

③ 世々にある者

阿羅漢は人々から供養を受けるに値する人であるばかりでなく、最高の解脱者、完成者であることを知りうる。なぜなら、正覚者、一切智者、救世者、勝者と同格であるからである。このようなすぐれた阿羅漢は、過去にも存在したし、現在にも存在しており、未来にも存在する可能性がある。そして、人々に涅槃への道を説き明かすであろう。このことは Āy. 1.4.1.1 から読み取ることができる。

過去、現在、未来の阿羅漢と世尊たちはすべてこのように言い、このように話し、このように宣言し、このように説明する。

je ya aīyā je ya paḍuppannā je ya āgamissā arahantā
bhagavanto, savve te evam āikkhanti evaṃ bhāsanti
evaṃ pannaventi evaṃ parūventi:（Āy. 1.4.1.1 [17.16–18]）

第 7 節　善き修行者

sādhu は、ヒンドゥー教においては現在でも「聖者」「修行完成者」の意味で使われている[108]。しかし、以下に見るように仏教とジャイナ教ではその使われ方に大きな相違がある。

1 初期仏教文献に現われる sādhu

仏教文献では間投詞「善い哉」や形容詞「善い」の意味で用いられているだけであり、修行者の呼称としての用例はないようである。ただし、例外的に次の用例がある。

それに対して、私は在家者の務めをあなた方に話そう。どのように行なえば善き声聞（sāvaka sādhu）となるかを。というのは、完全なる比丘に当てはまる法というものは、所有をもつ人によって遂行されることは不可能だからである。

gahaṭṭhavattaṃ pana vo vadāmi,
yathākaro sāvako sādhu hoti,[109]
na h' eso labbhā sapariggahena
phassetuṃ yo kevalo bhikkhudhammo（Sn. 393）

この文脈においては、sādhu は sāvaka と同格の名詞ととれなくもない。しかし、sādhu は sāvaka を修飾する形容詞にとることもでき、ここではその方が妥当と思われる。

2 初期ジャイナ教文献に現われる sāhu

sāhu は字義的には「善き人」「勝れた人」を意味するが、ジャイナ教聖典においては単なる修行僧ではなく、「上人」とか「聖者」の意味がある。使われ方は仏教とは異なり多様である。

(1) 同義的使用における sāhu

① 比丘の別称

「彼は私の息子、兄弟、親族である」と善き修行者（sāhu）は、〔先生が教えてくれると〕善い方に考える。しかし、悪い考えをもつ〔弟子は〕、教えている〔先生〕を奴隷であると考えている。

putto me bhāya nāi tti sāhū kallāṇa mannaī

pāvadiṭṭhi u appāṇaṃ sāsaṃ dāsu tti mannaī（Utt. 1.39）

Utt. 1 は主に bhikkhu の規律について述べており、bhikkhu はさまざまな名称で呼ばれている。この 1.39 では sāhu の呼称で、師匠の教えを請う存在として、その修養姿勢を質されているのである。したがって、この sāhu は bhikkhu の別称である。

② 自制者としての sāhu

sāhu は苦行者とも言われるが、自制者とも言われている。

そこで彼は 1 人の善き人（sāhu）を見た。その善き人は自制し、よく専心し、木の根元に坐り、優美で安楽に慣れている。

tattha so pāsaī sāhuṃ *saṃjayaṃ* susamāhiyaṃ
nisinnaṃ rukkhamūlammi[110] sukumālaṃ suhoiyaṃ（Utt. 20.4）

③「上人」「聖者」としての sāhu

上の 2 つが修行者を示していたのに対し、以下 2 つの例では単なる修行者ではなく、解脱した人として理解されている。

善き人（sāhu）は、〔輪廻の洪水によって〕連れ去られ、行為の報いを受ける生類たちに島を示した。安全な場所は、〔tīrthaṅkara たちによって〕宣言された。

bujjhamāṇāṇa pāṇāṇaṃ kiccantāṇa sakammuṇā
āghāi sāhu taṃ dīvaṃ paiṭṭhesā pavuccaī（Sūy. 1.11.23）

この用例では、sāhu は arhat や tīrthaṅkara, あるいは siddhi の意味に用いられることもあると理解される。それは「上人」とか「聖者」の意味であり、単なる修行僧ではない。

④ 解脱者・覚者としての sāhu

Utt. 9 にインドラが、出家修行者としての覚悟を述べたナミ王を称賛して発した言葉がある（Utt. 9.56–58）。すなわち、ナミ王が、怒りを征服し、自負心を完全に征服し、迷妄を除去し、貪欲を征服したことを讃える。そしてナミ王の誠実さ、優しさ、無上の忍辱、無上の自由自在さを賛美し、無上よりもっと高い状態である成就（siddhi）に到達することができるであろうことを述べる。この中でナミは sāhu とも呼ばれていることから、この語が解脱した人を指すことがわかる。

(2) 固有名詞につく尊称

出自のいずれを問わず、苦行によって誰もが sāhu となることができる。

実に卓越した苦行を明らかに見ることができるが、卓越した出生は何も見られない。善き人ハリケーシャはシュヴァパーカ〔の生まれ〕であり、彼はそのような超能力（iḍḍhi）をもつ。

sakkhaṃ khu dīsai tavoviseso
　　na dīsaī jāivisesa koī
sovāga-puttaṃ hariesa-sāhuṃ
　　jasserisā iḍḍhi mahāṇubhāgā（Utt. 12.37）

(3) 形容詞としての用例

仏教と同様に形容詞として用いられる例がある。

聖なる智はよい（sāhū）。聖なる見はよい。聖なる行はよい。それ故、聖なるものを用いよ。

āriyaṃ ṇāṇaṃ sāhū, ariyaṃ sāhu daṃsaṇaṃ
āriyaṃ caraṇaṃ sāhū, taṃhā sevaya āriyaṃ（Isibh. 19.5）

(4) sāhu の実践

sāhu は基本的に苦行者であるが、どのような行法を実践するのであろうか。以下ではその実践内容を窺えると同時に、sāhu がその達成により解脱した人として描かれていることがわかる。

① 愛欲を断つ善き人

善き人よ（sāhū）、あなたが私に話したその言葉を、私もあなたと同様に知っている。しかし、享楽は愛著を形成するものであり、聖者よ、われらのごとき者にとって捨てがたい。

addhā pajāṇāmi jaheha sāhū
jaṃ me tumaṃ sāhasi vakkam eyaṃ
bhogā ya me saṃga-karā havanti
je dujjayā ajjo amhārisehiṃ（Utt. 13.27）[111]

享楽（bhoga）や愛欲（kāma）というものは愛著（saṅga）を形成するにもかかわらず、一般人にとっては放棄しがたいものである。特に意志の弱い人にとっては、なおさらである。しかし、sāhu は渡りがたき輪廻を越える人である。

これらの愛欲は捨てがたい。これらは〔意志の〕弱い人たちにとって容易に捨てがたい。しかし（aha = atha)、渡りがたい〔海〕を渡る商人たちがいるように、渡りがたい〔輪廻〕を超える信心深い善き人（sāhu）たちがいる。

dupariccayā ime kāmā　　no sujahā adhīra-purisehiṃ
aha santi suvvayā sāhū　　je taranti ataraṃ vaṇīyā vā（Utt. 8.6）

② 乞食

上の (1) ③④で見たような上人、聖者ら、解脱した沙門たち、すなわち sāhu も、施食と布施によって暮らしている。そしてその作法について、次のように説かれる。

木の諸々の花において蜜蜂が蜜を吸い、また、花を苦しめずに自己を満足させるように、
このように、世間において善き人（sāhu）である解脱した沙門たちは、蜂の花におけるごとく、布施と食に満足している。

jahā dumassa pupphesu bhamaro āviyai rasaṃ
na ya pupphaṃ kilāmei so ya pīṇei appayaṃ（Dasav. 1.2）
em ee samaṇā muttā je loe santi sāhuṇo
vihaṃgamā va pupphesu dāṇa-bhattesaṇe rayā（Dasav. 1.3）

なお、本章第3節で見たように、仏教では牟尼について、同じ蜜蜂の譬えが使われている。

また、ジャイナ教の食に関連する蜜蜂の譬えの中に、sāhu がブッダと同義に使われている詩節もある。

> ブッダたちは蜜蜂のように、愛著のない者となり、調御されて、数々の食べ物に満足した。それ故、彼らは善き修行者と呼ばれる。
> mahukāra-samā *buddhā* je bhavanti aṇissiyā
> nāṇā-piṇḍa-rayādantā, tena vuccanti sāhuṇo（Dasav. 1.5）

第8節　聡明な人

1　初期仏教文献における medhāvin

medhāvin は女性名詞 medhā に所有を表わす接尾辞 -vin が添えられた語であり、「智慧ある人」「聡明な人」を意味する。

まず、Dhp. 239 から見てみよう。

> 聡明な人（medhāvī）は順次に少しずつ、刹那ごとに自己の汚れを除くべきである。鍛冶工が銀の汚れを除くように。
> anupubbena medhāvī thokathokaṃ khaṇe khaṇe
> kammāro rajatasseva[112] niddhame malam attano（Dhp. 239）

この medhāvin は未だ修行の途上にある修行者の別称である。しかし、このような一般的修行者の呼称として用いられることは極めて少なく、修行の完成した、多聞の人（bahussuta）やバラモン（brāhmaṇa）と同一概念の呼称として用いられることがほとんどである。

> それ故に、まさに善き人に親近せよ。また、聡明にして多聞の人に親近せよ。意味を理解して〔道を〕実践し、法を理解した人は幸福を得るであろう。（Sn. 323）
>
> 智慧が深く、聡明で、正しい道と悪い道を熟知して、最高の目的に到達した人、彼を私はバラモンと呼ぶ。（Sn. 627 = Dhp. 403）

多聞の人、あるいはバラモンと同一にみなされる medhāvin が、具体的にどのような特性を具備した完成者であるかを考察してみよう。

① 端正な人

> しかし（ca）、これを断ち切り、根絶し、除去するところの人は、憎しみを吐き出した聡明な人（medhāvin）であり、端正な人（sādhurūpa）と言われる。（Dhp. 263）

この詩節は直前の Dhp. 262 と対になっており、「これ」とは前詩節の嫉み（issukin）、物惜しみ（maccharin）、狡猾（satha）を指している。これらを断ち切った人が medhāvin であり、sādhurūpa である。

② 放逸ならざる人

Dhp. 26 は、智慧のない愚かな人が放逸（pamāda）に耽るのに対して、聡明な人（medhāvin）は不放逸に努めると説く。それは、あたかも人が財宝を護るごとくであるという。したがって、聡明な人は不放逸の人と言われる。そして、この人は自制（saññama）や調御（dama）等によって、輪廻という海の中に自分の拠り所を作るのである。

> 奮起により、放逸ならざるにより、自制と調御により、聡明な人は激流が侵すことのない洲を作るべきである。（Dhp. 25）

洪水が押し寄せてきたときに、人は押し流されないために避難場所としての中洲に逃げる。そのように輪廻という激流の中にあって、もはや再生することのない解脱者としての洲を作れと述べている。すなわち、激流＝輪廻、洲＝解脱が読み取れる。

③ 心を護る

人の心は捉えがたく、欲望のままに趣く。その心を制するならば、安楽を得ることができる。

> 心は見るのにかたく、捉え（理解し）がたく、望みのままに趣くのである。聡明な人（medhāvin）は心を護るべきである。心を護るならば幸福

をもたらすのである。(Dhp. 36)

心は動揺し、思いやりなく、護りがたく、禁制しがたい。聡明な人は心を直くするのである。弓師が弓の弦を直くするように。(Dhp. 33)

④ 法に従う

暴力でなく、法と平等によって他人を導く人が聡明な人と言われる。

暴力をふるうことなく、法に従い、平等に他人を導く人は、法を護る人であり、聡明な人であり、法にかなった人、と言われる。(Dhp. 257)

2 初期ジャイナ教文献に現われる mehāvin

ジャイナ聖典において22の苦難（parīsaha）が説かれるのであるが、その18番目が垢の苦難（jalla-parīsaha）である。出家遊行者はこの垢の苦難を耐えるべきことが説かれる。

身体が湿っても、泥や塵によって、あるいは夏の暑さによって、快適さについて〔快適でないと〕聡明な人（mehāvī）は嘆くべきでない。

kilinna-gāe mehāvī paṃkeṇa va raeṇa vā

ghiṃsu vā pariyāveṇa sāyaṃ no paridevae（Utt. 2.36）

そして、偉大な離繫者（nirgrantha）の道を歩むことが、出家遊行者としての mehāvin の目的となる。

善く説かれたこの説法を聞き、貴重な智慧に満ちた教示を聞く聡明な人（mehāvi）は、邪悪な道をすべて捨て、偉大な離繫者の道を歩むであろう。

soccāṇa mehāvi subhāsiyaṃ imaṃ

　　aṇusāsaṇaṃ nāṇaguṇovaveyaṃ

maggaṃ kusīlāṇa jahāya savvaṃ

　　mahāniyaṇṭhāṇa vae paheṇa（Utt. 20.51）[113]

これらの2詩節に現われた mehāvin は、一般的修行者としての呼称である。すなわち、貴重な智慧に満ちた師匠の教示を聞く立場にあって修行をする修行者のことである。

しかし、

聡明な人（mehāvi）の善く説かれた言葉を聞いて、阿闍梨に対して不放逸であって、従順であるべきである。多くの師を尊んで、人は無上の成就を得る。

soccāṇa mehāvi-subhāsiyāiṃ
　　sussūsae āyariy'appamatto
ārāhaittāṇa guṇe aṇege
　　se pāvaī siddhim aṇuttaraṃ ti（Dasav. 9.1.17）

からも知られるように、mehāvin は、無上の成就に導く法を説く師匠の尊称としても用いられる。同様のことが次の詩節にも見られる。

〔なすべきことを〕知る聡明な人（mehāvī）は、そこに同意して頷く。世間において彼の名声が生じる。現世が生類の拠り所であるように、彼は尊敬される人たちの拠り所となる。

naccā namai mehāvī loe kittī se jāyae
havaī kiccāṇaṃ[114] saraṇaṃ bhūyāṇaṃ jagaī jahā（Utt. 1.45）

mehāvin は修行者の指導的立場にあり、彼らを涅槃に導く師ということになる。

また、偉大な尊者マハーヴィーラその人を指す場合もある。

二重（現在と未来）〔の業〕を認識して、聡明な人（mehāvī）であり、無比の宗教的智慧をもつ人は、行為を宣言した。世俗に対する執著の流れ、殺害の流れ、〔身・口・意の〕衝動を完全に知って、

duvihaṃ samecca mehāvī　　kiriyam akkhāy'aṇelisa-nnāṇī
āyāṇa-soyam aivāya-　　soyaṃ jogaṃ ca savvaso naccā（Āy. 1.9.1.16）

マハーヴィーラは、罪のないことと殺害のないことを実践し、執著心を起こすことや殺害を犯すことを、自ら決してすることなく、他人をしてさせることもない。

第9節　多聞

1　初期仏教文献に現われる bahussuta

bahussuta は Skt. bahu-śruta に対応し、「多くを聞く人」＝「多聞の人」を意味し、「博学」とも訳される。多聞の人は真理を説き明かすことのできる人(Sn. 316)、すなわち、師匠のことであり、尊称として用いられる。

また、多聞の人は、檝と舵を備えた堅牢な船のりっぱな操縦者に譬えられる。巧みな操縦者は多くの人々を対岸へ運ぶように（Sn. 321)、

そのように、ヴェーダに精通し、自己を修養し、多聞（bahussuta）にして、動揺しない人は、実に自ら知っていて、傾聴する機根を備えた他の人々に理解させるであろう。

evam pi yo *vedagu* bhāvitatto
bahussuto hoti avedhadhammo,
so kho pare nijjhapaye pajānaṃ
sotāvadhānūpanisūpapanne（Sn. 322)

それ故に、まさに善き人に親近せよ。また、聡明（medhāvin）にして多聞の人（bahussuta）に親近せよ。意味を理解して〔道を〕実践し、法を理解した人は幸福を得るであろう。

tasmā have *sappurisaṃ* bhajetha
medhāvinañ c' eva bahussutañ ca,
aññāya atthaṃ paṭipajjamāno
viññātadhammo so sukhaṃ labhethā（Sn. 323)

この多聞の人はヴェーダに精通した人（vedagū）[115]、善き人（sappurisa)、聡明な人（medhāvin）と同一であり、疑いを越えていない人（avitiṇṇakaṃkha : Sn. 249, 318, 320 ; Dhp. 141）の反対概念を表わす。この多聞の人の教えを聞いて実行すれば、安楽を得ることができるから、多聞の人に親近することが強調される。

賢明で智慧あり、多聞（bahussuta）であり、忍耐強く、戒めを護り、聖者であり、そのような人（tādisa）、善き人、英知ある人に親近せよ。月が星の進路に親近するように。（Dhp. 208）

2 初期ジャイナ教文献に現われる bahussua

bahussua が持法者（dhammiya）、バラモン（māhaṇa）、比丘（bhikkhu）と同等にみなされる場合がある。

多聞にして、持法者であり、バラモン、比丘である人でさえ、人を欺くとき、その行為の故に厳しく罰せられるであろう。

je yāvi bahu-ssue siyā
    dhammiya māhaṇa-bhikkhue siyā
abhinūma-kaḍehi mucchie
    tivvaṃ se kammehi kiccaī（Sūy. 1.2.1.7）

人を欺くような行為をする場合があるということは、未だ修行途上にある一般的な修行者と理解できよう。ここに bahussua が一般的修行者を意味していると見られる例を示してみよう。

自制し、自己を支配した徳ある人たちによって、これら〔の言葉〕を聞いて、多聞の人たちは、戒を保ち、死という終わりに際して震えない。

tesiṃ soccā sapujjāṇaṃ saṃjayāṇa vusīmao
na saṃtasanti maraṇante sīlavantā bahussuyā（Utt. 5.29）

自制し感官を制御した人は尊者である。その尊者から多聞の人たちは、自制と苦行によって、解脱の境地に達することができることを聞き（Utt. 5.28）、戒を護りながら（sīlavantā）修行するなら、安穏として死を迎えることができるのである。

また、

彼女が出家したとき、戒を護る多聞のその婦人は、多くの人たち、親族、召使をそこにおいて出家せしめた。

sā pavvaiyā santī pavvāvesī[116] tahiṃ bahuṃ

sayaṇaṃ pariyaṇaṃ ceva sīlavantā bahussuyā（Utt. 22.32）

とあり、戒を護っている（sīlavantā）人が多聞の人なのである。

次に、一般的修行者の概念を超えて、最上の境界（gai-uttama）に達した尊者を意味する場合を示す。Utt. の第 11 章に、

それ故、最高の真理を求めるあなたは、博学（suya）に到達すべきである。それ（博学）によってあなたは、あなた自身と他人をも無上の成就（siddhi）に導くであろう。

tamhā suyam ahiṭṭhijjā uttamaṭṭhagavesae
jeṇappāṇaṃ paraṃ ceva siddhiṃ saṃpāuṇejjāsi（Utt. 11.32）[117]

とあり、suya（学問を多くもった人）、すなわち、bahussua（たくさん学んだ人）は理想的修行者とみなされる。それ故に多聞の人は種々に形容され、賛美される。Utt. 11 に基づいて、多聞の人がどのように形容されたかを例示してみよう。

1. 最上の馬である Kamboja 産の駿馬のすぐれた速度（Utt. 11.16）
2. 駿馬に乗った、力強い勇気のある、両側に合唱隊を伴った英雄（Utt. 11.17）
3. 雌象に囲まれ、敵なしの力強さをもった象（Utt. 11.18）
4. 鋭い角をもち、大きな肩をした、群れの王である輝ける雄牛（Utt. 11.19）
5. 鋭い牙をもち、決して襲われることのない、すべての獣の中で最も勝れた勇猛な獅子（Utt. 11.20）
6. 巻き貝、車輪、棒をもっている、敵なしの Vāsudeva（Utt. 11.21）
7. 偉大な神通力をもち、王の 14 の宝をもつ世界の君主（Utt. 11.22）
8. 千の眼をもち、手に金剛杖をもち、要塞の破壊者であり、神々の王であるシャクラ（Utt. 11.23）
9. 暗闇の破壊者であり、光明によって燃えているかのように、昇りつつある太陽（Utt. 11.24）
10. 星座によって囲まれ、満月の日に満ちている、星の君主である月（Utt. 11.25）

11. さまざまな穀物で満ちている、同業組合員のよく守られた貯蔵庫（Utt. 11.26）
12. 樹木のうちで最高である、Aṇāḍhiya 神に属する Sudarśanā と名づけられた Jambū 樹（Utt. 11.27）
13. Nīla 山の裾野から流れて、水が大海に流れ行く川の中で最高の Śīta 川（Utt. 11.28）
14. さまざまな植物が輝いている山の中で最高の Mandara 山（Utt. 11.29）
15. さまざまな宝で満たされている、尽きることのない水のある海 Svayambhūramaṇa（Utt. 11.30）

また、Dasav. 11 は、沙門としての苦行を楽しむ人は、多聞の人（bahussua）にして、不死に等しい最上の安楽を得ることになる（Dasav. 11.10）、と説く。

第 10 節　到彼岸者

1　初期仏教文献に現われる pāragū

パーリ語において pāragū は pāragata, pāragāmin と同義であり、「彼岸に到れる人」「到彼岸者」の意味をもつ。pāragū の接尾辞 -gū については本章第 6 節で触れたとおり、OIA で行為者を表わす -ka に由来している。すなわち、pāraka > pāraga > pārag(ū) であり、端的には「渡った人」である。しかし、動詞の pāragata が以下に見るように「輪廻の激流を渡る」、「生存の彼岸に渡る」という文脈において使われることから、渡って対岸に到達すること、すなわち到彼岸が解脱と解されることになる。

以下に、初期仏教において、この pāragū がどのように使用されているかを確認してみよう。

① 愛欲を捨て激流を渡る人

人間が種々の愛欲（kāma）、すなわち「田畑、家、黄金あるいは牛馬、奴隷と召使、婦人、親族、個々の〔ものに〕愛欲を抱くなら」（Sn. 769）[118]、

「種々の煩悩がその人を襲い、その結果として苦しみが彼につきまとうことになる。それはあたかも壊れた舟に水が侵入してくるがごとくである」(Sn. 770)。苦を回避するためには、種々の欲望を捨て去らねばならない。

それ故、気をつけている人は常に愛欲を避けるべきである。それらを捨て、激流を渡れ。舟から水を汲み出して彼岸に到る人のように。

tasmā jantu sadā sato kāmāni parivajjaye,

te pahāya tare oghaṃ nāvaṃ sitvā va pāragū (Sn. 771)[119]

愛欲に溺れている人は、輪廻という激流に押し流されるのである。

生存の彼岸に達した人(pāragū)は前より離れよ。後より離れよ。中間より離れよ。あらゆることがらに心が解脱していて、汝はもはや生と老いとに近づかない。

muñca pure muñca pacchato
majjhe muñca bhavassa pāragū,
sabbattha vimuttamānaso
na punañ jātijaraṃ upehisi (Dhp. 348)[120]

註釈によると、前、後、中間というのは、それぞれ、過去の生存に対する執著、未来の生存に対する執著、現在の生存に対する執著を意味する。このような生存に対する執著を断ち切った人の身体は最後の身体である。

② 仏陀を指す pāragū

さらに、愛欲や生存に対する執著を断ち切るばかりでなく、「貪りを離れ、欲のないその牟尼」(Sn. 210)、「禅定し、塵を離れ、なすべきことをなし終え、漏なく、すべての存在を超越した人(sabbadhammāna pāragū)」(Sn. 1105)[121]もpāragū と言われる。

そして、「すべての存在を超越した人」(sabbadhammāna pāragū)、「彼岸に到達した人」とは、ゴータマ・ブッダその人のことでもある。

あなたは苦を滅ぼした人、彼岸に到達した人です。あなたは阿羅漢であり、等正覚者です。あなたは漏を滅ぼした人だと思います。あなたは輝き、理解力に富み、智慧豊かな方です。苦を滅ぼした方よ、あなたは私を〔彼岸に〕渡らせてくださいました。

antagū si <u>pāragū</u> dukkhassa,
arahāsi sammāsambuddho, khīṇāsavaṃ taṃ maññe,
jutimā mutimā pahūtapañño,
dukkhass' antakara atāresī maṃ（Sn. 539）[122]

バラモンよ、彼は実に正覚者であり、すべての存在を超越している（すべての法の彼岸に到った人である）。すべての神通と力とを得た。彼はあらゆるものを見透す眼をもっている。彼はすべてのものの消滅に達し、煩いを滅尽して解脱している。

so hi brāhmaṇa sambuddho sabbadhammāna <u>pāragū</u>
sabbābhiññābalappatto sabbadhammesu cakkhumā
sabbadhammakkhayaṃ patto vimutto upadhisaṃkhaye（Sn. 992）[123]

2 初期ジャイナ教文献に現われる pāraa, pāraga

パーリ文献に見られた pāragū は、アルダ・マガダ語においては pāra(y)a もしくは pāraga で出てくる。AMgD によれば、pāraga = 'one who reaches the end or highest point', pāraya = 'one who reached the other side' となり、「到彼岸者」のことである。

① 出家修行者マハーヴィーラの苦難

出家修行者時代のマハーヴィーラも pāraa とみなされている。

「私はこの冬に〔インドラによって与えられた〕その服をまとわないだろう。」彼は死ぬまでの間に到彼岸者（pāraa）となる。実にこのこと（服を拒否したこと）は彼の教えに基づいている。

'no c' ev' imeṇa vattheṇaṃ　　pīhissāmi taṃsi hemante'
se <u>pārae</u> āvakahāe,　　eyaṃ khu aṇudhammiyaṃ tassa（Āy. 1.9.1.2）

象が戦闘の長であるように、そのようにそこにおいてかの大雄もまた、到彼岸者である。そこ Lāḍha において 1 つの村へも、彼はかつて到達することができなかった〔が、心乱れることは全くなかった〕。

'nāo' saṃgāma-sīse va　　pārae tattha se mahā-vīre

evaṃ pi tattha Lāḍhehiṃ　　aladdha-puvvo vi egayā gāmo（Āy. 1.9.3.8）

象が戦闘の長であるとはどのようなことであろうか。仏典の『長老偈』によれば、出家修行者が森の中にいて蚊や虻に刺されても、思いをこらしてじっと堪え忍ぶ様を、戦場の先陣にいて、じっと堪え忍ぶ象に譬えている。また、これについては Utt. や Sūy. においても同様の表現がある[124]。マハーヴィーラも種々の迫害にじっと堪え忍んで、到彼岸者となったと考えられる。何はともあれ、Lāḍha 国での修行には厳しいものがあり、マハーヴィーラといえども、村人に襲われたり、犬に咬みつかれたりすることがあったのである。そのような種々の苦難に耐えることが到彼岸者の条件である。このような到彼岸者の資格を考察してみよう。

② 明行足

仏典において仏の十号の 1 つに数えられる「明行足」（vijjācaraṇa-）が、pāraga の資格として挙げられる。

私の名前は Sañjaya である。ゴーヤマの種姓である。私の師匠はガルダバーリで、明知と〔善〕行とを具足した到彼岸者（vijjācaraṇapāraga）である。

saṃjao nāma nāmeṇaṃ tahā gotteṇa goyamo

gaddabhālī mamāyariyā vijjācaraṇa-pāragā（Utt. 18.22）

世間の灯明である名声高き弟子がいた。すなわち、若い沙門 Keśi であり、彼は明知と〔善〕行とを具足した到彼岸者である。

tassa logapadīvassa āsi sīse mahāyase

kesīkumārasamaṇe vijjācaraṇa-pārage（Utt. 23.2）

Gardabhāli も Keśi も偉大な完成者であり、智慧と善行を具備した完成者である。

③ すべての存在の超越者

Utt. の第 25 章に dhammāṇa pāragā という定型句が 2 回出てくる。第 7 詩節では「ヴェーダを知った僧」(veya-viūvippā)、「祭祀のためのバラモン」(jannatthādiyā)、「ジョーティシャーンガを知る者」(joisaṃga-viū) と同格であり、第38詩節では「祭祀者」(jaiyājannāṇaṃ)、「ヴェーダを知る者」(veya-viū)、「ジョーティシャーンガを知る者」(joisaṃga-viū) と同格である。これらの者たちは食を施与されるにふさわしい人たちである。したがって、諸法の彼岸に到った者＝到彼岸者 (dhammāṇa pāragā) も食を供されるにふさわしい人である。そして、諸法の彼岸に到った人は不殺生に努め、無所有を徹底して実践している。

牟尼は諸法の彼岸に到った者であり (dhammassa pārae)、殺害することを止めた。自分のものという観念は悲しい。彼らは自分の財産を獲得しない。

dhammassa ya <u>pārae</u> muṇī
　　ārambhassa ya antae ṭhie
soyanti ya ṇaṃ mamāiṇo
　　no labbhanti niyaṃ pariggahaṃ (Sūy. 1.2.2.9)[125]

④ 輪廻の支配を脱した人

Sūy. に「胎の到彼岸者」(gabbassa pāragā, Sūy. 1.1.1.22)、すなわち「輪廻の終焉に達した人」、「もはや輪廻転生しない人」と、「死の到彼岸者」(mārassa pāragā, Sūy. 1.1.1.25)、すなわち「死を超越した人」、「最後の身体をもつ人」という語が見られる。これら到彼岸者は覚者 (buddha) と同義である。

説示された法を研鑽する人たちは覚者であり、〔現実の生を〕終わらせる。彼らは両方の到彼岸者 (pāragā) ── 解脱して彼岸へ渡る人 ── であり、彼らはよく思慮された質問に答える。

saṃkhāi dhammaṃ ca viyāgaranti
　　buddhā hu te antakarā bhavanti
te <u>pāragā</u> doṇha vi moyaṇāe
　　saṃsodhiyaṃ paṇham udāharanti (Sūy. 1.14.18)

両方の (doṇha) とは、Śīlāṅka の註釈によると、彼ら自身と他の人々との二者で、両方の pāraga とは、彼ら自身と他の人々を彼岸に渡らせることを意味するという[126]。しかし、仏教もジャイナ教も初期の時代には自己の修行のみで、他の人も共にという発想はない。むしろ上述の胎の到彼岸者、死の到彼岸者の両方を指すと解する方が的を射ていると思われる。

第 11 節　仏陀（覚者）

1　初期仏教文献に現われる buddha

buddha は √budh（目覚める）の過去分詞形であり、「目覚めた人」「覚った人」を意味する。後世、仏教においては歴史上の開祖ゴータマ・ブッダの呼称となるが、初期の仏教においては「目覚めた人」「完全な智慧に到達した人」を buddha と呼んでいる。したがって、開祖ゴータマに限定されないので、しばしば複数形で現われる。

以下、buddha という語の用例を示し、それらの意味するところを明らかにすることにする。

(1) 三宝の一としての帰依処

Dhp. 296-298 は、仏弟子が帰依する三宝中の仏陀（教主）に言及している。

ゴータマの弟子たちは常によく目覚めていて、昼も夜も常に念を仏に向けている。

suppabuddhaṃ pabujjhanti sadā gotamasāvakā
yesaṃ divā ca ratto ca niccaṃ buddhagatā sati（Dhp. 296）

ゴータマの弟子たちは常によく目覚めていて、昼も夜も常に念を法に向けている。

suppabuddhaṃ ...... dhammagatā sati（Dhp. 297）

ゴータマの弟子たちは常によく目覚めていて、昼も夜も常に念を僧伽に向けている。

suppabuddhaṃ ...... saṃghagatā sati（Dhp. 298）

とあって、三宝のそれぞれについて宗教的実践の帰依処として自覚し、専念すべきことを奨励している。また、三宝を拠り所とする弟子は四聖諦を会得しうることを以下のように教示する。

もし誰かが仏と法と僧伽とを拠り所とするなら、彼は正しい智慧によって四つの尊い真理（四聖諦）を見る。

yo[127] ca buddhañ ca dhammañ ca saṃghañ ca saraṇaṃ gato
cattāri ariyasaccāni sammapaññāya passati:（Dhp. 190）

すなわち、彼は苦と、苦の生起と、苦の超克と、苦の寂滅に導く八支の尊い道（八正道）を見る。

dukkhaṃ dukkhasamuppādaṃ dukkhassa ca atikkamaṃ
ariyañ c' aṭṭhaṅgikaṃ maggaṃ dukkhūpasamagāminaṃ（Dhp. 191）

(2) 覚者の本性

Sn. 513 に、サビヤ（Sabhiya）がゴータマ・ブッダに比丘（bhikkhu）、温和な人（sorata）、調御された人（danta）の資格を問う中に、覚者（buddha）の本性を尋ねる詩節がある。

サビヤは言った。「人が何を得たとき、人々は彼を比丘と言うのですか。何によって温和な人と言い、また、どうして調御された人と言うのですか。どうして覚者と言われるのですか。私は尋ねます。世尊よ、答えてください。」（Sn. 513）

この質問に対して、師（ゴータマ・ブッダ）は覚者の本性について、以下のように答える。

すべての妄想分別、及び輪廻、生と死の両者を考察して、塵を離れ、垢がなく、清浄で、生を滅し尽くすに至った人、彼を覚者と言う。

kappāni[128] viceyya kevalāni
　　saṃsāraṃ dubhayaṃ cutūpapātaṃ
vigatarajam anaṅgaṇaṃ visuddhaṃ
　　pattaṃ jātikkhayaṃ tam āhu buddhan（Sn. 517）

このように覚者の本性を述べる詩節は初期仏典に数多く存在する。以下に数例を列挙してみることにする。

① 勝利者

覚者の勝利は敗れることがない。この世において誰も彼の勝利に達しない。覚者の境地には際限がなく、足跡をもたない彼をいかなる道によって誘い出すことができようか。

yassa jitaṃ nāvajīyati
　　jitam assa no jāti koci loke
taṃ buddham anantagocaraṃ
　　apadaṃ kena padena nessatha（Dhp. 179）

誘うために、網のようにからみつき、執著する渇愛は彼にはどこにも存在しない。覚者の境地には際限がなく、足跡をもたない彼をいかなる道によって誘い出すことができようか。

yassa jālinī visattikā
　　taṇhā n' atthi kuhiñci netave
taṃ buddham anantagocaraṃ
　　apadaṃ kena padena nessatha（Dhp. 180）[129]

ここでは覚者の資格を渇愛に打ち克った勝利者となることとする。この渇愛とは網のようにからみつき、貪著する煩悩のことである。

② 五戒、不放逸、禅定

サーターギラ（七岳）夜叉は言った。「彼は与えられないものは取らない。さらに生きものたちに対して〔傷つけることを〕自制する。放逸から遠ざかっている。覚者は禅定を怠らない。」（Sn. 157）

ここでは覚者の本性として、五戒のうち離不与取、不殺害を説き、怠けないで一生懸命修行に励む不放逸と、反省の実践としての禅定とを挙げている。

サーターギラ夜叉は言った。「彼は愛欲に耽らず、さらに心は濁っていない。あらゆる妄想を克服していて、覚者はものごとを見る目をもつ。」（Sn. 161）

1. 肉眼、2. 天眼、3. 慧眼、4. 法眼、5. 仏眼のいわゆる五眼のうち、覚者を法眼の具足者と見ている。法眼とは諸法を照見する眼、まことを見る智慧のまなこのことである。法眼の具足者たる覚者となるには、愛欲に耽らず、心は汚れておらず、あらゆる妄想を克服することが方法として提示されている。恐らくこの詩節は、五眼という体系が作られる以前のものであろうと推察される。

③ 事象の究極に精通

> 説き示す人、説き明かす人であり、一切諸法の究極（彼岸）をきわめ、憎しみと恐怖とを超越しているブッダ・ゴータマにわれわれは尋ねよう。(Sn. 167)

ここでいう覚者とは、明らかに歴史上の人物、仏陀のことであり、仏陀の本性はすべての事象の究極に精通し、憎しみと恐怖を超越していることを明示する。

> あなたは神々を含めたこの世の帰趣と究極の目的（趣く所）を知っている。微妙な意義を見る人であなたほどの人はいない。実にあなたは最高の覚者であると人々は言います。(Sn. 377)

註釈（Pj II 368）によれば、帰趣とは欲望の道程（ajjhāsa-gati）、もしくは地獄等の五道の区分のことである。そして、究極の目的（parāyana）とは完成(nipphatti)、もしくは涅槃（param āyanaṃ gativippamakkhaṃ parinibbānaṃ）のことである。

> 覚者である尊者は供物を受ける価値があり、最高の福田、全世界の受施者である。尊者に施された〔布施には〕大きな果報がある。(Sn. 486)

この詩節は覚者の福徳と布施する者との関係を示している。すなわち、供養を受けるに値する人は覚者であり、その布施の果報は布施した人々にあることを説いている。

> 私は知るべきことをすでに知り、修行すべきことをすでに修行し終えて、断ち切るべきことをすでに断ち切った。バラモンよ、それ故、私は覚者である。(Sn. 558)

仏教教学では、知、断、証、修の４つをまとめて説くのが普通であるが、この詩節では「証」が省略されている。中村元博士は、４つが定型化する以前の段階のものであると説明している[130]。

あなたが後になって、「覚者がおり、正覚に至って法の道を歩む」という声を聞くとき、そこへ行って彼の教えを尋ね、その世尊のもとで梵行を実践しなさい。（Sn. 696）

覚者というのは正覚を獲得して法の道（dhamma-magga）を歩む人のことであり、この法の道とは梵行（brahmacariya）のことである。また、弟子の立場からすれば、覚者に随順して梵行を修することは法の道を歩むことになる。

これらの詩節で覚者というのは、恐らく歴史上の仏陀を指しているであろう。仏陀たる者の本性を大まかに言うならば、世俗人が打ち克つことの困難な煩悩、渇愛、愛欲等からすべて離れ、常に不放逸と禅定とに励んでおり、輪廻転生のない涅槃に到達していることにある。この意味で覚者は修行の完成者であり、理想的人間像である。

④ 修行の完成者、理想的人間像

人間の身を受けることは難しく、死すべき人々に寿命（延命）があるのも難しく、〔さらに〕正法を聞くことも難しく、諸々の覚者の出現も難しい。（Dhp. 182）

人間として生まれることの困難さはジャイナ教でも説くところであり[131]、覚者の出現の困難なことは Dhp. 193 でも説かれるところである。

尊い〔駿馬の〕人は見つけがたい。彼はどこにでも生まれるのではない。この賢明なる人の生まれたその家は、幸福に栄える。

dullabho purisājañño na so sabbattha jāyati,
yattha so jāyatī dhīro taṃ kulaṃ sukham edhati（Dhp. 193）[132]

さらに続けて、

「覚者たち」の出現は喜ばしい。正法を説くことは喜ばしい。僧伽が和合しているのは喜ばしい。和合している人々が苦行するのは喜ばしい。（Dhp. 194）

とある。ここに登場する覚者は、複数形で現われ、歴史上の仏陀を意味していないことは明白である。人々に幸福をもたらす真理に通じた修行の完成者のことである。さらに、覚者に至る過程にある人を沙門と呼びながら、三法印の 1 つである諸行無常を覚った人たちを覚者と呼んでいる詩節がある。

虚空に道はない。外教に沙門はいない。諸行は常住ではなく、覚者たちに動揺はない。(Dhp. 255)

⑤ 仏陀の属性

また、仏陀を正覚者と称する例がある。

世間において滅多に出現しない人が今、世間に現われた。彼は正覚者と名づけられる。サーヴァッティー（舎衛城）に速やかに行き、二足の最高者にまみえよ。(Sn. 998)

これは、仏陀が普遍的な正しい真理の証得者であることを表示している。

Sn. 第 5 章 Pārāyana-vagga において、ヴェーダに精通したバラモン僧バーヴァリーとバラモンである弟子たちとの以下のような会話がある。

それではバラモンよ、彼を見てどうして覚者であると知りうるのか。われわれは知らないので、どうしたら彼を知ることができるのか教えてください。(Sn. 999)

偉人の相は実に神呪（ヴェーダ）の中でわれわれに伝えられ、三十二相は順次に完全に述べられる。(Sn. 1000)

仏陀の身体には三十二の特相が備わっていることを述べている。また、sambuddha は宇宙の大真理を悟った人のことであり、仏陀自身を指している。覚者が特相をもつことは Sn. 408 にも見られる。

覚者は山に囲まれたマガダ人たちの王舎城に行った。勝れた特相を備えた彼は、托鉢のために出かけた。(Sn. 408)

仏の特相としては、Sn. 1000 で述べられているように 32 が数えられるが、これらの特相は、最初期においてはわずか 3 つが挙げられているにすぎない。

彼の年齢は 120 歳である。彼の種姓はバーヴァリーである。彼の肢体には 3 つの特相がある。彼は 3 ヴェーダ（リグ、サーマ、ヤージュル・ヴ

ェーダ）に精通している。(Sn. 1019)

彼は舌で顔を覆うことができる。彼は両眉の間に白毫がある。彼の男根は覆い隠されている。若いバラモンよ、このように知りなさい。(Sn. 1022)

ここでは、仏陀ではなくバラモンの修行僧について3つの身体的特徴、すなわち、広長舌相、眉間白毫相、陰馬蔵相を挙げている。中村元博士は、バラモンのこのような身体的特徴は現存のヴェーダ文献には出てこないが、当時の一般民衆の間で、すぐれたバラモン修行者の身体はこのようなものであると考えられていたのであろう、と推察している[133]。

さらに、仏陀の属性として、あらゆるものを見透す眼をもっていることと、見る働きに障りがないことを挙げることができる。

バラモンよ、彼は実に正覚者であり、すべての存在を超越している（すべての法の彼岸に到った人である)。すべての神通と力とを得た。彼はあらゆるものを見透す眼をもっている。彼はすべてのものの消滅に達し、煩いを滅尽して解脱している。

so hi brāhmaṇa *sambuddho* sabbadhammāna pāragū
sabbābhiññābalappatto sabbadhammesu cakkhumā
sabbadhammakkhayaṃ patto vimutto upadhisaṃkhaye[134] (Sn. 992)

もし彼が見る働きの障りのない覚者であるならば、心の中で尋ねられた質問に対して言葉でもって答えてくれるであろう。

anāvaraṇadassāvī yadi buddho bhavissati,
manasā pucchite pañhe vācāya vissajessati (Sn. 1005)

覚者は、五見（5つの誤った見解）に汚されることがない、ということを読み取ることができよう。五見、すなわち1. 有身見（satkāya-dṛṣṭı)、2. 辺執見（antaparigraha-dṛṣṭi)、3. 邪見（mithyā-dṛṣṭi)、4. 見取見（dṛṣṭi-parāmarśa-dṛṣṭi)、5. 戒禁取見（śīla-vrata-parāmarśa-dṛṣṭi）によらず、ものごとを正しく見る。それ故、覚者の別名は、「眼ある人」（具眼者）ということになる。

かの尊者、眼ある人である覚者は世間において法を説く。あなたは彼のところに行って尋ねなさい。彼はあなたに説明するでしょう。

buddho so bhagavā loke dhammaṃ deseti *cakkhumā*:

taṃ tvaṃ gantvāna pucchassu, so te taṃ vyākarissati（Sn. 993）

太陽の末裔である覚者、眼ある者に満足した彼らは、すぐれた智慧ある人のもとで梵行を実践した。

te tositā *cakkhumatā*[135] buddhen' ādiccabandhunā

brahmacariyam acariṃsu varapaññassa santike（Sn. 1128）

ここで具眼者、覚者は仏陀自身のことであり、具眼者として法を説き、智慧ある人ということになる。Sn. 423 によれば、釈迦族の種姓は太陽と称し、太陽とクシャトリヤ（王族）とを結びつけている。Dhp. 387 もそうである。

太陽は昼に輝き、月は夜に照り、王族は武装して輝き、バラモンは禅定して輝く。しかし覚者は常に威力をもって昼夜に輝く。(Dhp. 387)

⑥ 覚者の教法の内容

覚者の教えに基づいて涅槃に到る道を歩む比丘がいる。

1つは利得に達する道であり、もう1つは涅槃に到る道である。覚者の弟子である比丘はこのことを知って、恭敬を喜ぶべきでなく、孤独の境地に励むべきである。

aññā hi lābhūpanisā aññā nibbānagāminī,

evam etaṃ abhiññāya bhikkhu buddhassa sāvako

sakkāraṃ nābhinandeyya vivekam anubrūhaye（Dhp. 75）

「転法輪経」によれば[136]、出家者が親近すべきでない道に2つある。1つは愛欲に執著する凡夫の所行であり、もう1つはジャイナ教徒や邪命外道の行なう苦行である。比丘がこの二辺を離れて中道を歩むべきことを覚者は教える。この中道とは、涅槃に到る道であり、孤独の境地に励むことによって得られる。

Dhp. 第25「比丘の章」は、比丘と呼ばれる托鉢修行者のあるべき姿を記しており、以下の3詩節は、覚者の教法によって涅槃に到達する比丘について述べられている。

慈しみの心をもって覚者の教えを信じる比丘は、諸行を止滅して、安楽な寂静の境地に達すべきである。

mettāvihārī yo bhikkhu pasanno buddhasāsane

adhigacche padaṃ santaṃ saṃkhārūpasamaṃ sukhaṃ（Dhp. 368）[137]

喜びに満ちて覚者の教えを信じる比丘は、諸行を止滅して、安楽な寂静の境地に達すべきである。

pāmojjabahulo bhikkhu pasanno buddhasāsane

adhigacche padaṃ santaṃ saṃkhārūpasamaṃ sukhaṃ（Dhp. 381）

年若く覚者の教えに精進する比丘は、雲から出た月のごとくに、この世界を照らす。

yo have daharo bhikkhu yuñjate buddhasāsane

so 'maṃ lokaṃ pabhāseti abbhā mutto va candimā（Dhp. 382）

まず、Dhp. 368, 381 からは、覚者の教法が、諸行を止滅して安楽な寂静の境地（涅槃寂静）に達するための教えであることが知られる。また、Dhp. 382 は、覚者の教えを信じて実践する比丘が解脱の境地に到達することを譬喩的に述べている。

覚者の教法は比丘ばかりでなく、出家者（pabbajita）や沙門（samaṇa）、牟尼（muni）の規範になっていることが知られる。

忍耐と堪忍は最高の苦行、涅槃は最高であると覚者たちは説く。他人を害する人は出家者ではない。他人を悩ますのは沙門ではない。

khantī paramaṃ tapo titikkhā,
　　nibbāṇaṃ paramaṃ vadanti buddhā,
na hi pabbajito parūpaghātī
　　samaṇo hoti paraṃ viheṭhayanto（Dhp. 184）

ここでいう苦行（tapas）は、一般的な身を苛む苦行のみを意味していたのではなく、美徳を備えており、じっと堪え忍ぶ人のことを意味している。それ故、tapas を尊重するという表現は、仏典の中で最古層に属するものと考えられる[138]。

苦行、梵行、自制、調御によって、これらによって人はバラモンとなる。これがバラモンの最高の境地である。（Sn. 655 = Th. 631）

この他に、覚者の教法の内容を説明する詩節として、以下のものがある。

すべての悪いことをなさず、善いことを行ない、自己の心を浄めること、これが諸々の覚者の教えである。

sabbapāpassa akaraṇaṃ kusalassa upasampadā
sacittapariyodapanaṃ etaṃ buddhāna sāsanaṃ (Dhp. 183)

この詩節は「諸悪莫作、諸善奉行、自浄其意、是諸仏教」[139]と漢訳され、七仏通戒偈としてあまりにも有名である。諸々の覚者の教えはDhp. 185においても説かれる。

罵らず、害せず、戒律を守り、飲食に関して量を知り、一人辺境の臥坐所にあって、瞑想に専念する。これが諸々の覚者の教えである。

anupavādo anupaghāto pātimokkhe ca saṃvaro
mattaññutā ca bhattasmiṃ pantañ ca sayanāsanaṃ
adhicitte ca āyogo etaṃ buddhāna sāsanaṃ (Dhp.185)[140]

これら3詩節(Dhp. 183-185)の中では、覚者はいずれも複数形で現われ、「目覚めた人」「完全な智慧に到達した人」を指すのであり、仏教の開祖の仏陀とは限らないことは明白であろう。現在、複数の覚者があり、過去に幾人かの覚者が存在し、将来にも多くの覚者が現われるであろう、というように用いられる覚者のことである[141]。換言すれば、覚者は修行者の目標とする解脱者のことである。因みに註釈はbuddhā (Dhp. 184b) = paccekabuddhā, anubuddhāと説明している。

それに対して、仏教の開祖仏陀が説いた教法を表わす詩節がある。

世尊よ、あなたが善く説かれたこの法は深遠であり、楽しいものである。われわれすべてがそれを聞きたがっているまさにそのことを、私たちに答えてください。最高の覚者よ。(Sn. 383)

ここでの覚者は明らかに歴史上の人物、仏陀のことである。

涅槃に到達するため、苦を絶滅するためにブッダ(覚者)が説いた安穏の言葉は、実に諸々の言葉のうちで最高のものである。(Sn. 454)

仏陀の教法は涅槃に導くものであり、苦を滅するものであるから、最高の教えである。

1つ1つの質問に対して覚者が説かれたように、そのように実践する人

は此岸から彼岸に到るであろう。（Sn. 1129）

仏陀の教法は修行者を彼岸（＝涅槃）に導くものであることを明示している。仏教徒が目指したものは、永遠の安らぎの涅槃に達することであった。

（3）修行完成者の名称

覚者は修行者の 1 つの呼称、しかも多くの場合、修行を完成した聖者の尊称として他の呼称とともに使用されることがある。バラモン（brāhmaṇa）、善逝（＝善き人、sugata）、英雄（vīra）、大聖仙（mahesi）、勝利者（vijitāvin）、欲望のない人（aneja）、沐浴者（nhātaka）、賢者（dhīra）、比丘（bhikkhu）、温和な人（sorata）、調御者（danta）、師（satthā）、征服者（abhibhū）、牟尼（muni）、聖仙（isi）、如来（tathāgata）、道の先生（maggakkhāyi）、道を知る者（maggajina）、知田者（khettajina）、賢人（paṇḍita）等がそれである。

① バラモン

紐と革帯とを手綱と共に切り離して、閂を引き抜いた覚者、彼を私はバラモンと呼ぶ。

chetvā nandiṃ varattañ ca sandānaṃ sahanukkamaṃ
ukkhittapaḷighaṃ[142] buddhaṃ tam ahaṃ brūmi *brāhmaṇaṃ*（Dhp. 398 = Sn. 622）

ここでは buddha = brāhmaṇa である。これまでに見たように、バラモンというのはヴェーダ聖典を受持した司祭者であるバラモンのことではなく、修行者の呼称の 1 つである。

また、註釈によれば、門を閉ざす閂とは無明を言い、ukkhittapaḷighaṃ は無明を滅した人、覚者を指す。

〔人間中の〕雄牛、勝れた人、英雄、大聖仙、勝利者であり、欲望がなく、沐浴者、覚者である、彼を私はバラモンと呼ぶ。（Sn. 646 = Dhp. 422）

この詩節は、バラモンのあるべき特質を説明しているのであり、バラモンが修行者のモデルとして捉えられている。そして、覚者は雄牛、勝れた人、英雄、大聖仙、勝利者、欲望のない人、沐浴者と同一視されており、勝れた修行者の一呼称という位置づけである。

② 善逝

誰でも生きとし生けるものの死と生をすべて知り、執著がなく、善逝であり、覚者である人、彼を私はバラモンと呼ぶ。

cutiṃ yo vedi[143] sattānaṃ upapattiñ ca sabbaso
asattaṃ *sugataṃ* buddhaṃ tam ahaṃ brūmi brāhmaṇaṃ（Dhp. 419 = Sn. 643）

sugata は後世、如来の十号が確立したときにその 1 つに数えられ、普通、漢訳では善逝と訳される。そして善逝はこの場合、修行完成者の呼称と同一視され、さらに覚者ということになる。善逝とバラモンの呼称をもつ覚者は、有情の生死（輪廻転生）を知ることのできる者、執著のない者である。

③ 師、悪魔の征服者、牟尼、明行足

Sn. 545 と 571 は並行詩節であり、ここにおいて、覚者は師（satthā）、悪魔の征服者（Mārābhibhū）、牟尼（muni）と同一視される。

あなたは覚者であり、あなたは師であり、あなたは悪魔を征服した牟尼です。あなたは潜在的煩悩（随眠）を断ち切って、彼岸に達しており、これらの人々を渡らせます。

tuvaṃ buddho, tuvaṃ *satthā*, tuvaṃ *Mārābhibhū muni*
tuvaṃ anusaye chetvā tiṇṇo tāres' imaṃ pajaṃ（Sn. 545 = 571）

潜在的煩悩（anusaya）とは随眠と漢訳され、表面に現われた煩悩に対して、未だ表面化していない煩悩のことである。この詩節における覚者とは随眠を断った人のことであり、さらに自分が彼岸に到達しており、他の人を彼岸に導く人のことである。

鍛冶屋の息子チュンダは言った。「智慧豊かな牟尼、覚者、法の主、渇愛を離れた人、二足中の最上者（両足尊)、すぐれた御者に尋ねます。世間にどれだけの沙門がいますか。どうぞこれを教えてください。」

"pucchāmi *muniṃ* pahūtapaññaṃ

iti Cundo kammāraputto[144]

buddhaṃ dhammassāmiṃ vītataṇhaṃ

dipaduttamamaṃ sārathīnaṃ pavaraṃ:

kati loke samaṇā, tad iṃgha brūhi"（Sn. 83）

覚者は、修行者の呼称の 1 つである牟尼（muni）と同一視され、渇愛を離れ、法をよく知り、人間で最もすぐれており、よく自制している人のことである。

また次のように、覚者は聖人（tādin）と言い換えられる。

> こだわりなく、偽りなく、聖人として、衆（gaṇa）とともにやって来るその覚者（仏陀）のもとに、この世の多くの束縛ある人たちのために、質問をしに私は来たのです。（Sn. 957）

覚者は、後世、如来の十号の 1 つに数えられる明行足（sampannacaraṇa）とすでに呼称され、さらに、聖仙（isi）とも同一視されている。

> これらの人たちは、明行足であり聖仙である覚者のもとにやって来て、みごとな質問を発して、覚者たる最高の人に近づいた。（Sn. 1126）

tathāgata は古代インドにおける諸宗教で用いられた呼称であり、修行を完成した人のことを指している。漢訳者は tathā + āgata に解したために如来と訳した。ここでの覚者は如来と同義である。

> 生ぐさを離れ、一切の苦を根絶する覚者のよく説かれた言葉を聞いて、〔そのバラモンは〕謙虚な心で如来を礼拝し、まさにその場で出家することを選んだ。（Sn. 252）

④ 道を知る者

Sn. 85 において、鍛冶屋の息子チュンダが師（仏陀）に、道を知る者（maggajina）など 4 種の沙門とはどのような人であるか、その一々を挙げて尋ねる。

> 鍛冶屋の息子チュンダは言った。「覚者たちは誰を道を知る者（maggajina）と言うのですか。人はどのように無比なる道の先生となるのですか。尋ねたいのですが、道に生きるということを説いてください。また、道を汚す者を私に説き明かしてください。」

"kam *maggajinaṃ* vadanti buddhā,

iti Cundo kammāraputto

maggajjhāyī kathaṃ atulyo hoti,

magge jīvati me brūhi puṭṭho,

atha me āvikarohi maggadūsiṃ" (Sn. 85)[145]

チュンダの質問に対して、師である仏陀は以下のように答える。

「疑いを超越し、〔苦悩の〕矢を離れ、涅槃を楽しみ、欲望なく、神々を含めた世間の指導者、そのような人を覚者たちは、〈道を知る者〉と言う。

"yo tiṇṇakathaṃkatho visallo

nibbānābhirato anānugiddho

lokassa sadevakassa netā,

tādiṃ *maggajinaṃ* vadanti buddhā (Sn. 86)

覚者はここでも複数形で出てきており、必ずしも歴史上の仏陀その人を指してはいない。当時の理想的修行者あるいは修行の完成者のことである。「道を知る者」の定義は、疑念と悩みと欲望がなく、世間の導師であり、涅槃に到達した人ということになり、それは取りも直さず覚者そのものということができよう。したがって、道を知る者とは覚者のことである。

なお、註 145 に詳しく示したが、挿入母音の扱いと韻律の関係から、この詩節が文献的に最古層には属していないと考えられることは、特筆に値しよう。というのも、最古期ではないこの詩句でもまだ「覚者たち」という buddha の複数形が使われており、buddha の語が一般にゴータマ・ブッダその人を示すようになるまでには長い時間のかかったことが、ここから推察されるからである。

⑤ 知田者、賢人

また、覚者は「田を知る者」（知田者）として描かれている。

サビヤは言った。「覚者たちは誰を〈田を知る者〉と言うのですか。何故に巧みな人と言うのですか。どうして賢人なのですか。どうして牟尼と呼ばれるのですか。私はお尋ねします。世尊よ、答えてください。」

(Sn. 523)

サビヤの質問に対して、師は次のように答える。

これに対して世尊が答えた。「サビヤよ、神々の田、人間の田、梵天の田というすべての田を考察して、すべての田の根本的な束縛から解放された聖人、このような人がこれらの故にまさに田を知る者と呼ばれる。

"khettāni viceyya kevalāni

Sabhiyā ti Bhagavā

divyaṃ mānusakañ ca brahmakhettaṃ

sabbakhettamūlabandhanā pamutto

khettajino[146] tādi pavuccate tathattā (Sn. 524)

サビヤの質問の内容からは、田を知る者 (khettajina) = 賢人 (paṇḍita) = 牟尼 (muni) と考えられていることが読み取れ、それぞれ理想的修行者の呼称であることが知られる。kṣetrajña は本来、ウパニシャッドの哲学において個我 (ātman) を意味していたが、仏教においては田 (=感覚や認識の領域) の根本的束縛から完全に解放された人を意味するようになった。

以上、Dhp. と Sn. における buddha の用例を見てきた。それらにおいて、buddha が単数で使われる場合、歴史上の仏教の開祖ゴータマ・ブッダを指していることも少なくなかったが、一般に修行の完成者に対する尊称として使われる例も散見された。また、複数形で現われる場合も多く、その場合には歴史上の仏陀と同等の資格をもつ修行の完成者たちを意味しており、そのような人が複数いたということが周知の事実であったことが知られる。

なお、仏教では例外的に思えるが、一般的な意味での「賢者」として、すなわち「愚者」の反対語として、宗教的な覚者の意味は希薄に使用された例もあったことを最後に挙げておく。

信仰において世間から出離し、新たに出家した見習い僧、僧伽に住んでいる賢い比丘は、戒律を学ぶべきである。

saddhāya abhinikkhamma navapabbajito navo

saṃghasmiṃ viharaṃ bhikkhu sikkhetha vinayaṃ budho[147] (Th. 250)

以下で見るが、このような用例はジャイナ教聖典やMBh.には散見されるものである。

2　初期ジャイナ教文献に現われるbuddha

以上、仏教教団の創成期には、buddhaの語がゴータマ・ブッダを指して使われることもあったとはいえ、まだ広く修行の完成者を意味している場合が多く、さらに以下で見るように、ジャイナ教の事実上の開祖マハーヴィーラ（Mahāvīra, 本名はVaddhamāna）やその集団の修行者たちを指すことさえあった。

ジャイナ教の文献に限ってみれば、マハーヴィーラがブッダと呼ばれたことを記している最も信頼できる最初の資料は、恐らくジナ（Jiṇa, 勝者）の伝記を記している『カルパ・スートラ』(*Kalpa-sūtra*)[148]であろう。また、ジャイナ教の初期の聖典集（gaṇipiḍaga）において、ブッダという語が明確に仏教の開祖であるブッダを指すのはわずかに1度、Sūy. 2.6.28のみである[149]。

つまり、初期のジャイナ教聖典集においてもブッダの語はしばしば現われながら、仏教におけると同様、開祖という特別な存在を示すものではなかった。むしろより一般的に、宗教的な覚者の意味合いなしに使われている例も見出せる。それ故、「ブッダ」が誰を、またどのような人を指しているのか、興味の惹かれるところである。なお、当然と言えるかどうかは別にして、後期の典籍や註釈文献においては、ブッダという語は仏教の開祖に対して限定的に用いられるようになっている。

そこでまずジャイナ教の古層に属する聖典[150]、*Āyāraṅga* I, *Sūyagaḍaṅga* I, *Uttarajjhāyā*, *Dasaveyāliya*, *Isibhāsiyāiṃ*に基づいて「ブッダ」という語の用例を示し、それらの意味するところを明らかにしてみよう。

(1) 愚者の反対語としてのブッダ（賢者）

「ブッダ」は、ただ単に「賢い」「賢者」という意味で、mūḍha（愚者）の反対語として用いられている場合がある。

恐れのなくなったブッダたちは、厳しい教示であっても利益あるものと〔考える〕。〔しかし〕愚者たちにとっては、忍耐で光り輝く言葉は嫌悪するものである。

hiyaṃ vigaya-bhayā buddhā pharusaṃ pi aṇusāsaṇaṃ

besaṃ taṃ hoi *mūḍhāṇaṃ* khanti-sohikaraṃ payaṃ（Utt. 1.29）[151]

註釈家 Śāntisūri も Devendra もこの buddhāḥ を avagata-tattvāḥ, manyanta iti śeṣaḥ（知る人たち、考える人たち）と説明し、また mūḍhāṇaṃ を Śāntisūri は ajñānānāṃ（無知）と、Devendra は ajñānāṃ（無知）と解している。つまり、このブッダは明らかに mūḍha（愚者）の反対概念以上ではなく、宗教的な意味合いの希薄なものと考えられる。そして、このような用例は MBh. にも見られ、インドの一般的な概念と言ってよい[152]。

また、buddha（buha）に「無」「非」「欠如」を意味する否定の接頭辞 a- を冠した abuddha, abuha も使われる。

Kāśyapa によって指摘されたこれらの渦巻きがある。ブッダたちはそれらを取り除き、ブッダではない（無知な）者たちはそれらに沈む。

ah' ime santi āvaṭṭā kāsaveṇaṃ paveiyā,

buddhā jatthāvasappanti, sīyanti *a-buhā* jahiṃ（Sūy. 1.3.2.14）[153]

Śīlāṅka は buddhā を avagata-tattvā（知る人たち）と説明し、註釈書 Cūrṇi は 2 種の buddha, すなわち ṇiddābuddha（寝入るブッダ）と ṇāṇātibuddha（了知するブッダ）を説く。

これ（ジャイナの法）を知らない人たちは、彼らが〔自分たちを〕ブッダであると考えていても、ブッダではない。そして「私たちはブッダである」と考えつつ、彼らは三昧にほど遠い。

tam eva aviyāṇantā *abuddhā* buddhamāṇiṇo /

buddhā mo tti ya mannantā anta ee samāhie（Sūy. 1.11.25）[154]

註釈によれば、abuddha とは無知な人であり、無知な人たちは自分たちを智慧あり（paṇḍita）と考える。ジャイナ教からのこのような批判は、状況的に仏教徒を対象としたと推察させる[155]。ただ、Śīlāṅka が tesarve = paratīrthikā（異教徒）, te（v. 26）= Śākyādayo と説明しているように、必ずしも仏教徒のみを指すのでなく、ジャイナ以外の異教徒をすべて指しているのかもしれない。

(2) 修行完成者としてのブッダ

「ブッダ」は修行者の1つの呼称、しかも多くの場合、修行を完成した聖者の尊称として使用される。

① sāhu（Skt. sādhu）との同義

sādhu は第7節で見たように、ジャイナ教聖典における位置づけとしては「上人」とか「聖者」の意味であり、多様な使われ方をしている。再録になるが、ブッダと同義の用例を見ておこう。

ブッダたちは蜜蜂のように、愛著のない者となり、調御されて、数々の食べ物に満足した。それ故、彼らは善き修行者と呼ばれる。

mahukāra-samā buddhā je bhavanti aṇissiyā
nāṇā-piṇḍa-rayādantā, tena vuccanti *sāhuṇo*（Dasav. 1.5）

② tāi（Skt. tādṛś）との同義

この語に大きな意味的変化のあったことは第5節に述べたが、ここで取り上げるのは、変化する以前の「聖人」の意味での用例であり、ブッダが tāi に対応している。

風を起こすことを、ブッダたちはかくのごときものと考える。そしてそれは非難多く、それは聖人（tāi）たちによって用いられない（是認されない）。

anilassa samārambhaṃ[156] buddhā mannanti tārisaṃ
sāvajja-bahulaṃ ceyaṃ, neyam *tāīhi* seviyaṃ（Dasav. 6.37）

ジャイナ教徒は「ターラの扇、葉、枝を振動させることによって」(v. 38)、「衣服、鉢、布、箒等によって」(v. 39) 風を起こすことの過失は、悪趣を増長せしめることになると考えていた。

Dasav. 6.67 では、pāda a が vibhūsā-vattiyaṃ ceyaṃ（この装飾によって起こされたるもの）に代わるが、pāda bcd は全く同じである。

③ saṃjaa（Skt. saṃyata）, parinivvuḍa（Skt. parinirvṛta）との同義

saṃjaa は、自制の生活を行ない守っている苦行者のことである。自制によってのみ業（karman）の流入を防ぎ、解脱の境地に達すると考えられていた。

人は言葉の過失と徳を知って、その悪い者たちを常に避けるべきである。6〔の生物に対する行動〕において制御し、沙門の生活において、常に自制しているブッダは、幸ある随順する言葉を話すべきである。

bhāsāe dose ya guṇe ya jāṇiyā
　　tīse ya duṭṭhe parivajjae sayā
chasu *saṃjae* sāmaṇie sayā jae
　　vaejja buddhe hiyamāṇulomiyaṃ（Dasav. 7.56）[157]

完全に安らかになったブッダは、村にあっても町にあっても、自制者として遊行すべきである。そして寂静の道を実践すべきである。ゴーヤマよ、貴重な機会を無駄にすべきでない。

buddhe *parinivvuḍe* care
　　gāmagae nagare va *saṃjae*
santī-maggaṃ ca vūhae
　　samayaṃ goyama mā pamāyae（Utt. 10.36）[158]

④ suviṇīa（Skt. su-vinīta）との同義

viṇīa（Skt. vinīta）は Utt. 1.2 の註釈において、Devendra によって vinītaḥ = vinayānvitaḥ が与えられ、Utt. 11.13 においては suvinītaḥ = vidhagunānvitaḥ と説明される。字義的には「教導されうる」であるが、ジャイナ教では「規律を護っている人」、あるいは「制御された人」を意味し、やはり修行者の1つの呼称である。

口論と騒動から解放され、高貴な生まれであり、謙虚であり、虚心であるブッダは、よく制御された人と言われる。

kalaha-ḍamara-vajjie buddhe abhijāie
hirimaṃ paḍisaṃlīṇe *suviṇīe* tti vuccaī（Utt. 11.13）

⑤ vīra との同義

よく知られた英雄（勇者、vīra）であり、正しい信仰をもったブッダたちは、彼らにどんな果ももたらさない清浄に努力する。

je ya buddhā mahābhāgā *vīrā* sammatta-daṃsiṇo
suddhaṃ tesiṃ parakkantaṃ aphalaṃ hoi savvaso（Sūy. 1.8.23）

vīra は「英雄」「勇者」の意味であり、苦行生活において勇猛な修行者に対して与えられる尊称である。

⑥ nāyaa（Skt. jñātaka), pariṇivvua（Skt. parinirvṛta), vijjācaraṇasaṃpanna（Skt. vidyācaraṇasaṃpanna）との同義

ナータ族の出身者であり、解脱者であり、明知と善行とを具足した、真理を語り、真理に精進するブッダは、このように明らかにした。

ii pāukare buddhe *nāyae pariṇivvue*
vijjācaraṇasaṃpanne sacce sacca-parakkame（Utt. 18.24）

ここでのブッダは jñātaka, parinirvṛta と並置される。また vidyācaraṇa-saṃpanna（明行足）は、仏教においては後に如来の十号の 1 つとなる語で、牟尼の語とともに使われた（第 3 節 1 (2) ⑮）が、ジャイナ教においては牟尼ではなくこのブッダの語とともに、真理を語り、真理に精進する人等と言い換えられ、開祖マハーヴィーラに対する尊称として使用されている。

ブッダ、ナータ族の出身者、解脱者は、成就者によって護持された Uttarajjhāyā の 32 章をこのように明らかにした。

iya pāukare buddhe *nāyae parinivvue*
chattīsaṃ uttarajjhāe bhavasiddhīya-saṃvuḍe（Utt. 36.267）[159]

⑦ isi との同義

isi（聖仙）の名を冠した *Isibhāsiyāiṃ*（『聖仙の言葉』）に見られる定型句とさまざまな呼称については第 4 節 2 (1) ①に述べたが、ここに各章の冒頭と締めくくりの定型句を再掲しておく。

…… 阿羅漢、聖仙によって言われた。

...... arahatā *isiṇā* buiyaṃ（Isibh. 各章初）

このように、彼はブッダ、愛著を離れた者、悪を離れた者、調御する者、自制者、乃至、聖者であって、再びこの世のために速やかに来ない、と私は言う。

evaṃ se buddhe virate vipāve dante davie alaṃ tāiṇo puṇar-avi icc-atthaṃ havvam āgacchati tti bemi（Isibh. 各章末）

ここでは、ブッダという語は、arahaṃta, isi, virata, vipāva, danta, davia, tāi と同格に扱われている。これらのうち、arahaṃta, isi, tāi はほとんど同じ概念であり、tahāgaya（Skt. tathāgata）「真人」とほぼ同義である。つまりこの定型句から、沙門として修行し解脱した人を、一般的に「ブッダ」と呼んでいたことが読み取れるのである。

ジャイナ教においても、仏教や他の沙門の集団、さらにバラモン教におけると同様に、buddha をはじめとして、arahaṃta, isi, virata, vipāva, danta, davia, tāi は、苦行生活において勇猛な修行者たちの尊称として用いられていた。

⑧ jiṇa との同義

清浄な心であなたがちょうど今、私に尋ねたそのことをブッダは明らかにした。そのような教えはジナの教えである。

jaṃ ca me pucchasī kāle sammaṃ suddheṇa ceyasā

tāiṃ pāukare buddhe taṃ nāṇaṃ *jiṇa*-sāsaṇe（Utt. 18.32）

ここではブッダは、敵である一切の煩悩を打ち負かした修行の完成者であり、ジナと同義である。

（3）修行者の師としてのブッダ

これまでブッダが、「賢者」「智慧者」の意味で用いられていること（本節 2(1)）と、修行完成者の呼称、あるいは尊称の 1 つであること（本節 2(2)）を見てきたのであるが、この修行完成者としてのブッダは、もちろん多くの修行者の師でもあった。そこで、次にどのような修行者がブッダを師と仰いでいたかを検討することにする。

① paṇḍita, paṇṇa（prajña）の師として

このように、賢人は種々の異なるもの、それ（教説）を捨てて、智慧ある者は他において迷わない。これが諸々のブッダ（覚者）の教えである。

evaṃ aṇega-vaṇṇāgam taṃ pariccajja *paṇḍite*

ṇ' aṇṇattha lubbhaī *paṇṇe*, eyaṃ buddhāṇa sāsaṇaṃ（Isibh. 38.4）

paṇḍita, paṇṇa は明らかに修行者の呼称であり、沙門や比丘をはじめ、第2章及び本章で見るさまざまな呼称と同義的に用いられている。彼らは諸々のブッダの教えを実践する人たちである。この直後の詩節 Isibh. 38.5 には次のようにある。

種々の異なる言葉が耳に達したとき、覚智ある賢人は、それに対する貪り、あるいは言葉の過失を正しく避けるべきである。

ṇāṇā-vaṇṇesu saddesu soya-pattesu buddhimaṃ

gehiṃ vāya-padosaṃ vā sammaṃ vajjejja *paṇḍie*（Isibh. 38.5）

paṇḍie（paṇḍitaḥ）は buddhimaṃ（buddhimān）と同格であることが知られる。その諸々のブッダとは、修行者の目指すべき師ということになり、単なる賢人ではなくて、修行僧の中でも上位にあることが推察される。

前者の pāda d : eyaṃ buddhāṇa sāsaṇaṃ は仏典にも現われる句である。『ダンマパダ』第14章は「ブッダ」と名づけられ、18詩節より構成される。この章で説かれるブッダは「目覚めた」「完全な智慧に到達した人」を指すのであり、仏教の開祖ゴータマに限らないであろう。現在、複数のブッダがおり、過去に幾人かのブッダが存在し、将来にも多くのブッダが現われるであろう、というように用いられるブッダのことである[160]。

七仏通戒偈として有名な Dhp. 184b で vadanti buddhā が、Dhp. 194a でも buddhānam uppādo があるが、これらの複数形のブッダはジャイナ教と同様に、真理を知る人を意味し、修行者の目標とする解脱者として描かれている。因みに Dhp-a.（III 237）は、184b の buddhā = paccekabuddhā, anubuddhā と説明している。

② bhikkhu（bhikṣu）の師として

自制したブッダたちのもとにおいて、乞求の清浄を学んで、そこにおいて比丘であるあなたは、諸根（感官）を正しく決定せしめ、〔智の以前の欠陥に〕強烈な恥を抱き、諸徳を具えて住すべきである。

sikkhiūṇa bhikkhesaṇa-sohiṃ
saṃjayāṇa buddhāṇa sagāse
tattha *bhikkhū* suppaṇihiindie
tivva-lajja guṇavaṃ viharejjāsi（Dasav. 5.2.50）

この詩節において比丘は、ブッダと同格ではなく、ブッダたちの教えを学び、実践する弟子として描かれている。

ブッダたちの言葉を理解した人として出家し、彼は常に心を三昧に修すべきである。また婦人たちに征せられるべきでない。吐いたものを再び飲まない人、彼は〔真実の〕比丘である。

nikkhamma-m-āṇāya-buddha-vayaṇe
niccaṃ citta-samāhio havejjā
itthīṇa vasaṃ na yāvi gacche,
vantaṃ no paḍiyāyaī[161] [je], sa *bhikkhū*（Dasav. 10.1）

常に4つの汚濁[162]を吐き出すべきである。ブッダたちの言葉に堅固な関係をもつべきである。財なく、金と銀とを捨てて、在家者との関係を避けるべきである。彼は〔真実の〕比丘である。

cattāri vame sayā kasāe
dhuva-jogī ya havejja buddha-vayaṇe,
ahaṇe nijjāya-rūva-rayae
gihi-jogaṃ parivajjae [je], sa *bhikkhū*（Dasav. 10.6）

Dasav. 10はsa-bhikkhuの章題をもち、同じ章題を有するものに第2章第2節2(1)で見たUtt. 15がある。これら2つの章のsa bhikkhūで終わる各詩節は、韻律に関しても類似性を有することがSchubringによって指摘され[163]、Alsdorfが韻律に基づいて新しい校訂を発表した[164]。

Dasav. 10.1 は、Alsdorf のテキストと英訳を採用し、pāda a は bahuvrīhi の nom. と見る。また Alsdorf によれば、「自分の吐いたものを飲む」とは、出家の生活を捨てて、世俗的な生活に戻ることを意味している。

Dasav. 10.1, 10.6 におけるブッダは、Schubring が 'the Jinas' と訳すように、比丘に対する師であり、比丘が苦行や修行によって達成すべき理想の人間像と見ることができる。また、jina-vayanaṃ（Dasav. 11.17d）も見られることから、buddha = jina と考えられよう。ジナとは宗教上の修行を完成した人のことであり、一切の煩悩という敵に打ち克った人として讃えられる[165]。因みに Cūrṇi において buddha-vayana = nirgrantha-pravacana と説明される。

Utt. 35.1 は、ブッダの教えを実行することによって、比丘が苦の終焉に向かうことを説く。

> 心を集中して、ブッダたちによって説かれた道を私から聞け。その道を実践して、比丘は苦の終わりをなす者となる。
>
> suṇeha me egaggamaṇā maggaṃ buddhehi desiyaṃ
> jamāyaranto *bhikkhū* dukkhāṇantakare bhave（Utt. 35.1）

③ niggantha（nirgrantha）の師として

さて、ニガンタは Skt. の nirgrantha に対応し、「束縛のない」あるいは「繋縛を離れた者」という意味である。ニガンタはマハーヴィーラ以前にあった宗派の名であり、マハーヴィーラがこの派を改革してジャイナ教を設立したのちも、ジャイナ教はニガンタと呼ばれることがあった[166]。また、アショーカ王碑文にニガンタ教徒として現われる[167]。

Utt. の 16 章ではニガンタは比丘と同様に用いられる[168]。Dasav. 6.55 でもニガンタがブッダの教えに随順する修行者であることが知られる。

> 椅子や臥床の上に、床几や長椅子の上に、ブッダたちの教えに住するニガンタたちは、観察することなく〔坐り、あるいは横たわる〕べきでない。
>
> n' āsandī-paliyaṅkesu na nisejjā na pīḍhae[169]
> *nigganthā* 'paḍilehāe buddha-vutta-m-ahiṭṭhagā（Dasav. 6.55）

ところで、buddha-(v)utta- と buddha-putta- とが混同されうることを物語る詩節がある。

それ故、規律を望むならば、良い習慣を得べきである。解脱を望むブッダの息子（＝弟子）は、決して〔彼の先生のもとを〕去らない。

tamhā viṇayam esijjā sīlaṃ paḍilabhejjae
buddhaputta niyāgaṭṭhī na nikkasijjai kaṇhuī（Utt. 1.7）

詳しくは註に譲るが、ここで buddhaputta と読んだ場合は、上のとおり「解脱を望むブッダの息子（＝弟子)」と読むことになる。しかし buddhavutte を buddhaiḥ ukto と解する異読を採用すれば、pāda c は「ブッダたちによって語られた niyāga を望む者」と解することも可能となる[170]。

さらに、niyāgaṭṭhī も解決されねばならない語彙であることを示しておく[171]。

④ viṇīa（vinīta), māhaṇa（brāhmaṇa）の師として

ジャイナ教の古層聖典においては、修行僧に対してバラモン教的な呼称が数多く現われるが、viṇīa, māhaṇa あるいは bambhaṇa, siṇāyaa もその呼称の１つである。

Utt. 18 には Kāmpilya のサンジャヤ（Sañjaya）王が Kesara 園で偉大な苦行者ガルダバーリに出会い、出家修行者となった物語が述べられているが、その中に次のような詩節がある。ここで「あなた」というのはサンジャヤ王のことである。

あなたの名前は何ですか。種姓は何ですか。何故あなたはバラモンなのですか。あなたはどのようにブッダたちを尊敬するのですか。あなたはどうして教導されるべき人と言われるのですか。

kiṃ nāme kiṃ gotte kassaṭṭhāe va *māhaṇe*
kahaṃ paḍiyarasī <u>buddhe</u> kahaṃ *viṇīe*[172] tti vuccasī（Utt. 18.21）

ここにおいて brāhmaṇa と vinīta とは同格に考えることができ、彼らの尊敬の対象は諸々のブッダである。Devendra は buddhe = ‘buddhā’ ācāryādīn と説明する。

⑤ siṇāyaa（snātaka), māhaṇa の師として

Utt. 25.34 はすでに引用した詩節ではあるが、師としてのブッダをよく表わしているので再掲する。

ブッダはこれら（特性）を明らかにした。それらによって人は沐浴者となる。すべての業から解放された人、彼をわれわれはバラモンと呼ぶ。

ee pāukare buddhe jehiṃ hoi *siṇāyao*

savva-kamma-vinimmukkaṃ taṃ vayaṃ būma *māhaṇaṃ*（Utt. 25.34）

siṇāyaa / snātaka は本章第 2 節で見たとおり、仏教やジャイナ教では理想的修行者を指すことが多い[173]。

人は bambhacera（梵行）によって修行者としてのバラモンに（Utt. 25.32)、kamma（行為）によって敬われる存在としてのバラモンとなる（Utt. 25.33）ことが説かれる。

パーリ聖典の中にも、同様な詩節があり、共通に依存した原伝承があったことを窺わせる。パーリではブッダは単数で現われ、勝れた修行者の一呼称にすぎず、むしろバラモンが修行者のモデルであったようである。次の詩節も再掲になるが、確認しておきたい。

〔人間中の〕雄牛、勝れた人、英雄、大聖仙、勝利者であり、欲望がなく、沐浴者、覚者（ブッダ）である、彼を私はバラモンと呼ぶ。

usabhaṃ pavaraṃ vīraṃ mahesiṃ vijitāvinaṃ

anejaṃ *nhātakaṃ* buddhaṃ tam ahaṃ brūmi *brāhmaṇaṃ*（Sn. 646 = Dhp. 422）

⑥ muṇi（muni）の師として

月が〔星の〕中で最高であるように、涅槃は最高である、とブッダたちは〔明らかにした〕。それ故、牟尼は常に自制し、調御し、涅槃を生ぜしめるべきである。

nivvāṇaṃ paramaṃ buddhā nakkhattāṇa va candimā

tamhā sayā jae dante nivvāṇaṃ saṃdhae *muṇī*（Sūy. 1.11.22）

Śīlāṅka の註 'buddhā' avagata-tattvāḥ pratipādayanti によって訳した。なお、

Cūrṇi によれば、buddhāḥ = arahantaḥ である。

⑦ 修行者の師として

上記以外にブッダの用例を検討してみると、特定の修行者の名称を挙げてはいないが、明らかに修行者である人たちの師もしくは理想の修行者としてのブッダと解することができる詩節がある。1例を挙げれば次のごとくである。

彼は愛欲を得ても楽しむべきでない。このように識別が説かれた。彼は常にブッダたちの面前で正しいことを学ぶべきである。

laddhe kāme na patthejjā vivege evam āhie
āyariyāiṃ sikkhejjā buddhāṇaṃ antie sayā（Sūy. 1.9.32）

以上、ジャイナ教の古層聖典における buddha の用例を見てきたが、当然のことながら、ジャイナ教ではブッダという語は決して仏教の開祖ゴータマを指して用いられてはいない。まず (1) で取り上げたように、インド一般の概念である愚者に対する賢者の意味に使われていることがあった。また、(2)「修行完成者としてのブッダ」に現われる修行者としての呼称は、一般の修行僧とは区別されるべき尊称であることも知ることができた。さらに、(3)「修行者の師としてのブッダ」におけるブッダは、解脱の境地にある修行の完成者であり他の修行者の師でもあって、註釈類においては阿闍梨（ācārya）に比定されていた。そして、この (3) でブッダの語とともに焦点を当てた修行者の呼称、賢人（paṇḍita）、智者（paṇṇa）、比丘（bhikkhu）、ニガンタ（niggantha）、制御者（viṇīa, cf. su-viṇīa, (2) ④）、バラモン（māhaṇa）、沐浴者（siṇāyaa）、牟尼（muṇi）は、すべてこのようなブッダの弟子としての修行者一般を指す呼称ということになる。

ところで、最古層に属すると考えられる Āy. I 9 において[174]ブッダの語は見られないし[175]、『スッタニパータ』のアッタカ篇とパーラーヤナ篇の古い詩節（第1章と第18章を除く）においてもブッダの語は見られない[176]。

このことを考慮すると、ブッダは samaṇa, muṇi, mehāvin, aṇagāra, māhaṇa,

bhikkhu 等より新層に属することになる。すなわち若干遅れてブッダは、jina, arahat, titthaṃkara / titthagara と同様に、仏教徒やジャイナ教徒によって解脱した人の尊称として用いられるようになったのである。

仏教の開祖ゴータマの死後、やがて仏教徒がゴータマを神格化し、ゴータマ個人にブッダの尊称を与えるまでの段階において、ジャイナ教徒も修行を完成し、解脱した人にブッダの尊称を用いたのである。

第 12 節　勝者

1　初期仏教文献に現われる jina

① 到彼岸の遊行者

Sn. に、「正しい遊行の経」(Sammāparibbājaniya-sutta, vv. 359–375) と題する章がある。この章の中で遊行すべき主体として語られているのはほとんどが比丘 (bhikkhu) であるが、その理想的なあり方を示す際に、勝者 (jina) に触れている詩節がある。

なお、仏陀の時代よりやや遅れるが、バラモン法典においてバラモンの人生の時期を分ける四住期 (āśrama) が説かれ、その中で最後に当たる遊行期が最も重んじられていたように、仏陀も遊行を重視し、真の意味での遊行とは何かを改めて説いたのが、この章とされている。しかしすでに見てきたとおり、当時の沙門の思潮と実践の動きの中では、修行者にとって出家乞食、遊行はベースとなるあり方であって、この質問者が誰であれ、正しい遊行のあり方が説かれるべきであったことは想像に難くないと言えるだろう。

> 清浄なる勝者で、偽りを取り除き、心の現象 (法) を支配し、彼岸に到達し、欲望が無くなって、諸行 (身心の勢力) を滅ぼす智慧にたけている〔ので〕、彼はこの世において正しく遊行するであろう。
>
> saṃsuddhajino vivattacchaddo[177]
> 　　dhammesu vasī pāragū anejo
> saṃkhāranirodhañāṇakusalo

sammā so loke paribbajeyya（Sn. 372）

勝者（jina）とは、ここでは仏陀その人ではないが、一般的修行者でもなく、仏陀の教えに導かれて修行する理想的修行者としての遊行者を指している。

② 修行完成者としての仏陀

バラモン僧バーヴァリーに対して女神が次のように言う。

「私もそれを知らない。それについての知識は私にはない。頭のことも、頭が裂けることも、これは実に諸々の勝者の洞察である。」

“aham p’ etaṃ na jānāmi, ñāṇam m’ ettha na vijjati,
muddhaṃ muddhādhipāto[178] ca jinānaṃ h’ eta dassanaṃ”（Sn. 989）

続いて、バーヴァリーは女神に、「この地上において頭のことと頭が裂けることを誰が知っているのか」と尋ねる。それに対して、女神は「仏陀がその人である」（vv. 991-993）と答える。このことによって、Sn. 989 の諸々の勝者とは仏陀一人のみを指してはいないが、仏陀を含む修行の完成した人を意味していることに間違いはないと理解できる。

③ ゴータマ・ブッダの尊称

初期仏典の中において、勝者（jina）が仏陀その人を意味していることがある。勝者とは、本来、煩悩という敵に打ち克った人という意味で、修行を完成した人のことであるが、仏陀に対する尊称としても用いられている。

コーサラ国の都である Sāvatthī（舎衛城）に勝者がいる。彼は智慧豊かであり、卓越し、かつ偉大な智慧者である。その釈迦族の子は束縛なく、漏のない人である。人々の中の雄牛（narāsabha）は頭の裂けることを知っている。（Sn. 996）

④ ガナの師にして最高の境地に達せる指導者

セーナカ（Senaka）長老は仏陀の特性を次のように言う。

〔仏陀は〕大いなる輝きあり、ガナの師、最高の境地に達し、指導者、神々を含む世間の勝者であり、比類なき洞察力をもつ〔勝者〕である。

（Th. 288）

⑤ 聖仙中の雄牛・牟尼

勝者は牟尼と言い換えられるが、明らかに仏陀を指している詩節がある。

すぐれた勝者によって〔法〕輪が転ぜられるときに、その声を聞いて、出かけて行って、聖仙の中の雄牛を見て、信仰心を起こし、彼は Asita と呼ばれる仙人の予見がそのとおりになったとき、すぐれた牟尼に最高の牟尼の境地を質問した。（Sn. 698）

⑥ 仏陀の別称

以下、同様に、仏陀が勝者として現われる例を Sn. と Th. から示してみることにする。

エーラーヴァナ（Skt. Airāvaṇa）と名づけられた象王は、勝者という〔言葉〕を聞いて、あなたのもとにやって来ました。彼もまた、あなたに相談して、〔あなたの話を〕聞いて、喜びました。そして「善い哉」と〔言って〕去りました。

āgacchi te santike nāgarājā
　　Erāvaṇo nāma ‘Jino’ ti sutvā,
so pi tayā mantayitvā jagāma
　　‘sādhū’ ti sutvāna patītarūpo（Sn. 379）[179]

人のためをはかる心をもち、聖者であり、将来、最高に清らかになることを予見している人（アシタ仙）によって教えられた。その Nālaka は善根を積み、勝者を待ち望みつつ、感官を護って暮らしていた。（Sn. 697）

この息子はやっとのことで得られた。彼は繊細ですが、幸福に成長してきました。守護者よ、勝者の侍者として彼をあなたに与えます。（Th. 475）

私を出家させ、師である勝者は精舎に入らせた。太陽は未だ没していなかった。その時、私の心は解脱した。（Th. 477）

この私は森に一人住み、怠ることなく、「勝者」が私に示されたとおりに、師の言葉を実行した。

so 'haṃ eko araññasmiṃ viharanto atandito

akāsiṃ satthu vacanaṃ yathā maṃ ovadī jino（Th. 626）

冒頭は、ahaṃ を強調するために so が添えられた so ahaṃ である。英語で言えば、'this same I', あるいは 'very I' と訳すことができる。ついでながら、so tvam も同様に、'this same you', あるいは 'very you' となる。

しかし（ca）、師は私にこの世界が無常で、堅固でなく、実質のないものであることを明かした。心よ、私を勝者の教えに入らせたまえ。いとも渡りがたい激流から私を救いたまえ。

sathā ca me lokam imaṃ adhiṭṭhahi
    aniccato addhuvato asārato;
pakkhanda maṃ citta jinassa sāsane,
    tārehi oghā mahato suduttarā（Th. 1131）[180]

以上、jina の用例を検討してきたのであるが、このように初期仏典における jina は、仏陀その人を指している場合が多い。しかし、出家生活を送っている理想的遊行者の呼称として用いられたり、仏陀に限らない修行を完成した解脱者としての用例も散見された。

2 初期ジャイナ教文献に現われる jiṇa

(1) 開祖、救世者（tīrthaṅkara）としての jiṇa

① 開祖ヴァルダマーナ（Skt. Vardhamāṇa, AMg. Vaddhamaṇa）

Utt. 10 は、大雄ヴァルダマーナがその第 1 の弟子である Goyama に完全智（kevala-jñāna）を得させるため、という設定で書かれた章である。「木の葉」と題され、木の葉が色褪せて落ちるように、人の生命もはかないという譬喩で始まり、人間として生まれることがいかに困難であるかを説き、人身を得ているからには機会を逃すべきでないことを教える。

今日、勝者が見られない。しかし、大いに評価された〔勝者〕によって示された道が見られる。今あなたは、正しい道の上にいる。ゴーヤマよ、貴重な機会を無駄にすべきでない。

na hu jiṇe ajja dissaī
bahumae dissai magga-desie
saṃpai neyāue pahe
samayaṃ goyama mā pamāyae（Utt. 10.31）

仏教の開祖仏陀が、弟子のアーナンダ（Ānanda）に入滅の際に語った言葉が思い起こされる。

「アーナンダよ、お前たちは後にこのように考えるかもしれない。〈師の言葉は過ぎ去った。私たちの師は存在しない〉と。しかし、アーナンダよ、このように見るべきではない。アーナンダよ、私によって説かれ知らしめられた法（Dhamma）と律（Vinaya）が、私の死後にはおまえたちの師である。」

siyā kho pan' Ānanda tumhākam evam assa: "ātīta-satthukaṃ pāvacanaṃ, n' atthi no Satthā" ti. na kho pan' etaṃ Ānanda evaṃ daṭṭhabbaṃ. yo vo Ānanda mayā Dhammo ca Vinayo ca desito paññatto, so vo mam' accayena satthā.（DN. ii p. 154.4–8）

その時、そこに、ダルマの救世者（tīrthaṅkara）である勝者がいた。彼は尊者ヴァルダマーナとして全世界に知られていた。

aha teṇeva kāleṇaṃ *dhammatitthayare* jiṇe
bhagavaṃ *vaddhamāṇi* tti savvalogammi vissue（Utt. 23.5）

ヴァルダマーナは、伝説によれば24番目の救世者（titthayara, Skt. tīrthaṅkara）に相当すると言う。それは仏教で説くところの、燃灯仏（Dīpaṅkara）をはじめとする過去二十五仏（釈迦牟尼以前は二十四仏）に対応する。

輪廻転生のない解脱に到達した、一切智者である「勝者」という表現も見られる。この勝者は恐らくヴァルダマーナを指していると考えられる。

輪廻を滅ぼし、一切智者であり、太陽である勝者が現われた。彼は全世界の生きものに光を与えるだろう。

uggao khīṇasaṃsāro savvannū jiṇabhakkharo

so karissai ujjoyaṃ savvaloyaṃmi pāṇiṇaṃ（Utt. 23.78）

② パーサ（パールシュヴァ）

パールシュヴァと名づけられた勝者がいる。彼は、人々によって供養される阿羅漢であり、正覚者であり、一切智者であり、ダルマの救世者（tīrthaṅkara）であり、勝者である。

jiṇe *pāsi* tti nāmeṇa arahā logapūio

saṃbuddhappā ya savvannū *dhammatitthayare* jiṇe（Utt. 23.1）

ここにおいては、パーサは阿羅漢、正覚者、一切智者、救世者と尊称されている。

なおかつ、ここでの勝者は明らかにパーサ（AMg. Pāsa, Skt. Pārśva）を意味している。ジャイナの伝説によれば、ヴァルダマーナ以前に、23人の救世者（titthayara / titthagara）がおり、第1祖から順に示すと以下のようになる[181]。

1. Usabha, 2. Ajiya, 3. Saṃbhava, 4. Abhiṇandaṇa, 5. Sumai, 6. Paumappabha, 7. Supāsa, 8. Candappabha, 9. Suvihi Pupphadanta, 10. Sīyala, 11. Sejjaṃsa, 12. Vāsupujja, 13. Vimala, 14. Aṇanta, 15. Dhamma, 16. Santi, 17. Kunthu, 18. Ara, 19. Malli, 20. Muṇisuvvaya, 21. Nami, 22. Ariṭṭhanemi, 23. Pāsa となり、第24祖が Vaddhamāṇa（通称 Mahāvīra）ということになる。

第23祖パーサの説は Isibh. 31 において言及され、かつ、Utt. 23 において Kesi と Goyama とのやりとりの中で述べられている。

パーサ大牟尼によって4つの誓戒が説かれ、ヴァッダマーナ（ヴァルダマーナ）によって5つの誓戒が説かれた。

cāujjāmo ya jo dhammo jo imo paṃca-sikkhio

desio vaddhamāṇeṇa pāseṇa ya mahāmuṇī（Utt. 23.12 = 23.23）

すべてのジャイナ教徒に対して五誓戒が課せられていることは、よく知られた事実である。この五誓戒には大小の2種があり、大誓戒は出家修行者に対し、また小誓戒は在俗信徒に対する生活規定である。五大誓戒は最古層聖典の1つと言われる *Dasaveyāliya* の第4章に詳しく説かれており、項目を列挙すれば、不殺生（ahiṃsā）、不妄語（asatyatyāga）、不偸盗（asteya）、不淫

(abrahmacarya)、無所得（aparigraha）である。Mahāvīra はこれら 5 項目を 1 つ 1 つ立てて五戒として説くのに対し、パーサは第 4 戒の不淫を第 5 戒の無所得の中に含めて考えているため、四戒を説くのであった[182]。

(2) 修行の完成者

勝者（jiṇa）が必ずしもマハーヴィーラ自身ではなく、解脱の境地に達した修行完成者を意味している詩節が数多く存在する。

① 単数形の jiṇa

一切処に遍満する知と見とに向かうとき、人は勝者かつ独存者となって世界と非世界とを知る。

jayā savvatta-gaṃ nāṇaṃ daṃsaṇaṃ cābhigacchaī
tayā logam alogaṃ ca jiṇo jāṇai *kevalī*（Dasav. 4.22）

勝者かつ独存者となって世界と非世界とを知るとき、諸ヨーガ（体の諸機能）を壊して人間の頂点を得る。

jayā logam alogaṃ ca jiṇo jāṇai *kevalī*
tayā joge nirumbhittā selesiṃ paḍivajjaī（Dasav. 4.23）

独存者（kevalin）とは完全智者とも訳され、完全な智慧を得る修行を完成した理想者のことである。独存者となれば、もはや死を待つのみで、肉体が滅びると同時に完全なる解脱を得ると考えられた。joge nirumbhittā というのは「諸ヨーガ（＝身口意の活動）を滅して」ということであり、身体を壊滅して selesi（最高位）を得ることができるのである。

次に、ジャイナ教では修行の進行に応じて業の束縛が順次に薄れていき、やがて離脱する過程を、14 の徳位（guṇa-sthāna）に分けて説明する。勝者は第 14 位の無作為独存位（ayogi-kevalin）に相当するが、チャドマスタ・ヴィータ・ラーガ（chadmastha-vīta-rāga）は無穢濁位のことで、十四徳位の中の第 11 位と第 12 位における状態である。この徳位はすべての妄想が消滅しているが、完全智（kevala-jñāna）に達していない段階のことである[183]。今、ここにジナとチャドマスタとが対比して述べられた詩節を示してみることにする。

他人によって教えられた真理を信ずる人、それがチャドマスタであろうが、勝者であろうが、信ずる人は正しい知識に結びついた、と知られるべきである。

ee ceva u bhāve uvaiṭṭhe jo pareṇa saddahaī
chaumattheṇa jiṇeṇa va uvaesarui tti nāyavvo（Utt. 28.19）

1. あらゆる罪悪を避けること（samāyika）、2. 見習僧を指導すること、3. 特別な苦行によって生み出された清浄、4. 欲望をなくすこと、5. チャドマスタあるいは勝者の教えによって罪を絶滅すること、これはすべてのカルマンの破壊を生み出すものと言われる。

sāmāiyattha paḍhamaṃ cheovaṭṭhāvaṇaṃ bhave bīyaṃ
parihāravisuddhīyaṃ suhumaṃ taha saṃparāyaṃ ca（Utt. 28.32）
akasāyamahakkhāyaṃ *chaumatthassa* jiṇassa vā
eyaṃ cayarittakaraṃ cāritaṃ hoi āhiyaṃ（Utt. 28.33）

これらの詩節は、勝者、あるいはチャドマスタによって説かれた教えが、完全智者（kevalin）への道であり、それを実践することによって業を破壊して解脱を得ることを示している。

② 複数形の jiṇa

正しい知識、信仰、行為、そして苦行、これは勝れた知見をもつ勝者たちによって教えられた道である。

nāṇaṃ ca daṃsaṇaṃ ceva carittaṃ ca tavo tahā
esa maggu tti pannatto jiṇehiṃ varadaṃsihiṃ（Utt. 28.2）

勝者は勝れた知見をもっており、完全智者（kevalin）、あるいは一切智者（savvaṇṇu）と同様な意味をもつ。

勝者が勝れた知見をもつ（jiṇehiṃ varadaṃsihiṃ）ことは Utt. 28.7 でも述べられている。

ダンマ、アダンマ、虚空、時、素材、霊魂（命我）、これは勝れた知見をもつ勝者たちによって教えられた世界である。

dhammo adhammo āgāsaṃ kālo puggala-jantavo

esa logo tti pannatto jiṇehiṃ varadaṃsihiṃ（Utt. 28.7）

ジャイナ教では5種の有聚（atthikāya）を説き、これらがジャイナ教の説く世界観の基礎となっている。ダンマとアダンマはそれぞれ Skt. の dharma, adharma に対応するが、ダンマは運動の条件、アダンマは静止の条件を意味している。虚空は場所の許容で、この世界と非世界とを包摂する。命我の本質は精神作用で、素材はこの命我に対して身体と身体活動とを供給する。これら5つはすべて実体のあるものとされ、世界はこれら5つの原理から構成されていると考えられる。なお、この詩節が示しているように、5原理の他に時間（kāla）を加える場合がある[184]。

次に Sūy. の例を見てみよう。

賢者バラモン（māhaṇa, Skt. brāhmaṇa）によって説かれた法は何ですか？勝者たちの高貴な法をあるがままに私から聞きなさい。

kayare dhamma akkhāe *māhaṇeṇa* maīmayā

ajju dhammaṃ jahātaccaṃ jiṇāṇaṃ taṃ suṇeha me（Sūy. 1.9.1）

この箇所で言うバラモンは、註釈（p. 118）によれば 'māhano' bhagavān vīra-vardhamānasvāmī tena であり、マハーヴィーラもこの意味ではバラモンの1人である。それ故、バラモンすなわちマハーヴィーラもジナの1人に数えられる。

勝者たちのこの最高の法を、全智の牟尼 Kāśyapa は宣言した。天の神々の中で、千の目をもつインドラのように、かのすぐれた人は〔人間の中で〕著名である。

aṇuttaraṃ dhammamiṇaṃ jiṇāṇaṃ
　neyā muṇī *kāsava* āsupanne[185]
inde va devāṇa mahāṇubhāve
　sahassaṇeyā divi ṇaṃ visiṭṭhe（Sūy. 1.6.7）

マハーヴィーラの父の姓は Kāśyapa であり、ジャイナ聖典においてはマハーヴィーラを Kāśyapa と呼んでいる場合がある。上の Sūy. 1.6.7 のように、全智の牟尼 Kāśyapa, すなわちマハーヴィーラも、ジナの1人に数えられる。

Isibh. の例も見てみよう。

〔聖者の〕相はすべての衆生に対する憐れみを有し、無殺害と無所有である。最上の勝者たちは衆生と苦行と憐れみとを説く。

savva-satta-dayo veso ṇārambho ṇa pariggaho
sattaṃ tavaṃ dayaṃ c' eva bhāsanti jiṇa-sattamā（Isibh. 38.12）

③ 複合語の jiṇa

Isibh. 45 において jiṇ'inda という複合語が5回出てくる。

勝者の王によって述べられ、すべての衆生が従う命令を、喜んで受け入れる平等心をもつ人たちは、すべての束縛から解放される。

āṇaṃ jiṇ'inda-bhaṇitaṃ savva-sattāṇugāmiṇiṃ
samā-cittā 'bhiṇandittā muccantī savva-bandhaṇā（Isibh. 45.23）

勝者の王（Skt. jinendra）とは「すべての勝者たちの主」ということであり、②で述べたのと同様に勝者は複数形である。つまり、勝者集団の教え、もしくは命令をその代表者（王）が述べ伝えて、すべての衆を解脱に導くことを物語っている。

（3）jiṇa の教説

では次に、勝者たちによって説かれたことがどのようなものであるかを示そう。

① 注意規定と教義

8つの基本的な教義は samiti と gupti である。すなわち、5つの samiti と3つの gupti が列挙される。

aṭṭha pavayaṇamāyāo samiī guttī taheva ya
paṃceva ya samiīo tao guttīo āhiyā（Utt. 24.1）

samiti は īryā〔-samiti〕, bhāṣā, eṣaṇā, ādāna, uccāra であり、〔gupti は〕mano, vāg, kāya〔であり、合わせて〕8つである。

iriyābhāsesaṇādāṇe uccāre samiī iya

maṇaguttī vayaguttī kāyaguttī ya aṭṭhamā（Utt. 24.2）

〔前詩節において、〕これら8つの注意規定（samiti〔と gupti〕）は簡潔に述べられた。12アンガ（Aṅga）で構成される教義は勝者たちによって説かれた。

eyāo aṭṭha samiīo samāseṇa viyāhiyā

duvālasaṃgaṃ jiṇa-kkhāyaṃ māyaṃ jattha u pavayaṇaṃ（Utt. 24.3）

ここに述べられる5つの samiti（注意規定、五用心）と3つの gupti（防護規定、三紀律）については第2章第2節で詳しく触れた[186]ので、ここでは jiṇa たちによって説かれたとされる12アンガを見ていこう。

12アンガとはジャイナ聖典の主要な経典を十二支分に分けて整理したもののことである。現存する白衣派の12アンガ（支）は次のようになる。

1. アーヤーランガ・スッタ（Āyāraṅga-sutta, Skt. Ācārāṅga-sūtra）
2. スーヤガダンガ（Sūyagaḍaṅga, Skt. Sūtrakṛtāṅga）
3. ターナンガ（Ṭāṇaṅga, Skt. Sthānāṅga）
4. サマヴァーヤンガ（Samavāyaṅga, Skt. Samavāyāṅga）
5. バガヴァティー・ヴィヤーハパンナッティ（Bhagavatī Viyāhapannatti, Skt. Vyākhyāprajñapti）
6. ナーヤーダンマカハーオー（Nāyādhammakahāo, Skt. Jñātādharmakathāḥ）
7. ウヴァーサガダサーオー（Uvāsagadasāo, Skt. Upāsakadaśāḥ）
8. アンタガダダサーオー（Aṃtagaḍadasāo, Skt. Antakṛddaśāḥ）
9. アヌッタローヴァヴァーイヤダサーオー（Anuttarovavāiyadasāo, Skt. Anuttaraupapātikadaśāḥ）
10. パンハーヴァーガラナーイム（Paṇhāvāgaraṇāiṃ, Skt. Praśnavyākaraṇāni）
11. ヴィヴァーガスヤム（Vivāgasuyaṃ, Skt. Vipākaśrutam）
12. ディッティヴァーヤ（Diṭṭhivāya, Skt. Dṛṣṭivāda）

異教徒はすべて悪い道と悪い教義を述べる。ジナたちによって説かれた道に従う人は最も勝れた道にいる。

kuppavayaṇapāsaṇḍī savve ummaggapaṭṭhiyā
sammaggaṃ tu jiṇa-kkhāyaṃ esa magge hi uttame（Utt. 23.63）

奥深く、すべて幸福であって、すべての存在を認知する勝者たちによって説かれた道を、幸福な人々は状態から知る。

gambhīraṃ savvaobhaddaṃ savva-bhāva-vibhāvaṇaṃ
dhaṇṇā jin'āhitaṃ maggaṃ sammaṃ vedenti bhāvao（Isibh. 9.33）

森においても、水の中においても、燃えている火の混乱の中にあっても、暗闇にあっても、導師がいるように、勝者たちによって説かれた法が存在する。

kantāre vāri-majjhe vā ditte vā aggi-saṃbhame
tamaṃsi vā jadhā ṇetā tadhā dhammo jiṇ'āhio（Isibh. 24.1）

② 安楽へと導く妙薬

また、勝者の王の言葉は妙薬のようにありがたいことが説かれる。

種々の状態の徳の顕現に導く勝者の王の楽しい言葉、望まれた妙薬が好ましくないことがあろうか。これは誰にとって好ましくないことがあろうか。

rammaṃ mantaṃ jiṇ'indāṇaṃ ṇāṇā-bhāva-guṇodayaṃ
kass' eyaṃ ṇa ppiyaṃ hojjā icchiyaṃ va rasāyaṇaṃ ?（Isibh. 45.27）

このように帰依処に敬虔な心を向けた人は、深く、すべて幸福であり、因を破壊する見解に明るい勝者の王の言葉を〔好ましいと〕考えるべきである。

gaṃbhīraṃ savvatobhaddaṃ hetu-bhanga-ṇay'ujjalaṃ
saraṇaṃ payato maṇṇe jiṇ'inda-vayaṇaṃ tahā（Isibh. 45.30）

自体に属する徳が備わった勝者たちの教えは、月や星に覆われた秋の蒼穹のごとくに輝く。

sābhāviya-guṇovetaṃ bhāsate jiṇa-sāsaṇaṃ
sasī-tārā-paḍicchaṇṇaṃ sāradaṃ vā ṇabh'angaṇaṃ（Isibh. 45.32）

勝者たちの言葉を楽しみ、不平を言わない彼の心は〔法で〕満ちている。彼は自己を求めている。また、正行三昧に護られ、調御され、実在の成就者である。

jiṇa-vayaṇa-rae atintaṇe
　　paḍipuṇṇāyayamāyayaṭṭhie
āyāra-samāhi-saṃvuḍe
　　bhavai ya dante bhāva-saṃdhae（Dasav. 9.4.10）

このように、覚智ある人は観察して、種々の〔正見等の〕到来と方法とを知って、身と語とまたは意とが 3 つの gupti によって護られる〔ので〕、あなたは勝者たちの言葉に住すべきである。

icceva saṃpassiya buddhimaṃ naro
　　āyaṃ uvāyaṃ vivihaṃ jiyāṇiyā
kāeṇa vāyā adu māṇaseṇaṃ
　　tigutti-gutto jiṇa-vayaṇam ahiṭṭhejjāsi（Dasav. 11.17）

以上は、勝者たちの言葉あるいは教えに従って修行者が精進し、解脱を得べきであると勧めている詩節と言えよう。

そしてそれは、聞く者を苦から解放する安楽への導きである。勝者たちの命令が安楽を得るためのものであると説く詩節を見てみよう。

このように勝者の王の命令によって棘を引き抜くことと、また燃えているものから逃れることは幸福であって、それこそは安楽である。

evaṃ jiṇ'inda-āṇāe sall'uddharaṇam eva ya
ṇiggamo ya palittāo suhio, suham eva taṃ（Isibh. 45.42）

勝者の命令を真心で喜び受け入れる人たち、彼らにとって種々諸々の善と楽と繁栄とは得がたいものではない。

je 'bhiṇandanti bhāveṇa jiṇ'āṇaṃ tesi savvadhā
kallāṇāiṃ suhāiṃ ca riddhīo ya ṇa dullahā（Isibh. 45.25）

また、同じ内容を逆説的に説いている詩節もある。

帰依処としての光明をもつ勝者の王の〔激しい〕怒りの命令は、苦に満ちた輪廻において、身体をもつ者すべてを〔彼岸に〕渡りがたくする

(安楽をもたらさない)。

āṇā-kovo jiṇ'indassa saraṇṇassa jutīmato

saṃsāse dukkha-saṃbāhe duttāro savva-dehiṇaṃ (Isibh. 45.37)

③ 多聞（博学、suya, Skt. śruta）とその譬喩的定義

勝者たちの言葉、あるいは命令に従う人は多聞となることができる。

多聞とは、次の詩節にあるように、業を滅ぼし、解脱の境地に達した完全智者、独存者（kevalin）のことである。

深さにおいて海に等しく、征服しがたく、誰にも驚かされることなく、破壊されがたい極めて博学な聖人たち（tāiṇo）は、業を破壊して最上の境界に達した。

samudda-gambhīrasamā durāsayā
　　acakkiyā keṇai duppahaṃsayā
suyassa puṇṇā viulassa tāiṇo
　　khavittu kammaṃ gaim uttamaṃ gayā (Utt. 11.31)[187]

それ故、最高の真理を求めるあなたは、博学に到達すべきである。それ(博学) によってあなたは、あなた自身と他人をも無上の成就（siddhi）に導くであろう。

tamhā suyam ahiṭṭhijjā uttamaṭṭhagavesae
jeṇappāṇaṃ paraṃ ceva siddhiṃ saṃpāuṇejjāsi (Utt. 11.32)[188]

したがって、ジャイナ教において博学（多聞）であることは何にもまして称賛され、多岐にわたる譬喩を見出すことができる。

駿馬

最上の馬であるKamboja産の駿馬の速さがすぐれているように、非常に博学な人もまさにそのようである。

jahā se kamboyāṇaṃ *āiṇṇe* kanthae siyā
āse javeṇa pavare evaṃ havai bahussue (Utt. 11.16)[189]

英雄

駿馬に乗った、力強い勇気のある、両側に合唱隊を伴った英雄のように、非常に博学な人もまさにそのようである。

jahāiṇṇa samārūḍhe *sūre* daḍhaparakkame
ubhao nandighoseṇaṃ evaṃ havai bahussue（Utt. 11.17）[190]

象

雌象に囲まれた力強い敵しがたい 60 歳の象のように、非常に博学な人もまさにそのようである。

jahā kareṇuparikiṇṇe *kuṃjare* saṭṭhihāyaṇe
balavante appaḍihae evaṃ havai bahussue（Utt. 11.18）[191]

雄牛

群れの王であり、鋭い角があり、大きな肩のある雄牛が輝くように、非常に博学な人もまさにそのようである。

jahā se tikkhasiṃge jāyakhandhe virāyaī
vasahe jūhāhivaī evaṃ havai bahussue（Utt. 11.19）[192]

獅子

鋭い牙をもち、決して襲われることのない、勇猛な獅子が、すべての獣の中で最も勝れているように、非常に博学な人もまさにそのようである。

jahā se tikkhadāḍhe udagge duppahaṃsae
sīhe miyāṇa pavare evaṃ havai bahussue（Utt. 11.20）[193]

Vāsudeva（ヴィシュヌ神）

巻き貝、車輪、棒をもっている、敵しがたい力で戦う Vāsudeva のように、非常に博学な人もまさにそのようである。

jahā se *vāsudeve* saṃkhacakkagayādhare
appaḍihayabale johe evaṃ havai bahussue（Utt. 11.21）[194]

君主

偉大な力をもち、王の 14 の宝をもつ世界の君主のように、非常に博学な人もまさにそのようである。

jahā se cāurante *cakkavaṭṭī* mahiḍḍhie

coddasarayaṇāhivaī evaṃ havai bahussue（Utt. 11.22）[195]

シャクラ（帝釈天）

千の眼をもち、手に金剛杖をもち、要塞の破壊者であり、神々の王であるシャクラのように、非常に博学な人もまさにそのようである。

jahā se sahassakkhe vajjapāṇī purandare
sakke devāhivaī evaṃ havai bahussue（Utt. 11.23）[196]

太陽

暗闇の破壊者であり、光明によって燃えているかのごとく昇りつつある太陽のように、非常に博学な人もまさにそのようである。

jahā se timiraviddhaṃse uccitthante *divāyare*
jalante iva teeṇa evaṃ havai bahussue（Utt. 11.24）[197]

月

星座によって囲まれ、満月の日に満ちている、星の君主である月のように、非常に博学な人もまさにそのようである。

jahā se uḍuvaī *cande* nakkhattaparivārie
paḍipuṇṇe puṇṇamāsīe evaṃ havai bahussue（Utt. 11.25）[198]

貯蔵庫

同業組合員のよく守られた貯蔵庫が、さまざまな穀物で満ちているように、非常に博学な人もまさにそのようである。

jahā se sāmāiyāṇaṃ *koṭṭhāgāre* surakkhie
nāṇādhannapaḍipuṇṇe evaṃ havai bahussue（Utt. 11.26）[199]

Jambū 樹

Aṇāḍhiya 神に属する Sudarśanā と名づけられた Jambū 樹が、樹木のうちで最高であるように、非常に博学な人もまさにそのようである。

jahā sā dumāṇa pavarā *jambū* nāma sudaṃsaṇā
aṇāḍhiyassa devassa evaṃ havai bahussue（Utt. 11.27）[200]

Śīta 川

Nīla 山の裾野から流れて、水が大海に流れ行く Śīta 川が、川の中で最高であるように、非常に博学な人もまさにそのようである。

jahā sā naīṇa pavarā salilā sāgaraṃgamā

sīyā nīlavantapavahā evaṃ havai bahussue（Utt. 11.28）[201]

Mandara 山

さまざまな植物が輝いている、高い Mandara 山が、山の中で最高であるように、非常に博学な人もまさにそのようである。

jahā se nagāṇa pavare sumahaṃ *mandare* girī

nāṇosahipajjalie evaṃ havai bahussue（Utt. 11.29）[202]

Svayambhūramaṇa 海

尽きることのない水のある海 Svayambhūramaṇa が、さまざまな宝で満たされているように、非常に博学な人もまさにそのようである。

jahā se *sayaṃbhuramaṇe* udahī akkhaodae

nāṇārayaṇapaḍipuṇṇe evaṃ havai bahussue（Utt. 11.30）[203]

そして、勝者たちの教えに従って苦行に励むなら、このような博学な人になることができると説かれる。

もし私が勝者たちによって説かれた沙門としての苦行を楽しむなら、今日、私は僧団の指導者となり、自己を修練して多聞となる。

ajja yāhaṃ gaṇī honto bhāviyappā bahussuo

jai haṃ ramanto pariyāe sāmaṇṇe jiṇa-desie（Dasav. 11.8）

（4）jiṇa の位置づけ

① 善き修行者（sāhu, Skt. sādhu）の師

ああ！ 勝者たちによって罪なき行動が善き修行者（sāhu）に示された。〔その行動は〕解脱を成就するための原因となるものであり、善き修行者の身体を維持するものである。

aho jiṇehi asāvajjā vittī *sāhūṇa* desiyā

mokkha-sāhaṇaheussa *sāhu*-dehassa dhāraṇā（Dasav. 5.1.92）

善き修行者（sāhu, Skt. sādhu）はジャイナ教においては「上人」とか「聖者」の意味で、覚者（buddha）と同義で使われることもあった[204]。ここでは勝者の教えに従って解脱を成就するために努力している修行者を意味している。

② 牟尼（muṇi, Skt. muni）の師

恭敬で満たし、勝者たちの賛嘆をして、学問を始め〔た後〕、牟尼は瞬時、休息すべきである。

namokkāreṇa pārettā karettā jiṇa-saṃthavaṃ

sajjhāyaṃ paṭṭhavettāṇaṃ vīsamejja khaṇaṃ *muṇī*（Dasav. 5.1.93）

勝者とは修行僧である牟尼（muṇi, Skt. muni）によって恭敬され、賛嘆される対象である。また、次の詩節では、牟尼によって守られるべき誓戒の規定者としての勝者が描かれている。

この世で牟尼は常に師に仕え、勝者の誓戒に通じ、行に通じ、過去に作った塵垢を振り捨て、光輝く無比の趣に行く。

gurum iha sayayaṃ paḍiyariya *muṇī*

jiṇa-vaya-niuṇe abhigama-kusale

dhuṇiya raya-malaṃ pure-kaḍaṃ

bhāsuram aulaṃ gaiṃ gaya（Dasav. 9.3.15）

③ 比丘（bhikkhu, Skt. bhikṣu）の師

「〈勝者たちは過去にも存在したし、現在にも存在している。また未来にも存在するであろう〉と彼らは偽ってそのように話したのだ」と比丘は考えるべきでない。

abhū jiṇā atthi jiṇā aduvāvi bhavissaī

susaṃ te evam āhaṃsu ii *bhikkhū* na cintae（Utt. 2.45）

この項 (1) では開祖であるヴァルダマーナまたはパーサを意味する jiṇa を見たが、(2) 以降は、むしろ上の詩節に示されているように、現在、複数の勝者がおり、過去に複数の勝者が存在したし、将来にも多くの勝者が現われるであろう、というように用いられている勝者のことと考えられる[205]。すなわち、ジャイナ聖典において説かれる勝者は、「完全な智慧に到達した人」を指すのであり、必ずしもマハーヴィーラやパーサに限らないということで

ある。

第13節　英雄

vīra は「英雄」、あるいは「勇者」の意味であり、出家生活において勇猛な修行者に対して与えられる尊称である。

1　初期仏教文献に現われる vīra

初期仏教文献において、vīra は出家修行者を指すと同時に、雄牛、大聖仙、勝利者等と同義とされ、またバラモンにも譬えられる。そのような勇者は、どのような特質を備えていたのであろうか。

(1) 勇猛なる出家修行者

> 葉の落ちた Koviḷāra 樹のように、在家者のしるしを取り去って、在家の束縛を断ち切り、勇者は犀の角のようにただ一人歩むべきである。(Sn. 44)

第2章冒頭で見たように、「犀の角のようにただ一人歩む」ことは、出家修行者に要求された修行態度であり、世俗的なことに何らとらわれることなく、自己の目的に向かって邁進せよという意味である[206]。仏教では一人修行する人を pratyekabuddha（Pā. paccekabuddha, 独覚）と呼んだが、これは仏教に限らず、ジャイナ教においても「一人で行く」とか「一人で修行する」[207]ことは前提として重視されていた。

(2) バラモンと同一視される勇者

① 雄牛・大聖仙・勝利者・沐浴者・覚者なるバラモン

はじめに触れたように、vīra（勇者、英雄）はさまざまな尊称と同義に扱われている。

> 〔人間中の〕雄牛、勝れた人、英雄、大聖仙、勝利者であり、欲望がな

く、沐浴者、覚者である、彼を私はバラモンと呼ぶ。

usabhaṃ pavaraṃ vīraṃ mahesiṃ vijitāvinaṃ

anejaṃ nhātakaṃ buddhaṃ tam ahaṃ brūmi brāhmaṇaṃ（Dhp. 422 = Sn. 646）[208]

② 一切世界を征服せるバラモン

快楽と不快とを捨て、清浄となり、再生をもたらす基礎がなく、すべての世界を征服した勇者、彼を私はバラモンと呼ぶ。

hitvā ratiñ ca aratiñ ca sītibhūtaṃ nirūpadhiṃ[209]

sabbalokābhibhuṃ vīraṃ tam ahaṃ brūmi brāhmaṇaṃ（Dhp. 418 = Sn. 642）

勇者とは、快と不快とにとらわれることなく、煩悩に打ち克ち、清らかで、再びこの世に生まれる素因がなく、世界中の誰よりも勝れたバラモンのことである。したがって、勇者はすぐれた修行者と認められていた。

(3) 解脱者としての勇者

① 仏陀と同義の大雄

さらに、このようなすぐれた修行者を表わす vīra は、仏教の開祖である仏陀その人を指す場合もある。

勇者よ、あなたの言葉を求めて、〔種々の〕国から種々の人々がやって来ました。彼らのためによく説明してください。なぜなら、この法はあなたにあるがままに知られているのですから。(Sn. 1102)

美しい白蓮華に水が付着しないように、そのようにあなたは善と悪の両方に固執しない。勇者よ、足を延ばしなさい。サビヤは師〔の足〕を礼拝します。

puṇḍarīkaṃ yathā vaggu toye na upalippati,

evaṃ puññe ca pāpe ca ubhaye tvaṃ na lippasi:

pāde vīra pasārehi, Sabhiyo vandati satthuno（Sn. 547）[210]

これら 2 詩節の vīra は仏陀のことであるが、仏陀は Mahāvīra と呼ばれる場合もある。

ナーガ（龍）の中のナーガで、偉大な英雄であるあなたが説いているときに、すべての神々 ── ナーラダとパッバタの両神も含めて ── は随喜します。（Sn. 543）

nāga は龍または象として記述されるが、恐らく神話上の貴重な動物を想像しているのであろう。

これらの vīra は歴史上の仏陀のことであり、法をあるがままに理解し、善と悪を離れており、ナーガに譬えられる。

② 牟尼・倶生眼者との同義

vīra はまた、牟尼（muni）、あるいは倶生眼者（sahājanetta）とも同一視される。

羚羊のような脚があり、痩せ細っており、勇者であり、小食で貪ることがなく、森の中で瞑想している牟尼ゴータマに来たりまみえよ。

eṇijaṃghaṃ kisaṃ vīraṃ[211] appāhāraṃ alolupaṃ
muniṃ vanasmiṃ jhāyantaṃ ehi passāma Gotamaṃ（Sn. 165）

「羚羊のような脚がある」とは、覚者としての理想的な姿であった。後世、これは「腨如鹿王相」と言われ、三十二相の 1 つに数えられるようになった[212]。

尊者ジャトゥカンニンが言った。「愛欲を求めない勇者がいると聞いて、私は激流を乗り超え愛欲を離れた人に尋ねるためにやって来ました。寂静の境地を説いてください。倶生眼者よ。世尊、それをあるがままに私に説いてください。（Sn. 1096）

勇者とは仏陀のことであるが、輪廻を超越し、愛欲を離れて、すでに寂静の境地に到達した解脱者を意味する。

2　初期ジャイナ教文献に現われる vīra

(1) 修行者としての vīra

① 不殺生の人

生きものを殺害しないこと、すなわち、不殺生を身に行ない、怒りと欺きとを打ち砕いた人を勇者と呼ぶ。

罪を〔犯すことを〕止め、努力し、怒りと欺きとを打ち砕いた勇者たちは、生きものを殺さない。彼らは罪から逃れて、完全に幸福になる。

virayā vīrā samuṭṭhiyā
　　kohā-kāyariyāi-pīsaṇā
pāṇe na haṇanti savvaso
　　pāvāo virayābhiṇivvuḍā（Sūy. 1.2.1.12）

② 成就への道を歩む賢人

このような完全に幸福なる勇者は賢人（paṇḍia, Pā. paṇḍita）とも呼ばれ、ジャイナの修行者としての完成者となるべき成就への道（siddhipaha）を歩むのである。

それ故、価値ある賢人は、罪を犯すことを止め、完全に幸福になる〔ように〕、注意すべきである。謙虚な勇者は、成就への正しい確かな道である偉大な道を〔選ぶ〕。

tamhā davi' ikkha *paṇḍie*
　　pāvāo virae 'bhinivvuḍe
paṇae vīraṃ mahā-vihiṃ
　　siddhi-pahaṃ neyāuyaṃ dhuvaṃ（Sūy. 1.2.1.21）

(2) 同義語から見る vīra の特性

初期のジャイナ聖典において、vīra という呼称はさまざまな名称に置き換えられ、その特質が説明されることが多い。したがって、以下、vīra と共通の名称を挙げ、その特質を検討してみよう。

① aṇantacakkhu（全智者）との同義

彼は大地のように〔すべてを耐え、業を〕滅ぼす。貪欲がなく、機転に富み、財産を蓄えない。海のように大きい人生の流れを渡って、かの勇者は生きものを守り、全智者である。

puḍhovame dhuṇai vigayagehī
　　na saṃnihiṃ kuvvai āsupanne
tariuṃ samuddaṃ va mahābhavoghaṃ
　　abhayaṃkare vīra *aṇantacakkhū*[213]（Sūy. 1.6.25）

貪欲の心がなく、所得をもたず、不殺生戒を守っている人が全智者であり、勇者なのである。

② sutavassiya（善き苦行者）との同義

人は賢者である善き苦行者に仕え、給仕すべきである。〔苦行者であるところの〕勇者たちは、我（ātman）の幸福を求めており、自制を堅固にし、感官を克服している。

sussūsamāṇo uvāsejjā suppannaṃ *sutavassiyaṃ*
vīrā je atta-pannesī dhiimantā jiindiyā（Sūy. 1.9.33）

このアートマン（我）は明らかに霊魂 ‘soul’[214] を意味し、個我と訳されるべき概念である。すべての生きものや物体に遍在し、輪廻転生の主体となるので、不滅と考えられている。苦行者とも呼ばれる勇者は、この我の幸福を求め、自制に励み、感官を克服している。そして、感官を征服した勇者は、すでに解脱者としての境地を得ており、どこにあっても世俗の煩わしさに執らわれることはない。次の詩節はこのことを述べている。

感官を調御した勇者にとって、森林や苦行林（assama）は何の用があろうか。どこでも彼が楽しむところ、それが森林であり、また苦行林である。

dant’indiyassa vīrassa kiṃ raṇṇen’ assameṇa vā ?

jattha jatth' eva modejjā taṃ raṇṇaṃ so ya assamo（Isibh. 38.13）

③ purisādāṇīya（人中の駿馬）との同義

在家生活に灯を見ない人たちは人中の駿馬である。これら勇者は束縛から解放されて、生命を望まない。

gihe dīvam apāsantā *purisādāṇiyā*[215] narā

te vīrā bandhaṇummukkā nāvakaṃkhati jīviyaṃ（Sūy. 1.9.34）

purisa は Skt. puruṣa（人）のことで、purisa-ādāṇīya で「人中の良馬（駿馬）」の意になり、「駿馬」は「生まれのよい人」「りっぱな人」の形容に用いられる。この駿馬に譬えられている勇者は、束縛から解放されており、もはや再生することを願わないのである。

④ muṇi との同義

目覚めている牟尼である勇者を、諸々の過失は遠く避ける。燃えている火を、焼けることを恐れる人々が目によって〔遠く避ける〕がごとくに。

jāgarantaṃ *muṇiṃ* vīraṃ dosā vajjenti dūrao

jalantaṃ jātaveyaṃ vā cakkhusā dāha-bhīruṇo（Isibh. 35.23）

悟りの境地にある勇者は、もはや過失を犯すことがなく、牟尼とも呼ばれる。

⑤ vejja（医者）との同義

しかし、業（わざ）を学び、外科手術を学んだ医者は勇者であって、解放されるべき病から病人を解放する。

sittha-kammo tu jo *vejjo* sattha-kamme ya kovio

moyaṇijjāto so vīro rogā moteti rogiṇaṃ（Isibh. 11.2）

sattha-kamma は「外科手術」の意味にとる[216]。したがって、医者に譬えられるべき勇者は、現実生活に苦悩している人々にジャイナの教えを説き、人々が苦悩から解放されるよう教え導く師ということになる。

⑥ arahaṃta（阿羅漢）との同義

自制し、努力せよ。極微の生きものがいる道は渡りがたい。勇者によって正しく説かれた教えを人は歩むべきである。

jayayaṃ viharāhi jogavaṃ
　　aṇupāṇā panthā dur-uttarā
aṇusāsaṇa-m-eva pakkame
　　vīrehiṃ sammaṃ paveiyaṃ（Sūy. 1.2.1.11）

註釈書において vīra は arhat（阿羅漢）と説明される。阿羅漢は供養を受けるに値する人であり、法を説き明かす、修行者の中でも上位者を意味する言葉である。このことは勇者が比丘の師として描かれていることからも支持される。

⑦ 最終解脱に到達する遊行者（āmokkhāe parivvaejjāsi）

貪欲と妄想を振り払った比丘である勇者は、このように話した。それ故、あなたも、最終解脱まで清らかな魂をもって遊行者として歩むであろう。このように私は言う。

icc' evam āhu se vīre　　dhuya-rāe dhuya-mohe se bhikkhū;
tamhā ajjhatta-visuddhe　　*āmokkhāe parivvaejjāsi*（Sūy. 1.4.2.22）[217]

⑧ niggantha（離繫者）との同義

勇者であり、正しく見る離繫者（niggantha）たちは、五漏を知って離れ、三〔紀律〕をもち、六〔生類〕に対して自制し、五〔根〕を抑制する。

pañcāsava-parinnāyā ti-guttā chasu saṃjayā
pañca-niggahaṇā vīrā[218] *nigganthā* ujju-daṃsiṇo（Dasav. 3.11）

niggantha は Skt. nirgrantha に対応し、「束縛のない」あるいは「繫縛を離れた者」という意味であり、マハーヴィーラ自身を指す場合もある。

また pañcāsava（五漏）とは、註釈によれば hiṃsā（殺生），mṛṣavāda（妄語），adattādāna（偸盗），maithuna（淫愛），parigraha（所得）の 5 つである。さらに三紀律とは、瞑想や学習等によって感官の享楽から心を護ること（mano-gupti）、沈黙を誓願することによって悪言を発するのを妨げること（vāg-gupti)、罪深い行為をなすことから身体を護り制御すること（kāya-gupti）の3つである。6種の生類とは地身（puḍhavi-kāiyā)、水身、火身、風身、樹身、動身の6つであり、五根とは眼、耳、鼻、舌、身の5つの感覚器官をいう。

勇者とは、五漏を離れ、三紀律を守り、六生類を傷つけることなく、五根を克服した解脱者であることをこの詩節は説く。

⑨ 開祖マハーヴィーラ

「大」を冠した「マハーヴィーラ」(Mahāvīra, 大雄）は、取りも直さずジャイナ教の実質的開祖である第24祖 Tīrthaṅkara, ヴァルダマーナの呼称である。

第14節　如来

1　初期仏教文献に現われる tathāgata

Sn. の第5章「彼岸に到る道の章」(Pārāyana-vagga）は、16人の学生の質問と、それに対する仏陀の答えより構成され、原始仏典の中でも最も成立の早い章の1つと考えられている。16学生のうち、第1の質問者は Ajita であるが、彼が歴史上の仏陀に向かって質問をしたと理解できる一節がある。

> 正覚者（sambuddha）から許された〔絶好の機会である〕ので、合掌して坐って、アジタは、そこで如来（tathāgata）に第1の質問をした。
>
> sambuddhena katokāso nisīditvāna pañjali
>
> ajito paṭhamaṃ pañhaṃ tattha pucchi tathāgataṃ（Sn. 1031）

ここでアジタは正覚者から許されて合掌して坐った、とある。これは紛れもなく実在の仏陀であり、その仏陀が如来（tathāgata）と表記されているのである。

他方、仏陀一人を指すのではなく、修行を完成した人を一般的に如来という場合もあり、複数形で現われることが多い。例えば Dhp. に、汝らのなすべきことは熱心に努めることである。諸々の如来（tathāgata）はただ説く人たちである。禅定に入って道を進み行く者たちは悪魔の束縛から逃れるだろう。

tumhehi kiccaṃ ātappaṃ, akkhātāro tathāgatā,
paṭipannā pamokkhanti[219] jhāyino mārabandhanā（Dhp. 276）

とあり、苦しみをなくすことができるように、例えば、棘が肉に刺さったなら、その棘を抜いて癒す方法を教えてくれるのが如来なのである（Dhp. 275）。

さらに、

この世でいかなる束縛も、迷妄の道も、無知の側面も、疑いの原因も、それらは如来に出会うとすべてなくなる。なぜなら彼が人々の最高の眼であるから。（Sn. 347）

という詩節があり、如来は、人々の束縛、迷妄、無知、さらに疑惑を解消することのできる指導者であることが知られる。

次に、人々の導師である如来の人間像について検討してみよう。Sn. Mahāvagga の「スンダリカ・バーラドヴァージャ」において、バラモンが仏陀に対してどのような人に捧げる供物が有効であるかを問い、仏陀が献菓に値する人が如来（tathāgata）であり、如来の特性がどのようなものであるかを説いている詩節がある。

愛欲を捨て、打ち勝って遊行し、生と死の終わりを知る如来は、涅槃に達し、湖水のように清涼である。如来は献菓に値する。（Sn. 467）

この詩節の pāda d は「如来は献菓に値する」（tathāgato arahati pūraḷāsaṃ）で終わっているが、この pāda は続く vv. 468-478 の pāda d をも構成している。そこで以下、vv. 468-478 で述べられる如来の特質を抜き出してみることにする。

1. 平等なる者（諸仏）に等しい
2. 無限の智慧がある
3. この世でもあの世でも汚れがない（Sn. 468）
4. 偽りがない

5. 慢心がない
6. 貪欲を離れている
7. わがものと思うことがない
8. 欲望がない
9. 怒りを取り除いた
10. 心が静まった
11. 憂いの汚れがない（Sn. 469）
12. 心の執著を捨てた
13. 執らわれがない
14. この世についてもあの世についても執らわれない（Sn. 470）
15. 激流を渡った
16. 法を知る
17. 漏を滅した
18. 最後身をもつ（Sn. 471）
19. 生存の汚れと荒々しい言葉を滅ぼした
20. ヴェーダに精通した
21. あらゆることがらに解脱した（Sn. 472）
22. 執著を超えた
23. 執著がない
24. 慢心がない
25. 苦を知っている（Sn. 473）
26. 欲望がない
27. 異端説を超越した
28. 執らわれがない（Sn. 474）
29. 法を知る
30. 寂静である
31. 執著を滅ぼし解脱した（Sn. 475）
32. 究極の境地を見た
33. 愛欲の道を断つ

34. 清浄である
35. 過失がない
36. 汚れがない
37. 透明である（Sn. 476）
38. 自己の実在を認めない
39. 三昧に入った
40. 身体がまっすぐである
41. 自ら安立する
42. 欲望がない
43. 心の荒みがない
44. 疑惑がない（Sn. 477）
45. 迷妄から起こる障りがない
46. あらゆることがらについての知見がある
47. 最後身をもつ
48. 無上の正覚を得た（Sn. 478）

これらが如来の特質である。

2 初期ジャイナ教文献に現われる tahāgaya

tahāgaya（Skt. tathāgata）は tīrthaṅkara と buddha の同義語として用いられる。しかし、この語は仏教においてはしばしば見られるのに対して、ジャイナ教においては比較的少ない[220]。

「昼夜努め励む如来によって教示された三昧」という表現があり、如来は自ら三昧に入ると同時に、弟子をも三昧に入らせる（Sūy. 1.1.3.2）。また、三昧は精神統一によって悟りに到達する手段であるから、如来は悪い王たちと関係をもつことはなく、法に安住する人である。

> 温かい水やお湯を使う、法に安住する牟尼は、〔悪い行為を〕恥ずかしいと思う。悪い王たちと関係することは、如来にとって三昧の妨げとなる。

usiṇodaga-tatta-bhoiṇo
dhamma-ṭhiyassa *muṇissa* hīmao
saṃsaggi a-sāhu-r-āihiṃ
a-samāhī u tahāgayassa vi（Sūy. 1.2.2.18）

ここでは如来は牟尼と同義であるが、聡明な人（mehāvin）とも同一視される。

聡明な〔人である〕如来は、どのようにして再び出現されるのか。如来は業果を望まず、世間の最高の眼である。

kao kayāi *mehāvī* uppajjanti tahāgayā
tahāgayā appaḍinnā[221] cakkhū logassaṇuttarā（Sūy. 1.15.20）

世間の最高の眼とは、世間を広く見透す眼であり、如来の特質の 1 つである。この他にも如来の特質は説かれる。

彼ら如来は、世間の過去、現在、未来を知っている。他人を指導するが、他人に導かれない。彼らは目覚めており（buddha）、〔輪廻の〕終わりを作る人たちである。

te tīyauppannam aṇāgayāiṃ
logassa jāṇanti tahāgayāiṃ
neyāro annesi aṇannaneyā
buddhā hu te antakaḍā bhavanti（Sūy. 1.12.16）

如来は覚者（buddha）でもある。

第 15 節　独存者

1　初期仏教文献に現われる kevalin

仏教において kevalin は、tādin（聖人）, mahesi（大聖仙）, brāhmaṇa（バラモン）と同義に用いられる。

以下は kevalin が聖人やバラモンと並列される用例である。

世尊が答えた。「サビヤよ、すべての悪を取り除き、汚れなく、よく三味に入り、自己を確立し、輪廻を越えて、独存者となり、執著しない、〔そのような〕聖人はバラモンと言われる。

bāhetvā sabbapāpakāni
　　Sabhiyā ti Bhagavā
vimalo sādhusamāhito ṭhitatto
saṃsāram aticca kevalī so,
　　asito *tādi* pavuccate [sa] *brahmā*（Sn. 519）

独存者はバラモンと同一視され、まず、一切の悪を取り除く（bāhetvā sabbapāpakāni）からバラモンと呼ばれるとあり、通俗語源解釈がなされている[222]。そして、心の汚れなく、精神を統一し、自己を確立し、輪廻を超えた修行の完成者を意味する。また、そればかりでなく、以下のように大聖仙や福田とも目される。

そして、独存者である大聖仙、漏を滅ぼし、悪行を消滅させた人に、他の食べ物と飲み物で奉仕せよ。なぜなら、それは福徳を望む者の田地であるから。

aññena ca kevalinaṃ *mahesiṃ*
　　khīṇāsavaṃ kukkucavūpasantaṃ
annena pānena upaṭṭhahassu,
　　khettaṃ hi taṃ puññapekhassa hoti（Sn. 82 = 481）

漏（āsava）を滅尽し、悪行を消滅した福田が独存者である。福田（puññakhetta）[223]とは功徳を生ずる田のことで、供養を受けるに値する（＝応供）完成者を意味する。そして、この応供は執著なく、所有することなく、自己を制御する人である。

執著なく、無一物となり、自制して、成すべきことを完了（kevalin）して、世間を渡る人たちがいる。もしバラモンが功徳を求めて祭祀するなら、そのような人たちに、正しい時に供物を捧げるだろう。(Sn. 490)

2　初期ジャイナ教文献における kevalin

ジャイナ教において kevalin は、dhīra（賢者）, jiṇa（勝者）と同義に用いられることから、修行完成者を意味することがわかる。

kevalin がどのような jiṇa であるかを見てみよう。

一切処に遍満する知と見とに向かうとき、人は勝者かつ独存者となって世界と非世界とを知る。

jayā savvatta-gaṃ nāṇaṃ daṃsaṇaṃ cābhigacchaī

tayā logam alogaṃ ca *jiṇo* jāṇai kevalī（Dasav. 4.22）

世界と非世界を知るのが kevalin である。これは極めてジャイナ教的な発想であると言える。世界の頂点にあるのが非世界（aloka）で、身体が死して抜け出した霊魂（jīva）が上昇して非世界に到達すると、霊魂は絶対の安楽が得られるという。これは最高の成就（siddhi）と言われ、苦行により、すべてのカルマンを滅ぼすことによって到達できる。次の詩節はこのことを教える。

最高の苦行をなして２人とも独存者となった。カルマンをすべて滅ぼして、彼らは最高の成就に達した。

uggaṃ tavaṃ carittāṇaṃ jāyā doṇṇi vi kevalī

savvaṃ kammaṃ khavittāṇaṃ siddhiṃ pattā anuttaraṃ（Utt. 22.48）

また、独存者は賢者であり、大いなる智慧を有する人でもある。

自制し、大智慧を有し、解脱（解放）をして、〔死の〕時を待つ賢者は、与えられた食べ物を受け取るべきである。これが独存者の作った〔法〕である。

saṃvuḍe se mahāpanne *dhīre* dattesaṇaṃ care

nivvuḍe kālam ākaṃkhī evaṃ kevaliṇo mayaṃ（Sūy. 1.11.38）

この智慧を有する独存者は、寂静の境地に達して、ただ死を待つだけである。死という肉体の壊滅とともに完全な解脱が得られると考えられている。

第16節　駿馬

Pā. ājāniya, Skt. ājanya は、「サラブレッド」「駿馬」を意味し、ジャイナ（Pkt.）では āiṇṇa として現われ、同じく「駿馬」を意味する[224]。両者とも「尊い人」「高貴な人」の譬えに用いる。

1　初期仏教文献に現われる ājañña, ājānīya, ājāniya, ājāniyya, ājāneyya

パーリ聖典において、「馴らされたロバ」や「大きな象＝クンジャラ」と同様に、「シンドゥの駿馬」[225]は優れたもの（vara）と考えられている。シンドゥはインダス河流域地方である。

『ダンマパダ』（*Dhammapada*）には次のような詩節がある。

> 馴らされたロバは優れている。シンドゥの駿馬も優れ、クンジャラという大きな象（ナーガ）も優れ[226]、自己を調御した人はそれらより優れている。
>
> varam assatarā dantā <u>ājānīyā</u> ca sindhavā
> kuñjarā ca mahānāgā, attadanto tato varaṃ（Dhp. 322）

PED には、kuñjara の語源は知られていないと記してある。Skt. の kuñjara には印欧語（Indo-European Languages）の語源は存在しないので、それは印欧語を語源としない言語か、あるいは擬声語であろうと思われる。しかし、「象」を意味することに間違いはない。

註釈（Dhp-a. IV 4.11）において、mahānāgā ti kuñjarasaṅkhātā mahāhatthino（大きな象というのは、クンジャラと名づけられた大きな象である）と説明されている。kuñjara と nāga は並行関係にあり、クンジャラは何か特別な意味をもつ象であるのかもしれない[227]。

さて、ここではロバや象ではなく、「駿馬」に注目して見ていこう。

『テーラガーター』(*Theragāthā*)の第358詩節は、Āryā韻律によって詩が作られているが、ここに駿馬(ājañña < *ājānya)が見られる。

良い馬を調教するのに巧妙な勝れた御者が、駿馬を調教するように、私は5つの力でしっかりと立ち上がって、あなたを調教するであろう。

yathā varahayadamakusalo sārathi pavaro dameti ājaññaṃ
evaṃ damayissan taṃ patiṭṭhito pañcasu balesu (Th. 358)[228]

また、Th. には次のような詩節もある。

血統の良い駿馬が、軛につながれ、軛に耐え、過度の荷に圧迫されていても、軛から逃げようとしないように。

yathāpi bhaddo ājañño dhure yutto dhurassaho
mathito atibhārena saṃyugaṃ nātivattati (Th. 659)

この詩節の pāda a と同様の詩脚が、Th. 16a, 45a, 173a (= yathāpi bhaddo ājañño) に見られる。このようなものを並行詩脚 (parallel pāda) という[229]。

さらに Th. には、

あたかも、血統の良い駿馬 (ājañña) が、つまずいても、〔また〕しっかりと立ち上がる。さらに奮闘して、心ひるむことなく、荷を運ぶように。

yathāpi bhaddo ājañño khalitvā patitiṭṭhati,
bhiyyo laddhāna saṃvegaṃ adīno vahate dhuraṃ (Th. 173)

とあり、この詩節の第1行は、Th. 45の第1行 (pāda ab) と同一＝並行である。続いて次のような詩節もある。

そのように、洞察を具えて、正しく覚った人 (ブッダ) の弟子である私を、ブッダの実子である駿馬 (ājāniya) を知れ。

evaṃ dassanasampannaṃ sammāsambuddhasāvakaṃ
ājāniyaṃ maṃ dhāretha puttaṃ buddhadassa orasaṃ (Th. 174)

Th. 173 では、血統の良い駿馬であるが、Th. 174 では、高貴な人であるブッダの実子となっている。つまり、馬の譬喩にとどまらず人間そのものになっているのである。

また、『スッタニパータ』(*Suttanipāta*)では次のように見られる。

サビヤは言った。「何を得たとき、ヴェーダを知る人と言うのですか。何によって、よく知り尽くした人と言うのですか。なぜ、精進する人（英雄）となるのですか。なぜ、駿馬（ājāniya）と言われるようになるのですか。世尊よ、私の質問したことに答えてください。」

“kiṃpattinam āhu vedaguṃ

iti Sabhiyo

anuviditaṃ kena, kathañ ca viriyavā ti,

ājāniyo kin ti nāma hoti,

puṭṭho me Bhagavā vyākarohi”（Sn. 528）

このサビヤの質問に対して、仏陀は、「彼はヴェーダを知る人である」（Sn. 529）[230]、「〔そのような〕聖人は、まさしく知り尽くした人と呼ばれる」（Sn. 530）、「〔そのような〕聖人は、まさしく英雄（精進する人[231]）と呼ばれる」（Sn. 531）と順次答え、さらに次のように答える。

執著の根源をなすところの諸々の束縛を、内にも外にも断ち切り、すべての執著の根源である束縛から解放された、〔そのような〕聖人は、まさしく駿馬と呼ばれる。

yass' assu lutāni bandhanāni

ajjhattaṃ bahiddhā ca saṅgamūlaṃ

sabbasaṅgamūlabandhanā pamutto

ājāniyo tādi pavuccate tathattā（Sn. 532）

執著（saṅga）の根源である束縛（bandha）を絶ち、その束縛からすっかり解放された人が「駿馬」と呼ばれるのである。

このような人は、人間の最上者と認められ、人々に敬われ、世界中で最もすぐれた人である。次の詩節はそのことを示している。

人間の駿馬よ、あなたに敬礼します。人間の最上者よ、あなたに敬礼します。神々を含めた世界の中で、あなたに競争者はいません。

namo te purisājañña, namo te purisuttama,

sadevakasmiṃ lokasmiṃ n' atthi te paṭipuggalo（Sn. 544）

この詩節の第 1 行は、Th. 629ab, 1084ab, 1179ab と同一である。また、Th.

629と1179は、第1行、第2行とも同じで全く同一の詩節であり、並行詩節と言える。

さらに駿馬は、『ダンマパダ』でも「尊い人」として見出せる。

尊い〔駿馬の〕人は見つけがたい。彼はどこにでも生まれるのではない。この賢明なる人の生まれたその家は、幸福に栄える。

dullabho purisājañño na so sabbattha jāyati,
yattha so jāyatī dhīro taṃ kulaṃ sukham edhati（Dhp. 193）

駿馬と言われる尊者は、容易に見つけられない。どこにでも生まれるわけではない。賢明な人の家は幸福に栄える。では、どのような人がどのようにして駿馬となりうるのかと言えば、

生まれを問うな。しかし（ca）、行為を問え。実に火は薪から生ずる。賤しい生まれであっても、意志堅固である牟尼は、慎みによって自己を制し、駿馬となる。

mā jātiṃ puccha, caraṇañ ca puccha,
　kaṭṭhā have jāyati jātavedo:
nīcākulīno pi munī dhitīmā
　ājāniyo hoti hirīnisedho（Sn. 462）

とあるように、出自の如何にかかわらず、自己を制することによって駿馬、すなわち、高貴な人となることができると言われる。

さらに、次のような表現もある。

駿馬が鞭を避けるように、慎みによって自己を制し、非難を避ける人が世間にいるだろうか。

hirīnisedho puriso koci lokasmi vijjati
yo nindaṃ appabodhati asso bhadro kasām iva.（Dhp. 143A）[232]

鞭で打たれた駿馬のように、勢いよく猛烈に努力せよ。

asso yathā bhadro kasāniviṭṭho
　ātāpino saṃvegino[233] bhavātha.（Dhp. 143B）

信仰によって、戒によって、精進によって、三昧によって、法の洞察に

よって、明知と善行とを具足した人（明行足）は思念をこらして、多くの苦を取り除け。

saddhāya sīlena ca viriyena ca
    samādhinā dhamma-vinicchayena ca
sampannavijjācaraṇā patissatā
    pahassatha dukkham idaṃ anappakaṃ（Dhp. 144）

2 初期ジャイナ教文献に現われる āiṇṇa

駿馬は AMg. で āiṇṇa であるが、これに対する Skt. の語源には諸説がある。それらを通覧すると、今ここでは Charpentier の Skt. ājanya > AMg. āiṇṇa の可能性が極めて高いように思われる。すなわち、ājanya > ājaṇṇa > *ājiṇṇa > āiṇṇa であり、'thoroughbred' をその語源に見出すことができるのである[234]。

鞭を必要としない馬は優良種であり、駿馬（thoroughbred）である。反対に鞭を必要とする馬は粗野な馬[235]ということになる。註 234 で検討した Utt. 1.12 を和訳してみれば、次のとおりである。

乗り馴らされていない馬が鞭を待つように、人は何度も何度も〔師の〕言葉を待つべきではない。鞭を見ている駿馬（āiṇṇa）のように、人は悪いことを避けるべきである。

mā galiyasse va kasaṃ vayaṇam icche puṇo puṇo
kasaṃ va daṭṭhum āiṇṇe pāvagaṃ parivajjae（Utt. 1.12）

あるいはより直截に、博学な人（bahussua）の能力がりっぱな馬のそれに譬えられる。

最上の馬である Kamboja 産の駿馬（āiṇṇa）の速さがすぐれているように、非常に博学な人もまさにそのようである。

jahā se kamboyāṇaṃ āiṇṇe kanthae siyā
āse javeṇa pavare evaṃ havai bahussue（Utt. 11.16）[236]

また、英雄（sūra）が凱旋するときに乗る馬が駿馬（āiṇṇa）であることから、博学な人の智慧を駿馬に見立て、博学な人はそれを乗りこなす力強い英雄のようであると言う。

駿馬（āiṇṇa）に乗った、力強い勇気のある、両側に合唱隊を伴った英雄のように、非常に博学な人もまさにそのようである。

jahāiṇṇa samārūḍhe sūre daḍhaparakkame
ubhao nandighoseṇaṃ evaṃ havai bahussue（Utt. 11.17）

そればかりでなく、教団（gaṇa）の指導者である牟尼 Gārga が駿馬と呼ばれる。

長老であり、救世者（gaṇahara）であり、賢い牟尼である Gārga がいた。ガナ（教団）の指導者である駿馬は、かつて三昧に住していた。

there gaṇahare gagge muṇī āsi visārae
āiṇṇe gaṇibhāvammi samāhiṃ paḍisaṃdhae（Utt. 27.1）

AMgD によれば、ガールガ（Gārga）はガールグヤ（Gārgya）氏族出身の苦行者である。彼は牟尼であり尊者である。

このように、ジャイナ教聖典においても、やはり駿馬は修行の完成者を意味している。

パーリ語で普通の馬は assa（Skt. aśva）や haya（Skt. haya）であり、アルダ・マガダ語でも同一である。

そして、馬の中で純血種で、しかも疾走するのが「駿馬」（サラブレッド）である。初期仏教聖典では、御者によって調教された馬、重い荷物を運ばせられても軛から逃げようとしない馬、初期ジャイナ教聖典では、鞭を見るだけで疾走し、鞭を必要としない馴らされている馬を駿馬としている。

仏教もジャイナ教も「駿馬」を修行の完成者とするが、仏教ではブッダの弟子（実子、高貴な人とも譬えられる）、解放された人、人間の最高者、見つけがたい尊い人が、一方、ジャイナ教では博学な人、あるいはガナ（教団）の指導者が駿馬に譬えられた。

第 17 節　ナーガ

1　初期仏教文献に現われる nāga

初期仏典において nāga は、1. 象と 2. 神話学上の龍の 2 つの意味で使用されている。

まず、象の用例として 2 例を挙げよう。

頑丈な肩をもち、斑点がある高貴な象（nāga）が、群れを離れて、森の中で好きなように生きるのと同じく、人は犀の角のようにただ一人歩むべきである。

nāgo va yūthāni vivajjayitvā
　　sañjātakhandho padumī uḷāro
yathābhirantaṃ vihare arañño,
　　eko care khaggavisāṇakappo（Sn. 53）[237]

象は森の中にあって勇猛に一人歩むのであり、修行者は象を手本として一人遊行することが義務づけられている。

一人歩むがよい。凡夫たちを伴侶とするな。一人歩め。悪はなすべからず、求めること少なくあれ。森の中にいる象のように。

ekassa caritaṃ seyyo, n' atthi bāle sahāyatā,
eko care na ca pāpāni kayirā appossukko mātaṅg' arañño va nāgo（Dhp. 330）[238]

次に、龍としてのナーガの用例を見てみよう。

ナーガ（龍）の中のナーガで、偉大な英雄であるあなたが説いているときに、すべての神々 ── ナーラダとパッバタの両神も含めて ── は随喜します。（Sn. 543）

ナーガ（龍）がたゆまず教え説かれたなら、人々の苦はたちどころに解決してしまう。しかもナーガの近くに来て、世尊を礼拝するどんな人に

も教え説くのである。(Sn. 1058)

ナーガは偉大な英雄に譬えられ、完成した修行者である。どうしてナーガと呼ばれるのかと言えば、以下のようにある

この世においていかなる罪も作らず、すべての繋縛と束縛とを捨て去り、いかなることにも執著しないで解脱している。〔そのような〕聖人は、まさしくナーガ（龍）と呼ばれる。(Sn. 522)

ナーガの条件はこれだけではない。Sn. 845では牟尼と同一視され、遊行時に口論しないこと、寂静の境地を説くこと、貪欲の心なく愛欲と世間にも汚されず、それはあたかも水中で成長する茎に棘のある蓮が、水にも泥にも汚されないかのごとくである、と説かれている。さらに、ナーガは死を超越する道を説く者であって、獅子のように一人行く尊者である（Sn. 166)。

仏典においてナーガが修行完成者を意味していることは間違いないのであるが、仏陀と弟子たちの中間に位置すると思われる例も存在する。

これら300人の比丘たちは合掌して立っています。勇者（vīra）よ、足を伸ばしてください。ナーガ（龍）たちに師〔の足〕を礼拝させましょう。(Sn. 573)

2 初期ジャイナ教文献に現われる nāga, nāya, nāa

仏教においてナーガは修行者としての象のイメージと、修行完成者としての龍のイメージの2つが示されていた。しかし、ジャイナ教聖典においては、修行完成者を意味するのは「象」の用例以外ないようである。

象が戦闘の長であるように、そのようにそこにおいてかの大雄もまた、到彼岸者である。そこLāḍhaにおいて1つの村へも、彼はかつて到達することができなかった〔が、心乱れることは全くなかった〕。

'nāo' saṃgāma-sīse va　　pārae tattha se mahā-vīre
evaṃ pi tattha Lāḍhehiṃ　　aladdha-puvvo vi egayā gāmo（Āy. 1.9.3.8)

大牟尼は、虻や蚊に悩まされても平然としている。戦闘の先頭において象が敵を打ち負かすように、勇者は〔内なる〕敵を打ち負かすべきである。

puṭṭho ya daṃsamasaehiṃ samareva mahāmuṇī
<u>nāgo</u> saṃgāmasīse vā sūro abhihaṇe paraṃ（Utt. 2.10）[239]

この他に象の意味をもつナーガは、Utt. 13.30, 14.48 ; Dasav. 2.10, 11.7 に見られ、修行（完成）者という含意なしに使われる蛇としてのナーガの用例は、Dasav. 9.1.4, 11.11 を含めてもわずかにすぎない。

なお、nāga の AMg. は nāga の他に nā(y)a が考えられるが、nāya は Skt. jñātṛ（知る者）であり、nāyaputta は jñātṛputra のことで、マハーヴィーラを指す。

修行完成者を意味する「龍」以外にも、仏典にあってジャイナ聖典にないものがあり、Skt. ṛṣabha（雄牛）もその 1 つである。パーリ語 usabha は修行完成者の尊称として用いられる。しかし、ṛṣabha の Pkt. 形は usabha, usaha, risabha, risaha が考えられるが、これらに相当する語彙は初期のジャイナ教聖典には見られないようである。

第 18 節　小結（聖者群）

1　バラモン（brāhmaṇa / māhaṇa, bambhaṇa）

まず、四姓の最高位にある司祭者階級を両宗教とも表わしている。また、仏教では、バラモンの呼称は基本的に解脱者を指しており、このような真のバラモンとしての修行者の理想像を、善逝、覚者、阿羅漢、英雄（勇者）、大聖仙、無欲者、沐浴者、如来、独存者等に求めている。これに対してジャイナ教では、修行者一般を指す場合が多く、samaṇa-māhaṇa の複合語によって 2 つのグループの修行者を表わす場合もある（ただし、このような複合語自体は初期仏教文献にも見られる）。そして、その理想像を沐浴者、牟尼に求める。

外形的には、両宗教の修行者は痩せて血管が浮き出ている。そして梵行を実践するのであるが、その梵行の内容は、五戒の範疇に分類することのでき

るものである。すなわち、

1. 不殺生：生類を、身・口・意によって傷つけない。一切衆生に慈しみの心を起こす（ジャイナ教）。自ら殺害することなく、人に殺させることもない（仏教）。

2. 不偸盗：与えられないものを取らない（ジャイナ教・仏教）。

3. 不妄語：嘘を語らない（ジャイナ教）。真実の言葉を話し、人を怒らせない（仏教）。

4. 無所得：所有しない、親戚、縁者との関係を絶つ（ジャイナ教）。所有物の思いにとらわれず、無一物である（仏教）。

となるが、ジャイナ教において「身・口・意によって、肉欲的な交わりをしない」とあるにもかかわらず、仏教では婦人との関係を絶つことをバラモンという呼称には託していない。

この他に「在家者、他の修行者から打たれても耐える」、「愛欲、渇愛、貪欲、高慢、怒り、執著等を断絶する」、「在家者と交わらない」等の表現が両宗教共通に見られる。これらの表現には遊行者として肉体的苦痛に耐えることと、精神の浄化に努め励むべきことが教示されている。そして、これらの修行を完遂することによって、完全な智慧を完成し、涅槃の境地に到達した人をバラモンとみなしている。「涅槃に到達した」、「完全な智慧をもつ」（ジャイナ教）、「涅槃に達して生存を繰り返さない」、「最後の身体をもつ」、「不死の底に達した人」、「輪廻を越え彼岸に達した」、「証智の完成した」（仏教）等はこのことを端的に示している。

2　沐浴者（nhātaka / siṇāyaa）

仏教とジャイナ教において、沐浴者は理想的修行者の尊称に用いられている。内容的には、仏教において、一切の悪を洗い流し、妄想分別に支配されない人を表わし、ジャイナ教において、一切の業から解放された人を指している。

3　牟尼（muni / muṇi）

仏教において牟尼（muni）は、森の坐所を根拠地としながら、村々における乞食で生命を維持するに足る施食を受ける。その場合、村人と親交することなく、食を求める思わせぶりの言葉を発することなく、与えられたものに十分満足する。このような態度は、花から花へ蜜を求めて移動する蜜蜂に譬えられる。

遊行中に他の出家修行者や在家者と出会っても、「自分が正しい」と我を張って論争すべきでない。また、修行を妨げる最大のものが婦人であり、堅固な心をもち、婦人とは絶対に交わってはならない。

次に日常の心構えとして、愛欲、貪欲、慳み、驕りと怠りから遠離することを心がけ、見たり、聞いたり、思索したこと等、すべてに執著しない。そして「わがもの」という観念を捨て、輪廻転生を終焉に導くよう不放逸に励むべきことが説かれる。

このような牟尼は知田者（khettajina）や賢者とも呼ばれ、修行の完成者としての駿馬（ājāniya）になることを理想とする。

これらは出家修行者としての牟尼であるが、修行完成者としての牟尼の姿も述べられている。すなわち、煩悩を滅し、生を滅した人、貪を離れた到彼岸者、渇愛を滅ぼした解脱者、愛欲に縛られない激流を渡った人、解脱して生存を受けない人、不死に至る自制者、慳貪を離れた寂静者、明行足の聖者等として描かれる。

さらに、ゴータマ・ブッダその人を牟尼と呼び、明行足（vijjācaraṇa-sampanna）、具眼者（cakkhuma）、太陽の末裔（ādiccabandhu）もその尊称として使われるようになる。

ジャイナ教では、出家修行者としての牟尼については、出家者・比丘・聖仙・苦行者（tavodhaṇa）・賢人（paṇḍita）・賢者（mehāvin）・自制者・バラモン・如来が同義に用いられる。

実践道としては、以下のように要約できる。1. 食事に無執著であり、生命維持のために食べる。2. 他を傷つけることを自制し、業の汚れがない。3. 寂静なる人となる。4. 観劇、観戦に興味を示さない。5. 不放逸の実践によって解脱を目指す。6. 知者であること。7. 福田であること。8. 師の教示した誓戒に熟知し、実践する。9. 乞食行の結果、得られた食べ物に満足する。10. 世俗的束縛から解放された遊行者。11. 怒り、高慢、偽り、貪りからの遠離。12. 断食による苦行。13. 不殺生の実践。14.「わがもの」という観念をもたない。15. 言葉の過失なきこと等である。これらと仏教に現われた牟尼の実践とを比較するとき、4, 12, 15 を除けば、すべて仏教のそれと合致する。

ただし、修行完成者としての用例は、仏教により多く存在し、仏教における牟尼の規定はジャイナ教のそれよりも詳細である。ジャイナ教の修行完成者を意味するものとしては、駿馬、英雄、自在者、阿闍梨、そしてマハーヴィーラその人を指す場合があるにすぎない。

4 聖仙（isi / isi）

叙事詩において苦行者を表わす聖仙（isi）は、仏教においても受容された。自己を制御し、5 つの愛欲の対象を捨てる苦行者（tapassin）と同義に用いられる。また、覚者として身・口・意を護ることを説き、仏陀その人として、彼岸に到達する教えを説いている。仏教において用例は少ないが、インド古来の聖仙がもつ理想像を継承しながらも、仏陀その人もしくは修行完成者を意味している。

ジャイナ教では、isi は苦行生活における勇猛な修行者であり、かつ解脱者の尊称でもある。阿羅漢（arahaṃta）・覚者（buddha）・調御者（danta）・自制者（davia）・聖者（tāin）・大我をもてる者（mahappan）・梵行者（bambhayārin）等と同格に、また、正覚者（saṃbuddha）・賢人（paṇḍia）・牟尼（muṇi）・達人（kusala）・大聖仙（mahesi）等、そして開祖ヴァルダマーナと同義に用いる。これらは涅槃に到達した修行完成者の尊称である。

一方、涅槃を求めて完成途上にある出家修行者としての isi（mahesi）が、目的を成就するための実践が説かれる。自己を制御し、愛欲を捨てるべきことは仏教と共通である。ただ仏教より用例が多いため、isiのあるべき姿が詳細に述べられている。定住する住居なく、人里離れた場所で生活し、正しい托鉢行を行ない、残飯を食べることを基本とする。そして、所有することなく、口論を避け、不放逸に努め、調御し、迷妄を取り除き、すべての苦の滅のために歩むべきことがisiに託されている。

5 聖人（tādin / tāin）

仏陀を聖人と呼び、マハーヴィーラを同様に聖人と呼んでいる。

仏教においてtādinは、解脱者の意味で使用される。tādinになれば、もはや輪廻転生をすることはない。具体的にtādinがどのような人であるかと言えば、次のように表現される。すなわち、

> 善悪を捨てた人、この世とあの世を知る人、執著がない人、智慧ある人、善悪を超越した人、生類を傷つけない人、感官を静め慢心がない人、無漏である人、怒らない人

等である。

ジャイナ教においてtāinは、束縛（gantha）のない解脱者の意味で使用される。tāinの特性を具体的に示せば、以下のようになる。

> 自制と苦行による業の破壊者、愛欲や愛著の遠離者、生類を傷つけない人、無所有者、智者、学習と禅定を楽しむ人、苦行を楽しむ人

等である。

ジャイナ教では、アートマンのまわりに微細な物質が付着して業身を形成し、霊魂を束縛することを繋縛（bandha）と称するが、初期の段階では仏教もジャイナ教も、束縛と繋縛に厳密な区別をしていなかったようである。単に心の自由を縛るものの意味に用いられていた。

6 阿羅漢（arahant / arahaṃta）

仏教文献においてarahantは、法を説く修行の完成者を意味する。すなわ

ち、苦を滅し、漏を滅し尽くした智慧豊かな到彼岸者・等正覚者である。また、欲望を決してもたない輪廻を断ち切った人でもある。外形的には住居や家庭を放棄した出家者である。

ジャイナ教においては、マハーヴィーラ自身と、第23祖のパーサの別称として用い、法を説く修行の完成者を意味する。また正覚者（saṃbuddha）、一切智者（savvannū）、救世者（titthayara）、勝者（jiṇa）と同様に用いられる。

7　善き人・善き修行者（sādhu / sāhu）

仏教において sādhu は、「善い哉」という間投詞と「善い」という形容詞的用法しか見出すことができない。

これに対して、ジャイナ教における sāhu は、一般の修行者よりも格が上の上人や聖者の意味で用いられる例が多い。愛欲を捨て輪廻を渡った人、苦行者、自制者であると同時に解脱者でもある。

8　聡明な人（medhāvin / mehāvin）

初期仏教において medhāvin は、一般的修行者の呼称として用いられることは極めて少なく、修行を完成した人の尊称として用いられる。多聞の人（bahussuta）やバラモン（brāhmaṇa）、端正な人（sādhurūpa）がそれである。また、不放逸に努め、輪廻を脱した人も medhāvin である。さらに、抑制しがたい心を制御し、暴力をふるわず、法に従い、平等に他人を導く指導者を意味する。

ジャイナ教において mehāvin は、修行者の一呼称として用いられる。苦行者が遊行中に泥や塵によって身体的に不快感を味わう場合があるが、智慧に満ちた離繋者の説法に従い実践するのが mehāvin である。

また、mehāvin は無上の成就（siddhi）に導く指導者の尊称として用いられ、そのような指導者として、マハーヴィーラを指す場合もある。マハーヴィーラは執著の心を起こさず、殺害することもなく、させることもない偉大なる導師である。

仏教とジャイナ教を比較した場合、一般的修行者の呼称と指導者の尊称の両方に用いられることは共通している。

9　多聞の人（bahussuta / bahussua）

仏教において bahussuta は、修行者を安楽に導く学識の深い師であり、親近すべき対象者であるが、ジャイナ教において bahussua は、一般の修行者と完成者の両方を包含している。前者の意味では、完成者である尊者から教示され、自制と苦行によって解脱に導かれる。後者の場合は、現実に存在するものの中で最高のものに譬えられ、不死に等しい安楽を得た人である。

なお、仏教もジャイナ教も、多聞の人は戒めを護るということにおいては共通であって、仏教は vatavant を、ジャイナ教は sīlavant を用いている。

10　到彼岸者（pāragū / pāraa, pāraga）

仏教において pāragū は、苦の原因となる愛欲や欲望を断ち切り、苦を滅し、もはや輪廻転生のない最後身をもつ人のことである。pāragū となるには、禅定し、塵を離れ、なすべきことをすべてなし終えることが重要となる。また、pāragū はゴータマ・ブッダその人を指していることもある。

ジャイナ教において pāraa は、種々の苦難（parīsaha）を耐えた出家遊行者としてのマハーヴィーラ自身を示している。また、明知と善行を具備していることも pāraga の条件であり、偉大な完成者 Gardabhāli と Keśi を指す場合もある。さらに、すべての存在を超越した人として、不殺生と無所有の戒めを堅持している。

Sn. 992 等に sabbadhammāna pāragū, Utt. 25.7, 38 に dhammāṇa pāragā があり、共通の母胎から発生した句であろう。

11　覚者（buddha / buddha）

仏教では、三宝の１つとして帰依処となし、その本性として、渇愛の勝利者、法眼の具足者、供養を受ける価値のある人、正覚の獲得者、涅槃へ導く尊者等を示す。また、修行完成者の理想的人間像としてとらえ、バラモン（brāhmaṇa）・善逝（sugata）・英雄（vīra）・大聖仙（mahesi）・勝利者（vijitāvin）・無欲者（aneja）・沐浴者（nhātaka）・賢者（dhīra）・調御者（danta）・師（satthā）・牟尼（muni）・聖仙（isi）・如来（tathāgata）・知田者（khettajina）等と同義に用いる。

ジャイナ教では、愚者の反対語としての賢者という意味で用いている。また、聖人（tāi）、自制者（saṃjaa）、よく制御された人（suviṇīa）、英雄（vīra）、解脱者（pariṇivvua）、明行足（vijjācaraṇasaṃpanna）、阿羅漢（arahaṃta）、聖仙（isi）、愛著を離れた者（virata）、悪を離れた者（vipāva）、調御する者（danta）、自制者（davia）と同義に用いられ、これらの呼称は一般の修行者とは区別されるべき尊称である。そして、マハーヴィーラ自身を指示する場合もある。さらに、解脱の境地にある修行完成者であり、阿闍梨（ācārya）＝先生に比定される。この場合、阿闍梨の教えに従い、修行する弟子として、賢人（paṇḍia）、智慧ある者（paṇṇa）、比丘（bhikkhu）、ニガンタ（niggantha）、制御された人（viṇīa）、バラモン（māhaṇa）、沐浴者（siṇāyaa）等が挙げられる。

総じて、仏教もジャイナ教も修行完成者を意味しており、彼らの説く内容は、弟子たちを涅槃に導く、あるいは苦の終焉に導くためのものである。ただ、仏教が多くの場合、仏陀その人を指し、その属性を説明するのに対して、ジャイナ教では、マハーヴィーラを指すことは少ない。

12　勝者（jina / jiṇa）

仏教では、到彼岸の遊行者、修行完成者としての仏陀、開祖ゴータマ・ブッダの尊称、教団の指導者、聖仙中の雄牛、牟尼、仏陀の別称の意味をもつ。

ジャイナ教では、開祖マハーヴィーラ、第23祖パーサを表わしている。

また、修行完成者を意味しており、単数形や複数形、それに複合語の形態をもつが、完全智者（kevalin）や一切智者（savvaṇṇu）等と同義で、彼らの教えは解脱に導くものである。また、善き修行者（sāhu）や牟尼や比丘の師を意味することがあり、仏教における勝者＝牟尼の例とは異なる。

13 英雄（vīra / vīra）

初期仏教に現われるvīraは、在家の束縛を絶ち、一人歩む者をいう。また、雄牛（usabha）、大聖仙（mahesi）、勝利者（vijitāvin）、欲望なき人（aneja）、沐浴者（nhātaka）、覚者（buddha）、バラモン（brāhmaṇa）と同義に用いられる。そしてその特性は、快と不快を捨て、善と悪を離れ、再生する素因のない全世界の征服者であり、すぐれた修行者として認められていた。

さらに、牟尼、倶生眼者（sahājanetta）とも呼ばれ、羚羊のような脚をもち、小食で貪ることなく森で禅定する人、輪廻を超越し、愛欲を離れ、寂静の境地に到達した解脱者として描かれ、しばしば仏陀その人を指す。

初期ジャイナ教文献に現われるvīraは、まず修行者として、怒りと欺きを打ち砕き、不殺生に努め、成就への道を歩む賢人（paṇḍia）として描かれる。また解脱者としてのvīraは、他の尊称と置き換えられ、その呼称の中に種々の特性が包含される。それは次のごとくである。

全智者（aṇantacakkhu）＝貪欲なく、所得をもたず、不殺生戒を守る人。善き苦行者（sutavassiya）＝アートマンの幸福を求め、自制に励み、感官を征服し、世俗の煩わしさに執らわれない人。人中の駿馬（purisādāṇīya）＝在家生活を望まず、束縛から解放され、再生を願わない人。牟尼（muṇi）＝もはや過失を犯すことのない人。阿羅漢（arhat）＝比丘の師。離繋者（niggantha）＝五漏を離れ、三紀律を守り、六生類を傷つけず、五根を克服した人。

14 如来（tathāgata / tahāgaya）

仏教文献においてtathāgataは、仏陀に対する別称である場合もあるが、複数形でも現われ、人々が苦を取り除く方法を教え、束縛や迷妄や疑惑を解消してあげることのできる指導者でもある。そして如来は、供養を受けるに値する人で、彼への供物は最も効果があると説かれる。さらに、如来の特質が種々に述べられる。

ジャイナ教文献において tahāgaya は、仏教に比して、はるかに用例が少ない。牟尼や聡明な人（mehāvin）や覚者と同義に用いられ、修行の完成者を意味する。その特質は、世間を広く見透す眼をもち、世界の過去・現在・未来を知り、世間の指導者であり、三昧に入った人である。

15　独存者（kevalin / kevalin）

仏教文献において kevalin とは修行完成者を意味し、その特性として悪を取り除き、汚れなく、三昧に入り、自己を確立し、輪廻を越え、漏を滅尽し、悪業を消滅し、執著なく所有なく、自己を制御し、供養に値する福田であること等が挙げられる。

ジャイナ教においても修行完成者であり、世界と非世界とを知り、自制し、大智慧を有し、与えられた食を受け、苦行によりカルマンをすべて滅ぼして、最高の成就に達している人である。そして、このような段階の人は、ただ死を待つのみで、肉体の壊滅とともに真の解脱に到達する。

仏教とジャイナ教を比較したときに、ジャイナ教の kevalin には特に「世界と非世界を知る」ことと「苦行によりカルマンをすべて滅ぼす」こと、その上で「ただ死を待つ」ことにジャイナ教的な発想が包含されていることに気づく。kevalin としての共通の概念は供養を受けるに値する応供ということのみである。

16　駿馬（ājañña, ājāniya, ājānīya / āiṇṇa）

仏教もジャイナ教も、「駿馬」は修行完成者と同義である。仏教においては駿馬と呼ばれる人の特質について論じているのに対して、ジャイナ教では博学な人（bahussua）、あるいは教団の指導者が駿馬に譬えられた。

17　ナーガ（nāga / nāga, nāya, nāa）

初期仏教文献において nāga は、勇猛な修行者として象に譬えられる場合と、修行完成者として龍に譬えられる場合の 2 とおりがあるのに対し、ジャイナ教文献においては、象あるいは蛇の意味で使用され、修行完成者の意味で用いられるのは象のみである。

この他に、パーリにおいて「雄牛」（usabha, Skt. ṛṣabha）を聖者に譬える詩節が散見されるが、初期のジャイナ教文献においては、この用例は全く見られない。要するに、Pkt. usabha, usaha, risabha, risaha に相当するが全く見られないのである。

また、Sn. の第 1「へびの章」の第 3「犀角経」の詩節は、『小義釈』によると、辟支仏（paccekabuddha）に帰せられているにもかかわらず、Sn. や Dhp. に paccekabuddha の用例はない。paccekabuddha の AMg. 対応語は patteyabuddha であるが、これに相当する語は仏教・ジャイナ教ともに、最古層の聖典には全く見られない。

このように、初期の仏教とジャイナ教の文献における聖者の名称のそれぞれについて、共通な概念を与えた用例と、各宗教の特殊性を賦与した用例とを指摘したが、これは、両宗教の聖者が、古代インド共通の聖者群を基盤として台頭し、その指導のもとに修行者のグループを形成する過程で、次第にその特殊化が進み、その特殊化の自覚が教団の形成を促進せしめたことを示唆する。

第3章　註

第1節

1　avajjhā, ajeyyā は他の2項とともにバラモンに奉仕する世間の人々の法（ダルマ）として論じられている。第5章第1節4(1) を見よ。

2　tādi（Pā.）は、AMg. tāi, BHS trāyin に対応し、Skt. は tādṛś.「そのような人」=「神聖な人」を意味する。

3　brāhmaṇa = brāhmañña（Pā.）と解することができる。EV I, p. 217 を見よ。

4　Dhp-R, p. 181.

5　pāda d, attan- を自我と訳している翻訳がほとんどであるが、Skt. ātta-（得られた）であり、ā- √dā の過去分詞である。したがって、attañ-jaha（atta + jaha）を 'abandoning what has been grasped or assumed' と解する。cf. CPD, s.v.

6　Dhp-a. IV 228.21-22 : āsavānaṃ khīṇatāya khīṇāsavaṃ, kilesehi ārakattā arahantaṃ.「キーナーサヴァ」(khīṇāsava) は、キーナ（khīṇa, 滅尽）とアーサヴァとの複合語である。āsava については第2章第2節1(3)⑫を見よ。

7　伝統的、職務的なバラモンにとって沐浴は重要であった。また、バラモン教の慣習によれば、「沐浴者」(snāyaka) は、四住期（āśrama）のうちの学生期を終えたばかりの者を指すので、この箇所のような「沐浴者」の用法は、沙門によって新しく意味づけられたものと思われる。本章第2節で論じる。

8　ここでは汚れ（煩悩、kaṣāya）として7種を挙げている。このうち、偽り、慢心、貪欲、怒りの4つがジャイナ教とも共通する四汚濁として定着するのであろう。cf. 第2章註106及びジャイナ教と関連して本章註67.

9　婆羅門の通俗語源解釈である。すべての悪を取り除いている（bāhetvā）という語源から導き出して説いている。

10　māhaṇa は Skt. brāhmaṇa から派生したものである。AMg. においては māhaṇa の他に bambhaṇa の語形も見られる。恐らく māhaṇa は、bambhaṇa の1つの方言であろう。正しい発展過程は以下のようになる。brāhmaṇa > bamhaṇa（Śaurasena 語）> bambhaṇa > *bāhaṇa > māhaṇa. cf. 第2章註12. また、拙稿「通俗語源説にみるジャイナの修行者像」『印仏研』35-1, p. 410.

11　Utt. 12.11 ～ 12.14 については、仏教文献『ジャータカ』(No. 497 Mātaṅga-jātaka) に並行詩節が見られる。以下、『ジャータカ』における詩節と両者の対応を示す。

annaṃ mama idaṃ pakataṃ brāhmaṇānaṃ
　　attatthāya saddahato mama idaṃ
apehi ettho, kim idhaṭṭhito si,
　　na mādisā tuyhaṃ dadanti jammā 'ti（Jā. 497, g. 3 = Utt. 12.11）
thale ca ninne ca vapanti bījaṃ
　　anūpakhette phalam āsasāna,

etāya saddhāya dadāhi dānaṃ,
app-eva ārādhaye dakkhiṇeyye ti（Jā. 497, g. 4 = Utt. 12.12）
khettāni mayhaṃ viditāni loke
yes' āhaṃ bījāni patiṭṭhapemi,
ye brāhmaṇā jātimantūpapannā
tānīdha khettāni supesalānīti（Jā. 497, g. 5 = Utt. 12.13）
jātīmado ca atimānitā ca
lobho ca doso ca mado ca moho
ete aguṇā yesu va santi sabbe
tānīdha khettāni apesalāni（Jā. 497, g. 6 = Utt. 12.14）

12 jaittā : 動詞 √yaj（生け贄を捧げる）の absol. である。したがって *yaj-itvā > jaittā.
jiṭṭhā : Skt. においては動詞 √yaj の absol. は iṣṭvā である（W. D. Whitney, *The Roots, Verb-Forms*, p. 129）。発展過程を示せば、ij + tvā > iṣṭvā > y-iṭṭhā > j-iṭṭhā. したがって jiṭṭhā と jaittā は両方とも、AMg. において √yaj の absol. である。

13 この詩節の pāda ab は古 Āryā 韻律で、図解（calculation of metrical scheme）すると、以下のとおりである。

∪∪－|∪－∪|－－|－，－|∪∪－|∪－∪|∪∪－|∪||　(20 syl. 28 mor.)
virae ya gāma-dhammehiṃ　　rīyai māhaṇe abahu-vāi（Āy. 1.9.4.3ab）

14 JS I, p. 86, n. 1.

15 JS II, p. 314.
Sūy. 1.11.33a : virae gāma-dhammehiṃ は Śloka である。

16 JS II, p. 256.

17 pāda c, gāma-kaṇṭae : 後世の解釈では「諸感覚を不快にするもの」であるが、Āy. 第9章の文脈では「村の棘」がふさわしい。第2章第4節2(3)を見よ。

18 この4つの煩悩（汚濁）を表現する語や順序には幅がある。この Sūy. 1.2.2.29 で使用されている語と順序は次のとおりである。欺き：channa（Skt. māyā），貪欲：pasaṃsa（= Skt. praśaṃsā, lobha），自負：ukkosa（= Skt. utkarṣa, māna），怒り：pagāsa（= Skt. prakāśa, krodha）.
しかし、同じ Sūy. でも異なる語が使われている箇所があり（本章第3節2(2)⑪に引いた Sūy. 1.1.4.12）、Utt. とも異なっている。註67参照。

19 呼称の語源を音の似た語に求める通俗語源解釈について、仏教の事例を本章第2節1および註23に示した。ジャイナ教の事例は本章第3節2(2)⑥に挙げた。

20 jahāmaṭṭhaṃ : jahā + āmaṭṭha < yathā + āmṛṣṭa (like polished [gold]).
rāgadosabhayāīyaṃ : -bhajāīyaṃ < bhaja + atīta (has gone beyond, 過ぎ去った).

21 Sūy-B の a-vīhaṇṇū を Sūy-V の avi haṇṇū に改める。

第2節

22 本庄良文「初期仏典における沐浴者（snātaka）」『仏教論叢』第23号、p. 100.

23 『マッジマ・ニカーヤ』（*Majjhima Nikāya* i p. 280）にも、沙門、バラモン、沐浴者、ヴェーダを知る者、聖典に通ずる者、聖者、阿羅漢の通俗語源解釈が見られる。

静められている（samita）から沙門（samaṇa）

悪が除かれている（bāhita）からバラモン（brāhmaṇa）

洗い流されている（nahāta）から沐浴者（nahātaka）

知られている（vidita）からヴェーダを知る者（vedagū）

聖典に通じている（DP, s.v. nissuta, Skt. niḥsruta）から聖典に通ずる者（sottiya）

遠く離れている（āraka）から聖人（ariya）

遠く離れている（āraka）から阿羅漢（arahant）

24 kappa : 第 2 章註 108 参照。

25 以下のとおり、沐浴を禁止する詩節がある。

vāhio vā arogī vā siṇāṇaṃ jo u patthae
vokkanto hoi āyāro, jaḍho havai saṃjamo（Dasav. 6.61）
santime suhumā pāṇā ghasāsu bhilagasu ya
je u bhikkhū siṇāyanto viyaḍeṇuppalāvae（Dasav. 6.62）
tamhā te na siṇāyanti sīeṇa usiṇeṇa vā
jāvajjīvaṃ vayaṃ ghoraṃ asiṇāṇam ahiṭṭhagā（Dasav. 6.63）

第 3 節

26 pupphaṃ = puṣpāt に解する。男性及び中性の語の abl. が、しばしば -aṃ で終わることが H. Lüders（BS, §§ 188–195）によって指摘されている。

M. A. Mehendale は gocaraṃ = gocarāt と読み、-aṃ は sg. abl. に解する。Lüders（§ 140）によって引用された Dhp. 135（= *Dhammapada*, ed. Fausböll, ed. Sumaṅgala Thera, PTS）がある。M. A. Mehendale, “Some remarks on the language of the original Buddhist canon”, BDCRI 17, p. 168.

アルスドルフは *Vasudevahiṇḍi* を検討することで、AMg. と古い J.M. にもこのことが極めて稀ではあるが確かに残っていることを確認した。L. Alsdorf, “the Vasudevahiṇḍi: a Specimen of Archaic Jaina-Māhārāṣṭrī”, BSO(A)S 8, pp. 329–331.

pupphaṃ はすでに Lüders が指摘したごとく、Uv. 18.8 の puṣpāt に相当し、明らかに sg. abl. であることがわかる。

yathāpi bhramaraḥ *puṣpād* varṇagandhāv aheṭhayan
paraiti rasam adāya tathā grāmāṃ muniś caret（Uv. 18.8）

J. Brough の GDhp.（p. 266）も併せ参照。

27 村上真完「無欲と無所有 ── マハーバハーラタと仏教（一）」『東北大学文学部研究年報』第 29 号、1980 年、pp. 195–196.

28 Sn. 708 の第 1 半詩節は以下に引く Mvu. III 388.6 と、同じく第 2 半詩節は Mvu. III 388.8 と比較されるが、必ずしも同趣旨であるとは限らない。

so piṇḍacāraṃ caritvā vanāntaṃ abhirakṣaye（Mvu. III 388.6）

彼は托鉢を行なって、森のほとりを保護すべきである（に行くべきである）。

so vṛkṣamūlopagato āsanopagato muni（Mvu. III 388.8）

その牟尼は樹の根元に近づいて、〔あるいは〕坐所に近づく。

例えば、次の2つの詩脚、Dhp. 281c と Utt. 24.11d もしばしば比較されるのであるが、それぞれに「清く保つべき」（visodhaye / visohae）とされる3つの内容と修行における重要度は大きく異なる。

vācānurakkhī manasā susaṃvuto
　kāyena ca akusalaṃ na kayirā
ete tayo kammapathe visodhaye,
　ārādhaye maggam isippaveditaṃ（Dhp. 281）

言葉を護り、心をよく制御し、身体で悪いことをなすべきでない。これら3つの行為の道を清浄にするなら、人は聖仙たちによって説かれた道を獲得するであろう。

gavesaṇāe gahaṇe ya paribhogesaṇāya ya
āhārovahi-sejjāe ee tinni visohae（Utt. 24.11）

求めること、受け取ること、そして食を乞うことに関して、食・衣・住のこれら3つを清浄にすべきである。

すなわち、前者の場合は「言葉を護り」（vācānurakkhī）、「心をよく制御し」（manasā susaṃvuto）、「身体で悪いことをなすべきでない」（kāyena ca akusalaṃ na kayirā）の3を指す。これに対して後者の場合、上では「食・衣・住」と訳したが、具体的には「食べ物」（āhāra）、「物品」（uvahi）、「臥具」（sejjā）の3である。

一般的に他作品と類似した pāda は難解な pāda や語彙を解釈する手がかりを与えてくれることが多いが、細部や相違点に対する注意深さが必要なケースもあることを忘れてはならない。

29 apurekkharāno をどのように訳すかが問題となる。PED（s.v. purekkharoti）はこの語を puraṣkaroti の現在分詞にとり、'to honour' と読む。また、ブッダゴーサ（Pj II 547）は āyatiṃ attabhāvaṃ anabhinibbattento（未来に自己の生存を願うことなく）の意味にとる。今、ここでは CPD（s.v. apurekkharāna）の 'showing no preference' を採用して訳すことにする。

30 anūpalittaṃ, anūpalitto : 動詞 √lip はパーリ語において loc. もしくは inst. を伴って使用される。ūpalitta は loc. を伴っている場合、（ここでは否定辞 'an-' を含め）'do not cling to',「くっつかない」と訳されることが多いが、必ずしも適用されるとは限らず、Sn. 845 は「汚れていない」と読む。この語については本章註 210 でも解説した。

31 taṃ が 2nd sg. acc. として用いられているので、patch-work verse と考えられる。

32 Mvu. に並行詩節がある。

na muni grāmam āsādya kuleṣu sahasā care
ghāseṣī na chinnakatho na vācā prepsutāṃ bhaṇe（Mvu. III 387.19–388.1）

sahasā は「荒々しく」「急いで」と訳されるが、ジャイナは 'thoughtlessly' と訳すので、この意味にとる。cf. PED（s.v.）'in considerately'.

ghāsesanaṃ は Mvu. では ghāseṣī na と読まれ、pāda cd で1つの文をなすが、ここの ghāsesanaṃ は pāda ab の目的語と考えるべきであろう。

33 ca = tu である。cf. J. S. Speyer, *Sanskrit Syntax*, p. 341. この他に Pā. において ca は ce

の意味で用いられることもある。

34 khettajina : 中村元博士は「田の勝者」と訳しつつも、次のように註記する。「原文には khettajina とあるが、何を意味するかはっきりしない。ブラーフマナ、ウパニシャッド、叙事詩に頻繁に出てくる kṣetrajña（田を知る者）にもとづいて、仏教徒がこのように改めたのではなかろうか。つまり訛ったのである。第 524 詩の説は kṣetrajña の原意に解することも可能である。註釈は「田」とは「十二処」のことであると解し、それを「知る」はたらきによって無明をほろぼしうるという（vijeyya = viceyya)。なお似た表現として maggajina (84) 参照」と述べている（『ブッダのことば』523 偈註)。村上教授指摘のように、Mvu. III 398.19–399.2 では kṣetrajña である。

この問題を解く鍵は中期インド・アリアン語の特質にあると言える。ここの metre は Aupacchandasaka であり、挿入母音 -i- が入ったのである。maggajina（道を知る者）の説明（第 2 章註 8）で述べたように、-jña が -jina に転訛した例である。本章註 145 も参照されたい。GD, pp. 182–183.

35 ジャイナ教や『マハーバーラタ』でも同様の表現をする。

ceccā giham egacare, sa bhikkhū（Utt. 15.16）
iha-m-egesiṃ ega-cariyā hoi（Āy. 1.6.2.3 [29.12]）
niḥstutir nirnamaskārah parityajya śubhāśubhe
araṇye vicaraikākī yena kenacid āśitaḥ（MBh. 12.234.9）
称賛もせず、思惟もせず、禍福とを捨て、何でも与えられた食べ物によって生き、一人森の中を遊行せよ。

36 pāda d における vā は村上教授の指摘のごとく eva である。これは初期の作品に散見される。ただし、va = eva もある。ついでながら、va にはこの他に ca と iva の意味での用法が見られる。

37 nūparato において、-a + u- > -ū- は sandhi である。cf. GD, p. 374, yassūbhayante.

38 anāsava : 否定の接頭辞 a- が母音の前で an- となっている。āsava のないことで、ほかに本章註 6 に挙げた用例もある。āsava については第 2 章第 2 節 1 (3) ⑫を見よ。

39 ogahane manussānaṃ nahānatitthe aṅgaghaṃsanatthāya caturasse vā aṭṭhaṃse vā thambhe nikhāte uccākulīno pi nīcākulīno pi aṅgaṃ ghaṃsanti, na tena thambhassa uṇṇati vā oṇati vā hoti（Pj II 265).

40 uju と ujju という異読があるが、metre は ujju となる。Skt. ṛju > *urju > ujju. GD, p. 208.

41 Norman（“Middle Indo-Aryan Studies II”, JOI(B) vol. 10, p. 350）によれば、正しい語源は muṇāti < *mnāti（√mnā）ということになる。これは唇音（labial）m に u が添えられたことを意味する。

42 a-mama = Skt. nirmama. Bh.G. 3.630, 18.53 ; MBh. 12.149.3.

43 Pj II 276 : 両者、すなわち出家者と猟師は等しくない。猟師は森の中で獣や鳥を殺すことを生業とする者である。

44 su は疑問詞（interrogative）であり、Skt. svid から派生したものである。初期のパーリ聖典においては ssu, so の形態で現われる。BHSD（s.v. so）は Pā. sū: m.c. for su, q.v.

= Skt. svid と説明する。また、su は Pā. において ssa（kissa ssa, SN. i 41.237), assa（kut' assa, SN. i 206), そして sū: m.c.（kiṃ sū, Jā. 5, g. 141）の形態が見られる。

45 Pj II 542.

46 AMgD, s.v. visseṇī.

47 BHSD（s.v. viśreṇī-kṛtvā), "having made（outside things）void of association（with oneself）or having become void of association（with them)".

48 pāda c における so は 1 人称代名詞ではない。初期のパーリ聖典においては、so 以外に su, もしくは ssu の形が見られ、Skt. sma に相当する。不変化詞としての本来の意味をもつ場合もあるが、詩節の中では韻律を合わせるために用いられることが多い。

49 vīraṃ : v と dh はネパール写本では容易に見分けがつかないため、仏教混淆梵語作品では v と dh の混同がしばしば見られる。パーリにおいても v と dh の混同はしばしば見られ、この箇所では dhīraṃ（精進する人）に対して、v.l. vīraṃ（英雄、勇者）がある。この詩節では vīraṃ の読みをとる。なぜなら、『サンユッタ・ニカーヤ』に次のような読みがあるからである。

eṇijaṅghaṃ kisaṃ vīraṃ appāhāram alolupaṃ（SN. i p. 18）
勇者（仏陀）は、羚羊の脛のように外貌が痩せて、食べ物を少なく貪りを求めることなく、

50 taṃ は 2 人称代名詞である。註 31 を見よ。hohi は √bhū の immperative である。

51 例えば、Sn. 83, 1052, 1058, 1081, 1085, 1127, 1147, etc..

52 pāda a は Śloka, pāda bcd は Aupacchandasaka である。

opening, even pāda : ⏓ — — ∪∪ / cadence : — ∪ — ∪ — —
b : vicikicchaṃ maṃ atārayī（/ atārĕsi）namo te
opening, even pāda : ⏓ — — ∪∪ / cadence : — ∪ — ∪ — ∪
d : akhilā ādi[c]cabandhu sorato si（Sn. 540）

pāda d, akhila : PTS 版では本文に示したとおり語尾の a は短音であるが、sg. voc. の不変化詞は遠くから誰かに呼びかける場合に使用されるものであり、最後の母音は長く伸ばすことになる（Pluta / Pluti）ので、ここも akhilā とすべきであり、韻律上もこれが支持される。Sn. 511 以降に見られるサビヤへの呼びかけ（Sabhiyā）なども同様である。AMg. については Pischel, § 71, BHS については BHSG, § 8.27 を参照。GD, p. 276.

53 cf. Jā. 629, g. 12ab : sadāpi bhadraṃ adhanassa anagārassa bhikkhuṇo. ここでは牟尼の語は使われていない。

54 pāda d, niyāṇaṃ : cty は nidānaṃ, cakravartti-padâvāptir me bhaved ity evam-ātmakaṃ と説明する。来世への願望（nidāna）は解脱を目的としたものでなく、輪廻の世界にとどまるものであり、ジャイナ教では罪深いものとみなされる。cf. a-niyāṇa（Utt. 13.1). H. M. Johnson, *Triṣaṣṭi-śalākā-puruṣacaritra*, vol. 1, Gaekward's Oriental Series 51, p. 3.

[ya je] : 原文にあるも、韻律上、読まない。

55 pāda abc = Jagatī, pāda d = Triṣṭubh.

pāda a, tavodhana : AMgD（s.v.）は an ascetic, (one) whose wealth is austerity とする。

pāda b は 13 音節あり、1 音節余分である。この原因は break に当たる mahāpainne（大

誓戒）にあると思われる。というのも、mahāpainna は古層聖典においてこの箇所にしかなく、誤記の可能性のある mahāpanna（大智慧者）の読みが数箇所あることから、mahāpanna が本来の読みであったと推測されるからである。しかも、本文引用（pāda b, -yase）同様、苦行者の尊称として jaso が、mahāpanna と対になって用いられている詩節があるので、以下に引用する。

mittavaṃ nāyavaṃ hoi uccāgoe ya vaṇṇavaṃ
appāyake mahāpanne abhijāe jaso-bale（Utt. 3.18）
彼（偉大な苦行者）は友をもち、親族をもち、高い種姓であり、顔色のよい、苦痛のない、大きな智慧のある、名声と力のある者として再び生まれる。

しかし、どの版本も mahāpainne と読んでおり、この読みは承認されよう。

56　金倉圓照『印度精神文化の研究 ── 特にヂャイナを中心として』培風館、1944 年、pp. 193–196. また、内外苦行については Utt. の第 30 章に詳しく説かれている。DJ, §§ 178–179.

57　ここでは caukkasāya（Skt. catur-kaṣāya, 四汚濁）という合成語が使われており、これによって一々の項を挙げなくてもその内容が了解されうるという認識のあったことが推測される。なお、ジャイナ教における四汚濁については本章註 67, 仏教に関連しては第 2 章註 106 と本章註 8, またそれぞれの本文を参照されたい。

58　へびが「古い皮を捨て去る」という表現はウパニシャッド、『マハーバーラタ』、『スッタニパータ』にも見られる。第 2 章註 19 も参照。

1 度出家してしまえば、出家以前の種姓は全く関係のないものとなり、いかに修行して解脱を得るかだけが問題となる。

59　JS II, p. 255, n. 2. なお、註 25 には沐浴の禁止に関わる Dasav. の詩節を挙げた。

60　Utt. の第 16 章の冒頭における apramāda の用例を指摘し、マハーヴィーラの教説の中で、不放逸（apramāda）がきわめて重要な教えであることを示した J. P. Thaker の論文がある。"'Apramāda' in Mahāvīra's Teachings", JOI(B) vol. 24, Baroda 1974, pp. 25–40.

61　AMgD, s.v. bheda-āyayanavajji（āyatana-varjin）:（one）who abandons that which obstructs good conduct.

62　chanda-niroheṇa を chandaṃ-niroheṇa に、puvvāiṃ を puvvāi に読み改めた。cf. Utt(2), p. 565.

63　tuliyāṇa : cty は、tuliyāṇa = tolayitvā とする。AMg. において -yāṇa(ṃ) が absol. の語尾であることについては、Pischel, § 592 を見よ。cf. tuliyā（Utt. 7.19b）.

64　本章第 1 節 2 (1) に挙げた Utt. 12, Hariesa の 1 詩節がこれに当たる。

koho ya māṇo ya vaho ya jesiṃ
　　mosaṃ adattaṃ ca pariggahaṃ ca
te māhaṇā jāivijjāvihūṇā
　　tāiṃ tu khettāi supāvayāiṃ（Utt. 12.14）

〔夜叉は言った。〕「怒り、自負し、殺害し、嘘を言い、盗みをし、財産をもつ人たちは、〔高貴な〕出生と知識に欠けたバラモンたちである。彼らは非常に害悪な田地である。

上の pāda c, vihūṇa : < Skt. vihīna. cf. Pischel, § 120. あるいは < *vidhūna. cf. CDIAL 14805.

また、Jā. にも同様の詩節がある。

thale ca ninne ca vapanti bījaṃ
　　anūpakhette phalam āsasāna,
etāya saddhāya dadāhi dānaṃ,
　　app-eva ārādhaye dakkhiṇeyye ti（Jā. 497, g. 4）

65　Jā. も同様に、害悪な田地に対し福田を述べる。

khettāni mayhaṃ viditāni loke
　　yes' āhaṃ bījāni patiṭṭhapemi,
ye brāhmaṇā jātimantūpapannā
　　tānīdha khettāni supesalānīti（Jā. 497, g. 5）

66　pāda a の韻律は Triṣṭubh である。しかし、ここでは第 6 音節が長音となっており、古典規範からは変則となる（cf. E. W. Hopkins, *The Great Epic of India*, New York 1901, p. 275）。それ故、ege = －∪ とみなすべきであろう。この ege に v.l. eṇe, eṇa, ena がある。これらは 'black antelope' を意味し、文脈に適合する（Utt. p.352）。

pāda d は cty において hīlae < hīlayet = avajānīyāt, khiṃsaejjā < khiṃsayet = nindet と註解され、āhar' āprāptau svaṃ paraṃ vā が補われる。

khiṃsaejjā : Charpentier は Utt. 17.4 の註記で、khiṃs- は稀に起こる動詞語根である kṣan- の希求形と見ている。また、R. L. Turner は khiṃs- に Skt. 形が存在しないことから、*khiss-（grin, snarl）= Pkt. khiṃsā-（blame）と記している（CDIAL 3889）。Śīlāṅka は khiṃsae（Āy. 1.2.4.4）を nindet と註解していることから、nindet を語源と考えているようである。以上、khiṃs- の理解をめぐって 3 説（kṣan- の希求形説、*khiss- 仮定 Skt. 説、nindet 語源説）が存在するが、ここは Deśī（地方語）語根と捉える方が理解に無理がないように思われる。

67　本章第 1 節 2 (2) ⑤で見た Sūy. 1.2.2.29 で 4 つの煩悩（汚濁）をいう語と順序に変動があったように、ここに挙げた Sūy. 1.1.4.12 においても異同がある。語が Skt. に近い Utt. 9.36 と対照してみよう。

paṃcindiyāṇi kohaṃ māṇaṃ māyaṃ taheva lohaṃ ca
dujjayaṃ ceva appāṇaṃ savvaṃ appe jie jiyaṃ（Utt. 9.36）

五根、怒り、高慢、偽り、そして貪りの心を、また同様に征服しがたい自己をさえ〔征服して〕、自己が征服されたとき、すべてが征服されたのである。

ここに使用されている語を整理すれば、koha（怒り、Skt. krodha）, māṇa（高慢＝慢心、Skt. māna）, māyā（偽り、Skt. māyā）, loha（貪欲、Skt. lobha）である。cf. 拙稿「Uttarajjhāyā 研究 II」『中央学術研究所紀要』第 10 号、1981 年、p. 21.

翻って Sūy. 1.1.4.12 では（順序は上の Utt. に合わせるとして）、語は koha に代わって jalaṇa（Skt. jvalana）が、māṇa に代わって ukkasa（Skt. utkarṣa）が、māyā には nūma（Deśī）が、そして loha には majjhattha（Skt. madhyastha）が使われている。cf. JS II, p. 248, nn. 3-6.

そこで、以下に3例の対照表を作成する（順序はUtt.を基準とし、用語が対照できるように同じ項目を横方向に揃えた。数字は各詩節で挙げられた順序である）。

Skt.	Utt. 9.36	Sūy. 1.2.2.29	Sūy. 1.1.4.12
怒り：krodha jvalana	①怒り：koha	④怒り：pagāsa	②怒り：jalaṇa
高慢：māna	②高慢：māṇa	③自負：ukkosa	①高慢：ukkasa
偽り：māyā	③偽り：māyā	①欺き：channa	③偽り：nūma
貪欲：lobha madhyastha	④貪り：loha	②貪欲：pasaṃsa	④貪り：majjhattha

このように用語に変動があり、詩節の中で挙げられる順序も異なるとすれば、それは韻律の要請による変更だけをその原因として考えるのでは不十分であることを示していると思われる。すなわち、これらは4項目が四汚濁として固定される以前の詩節の姿だと捉えることができるのではないだろうか。これと対照的に思われるのが、もはや一々の項を挙げずにcaukkasāya（Skt. catur-kaṣāya, 四汚濁）という合成語を用いたDasav. 9.3.14である。そこでは四汚濁の語のもとに4項目が了解されうるという共通認識のあったことが推測される。cf. 本章註57.

仏教における四汚濁への言及は第2章第6節1(1)におけるSn. 537及び本章第1節1(2)⑥におけるSn. 469の例があるが、語は定まっているものの、4つに限定されているかと言えば、やはり必ずしもそうとは言い切れないものがある。cf. 第2章註106.

68 JS II, p. 230, n. 3.

69 cf. Utt. 15.13. 第2章第2節2(1)⑬。

70 pāda aはĀy. 1.8.1.4 [33.20]にもある。パーリ仏典や『マハーバーラタ』にも並行詩脚がある。cf. Sn. 119a ; Dhp. 98a ; Th. 991a ; SN. i 69, 233 ; AN. i 281, iii 354 ; MBh. 13.234.17. 第4章註38, 第6章第3節12⑨も参照。

71 aṇuvīi は難解な語彙である。この語はBollée（*Studien zum Sūyagaḍa*, 1977, p. 181）によって*anu(vi)cintyaが示されているが、*anu-vi-ci-yaのabsol.である。まずcが落ち、次に-ii-がīと転訛し、aṇuvīyaとなる。さらに口蓋音yの後で母音の口蓋化が行なわれ、*aṇuvī(y)iとなったものである。

72 Utt. 14.9と共通な詩節がJa.とMBh.にある。

adhicca vede pariyesa vittaṃ
  putte gehe tāta patiṭṭhapetvā
gandhe rase paccanubhutva sabbaṃ
  araññaṃ sādhu, muni so pasattho（Jā. 509, g. 4）
vedān adhītya brahma-caryeṇa putra
  putrān icchet pāvanârthaṃ pitṝṇāṃ,
agnīn ādhāya vidhivac ceṣṭa-yajño
  vanaṃ praviśyâtha munir bubhūṣet（MBh. 12.169.6）

cf. Utt(4).

73 Utt., p. 277.

74 JS II, p. 41.

75 MW, s.v. īśa.

第4節

76 中村元『原始仏教の成立　原始仏教2』（中村元選集第12巻）春秋社、1969年、p. 234.

77 中村元『ブッダのことば（スッタニパータ）・改訳』岩波文庫、1984年、p. 291.

78 G. P. Malalasekera, DPPN, repr. London 1974, p. 208.

79 中村元『ブッダのことば』p. 372.

80 visodhaye は 3rd sg. opt. ではない。東部方言がそのままパーリ文に取り入れられた結果である（BS, § 228）。Uv. 7.12 には viśodhayaṃ とあり、Pāli 註釈も visodhento と現在分詞である。詳しくは WD, p. 130 を見よ。

81 ise（聖仙よ）は、-e をとる isi の sg. voc. であり、古い形の語尾である。cf. C. Caillat, *Pour une nouvelle grammaire du Pāli*, Torin 1970, p. 18 ; Geiger, § 83.4（当該書当該箇所の Sn. 1025 は Sn. 1052 のミスプリントと思われる）.

82 これら16人のバラモンの名はSn. 1124–1125に挙げられる。すなわち、アジタ（Ajita）、ティッサ・メッティヤ（Tissa-Metteyya）、プンナカ（Puṇṇaka）、メッタグー（Mettagū）、ドータカ（Dhotaka）、ウパシーヴァ（Upasīva）、ナンダ（Nanda）、ヘーマカ（Hemaka）、トーディヤ（Todeyya）、カッパ（Kappa）、ジャトゥカンニー（Jatukaṇṇī）、バドラーヴダ（Bhadrāvudha）、ウダヤ（Udaya）、ポーサーラ（Posāla）、モーガラージャ（Mogharāja）、ピンギヤ（Piṅgiya）である。

83 havvaṃ は非常に難解な語彙である。H. Warren と E. Leumann の説を支持して、R. Pischel は havvaṃ = Skt. arvāk と記す（Pischel, § 338）。W. Schubring（Āy., p. 108）も同様に arvāk と考えた。

これに対して H. Jacobi（Kalp., p. 273）は havvaṃ として bhavyam を与え、この説は Charpentier（Utt., p. 377）によって支持されている。havvaṃ = bhavyam と考えた場合、havvam āgacchai は「彼はまもなく到着する」となって、「彼は速やかに（arvāk）到達する」と意味的には大差がない、と Charpentier は考えた。恐らく arvāk > havvaṃ よりも bhavyam > havvaṃ の方が語源として可能性が高いとみなしたのであろう。ただし、havvaṃ を emphatic h- をともなった arvāk から派生したものと考えることは、確信はないながらも、可能なように思われ、本文はそのように訳した。

āgacchati : Isibh. は Schubring のテキストを原典として使用してきたが、AMg. で正確に読むと āgacchai であり、t は不要である。本文では原典の表記に従う。

84 dinnā mu : Devendra は dinnā mu = dinnāsmi であると説明する。Pischel によれば、通常、1st pl. indicative は -mo で終わるが、韻文においてのみ mu に取って代わられる（§ 455）。また、1st pl. imperative としても使用される（Pischel, § 470）と説明し、いずれにしても pl. に読む。しかしながら、Alsdorf は *Vasudevahiṇḍi* において、1st pl. が 1st

sg. として使用されたことを例証している（“the Vasudevahiṇḍi: a Specimen of Archaic Jaina-Māhārāṣṭrī”, BSO(A)S 8, p. 322）。したがって、この mu は cty と同様に ‘I am’ の意味に解する。

85 bhe : cty は bhe = bhavataḥ と説明する。Pischel は bhe は tubbhe に由来していることを述べる（§ 422）。これに対して Charpentier は bhe = bhoḥ と説明する。bhe は tubbhe の weakened form であるかもしれないが、ここでは bho の東部方言に由来し生起したものと考える。

86 pakkhanda : Skt. 対応語として cty は praskandatha を、AMgD は praskanda を示し、また PSM は、この詩節を引用して、pra + skand を示す。Jacobi はこれら伝統的な解釈を踏襲して、「もしあなた方が乞食している比丘を殴打するなら、蚊の群のようにあなた方は火の中に飛び込むであろう」と訳す。Charpentier（ZDMG 63, p. 80）は pakkhandia と校訂しているが、これは 1 音節余分となり、unmetre である。

しかしむしろ、もともとこの語は absol. であったと考えるべきではないだろうか。そう理解すれば、pakkhanda < pra-skand-ya（ndy > nd）が可能となり、pakkhanda を absol. として、“having fallen into”（MW : praskand + acc.）と読むことができる。

87 cty において cara apramattaḥ と説明する。しかし、子音 -m- は hiatus-bridger である。そして、care に対する cara は m.c. である。

88 parīsaha については、第 2 章第 2 節 2 (1) ④及び第 2 章註 13 を見よ。

第 5 節

89 tāi : この語は註釈家によって伝統的に Skt. trāyin（保護者）と解釈され、AMgD も PSM も tāi の Skt. 形として trāyin を記している。Charpentier は Utt. 8.4 における註記の中で、tāi が Pā. tādin = Skt. tādṛś（そのような種類の、高貴な人）と一致することを記している。

90 EV I, p. 131.

91 G. Roth, “‘A Saint like that’ and ‘A Saviour’ in Prakrit, Pali, Sanskrit and Tibetan Literature”, *Shrī Mahāvīra Jaina Vidyālaya Golden Jubilee Volume*, part 1, Bombay 1968, English Section, pp. 46–62.

92 中村元『ヴェーダーンタ哲学の発展』岩波書店、1950 年、p. 500f. ; 同『ブッダの真理のことば』p. 92. ただし、ジャイナ教についても tādi で説明しているのは誤植か。

93 藤田宏達「ダンマパダ（真理のことば）」『ブッダの詩 I 』（原始仏典 7 ）講談社、1986 年、p. 384.

94 viriyavā so は Norman の指摘に従い viriyavāso と改める（GD, p. 89）。

95 E. M. Hare, *Woven Cadences of early Buddhists*, London 1945, p. 80, n. 3.

96 EV I, p. 57 ; Norman, “Four Etymologies from the Sabhiya-sutta”, *Buddhist Studies in Honour of Walpola Rahula*, London 1980, p. 175.

97 anāsava : 本章註 38 を見よ。

98 pāda b, vippajahe : Skt. vi-pra-jahāti（√hā）の 3rd sg. opt. であり、「彼は捨てるべきである」と訳すことができる。MIA では動詞 √hā の語基は jah- として抽出され、これから種々の動詞形が作られる。ex. vi-jah-ittu, inf..

pāda c, kāma-jāa : Skt. kāma-jāta.「kāma の性格をもつ」=「kāma」。

pāda d, pāsamāṇo na lippaī tāī : それぞれ以下のとおり読む。

pāsamāṇo : pāsai（Skt. paśyati）の prp. sg. nom. である。動詞 √dṛś の etymological development は Skt. paśyati > Pā. passati > Pkt. pāsai.

lippai : Skt. lipyate. この動詞の語根 limp- / lip- は loc. か inst. を伴って現われるので、'he is smeared by (inst.)', または 'he is attached to (loc.)' と翻訳されよう。EV I, p. 121 を見よ。

tāī : 本章註 89 に記したとおり、Charpentier に従い tādin = Skt. tādṛś（そのような種類の、高貴な人）と解する。この tāī は sg. nom. であり、Pā. tādin = AMg. tāin である。

なお、BHSD（s.v. tāyin）には 'holy man' の意味があり、Dhp. 94, 95 に tādin が見られ、漢訳『法句経』（大正蔵 4 巻、564b）では「真人」と訳されている。EV I, p. 131 も、その意味として 'Buddha-like or holy, venerable' を与えており、tathāgata とほぼ同義である。ジャイナ教では修行完成者、ジナのことを言うのであろう。BS, § 108 も併せて参照。

また、本文、次の②で引用する Utt. 11.31 ; Dasav. 3.15 では tāiṇo であり、pl. である。

99 pāda a, aivāejjā : ati- √pat の 3rd sg. opt.. Pā. ati-pāteyya > ai-vāy-ejjā「人は傷つけるべきでない（na）」。

pāda b, se : 3rd pronoun の前接語（enclitic form）= 'of him, his'.

pāda b, samīi : 二重子音の前では -i と -e は混同されることがある（-i / -e）。本来は samiĕ tti とあるべきところであるが、ここでは samīi (sg. nom.) tti. AMgD によれば、samiya = Skt. samita で、「歩くこと、話すこと、乞食等において注意深い人、あるいは 5 つの samiti をもっている人」である。

pāda c, tāo : Pischel は AMg. で tāo が純粋な abl. であることを示す（§ 425）。しかし厳密に言えば、tāo は二重の abl. である。すなわち、tā < tāt, -ao < -atas であり、tā + ao > tāo と合成されているのである。意味は 'from there, from then, from him' であるが、ここでは 'from him' が採用される。

pāda d, thālāo : -āo は tāo と同じく、二重の abl. 語尾である。すなわち、-āt + -ato > -āto > -āo であり、sg. abl. である。語尾は BHS においては -ātaḥ, -āto, -ātu（BHSG, § 8.50), Pkt. においては -āo, -āu（Pischel, § 365）であると言う。また、BHSG では -āto という abl. に対応する語形は Pā. には存在しないと記している（§ 8.50）。確かに Geiger においてもこの abl. は述べられていないが、CPD（s.v. uñcha）には明記されている。詳しくは Caillat, *Pour une nouvelle grammaire du Pāli*, Torin 1970, p. 22 を見よ。

第 6 節

100 この接尾辞を伴う語で頻繁に見られる語に vedagū があり、意味は「ヴェーダを知る人」「知識ある人」である。cf. BHSD, s.v. vedaka. 本章註 115 を見よ。

101 pāda e, kaṭṭhakasseva : 本文で「～のように」と訳した語尾の -eva は、-a + iva が -eva となったものと解釈した。Aggavaṃsa が述べているように、-ā + iva は -eva とはならない（*Saddanīti*, vol. 3, p. 164）。しかし、A. K. Warder（*Pali Metre*, PTS, London, § 58)

や Norman（EV I, p. 149）は -a + iva が -eva になると指摘しており、筆者もそれに従う。

102 本章第1節1(2)⑥に同一箇所を引用し原文を付した。また、khīṇāsava については本項①でも触れたが、詳しくは第2章第2節1(3)⑫を見よ。

103 Pj II 235 は yāva dhammasavanena sussūsaṃ labhati（ないし、法を聞くが故に聞こうと熱望する）と説明する。しかし、テキストには sussūsā とあるから、文法的なことを考えざるをえない。すなわち、sussūsā の -ā は -āya の truncated instrumental form であると理解するのが妥当と思われる。cf. Geiger, § 81.1.

104 Dhp. 90-99 は Arahanta-vagga と名づけられ、阿羅漢のあるべき姿が描かれている。

105 Dhp. 97 は極めて難解である。この詩節の解釈については、Norman, “Dhammapada 97: A Misunderstood paradox”, IT vol. 7, Torino 1979, pp. 325-331 を参照した。

assaddha : この語を理解するには、少し遡った検討が必要である。すなわち、Sn. 848 に pucchito uttamaṃ naraṃ（最上の人について尋ねる）があり、これに対する答えが、Sn. 853 の na saddhona virajjati である。この pāda は、「最上の人（arhat）が愛著はなく、しかし愛著に欠けているわけでもない」という趣旨の Sn. 813 : na rajjati na virajjati と並行関係にあることが確認されている。このことから na saddho = na rajjati が考えられ、saddha が「愛著」を意味すると知られる。Skt. śraddhā に「愛著」の意味があることは後期 Veda 時代から知られており、Pkt. saddhā にも同様の意味がある。これらを例証として、Pā. assaddho の意味は a-ssaddho「愛著のないこと」と確定される。

akataññu : Dhp-a. II 187.19-188.1 において akataṃ nibbānaṃ jānātī ti akataññū sacchikatanibbāno ti attho と説明される。すなわち、Pā. においてこの語は2つの意味をもつ。1つは「作られないものを知ること」であり、もう1つは「nibbāna を知ること」である。

sandhicchedo : Dhp-a. II 188.1-2 において vaṭṭasandhiṃ saṃsārasandhiṃ chetvā ṭhito ti sandhicchedo「saṃsāra との結びつきを断ち切ること」と説明される。それ故、この説明を採用して「輪廻との結びつきを断ち切ること」と訳すことができる。

hatāvakāsa : Miln. 383.22 に an-avakāsakārin があり、I. B. Horner（*Milinda's Questions* vol. I, London 1969, p. 91）は ‘does not give an occasion (to a preceptor)’ と英訳し、CPD, s.v. an-avakāsa-kāri(n) は ‘not occasioning (a quarrel)’ との意味を考える。これらは avakāsa が「〔悪い〕行為の機会」である故の否定の言い回しである。

以上のことから、hatāvakāsa は「〔悪い〕行為の機会」を排除した人ということになる。実際に本文では、「〔再生の〕機会を排除した人」、もしくは「〔口論等に対する〕機会を排除した人」と読んだ。

vantāsa : Dhp-a. II 188.4-5 において catūhu maggehi kattabbakiccssa katattā sabbā āsā iminā vantā ti vantāso と説明される。PED は「すべての欲望を放棄した人」を与える。それ故、「〔すべての〕欲求を捨てた人」と訳すことができる。

106 pāda d, taṃ bhūmiṃ rāmaṇeyyakaṃ : Dhp-a. II 195.22-23 において so bhūmi-ppadeso ramaṇiyo evā ti attho と説明される。bhūmi（名詞）が nt. であれば問題はないが、fem. であるため、これが主格になる可能性はなく、目的語として読まれるべきことがわかる。これは metre の上からも支持される。

Śloka の even pāda における opening では ——⏑— は避けなければならない。そこで編者は bhūmiṃ rāmaṇeyyakaṃ としたのであって、もともとは bhūmi-rāmaneyyakaṃ であったはずである。cf. CPD, Prolegomena, p. 26, Epilegomena, p. 32.

107 Bollée は、Charpentier の読みである udāhu, Vesālie, viyāhie について、それぞれ uyāhu, Vesalīe, viyahie と読み替えている。Vesālie < Skt. Vaiśālikaḥ.

全く同じ文が Utt. 6 の終わりの文句として見られる。ただし、Charpentier は散文とみなしている。

第 7 節

108 M. Caturvedi and B. Tivārī, *A Practical Hindi-English Dictionary*, 2nd ed., Delhi 1975 (s.v. sādhu) ; 土井久弥編『ヒンディー語小辞典』大学書林、1975 (s.v. sādhu)。

109 この pāda b は Sn. 376b : kathaṃkaro sāvako sādhu hoti に類似している。

110 pāda c に類似した pāda がある。cf. Thī. 75c : nisinnā rukkha-mūlamhi.

111 Jā. の次の詩節が参考になる。

addhā hi saccaṃ vacanaṃ tav’ etaṃ,
yathā isī bhāsasi evam etaṃ,
kāmā ca me santi anapparūpā,
te duccajā mādisakena bhikkhu (Jā. 498, g. 21)

Utt. 13.27c に関して、文脈から「しかし」が不可欠となる。g. 21c も、もちろん ‘but’ の意味である。Pkt. の正書法 (orthography) において i は ya と書かれるのが普通であるから、次の詩脚は疑いなく

bhogā ya me saṃga-karā havanti (Utt. 13.27c)

と読まれるべきである。

第 8 節

112 rajatass’ eva は rajatasseva であり、rajatassaiva と解すべきである。本章第 6 節 1 ②を見よ。

113 pāda a は Jagatī である。これに類似した詩脚が Dasav. にある。

soccāṇa mehāvi-subhāsiyāiṃ (Dasav. 9.1.17a = 9.3.14b)

pāda b は 12 音節ある。これは、aṇu- = ⏕ によって解決される。

114 Utt. 1.18 の註釈に kṛtyānam ācāryānam があるので、Cūrṇi : saraṇaṃ bhavati kiccāṇaṃ は、「先生とされる人たちの拠り所となる」の意。

第 9 節

115 vedagū の接尾辞 -gū は OIA で行為者を表わす -ka に由来したものである。第 6 節で見た pāragū, antagū と同様、vedaka > *vedaga > vedagū’ と発展し、意味は、「Veda を知る人」「知識ある人」となる。cf. BHSD (s.v. vedaka). ただし、ここでの vedagū は必ずしも Veda の精通者を意味しているのではなく、むしろ仏教の教えに精通している人を意図しているのであろう。

116 pavvāvesī は caus. である。pravrajati の caus. は *pravrajāpayati で、これは *pavvayāvei

と転訛し、pavvāvei となったものである。すなわち、*pravrajāpayati > *pavvayāvei > pavvāvei（she cause to go forth）.

117 tamhā（derivation）: Skt. tasmāt > tasmā > *tamsā > tamhā.

ahiṭṭhijjā は 2nd sg. opt. に解する。

saṃpāuṇejjāsi : Devendra の註釈により、samprāpayet と説明されるが、これは 2nd sg. opt. である。しかしここでは文脈から caus. opt. が要求され、語形も一致している。

prāp- の Skt. における 3rd sg. pres. は prāpnoti, caus. は prāpayati となる。

Pkt. における 3rd sg. pres. は p(r)ā(p)uṇai, 2nd sg. opt. は pāuṇ-ejjāsi となる。3rd sg. caus. は pāuṇei, 2nd sg. caus. opt. は pāuṇe-jjāsi である。

すなわち、simple opt. は p(r)ā(p)uṇ-ejjāsi / -ai, caus. opt. は pāuṇe-jjāsi / -i. したがって、opt. の場合、2nd では simple と caus. とは同形となる。

ちなみに、この第 2 半詩節を文法に忠実に訳せば、「博学は　あなたをして　あなた自身と他人を　成就へ　導かせるだろう」となる。

人称 / 法	2nd sg.		3rd sg.	
	simple opt.	caus. opt.	simple pres.	caus.
Skt.	prāpayeḥ		prāpnoti	prāpayati
Pkt.	pāuṇ-ejjāsi = p(r)ā(p)uṇ-ejjāsi / -ai	pāuṇe-jjāsi / -i	p(r)ā(p)uṇai	pāuṇei

第 10 節

118 この詩節の pāda ab には、次のとおり並行詩脚がある。

khettaṃ vatthuṃ hiraññaṃ vā gavāssaṃ dāsa-porisaṃ（Sn. 769 ab）

khettaṃ vatthuṃ hiraṇṇaṃ ca pasavo dāsa-porusaṃ（Utt. 3.17ab）

119 PTS 本に pāda d, siñcitvā とあるも、v.l. sitvā va を採用する。cf. GD, p. 103.

120 cf. Dhp. 421 = Sn. 645 ; Āy. 20.13.

121 cf. Sn. 1112c.

122 pāda d : dukkhass' antakarā atārĕsī maṃ

（even pāda : ———∪∪ / cadence : –∪–∪–– ）

dukkhass' antakara : PTS 版では本文に示したとおり、語尾を短音としているが、これは Pluta なので、上のように dukkhass' antakarā と長音とすべきである。本章註 52 にある akhilā の解説を見よ。

atāresī : 第 3 音節、PTS 版の本文では e で表記され、通常は長音であるが、metre により短音（atārĕsī）とする。

123 pāda b = Sn. 167b.

124 nāga については別途、節を立てて解説する。本章第 17 節を参照のこと。また並行詩脚についてはその註 239 に挙げる。

125 引用した Sūy. 1.2.2.9cd の並行詩脚が Sn. にある。

socanti janā mamāyite,

na hi santi niccā pariggahā（Sn. 805ab）

pāda c, mamāiṇo = pāda a, mamāyita : 仏教と同様にジャイナ教にも mamāiṇa（わがもの）という観念がある。cf. Āy. 1.2.6.2 [12.7]b : jassa n' atthi mamāiyaṃ.

126 Śīlāṅka, p. 166.

第 11 節

127 ここでの yo は、ラテン語の si quis に相当する（WD, p. 110）。

128 kappa : 誤った思惟・判断であり、迷妄の心である。第 2 章註 108 参照。

129 pāda a, visattikā : pāda a は Uv. 29.55a : yasya jālinī viṣaktikā に同じである。したがって、Pā. visattikā の Skt. は viṣaktikā（attachment, BHSD, s.v.）である。また、Uv. 3.9-10 においては、この語 viṣaktikā は sudustyajā に置き換えられている。その意味は「捨てることが非常に難しい」であり、この場合もやはり attachment を表わす。

taṇhā : この語の発展過程は Skt. tṛṣṇā > *tasṇā > *taṇsā（s と ṇ の交替は metathesis）> Pā. taṇhā となる。しかし、tasṇā の代わりに tasiṇā も考えられる。この形は実際に Pā. に見られる。

Dhp. 180 の pāda a は syncopated opening ─∪─∪ である。Warder, *Pali Metre*, London 1967, § 126.

130 中村元『ブッダのことば』p. 352.

131 DJ, § 93.

132 ājañña : ājānīya, ājanya（血統の良い）. サラブレッドのこと。

so : sma である。

edhate : 中村元『ブッダの真理のことば（ダンマパダ）』（岩波文庫、1978 年）の註（p. 109）にあるように、P. Thieme（"Sanskrit Edhate", IL Sir Ralph Turner Jubilee Volume I, 1958, pp. 149-158）は 'that family is radiant in happiness' と訳している。本来、『リグ・ヴェーダ』で edhate と言うときは、いろいろな「光輝」を意味していた。それが仏教徒には忘れられ、「幸福を得る」と解されるようになったのである。また、GDhp. 173 は suhumodadi（= sukhaṃ modati）と読んでいるが、その original な読みは unmetre である。

133 中村元『ブッダのことば』p. 415.

134 upadhi-saṃkhaya : 中村元（『ブッダのことば』p. 412）は v. 992 の註で、1. 煩いや執著を滅す、2.「生存の素因」を滅す、の 2 つの意味を提示した上で、2 を教義学的にやや発達した段階のもの、1 を初期の思想と解する、と述べ、1 を採用している。

135 cakkhumat : ジャイナ教でも眼をもっている人＝具眼者（cakkhuma）という（Sūy. 15. 13）。

136 SN. v pp. 420-424 ; Vin. i pp. 10-12.

137 *Mahāvastu*（『大事』）に Dhp. 368 に類似した詩節がある。

maittāvihārī yo bhikṣuḥ prasanno buddhaśāsane

adhigacchati padaṃ śāntaṃ asecanaṃ ca mocanaṃ（Mvu. III 421.18-19）

138 中村元『ブッダの真理のことば』pp. 105-106.

139 大正蔵 4 巻、567b.

140 pāda d, pantañ ca sayanāsanaṃ : この詩脚には並行詩脚が多数ある。ex. Sn. 72c, 338b ; Th. 268a, 463c ; Thī. 145a, 459a ; Āy. 1.2.6.3 [12.16], 1.2.6.5 [23.28] ; Utt. 15.4a.

pāda e, adhicitta : 'the higher thought, meditation'.

141 Dhp-a. III 237. このように世々に存在する者としての複数形での使用例は、他に同じく「仏陀」(本章第 11 節 1 (2) ④、同 2 (3) ①) や、「勝者」(本章第 12 節 2 (2) ②③、(3) ①〜③、(4) ①〜③) のところで取り上げた。

142 palikkha / paligha : 東部において -r- は -l- に変換される。cf. BS, § 130.

143 vedi : Uv. 33.48 は vetti とする。Sn. と Dhp. には vedi についての註釈がないが、Th. 497 において vedi (= 'vedi) は vedi ti, avedi ājānāti と説明される。

144 kammāra : kammayāra < Skt. karmakāra の contraction (短縮形) で、-āya- > -ā- となる。cf. GD, p. 182.

145 maggajina : Skt. は mārga-jina (道の勝者) であると解釈されているが、Skt. mārga-jña (道を知る者) である。第 2 章註 8 に述べたように、また本章註 34 の khetta-jina と同様、Pā. における -jina は、Skt. jina に由来しているのではなくて、本来 -jña であったものが、MIA の段階において svarabhakti vowel (挿入母音) の -i- が挿入された形である。

svarabhakti vowel は、多くの単語の中に見出され、ひとかたまりの子音を解きほぐすために挿入されたとされている。と言うのも、多くの場合、この母音は韻律のためには無視されねばならず、詩節が作成された時代には、未だ母音の挿入が定着していなかったと推測されるからである。cf. EV I, § 51 ; EV II, § 75.

しかし、Sn. 85 はこれに該当しない。なぜなら、svarabhakti vowel の -i- があってはじめて韻律が正常化するからである。したがって、最古の詩ではないことになる。

また、v. 85 における第 2 のものが PTS 版等で magga-jjhāyī と解釈され、「道を学ぶ人」と訳されるが、この解釈は前詩 v. 84 に対応していない。v. 84 では沙門には maggajino (道を知る人), maggadesaka (道を説く人), magga jivati (道を生きる人), そして magga-dūsin (道を汚す人) の 4 種があるとブッダが答えている。v. 85 ではチュンダがこれら 4 つの一々について、どのような者がそれに当たるのか、と尋ね返している。したがって、これら 4 つのうち、v. 84 の 2 つ目、maggadesaka の対応語が上に述べた解釈では maggajjhāyin となり、適語ではないと言わざるをえない。

この PTS 版の maggajjhāyī に対し、可能な解釈は v.l. maggakkhāyi と読むことにある。akkhāyin は「説く人」であり、maggakkhāyin (道を説く人、道の先生) はまず意味的に maggadesaka に対応し、その上 metre も正常化する。

以上のように改めて読めば、本文のように訳すことができる。cf. Norman, "Four Etymologies from the Sabhiya-sutta", *Buddhist Studies in Honour of Walpola Rahula*, London 1980, pp. 165-184.

146 khettajina は上の註 145 に示した maggajina と同様に、-jña から生起したものである。このように理解すれば、ブラーフマナ、ウパニシャッド、叙事詩に頻繁に見られる Skt. kṣetrajña に一致する。註釈は文字どおり、khettajina の解釈を与え、田を感覚や認識の領域（十二処）と理解し、これを克服すること（jina）と見ている。khettajinaの解釈については本章註34も参考にされたい。

147 budhoに、buddhoの異読がある。budhoはm.c.である故、buddhoの異表記である。budho = 'wise'. cf. EV I, p. 171.

148 マハーヴィーラが逝き、生老死の縛を断ち切って悉達、ブッダ、解脱者となったことが述べられる。

tam̩ rayaṇim̩ ca ṇam̩ samaṇe bhagavam̩ Mahāvīre kāla-gae viikkam̩te samujjāe chinna-jāi-jarā-maraṇa-bam̩dhaṇe siddhe buddhe mutte am̩tagaḍe parinivvuḍe savva-dukkha-ppahīṇe.（Kalp. Jinacaritra 124）

kāla-gae以下は同147でも繰り返される。

149 Bolléeによる指摘がある。cf. "Buddhist and Buddhism in the Earlier Literature of the Śvetāmbara Jains", *Buddhist Studies in Honour of I. B. Horner*, p. 34, n. 3.

purisam̩ ca viddhūṇa kumāragam̩ vā
    sūlam̩mi keī pae jāya-tee
pinnāga-piṇḍam̩ saim ārūhettā
    buddhāṇa tam̩ kappai pāraṇāe（Sūy. 2.6.28）

150 DJ, p. 42.

151 第1半詩節と同様なことが、v. 27でも言われている。

jam me buddhā 'ṇusāsanti sīeṇa pharuseṇa vā
mama lābho tti pehāe payao tam̩ paḍissuṇe（Utt. 1.27）
ブッダたちが優しく、あるいは、厳しく教えるところのものを、「私のためになる」と考えて、人は注意深く聞くべきである。

Candāvejjhaya（Caillat ed. Paris 1971）v. 44によれば、道を求める弟子は、愛情から発した非常に厳しい阿闍梨たちの（āyariyāṇam̩）言葉を耐えるべきである、と言われている。Utt. 1.27の「ブッダたち」は文脈から、本項(3)、pp. 310–316で述べる師としてのācāryaの範疇に入るであろう。

152 中村元『ゴータマ・ブッダ ── 釈尊の生涯　原始仏教1』（中村元選集第11巻）春秋社、1969年、p. 503.

153 Śīlāṅkaは、āvartāḥをprāṇinam̩ bhrāmayanti（生きものを揺り動かす、混迷させる）と、Kāśyapenaをśrīmān mahāvīra-vardhamāna-svāmināと説明する。

pāda dにおけるabuhāは、m.c.故に本来abuddhāとあるべきにもかかわらず、abuhāと表記されたのである。

154 Śīlāṅka : tam evam̩ bhūtam̩ śuddham̩ paripūrṇam anīdṛśam̩ dharmam ajānānā 'prabuddhā' avivekinaḥ 'paṇḍitamānino' vayam eva pratibuddhā dharma-tattvam ity evam̩ manyamānā bhāva-samādheḥ—samyagdarsanākhyād-ante-paryante 'ti dūre vartanta iti, te ca sarve 'pi paratīrthikā draṣṭavyā iti.

155 谷川泰教「ジャイナ教の解脱観 ── 仏教との交渉において」『日本仏教学会年報』第44号、1979年、p. 44f.. vv. 25–28は仏教徒の禅定とその修定主義に対する非難であると見ている。

156 samārambha : Skt. sam-ā- √rabh は 'to begin' の意味であるが、samārambha はジャイナ教の術語（technical terms）で「生類を殺害する」、「生類の罪深い行為をする」という意味になる。

157 Cūrṇi : chasu jīvanikāyesu.

158 pāda c, vūhae : Skt. bṛṃhayati > Pā. brūheti > AMg. vūhei（vūhayati）と発展した vūhei の opt. であり、意味はパーリ語と同様に、「実践する」が文脈によく適合する。

pāda d, pamāyae : Alsdorf に従い、pra + √mad, caus. opt., Skt. pramādayeḥ,「無駄にするな」と解する。

この 2 語には v.l. もあり、第 2 章註 85 にて詳しく触れた。

159 nāyaa : Devendra は、nāyaa = Skt. jñātaja であり、jñātajaḥ jñāta-kula-samuddhavaḥ sa ceha bhagavān mahāvīraḥ と説明する。

bhavasiddhīya-saṃvuḍe : bhavasiddhīya-sammae (< -sammata :「是認された」) の異読があり、Devendra はこの異読に基づき、bhavasiddhikānāṃ, bhavyānāṃ sammatān, abhipretān と説明する。Jacobi（JS II, p. 232, n. 2）も同様に、bhavasiddhīya を bhavasiddhiya < bhava-siddhika 'explained by bhavya' の誤りと考えている。しかしながら、韻律の観点からも bhavasiddhīya- は正しい読みであるように思われ（ただし、Jaina Āgama Series 15 だけは -siddhiya)、Devendra らのように siddhiya < siddhika と考える場合には、-ika > -iya がどのように可能かの説明が必要となる。ただし、-ika > -iya の問題を一旦離れて -iya > -īya に絞れば、-siddhiya を正しいとする場合の解釈としては、例えば bhava siddhīya-saṃvuḍe と読み、-siddhīya を -siddhiya の inst. と説明することもできよう。しかし今のところ確信はない。語尾 -ya が古形を留めていることについては、拙稿「Uttarajjhāyā 研究 VII」『中央学術研究所紀要』第 13 号、p. 46 参照。

160 Dhp-R, p. 119.

161 paḍiyāyaī に関して、Alsdorf は何の註記も付していない。paḍiyāyaī を検討するに、この語の語源は伝統的註釈において混乱しており、語根を √dā とするものと √pā とするものとがあった。paḍiyāyaī は *prati-ā-dayati > -deti（cf. Pā. ādeti）に由来して生起したものと考えられる。pāda d の韻律が Aupacchandasaka であることから ―――∪∪ | ―∪―∪ ―― が要求され、-āyei > -āyaī となったことが読み取れよう。この場合の発展過程は、*prati-ā-dayati > *prati-ā-deti > *paḍi-y-āyei > paḍi-y-āyaī（m.c.）である。詳しくは拙稿「Uttarajjhāyā の言語学的註記」『印仏研』30-1, p. 425.

162 4 つの汚濁煩悩（kaṣāya）については本章註 67 を見よ。

163 Dasav., p. VI.

164 UttS, pp. 115-128.

165 中村元『原始仏教の成立　原始仏教 2』（中村元選集第 12 巻）春秋社、1969 年、p. 116.

166 中村元、*op. cit.*, p. 116. 例えば Utt. 12.26 において、バラモンたちが、ジャイナ僧の Harikeśa-Bala に「ニガンタよ」と呼びかけている。

167 J. Bloch, *Les Inscriptions d'Asoka*, Paris 1950, p. 170 ; E. Hultzsch, *Inscriptions of Asoka*, Oxford 1925, p. 131.

168 Utt. 16 において尊者長老たちによって、比丘たちに梵行達成のための 10 の条件が宣言される。この内容は 10 の散文で述べられているが、それぞれの文の主語はすべてニガンタである。

169 否定辞 na があるのに動詞がないのであるが、直前の v. 54 に āsaittu（āsituṃ）saittu（śayitum）vā があることから、語根 √ās と √śī の opt. が省略されているものと考えられる。ジャイナ教徒は微生物を無意識に殺生することを厳しく戒めている。

170 Charpentier は buddhaputta と読み、Sut. vol. I も同様である。しかしながら、Devendra は、buddhaputte と読み、buddhānāṃ ācāryādīnāṃ putra iva putro buddhaputraḥ と説明する。その他の版本も buddhaputte と読む。このことから、buddhaputta は nom. にも解される。

また、Jacobi（JS II, p. 2, n. 1）は、buddhaputta が語幹のままで nom. になりうることを示唆している（cf. Pischel, § 364）。しかし、語幹のままであれば、voc. に解するのが普通であろう。渡辺研二「Uttarajjhāyā の研究 I ── 一章、二章、三章和訳」『大正大学大学院研究論集』創刊号、1977 年、p. 244 も参照されたい。

さらに、これに対する異読も存在する。Śāntisūri は、Devendra と同様の註釈をする一方で、本文に記したとおり、buddhautte と読む buddhavutte = buddhaiḥ ukto の異読があることを伝えている。これにより pāda c は「ブッダたちによって語られた niyāga を望む者」と理解することが可能となる。

buddha-putta- が本来の読みであるとするなら、MIA において p > v が起こり、buddha-vutta- と読まれたと考えられよう。その反対に buddha-vutta- を本来の読みと見るなら、buddha-utta- と表記されるのが普通であるから、redaction で誤って buddha-putta- とした結果であろうか。いずれにしても buddhaputta / -putte は nom. に解することができ、buddhautta / -vutta の異読も可能であることを記しておく。

171 niyāgaṭṭhī を Jacobi（JS II, p. 2, n. 2）は、niogaṭṭhī = niyogarthin と見る。そして、niyoga は「指定、命令」の意味であり、v. 7 においても v. 20 においてもこの意味であると考えた。しかし v. 20 に適合しても v. 7 には適合しないように思われる。Charpentier（Utt., p. 267）は niyāga の読みをとり、Pischel（§ 254）と Schubring（Āy., s.v. niyāga）が与える niyāga = nyāya「正理、正道」を正しい語源かどうか確信できないことを記す。Āy. においては nyāga = mokṣa-mārga と註釈されている。

Śāntisūri は niyāgo = mokṣaḥ を、Devendra は niyāgarthī = mokṣārthī を与え、mokṣa と同義であることを示しているが、語源は不明である。Bollée（Sūy-B, p. 189）は niyāy' aṭṭhi(n)（Sūy. 1.1.2.20）に Skt. nyāya + arthin を記している。

以上のことから niyāga が mokṣa を意味することに疑いはない。しかし、Skt. nyāya > niyāga は語源的に可能でも、nyāya = mokṣa には疑問が残る。

niyāya / niyāga は語源的に *ni-yāta に由来して生起したものであり、恐らくこれは nir-yāta と同様の意味をもつ。そして動作名詞（action noun）niryāṇa（final emancipation, MW, s.v.）の意味と同様な過去分詞である。-g- を伴う形態は、-y- に対して誤って復元された -g- を伴う 1 つの hyper-form である。-y- は本来は -t- に由来する（Norman 教授からの私信による）。

172 viṇīa : 修行完成者ブッダの同義語として本節 2 (2) ④に挙げたが、そこで述べたとおり、「教導されうる（されるべき）」が原義であり、その意味での用例をここに挙げた。

173 本章註 22 を見よ。

174 Alsdorf は Āy. I 9, Sūy. I 4, Utt. 8 を最古層と見ており、Āy. I 9 だけでなく Sūy. I 4 にも Utt. 8 にもブッダの語は見られないことを検証している（cf. Sūy-A, p. 250)。

175 Āy. の第 1 篇第 9 章は、マハーヴィーラの苦行者としての生活を古 Āryā 韻律で著わしている。この章に見られるマハーヴィーラ自身の呼称を挙げれば、以下のようになる。Nāi-sua (1.10), Nāyaputta (1.10), mahāvīra (1.13, 2.1, 3.8, 3.14, 4.8, 4.14), mehāvin (1.16), aṇelisa-nnāṇī (1.16), aṇagāra (1.22, 2.13, 3.7), māhaṇa (1.23, 2.10, 4.3), bhikkhu (2.12), apaḍinna (3.9), davia (4.13), samaṇa (1.1, 2.4, 3.4, 3.5, 8.11), bhagavant (1.1, 1.4, 1.15, 1.18, 1.23, 2.5, 2.6, 2.15, 3.7, 3.12, 3.13, 4.1, 4.3, 4.5, 4.9, 4.12, 4.16), muṇi (1.9, 1.20).

176 中村元『原始仏教の思想　下　原始仏教 4』（中村元選集第 14 巻）春秋社、1971 年、p. 271 において、Sn. IV, V の 2 篇は最古層を示すと考えられている。また、Alsdorf が最古層と考える Sn. I 8 と IV 14（アッタカ篇に含まれている）にもブッダの語はない。

第 12 節

177 Pj II, 365.28 では vivattachaddho ti vivaṭarāgadosamohachadano（貪・瞋・癡の覆いを開いた）と解釈している。これを後代の註釈家たちはブッダの異名（epithet）と理解するようになった。他方、BHS からの視点として、この Pā. の vivatta-cchadda は BHS の vighuṣṭa-śabda と密接な関係があると考えられるようになり、BHSD（s.v.）ではこれを bodhisattva の名称としている。すなわち、両者とも仏と菩薩の違いはあれ、修行完成者の異名と理解しているのである。そして、AMgD に viyaṭṭa の語はないが、PSM には vi(y)aṭṭa の語が載せられている。これに AMg. である chauma を加えた viyaṭṭa-chauma が、Pā. の vivatta-cchadda に対応するジャイナの相当語であると推測され、実際、この語は後述するように Kalp. の中に確認できる。今のところ証明はできないが、恐らくこのジャイナ教の viyaṭṭa-chauma も、伝統的には「完全な智慧を獲得した聖仙（isi）」、すなわち Pā. や BHS と同様に、ある種の修行完成者の異名と解釈されていたようである。cf. Norman, "Common terminology in early Buddhist and Jain texts", *Collected Papers*, IV, pp. 268–269.

しかしながら、上に触れたように、AMg. の Kalp., p. 37 には viyaṭṭa-chauma の語が見られ、巻末の索引には viyaṭṭa-chauma（vyāvṛtta-chadma）とある。これに対する近代のジャイナ研究からの説明は、上述の伝統的解釈とは異なった理解が提示されている。すなわち、Jacobi（JS I, p. 225）は 'who have got rid of unrighteousness' と訳しており、同様に R. Williams（*Jaina Yoga*, London 1963, p. 194）も 'who have thrown off all travesties' と記しているのである。さらに、MW（s.v.）は chadman = 'deceit, disguise' の意味を与えている。これらの理解を総合的に整理・分析して、Norman（GD, p. 45）は Sn. 372 でも、この語を 'with deceit removed' と訳している。筆者も Norman の見解に従って、「偽りを取り除き」と訳す。

ちなみに、近年の日本語訳としては、中村元『ブッダのことば』(岩波文庫、1984年) p. 77は「覆いを除き」と訳し、また荒牧典俊・本庄良文・榎本文雄『スッタニパータ ── 釈尊のことば』(講談社学術文庫、2015年) p. 100は「煩悩の覆いを開き」とし、村上真完・及川真介『パーリ仏教辞典』(春秋社、2009年) p. 1766は「煩悩の覆いを開いた方(仏)」と訳している。これらは冒頭に掲げたPj IIの解釈を参考にしているようである。

178 adhipāta : √paṭ と √pat の混同であることを示している(cf. CPD, s.v. adhi-pāteti)。すなわち、adhi- √pat ではなくて adhi- √paṭ であり、「頭が落ちること」ではなくて「頭が裂けること」を意味している。

179 pāda c は mantayitvā ajjhagamā と読むことはできるが、CPD(s.v. adhi-gacchati)は metre が誤りであることを示している。metre を正常化するには完了形 jagāma が適合する。それ故、pāda c は so pi tayā mantayitvā jagāma と読むべきであろう。

180 この詩節を理解するには難解な語の解釈が必要である。

pāda a, adhiṭṭhahi : BHSD(s.v. adhitiṣṭhati)はこの語を含む箇所を引用して、'the teacher made this world appear to me as impermanent (by his supernatural power, but this time without the usual connotation of magic or illusion)' と訳している。これは採用されよう。

pāda c, pakkhanda : 註釈書において 'pakkhanda maṃ' maṃ pakkhandehi, anupavesehi と説明される。これは caus. の動詞に解していることを示す。本来この語は pakkhande と読まれ、m.c. で pakkhandi(v.l. がある)と表記されたはずである。使役の意味が忘れられたとき、韻律的に正しい pakkhanda に取って代わられたことが推察される。

181 DJ, p. 23.

182 JS II, p. 121, n. 2 ; 中村元『原始仏教の生活倫理　原始仏教 5』(中村元選集第15巻)春秋社、1972年、p. 247.

183 JS II, p. 155, n. 1 ; 金倉圓照『印度精神文化の研究 ── 特にヂャイナを中心として』p. 190.

184 金倉圓照『インド哲学史』平楽寺書店、1970年、p. 38f. ; 中村元『原始仏教の成立』p. 130f. も参照。

185 āsupanne は cty (p. 97) において 'āśuprajñaḥ' kevalajñānī utpannadivyajñāno と説明されている。āśuprajña の本来の意味は「速慧」であるが、一般には kevalin の意味で使用されている。JS II, p. 288, n. 2.

186 五用心については第2章第2節2(1)⑤を、三紀律については同⑫を参照。

187 metre は Vaṃśastha.

tāiṇo : 本章第5節「聖人」を見よ。

188 tamhā, ahiṭṭhijjā, saṃpāuṇejjāsi の各語については本章註117を見よ。

189 pāda a は1 syllable 不足であり、pāda d(――∪∪∪, ∪―∪―)は1 syllable 余分である。havai を hoi と読むなら metre は可。evaṃ havai bahussue は St. 30 まで pāda d を構成する。

āiṇṇa : Devendra によって āiṇṇa- は ākīrṇa (iva) vinītāśvaḥ として説明され、Jacobi の

英訳もこれを受け継いでいる。しかし、Charpentier は āiṇṇa が ājanya = ājāneya（a noble horse, a thoroughbred）に由来する可能性を示している。詳しくは本章註 234 に譲るが、Charpentier に基づく Skt. ājanya > ājaṇṇa > *ājiṇṇa > AMg. āiṇṇa（thoroughbred）の可能性が極めて高いことを記しておく。

Kamboya（Kamboja）: Afghanistan の東部地方を指す。馬の産地として有名である。cf. N. L. Dey, *The Geographical Dictionary of Ancient and Mediaeval India*, 1927.

kanthae : cty は kanthakaḥ—pradhāno 'śvo としている。PED（s.v. kaṇṭhaka）は 'name of Gotama's horse, on which he left his father's palace' とする。また BHSD（s.v. kaṇṭhaka）では 'name of the Bodhisattva's horse' と、AMgD（s.v. kaṃṭhaa）では 'a horse of noble breed not terrified even by the explosions of guns' とする。Jacobi によれば、Buddha の馬は Kanthaka と呼ばれ、この詩節の中で、この語は固有名詞ではなく、1 つの名称であると言う。ここでは cty に従って「最上の馬」の意味にとる。

āsa : Pā. においては assa のみであるが、Pkt. においては assa, āsa の 2 語形が存在する。derivation: Skt. aśva > assa > āsa.

190 ubhao : Pischel（§ 123）は ubhao = *ubhatas と説明する。AMgD と PSM は Skt. 対応語 ubhayatas を記している。しかしながら、ubhao は Skt. における gen. du., ubhayoḥ に由来する両数形に解することが可能である。この場合、ubhao は 'on both sides, in both ways' を意味する Pā. ubhato に相当することになる。したがって、ubhao < Skt. ubhayoḥ（gen. du.）と見ることができよう。この他に、Utt. において両数形と考えられる形がいくつか存在する。拙稿「中期印度アリアン語における両数形について」『印仏研』28-1, 1979 年、pp. 148–149 を参照。

nandighoseṇa : nāndīghoṣeṇa dvādaśatūryanirghoṣātmakena と Devendra は説明する。AMgD も同様に 'a chorus of a set of twelve kinds of musical instruments' と記載する。また、Charpentier は nandighoṣa が 'Arjuna's Chariot', 一般的な意味で 'battle-chariot' を意味すると述べている。さらに、MW（s.v. nandi-ghoṣa）は 'cry or music of joy,（esp.）the proclamation of a panegyrist or herald' と説明する。語義が判然としないが、一応 AMgD に従って訳す。

191 pāda a : ∪—∪—, ∪⏖—— と数えることができる。cf. F. Edgerton, "Meter, Phonology, and Orthography in Buddhist Hybrid Sanskrit", JAOS vol. 66, 1946, § 43.

pāda b, kuṃjara : Pā. も BHS も同形である。PED における 'derivation unknown' は、Skt. kuñjara の由来が不明であることを意味している。すなわち、kuñjara に対するインド・ヨーロッパ語の語源がない。そして、この語は non I.E. か擬声語である。しかしながら、「象」を意味することに疑いはない。

pāda c は、'ppaḍiae と読むべきである。

192 pāda a は 1 syllable 不足である。

jāyakhandha < Skt. jāta-skandha. cty : jātaḥ = upacitībhūtaḥ（increased, grown）と説明する。したがって、jāyakhandha は「大きな肩」を意味し、一般的には「非常に強い」を示唆しているのであろう。cf. Jacobi : 'strong-necked'（JS II, p. 48）; J. J. Meyer, *Hindu Tales*, London 1909, p. 133, n. 1.

193 pāda a は 1 syllable 不足である。

194 pāda a は 1 syllable 不足である。pāda c : –⏓⏑⏑, ⏑––– と数えることができよう。cf. Edgerton, *op. cit.*, § 43.

195 pāda a は 1 syllable 不足である。

pāda c, coddasarayaṇāhivaī : 1 syllable 余分である。この解釈は -rayaṇa- を -ray[a]ṇa- と読むことにある。y の後の a は svarabhakti vowel（挿入母音、本章註 145 参照）である。

cāuranta : Skt. catur-anta 'four ends', cāturanta 'possessing four ends (of the world)' or 'possessing whole world'. したがって、この語は 'universal emperor' を意味しているものと解する。

mahiḍḍhi : derivation: mahā + ṛddhi > mahā + iḍḍhi > mah' iḍḍhi.

Meyer（*op. cit.*, p. 84, n. 3）によれば、Jaina cakravartin の 14 の宝とは、1. senāpati, 2. gṛhapati, 3. purohita, 4. gaja, 5. haya, 6. sūtradhāra, 7. strī, 8. cakra, 9. chattra, 10. carma（Charpentier は cāmara / camara とする）, 11. maṇi, 12. kākiṇī, 13. khaḍga, 14. daṇḍa である。これに対して仏教徒は 7 つの宝を数える。すなわち、1. cakra, 2. gaja, 3. turaga, 4. maṇi, 5. strī, 6. gṛhapati, 7. senāpati あるいは pariṇāyaka である。

196 pāda ac はともに 1 syllable 不足である。

197 pāda a は ⏑––⏓, ⏑––– と数えることができるかもしれない。そうであれば、Śloka の opening は ⏑––– となる。

198 pāda a は 1 syllable 余分。

pāda c : ⏓–––, ⏑–––. cf. Edgerton, *op. cit.*, § 43.

uḍuvai : Skt. uḍu-pati（lord if stars = moon）.

puṇṇamāsīe : sg. loc., 'on the full-moon day'.

199 sāmāiya : v.l. sāmāiyaṃgāṇaṃ. Skt. sāmājika の意味は「集会における参加者」のみである。cty : samājaḥ —samūhastaṃ samavayantīti samājikāḥ— samūha-varttayo lokāsteṣāṃ. Jacobi は「商人」の訳語を当てている。一応ここでは cty に従って 'member of guild' と訳す。

200 pāda a は 1 syllable 余分。

aṇāḍhiya : Jacobi は āṇāḍhiya と読み、ājñāsthita に等しいと考え、pāda c を 'which is the abode of the presiding deity' と訳している。しかし、他の edition は aṇāḍhiyassa と読んでおり、aṇāḍhiya- が正しい読みであろう。他方、Devendra は aṇāḍhiya = anāḍṛta と説明するが文脈に適しない。AMgD は aṇāḍhiya（anāḍṛta）を 'the presiding deity of Jambūdvīpa, named Aṇāḍhia' と説明する。今ここでは Aṇāḍhiya = 'name of a deva' に解する。

201 pāda ac ともに 1 syllable 余分。

Sīyā, Skt. Śītā : Jacobi によれば、Śītā は Jaina の宇宙観では Nīla 山脈を源とし、東の大海に流れ出る川を指す。cf. DJ, p. 227.

nīlavantapavahā : Jacobi は 'with its dark waters' と訳す。Devendra によって nīlavat-pravahā と読まれ、Nīlavat = Nīla であり、Varṣadhara 山脈の第 4 番目であると説明され、後世の註釈家たちによってこの解釈が受け継がれてきた。しかしながら、これに対して、

Charpentier（Utt., p. 322）は nīlavantapavahā = nīlaprāntapravahā と読み、'flowing from the extreme verge of Mount Nīla' の可能性を指摘する。今ここでは Charpentier に従って訳す。

202 pāda a は 1 syllable 余分。
nāṇosahipajjalia : nāṇā-osahi-pajjalia < Skt. nānā-oṣadhi-prajvalita.

203 pāda a : ∪－－∪－∪∪∪－ , 1 syllable 余分。
sayaṃbhuramaṇa : 海、Viṣṇu の休息所。

204 本章第 7 節ならびに第 11 節 2 (2) ①を見よ。

205 これまでに阿羅漢および仏陀の節で、その語の複数形の用法として、過去・現在・未来でのそれぞれの存在を想起させる使い方のあることに言及した。加えてこの勝者があり、開祖等を存在の一回性において神格化しない思想が窺われる。なお、(2) ①で見た単数形も、勝者の性格規定等を述べる構文上、単数をとるのであり、唯一の存在としての jiṇa を言うものではないことを確認しておきたい。

第 13 節

206 中村元『ブッダのことば』p. 253.

207 iha-m-egesiṃ ega-cariyā hoi（Āy. 1.6.2.3 [29.12]）

208 pāda a は pavaraṃ vīraṃ とあるが、split compound と解して pavara-vīraṃ と見るべきであろう。なぜなら、奇数 pāda の cadence は ∪－－－ が pathyā であり、∪∪－－ を避けたものと思われるからである。なお、compound については第 5 章註 75 を見よ。

209 nirūpadhi : 本来は nirupadhi（m.c.）である。なぜなら、偶数 pāda の cadence の第 2 音節は短母音が要求されるからである。

この語は vippamutta と共に現われることが多い。例えば、SN. i 194.28, 34, 195.11 ; Ap. 42, 75, etc. である。したがって nirupadhi は vippamutta と緊密な関係にあることが知られる。cty は nirupakkilesa（煩悩の垢のない）を示しているが、「再生をもたらす基礎がない」ことを意味している。因みに BHSD（s.v. niropadhi）も 'free from the upadhi (things which attach to rebirth)' の意味を与えている。

210 動詞語根 √lip は inst. あるいは loc. を伴うが、inst. の場合は「汚れている」、loc. の場合は「付着する」「固執する」と訳すことが多い。pāda ab では否定の 'na' があり、水が付着しない（白蓮華が水をはじく）ことを述べている。

211 PTS 本は dhīram と読んでいるが、PED（s.v. vīra）は vīra- と訂正しており、Norman も vīraṃ と読んでいる（GD, p. 27）ので、それに従った。

212 中村元、*op. cit.*, p. 290.

213 aṇantacakkhu は Skt. ananta-cakṣus に対応し、「完全智をもつ人」、すなわち「全智者」を意味する。AMgD（s.v. aṇanta-cakkhu）には 'one having perfect knowledge, omniscient' とある。

214 JS I, p. 2.

215 purisādāṇīya（purisādāṇiya の -i- は m.c.）は、Jacobi によって 'the beloved of the people' と訳されている（JS II, p. 305）。古来、Skt. puruṣa-ādānīya に対応するものと考えら

れてきたのである。AMgD（s.v. purisa-ādāṇīya < puruṣa-ādānīya）も ‘trustworthy’ と訳す。しかし、Brough 教授が指摘するように、purisādāṇīya は Pā. purisājāniya（thoroughbred）に対応することは間違いない（GDhp., p. 234）。本章第 16 節も参照。

216 sattha-kamma をどのように理解するのかが問題となるが、Skt. śastra-karma > sattha-kamma（knife work），すなわち surgery（外科手術）の意味にとる。

217 pāda d には複数の並行詩脚が認められる。ex. Sūy. 1.1.4.13d, 1.3.3.21d, 1.3.4.22d, 1.8.26d.

218 Schubring は vīrā に対し、dhīrā と読んでいる。dh と v の置き換えはしばしば起こり、時代の相違によってこの混同が見られる。cf. JS I, p. 22 ; GDhp., p. 234.

第 14 節

219 pamokkhanti : pamuñcati の fut. pass. である。

220 JS II, p. 320, n. 1.

221 appaḍinnā : cty に pratijñā—nidāna-bundhana-rūpā yeṣāṃ te ’pratijñā とある。
仏典にも、如来の教えを実践する人々を益するために如来は出現する（Th. 1256）とある。

第 15 節

222 kevalin, Pj II 153.9-10 : sabbaguṇaparipuṇṇaṃ, sabbayogavisaṃyuttaṃ vā ti attho.『マッジマ・ニカーヤ』（MN. i p. 280）にも沙門、バラモンに始まる一連の呼称の通俗語源解釈がある。詳しくは本章註 23 を見よ。

223 ジャイナ教聖典にも福田（puṇṇa-khetta）の功徳が説かれる。詳しくは第 6 章第 3 節 11 ③を見よ。

第 16 節

224 Dhp. 322 には ājānīya（< Skt. ājāneya, BHS ājāniya. cf. DP, anājāyīya = ‘of inferior birth, ignoble’）とあり、その他にもパーリ語彙として ājañña（< BHS ājanya), ājāniya, ājāniyya, ājāneyya が見られる。ジャイナ（Pkt.）での āiṇṇa は *ājiṇṇa と ājaṇṇa を経て、ājanya に遡ることが読み取れよう。すなわち、ājanya > ājaṇṇa > *ājiṇṇa > āiṇṇa と見ることができる。

225「シンドゥの駿馬」は『ジャータカ』にも見られる。ここでの原語は ājāniyye（駿馬）である。

kadāhaṃ assagumbe sabbālaṃkārabhūsite
ājāniyye va jātiyā sindhave sīghavāhane（Jā. 539, g. 170）
いつ、私はすべての装飾の輝く馬の群れを、シンドゥ生まれの駿馬を、速く駆けた〔馬〕を。

226 例えば、『中部経典』（MN. i 162）に、象、牛、馬そして牝馬（あるいはロバ）が複合語（hatthi-gavāssa-vaḷavaṃ）として現われる。これらの家畜は、農耕の重要な労働力として大切にされていた。

227 WD, p. 139. 第 5 章註 105 も参照。

228 Th. 358 の metre は Āryā 韻律である。ただし、yathă に対して m.c. である。

第 1 行・第 2 行とも、第 3 gaṇa と第 4 gaṇa の間に中間休止（caesure）があり、第 2 半詩節の第 6 gaṇa では単音節である。Āryā の 2 行の韻律の図解（calculation of metrical scheme）は以下のとおりである。

∪∪∪∪｜∪∪∪∪｜∪∪－‖－∪∪｜∪∪－｜∪－∪｜－－｜－‖（23 syl. 30 mor.）

yathā varahayadamakusalo sārathi pavaro dameti ājaññaṃ

－－｜∪∪－｜－－‖∪－∪｜－－｜∪｜∪∪－｜∪‖（17 syl. 26 mor.）

evaṃ damayissan taṃ patiṭṭhito pañcasu balesu（Th. 358）

拙稿「コンピュータによる Uttarajjhāyā の韻律解析 III」『印仏研』43-2, 1994 年、pp. 978-976.

229 初期仏典の詩脚索引がある。M. Yamazaki and Y. Ousaka, *A Pāda Index and Reverse Pāda Index to Early Pāli Canonical Texts: Suttanipāta, Dhammapada, Theragāthā and Therīgāthā*, Kosei Publishing Co., Tokyo 2000.

230 接尾辞を伴う語で頻繁に見られる語として vedagū（cf. antāgū）がある。接尾辞 -gū は OIA -ka に由来して生起したものである。この語は veda-ka から派生しており、veda-ga を経て vedagū となったものである。すなわち、vedaka > *vedaga > vedagū である。この語の場合の意味は「ヴェーダを知る人」「知識ある人」となり、-ka は行為者を表わす。cf. BHSD, s.v. vedaka. 本章註 115 も参照。

231 dhīro に対して vīro を正しい読みとする。dh / v の交替は初期 Brāhmī 書体において、2 つの字体の相似から起こっている。その結果、Sn. 528 でサビヤの「精進する人」という質問に対し、Sn. 531 でブッダが「英雄」と答えていて、質問とその答えが対応していない。

232 appabodhati はこれまで多くの学者によって論議されてきた。D. Andersen, *A Pāli Reader with Notes and Glossary*, part 2, repr. Kyoto 1979, p. 28 ; CPD（s.v. apabodhati）'to ward off, to prevent, keep clear off'. 他方、Norman（PTS, 1994）は appa(ṃ)bodhati と読み、その英訳は 'know ninda to be a little thing'（〔鞭を〕気にかけないように）である。ここでは apabodhati のミステークにとり 'to avoid' に解する。

kasām（鞭）は m.c. であり、sandhi の転訛 -am > -ām が読み取れる。cf. Warder, *Pali Metre*, p. 50, n. 2.

233 saṃvega : PED には記載がないが、'violent effort' の意味に解する。cf. EV I, p. 160.

234 āiṇṇa : この語について諸説ある。

Utt. 16 には、婦人との性的関係から離れて梵行（bambhacera）を達成するための条件が種々説かれる。その 1 つに次の詩節がある。

ālao thījanāiṇṇo thīkahā ya manoramā

saṃthavo ceva nāriṇam tāsiṃ indiyadarisaṇaṃ（Utt. 16.11）

婦人たちの出入りする住居、婦人たちとの楽しい会話、婦人たちとの〔親しい〕知人、彼女たちの容姿を見ること、

また、続く詩節にも、自分たちの叫び、……征服しがたい感覚的な享楽は、自分自身

を求める人にとって毒ターラプタ（Tālaputa）のようなもので、絶対に避けなければならないとある（Utt. 16.12-14）。この詩節において、「婦人で満ちた住居」の原語は AMg. āiṇṇa であり、この語の Skt. は ākīrṇa である。

同様に PSM の見出し語 āiṇṇa も Skt. は ākīrṇa であり、AMgD の āiṇṇa も Skt. 対応語を ākīrṇa としている。しかしこの場合、v. 11 に適合する「撒布せられたる」「充満される」の意味は認められるものの、この節で検討している「血統の良い馬」と、譬喩ではあれ「高貴な人」「博学な人」「尊師」を含意する語の語源として ākīrṇa（Pā. ākiṇṇa）を考えることは、ほとんど不可能である。

そこで次に、パーリ聖典に見られる ājañña に相当する āiṇṇa の用例を示してみることにしよう。

まず、Utt. に「悪い馬と駿馬」をテーマにした詩節があるので、Charpentier のテキストと Jacobi の英訳を提示して検討することにする。

> mā galiyasse va kasaṃ vayaṇam icche puṇo puṇo
> kasaṃ va daṭṭhum āiṇṇe pāvagaṃ parivajjae（Utt. 1.12）
> 'He shoud not, in every case, wait for the express command（of the teacher）like an unbroken horse for the whip（of the rider）, but like a broken horse which sees the whip（of the rider）he should commit no evil act.'（JS II, p. 3）

註釈家 Śāntisūri は pāda c を kaśaṃ — cārmayaṣṭiṃ dṛṣṭvā 'kīrno — vinītaḥ（鞭を見ている ākīrṇa＝調教された馬）と説明している。

また、註釈家 Devendra によって āiṇṇa が ākīrṇa（iva）vinītāśvaḥ として説明される。

Jacobi の英訳も、Devendra の註釈を受け継ぎ、'an unbroken horse'（乗り馴らされていない馬）に対し 'a broken horse'（調教された馬）としており、これは ākīrṇa = vinītāśva の意味であった。cf. Leumann, *Das Aupapātika Sūtra*, Leipzig 1883（この Glossar〈語彙辞典〉から、Leumann が āiṇṇa = ākīrṇa と解していることを知ることができる。つまり彼も、āiṇṇa を仏教サンスクリット語 ājanya によって読むような、正しい語源の知識をもっていなかったのである）.

これらに対して、新しい語源を提示したのは Charpentier である。まず、彼は AMg. āiṇṇa が ājāneya（a noble horse, a thoroughbred）である可能性を示唆した（Utt., p. 277）。そして後に彼は脚註で、āiṇṇa が ājanya（仏教サンスクリット語）= ājāneya に由来している可能性を示した（*ibid*., p. 277, n. 1）。

次に、『ダサヴェーヤーリヤ・スッタ』（*Dasaveyāliya-sutta*）の用例がある。Leumann のテキスト及び Schubring の英訳を示す。Leumann, "Daśavaikālika-sūtra, und -niryukti nach dem Erzählungsgehalt untersucht und herausgegeben", ZDMG 46, 1892, pp. 581-662 ; Schubring, *The Dasaveyāliya Sutta*, Ahmedabad 1932（= Dasav.）, content: Introduction, Text and Variants（Devanāgarī）（1-80）, English translation（81-121）, Notes（122-130）.

> jattheva pāse kai duppauttaṃ
> 　kāeṇa vāyā adu māṇaseṇaṃ /
> tattheva dhīro paḍisāharejjā
> 　āinno khippam iva kkhalīṇaṃ（Dasav. 12.14）

'Wherever an intelligent [monk] sees [himself in danger of doing] any evil whether in deed or word or thought, he should quickly restrain [himself] just as a noble horse does not strain against the curb.'

SchubringのNotesに、āinna = ājanyaと註記されている。'a noble horse'は駿馬であり、「駿馬が馬勒を速やかに〔引き締められる〕ように」と解する。彼は語源を、仏教サンスクリット語のājanyaと同一であるとした。

また、Brough（GDhp., p. 234）は、BHSD（s.v. ājanya）によってジャイナtextsのāiṇṇaが'thoroughbred'であると考察し、AMg. āiṇṇaとPā. ākiṇṇaが同等な語源であると考えるのはほとんど不可能であろうと指摘した。

BHSDによれば、ājanyaの他にājāniya, ājaniya, ājānya, ājāneya（= Pā. ājañña, ājānīya, ājāniya, ājāniyya, ājāneyya）の語形が存在する。

これら諸説を通覧すると、今ここではCharpentierのSkt. ājanya > AMg. āiṇṇaの可能性が極めて高いように思われる。さらにこの推論は、palatal. jの後にa > iという母音転訛が起こることからも裏づけを得る。この母音転訛を踏まえれば、āiṇṇaが*ājiṇṇaとājaṇṇaを経て、ājanyaに遡ることが難なく読み取れよう。すなわち、ājanya > ājaṇṇa > *ājiṇṇa > āiṇṇa（thoroughbred）と見ることができるのである。cf. Norman, "Middle Indo-Aryan Studies XIII: The Palatalisation of Vowels in Middle Indo-Aryan", JOI（B）vol. 25, 1976, p. 32 ; 拙稿「Uttarajjhāyā研究 II」『中央学術研究所紀要』第10号、1981年、p. 38.

235 前註234で取り上げたUtt. 1.12, pāda aにあるgaliyasse（galiya 'ssa）をgaliya + assaとする解釈は、galiya < galita（疲れた）となり、正しくないであろう。MWのサンスクリット語はgaḍi / gali（若い雄牛）とするが、AMgDのジャイナ・プラークリット語はgali（堕落した〔牛、馬等〕）と理解する。これにassaが接合される際、glide consonant -y-が挿入され、gali-y-assaとなり、v. 12に見られる形となる。意味的にも「乗り馴らされていない馬、悪い馬」と理解でき、文脈に適合する。Utt(1), pp. 375–394を参照。

236 次に挙げるUtt. 11.17とともに、本章第12節2(3)③で取り上げた。本章註189, 190参照。

第17節

237 Pā. sañjāta-khandho : 意味は、頑丈な肩をもつ。AMg. jāyakhandhaである。註192で見たように、Utt. 11.19に見られるjāyakhandhaはSkt. jāta-skandhaに由来し、「大きな肩」、また一般的には「非常に強い」を意味している。cf. Jacobi : 'strong-necked'（JS II, p. 48）; Meyer, *Hindu Tales*, p. 133, n. 1.

padumin : MW（s.v. padmin）には'spotted（as an elephant）'とある。したがって、蓮華のような身体をしている、つまり斑点がある象である。

uḷāra : BHS audāra（Pā. oḷāra）は'large, vast, of radiance'の意味であり、BHS udāra（Pā. udāra, uḷāra）は'coarse'である。前者に解する。

238 Dhp-a. IV 30.15 : ayaṃ hi sahāyatā nāma yaṃ bālaṃ nissāya adhigantuṃ na sakkā ti n' atthi bāle sakāyatā. 註釈にあるbāleは明確でないが、恐らくsg. loc.,「凡夫において」の意であろう。しかし、Normanはこのbāleをpl. inst. = Skt. bālais（凡夫たちとともに）

と解する。cf. WD, p. 142.

pāda cd : Dhp. 329 も同様に、「森における象のように、一人歩め」とある。

239 ここに引いた Utt. 2.10 には多くの並行詩脚がある。まず Th. に nāga の譬喩の見られる詩節があり、いずれも pāda ac が v. 10 の並行詩脚となる。

phuṭṭho ḍaṃsehi makasehi araññasmiṃ brahāvane
nāgo saṃgāmasīse va sato tatrādhivāsaye（Th. 31 = 244 = 684）

さらに、v. 10 の pāda a は Sūy. 1.3.1.12a と、pāda c は Āy. 1.9.3.8a と並行関係にある。

また、v. 10 の pāda c については、類似の表現が見出せる以下のような詩脚もある。

ahaṃ nāgo va saṃgāme（Dhp. 320a）
ahaṃ nāgo vi saṃgrāme（Uv. 29.21a）
aho nako va sagami（GDhp. 329a）
ahaṃ nāgo va saṃggrāme（PDhp. 215a）
sarehi saṃgāmagayaṃ va kuṃjaraṃ（Āy. 2.16.2d）
parehi saṅgāmagataṃ va kuñjaraṃ（Ud. 4.8b）

第４章　戒の共通基盤と特殊化

第１節　初期仏教の教戒

1　研究の目的と方法

出家修行者を示すさまざまな名称が仏教とジャイナ教において共通に見られたことは、仏陀やマハーヴィーラの時代に、すでに遊行者の共同体が存在していたことを裏づけていると考えられる[1]。そしてこれら共同体が、仏教の僧伽（saṃgha）やジャイナ教のガナ（gaṇa）の形成に多大の影響を与えたであろうことも、想像に難くない。

したがって、仏教やジャイナ教をしてこれら共通の遊行者の共同体から独立・分離させ、独自の宗教教団を成立せしめた動機と契機を検討することが必要となる。そしてこれらの問題を読み解く糸口は、両宗教における戒律や教団組織の形成、思想の体系化等の有り様と進捗を尋究し、さらに両者を比較考察することによって得られるものと考える。

そのため、本章においては両宗教における戒律（法）に着目し、その共通性と、さらにそれらがどのように独自に体系化されていったかを検討する。

まず本節では、初期仏教教団が遊行者の他の集団と区別され、独自の教団としての saṃgha を形成した頃、仏陀の教法がどのような形態であり、どのように遵守されたかを探ることにする。それらを知ることが、仏教教団を成立せしめた動機と契機の推定のためには重要な意味をもつからである。

このような課題に取り組む方途としては、一般的にはこの種の問題に手がかりを与えてくれる資料、すなわちその当時に成立した古い聖典を読解・分析することになる。しかしながら、現在われわれは、仏陀時代に書き記された文献なるものを手にすることはできない。なぜなら、当時は仏陀が弟子に口頭で語り、口伝で受け継がれたからである。それらは、定型句や韻文の形で伝えられて、やがては厖大な原始聖典へと集成されていくのであるが、そこには長い時間の隔たりが存在している。

そのことを踏まえつつ、しかし厖大な原始聖典の中でも最古の層に属する聖典の中には、仏陀時代の生活実態を解明する手がかりが数多く残存する可能性は高いと考えられるので、これまでも検討に当たって主として参照してきた『スッタニパータ』（*Suttanipāta*）の、特に最古層と考えられている詩節を検討することが不可欠であり、われわれに可能な第１の方途と言えよう。

アルスドルフによれば[2]、『スッタニパータ』の中では第１章第８節「慈悲経」（Mettasutta, Sn. 143–152）と第４章第14節「迅速経」（Tuvaṭakasutta, Sn. 915–934）が最古層ということになる。そこでまず、この最古の部分を彼のテキストを底本として訳出してみることにする[3]。

2 「慈悲経」（Mettasutta）

よいことについてよく知った人が、寂静の境地に達するためになすべきことは次のとおりである。彼は能力があり、素直で、真正直で、言葉よく、柔和で、慢心のない者でなければならない。

karaṇīyam attha-kusalena　　yan taṃ santaṃ padaṃ abhisamecca
sakko ujū ca sūjū ca　　suvaco c'assa mudu anatimānī（Sn. 143）

満足し、養いやすく、用事少なく、生活が簡素で、感官が静まり、熱心であり、傲慢でなく、家々に〔乞食に行くとき〕貪ることがない。

santussako ca subharo ca　　appa-kicco ca sallahuka-vutti
sant'indriyo ca nipako ca　　appagabbho kulesv ananugiddho（144）

また、他の知識者が彼を非難するような卑しい行ないをすべきでない。すべての生きものは幸福であれ。安らかであれ。心幸福なものであれ〔、と念ずるべきである〕。

na ca khuddam ācare kinci,　　yena viññū pare upavadeyyuṃ.

sukhino va khemino hontu　　sabbe sattā bhavantu sukhit'attā（145）[4]

およそいかなる生命あるものであっても、動くものでも、動かないものでも、余すところなく、長いものでも、大きなものでも、中くらいなものでも、短いものでも、小さなものでも、粗大なものでも、

ye keci pāṇa-bhūt' atthi　　tasā vā thāvarā v' anavasesā

dīghā vā ye mahantā vā　　majjhimā rassakā aṇuka-thūlā（146）[5]

見えるものでも、見えないものでも、遠くに住むものでも、近くに住むものでも、生まれたものでも、これから生まれようとしているものでも、すべての生きものは、心幸せなものであれ〔、と念ずるべきである〕。

diṭṭhā vā ye va addiṭṭhā　　ye ca dūre vasanti avidūre,

bhūtā vā sambhavesī vā—　　sabbe sattā bhavantu sukhit'attā（147）[6]

人は他人に恥をかかせるべきでない。人はどこにあっても、他人を軽んずるべきでない。怒りから、あるいは反抗の思いから、他人を不幸にすることを望むべきでない。

na paro paraṃ nikubbetha　　nātimaññetha katthaci na kanci,

vyārosanā paṭigha-saññā　　nāñña-m-aññassa dukkham iccheyya（148）

ちょうど母親が、自分の一人息子を命をかけて守るように、そのようにあらゆる生きものに対して、無量の〔慈しみの〕心を起こすべきである。

mātā yathā niyaṃ puttaṃ　　āyusā eka-puttam anurakkhe,

evam pi sabba-bhūtesu　　mānasaṃ bhāvaye aparimāṇaṃ（149）[7]

また、すべての世界に対して、無量の慈しみの心を起こすべきである。上に、下に、横に、障害なく、怨みなく、敵意なく〔、慈しみの心を起こせ〕。

mettan ca sabba-lokasmiṃ　　mānasaṃ bhāvaye aparimāṇaṃ

uddhaṃ adho ca tiriyan ca　　asaṃbādhaṃ averam asapattaṃ（150）[8]

立っていても、歩いていても、坐っていても、臥していても、眠らない限り、人はこの念を実践すべきである。すなわち、これはこの世での崇高な境地（梵住）である。

tiṭṭhaṃ caraṃ nisinno vā　　sayāno yāvatā vigata-middho

etaṃ satiṃ adhiṭṭheyya;　brahmam etaṃ vihāram idha-m-āhu（151）

邪見に近づかず、戒を保ち、見を具えており、愛欲に対する貪りを征服して、人は決して再び母胎に宿ることはない。

diṭṭhin ca 〈so〉 anupagamma　sīlavā dassanena sampanno
kāmesu vineyya gedhaṃ;　na hi jātu ggabbha-seyyā punar eti（152）[9]

これらの詩節には、五戒や八斎戒に相当する徳目は述べられていない。寂静の境地を目指す人の修行の心構えが記されている。

まず、修行にひたむきであり、言葉やさしく、柔和で高慢でないこと。そして、少欲知足で生活が簡素であり、感官が静まっており、傲慢でなく、乞食に行っても決して貪らないこと。さらに、他派の知識者から非難を受けるような卑しい行ないを決してしないことが挙げられ、これらを完成した後に次のことが修行目標として掲げられる。

他人に恥をかかせたり、他人の不幸を望まないばかりか、すべての生きとし生けるもの、またあらゆる世間的存在の幸せを願わなければならない。それはあたかも、母親が一人息子に対して無量の慈しみの心を起こすがごとく、睡眠時間以外は願い続けられるのである。これこそが修行者にとって崇高な境地（梵住）であると考えられる。

そして、異端の説に近づかず、良い習慣（戒）を保ち、悟りへの智慧の直感を具え、愛欲を断ち切るなら、もはや輪廻転生を繰り返すことはなくなる、と述べられている。

3 「迅速経」（Tuvaṭakasutta）

〔質問者が言った。〕「太陽の末裔である偉大な聖仙に、遠離と平安の境地とを私は尋ねます。比丘はどのように見て、世間の何ごとにも執することなく、寂静に入るのですか。」

pucchāmi taṃ ādicca-bandhuṃ　vivekaṃ santi-padan ca mahesiṃ:
kathaṃ disvā nibbāti bhikkhu　anupādiyāno lokasmiṃ kinci ?（Sn. 915）

〔世尊は答えた。〕「考え深い人は、〈私は存在する〉という妄想（戯論）と呼ばれるものの根本をすべて制止せよ。自己自身にあるどんな渇愛も、彼はそれらを追い払うために常に心して学ぶべきである。

mūlaṃ papanca-saṃkhāyā　(ti Bhagavā)
mantā asmī ti sabbam uparundhe.
yā kāci taṇhā ajjhattaṃ,　tāsaṃ vinayā sadā sato sikkhe（916）

自己自身であれ、自己以外の他者についてであれ、たとえどれだけのことを知ろうとも、そのことによって慢心してはならない。というのは、これが寂滅であるとは善き人たちによって説かれないからである。

yaṃ kinci dhammam abhijaññā　ajjhattaṃ atha vāpi bahiddhā,
na tena thāmaṃ kubbetha:　na hi sā nibbutī sataṃ vuttā（917）

人はこれ（慢心）によって、〈自分は勝れている〉と思ってはならない。〈自分は劣っている〉とか、〈自分は等しい〉とか思ってはならない。種々の質問を受けても、自己について妄想を抱いて留まるべきでない（抱くべきでない）。

seyyo na tena maññeyya　nīceyyo atha vāpi sarikkho;
phuṭṭho aneka-rūpehi　nātumānaṃ vikappayan tiṭṭhe（918）

自己自身は寂静であるべきである。比丘は他から寂静を求めるべきでない。自己自身が寂静となった人にとって、拾い上げられるものがあろうか。どうして捨てられるものがあろうか。

ajjhattam eva upasamme,　nāññato bhikkhu santim eseyya !
ajjhattaṃ upasantassa　n' atthi attā, kuto nirattaṃ vā（919）

海水中において波が起こらず、静止しているように、そのように比丘は静止して不動であれ。彼は何ごとにつけ傲慢であってはならない。」

majjhe yathā samuddassa　ūmi no jāyatī, ṭhito hoti,
evaṃ ṭhito anej' assa:　ussadaṃ bhikkhu na kayira kuhinci（920）

〔質問者が言った。〕「眼が開かれた人は、自ら体験した危難を克服する法を説いてくださった。世尊よ、修行道を説いてください。戒律規定や三昧を説いてください。」

akittayī vivaṭa-cakkhu　sakkhi dhammaṃ parissayaṃ-vinayaṃ
paṭipada vadehi, bhaddan te,　pāṭimokkhaṃ atha vāpi samādhiṃ！(921)

〔世尊は答えた。〕「眼でもって見ることを貪るべきでない。卑俗な話題に耳を閉じよ。味に耽溺すべきでない。世間において何ものも、わがものという思いを抱くべきでない。

cakkhūhi n'eva lol' assa,　gāma-kathāya āvare sotaṃ,
rase ca nānugijjheyya　na ca mamāyetha kinci lokasmiṃ (922)[10]

比丘が苦難に遇っても、彼は何ごとにも悲嘆してはならない。彼は生存を求めてはならないし、恐怖に出会っても怯えてはならない。

phassena yadā phuṭṭh' assa,　paridevaṃ bhikkhu na kayira kuhinci,
bhavan ca nābhijappeyya　bheravesu ca na sampavedheyya (923)

さらに、彼は食べ物、飲み物、嚙む物、着る物を得ても貯蔵してはならない。また、それらを受け取ることができなくても恐れてはならない。

annānam atho pānānaṃ　khādaniyānaṃ atho pi vatthānaṃ
laddhā na sannidhiṃ kayirā　na ca tāni parittase alabhamāno (924)[11]

比丘は禅定せよ。あちこち歩き回ってはならない。後悔するようなことをするな。怠けてはならない。しかし、雑音のない坐所、臥所に住むべきである。

jhāyī na pāda-lol' assa,　virame kukkuccā, na ppamajjeyya,
atha āsanesu sayanesu　appa-saddesu bhikkhu vihareyya (925)

睡眠に多くの注意を払ってはならない。熱心に覚醒に努めよ。ものぐさ、偽り、笑い、遊び、性交を装飾とともに捨てよ。

niddaṃ na bahulī-kayirā,　jāgariyaṃ bhajeyya ātāpī,
tandiṃ māyaṃ hassaṃ khiḍḍaṃ　methunaṃ vippajahe savibhūsaṃ (926)

アタルヴァ〔・ヴェーダ〕の呪法、夢占い、相占い、星占いを行なってはならない。また、〔動物の〕鳴き声や懐妊術や医術を、私の弟子は用いてはならない。

āthabbaṇaṃ supina-la(k)khaṇaṃ　no vidahe atho pi nakkhattaṃ
virutan ca gabbha-karaṇaṃ 〈ca〉　tikicchaṃ māmako na seveyya (927)[12]

比丘は非難されても怯えてはならない。称賛されても慢心してはならない。物惜しみとともに貪欲と怒りと中傷とを除き去れ。

nindāya na ppavedheyya,　　na uṇṇameyya ppasaṃsito bhikkhu,
lobhaṃ saha macchariyena　　kodhaṃ pesuṇan ca panudeyya（928）

比丘は売買に従事してはならない。すべてを非難してはならない。また、村に長く留まってはならない。利得のために人と話をしてはならない。

kaya-vikkaye na tiṭṭheyya,　　upavādaṃ bhikkhu na kayira kuhiñci,
gāme ca nābhisajjeyya,　　lābha-kamyā janaṃ na lapayeyya（929）

比丘は高慢であってはならない。思惑をもった言葉を発してはならない。傲慢さを真似てはならない。争いになる言葉を話してはならない。

na ca katthitā siyā bhikkhu,　　na ca vācaṃ payutta bhāseyya,
pāgabbhiyaṃ na sikkheyya,　　kathaṃ viggāhikaṃ na kathayeyya（930）

嘘をつくことに引き込まれるな。よく知って偽りをなすことなかれ。また、〔自分の〕生活、智慧、戒や誓戒が勝れているからといって、他人を軽蔑してはならない。

mosa-vajje na niyyetha,　　sampajāno saṭhāni na kareyya,
atha jīvitena paññāya　　sīla-vatena nāññam atimaññe（931）[13]

沙門たちや世俗人から多くの言葉を聞いて、腹が立っても荒々しい言葉でもって、彼らに答えてはならない。なぜなら、善き人たちは報復的な態度をとらないからである。

sutvā rusito bahuṃ vācaṃ　　samaṇānaṃ vā puthujjanānaṃ vā
pharusena ne na paṭivajjā,　　na hi santo paṭiseni-karonti（932）

そして、このことわり（dharma）を知って、考察しつつ、比丘は常に気をつけて学べ。寂静と寂滅を学んで、ゴータマの教えにおいて放逸であってはならない。

etan ca dhammam aññāya　　vicinaṃ bhikkhū sadā sato sikkhe.
santī ti nibbutiṃ ñatvā　　sāsane Gotamassa na pamajje（933）

なぜなら、勝者にして打ち負かされることのない人は、聞き伝えではなく、自ら証する法を見た。それ故、かの世尊の教えにおいて不放逸であって、常に礼拝して学べ。

abhibhū hi so anabhibhūto　　sakkhi dhammaṃ anītiham adassī.

tasmā tassa Bhagavato　　appamatto namassam anusikkhe（934）[14]

ここには煩悩を消滅させた状態、すなわち寂静の境地を得て勝者（jina）となるための修行実践の道が具体的に説かれている。今ここに、詩節の順序（vv. 922–934）に従って、実践者としての行為規定を例示してみよう。

1. 眼で見ることや美味を貪らない
2. 卑俗な話をしない
3. 「わがもの」という思いを抱かない
4. 悲嘆しない
5. 生存を求めない
6. 怯えない
7. 食べ物や飲み物や着物を蓄えない
8. それらが得られなくても心配しない
9. 禅定せよ
10. 歩き回らない
11. 後悔するようなことをしない
12. 怠けない
13. 静かな坐所や臥所に住する
14. 睡眠を多くとらない
15. 覚醒に努める
16. ものぐさや偽りや笑いを捨てる
17. 遊び、性交、装飾を捨てる
18. 占いをしない
19. 医術を用いない
20. 非難に怯えない
21. 慢心しない
22. 物惜しみや貪欲や怒りや中傷を放棄する

23. 売買に従事しない
24. 非難しない
25. 村に長く留まらない
26. 利得のための話をしない
27. 高慢にならない
28.〔自己の利益のために〕下心ある言葉を発しない
29. 傲慢にならない
30. 争いになる言葉を発しない
31. 嘘をつかない
32. 偽りをなさない
33. 他人を軽蔑しない
34. 荒々しい言葉で答えない
35. 仏の教えを学ぶに当たって不放逸である

ここに見られるように最初期の仏教においては、戒律規定が教理的に固定されてはおらず、修行生活における出家修行者に対する教戒（＝行為規定）を述べているにすぎない。しかもこの教戒は禁止の命令形の形態をとってはいるが、奨励であり、他者から強制されるものではない。遵守するかしないかは修行者の主体性に任されており、その教えを遵守しそこに留まることを選んだ者により、結果的に教団が形成されるというようなあり方も透けて見えるように思われる。

なお、「迅速経」の内容を大まかに分類すれば、遊行時における注意、施物に関する注意、修行者の生活する場所はどうあるべきか、そして上に掲げた、修行者としての精神面、あるいは実践面において心がけるべきことはどのようなことか、修行の妨げになるもの、あるいは避けるべきものは何か、を説いていると言えるだろう。

第２節　初期ジャイナ教の教戒

仏陀時代に筆録された文献なるものを今日、われわれが手にすることができないと同様に、ジャイナ教においても、マハーヴィーラ生存中に筆録された文献なるものを手にすることは不可能である。しかしながら、最古の層に属する聖典の中に、初期ジャイナ教の生活実態を解明する手がかりが隠されていると考えられることもまた、仏教と同様に間違いのないものと言えよう。

そして、聖典の古い層や新しい層を判別するための基準は、やはり韻律にあると考えられる。

最古の層を示す韻律として古 Āryā 韻律を挙げることができるが、ジャイナ教の作品でこの韻律で書かれたものはわずか３つ、⑴ *Āyāraṅga-sutta* I 9, ⑵ *Sūyagaḍaṅga-sutta* I 4, ⑶ *Uttarajjhāyā* 8 の３つの章である[15]。これらのうち *Āyāraṅga-sutta* I 9 は、マハーヴィーラの苦行生活を生々しいタッチで描いた部分であり、*Sūyagaḍaṅga* I 4 は、修行僧が婦人たちの誘惑に用心しなければならないことを説く。なぜなら、婦人というものはありとあらゆる方法を用いて男を悩殺しようと企てるからである。これら２作品は著作の意図があまりにも明白であり、広範囲にわたる共同体生活の一部を表わしているにすぎない。しかし、*Uttarajjhāyā* の第８章 “Kāvilīyaṃ” には、最初期のジャイナ教の生活実態が上記２作品よりはかなり詳しく述べられているので、以下に示してみることにする[16]。

Kāvilīyaṃ（カピラの詩節）

不安定な輪廻（saṃsāra）において、苦悩に満ちた迷妄の茂みの中で、人が悪趣（地獄）に行かないであろうところのその行為とは、いったい何であろうか。

adhuvaṃmi moha-gahaṇāe　　saṃsāraṃmi dukkha-paurāe
kiṃ nāma hojja taṃ kammaṃ　　jeṇaṃ doggaiṃ na gacchejjā（Utt. 8.1）

以前の関係を捨てて、人は何ごとにも愛著すべきではない。愛著に導くものの中で愛著がなければ、比丘は過失や罪悪から解放される。

vijahittu puvva-saṃjoyaṃ　　na siṇehaṃ kahiṃci kuvvejjā
asiṇeha siṇeha-karehiṃ　　dosa-paosehi muccae bhikkhu（2）

それ故、知識と洞察力をすべて備え、迷妄から解放されたすぐれた牟尼は、すべての生類の幸福のため、彼らの解脱のために話す。

to nāṇa-daṃsaṇa-samaggo　　nissesāya savva-jīvāṇaṃ
tesiṃ vimokkhaṇ'-aṭṭhāe　　bhāsaī muṇi-varo vigaya-moho（3）

比丘はすべての束縛とこの種の争いを捨てるべきである。〔そのような〕聖人（tāi）はすべての種類の愛欲を見つつも執らわれない。

savvaṃ ganthaṃ kalahaṃ ca　　vippajahe tahā-vihaṃ bhikkhū
savvesu kāma-jāesu　　pāsamāṇo na lippaī tāī（4）

享楽の誘惑や過失に浸って、利益や幸福や悟りに反対する、無知で愚かな凡夫は、ハエがにかわで捕らえられるように縛られる。

bhogāmisa-dosa-visanne　　hiya-nissesa-buddhi-voccatthe
bāle ya mandie mūḍhe　　bajjhaī macchiyā va khelaṃmi（5）

これらの愛欲は捨てがたい。これらは〔意志の〕弱い人たちにとって容易に捨てがたい。しかし、渡りがたい〔海〕を渡る商人たちがいるように、渡りがたい〔輪廻〕を超える信心深い善き人（sāhu）たちがいる。

dupariccayā ime kāmā　　no sujahā adhīra-purisehiṃ
aha santi suvvayā sāhū　　je taranti ataraṃ vaṇīyā vā（6）

「私たちは沙門である」と言いながら、野獣のように生きものの殺生に無知な、そのような愚かな者たちは、邪悪な見解の故に地獄に行く。

"samaṇā mu" ege vayamāṇā　　pāṇa-vahaṃ miyā ayāṇantā
mandā nirayaṃ gacchanti　　bālā pāviyāhi diṭṭhīhiṃ（7）

人は生きものの殺生を許すべきでない。人はいつかあるとき、すべての苦悩から解放されるかもしれない。善き人（sāhu）のこの法を説いた聖人（ariya）たちによって、このように言われた。

na hu pāṇa-vahaṃ aṇujāṇe　　mucce kayāi savva-dukkhāṇaṃ

ev' āriehiṃ akkhāyaṃ　jehim imo sāhu-dhammo pannatto（8）
人は生類を傷つけるべきでない。そのような人は「周到な人」(samita) と言われる。彼の邪悪な業は、水が高原から流れ出るように、彼から去っていく。

pāṇe ya nāivāejjā　se "samīi" tti vuccaī tāī
tāo se pāvayaṃ kammaṃ　nijjāi udagaṃ va thālāo（9）

この世に生きる生類は動くものであれ、静止しているものであれ、それらのものに対して、人は心や言葉や身体によって罪深い行為をとるべきでない。

jaga-nissiehiṃ bhūehiṃ　tasa-nāmehi thāvarehiṃ ca
no tesim ārabhe daṃḍaṃ　maṇasā vayasa kāyasā ceva（10）

清浄な乞食を知って、比丘はこの点で自分自身を確立すべきである。彼は生命を支えるために食べ物を求めるべきであって、乞食者は風味に貪欲であるべきでない。

suddh'-esaṇāo naccāṇaṃ　tattha ṭhavejja bhikkhu appāṇaṃ
jāyāe ghāsam esejjā　rasa-giddhe na sīya bhikkhāe（11）

彼は人里離れた場所にのみ出入りすべきである。彼は冷えた食べ物、古い酸い粥、くず米、かびた穀粒、あるいはなつめを生命維持のために使用すべきである。

pantāṇi ceva sevejjā　sīya-piṃḍaṃ purāṇa-kummāsaṃ
adu vakkasaṃ pulāgaṃ vā　javaṇ'-aṭṭhaṃ nisevae maṃthuṃ（12）

相占い、夢占い、そして肢分占い〔によって吉兆を予言すること〕を使用する人たちは、実際に「沙門」と呼ばれない。諸阿闍梨（āyāria）によってこのように言われた。

je lakkhaṇaṃ ca suviṇaṃ ca　aṃga-vijjaṃ ca je pauṃjanti
na hu te "samaṇā" vuccanti　evam āyāriehim akkhāyaṃ（13）

この世で自分の生命を自制しないで、禅定や苦行から退いて、そして愛欲や享楽や風味に貪欲である人たちは、アスラの身体に再び生まれる。

iha-jīviyaṃ aniyamettā　pabbhaṭṭhā samāhi-joehiṃ

te kāma-bhoga-rasa-giddhā　uvavajjanti āsure kāye（14）

そしてそこから昇ってさえも、彼らは数々の輪廻を彷徨う。数々の業の汚れによって汚されたこれらの人たちにとって、悟り（bohi）は得がたい。

tatto vi ya uvvaṭṭittā　saṃsāra bahum anupariyaḍanti
bahu-kamma-leva-littāṇaṃ　bohi hoī sudullahā tesiṃ（15）

もし誰かが、この全世界をすべて1人の人に与えたとしても、彼はそれによってさえも満足しないだろう。このように、このアートマンは満たしがたい。

kasiṇaṃ pi jo imaṃ loyaṃ　paḍipuṇṇaṃ dalejja ikkassa
teṇāvi se na saṃtusse　ii duppūrae ime āyā（16）

得れば得るほど欲しくなり、所得の故に欲望は増大する。なされねばならないことは2マーサでなされるのに、1千万でさえも十分とは思わない。

jahā lāho tahā loho lāhā loho pavaḍḍhaī
domāsena kayaṃ kajjaṃ koḍīe vi na niṭṭhiyaṃ（17）[17]

人は、〔2つの〕腫れ物（突起した乳房）をもち、心変わりやすく、男たちを誘惑して奴隷たちと戯れるかのように戯れる、魔女たちを欲すべきでない。

no rakkhasīsu gijjhejjā　gaṃḍa-vacchāsu ’nega-cittāsu
jāo purisaṃ palobhittā　khellantī jahā va dāsehiṃ（18）

人は婦人たちを欲すべきでない。出家者（aṇāgāra）は婦人たちを捨てるべきである。法を完全に理解して、比丘はそこ（法）において自分自身を確立すべきである。

nārīsu novagijjhejjā　itthī vipajahe aṇāgāre
dhammaṃ ca pesalaṃ naccā　tattha ṭhavejja bhikkhu appāṇaṃ（19）

このように、この法は清浄な知識をもつカピラによって話された。その法を実行する人たちは〔輪廻の海を〕渡るだろう。彼らによって2つの世界は得られる。このように私は語ります。

ii esa dhamme akkhāe　Kavileṇaṃ visuddha-panneṇaṃ
tarihinti je u kāhinti　tehim ārāhiyā duve loga, tti bemi（20）

ここには、輪廻転生のない解脱を得るために、比丘が守らなければならない実践道が示されている。仏教と同様、戒の条文の表現は命令の形態をとるが、奨励である。すなわち、戒とは自主的なものであって、他による命令・禁止ではない。

修行道として、自制と苦行に積極的に励むべきことが説かれ、具体的な行為規定としては以下のものが挙げられている。

1. 愛著（siṇeha）と執らわれやすい愛欲（kāma）とを捨てる
2. 享楽に誘惑されたり、過失を犯さない
3. 周到な人となる
4. 生類に対して、身口意によって罪深い行為をとらず、ましてや殺害しない
5. 生命を維持するだけの食事をする
6. 人里離れた場所にのみ出入りする
7. 占相を行なわない
8. 愛欲・享楽・風味を貪らない
9. 所得を避ける
10. 婦人の誘惑を断つ

第３節　戒と誓戒の基本的立場

以上、仏教においては煩悩を消滅し、涅槃に到達するための行為規定が述べられ、ジャイナ教においては解脱を得るために比丘が守るべき行為規定が挙げられていた。両宗教とも五戒に相当する事項をすべて挙げてはいない。仏教側においては不殺生と不妄語に相当するものが挙げられ、また、ジャイナ教では不殺生、不淫、無所得に相当する事項が示されている。しかしながら、細部の規定を除けば、何ごとも貪らない態度、人里離れた場所に起居すること、占相を行なってはならないこと等は両宗教において共通に説かれているところである。

また、両宗教ともに修行者の呼び名は「比丘」が用いられている。そして、上位の理想的修行者の呼称として、ジャイナ教はmuṇiとsāhuを用いている。

対して、samaṇaの用法には注意すべきである。仏教もジャイナ教も出家修行者を比丘と呼ぶことに変わりはなく、さらに両宗教とも自分たち以外の修行者を沙門と呼んでいることが知られる。したがって、最初期においては「比丘」はそれぞれの共同体における限定的な呼称であり、「沙門」は反バラモン的な出家修行者一般を指していたことが推察できよう。それ故、Utt. 8. 13からはすべての沙門道を歩む者たちにとって、占相は禁戒であったことが知られよう。このようなところから出家遊行者の共通性が見出せるのも興味深いところである。

さて、ここで、沙門共通の戒の理念がどのようなものであったかを、仏教の「梵網経」「沙門果経」に現われる沙門の戒蘊、ジャイナにおけるパーサの四禁戒、マハーヴィーラの五大誓戒、そして仏教の『律蔵』に現われる四非事と四波羅夷法を中心に検討してみよう。

1 沙門の戒蘊

「梵網経」(Brahmajāla-suttanta 1.7–27, DN. i pp. 3–12) によれば、凡夫が如来を賛嘆して語ることは、些細なこと (appamattaka) と、身近なこと (oramattaka) と、戒に関すること (sīlamattaka) とであるとなし、なすべきでない行為として、小戒 (cūla-sīla)、中戒 (majjhima-sīla)、大戒 (mahā-sīla) を挙げている。また、「沙門果経」(Sāmaññaphala-suttanta 43–62, DN. i pp. 63–69) は、上記の「梵網経」と同じ内容の戒を包括する戒の集成を、聖なる戒蘊 (āriya-sīla-kkhandhaka) と名づけている。これらの戒の項目を対比すれば次のごとくである。

「梵網経」Brahmajāla-suttanta ＝「沙門果経」Sāmaññaphala-suttanta

聖なる戒蘊

(a) 小戒　［以下、左に同じ］

1. 殺生（pāṇātipāta）
2. 不与取（adinnādāna）
3. 非梵行（淫事）（abrahmacariya）
4. 妄語（musā-vāda）
5. 両舌（pisunā-vāca）
6. 悪口（pharusā-vāca）
7. 綺語（samphappalāpa）
8. 諸種の種子・諸種の樹木の採伐（bījagāma-bhūtagāma-samārambha）
9. 非時食（vikāla-bhojana）
10. 娯楽物を見ること（visūka-dassana）
11. 扮装（vibhūsana）
12. 高牀・大床の使用（uccāsayana-mahāsayana）
13. 金銀の受蓄（jātarūpa-rajata-paṭiggahaṇa）
14. 生の穀物を受けること（āmaka-dhañña-paṭiggahaṇa）
15. 生肉を受けること（āmaka-maṅsa-paṭiggahaṇa）
16. 婦人・少女を受けること（itthi-kumārika-paṭiggahaṇa）
17. 男女の奴隷を受けること（dāsi-dāsa-paṭiggahaṇa）
18. 牡牝の山羊を受けること（ajeḷaka-paṭiggahaṇa）
19. 鶏豚を受けること（kukkuṭa-sūkara-paṭiggahaṇa）
20. 象牛牡牝の馬を受けること（hatthi-gavāssa-vaḷavā-paṭiggahaṇa）
21. 耕田荒地を受けること（khetta-vatthu-paṭiggahaṇa）
22. 使者・仲介人の所作（dūteyya-pahiṇa-gamanānuyoga）
23. 売買（kaya-vikkayā）
24. 秤・升・尺を欺くこと（tulākūṭa-kaṃsakūṭa-mānakūṭa）
25. 賄賂・譎詐・虚偽の邪行（ukkoṭana-vañcana-nikati-sāci-yoga）
26. 傷害・殺戮・拘束・剽奪・窃盗・強盗（chedana-vadha-bandhana-

viparāmosa-ālopa-sahasākāra）

⒝ 中戒

1. 種々の種子と種々の樹木を採伐すること（bījagāma-bhūtagāma-samārambha）
2. 貯蓄物を享楽すること（sannidhi-kāra-paribhoga）
3. 娯楽物を見ること（visūka-dassana）
4. 賭博の放逸処に耽ること（jūta-pamāda-ṭṭhānānuyoga）
5. 高牀・大床を使用すること（uccāsayana-mahāsayana）
6. 粉飾の放逸処に耽ること（maṇḍana-vibhūsana-ṭṭhānānuyoga）
7. 無益徒労の話をなすこと（tiracchāna-kathāya）
8. 諍論をなすこと（viggāhika-kathāya）
9. 使者・仲介人の所作をなすこと（dūteyya-pahiṇa-gamanānuyoga）
10. 諂言・饒諛（kuhana-lapana）

⒞ 大戒

1. 獣相のごとき無益徒労の明呪
2. 勝敗を占うごとき無益徒労の明呪
3. 結果を予告するがごとき無益徒労の明呪
4. 術による無益徒労の明呪
5. 吉祥天を屈請することのごとき無益徒労の明呪
6. 薬物を使用するがごとき無益徒労の明呪

以上、なすべきでない行為に関する項目を列挙したが、「梵網経」は、これらの行為を「捨てて（pahāya）離れる（paṭivirata）」ことが行為規定の基本であるとしている。pa- √hā（< Skt. pra- √hā）は、「捨離する、断除する、放棄する」ことを意味する。また、paṭivirata（Skt. prativirata, pp. < prati-vi- √ram）は、「〜をさし控える、〜をやめる、〜を離れる」ことであって、「なすべきでない行為を〔自発的に〕放棄してやめること」と規定している。また、「沙門果経」63 によれば、「この聖なる戒蘊を具足すれば、内心に無垢清浄な安楽を感受する」（so iminā ariyena sīlakkhandhena samannāgato ajjhattaṃ anavajjasukhaṃ paṭisaṃvedeti. DN i p. 70.4–5）と基本の行為規定を示している。sīla（Skt. śīla, denom., śīlaya-, 実践する、修める、身につける）は、「習慣、性向、性格」を意味し、それより転じて「善い習慣、善い行動」の義に用いられる（PED, s.v. sīla）。

「沙門果経」42 には、出家者の行為を、

> このようにして出家した者は、同じく波羅提木叉（Pātimokkha）の律儀によって制御して住し、正行と行処を具えて、微量の罪にさえも恐怖を見て、学処（戒条、戒律、戒の条文）を受持して学習し、善き身業と語（口）業を具足し、清浄な生活をなし、戒を具え、諸々の感官の門を守護し、〔正〕念と正智とを具足して満足する。
>
> evaṃ pabbajito samāno pātimokkha-saṃvara-saṃvuto viharati ācāra-gocara-sampanno aṇumattesu vajjesu bhaya-dassāvī samādāya sikkhati sikkhāpadesu kāya-kamma-vacī-kammeṇa samannāgato kusalenu parisuddhājīvo sīla-sampanno indriyesu gutta-dvāro sati-sampajaññena samannāgato santuṭṭho.
>
> （DN. i p. 63.13–18）

と規定し、戒の具足と学処における学習を通して、戒の禁止条項に抵触しない行為を自発的に行なうことを奨励している。

さて、「梵網経」は、仏陀時代の外道（仏教以外の沙門・バラモン）の思想を「六十二見説」として紹介している。また、Sn. III 6. Sabhiyasutta には、遊行者サビヤが行って質問をする相手として、仏陀時代のいわゆる六師外道、すなわち、Pūraṇa Kassapa, Makkhali Gosāla, Ajita Kesakambali, Pakuddha Kaccāyana, Sañjaya Belaṭṭhiputta, Nigaṇṭha Nātaputta を挙げ、それぞれについて、

> 彼らは、沙門・バラモンであり、僧伽の指導者、ガナの指導者、ガナの阿闍梨（軌範師）であり、有名で名声があり、教派の開祖であって、多くの人々からよく尊敬されていた。
>
> ye te samaṇa-brāhmaṇā saṃghino gaṇino gaṇācariyā ñātā yasassino tittha-karā sādhusammatā bahujanassa,（Sn. pp. 91–92）

と述べている。因みに、この伝承は仏陀時代の「六師外道説」を伝える「沙門

果経」2-7にも集成されている。すなわち、六師外道中、Ajita は Kesakambali → Kesakambala として現われ、六師外道に対する紹介について、

彼らは……経験に富み、出家して久しき長老であった。

ye te ...... rattaññū cira-pabbajito addhagato vayo anuppatto.（DN. i pp. 47-49）

を付加している。要するに、「梵網経」「沙門果経」は、古層の聖典『スッタニパータ』よりは後の成立とみなされるが、当時の諸伝承を集成したもののようである。このような見地に立つとき、「梵網経」「沙門果経」に収録された戒蘊は、当時の沙門の戒を網羅したものと考えられよう。

2　ジャイナ教の誓戒

ジャイナの開祖マハーヴィーラは、その前身であるニガンタ教の第23祖パーサの「四禁戒の法」（cāujjāma dhamma, Skt. cāturyāma dharma）を改めて、「五大誓戒」（pañca mahavvayāṇi, Skt. pañca mahāvratāni）を制定したという。

まず、パーサの「四禁戒の法」（Ṭhānaṃga, Sut. vol. I, p. 227）とは、

1. 生類を殺害することをやめる（pāṇāivāyāo veramaṇaṃ）
2. 妄語をやめる（musāvāyāo veramaṇaṃ）
3. 与えられないものを取ることをやめる（adiṇṇādāṇāo veramaṇaṃ）
4. 他に与えることをやめる（bahiddhādāṇāo veramaṇaṃ）

であるが、4種のなすべきでない行為を「やめる」（veramaṇa, Skt. vairamaṇa (abl.) < viramaṇa < vi- √ram, ～をやめる、放棄する）ことで、「離、遠離、断止」の意味をもつ。

これを継承するマハーヴィーラの「五大誓戒」（Āy. 2.15 [131-137]）は、

1. 私は一切の生類を殺害することを放棄する（paccakkhāmi savvaṃ pāṇāi-vāyaṃ）
2. 私は一切の妄語を放棄する（paccakkhāmi savvaṃ musāvāyaṃ）
3. 私は一切の与えられないものを取ることを放棄する（paccakkhāmi savvaṃ adinnādāṇaṃ）

4. 私は一切の淫愛を放棄する（paccakkhāmi savvaṃ mehuṇaṃ）

5. 私は一切の所得を放棄する（savvaṃ pariggahaṃ paccāikkhāmi）

とあって、パーサの禁戒の第４項をより明確にするとともに、新たに１項目を付加するが、ここでもなすべきでない行為を「放棄する」paccākkhāmi (< Skt. praty-ā- √khyā, 拒む、否認する、謝絶する、禁ずる）ことを規定している[18]。

以上のように、ジャイナ教の禁戒または誓戒も、前述の「梵網経」「沙門果経」と同様に、なすべきでない行為を「やめる」「放棄する」ことが戒の具足とみなされている。

3　仏教の四非事と四波羅夷法

『律蔵』「犍度・大品」（Mahāvagga I 78.1–5）によれば、具足戒を受けた者に対して、四非事（cattāri akaraṇīya, 四不応作）を規定している。すなわち、

1. 比丘にして、淫法を行なう者は、沙門でもなく、釈子（仏教僧）でもない。

   yo bhikkhu methunaṃ dhammaṃ paṭisevati, assamaṇo hoti asakyaputtiyo.

2. かように、もし比丘にして、1 / 4 銭、もしくは 1 / 4 銭の供養物、もしくは 1 / 4 銭を超えた与えられない偸盗として数えられるものを取るならば、沙門でもなく、釈子でもない。

   evam eva bhikkhu pādaṃ vā pādārahaṃ vā atirekapādaṃ vā adinnaṃ theyya-saṃkhātaṃ āditvā assamaṇo hoti asakyaputtiyo.

3. かように、もし比丘にして、知って人の生命を奪えば、沙門でもなく、釈子でもない。

   evam eva bhikkhu sañcicca manussaviggahaṃ jīvitā voropetvā assamaṇo hoti asakyaputtiyo.

4. かように、もし比丘にして、悪欲があり、悪に逼られて非真、非実の上人法を称するならば、沙門でもなく、釈子でもない。

   evam eva bhikkhu pāpiccho icchāpakato asantaṃ abhūtaṃ uttarimanussadhammaṃ ullapitvā assamaṇo hoti asakyaputtiyo.

とあって、淫行、偸盗、殺生、不真実（＝妄語）を挙げている。

また、仏教における戒、すなわち体系化した「波羅提木叉」においては、重罪から軽罪にわたって8種に分類しているが、その中の最重罪とみなされる「四波羅夷法」（pārājikā, Vin. iii pp. 11–109）には、1. 淫、2. 偸盗、3. 殺生、4. 妄語が挙げられる。

1. 何れの比丘と雖も不浄法を行ぜば、波羅夷にして共住すべからざるものなり。

   yo pana bhikkhu methunaṃ dhammaṃ paṭiseveyya, pārājiko hoti asaṃvāso 'ti.（Vin. iii p. 21, 南伝第1巻、律蔵1, p. 33）

2. 何れの比丘と雖も、若し盗心を以て与へられざるものを取らば—そは是の如き盗み方にて、即ち諸王盗人を捕へて「汝は強盗なり、汝は愚者なり、汝は癡者なり、汝は竊盗なり」とて、或は殺し或は縛し或は追放す—比丘、是の如く盗取をなさば、是亦波羅夷にして共住すべからざるものなり。

   yo pana bhikkhu adinnaṃ theyyasaṃkhātaṃ ādiyeyya yathārūpe adinnādāne rājāno coraṃ gahetvā haneyyuṃ vā bandheyyuṃ vā pabbājeyyuṃ vā coro 'si bālo 'si mūḷho 'si theno 'sīti, tathārūpaṃ bhikkhu adinnaṃ ādiyamāno ayaṃ pi pārājiko hoti asaṃvāso 'ti.（Vin. iii p. 45, 南伝第1巻、律蔵1, p. 72）

3. 何れの比丘と雖も、故意に人体の生命を断じ、或はその為に殺具を持つ者を求むれば、これ亦波羅夷にして共住すべからざるものなり。

   yo pana bhikkhu sañcicca manussaviggahaṃ jīvitā voropeyya satthahārakaṃ vāssa pariyeseyya, ayaṃ pi pārājiko hoti asaṃvāso 'ti.（Vin. iii p. 71, 南伝第1巻、律蔵1, p. 118）

4. 何れの比丘と雖も、明かに知らずして上人法を已に存すとし、満足なる正智正見を主張せん、「我は斯く知り、斯く見たり」と。彼その後に於て、或は追求され或は追求されずして罪の清浄を欲して、「友、我は知らずして斯く知ると云ひ、見ずして見ると云ひ、虚誑妄語せり」と言はゞ、これ亦波羅夷にして共住すべからざるものなり。

yo pana bhikkhu anabhijānaṃ uttarimanussadhammam attūpanāyikaṃ alamariyañāṇadassanaṃ samudācareyya iti jānāmi iti passāmīti, tato aparena samayena samanuggāhiyamāno vā asamanuggāhiyamāno vā āpanno visuddhāpekkho evaṃ vadeyya: ajānam evam āvuso avacaṃ jānāmi, apassaṃ passāmi, tucchaṃ musā vilapin ti, ayaṃ pi pārājiko hoti asaṃvāso 'ti.（Vin. iii pp. 90-91, 南伝第1巻、律蔵1, p. 150）

なお、五戒については第5節で論じる。

以上、「梵網経」「沙門果経」に現われる沙門の戒蘊、パーサの四禁戒、マハーヴィーラの五大誓戒、並びに仏教の『律蔵』に現われる四非事と四波羅夷法について検討を加えたが、その根本の理念は、「なすべきでない行為」を自発的に「放棄し、捨離し、行なわない」ことであった。ここに仏教とジャイナ教、そして沙門に共通の戒の理念を見ることができた。

次に、上掲の「なすべきでない行為」に関する項目を比較対照すれば、

梵網経	1. 殺生	2. 不与取	3. 非梵行	4. 妄語	
沙門果経	1. 殺生	2. 不与取	3. 非梵行	4. 妄語	
四禁戒	1. 殺生	3. 不与取	4. 他に与えること	2. 妄語	
五大誓戒	1. 殺生	3. 不与取	4. 淫行	2. 妄語	5. 所得
四非事	3. 殺生	2. 不与取	1. 淫行	4. 不真実語	
四波羅夷法	3. 殺生	2. 不与取	1. 淫行	4. 妄語	
五戒	1. 殺生	2. 不与取	3. 邪淫	4. 妄語	5. 飲酒

とあって、配列の順序はともかくも、前4項はほとんど一致することがわかる。

このことについて塚本教授[19]は、「波羅提木叉の規定が当時の遊行者の共同体に共通な慣習法に立脚していることを証する」と論じている。また、これと同様に、前4項の共通性は、沙門の戒がこれを基本として形成され、体系化されたことを推論せしめる。

次に、ジャイナ教における五戒・六戒の成立について検討を試みよう。

第4節　ジャイナ教における五大誓戒の成立

ジャイナ教において、五大誓戒はかなり古い時期に成立したようである。また五戒に1戒を加えた六戒を示す聖典も見られ、以下に五戒を説くもの、六戒を説くものそれぞれに、その韻律を確認しながら聖典を引くこととした。というのも、韻律は聖典の新古の層、形成過程の判別の手掛かりとなるからである。その特徴と規則の解明には容易ならざるものがあるが、韻律の変遷を大まかに言えば、Old Āryā, Triṣṭubh, Jagatī, Vaitalīya, Aupacchandasaka はいずれも古層に属し、veda 期以来連綿と採用され続けた Śloka に取って代わった Āryā は新層に属すると考えられている[20]。そして、韻律研究の成果はすでに、批判的校定本の編纂や AMg. の文法と語彙の究明に寄与するところ大である。本節ではその成果を援用しつつ、五戒と六戒の成立経緯を検討する。

まず『ウッタラッジャーヤー』(*Uttarajjhāyā*) の第1章第47詩節に paṃca vayāiṃ（五戒）の術語が見られる。韻律は Jagatī である。

さらに同書第21章第12詩節には paṃca mahavvayāṇi（五大誓戒）の語とともにその5項目が箇条的に挙げられている。

韻律は Triṣṭubh である。

人は五大誓戒を保つべきである。〔五とは〕殺さないこと、真実〔を語ること〕、盗まないこと、梵〔行〕(淫を行なわないこと)、所得を有しないことである。賢者は勝者 (jiṇa) によって教えられた法を実践すべきである。

ahiṃsa-saccaṃ ca ateṇagaṃ ca
　　tatto ya bambhaṃ apariggahaṃ ca
paḍivajjiyā paṃca mahavvayāṇi
　　carijja dhammaṃ jiṇa-desiyaṃ vidū（Utt. 21.12）

また、散文にも五戒を説くものがある。『アーヤーランガ』第2篇第15章である。

1. 私は一切の生類を殺害することを放棄する。
paccakkhāmi savvaṃ pāṇāivāyaṃ

2. 私は一切の妄語を放棄する。
paccakkhāmi savvaṃ musāvāyaṃ

3. 私は一切の与えられないものを取ることを放棄する。
paccakkhāmi savvaṃ adinnādāṇaṃ

4. 私は一切の淫愛を放棄する。
paccakkhāmi savvaṃ mehuṇaṃ

5. 私は一切の所得を放棄する。
savvaṃ pariggahaṃ paccāikkhāmi（Āy. 2.15 [131–137]）

この不殺生、不妄語、不偸盗（離不与取）、不淫、無所得の順序は前掲のUtt. 21.12でも同様であり、この順番はかなり古くから整えられていたことが窺える。この推論は『イシバーシヤーイム』（*Isibhāsiyāiṃ*）からも支持されよう。一切の染（leva, Skt. lepa）の止滅を説く中で、次のように述べられている。

生類の殺害は染である。嘘の言葉と与えられないものを取ることは染である。性交は染である。また所得は染である。

pāṇātivāto levo, levo aliya-vayaṇaṃ adattaṃ ca
mehuṇa-gamaṇaṃ levo, levo pariggahaṃ ca（Isibh. 3.4）

この詩節はpāda acdがŚloka, pāda bはĀryāである。Āryāは新しい韻律であり、それ故にpāda bが、Śloka韻律のこの詩節に組み込まれ、成句になったpatch-work verseと考えられる。したがってこの詩節のそもそもは、仮に最古層ではなくとも一定程度古い層に属すると言えるのである。

また同書では、五戒は以下のように禁止事項としても説かれ、上掲の命題形式と併せ、教義としての風貌を見せている。韻律はŚlokaである。

生類を殺すべきでない。嘘と与えられないものを取ることを避けるべきである。性交を行なうべきでない。無所得に励むべきである。

ṇa pāṇe atipātejjā aliyādiṇṇaṃ ca vajjae

ṇa mehuṇaṃ ca sevejjā, bhavejjā apariggahe（Isibh. 5.3）

また、Sūy. も同様の順序で項目を挙げている。

殺害に専心し、妄語を語ることから解放されず、与えられないものを取ること、性交、また所得に専心する者は〔後悔する〕。

pāṇāivāe vaṭṭantā musā-vāe a-saṃjayā
a-dinnādāṇe vaṭṭantā mehuṇe ya pariggahe（Sūy. 1.3.4.8）

この詩節も韻律は Śloka である。

以上見たように、散文からなる Āy. を除き、これら五戒を述べる詩節の韻律は、典籍の成立の早さを示している。特に Āryā pāda の混在する Śloka は後代の改変を知らせるゆえに、その元々の詩節自体の早期の成立を物語っているのである。

これらに対するに第 6 の戒の加わった詩節を見てみよう。

Utt. 第 19 章は Mṛgā の息子 Balaśrin が父王 Balabhadra と王妃である母 Mṛgā に出家の許可を申し出る物語である。少し長くなるが、その全容を概観する。

まず冒頭の第 10 詩節では、5 つの項目は列挙されていないが、panca mahavvayāṇi の語が見られる。

私は五大誓戒を聞きました。地獄や畜生の状態においては苦しみがあります。私は〔輪廻の〕大海から愛欲を捨離しました。お母さん、お父さん、〔私を〕許してください。私は出家します。

suyāṇi me paṃca mahavvayāṇi
　　naraesu dukkhaṃ ca tirikkha-joṇisu
nivviṇṇa-kāmo mi mahaṇṇavāu
　　aṇujānaha pavvaissāmi ammo[21]（Utt. 19.10）

この pāda acd は Triṣṭubh であり、pāda b は Jagati である。ここでは大誓戒の数は 5 である。

そして、続く vv. 25–30（韻律は Śloka）、父王と王妃が、息子の出家を思いとどまるよう説得を試みる詩節では、まず不殺生、不妄語、不偸盗、不淫、無所得の5項目の行ないがたいことが説かれるが、なぜか v. 30 に第6の戒をなす夜食の禁止にかかわる説得が登場する。

この世において、敵であろうと仲間であろうと、すべての生きものに対して公平であること、また、生命がある限り、生類の殺害を止めることは行ないがたいのです。

samayā savva-bhūesu sattu-mittesu vā jage
pāṇāivāya-viraī jāvaj jīvāe dukkaraṃ（Utt. 19.25）

いつの時も注意深くして嘘をつかないこと、また、常に適切に有益な真実が話されるべきことは行ないがたいのです。

nicca-kāla-ppamatteṇaṃ musā-vāya-vivajjaṇaṃ
bhāsiyavvaṃ hiyaṃ saccaṃ niccā-utteṇa dukkaraṃ（Utt. 19.26）

爪楊枝等の与えられないものを〔取ることを〕しないこと、また、過失のない施物を受け取ることも行ないがたいのです。

danta-sohaṇam āissa adattassa vivajjaṇaṃ
aṇavajj' esaṇijjassa giṇhaṇā[22] avi dukkaraṃ（Utt. 19.27）

感覚的な享楽の喜びを知ってから、不貞なる行為を止めること、また、厳格な大誓戒である貞節が保持されるべきことは行ないがたいのです。

viraī abambha-cerassa kāma-bhoga-rasannuṇā[23]
uggaṃ mahavvayaṃ bambhaṃ dhāreyavvaṃ sudukkaraṃ（Utt. 19.28）

財産、穀物、召使の一群に関する所有を放棄すること、すべての害をおよぼす行動を放棄すること、また、私のものという感覚をもたないことは行ないがたいのです。

dhaṇa-dhanna-pesa-vaggesu pariggaha-vivajjaṇaṃ
savv' ārambha[24]-pariccāo nimmamattaṃ sudukkaraṃ（Utt. 19.29）

問題の第6の戒を示すのは次である。

4種類の食べ物を夜に食べないこと[25]、また、貯蓄と蓄積が避けられるべきことは行ないがたいのです。

cauvvihe vi āhāre rāī-bhoyaṇa-vajjaṇā
sannihī-saṃcao ceva vajjeyavvo sudukkaraṃ（Utt. 19.30）

物語は、最終的にMṛgāの息子が両親の許可を得て出家修行者としての生活に入り、五大誓戒に励むことを描いている。

> 彼は5つの大誓戒に励み、5つの用心を実践し、3つの紀律[26]によって護られ、内的にも外的にも苦行[27]の実践に努力した。
>
> paṃca-mahavvaya-jutto paṃcahi samio tigutti-gutto ya
> sabbhintara-bāhirao tavo-kammaṃsi ujjutto（Utt. 19.88）[28]

このv. 88の韻律はŚlokaからの変形の痕跡をとどめるĀryāであり、にもかかわらずここでも大誓戒が5と言われている点は注目に値しよう。すなわち、この物語が書かれた当初、大誓戒は5つであり、後に第6の戒（v. 30）が追加されても、数合わせによる前後の改変は行なわれなかった、ということではないだろうか。その結果、物語の枠組みを示すv. 10とv. 88で5と言いながら、その内実に6を語る不自然さが生まれたのではないだろうか。

さらに、五戒に加え夜食を食べることについての行為規定が説かれている『ウッタラッジャーヤー』第30章第2詩節を見る。

> 生類の殺害、妄語、与えられないものを取ること、淫愛、所得から離れ、夜食を食べることから離れて、命我（jīva）は漏から自由となる（aṇ-āsava）。
>
> pāṇivaha-musāvāyā adatta-mehuṇa-pariggahā virao
> rāī-bhoyaṇa-virao jīvo bhavai aṇāsavo[29]（Utt. 30.2）

煩雑を避け第1詩節および第3～第5詩節は引用を略すが、Alsdorfは[30]、

1. vv. 2, 3はv. 1の質問に対して適切な答えを与えていない。また、v. 4はv. 1の繰り返しであり、v. 5以下がv. 1に対する答えとなっている
2. v. 2のpāda abがĀryā韻律である

という2つを理由として、この夜食にかかわるv. 2及びvv. 3–4を後代の挿入と結論している。

この五大誓戒プラス1が体系的かつ理論的に説明されるのは、『ダサヴェーヤーリヤ・スッタ』（*Dasaveyāliya-sutta*）の第4章においてである。同様に

Dasav. 6.9–26 にも詳述されるが、ここでは集約的に著わされた第 4 章第 1 〜 6 節を引く[31]。

尊師よ、第 1 の大誓戒は生類を殺害することを止めることである。尊師よ、微細なるもの、あるいは粗大なるもの、あるいは動くもの、あるいは動かないものであれ、私は一切の生類の殺害を放棄する。自ら生類を殺害すべきでない。他の人たちをして生類を殺害させるべきでない。諸々の生類を殺害しつつある他の人たちを認めるべきでない。生きている限り、三種三様に、意により、語により、体により、私はなさないし、なさしめないし、なしつつある他の人を私は認めない。尊師よ、私はこれを懺悔し、軽蔑し、非難し、自己を捨てる。尊師よ、私は第 1 の大誓戒に住する。一切の生類の殺害を止めることである。(Dasav. 4.1)

尊師よ、また他に、第 2 の大誓戒は妄語を止めることである。尊師よ、私は一切の妄語を放棄する。それが怒りより来たものであれ、あるいは、貪欲より来たものであれ、あるいは、恐怖より来たものであれ、あるいは、嘲笑より来たものであれ、自ら妄語を言うべきでない。他の人たちをして妄語を言わせるべきでない。また、妄語を言いつつある他の人たちを認めるべきでない。生きている限り、三種三様に、意により、語により、体により、私はなさないし、なさしめないし、なしつつある他の人を私は認めない。尊師よ、私はこれを懺悔し、軽蔑し、非難し、自己を捨てる。尊師よ、私は第 2 の大誓戒に住する。一切の妄語を止めることである。(Dasav. 4.2)

尊師よ、また他に、第 3 の大誓戒は不与取（与えられないものを取ること）を止めることである。尊師よ、私は村においてであれ、あるいは町においてであれ、あるいは森林においてであれ、あるいは少なくても、あるいは多くても、あるいは微細なりとも、あるいは粗大なりとも、あるいは有心のものなりとも、あるいは無心のものなりとも、一切の不与取を放棄する。自ら不与のものを取るべきでない。他の人たちをして不与のものを取らせるべきでない。不与のものを取りつつある他の人たちを認めるべきでない。生きている限り、三種三様に、意により、語により、体により、私はなさないし、なさしめないし、なしつつある他の人を私は認めない。尊師よ、私はこれを懺悔し、軽蔑し、非難し、自己を捨てる。尊師よ、私は第3の大誓戒に住する。一切の不与取を止めることである。(Dasav. 4.3)

尊師よ、また他に、第4の大誓戒は淫愛を止めることである。尊師よ、私は一切の淫愛を放棄する。それが天に関するものであろうと、あるいは、人間に関するものであろうと、あるいは、畜生に関するものであろうとも、自ら淫愛を行なうべきでない。他の人たちをして淫愛を行なわせるべきでない。淫を行じつつある他の人たちを認めるべきでない。生きている限り、三種三様に、意により、語により、体により、私はなさないし、なさしめないし、なしつつある他の人を私は認めない。尊師よ、私はこれを懺悔し、軽蔑し、非難し、自己を捨てる。尊師よ、私は第4の大誓戒に住する。一切の淫愛を止めることである。(Dasav. 4.4)

尊師よ、また他に、第5の大誓戒は所得を止めることである。尊師よ、私は一切の所得を放棄する。それが少なくとも多くとも、あるいは微細なりとも粗大なりとも、あるいは有心のものなりとも無心のものなりとも、自ら所得をとるべきでない。他の人たちをして所得をとらせるべきでない。所得をとりつつある他の人たちを認めるべきでない。生きている限り、三種三様に、意により、語により、体により、私はなさないし、なさしめないし、なしつつある他の人を私は認めない。尊師よ、私はこれを懺悔し、軽蔑し、非難し、自己を捨てる。尊師よ、私は第5の大誓戒に住する。一切の所得を止めることである。(Dasav. 4.5)

尊師よ、また他に、第6の〔大〕誓戒は夜食を止めることである。尊師よ、私は一切の夜食を放棄する。それが食べ物であれ、あるいは飲み物であれ、2つの異なった食べ物(噛む食べ物と味わうことのできる食べ物)[32] であれ、自ら夜に食べるべきでない。他の人たちをして夜に食べさせるべきでない。夜に食べつつある人たちを認めるべきでない。生きている限り、三種三様に、意により、語により、体により、私はなさないし、なさしめないし、なしつつある他の人を私は認めない。尊師よ、私はこれを懺悔し、軽蔑し、非難し、自己を捨てる。尊師よ、私は第6の〔大〕誓戒に住する。一切の夜食を止めることである。

かくして夜食を止めることを付け加えたこれら五大誓戒を、私は自己の幸福のために行じて住する。(Dasav. 4.6)

この『ダサヴェーヤーリヤ』の第4章は散文であり、語りの周到さと定型性から教義体系がかなり固まった後に成立したものと推定することができる。奇しくも4.6には「夜食をやめることを付け加えたこれら五大誓戒」とのフレーズがあり、第6戒の追加は明白であろう。

以上、

A. 五戒を説くもの

B. 5項目に、夜食の禁止を加えたもの

の2群の検討の結果、5項目のものが最初にあって、のちに1項目を加えたと考えることは妥当と言ってよいであろう。

しからば、いつの頃に五戒として体系づけられて、説かれるようになったのであろうか。これも解決されなければならない問題である。『ウッタラッジャーヤー』第23章は、五誓戒がすでにマハーヴィーラによって説かれていたことを物語っている。この章は、パーサの弟子ケーシ（Kesi, Skt. Keśin）とマハーヴィーラの弟子ゴーヤマ（Goyama, Skt. Gotama）との対論から構成されている。彼ら2人は弟子たちと共に、Śāvastīのとある園に滞在しており、ゴーヤマがケーシのもとを訪ねて質問するという形式をとっている。その中でまず、ケーシがゴーヤマに尋ねる。

パーサ大牟尼によって4つの誓戒が説かれ、ヴァッダマーナ（ヴァルダマーナ）によって5つの誓戒が説かれた。

cāujjāmo ya jo dhammo jo imo paṃca-sikkhio
desio vaddhamāṇeṇa pāseṇa ya mahāmuṇī（Utt. 23.23 = 23.12）

同一の目的を追求しているのに、どうしてこのような相違があるのか。

賢者よ、2種類の法があることをあなたは不思議に思わないか。

ega-kajja-pavannāṇaṃ visese kiṃ nu kāraṇaṃ

dhamme duvihe mehāvi kahaṃ vippaccao na te（Utt. 23.24）

これに対してゴーヤマは次のように答える。

その時、ゴーヤマはケーシの言葉に次のように答えた。智は真理によって確かめられた法の真理を認識します。

tao kesiṃ buvantaṃ tu goyamo iṇam abbavī

pannā samikkhae dhamma-tattaṃ tatta-viṇicchiyaṃ（Utt. 23.25）

最初の弟子たちは正直でしたが、理解が遅く、最後の弟子たちは邪で、理解が遅かったのです。しかし、中間の弟子たちは正直かつ賢かった。それ故、2種類の法が作られたのです。

purimā ujju-jaḍā u vaṃka-jaḍā ya pacchimā

majjhimā ujju-pannā u teṇa dhamme duhā kae（Utt. 23.26）

修行規律は、最初の修行者たちにとっては理解しがたいものであり、最後の弟子たちにとっては遵守しがたいものでありました。しかし、中間の弟子たちにとっては容易に理解し、遵守することができるものであったのです。

purimāṇaṃ duvvisojjho u carimāṇaṃ duraṇupālao

kappo majjhima-gāṇaṃ tu suvisojjho supālao（Utt. 23.27）

ここに見られるパーサ（Pāsa, Skt. Pārśva）の四禁戒の法とは、1. 生類を殺害することをやめる（pāṇāivāyāo veramaṇaṃ）、2. 妄語を〔話すことを〕やめる（musāvāyāo veramaṇaṃ）、3. 与えられないものを取ることをやめる（adiṇṇādāṇāo veramaṇaṃ）、4. 他に与えることをやめる（bahiddhādāṇāo veramaṇaṃ）の4項目である[33]。

伝説によると、第23祖パーサからマハーヴィーラまでには250年の期間があったと言われている。上の第26・27詩節はこのパーサとマハーヴィーラの中間期に教団の道徳的戒律の堕落があり、マハーヴィーラがこれを改革して、五戒に改めたことを暗示していると読める[34]。恐らく、パーサの弟子たちは規律を遵守することが曖昧で、マハーヴィーラは厳格な規律を作る必要にせまられたのであろう。

伝統的には、婦人との交わりを断つことは、当然のこととして第3戒である無所得の戒行に含まれていると解釈されてきた。これに対して、第4戒に言う「他に与えること」は Isibh. 1 に見られる abambha-pariggaha のことであり、端的には精子を他人に与えること、ひいては「非梵行による所得」といえる子供の所得を意味していると理解できる。したがって第4戒は、梵行を課すもの、という解釈も成り立つのである[35]。

おそらくこのような理解のもと、マハーヴィーラはこの第4戒「他に与えることをやめる」を、男女のいずれにも適用される形式に改めて、第4誓戒として制定し、さらに不明瞭を除くために、第5の無所得戒を新しく立てたと考えることができよう[36]。

シャルパンティエによれば、『ウッタラッジャーヤー』の第23章は、苦行規律にやや厳格さの欠けるパールシュヴァ（パーサ）の徒と厳格なマハーヴィーラの徒の間にあった意見の相違について、相当に古い核心を保存しているということになる[37]。Charpentier の見解が正しいとすれば、五戒の成立はマハーヴィーラの時代と結論することができる。

第5節　仏教における五戒の成立

最初期の仏教において、行為規定が見られるのは『スッタニパータ』が最も古いものであるが、はじめから五戒という形に整理されていたわけではない。韻律的に最古層に属すると見られる「慈悲経」においては、すべての生きものに対して母親のような慈心をもって接すべきことを教えている。これはすべての生類を殺害しないことにとどまらず、もっと積極的に慈悲の心をもって接触すべきことを説いている。また、「迅速経」においても、粗暴な言葉を発したり、偽りを言うべきでないことを説いてはいるが、まだ五戒という形で体系的には説かれていない。

ただ、『スッタニパータ』において、五戒の中の前4徳目を、未整理ながらも1つの経の中にまとまった形で説いているのは「賤民経」（Vasalasutta）であるので、この経の検討から始めよう。

1　善き修行者

『スッタニパータ』1.7 は、賤民（vasala, Skt. vṛṣala = out caste）と呼ばれないための条件、逆に言えば、善き修行者としての条件を説き示している。

1 度生まれるものでも、2 度生まれるものでも、この世において生きものを傷つけ、生きものに対して憐れみを懐かない人、彼を人は賤しい人であると知るべきである。

ekajaṃ vā dijaṃ vā pi yo ’dha pāṇāni hiṃsati,
yassa pāṇe dayā n’ atthi, taṃ jaññā ‘vasalo’ iti（Sn. 117）

これは殺生の禁止を説いたものであるが、以下のように不殺生はもちろんのこととして、人のものを奪いとることの禁止も説かれる。

実に、わずかなものが欲しくて、道行く人を殺してわずかなものを取る人、彼を人は賤しい人であると知るべきである。

yo ve kiñcikkhakamyatā panthasmiṃ vajataṃ janaṃ
hantvā kiñcikkham ādeti, taṃ jaññā ‘vasalo’ iti（Sn. 121）

また、与えられないものを取ることの禁止も説かれる。

村にあっても森にあっても、与えられないのに他人の所有物を盗み心をもって取る人、彼を人は賤しい人であると知るべきである。

gāme vā yadi vāraññe yaṃ paresaṃ mamāyitaṃ
theyyā adinnaṃ ādiyati, taṃ jaññā ‘vasalo’ iti（Sn. 119）[38]

男女関係にも触れており、親族や友人の妻との交わりを戒めている。

暴力によってあるいは相愛によって、親族または友人の妻との間〔の過ち〕を見られた人、彼を人は賤しい人であると知るべきである。

yo ñātīnaṃ sakkhānaṃ vā dāresu patidissati
sahasā sampiyena vā, taṃ jaññā ‘vasalo’ iti（Sn. 123）

さらに、嘘をついたり、嘘の言葉によって欺したり、ありもしないことを述べたりしてはいけないことも種々説かれている。

自ら尋ねられたとき、自分のため、他人のため、あるいは財産のために嘘を言う人、彼を人は賤しい人であると知るべきである。

yo attahetu parahetu dhanahetu ca yo naro

sakkhipuṭṭho musā brūti, taṃ jaññā ‘vasalo’ iti（Sn. 122）[39]

バラモン、あるいは沙門、あるいは他の乞食者に対して、嘘の言葉によって欺す人、彼を人は賤しい人であると知るべきである。

yo brāhmaṇaṃ vā samaṇaṃ vā aññaṃ vā pi vaṇibbakaṃ

musāvādena vañceti, taṃ jaññā ‘vasalo’ iti（Sn. 129）

迷妄に包まれ、〔支払いのために〕わずかなものが欲しくて、実際に起こらなかったことをここにおいて述べる人、彼を人は賤しい人であると知るべきである。

asantaṃ[40] yo ’dha pabrūti mohena paliguṇṭhito

kiñcikkhaṃ nijigiṃsāno, taṃ jaññā ‘vasalo’ iti（Sn. 131）

「賤しい人」の節にはこの他にも、賤しい人と呼ばれる条件、言い換えるならば、その条件に抵触することがなければ、りっぱな修行者と評されるべき徳目が述べられている。そして最後は、

生まれによって賤しい人となるのではない。生まれによってバラモンとなるのでもない。行為によって賤しい人となり、行為によってバラモンとなる。

na jaccā vasalo hoti, na jaccā hoti brāhmaṇo,

kammanā vasalo hoti, kammanā hoti brāhmaṇo（Sn. 142 = 136）[41]

で締めくくられている。

このように整理されずに、漠然と説かれていた戒律箇条（パーティモッカ）が、1つの詩節の中に組み込まれ、いくつかの箇条がまとめて説かれるようになったように思われる。しかしながら、この段階に至っても四戒、あるいは五戒という総称はもち合わせていなかったようである。Sn. 242は「賤しい人」の節で説かれた、殺生、偸盗、妄語、邪淫の4箇条の禁止を一まとめにして説いている。

生きものを傷つけること、殺し、切り、縛ること、盗むこと、嘘を言うこと、詐欺、欺くこと、無益な学習、他人の妻と交わること、これは生

ぐさであり、肉を食べること〔が生ぐさ〕ではない。

pāṇātipāto vadhacheda-bandhanaṃ
theyyaṃ musāvādo nikatī vañcanāni ca
ajjhenakujjaṃ para-dārasevanā,
esāmagandho, na hi maṃsa-bhojanaṃ（Sn. 242）

これら4つの徳目（箇条）は順序が一部異なるが、ジャイナ教の五戒の前4つの誓戒に相当する。したがって仏教教団でも、初期の段階では、出家修行者の守るべき戒としてこれら4つの徳目がまとめられていたと考えられる。このことは『スッタニパータ』よりもやや遅れて成立したと見られているニカーヤ類からも推察することができる。例えば、『ディーガ・ニカーヤ』（長部経典）の「シンガーラへの教え」（Siṅgālovāda-suttanta）において、聖なる声聞（ariya-sāvaka）が4つの行為の汚れ（cattāro kamma-kilesā）を捨て去っていることを説く。すなわち、聖なる声聞が捨てた4つの行為について、世尊（bhagavat）は次のように説明している。

長者の子よ、1. 生きものを殺すという行為の汚れがあり、2. 与えられないものを取るという行為の汚れがあり、3. 愛欲における邪な行動という汚れがあり、4. 嘘を言うという行為の汚れがある。彼はこれら4つの汚れを捨て去っているのである。

pāṇātipāto kho gahapati-putta kamma-kileso, adinnādānaṃ kamma-kileso, kāmesu micchācāro kamma-kileso, musā-vādo kamma-kileso. imassa cattāro kamma-kilesā pahīnā hontī ti（DN. iii p. 181）

続けて善逝（sugata）、尊師（satthar）は詩節で語る。

1. 生きものを殺すこと、2. 与えられないものを取ること、3. 嘘を言うこと、4. 他人の妻と交わることを賢人たちは称賛しない。

pāṇātipāto adinnādānaṃ musā-vādo ca vuccati
para-dāra-gamanañ c' eva na ppasaṃsanti paṇḍitā ti（DN. iii p. 182）

散文と詩節では3と4の順序が異なるが、初期仏教においてはSn. 242やこの詩節にあるような順序、すなわち、1. 殺さない、2. 与えられないものを取らない、3. 嘘を言わない、4. 他人の妻と交わらないの四戒としてまとめられ、出家修行者の守らねばならない徳目とされたのである。

2 五戒の体系

初期の仏教においても、依然として五戒という総称はなかったが、ジャイナ教の五大誓戒の前4つと全く同一の箇条に、第5番目として不飲酒が加わり、在家者の守るべき規範とされていたことが知られる。『ダンマパダ』はこのことをわれわれに告げる。

生きものを殺し、嘘の言葉を話し、世間において与えられないものを取り、他人の妻のところに行き、スラー酒、メーラヤ酒に溺れる人は、この世において自分の根本を掘ることになる。

yo pāṇam atimāpeti musāvādaṃ ca bhāsati
loke adinnam ādiyati paradārañ ca gacchati（Dhp. 246）
surāmerayapānañ ca yo naro anuyuñjati
idh' eva-m-eso lokasmiṃ mūlaṃ khanati attano（Dhp. 247）

ここに現われた前4項目は、ジャイナ教の五大誓戒のそれと全く一致しているが、『スッタニパータ』やニカーヤ類で説かれる順序とは異なっている。

『スッタニパータ』の「ダンミカ経」は、まず出家修行者の出家人に相応しい行為を説き明かし、次に在家者の行なうべき務めを説いている。在家者の実行すべき5徳目を列記してみよう。

世間における強い者でも、怯えている者でも、すべての生類に対して暴力を抑えて、人は生きものを殺すべきではなく、殺させるべきでなく、他の人たちが殺すのを容認すべきでない。

pāṇaṃ na hane, na ca ghātayeyya,
　　na cānujaññā hanataṃ paresaṃ,
sabbesu bhūtesu nidhāya daṇḍaṃ,
　　ye thāvarā ye ca tasanti loke（Sn. 394）

それから、声聞は、どこにおいても、与えられないものは何であっても、

〔他人のものと〕知りながら、〔取ることを〕避けるべきである。彼は取らせることなく、〔他人が〕取るのを容認すべきでない。

tato adinnaṃ parivajjayeyya
　　kiñci kvaci sāvako bujjhamāno,
na hāraye, harataṃ nānujaññā:
　　sabbaṃ adinnaṃ parivajjayeyya（Sn. 395）

知恵ある人は淫行（非梵行）を避けるべきである。燃えている炭火の坑を避けるように。しかし、彼が梵行に〔住することが〕できないのであれば、〔せめて〕彼は他人の妻を犯すべきでない。

abrahmacariyaṃ parivajjayeyya
　　aṅgārakāsuṃ jalitaṃ va viññū,
asambhuṇanto pana brahmacariyaṃ
　　parassa dāraṃ nātikkameyya（Sn. 396）

集会所に行っても、集会に行っても、彼は1人の人にも嘘を言うべきでないし、言わせるべきでもなく、〔他人が嘘を〕言うことを容認すべきでもない。彼はすべての虚偽を避けるべきである。

sabhaggato vā parisaggato vā
　　ekassa v' eko na musā bhaṇeyya,
na bhāṇaye, bhaṇataṃ nānujaññā:
　　sabbaṃ abhūtaṃ parivajjayeyya（Sn. 397）

この法を喜びとする在家者ならば、これ（酒）は結局人を狂わせるものと知って、飲酒を行なうべきでないし、飲ませるべきでもなく、〔他人が〕飲むのを容認すべきでもない。

majjañ ca pānaṃ na samācareyya,
　　dhammaṃ imaṃ rocaye yo gahaṭṭho,
na pāyaye, pipataṃ nānujaññā
　　'ummādanantaṃ' iti naṃ viditvā（Sn. 398）

なぜなら、凡夫（愚人）たちは酔いのために悪事を行ない、また、他の人たちを怠惰ならしめる。人を狂酔させ、凡夫の好むところの禍の源を避けるべきである。

madā hi pāpāni karonti bālā,
　　kārenti c' aññe pi jane pamatte,
etaṃ apuññāyatanaṃ vivajjaye
　　ummādanaṃ mohanaṃ bālakantaṃ（Sn. 399）

ここでは、ジャイナ教の五大誓戒や『ダンマパダ』の第246～247偈に見られる順序とは異なり、1. 不殺生、2. 不偸盗、3. 不邪淫、4. 不妄語、5. 不飲酒の順序で説かれる。この順序はニカーヤ類に受け継がれ、在家信者の守るべき五戒として体系化される[42]。しかし、『スッタニパータ』においては未だ五戒とは呼ばれていない。

また、「ダンミカ経」はこれらに続けて、八斎戒をウポーサタ（uposatha, 布薩）の日に守るべきことを説いている。

生きものを殺すべきでない。与えられないものを取るべきでない。嘘を言うべきでない。酒を飲むべきでない。非梵行（淫事）たる性交から離れるべきである。夜に時ならぬ食べ物を食べるべきでない。

pāṇaṃ na hane, na cādinnam ādiye,
　　musā na bhāse, na ca majjapo siyā,
abrahmacariyā virameyya methunā,
　　rattiṃ na bhuñjeyya vikālabhojanaṃ（Sn. 400）

花飾りをつけるべきでない。芳香を使用すべきでない。地面に広げられた床で眠るべきである。これこそ実に苦しみを終滅した覚者によって宣言された八肢よりなる布薩である、と人々は言う。

mālaṃ na dhāraye na ca gandham ācare,
　　mañce chamāyaṃ va sayetha santhate,
etaṃ hi aṭṭhaṅgikam āh' uposathaṃ
　　buddhena dukkhantagunā pakāsitaṃ（Sn. 401）

そしてそれから、それぞれ半月の第14日、第15日、第8日に、また半月の特別な日にも、完全な形で八肢よりなる布薩を清浄な心で行なえ。

tato ca pakkhass’ upavass’ uposathaṃ
cātuddasiṃ pañcadasiñ ca aṭṭhamiṃ
pāṭihāriyapakkhañ ca pasannamānaso
aṭṭhaṅgupetaṃ susamattarūpaṃ（Sn. 402）[43]

布薩はバラモン教に起源し、upavasatha の訛った名称であり、ヴェーダの祭りにおける断食、特にソーマ祭前夜の準備としての断食のことであった。仏教においては半月の第 8 日、第 14 日、第 15 日に、出家修行者が一堂に会して戒律の項目（pātimokkha）を読み、罪を懺悔するのであるが、在家信者はその日に八斎戒を守るのがならわしであった[44]。『スッタニパータ』に見られる八斎戒は、体系的に整理されたものとは言えないものである[45]。

しかも、このような原始形態をとどめている八斎戒も、それほど古くから行なわれていたのではなかったようである。『スッタニパータ』の Hemavatasutta は、15 日のウポーサタの様子を伝えている（Sn. 153-164）。これによると、ウポーサタにおいて八斎戒を実践するという規定は見られない。雪山に住む夜叉（Hemavato yakkho）の問いに対して、七岳夜叉（Sātāgiro yakkho）がゴータマを讃える内容になっている。

1. 一切の生類に対して慈しみ深くなろうと心がけている。
2. 与えられないものを取らない。殺害しない。怠惰を離れ、精神の統一をしている。
3. 虚偽の言葉を語らない。粗暴な言葉を発することなく、中傷することもない。また、無意味なことを言わない。
4. 欲望なく、気持ちが濁っていない。迷妄を超越していて、宗教真理を見る眼をもっている。
5. 明知を具えており、行ないは清浄である。煩悩は尽きており、もはや再生することはない。

これらの徳目のうち、八斎戒に数えられるものは、1.「生類を殺害しない」、2.「与えられないものを取らない」、3.「虚偽の言葉を語らない」の 3 項目だけである。この事実は、最初期はもとより、初期においてもそれほど早い時期には、仏教において八斎戒は成立していなかったことを物語っていると言えよう。

また、初期仏教教団において在家信者（ウパーサカ）になる場合、三宝帰依を誓うだけで五戒を受ける必要性がないことを説く経典が多い[46]。この事実も、在家信者のための五戒が遅れて成立したことを示唆し、五戒を含む八斎戒の成立はそれよりも遅いことを裏づけていると言えよう。

本節でこれまでに検討してきたことから、次のことが明らかとなる。最初期の仏教教団においては五戒のような体系的なものはなく、出家修行者として禁止されるべき戒律箇条が別々の詩節に存在するだけであった。そしてその後、ジャイナ教の五大誓戒の前4項目に相当する行為規定を含むいくつかの徳目が、1つの詩節の中にまとめて説かれるようになった。しかし、これはあくまでも出家修行者に適用されるものであった。やがて在家信者が増えるに従い、在家信者に対する戒も必要となり、ジャイナの小禁戒（anuvrata）に相当する徳目を規定するようになった。ただ、仏教の場合、在家者に対する戒である以上、「完全なる比丘に当てはまる法は、所有をもつ人によって遂行されることは不可能」（Sn. 393cd）[47]である故に、無所得ではなく、酔った人を怠惰にし、悪事を行なわせ、不幸をもたらす原因となる飲酒への戒めが説かれるようになった。『ダンマパダ』の vv. 246–247 には、殺生し、妄語を語り、与えられないものを取り、他人の妻を犯すことの次に、穀酒（surā）や果実酒（meraya）に耽溺することを挙げており、この論拠となる。

そして、仏教教団が教団としての独自性を出していく過程で、『スッタニパータ』の vv. 394–399 が説かれ、内容が詳しくなると同時に、不殺生、不偸盗、不邪淫、不妄語、不飲酒の順序に固定され、この順序はニカーヤにも受け継がれていくようになったのである。ただし、八斎戒を説く vv. 400–402 が五戒の徳目の後に組み込まれたのは、『スッタニパータ』の編集の都合によるものであることを窺わせる。五戒の徳目を記した第 393 ～ 399 詩節をはじめとする「ダンミカ経」の韻律は、Triṣṭubh（399c は Jagatī）であるにもかかわらず、vv. 400–402 の韻律は Jagatī であることがその理由となる。

第６節　仏教・ジャイナ教における戒の起源と特殊化

1　戒の成立に関わる問い

今、ここにジャイナ教の五大誓戒と仏教における五戒を、一般に用いられた用語に置き換えて比較してみると、次のようになる。

五大誓戒	五戒
1. 不殺生	1. 不殺生
2. 不妄語	2. 不偸盗
3. 不偸盗	3. 不邪淫
4. 不淫行	4. 不妄語
5. 無所得	5. 不飲酒

順序は異なるが、四戒までは同一内容である。ただ、第５戒としてジャイナ教では無所得を、仏教では不飲酒を挙げている。このような類似点を見るとき、その成立に関して、

1. ジャイナ教の五大誓戒の影響を受けて仏教の五戒が成立した
2. 仏教の五戒の影響を受けてジャイナ教の五大誓戒が成立した
3. ジャイナ教や仏教の戒の祖型になるような共通のモデルがあった

のいずれが妥当かという問題が提起されよう。

そこで、当時のバラモンの苦行者（saṃnyāsin / parivrājaka）が、どのような規定に基づいて遊行者としての生活を送っていたかを考察してみることにする。

2　沙門の実践道とバラモンの苦行者

上古のウパニシャッドの１つである『チャーンドーグヤ・ウパニシャッド』[48] において、苦行（tapas）、布施（dāna）、正直（ārjava）、不殺生（ahiṃsā）、真実の言葉（satyavacana）の五倫を、バラモンに与える贈り物として示して

いる。これは仏教の四戒の先駆思想と見られている[49]。さらに、『バウダーヤナ・ダルマ・スートラ』には、

さて、〔遊行者には〕これらの誓戒がある。1. 不殺生、2. 真実〔を語ること〕、3. 盗まないこと、4. 性の交わりを避けること、5. 捨て去ることである。

athemāni vratāni bhavanti—ahiṃsā satyam astainyaṃ maithunasya ca varjanaṃ tyāga ity eva.（*Baudhāyana-dharma-sūtra* II 10.18.2）

とあり、これらの徳目はジャイナ教の五大誓戒のそれと一致している。こうして見ると、ジャイナの前4徳目と仏教の前4徳目、ならびにバラモン教の遊行期における苦行者の守るべき4徳目は完全に一致している。この事実は、3宗教が関わりをもっていたことを示していることになる。そこで、仏教とジャイナ教は、ほぼ同時代に興起したことは疑う余地がないが、バラモンの『バウダーヤナ・ダルマ・スートラ』における戒律規定と仏教やジャイナ教のそれとはどちらが早いかという問題を、解決しなければならない。

Bühler によれば[50]、『アーパスタンバ・ダルマ・スートラ』（*Āpastamba-dharma-sūtra*）は紀元前5～4世紀の成立であり、『バウダーヤナ』は『アーパスタンバ』よりも古いことがわかっている。しかも、それら2作品の成立年代には、10年単位ではなく世紀単位での隔たりが認められる[51]。つまり、バウダーヤナはすでに仏教が興起する以前に生きていた人物であり、そこに述べられるバラモン苦行者の戒律は仏教以前に規定されていたことになるから、仏教からアイディアを採用することは到底できなかったことになる。それ故に、バラモンの苦行者は仏教徒やジャイナ教徒のモデルであると結論される。仏教徒やジャイナ教徒はバラモン苦行者から多くの重要な実践と苦行生活の制度や慣習を借り入れていたのである[52]。

また、Jacobi も Max Müller, Bühler, Kern 等の学説を踏襲して、バラモンの苦行者が仏教徒やジャイナ教徒のモデルであり、仏教徒やジャイナ教徒が多くの実践道と苦行生活の制度をバラモンの苦行者から借用した、と結論する[53]。彼がこの結論を導くに当たって論拠としたところのものに筆者の用例を加えつつ、2, 3例示してみよう。

① 所有物をもたない

ジャイナ教における五大誓戒の第5は無所得戒である。ジャイナの修行僧は外着と鉢と箒等以外は身につけない。所有物を全くもたないのである。

前にも、後にも、中間にも、何もない彼にどうして何があろうか。

jassa n' atthi purā pacchā, majjhe tassa kuo siyā（Āy. 1.4.4.3 [20.13]）

何ものも所有しないとは、無一物であることでもある。

貪欲でなく、人に知られずに生き、家なく、無一物で、在家者と親密な交際のない人、彼をわれわれはバラモンと呼ぶ。

aloluyaṃ muhājīviṃ aṇagāraṃ akiṃcanaṃ
asaṃsattaṃ gihatthesu taṃ vayaṃ būma māhaṇaṃ（Utt. 25.28）

仏教においても同様なことが言われる。

想いを理解して、牟尼は所有に執著することなく激流を渡るべきである。〔煩悩の〕矢を抜き去って、不放逸に励んで、彼はこの世とあの世を望まない。

saññaṃ pariññā vitareyya oghaṃ
　　pariggahesu muni nopalitto
abbūḷhasallo caraṃ appamatto
　　nāsiṃsati lokam imaṃ parañ ca（Sn. 779）

所有とは財産や名声などを所有することであり、財産や名声に執著しない人が牟尼であると言われるが、何ものも所有せず、執著のない人はバラモンとも言われる。

〔バラモンの〕胎から生まれ、母から生まれた人を私はバラモンと呼ばない。もし彼が所有物をもつなら、彼は「きみと呼びかける人」と名づけられる。何ものも所有せず、執著のない人、彼を私はバラモンと呼ぶ。

na cāhaṃ brāhmaṇaṃ brūmi yonijaṃ mattisambhavaṃ
bhovādi nāma so hoti, sa ve hoti sakiñcano,
akiñcanaṃ anādānaṃ tam ahaṃ brūmi brāhmaṇaṃ（Dhp. 396 = Sn. 620）

前にも、後にも、中間にも、何も所有せず、無一物で執著のない人、彼を私はバラモンと呼ぶ。

yassa pure ca pacchā ca majjhe ca n' atthi kiñcanaṃ

akiñcanaṃ anādānaṃ tam ahaṃ brūmi brāhmaṇaṃ（Dhp. 421 = Sn. 645）

そして、『バウダーヤナ・ダルマ・スートラ』にも、何の蓄えも所有もしないことが説かれている。Jacobi は、仏教もジャイナ教も、バラモンの苦行者の慣習をモデルにしていると言う。

② 乞食のためにのみ村に入る

仏教においては、乞食のためにのみ村に行くべきことが説かれている。

比丘は実に、時ならぬ時に歩き回るべきでない。しかし、正しい時に乞食のために村を歩くべきである。というのは、執著は時ならぬ時に歩いている人につきまとうからである。それ故、覚者たちは時ならぬ時に歩くことはない。

na ve vikāle vicareyya bhikkhu,
　　gāmañ ca piṇḍāya careyya kāle,
akālacāriṃ hi sajanti saṅgā,
　　tasmā vikāle na caranti buddhā（Sn. 386）

ジャイナ教においても、村を遊行し、施物を得べきことが言われている。

乞食に関して、用心深く、恥じらい、1つの村に依存しないで、遊行すべきである。放逸な人たちの中にあって、不放逸な者となって、施食を求めるべきである。

esaṇā-samio lajjū gāme aṇiyao care

appamatto pamattehiṃ piṇḍavāyaṃ gavesae（Utt. 6.16）[54]

そして、仏教もジャイナ教も乞食の仕方として、蜜蜂の生き方を模倣すべきことを教える。すなわち、蜜蜂が花を傷めずに花蜜を吸うごとく、修行僧は村の家々を害なわずに乞食をすべきことを説いている。ここに『ダンマパダ』と『ダサヴェーヤーリヤ・スッタ』から抽出してみよう。

蜜蜂が花から色香を害なわずに蜜をとって飛び去るごとく、牟尼はそのように村において〔乞食して〕行くべきである。

yathāpi bhamaro pupphaṃ vaṇṇagandhaṃ aheṭhayaṃ
paleti rasam ādāya evaṃ gāme munī care（Dhp. 49）[55]
木の諸々の花において蜜蜂が蜜を吸い、また、花を苦しめずに自己を満足させるように、
このように、世間において善き人（sāhu）である解脱した沙門たちは、蜂の花におけるごとく、布施と食に満足している。
jahā dumassa pupphesu bhamaro āviyai rasaṃ
na ya pupphaṃ kilāmei so ya pīṇei appayaṃ（Dasav. 1.2）
em ee samaṇā muttā je loe santi sāhuṇo
vihaṃgamā va pupphesu dāṇa-bhattesaṇe rayā（Dasav. 1.3）[56]

③ 意・語・身を護る

ジャイナ教においては、これまでにも触れたように、三紀律、すなわち意（manas）と語（vāc）と身（kāya）をよく護ることが比丘の資格として大切となる。

意を護ること（mano-gupti）とは、瞑想や学習等によって感官の享楽から心を護ること、語を護ること（vāg-gupti）とは、沈黙や誓願することによって悪言を発することを防ぐこと、身を護ること（kāya-gupti）とは、罪深い行為をなすことから身体を護り制御することを意味する[57]。

彼は意を護り、語（口）を護り、身を護った。感官を制御した。乞食のために彼はバラモンの祭祀場に近づいて行った。
maṇa-gutto vaya-gutto kāya-gutto jiindio
bhikkhaṭṭhā bambhaijjammi jannavāḍe uvaṭṭhio（Utt. 12.3）[58]

彼とはŚvapāka（下層階級）の家系出身で、最も高い徳を備えた牟尼Harikeśa（黄色い髪をした者）のことである。彼は比丘として当然、意・語・身を護っていた。

仏教においても同様に、比丘は身・語・意の3つを制御（saṃvara）する、あるいは逆らわないことが強調される。

身体を制御することはよい。言葉を制御することはよい。心を制御することはよい。あらゆることについて制御することはよい。比丘はあらゆ

ることについて制御し、すべての苦から解放される。

kāyena saṃvaro sādhu, sādhu vācāya saṃvaro,
manasā saṃvaro sādhu sādhu sabbattha saṃvaro
sabbattha saṃvuto bhikkhu sabbadukkhā pamuccati（Dhp. 361）

言葉や心や行為によって逆らわず、正しく法を理解して、涅槃の境地を求めつつ、彼はこの世において正しく遊行するであろう。

vacasā manasā ca kammanā ca
  aviruddho sammā viditvā dhammaṃ
nibbānapadābhipatthayāno
  sammā so loke paribbajeyya（Sn. 365）

また、修行僧が、語・意・身の3つの行為の道を清浄にし、聖仙の教えの道を得べきことが説かれる。

言葉を護り、心をよく制御し、身体で悪いことをなすべきでない。これら3つの行為の道を清浄にしつつ、人は聖仙たちによって説かれた道を獲得するであろう。

vācānurakkhī manasā susaṃvuto
  kāyena ca akusalaṃ na kayirā
ete tayo kammapathe visodhaye,
  ārādhaye maggam isippaveditaṃ（Dhp. 281）

比丘よりも上位にあり、修行者の理想とみなされ、バラモンと呼ばれる出家者も、身・口・意を制御していることが、その資格となる。

身体、言葉、心にも悪いことをなさず、3つのことを制御している人、彼を私はバラモンと呼ぶ。

yassa kāyena vācāya manasā n' atthi dukkataṃ
saṃvutaṃ tīhi ṭhānehi tam ahaṃ brūmi brāhmaṇaṃ（Dhp. 391）

仏教において身・口・意の順序は一定していないが、内容はジャイナのそれと同一である。バラモン教において苦行者が言葉・眼・行為の3つを厳しく制御しており、ジャイナ教の三紀律、仏教の三業のモデルになったことを窺わせる。

④ 螺髪／剃髪

バラモンの苦行者は頭を螺髪に、沙門は剃髪にしていた。したがって、これら修行者と一般人とは外形からすぐに識別されたし、修行者は尊敬の念をもって迎えられていた。それは多くの人を幸せに導き、不死の歓喜を身をもって示すことで、人々からは彼らが崇高に見えたからであろう。それ故、仏典やジャイナ教聖典においては、外面的にも内面的にもりっぱな人がバラモンであり、沙門と呼ばれた。螺髪を結ったり、頭を剃って、外面的にバラモンや沙門のような格好をしていても、内面がりっぱでなければそれはバラモンでもないし、沙門でもないのである。仏典もジャイナ教聖典もこのことを端的に示している。

剃髪によって沙門ではない。誓戒を守らず、偽りを言い、欲望と貪欲をもつ人が、どうして沙門であろうか。

na muṇḍakena samaṇo abbato alikaṃ bhaṇaṃ
icchālobhasamāpanno samaṇo kiṃ bhavissati（Dhp. 264）

ジャイナ教でも剃髪するだけでは沙門ではないと認めている。このことから逆に、剃髪は当時の沙門一般の外形的特長の 1 つであったことが知られる。

剃髪によって沙門ではない。オーム（oṃ）を唱えることによってバラモンではない。森に住むことによって牟尼ではない。クシャ草で作られた上衣を着ることによって苦行者ではない。

na vi muṇḍieṇa samaṇo na oṃkāreṇa bambhaṇo
na muṇī raṇṇa-vāseṇaṃ kusa-cīreṇa tāvaso（Utt. 25.31）

また、上述のごとく、螺髪がバラモンの外形的特徴の 1 つであった。

螺髪を結うことによって、種姓によって、生まれによってバラモンではない。真理と法をつかんだ人は安楽であり、彼こそバラモンである。

na jaṭāhi na gottena na jaccā hoti brāhmaṇo,
yamhi saccañ ca dhammo ca so sukhī so ca brāhmaṇo（Dhp. 393）

真理と法を把握した人がバラモンであるというのは、『チャーンドーグヤ・ウパニシャッド』（*Chāndogya-upaniṣad*）にも見られる考えであり[59]、種姓によるバラモンが特権階級を形成するのとは別に、思想として沙門の時代まで連綿と命脈を保ってきたと考えられるのである。真理と法を把握した人は、当然のこととして正しい行ないをする。したがって、風貌とか生まれによってその人の価値が決まるのではなく、あくまでも行為がその人の価値を決定するのである。このような思想は特に反バラモン的な沙門の実践において、むしろ先祖返りのように取り上げられ、強調される。すなわち、

> 生まれによって賤しい人となるのではない。生まれによってバラモンとなるのでもない。行為によって賤しい人となり、行為によってバラモンとなる。
>
> na jaccā vasalo hoti, na jaccā hoti brāhmaṇo,
> kammanā vasalo hoti, kammanā hoti brāhmaṇo（Sn. 136 = 142）
>
> 生まれによってバラモンとなるのではない。生まれによって非バラモンとなるのでもない。行為によってバラモンとなり、行為によって非バラモンとなる。
>
> na jaccā brāhmaṇo hoti, na jaccā hoti abrāhmaṇo,
> kammanā brāhmaṇo hoti, kammanā hoti abrāhmaṇo（Sn. 650）
>
> 行為によってバラモンとなり、行為によってクシャトリヤとなり、行為によってヴァイシャとなり、行為によってシュードラとなる。
>
> kammuṇā bambhaṇo hoi kammuṇā hoi khattio
> vaiso kammuṇā hoi suddo havai kammuṇā（Utt. 25.33）

とあるのは、上引「沙門果経」(Sāmaññaphala-suttanta）の記述に見られるように、律儀によって制御して住し、正行と行処を具足し、学処を受持して学習し、善き身業と語業を具足して、諸根の門を守護することによって、正念、正智を具足する、主体的で斬新な実践道を提唱した沙門の修行形態の特色とするところであった。

3　四住期の成立と実践道の源泉

なお、ここには 1 つ問題がある。それは Jacobi の言うバラモンの苦行者が、

四住期（āśrama）の第4生活階梯にある遊行者のことであり、saṃnyāsin（遁世者）または parivrājaka（出家者）を指している、ということである。

この四住期と林住期・遊行期の成立時期については、すでに第1章で検討した[60]とおりであり、それが沙門台頭の時期と並行していたとしても先行することはなかったはずである。

一群のウパニシャッドの中で、四住期が明確な形で述べられるのは、後期に分類される『ジャーバーラ・ウパニシャッド』（*Jābāla-upaniṣad*）第3章においてであり、Farquhar によれば[61]、この成立は B.C. 200 〜 A.D. 200 と見られていて、仏陀の生存よりも遅い成立ということになる。そして、それら四住期について述べるウパニシャッド群は、ヴェーダの宗教的慣習を否定し、遊行期を最高のものと見ている。

対する『法経』（*Dharma-sūtra*）と『法典』（*Dharma-śāstra*）は、梵行期と家住期の2つの時期を擁し、また家住期を最高の生活と見るヴェーダの伝統を維持している。

このことから言えるのは、仏陀の時代には、林棲者と遊行者の2種類は存在していたが、四住期は未だ成立していなかったということである。四住期に言及するウパニシャッドの時代に先立って、ヴェーダの伝統は否定され、梵行期が終わると、あるいは家住期ののちに、出家遊行する林棲者もしくは遊行者が現われたに違いない。つまり、これら林棲者や遊行者と、沙門を成立せしめた社会的環境は共通なものであり、沙門との関わりの中で第4生活階梯としての遊行期が確立していったと見ることの方が自然であろう。このように伝統的宗教の変化を促した社会的環境と、仏教やジャイナ教のごとき革新的宗教の成立した社会的基盤とは緊密な関係にあると考えられる[62]。

つまるところ、仏教やジャイナ教が借用した「多くの実践道と苦行生活の制度」は、Jacobi の考えるような同時代の「バラモンの苦行者」のものではなく、『バウダーヤナ・ダルマ・スートラ』や『チャーンドーグヤ・ウパニシャッド』のような、より古い伝統の中に息づくものであったと言うべきなのである。

4 小結

このように、仏教やジャイナ教の五戒と五大誓戒の前4徳目は、当時の出家遊行者に共通の慣習法であり、『チャーンドーグヤ・ウパニシャッド』の五倫や『バウダーヤナ・ダルマ・スートラ』に見られる5つの誓戒などにその根があったことが推察される。

『バウダーヤナ・ダルマ・スートラ』においては、不殺生、真実を語ること、盗まないこと、性の交わりを避けること、捨て去ることの5つの徳目が述べられるとともに、さらに小戒も設けられ、守られるべきことが説かれるが、それと同様に、初期の遊行生活から saṃgha や gaṇa の形成に伴い、僧院での生活が主となるにつれて、仏教やジャイナ教においても戒律条文の増広が行なわれていくのである。

仏教において、在家信者の守るべき五戒が八斎戒へと増広されたことはすでに述べたところである。

ジャイナ教においては在家信者に対し、五大誓戒を緩和した倫理規定である小禁戒と、補助的な7種の禁戒が説かれるにいたった[63]。

このようにして、仏教とジャイナ教の戒律は共通の基盤から芽吹き、それぞれ独自の立場によりやがて戒律条文の整備が進み、異質化されるにつれて、それぞれが独自の教団として形成され、確立されていったものと考えられる。

第4章 註

第1節

1　遊行者の起源について次の研究がある。

P. Davids, *Buddhist India*, London 1903, p. 159.

P. Deussen, *Die Philosophie der Upanishad's Allegemeine Geschichte der Philosophie*, erster Band, Zweite Abteilung, Leipzig 1920, pp. 330–343.

F. M. Müller, *Lectures on the origin and growth of religion: as illustrated by the religions of India*（the Hibbert Lectures）, 1882, p. 351 ; G. Bühler, *Baudhāyana Dharma-Sūtra*, SBE vol. 14, Oxford 1882 ; H. Kern, *Manual of Indian Buddhism*, Strassburg 1896 ; JS I, pp. xxiv–xxxii.

S. Dutt, *Early Buddhist Monachism*, London 1924, revised ed. 1960, pp. 30–56.

2　Sūy-A, p. 250.

3　これらの詩節は古 Āryā 韻律によって表わされている。L. Alsdorf は厳密な韻律学に基づいたテキストの校訂を発表しているので、そのテキストを使用する。cf. ĀP, pp. 15–18.

Alsdorf が述べているように（Sūy-A, p. 252）、Old Āryā の特徴を要約すると、次の2つになる。

1. 後世の gīti 韻律におけると同様に、第1半詩節と第2半詩節では第6 gaṇa の syl. は異なっても必ず4 mor. となり同一となる。したがって、第2半詩節の第6 gaṇa が短母音だけになることはない。
2. 中間休止（caesura）は、第3 gaṇa の後ろにあるのではなく、第4 gaṇa の中間で起こる。

そこで Mettasutta と Tuvaṭakasutta を pāda ごとに韻律分析して、図示し、詳述したいところであるが、本章の趣旨からはずれるのでここでは省略する。ただし、1例として詩節 143 の Old Āryā の pāda ab と cd の韻律の図解（calculation of metrical scheme）を示す。

∪∪－｜∪－∪｜∪∪－｜∪，－－｜－－｜∪－∪｜∪∪－｜∪‖　(21 syl. 30 mor.)

karaṇīyam attha-kusalena　　yan taṃ santaṃ padaṃ abhisamecca

－－｜∪－∪｜－－｜∪，∪∪｜－－｜∪∪∪∪｜∪∪－｜－‖　(20 syl. 29 mor.)

sakko ujū ca sūjū ca　　suvaco c'assa mudu anatimānī（Sn. 143）

第2半詩節の第6 gaṇa には以下のものがある。∪－∪、∪∪∪∪、－－、∪∪－、－∪∪。なお、第3章註 228, Āryā 韻律の解説と図解を比較参照されたい。

4　pāda d : Sn. 147d.

5　b : Dasav. 6.10b ; Sūy. 1.6.4b.

6　d : Sn. 145d.

7　d : Sn. 150b.

8　b : Sn. 149d.　c : Āy. 1.9.4.14c ; Utt. 36.50c ; Sn. 1055b, 1068b, 1103b, 1122b.

9　c : Sn. 1098a.　d : Sn. 29c, 535b.

10　c : Utt. 2.39c.

11　cd : Āy. 1.2.5.3 [10.28–29].

12　a : Utt. 8.13a.

13　a : Sn. 943a.

14　a : Āy. 1.5.6.1 [26.1].

第 2 節

15　Alsdorf, Sūy-A, p. 250. 古 Āryā 韻律は、*Āyāraṅga* I 9 と *Sūyagaḍaṅga* I 4 において、最初 H. Jacobi によって発表され論じられた（ZDMG 38, p. 595ff.)。しかし、Alsdorf は、Jacobi の詳細かつ統計的な分析も、2 つの章の批判校訂本（critical edition）に基づいていないために、その実用的有効性が大いに減じられていること、しかも Jacobi が参照した写本や刊行本では、metre が損なわれ、時として無数の不正確な綴り字、省略、語句の挿入、そして種々の改竄があり、その内容は承認しえないものになっている、と批判している。

その後、*Āyāraṅga* I 9 は W. Schubring によって厳密な校訂がなされ、さらに彼によってその翻訳もなされ、再び metre も校訂された（Āy. が校訂本で、*Worte Mahāvīras*, Göttingen 1926, pp. 66–121 でドイツ語訳をしている）。そして、*Sūyagaḍaṅga* I 4 は Alsdorf によって厳密に校訂され、その校訂に基づいて翻訳もされ、さらに古 Āryā 韻律についても詳細に研究がなされた（Sūy-A, pp. 249–270）。

拙稿「婦人と関わりをもたないこと ── Sūyagaḍaṃga 4 」『中央学術研究所紀要』第 34 号、2005 年、pp. 19–44 を見よ。

16　K. R. Norman 教授によって、詳細かつ厳密な研究がなされているので、そのテキストを用いる。Utt(3), pp. 9–19.

和訳並びに註記については、拙稿「Uttarādhyayana-sūtra 第 8 章 Kāvilīyaṃ の研究」『中央学術研究所紀要』第 9 号、1980 年、pp. (1) - (23) を見よ。

また、拙稿「沙門の実践道 ── 初期ジャイナ教と原始仏教との対比において」『仏教学』第 30 号、1991 年、pp. (1) - (28) を見よ。

17　この詩節のみが Śloka である。註釈によると以下のようになる。Prasenajit 王は Kapila が望むものは何でも与えると約束したので、Kapila は何を求めたらよいかを真剣に考えた。そして、それについて考えれば考えるほど、思い欲する金額はつり上がり、ついに彼の欲しいものは一千億にも達した。そのとき、突然悟り、これまでの罪深い生活を後悔し始め、髪を切って、Svayaṃsaṃbuddha になったのである。それから王のところに戻って、彼は第 17 詩節を誦したというのである。

第 3 節

18　*Tattvādhigamasūtra* 7.1 には、「誓戒とは殺害と虚偽と偸盗と非梵行と所得より離れることである」（ahiṃsā-anṛta-steya-abrahma-parigrahebhyo viratir vrataṃ）とあって、virati

(< vi- √ram）を誓戒の基本としている。

19　塚本啓祥『初期仏教教団史の研究 ── 部派の形成に関する文化史的考察』山喜房仏書林、1966 年、pp. 323–327 ; 同「仏教・ジャイナ教の発生基盤とその形成」『東北大学文学部研究年報』第 32 号、1983 年、pp. 34–39 参照。

第 4 節

20　cf. DJ, § 42.

21　ammo : R. Pischel（§ 336b）はこの語 ammo を voc. pl. と解釈して 'parents' と英訳しているが、Jacobi は voc. sg. であるとして 'O mother' と英訳している。しかしながら、これら 2 つの見解には賛成できない。むしろ、J. Charpentier が示唆しているように、ammo はもともと古い du. としての *ammāu であり、「お母さん、お父さん」のように voc. du. と解すべきであろう。MIA において語尾 -au が -o に転訛し、du. 語尾が nom. sg. と区別がつかなくなってしまった結果であろう。ammo が両数形であることについては、拙稿「中期印度アリアン語における両数形について」『印仏研』28-1, pp. 148–149 を見よ。

22　giṇhaṇā : v.l. として geṇhaṇā がある。Skt. において grah- / gṛh- が認められ、動詞には gṛhṇāti がある。ṛ > i, e が可能であり giṇh- / geṇh- が認められる。Sh と Sv は giṇhanā と読み、Skt. の grahaṇam を対応させる。これは明らかに性の交替を表わしている（cf. Pischel, § 358）。本来 giṇhaṇam と読まれるべきであるが、偶数 pāda において opening は ⏓⏑⏑⏑ を避けなければならない。そのために性の交替が行なわれたように思われる。

23　rasannuṇā : Sh によれば、rasaḥ = āsvādaḥ, あるいは rasāḥ = śṛṅgār' ādayaḥ ということである。Pkt. の -nnu は Pā. では -ññu, Skt. では -jña（knowing）に相当する（cf. PED, s.v. -ñū）。-nnuṇā はこの -nnu の inst. sg. である。cf. Jacobi : 'after oner has tasted sensual pleasures'.

24　ārambha : Jacobi の英訳 'undertakings' は cty の ārambhāḥ dravyôtpādana-vyāpārās に基づいているように思われるが、Jaina 教では普通、'harmful activity = killing' を意味する。cf. B. J. Sandesara and J. P. Thaker, *Lexicographical Studies in 'Jaina Sanskrit'*, Baroda 1962, p. 108 ; AMgD, s.v. āraṃbha.

25　ここでは「4 種類の食べ物」と一括して表現しているが、次に見る *Dasaveyāliya* では、4 種を asaṇa, pāṇa, khāima, sāima と挙げ（Dasav. 4.6）、誓戒の一に加えて夜食の禁止を明確にしている。註 32 も参照のこと。

26　五用心（samiti）については第 2 章第 2 節 2 (1) ⑤を、三紀律（gupti）については第 2 章第 2 節 2 (1) ⑫を参照。

27　内的苦行と外的苦行は、ジャイナ教において解脱を得るための実践道として重んじられている。その具体的内容については、第 3 章第 3 節 2 (1) ⑤を見よ。

28　sabbhintara- : Skt. sa + abhyantara である。abhyantara は *abhy-intara を経て（口蓋音 y の後で a > i）abbhintara に転訛したのである。すなわち、abhyantara > *abhyintara > abbhintara であり、意味は 'internal' となる。

Alsdorf は Charpentier の読み s'abbhintara-bāhirao がミスプリントであることを示唆し

て -bāhirae と読むが、これはミスプリントとは認めがたい。なぜなら、-ao < -atas であり、副詞として使用された abl. であるからである。

Alsdorf（ĀU, pp. 158-159）は、第 2 半詩節の第 4 gaṇa（tavo）が 1 mora 不足していても、この詩節を完全な Āryā と見ている。その理由として、すべての版本が Śloka pāda: tavo-kammammi ujjao と読んでいることを挙げる。これは Śloka から Āryā への第 2 の変形を示す明らかな事例である。すなわち、第 1 半詩節は他の作品から引用されたきまり文句のように思われ、第 3 pāda は Āryā として正しいが、Śloka としても読まれるかもしれないと見ている。

Alsdorf の見解は正しい。第 2 半詩節において pāda c は cadence —∪∪— に対し、opening は ——∪∪ となり、⏓—∪— とはなりえないし、pāda d の第 7 音節が長音になるからである。

29　aṇāsava : 漏（āsava）の語源は ā- √sru であり、霊魂（jīva）に流れ込んでくる煩悩である。仏教（第 3 章第 3 節 1 (2) ⑦）と同様、戒を守ることにより結果として aṇāsava（漏からの自由＝無漏）に達するとされる。

30　ĀU, pp. 209-210.

31　『ダサヴェーヤーリヤ』第 4 章 1 ～ 6 を一括して掲げる。

paṭhame bhante mahavvae pāṇāivāyāo veramaṇaṃ/ savvaṃ bhante pāṇāivāyaṃ paccakkhāmi, se suhumaṃ vā bāyaraṃ vā tasaṃ vā thāvaraṃ vā/ neva sayaṃ pāṇe aivāejjā, nevannehiṃ pāṇe aivāyāvejjā, pāṇe aivāyante vi anne na samaṇujāṇejjā, jāvajjīvāe tivihaṃ tiviheṇaṃ maṇeṇaṃ vāyāe kāeṇaṃ na karemi na kāravemi karentaṃ pi annaṃ na samaṇujāṇāmi, tassa bhante paḍikkamāmi nindāmi garihāmi appāṇaṃ vosirāmi, paḍhame bhante mahavvae uvaṭṭhio mi/ savvāo pāṇāivāyāo veramaṇaṃ（Dasav. 4.1）

ahāvare docce bhante mahavvae musāvāyāo veramaṇaṃ/ savvaṃ bhante musāvāyaṃ paccakkhāmi, se kohā vā lohā vā bhayā vā hāsā vā/ neva sayaṃ musaṃ vaejjā, nevannehiṃ musaṃ vāyāvejjā, musaṃ vayante vi anne na samaṇujānejjā, jāvajjīvāe tivihaṃ tiviheṇaṃ maṇeṇaṃ vāyāe kāeṇaṃ na kāremi na kāravemi karentaṃ pi annaṃ na samaṇujāṇāmi, tassa bhante paḍikkamāmi nindāmi garihāmi appāṇaṃ vosirāmi, docce bhante mahavvae uvaṭṭhio mi/ savvāo musāvāyāo veramaṇaṃ（Dasav. 4.2）

ahāvare tacce bhante mahavvae adinnādāṇāo veramaṇaṃ/ savvaṃ bhante adinnādāṇaṃ paccakkhāmi, se gāme vā nagare vā ranne vā appaṃ vā bahuṃ vā aṇuṃ vā thūlaṃ vā cittamantaṃ vā acittamantaṃ vā/ neva sayaṃ adinnaṃ geṇhejjā, nevannehiṃ adinnaṃ geṇhāvejjā, adinnaṃ geṇhante vi anne na samaṇujāṇejjā, jāvajjīvāe tivihaṃ tiviheṇaṃ maṇeṇaṃ vāyāe kāeṇaṃ na karemi na kāravemi karentaṃ pi annaṃ na samaṇujāṇāmi, tassa bhante paḍikkamāmi nindāmi garihāmi appāṇaṃ vosirāmi, tacce bhante mahavvae uvaṭṭhio mi/ savvāo adinnādāṇao veramaṇaṃ（Dasav. 4.3）

ahāvare cautthe bhante mahavvae mehuṇāo veramaṇaṃ/ savvaṃ bhante mehuṇaṃ paccakkhāmi, se divvaṃ vā māṇusaṃ vā tirikkhajoṇiyaṃ vā/ neva sayaṃ mehuṇaṃ sevejjā, nevannehiṃ mehuṇaṃ sevāvejjā, mehuṇaṃ sevante vi anne na samaṇujāṇejjā, jāvajjīvāe tivihaṃ tiviheṇaṃ maṇeṇaṃ vāyāe kāeṇaṃ na karemi na kāravemi karentaṃ pi annaṃ na samaṇu-jāṇāmi, tassa bhante paḍikkamāmi nindāmi garihāmi appāṇaṃ vosirāmi, cautthe bhante mahavvae uvaṭṭhio mi/ savvāo mehuṇāo veramaṇaṃ（Dasav. 4.4）

ahāvare pañcame bhante mahavvae pariggahāo veramaṇaṃ/ savvaṃ bhante pariggahaṃ paccakkhāmi, se appaṃ vā bahuṃ vā aṇuṃ vā thūlaṃ vā cittamantaṃ vā acittamantaṃ vā/ neva sayaṃ pariggahaṃ parigeṇhejjā, nevannehiṃ pariggahaṃ parigeṇhāvejjā, pariggahaṃ parigeṇhante vi anne na samaṇujāṇejjā, jāvajjīvāe tivihaṃ tiviheṇaṃ maṇeṇaṃ vāyāe kāeṇaṃ na karemi na kāravemi karentaṃ pi annaṃ na samaṇujāṇāmi, tassa bhante paḍikkamāmi nindāmi garihāmi appāṇaṃ vosirāmi, pañcame bhante mahavvae uvaṭṭhio mi/ savvāo pariggahāo veramaṇaṃ（Dasav. 4.5）

ahāvare chaṭṭhe bhante vae rāībhoyaṇāo veramaṇaṃ/ savvaṃ bhante rāī-bhoyaṇaṃ paccakkhāmi, se *asaṇaṃ* vā *pāṇaṃ* vā *khāimaṃ* vā *sāimaṃ* vā neva sayaṃ rāiṃ bhujjejjā, nevannehiṃ rāiṃ bhuñjāvejjā, rāiṃ bhuñjante vi anne vi anne na samaṇujāṇejjā, jāvajjīvāe tivihaṃ tiviheṇaṃ maṇeṇaṃ vāyāe kāeṇaṃ na karemi na kāravemi karentaṃ pi annaṃ na samaṇujāṇāmi, tassa bhante paḍikkamāmi nindāmi garihāmi appāṇaṃ vosirāmi, chaṭṭhe bhante vae uvaṭṭhio mi/ savvāo rāībhoyaṇāo veramaṇaṃ//

icceiyāiṃ pañca mahavvayāiṃ rāībhoyaṇaveramaṇacchaṭṭhāiṃ atta-hiyaṭṭhayāe uvasaṃpajjittāṇaṃ viharāmi（Dasav. 4.6）

32　前註 25 で触れたとおり、Utt. 19.30 における夜食の禁止が、ここでは五大誓戒に追加された第 6 の誓戒として挙げられている。Utt. での「4 種類の食べ物」は、4.6 の asaṇa, pāṇa, khāima, sāima であり、ここでは「4 種」と一括されていない。和訳するにあたっては、接尾辞 -ima に注目して後二者を「2 つの異なった食べ物」とした。この解釈と接尾辞については、第 2 章註 69 を見よ。

33　Ṭhānaṃga, Sut. vol. I, p. 227 ; Rāyapaseṇaiyaṃ, Sut. vol. II, p. 79 ; 高木訷元「初期仏教と社会倫理 ──『シンガーラへの教誡』を中心として」『日本仏教学会年報』第 47 号、p. 12.

34　JS II, p. 122, n. 3 ; 金倉圓照『印度古代精神史』p. 222.

35　高木訷元、*op. cit.*, p. 14.

36　金倉圓照、*ibid.*.

37　Utt., p. 46.

第 5 節

38　「村にあっても森にあっても」: Pā. gāme vā yadi vārañ̃ñe（Sn. 119a ; Dhp. 98a ; Th. 991a ; SN. i 69, 233 ; AN. i 281, iii 354）, AMg. gāme vā adu vā raṇṇe（Āy. 1.8.1.4 [33.20]）は、広く行なわれた定型句である。MBh. 13.234.17 にも grāme vā yadi vāraṇye がある。第 6 章第 3 節 12 ⑨を見よ。

pāda c, theyyā : 語の末尾 -ā は -āya の truncated form である。

39　Sn. 122 で 3 度使用されている hetu の発展過程について、AMg. における bhikkhū（Utt. 11.15）の例を援用して考察する。-ū で終わる loc. は Pischel（§ 379）には記述されていないが、Charpentier（Utt., p. 321）は Devendra の註釈 ‘ārṣatvād bhikṣāu’ から、loc.

であることを想定する。Skt. bhikṣu の loc. sg. は bhikṣau である。語尾 -au が -o に変化して bhikkho となり、さらに bhikkhū と書かれたように思われる。-o > -ū の例は他にも存在する。

例えば、Pāli 文献において taṃ kissa hetu という構文がある。BHS では tat kasya hetoḥ となる。それ故、Pā. hetu は Skt. hetoḥ に由来して生起していることが知られよう。また、Th. 934c, 1123c, 1128a では hetū と表記されている。このことから -u < -ū < -o の発展過程、すなわち、hetoḥ > *heto > hetū > hetu を読み取ることができる。cf. EV II, p. 177 ; GD, p. 191 ; Geiger, § 22.

40　PTS 本は asataṃ と読む。しかし、asantaṃ と読み改める。cf. GD, p. 19.

41　ジャイナ教においても同様のことを説いている。

kammuṇā bambhaṇo hoi kammuṇā hoi khattio
vaiso kammuṇā hoi suddo havai kammuṇā（Utt. 25.33）
行為によってバラモンとなり、行為によってクシャトリヤとなり、行為によってヴァイシャとなり、行為によってシュードラとなる。

42　ニカーヤにおいては必ずしも五戒（pañca-sīla）とは呼ばれず、五法（pañca dhamma）、あるいは五学処（pañca sikkhāpada）とも呼ばれている。AN. は pañca dhamma として次のように述べる。

pāṇātipāti hoti, adinnādāyī hoti, kāmesu micchācārī hoti, musāvādī hoti, surā-meraya-majja-pamādaṭṭhāyī hoti.（AN. iii p. 203）

また、AN.（iii p. 212）には、pañca sikkhāpada とは、殺生を離れ、不与取を離れ、欲邪行を離れ、妄語を離れ、スラー酒、メーラヤ酒の放逸処を離れることである、とある。DN.（iii p. 235）にも同様の記述がある。

43　upavass' = absolutive ?

pāṭihāriyapakkha = 'a special day of the fortnight'.

samatta : Skt. samasta（PED）or samātta（BHSD）. H. Smith はその Skt. 形を samāpta とし、'in its complete form' と英訳している。cf. GD, p. 244.

44　中村元『原始仏教の生活倫理　原始仏教 5』（中村元選集第 15 巻）春秋社、1972 年、p. 279f..

45　八斎戒の完成した体系の 1 例を示そう（AN. iv pp. 249-251 ; cf. 南伝第 21 巻、増支部経典 5, pp. 141-143）。

3. ここに、比丘たちよ、聖なる弟子がおり、よく考える。「寿命〔が終わる〕まで、阿羅漢たちは殺生を断って、殺生から離れ、杖を棄て、刀を棄て、恥を知り、憐愍を具え、すべての生きとし生けるものを哀愍して住する。私もまた、今日、今夜、日中に殺生を断ち、殺生から離れ、杖を棄て、刀を棄て、恥を知り、憐愍を具え、すべての生きとし生けるものを哀愍して住する。私はこの支分によって阿羅漢を真似て、布薩を修行するでしょう」と。この第 1 の支分を身につける。

4. 「寿命〔が終わる〕まで、阿羅漢たちは不与取を断って、不与取から離れ、与えられたものを取り、与えられたものを望み、盗まず、自己を清らかにして住する。私もまた、今日、今夜、日中に不与取を断ち、不与取から離れ、与えられたものを取り、与えられたものを望み、盗まず、自己を清らかにして住する。私はこの支分によって阿羅漢を真似て、布薩を修行するでしょう」と。この第2の支分を身につける。

5. 「寿命〔が終わる〕まで、阿羅漢たちは非梵行を断って、梵行を修し、遠く離れて住し、淫の穢法から離れる。私もまた、今日、今夜、日中に非梵行を断ち、梵行を修し、遠く離れて住し、淫の穢法から離れる。私はこの支分によって阿羅漢を真似て、布薩を修行するでしょう」と。この第3の支分を身につける。
6. 「寿命〔が終わる〕まで、阿羅漢たちは妄語を断って、妄語から離れ、真実語を話し、真実に従い、真実性があり、信頼されるべく、世間を欺かない。私もまた、今日、今夜、日中に妄語を断ち、妄語から離れ、真実語を話し、真実に従い、真実性があり、信頼されるべく、世間を欺かない。私はこの支分によって阿羅漢を真似て、布薩を修行するでしょう」と。この第4の支分を身につける。
7. 「寿命〔が終わる〕まで、阿羅漢たちは放逸の原因である穀酒や果酒などの酒を断って、放逸の原因である穀酒や果酒などの酒から離れる。私もまた、今日、今夜、日中に放逸の原因である穀酒や果酒などの酒を断ち、放逸の原因である穀酒や果酒などの酒から離れる。私はこの支分によって阿羅漢を真似て、布薩を修行するでしょう」と。この第5の支分を身につける。
8. 「寿命〔が終わる〕まで、阿羅漢たちは一食にして夜食を止めて、非時食から離れる。私もまた、今日、今夜、日中に一食にして夜食を止めて、非時食から離れる。私はこの支分によって阿羅漢を真似て、布薩を修行するでしょう」と。この第6の支分を身につける。
9. 「寿命〔が終わる〕まで、阿羅漢たちは舞踊、歌謡、音楽、観劇、そして華髪、芳香、塗油、衣（dhāraṇa)、化粧や装飾等から離れる。私もまた、今日、今夜、日中に舞踊、歌謡、音楽、観劇、そして華髪、芳香、塗油、衣、化粧や装飾等から離れる。私はこの支分によって阿羅漢を真似て、布薩を修行するでしょう」と。この第7の支分を身につける。
10. 「寿命〔が終わる〕まで、阿羅漢たちは高い臥床、大きな臥床を断って、高い臥床、大きな臥床から離れ、床あるいは草の敷具において低い臥床を整える。私もまた、今日、今夜、日中に高い臥床、大きな臥床を断ち、高い臥床、大きな臥床から離れ、床あるいは草の敷具において低い臥床を整える。私はこの支分によって阿羅漢を真似て、布薩を修行するでしょう」と。この第8の支分を身につける。

46 平川彰『原始仏教の研究 ── 教団組織の原型』春秋社、1964年、p. 407.

47 第3章第7節1に詩節の原文全体を和訳とともに掲載した。

第6節

48 *Chāndogya-upaniṣad* 3.17.4.

49 中村元『原始仏教の生活倫理』p. 246.

50 Bühler, *Sacred Laws of the Āryas*, part 1, Introduction, p. xliii ; JS I, p. xxx.

51 Bühler, *ibid*., p. xxii.

52　Müller, *ibid.* ; Bühler, *Baudhāyana Dharma-Sūtra*, SBE vol. 14, Oxford 1882, pp. 191-192 ; Kern, *Histoire du bouddhisme dans l'Inde*（*History of Buddhism in India*）, 2 vols, Paris 1901-03.

53　JS I, p. xxxii.

54　esaṇā-samio : 前註 26 で触れた五用心のうちの第 3 である。

lajjū : cty は lajjāvān と説明し、saṃyama を実践する人、すなわち「自制者」のことである、と説明する。Jacobi は 'controlling one's self' と訳す。PSM（s.v. lajju）はこの箇所を引用し、Skt. 対応語 lajjāvat を与える。これに対して、AMgD（s.v. lajju）は Skt. 対応語 ṛju（self-restrained, 自制）を与え、lajjā（shame, 羞恥心）とは何ら関係ない語と見ている。しかし、ṛju は「正しい」「正直な」を表わす語であって、「自制者」を表わす意味はない。このことは下に示すように、AMgD が正しい語源を提示していないことを意味する。さらに、W. B. Bollée は「世捨て人」を意味しているに違いないが、lajjā と ṛju の混成語かもしれないと述べており、正しい語源を提示していない。

Devendra が述べているように、lajju は lajjā と極めて密接な関係がある語である。初期ジャイナ教聖典では、lajjā は saṃjaa（< Skt. saṃyata, 自制）と共に使用されていることが多い。Utt. 2.4 に lajja-saṃjae（lajjā- でなく lajja- と表記するのは Śloka 詩節における m.c.）「羞恥によって自制した人は」がある。さらに、Dasav. から 2, 3 の用例を示してみよう。

aho niccaṃ tavo-kammaṃ savva-buddhehi vaṇṇiyaṃ
jā ya lajjā-samā vittī ega-bhattaṃ ca bhoyaṇaṃ（Dasav. 6.23）
ああ！ 常に苦行の業が、すべての覚者たちによって述べられた。羞恥に等しい行動、そして一食の食が。

lajjā dayā saṃjama bambhaceraṃ
　　kallāṇa-bhāgissa visohi-ṭhāṇaṃ
je me gurū sayayam aṇusāsayanti
　　te haṃ gurū sayayaṃ pūyayāmi（Dasav. 9.1.13）
恥と慈しみと自制と梵行と、善の分け前を有する人の清浄なる位、これを常に私に教える先生たち、彼ら先生たちを私は供敬する。

前者の羞恥の行動とは、他の生きものに危害を加えてしまったことを恥じることであり、自制を意味する。また、後者の恥とは、慈しみと自制と梵行と並列に置かれ、これも過去に犯した罪深い行為、すなわち殺生を恥じることである。

Utt. 6.16 においては、註釈や辞典類が異なる語源を提示しつつも、lajju に「自制」の意味を与えていた。Dasav. のこれらの用例から、lajjā は過去に犯してしまった殺生の行為を恥じて、自制することである。それ故、lajju と lajjā は同じ意味をもつ語であり、どちらの語も動詞語根 √lajj（恥じる）に由来することに疑いはない。W. D. Whitney（SG, § 1178）によれば、動詞語根に接尾辞 -u が添えられて名詞、形容詞が作られる。したがって、lajju も語根 √lajj に接尾辞 -u が添えられた語であり、'ashamed' の意味をもつことになる。

pāda b を Jacobi は、'one should wander about in a village（etc.）without a fixed residence’と訳しているが、Bolléeは Skt. niyataが loc.と結びつくと、‘connected with, dependent on’（MW, s.v.）の意味をもつことから、gāmeと a-niyataを結びつけて、‘not depending on a village’と解している。筆者もこの解釈に従う。

pāda cに類似した詩脚がある。

appamatto pamattesu（Dhp. 29a）
apramatto pramattesu（PDhp. 18a）
apramatu pramateṣu（GDhp. 118a）
apramattaḥ pramatteṣu（Uv. 19.4a）
apramattaḥ pramatteṣu（MBh. 12.220.95a）

v. 16c, pamattehiṃが inst.であるのに対して、仏典と MBh.はすべて loc.である。これは、語尾 -ehi(ṃ)が通常 pl. inst.として使用されるところ、東部方言において -ehiが loc.の -esuに取って代わり、loc.を示すようになった、ということである。AMg.も含め Pkt.では、この混用は双方向に起こっている。詳しくは第2章註47を見よ。

55 第3章第3節1(1)①を見よ。

56 第3章第7節2(4)②を見よ。

57 ここで挙げる以外にも、三紀律（gupti）に触れる詩節は多い。最も代表的なものが Utt.にある。

iriyābhāsesaṇādāṇe uccāre samiī iya
maṇaguttī vayaguttī kāyaguttī ya aṭṭhamā（Utt. 24.2）

また、次の詩節では、Dasav.に並行詩脚がある。

jaṃ kiṃ c’ āhāra-pāṇa-jāyaṃ
　vivihaṃ khāima-sāimaṃ paresiṃ [laddhuṃ]
jo taṃ tiviheṇa nāṇukampe
　maṇa-vaya-kāya-susaṃvuḍe, sa bhikkhū（Utt. 15.12）

pāda b, khāima-sāima : 第2章註69を見よ。

pāda dの並行詩脚 : maṇa-vaya-kāya-susaṃvude [je], sa bhikkhū（Dasav. 10.7d）

この Utt. 15.12と Dasav. 10.7の引用は UttSによる。

三紀律について、詳しくは第2章第2節2(1)⑫を見よ。

58 bhikkhaṭṭhāの語尾は -āya > -āに解し、目的の contracted / truncated dativeにとる。したがって、意味は‘for the sake of begging’となる。Jacobiは‘once on his begging tour’と訳す。

bambhaijjammiの Skt.形は brahma-ijya. bambhaの derivation: brahma > b] bam^{b}ha > bambha.

59 中村元『ブッダの真理のことば』p. 146.

60 第1章第2節1(1)①参照。

61 J. N. Farquhar, *An Outline of the Religious Literature of India*, Oxford 1920, pp. 80, 945.

62 塚本啓祥『初期仏教教団史の研究』p. 294.

63 長崎法潤「ジャイナ教の戒律 — 仏教の戒律との関係を中心にして」佐々木教悟編『戒律思想の研究』pp. 82–85. 第1章第2節2(2)③を見よ。

第５章　教理の共通基盤と特殊化

第１節　法と実践道

前章において、戒の体系化が仏教やジャイナ教の教団の形成を促進せしめた１つの要因であることを考察してきた。すなわち、一人遊行・遍歴する沙門の生活から、僧院（vihāra）に住む集団生活へ移行するにつれ、志を同じくする居住者の団体が形成されるようになる。この団体は saṃgha（仏教）や gaṇa（ジャイナ教）と呼ばれ、生活規律としての戒の体系化を図っていったのである。

と同時に、教団の確立に不可欠の条件として、教理体系の整備も重要な要素となる。そこで本章においては、仏教、ジャイナ両宗教聖典に現われる実践道としての法、輪廻思想、涅槃について、比較検討を試み、初期の共通基盤から、次第に異質化していく教理の体系化が図られ、それぞれの教団の独自性が展開されていく経緯を考察してみることにする。

まず、初期仏教とジャイナ教における法の概念の検討から始めよう。

１　初期仏教文献における法

「小乗涅槃経」（Mahāparinibbāna-suttanta）において、仏陀は仏滅後の教団の拠り所について、次のように述べる。

> アーナンダ（阿難）よ、このようにして比丘は自己を洲とし、自己を拠り所とし、他を拠り所とせずに、法を洲とし、法を拠り所とし、他を拠り所とせずに住する。
>
> アーナンダよ、今でも、あるいは私の死んだ後においても、自己を洲とし、自己を拠り所とし、他を拠り所とせずに、法を洲とし、法を拠り所とし、他を拠り所とせずに住する者は誰でも、学問を望む者は誰でも、

アーナンダよ、私の比丘として最高の境地にあるであろう」と。

evaṃ kho Ānanda bhikkhu atta-dīpo viharati atta-saraṇo anañña-saraṇo, dhamma-dīpo dhamma-saraṇo anañña-saraṇo.

'Ye hi keci Ānanda etarahi vā mamaṃ vā accayena atta-dīpā viharissanti atta-saraṇā anañña-saraṇā, dhamma-dīpā dhamma-saraṇā anañña-saraṇā tamatagge[1] me te Ānanda bhikkhū bhavissanti ye keci sikkhā-kāmā' ti.（DN. ii pp. 100–101, 南伝第 7 巻『長部経典 2』pp. 68–69）

このように仏陀は、拠り所として自己と法とを示している。この法を拠り所とする態度は初期仏典において顕著である。「法に住する」ことは賢者（dhīra）の理想であった。

〔感官の〕孔を守り、法に住し、正直で柔和なことを喜びつつ、感官を征服して行動すべきである。愛著を去り、すべての苦しみを排除した賢者は見たり聞いたりしたことに執著しない。

sotesu gutto vijitindriyo care
　　dhamme ṭhito ajjava-maddave rato
saṅgātigo sabbadukkhappahīno
　　na lippati diṭṭhasutesu dhīro（Sn. 250）[2]

また、「法に住する人」はヴェーダに精通した人（vedagū）とも呼ばれる。

漏の消滅の故に、健康を正しく知って、省察し、法に住する、ヴェーダに精通した人は、〔どのような範疇にも〕数えられない。

ārogyaṃ samma-d-aññāya āsavānaṃ[3] parikkhayā
saṃkhāya sevī dhammaṭṭho saṃkhaṃ na upeti vedagū（Sn. 749）

「法に住する人」とは「持法者」でもある。

多聞であり、持法者であり、智慧ある高貴な友に親近すべきである。利益を知り、疑いを除き去って、人は犀の角のようにただ一人歩むべきである。

bahussutaṃ dhammadharaṃ bhajetha
　　mittaṃ uḷāraṃ paṭibhānavantaṃ,
aññāya atthāni vineyya kaṃkhaṃ

eko care khaggavisāṇakappo（Sn. 58）[4]

「法に住する人」は「法を喜ぶ人」(dhammārāma)、「法を楽しむ人」（dhamma-rata）とも言い換えられる理想的な修行者である。

法を喜び、法を楽しみ、法に住し、法の定めを知り、人は法をそこなう言葉を発すべきでない。よく説かれた真実に基づいて時を過ごすべきである。

dhammārāmo dhammarato
　dhamme ṭhito dhammavinicchayaññū
n' evācare dhammasandosavādaṃ
　tacchehi niyyetha subhāsitehi（Sn. 327）

法を喜び、法を楽しみ、法を熟考して、法に従っている比丘は、正法から堕落することがない。

dhammārāmo dhammarato dhammaṃ anuvicintayaṃ
dhammaṃ anussaraṃ bhikkhu saddhammā na parihāyati（Dhp. 364）

このように「法を喜ぶ人」(dhammapīti)、あるいは「法の喜びを味わう人」（dhammapītirasa）は心清らかな心境にある。

法を喜ぶ人は、清らかな心をもって幸福に暮らす。賢人は聖人によって説かれた法を常に楽しむ。

dhammapīti sukhaṃ seti vipasannena cetasā,
ariyappavedite dhamme sadā ramati paṇḍito（Dhp. 79）[5]

隔離の風味と寂静の風味とを味わって、法の喜びを味わっている人は苦悩なく、悪がない。

pavivekarasaṃ pītvā rasaṃ upasamassa ca
niddaro hoti nippāpo dhammapītirasaṃ[6] pivaṃ（Sn. 257 = Dhp. 205）

法というのは、いつ、いかなる所にあっても、人間が遵守すべき倫理的規範を意味する[7]。したがって、法に従った行動をとることは人間を安楽ならしめる。Dhp. 169 はこのことを示している。

よい行ないの法を実践せよ。悪い行ないのそれを実践するな。法に従って行なう人は、この世でもあの世でも幸福に暮らす。

dhammaṃ care sucaritaṃ na naṃ duccaritaṃ care,
dhammacārī sukhaṃ seti asmiṃ loke paramhi ca（Dhp. 169）

さらに、法に従って行動できる人は「法の主」(dhammassāmin)、もしくは「法の王」(dhamma-rājan）と呼ばれ、それは仏陀その人を指している。

鍛冶屋の息子チュンダは言った。「智慧豊かな牟尼、覚者、法の主、渇愛を離れた人、二足中の最上者（両足尊)、すぐれた御者に尋ねます。世間にどれだけの沙門がいますか。どうぞこれを教えてください。」

"pucchāmi muniṃ pahūtapaññaṃ
iti Cundo kammāraputto
buddhaṃ dhammassāmiṃ vītataṇhaṃ
dipaduttamaṃ[8] sārathīnaṃ pavaraṃ:
kati loke samaṇā, tad iṃgha brūhi"（Sn. 83）

世尊は答えた。「セーラよ、私は王です。無上の法王です。法によって私は輪を回します。反転されない輪を。」

バラモンであるセーラが言った。「あなたは完全に悟った者であり、無上の法王であると広言しております。ゴータマよ、あなたは〈私は、法によって輪を回す〉と説かれます。

"rājāham asmi
Selā ti Bhagavā
dhammarājā anuttaro,
dhammena cakkaṃ vattemi, cakkaṃ appativattiyaṃ"（Sn. 554）

"sambuddho paṭijānāsi:
iti Selo brāhmaṇo
'dhammarājā anuttaro
dhammena cakkaṃ vattemi' iti bhāsasi Gotama（Sn. 555）

2 初期ジャイナ教文献における法

ジャイナ教においても、法は修行者の遵守すべき倫理的規範であった。

人は婦人たちを欲すべきでない。出家者（aṇāgāra）は婦人たちを捨てるべきである。法を完全に理解して、比丘はそこ（法）において自分自身を確立すべきである。

nārīsu novagijjhejjā　　itthī[9] vipajahe aṇāgāre

dhammaṃ ca pesalaṃ naccā　　tattha ṭhavejja bhikkhu appāṇaṃ（Utt. 8.19）

このように、この法は清浄な知識をもつカピラによって話された。その法を実行する人たちは〔輪廻の海を〕渡るだろう。彼らによって2つの世界は得られる。このように私は語ります。

ii esa dhamme akkhāe　　Kavileṇaṃ ca visuddha-panneṇaṃ

tarihinti je u kāhinti　　tehim ārāhiyā duve loga, tti bemi（Utt. 8.20）[10]

法は解脱の境地にあるカピラによって悟られたものであり、権威があるものである。比丘は法を完全に理解して、その法に基づいて自分自身を確立すべきである。そうするなら、輪廻の海を渡ることが可能となる。初期ジャイナ教において、修行者の倫理規範はあくまでも法であった。

王様、もしあなたが享楽を捨てることができないなら、善行をなしてください。法に住して、すべての生類（生きとし生けるもの）に慈悲を示す〔ならば〕、その時あなたはここから変現して神になるでしょう。

jai taṃ si bhoge caiuṃ asatto
　　ajjāi kammāi karehi rāyaṃ
dhamme ṭhio savva-payāṇukampī
　　to hohisi devo io viuvvī[11]（Utt. 13.32）

また、法に住するとともに他の人をも法に住せしめることの大切さが説かれる。

大牟尼は聖なる言葉を知らせるべきである。彼は法に住し、他の人を住せしめる。出家して悪い戒の相を避けるべきである。また、冗談を話さない人、彼は〔真実の〕比丘である。

paveyae ajja-payaṃ mahā-muṇī,
　　dhamme ṭhio ṭhāvayaī paraṃ pi;
nikkhamma vajjejja kusīla-lingaṃ
　　na yāvi hāsaṃ kahae [je], sa bhikkhū（Dasav. 10.20）

さらに、「法を喜ぶ者」との表現もある。

比丘はいわば、法の御者（馭者）のように堅固であり、法を喜ぶ者として行動すべきである。法を喜び楽しむ者、調御者、梵行に全力を傾注する者〔として行動すべきである〕。

dhammārāme care bhikkhū dhiimaṃ dhammasārahī
dhammārāmarate dante bambhacera-samāhie（Utt. 16.15）[12]

不快に背を向けて、罪から離れ、自己を守り、法を喜びとし、罪を犯さず、心を静めて牟尼は行動すべきである。

araiṃ piṭṭhao kiccā virae āya-rakkhie
dhamm' ārāme nirārambhe[13] uvasante muṇī care（Utt. 2.15）

「法を喜びとする」にとどまらず、より積極的に「法に従って生活する」ことが説かれる。なぜなら、法に従って生きるのは「無所得の人」あるいは「離繫者」の境地であるからである。

よいこと（楽しみ）から離れ、流れを絶ち、愛と怒りから解放され、好きと嫌いとに耐えて、そして無所得の人は法に従って生きる者として、自我の目的を捨てるべきである。

vavagaya-kusale saṃchiṇṇa-sote
　　pejjeṇa doseṇa ya vippamukko
piya-m-appiya-sahe akiṃcaṇe ya
　　āt'aṭṭhaṃ na jahejja dhamma-jīvī（Isibh. 27.7）

それ故に買われ、準備され、もってこられた食べ物と飲み物とを、自己を確立していて法に従って生きる離繫者は避ける。

tamhā asaṇa-pāṇāī kīyamuddesiyāhaḍaṃ
vajjayanti ṭhiyappāṇo nigganthā dhamma-jīviṇo（Dasav. 6.50）

ところで、最初期のジャイナ教においては、法を求めることは苦行に努め励むことを意味していたようである。そして、苦行は自我の幸福を得ることを目的として行なわれていた。自我の幸福とは、すなわち、解脱を意味している。

〔比丘は〕愛著から自由となり、賢く、自制し、法を求め、苦行に努め励み、感官を征服すべきである。自我の幸福を得ることは困難である。

aṇihe sahie su-saṃvuḍe
　　dhamm'-aṭṭhī uvahāṇa-vīrie
viharejja samāhiy'-indie
　　atta-hiyaṃ khu duheṇa labbhai（Sūy. 1.2.2.30）

このように知って、人はそれを実践すべきである。法を求め、苦行に努め励み、紀律[14]をもち、成就している人は、常に努力し、自我の幸福に専心し、高い理想（解脱）を求めるべきである。

savvaṃ naccā ahiṭṭhae
　　dhamm'-aṭṭhī uvahāṇa-vīrie
gutte jutte sayā jae
　　āya-pare paramāyay'-aṭṭhie（Sūy. 1.2.3.15）

3　両宗教におけるダルマの共通性

以上の諸例に見られるように、仏教とジャイナ教において説かれる法について、極めて類似した表現が存在することを指摘することができよう。

仏教	ジャイナ教
dhammārāmo（法を喜ぶ） dhammarato（法を楽しむ） dhammapītirasam（法の喜びを味わっている） dhammapīti（法の喜び）	dhammārāme（法を喜ぶ） dhammārāmarate（法を喜び楽しむ）
dhamme ṭhito（法に住する）	dhamme ṭhio（法に住する）
dhammacārī（法に従って行なう）	dhammajīvī（法に従って生きる）

これらは、仏教もジャイナ教も、倫理規範としての法に基づいて行動していたという共通の基盤を推定せしめる。

また、両宗教とも他人に法を説くことは、大切な慈悲行と考えていたようである。宗教が本来、他人の救済を目的としているなら、他人に法を伝えなければその宗教の発展はない。したがって、法を説き広めることは慈悲と考えられていた。

> すべての知識を理解して、有情を憐れんで、あなたは法を説き明かします。あなたは広く知られた名声をもち、あまねく見る眼をもっています。汚れなくあなたは全世界に輝きます。
>
> sabbaṃ tuvaṃ ñāṇam avecca dhammaṃ
> 　　pakāsesi satte anukampamāno,
> vivattacchaddāsi samantacakkhu,
> 　　virocasi vimalo sabbaloke（Sn. 378）
>
> バラモン（＝仏陀）よ、憐れみの気持ちをもって分別の法を説いてください。私はそれを学びたいのです。私は虚空のように変化することなく、この世において、静まり、依りすがることなく歩くでしょう。
>
> anusāsa brahme karuṇāyamāno
> 　　vivekadhammaṃ, yam ahaṃ vijaññaṃ,
> yathāhaṃ ākāso va avyāpajjamāno
> 　　idh' eva santo asito careyyaṃ（Sn. 1065）[15]

ジャイナ教においても、

> 正しい直観をもつ聖者は、東西南北にわたる世界に対する憐れみを懐いて、知識ある者として、〔法を〕説き、解明し、宣揚すべきである。
>
> oe samiya-daṃsaṇe
> dayaṃ logassa jāṇittā
> pāiṇaṃ paḍīṇaṃ dāhiṇaṃ udīṇaṃ
> āikkhe vibhae kiṭṭe veyavī;（Āy. 1.6.5.2 [31.22–25]）

と説かれる。このように法を説く人は憐れみを懐いて説き明かす。

ここで Tinduka 樹の住人である夜叉（yakṣa）は、その偉大な牟尼に憐れみを懐いて、自分自身の体を覆い隠して、これらの言葉を話した。

jakkhe[16] tahiṃ tinduyarukkhavāsī
　　aṇukampao tassa mahāmuṇissa
pacchayaittā niyagaṃ sarīraṃ
　　imāiṃ vayaṇāim udāharitthā（Utt. 12.8）

夜叉は出家者を支援する善なるものとしての側面をもっており、Utt. 第 12 章においては、慈悲深い存在として描かれる。

理と法を知り、あなたは怒らない。慈悲深い人よ、すべての人々を伴ったわれわれは詫び伏して、庇護を求めてあなたの足もとに近づく。

atthaṃ ca dhammaṃ ca viyāṇamāṇā
　　tubbhaṃ na vi kuppaha bhūipannā[17]
tubbhaṃ tu pāe saraṇaṃ uvemo
　　samāgayā savvajaṇeṇa amhe（Utt. 12.33）

4　古代インドにおける法概念の変遷

以上、仏教とジャイナ教との古層の文献に現われる法について検討を加え、その特色を明らかにした。そこで次に、これらが古代インド思想史において、いかなる位置を占めるかを考察しよう。

中村元教授[18]は、古代インドにおけるダルマの観念を詳細に調査して、その特色を以下に示す 3 項に分類している。dharma は、√dhṛ（たもつ、支持する、担う）から派生した男性名詞であり、古くは中性名詞の dharman の方が用いられたが、後世には dharma が使用されるに至った。

⑴ ダルマの倫理的意義

ダルマの語は、*Atharva-veda*（18.3.1）では「古えよりの慣例・習慣・風習」（dharmo purāṇaḥ ; PW: die alte Sitte）の意味に用いられ、社会において各成員が遵守すべき「義務」（duty）の意味へ発展した。*Śatapatha-brāhmaṇa*（11.5.7.1）では、4 種の義務として、尊敬（arcā）、布施（dāna）、バラモンを圧迫してはならないこと（ajyeyatā）、バラモンを殺してはならないこと（avadhyatā）

を挙げている[19]。この人間の行為の規範としてのダルマは、やがて制裁の観念を包含して社会の秩序・制度を規定する「律法」の意味をもつに至り、後世、『法経』(*Dharma-sūtra*)・『法典』(*Dharma-śāstra*)に分化し、定着していく。

古代インド人は、司法神Varuṇaに対して畏敬の念をもち、「法の主」(dharma-pati)とも称した(*Śatapatha-brāhmaṇa* 5.3.3.9)。ダルマは、人倫を実現するように人間をたもつところから、主体的な意味で「真理」であると見られ、「真実・真理」('satya', *Bṛhadāraṇyaka-upaniṣad* 11.5.11)と同一視された。そして、後期ウパニシャッドにおいては、「万物はダルマにおいて安住する」(*Mahā-nārāyaṇa-upaniṣad* 22.1)という思想へ発展した。

⑵ ダルマの宗教的意義

ヴェーダ期のインド人は、自然現象はその神格化に他ならない神々の支配するところであると考えた。このため、神に賛歌を唱え、供物を捧げて神の恩恵を期待し、祭祀によって自然現象を左右しうると考えていた。この思想は、ブラーフマナの成立期には一層明瞭となり、神々でさえも祭祀の法則に縛られるとみなされた。したがって、行為の規範としてのダルマは、「祭祀の規定・法則」を意味するようになった。これは後世、ミーマーンサー学派の中心課題となる。すなわち、ダルマはヴェーダの教令であり、バラモン社会の四姓の生活階梯(varṇāśrama)を規定する『法経』(*Dharma-sūtra*)も、正統バラモンの学問体系から見れば、『祭事経』(*Kalpa-sūtra*)の一種で、祭事学(kalpa)に従属する、と。

しかし、この祭祀中心の思想に対する懐疑が、ウパニシャッドの哲人に芽生えた。その立場から記された *Chāndogya-upaniṣad*(2.23.1)によれば、法の三枝(dharma-skandha)、すなわち、1. 祭祀(yajña)・ヴェーダの学習(adhyayana)・布施(dāna)、2. 苦行(tapas)のいずれかを行なう者、さらに 3. 終身師家に住する梵行者(brahmacārin)は死後に福善の世界(puṇyaloka)を得る。それに対し、梵に安住する者(brahma-saṃstha)は不死(amṛtatva)に至る、と述べている。ここでは、祭祀中心の旧宗教の立場と、新しい哲学的思索者の立場が区別され、対立させられている。

⑶ ダルマの特殊な意義

PW は以上の語義を第 1 類とし、これに対して第 2 類に「本質・本性・属性・性質・特質・特性」等を掲げている。中村教授は、元来主体的であるはずの行為の規範が客観的に考え直されて、対象的なものをそれとして成立せしめる「規範」あるいは「かた」としてみなされるとき、ダルマが「本質・特性」の意味を有するに至った、と論じている。

さて、上引の *Chāndogya-upaniṣad* の法の三枝を、Deussen[20] はバラモンの 4 種の生活階梯に配当している。すなわち、1 は家住者（gṛhastha）、2 は林棲者（vānaprastha）、3 は梵行者（brahmacārin）に対比され、これらと対照的な「梵に安住する者」が、第 4 の生活階梯である遊行者（parivrājaka / saṃnyāsin, 遁世者）へ展開したと見ている。

古代インド社会において、ダルマがいかなる概念によって捉えられていたかを実証するものとして、アショーカ法勅を挙げることができよう。塚本教授[21] は、ブラフマギリ等の小摩崖法勅[22] に「古えよりの法則」（porāṇā pakitī）と記されているのを指摘して、古来、インド社会において人々が履行すべきものとして規定された生活の規範・原理を意味すると論じた。そして、法勅に現われる実践的ダルマとして、

1. 父母、耆宿、恩師、尊者に対する柔順
2. 恩師に対する弟子の尊崇
3. バラモン・沙門、親族、奴隷・従僕、貧者・窮人、朋友・知己・同僚に対する礼譲
4. バラモン・沙門、朋友・知己・親族、耆宿に対する布施
5. 生類の不屠殺、生類に対する節制、一切の有情に対し傷害をえず、生類には確固たるべし
6. 慈愍、布施、真諦、清浄、柔和、善良、僅かに費し僅かに蓄うる、克己、心清浄、報恩、堅固な誠信、法に対する愛楽

等を挙げている。

カネ（P. V. Kane）[23] は、『法典』のダルマの概念の確立に至る意味の変遷について概観している。

Ṛg-veda では、中性名詞の dharman に次の 6 種の意味が見出されるとする。すなわち、1. 保持者、支持者、2. 宗教的な慣習、3. 行為の固定した原理または法則、4. vi-dharman は種々の神に適用された vidhartṛ と同義、5. sva-dharman は Agni 神に適用、6. satya-dharman は Savitṛ, Viśvedevāḥ, Agni, Varuṇa 神に適用されている、と指摘する。*Atharva-veda*（11.7.17）では、dharmaḥ は「祭祀の実行によって取得される徳」の意味をもつ。*Aitareya-upaniṣad*（7.17）では、ダルマは抽象的に「宗教的義務の総体」とみなされた。*Bṛhadāraṇyaka-upaniṣad*（1.4.14）では、「法こそ支配権（kṣatra）の精髄である」、「法は実に真実（satya）である」としてダルマを ‘satya’ と同一視している。そして、上引の *Chāndogya-upaniṣad* の法の三枝は、ダルマが生活階梯の特殊な義務を意味したことを指摘している。

5　沙門の法とその基盤

金倉圓照教授[24] は、初期の仏教経典における法の意味の研究として、ガイガー教授夫妻の協同研究[25] を高く評価する。5 世紀の註釈家 Buddhaghosa は法に、1. 徳（性質）、2. 教え、3. 因、4. 経典、5. 非情物、の五義を与えたが、これでは法の概念発展のすべてを尽くしがたいとして、ガイガー夫妻は 4 つの基本概念、すなわち、⑴法則・正当・基準、⑵教え、⑶真実・最高の実在、⑷経験的事物、を立てて、これを分類し直している。

金倉教授の紹介によれば、⑴法則・正当・基準（Gesetz, Recht, Norm）は、すでに仏教以前にバラモン教で法の語に与えられた意義であり、仏教はそれをそのまま襲用したと見る。『律蔵』にある「法を行なえ」、『長部経典』にある「王は法の保護者である」という叙述は、法の正しさ、公正さの表現として正当の範疇に入るものである。また、『長部経典』の「沙門の法」、『増支部経典』第 3 経に説く「バラモンの法」は、法の概念に含まれる行為の規範（基準）を示すという。

⑵教え（Lehre）は、仏教特有の概念と見る。すなわち、「如来の法」「仏陀の法」「法を説く」「法を聴く」「法輪を転ず」「三宝」の「法」などの示す意味内容が「教え」であり、仏教の教義と修行生活のあり方などの開示・論説、それを含む経典を示したことを指摘して、バラモン教の典籍にはこの用例が見出されないとする。ただ、ジャイナ教の聖典でも法がこのような教えの意味に使われている、という Schubring の指摘[26]にも言及する。

⑶真実・最高の実在（die Wahrheit, die ewige und höchste Wahrheit, das höchste Sein, das höchste Wesen）は、教えそのものの価値を示す。仏陀が「私が体得したこの法は見がたく、啓示しがたい」という「法」は真理の意味である。『法句経』の法もそうである。仏陀が体得した真理は、涅槃に導く真実の教え、最高の真理であって、仏陀よりも価値が高く、バラモン教に説く至高の原理ブラフマン（梵）に比して説かれる。『長部経典』「起世因本経」に「私は法から生まれ、法によって造られ、法の相続人である」、「如来は法を身とし、梵を身とし、法と同体であり、梵と同体であるから」と述べるがごとくである。

⑷経験的事物（die empirischen Dinge）は、「諸法」と複数形で経典に現われる場合で、仏教の認識論で六根・六境を立てるときの意根の対象をダルマという。思惟器官に形成される現象の心像である。

中村元教授[27]は、Sn. 327 の「法を楽しみ、法を喜び、法に安住し」及び Dasav. 10.20 の「法に安住せる者」、Dasav. 6.50 の「自己が安立し、法に従って生きるもの」に述べられる法の意味を考察する。すなわち、それらを、Bh.G. 3.17 の「アートマンを歓喜となし、……アートマンに満足した人があるならば、彼にはもはやすべきことは存しない」の詩句に現われる「規範的意義を有するアートマン」に対比し、宗教的実践の具現は「自己を知る者（attaññū）となること」にあるとし、これを論拠として、後に成立した散文の経蔵「小乗涅槃経」の「自己に帰依すること」と「法に帰依すること」とは同義であると結論する。

次に、人間が遵守すべき永遠の理法としての用例に、「法は人間において最もすぐれたもの」(DN. iii p. 83.18-19)、「最上のきまり」(uttamā dhammatā : Th. 712)、「その法を如実に知っている人」(Sn. 1102)、「最上の法を見て」(Dhp. 115)、「正しく法を観ずる」(Dhp. 373) 等を挙げる。人倫の規範としては、「無垢なる者の覚った法を聞け」(Vin. i p. 5)、「彼らはすべて正しい法 (saddhamma) を尊敬していたし、尊敬しているし、尊敬するであろう。これがもろもろの覚者にとってさだめ (dhammatā) である」(SN. i pp. 138-140) 等を例示している。

また、執著を離れた心境に到達することを法と呼んだものに、「彼は知者であり、ヴェーダの達人である。彼は理法を知り終わって、こだわるところがない。彼は正しく振舞い……」(Sn. 947) がある。そして、理法を知ることによって解脱が得られると、すなわち、「汝が最上の真理 (dhamma) を知るならば、それによって汝はこの煩悩の流れを渡るであろう」(Sn. 1064) と説かれていると指摘する。また、「法に従って生きる」(dhammajīvin) は修行者の理想であり、「心を統一したサキャムニが達した〔煩悩の〕消滅・離欲・不死・勝れたもの、── その理法と等しいものは何も存在しない。……この真理によって幸せであれ」(Sn. 225) の詩節を例証として示している。

真実の理法が釈尊という歴史的個人によって説かれた事実を語るものに、「かつてマガダ国においては、穢れあるものどもの考えた不浄の法が現われていた。いまこの不死の門を開け。〔この〕穢れなき人の覚った法を人々は聞け」(SN. i p. 137) がある。仏陀の教えは「正法」(saddhamma : Dhp. 38, 60) と呼ばれて尊重されたが、それは特定の宗教の教理ではなくて、普遍的な「善き人々の正しい礼法・道徳」(SN. i p. 17) を指しているという。

さて、初期仏教の法の概念を知る重要な資料として、アショーカ王碑文に記された7種の法門を挙げることができる。カルカッタ・バイラート法勅[28]によれば、マガダ国の喜見王（アショーカ王の別称）は僧伽を敬礼して、彼らの健康と楽住を願って、仏教僧伽に私的書簡を送ったという。その中で仏陀と法と僧伽に対して尊敬と信仰を表明し、「世尊・仏陀によって説かれたことは、すべて善く説かれたことである」となし、しかも「かようにして、正法（saddhaṃma）は久住するであろう」と述べて7種の法門（dhaṃmapaliyānāni）を教示している。すなわち、

1. ヴィナヤにおける最勝の教え（Vinaya-samukkasse）
2. 聖なる系譜／聖住（Aliya-vasāṇi）
3. 未来の怖畏（Anāgata-bhāyāni）
4. 聖者の偈（Muni-gāthā）
5. 寂黙行の経（Moneya-sūtte）
6. ウパティッサの問い（Upatissa-pasine）
7. 妄語に関して世尊・仏陀によって説かれたラーフラに対する教誡（e cā Lāghulovāde musāvādaṃ adhigicya bhagavatā buddhena bhāsite）

を挙げている。次いで7種の経名を銘刻させた目的として、比丘・比丘尼・優婆塞・優婆夷がこれらの法門を聴聞し、思念すべきことを願っている。

この法勅に記される7種の経名については、M. Winternitz[29]が彼以前の研究を総括しており、また、その後の研究に基づいて、塚本教授[30]は、7種の経名のそれぞれについて、原始仏教聖典との比定関係とその内容を検討している。その結果、7種の経名に比定される原始仏教聖典の内容が、アショーカの提示した基本的なダルマの政策と密接な対応関係にあることが明らかにされた。

このように、沙門の説く法は、古代インド社会のダルマの概念を基盤としながら、彼らの反バラモン的な立場からの特殊な意味づけが加えられ形作られていったのであり、その証跡を辿ることができるのである。

第2節　輪廻の思想

1　共通基盤としての輪廻思想と業思想

輪廻思想は仏教とジャイナ教の古層聖典において共に説かれているが、これは両者ともウパニシャッド以来のインド思想共通の基盤に立っている故と

考えられる。

また、「業」(Skt. karman) は「なすこと」「なすもの」「なす力」等を基本的意味とし、「作用」「行為」「祭祀」等を指す語としてインドで広く用いられ、古くはヴェーダにその用例が見られるという。この概念もウパニシャッド[31]の思想に受け継がれ、輪廻説と深く結びつくことによって、単なる表面的な行為を指す言葉から、輪廻転生をあらしめる潜在的な力を指すようになった。すなわち、現世における行為の善悪が来世における楽あるいは苦の果報を規定するという考え方を形成するようになり、当時の思想の共通基盤となった。

輪廻・業思想に関して参照することのできるウパニシャッド文献の中で、最も重要なものはプラヴァーハナ (Pravāhana) 王の説示した五火二道の輪廻説である[32]。五火教とは、人が死後、火葬され「月に入り」、「雨となり」地に下って「食となり」、「精子となり」、「母胎に入って生まれる」という輪廻の5段階を説明した教えである。また、二道とは、神路 (devayāna) と祖道 (pitṛyāṇa) の二道であり、前者「神路」は死後梵界に到達して再びこの世界に戻らない人の道程、後者「祖道」は五火教の順序で輪廻転生を繰り返す道程である。

そして、この五火二道説の中には、人が死後、いかなる世界に行くかは、現世における善悪の行為に依存しているという考え方が現われている。すなわち、単に二道に分かれるだけでなく、祖道にあっても、現世において善い行ないをなせば、善い母胎、すなわち人間に生まれ、悪い行ないをなせば、悪い母胎、動物に生まれることが説かれている。

本節では、まず、初期の仏教とジャイナ教が業の概念をどのように捉え、どのようにその思想を受け継いだのかを考察する。

そして次に、両宗教聖典に見られる堕地獄の表現を検討してみよう。というのも、「善因楽果・悪因苦果」という道理に善行への一層の強制力をもたせるために、悪い行為をした人の堕ちる地獄がどんなに恐ろしいところであるかを具体的に示すことが、非常に重要であると考えられたからである。

2 業説

行為（karman）は未来に必ずや何らかの果報をもたらすと考えられていた。それが輪廻思想と結びついて今世を超えて影響力をもつようになると、すなわち、行為はその人の来世の姿を確定する決定的要因であると考えられたとき、karman は「業」という意味でも理解されることになる。

そして、最初期の仏教においてもこのような業思想は受け継がれ、現世における行為の善悪がその人の来世の運命を決定すると考えられていた。

> 世界は行為によって存在している。人々は行為によって存在している。有情は行為によって縛られている。進み行く車が轄に縛られているがごとくに。
>
> kammanā vattatī loko, kammanā vattati[33] pajā,
> kammanibandhanā sattā rathassāṇīva yāyato（Sn. 654）

人間の来世は行為と切っても切れない関係にあることを、車と轄との関係に譬えているが、行為（業）の結果の恐ろしさは次のように述べられる。

> 自分たちの行為〔の結果〕に従って死んでいく他の人々をも見よ。死の影響下にやって来て（āgamma）、実にこの世で震えている生きものたちを。
>
> aññe pi passa gamine yathākammūpage nare
> maccuno vasam āgamma phandante v' idha pāṇine（Sn. 587）

そして、より具体的に、嘘をつくという行為によって地獄へ落ちることが説かれる。

> 嘘を言う人、あるいは実際にしているにもかかわらず、私はしていないと言う人は、地獄に堕ちる。死後、両者とも等しくなる。来世では卑しむべき行為をもつ人たちである。
>
> abhūtavādī nirayaṃ upeti
> 　　yo vāpi katvā na karomi c' āha
> ubho pi te pecca samā bhavanti
> 　　nihīnakammā manujā parattha（Dhp. 306 = Sn. 661）

このように、何らかの行為をすることによってそれが業となり、その業が人々の行く先を決定するという思想は、すでに最初期の仏教において、インド思想の共通基盤として受け入れられていた。

他方、ジャイナ教においても業の思想は受け入れられていたが、すべてを物質的物理的に説明しようとする傾向があり、業も物質的に説明される。すなわち、霊魂（jīva）が無垢・清浄という本来の性質を発揮できないために、非世界（a-loga）に行くことができないで、輪廻転生を繰り返すのは業身（kamma-sarīraga）のためである、と説かれる。もう少し詳しく解説すると次のごとくである。人が身・口・意の活動を行なうと、その人の行為に相当する物質（poggala）が流れ込んできて、その人の霊魂（jīva）に付着する。これが入漏（āsava）[34] といわれる。そして、この流れ込んできた物質が霊魂に付着することによって、業身といわれる微細な物質の集合体を形成する。このため霊魂は業身に覆われ囲まれてしまう。この状態が縛（bandha）である。この結果、霊魂は昇天して成就者／解脱者の世界（非世界）に行くことができずに、地獄・畜生・人間・神々という４つの迷いの世界[35]の生を繰り返し(輪廻転生)、苦しみが絶えない、ということになる[36]。

しかしながら、最初期のジャイナ教においては、karman は仏教と同様に、物質的には考えられておらず、むしろ行為と考えられていたようである。それ故、行為によって作られた業が次の世の運命を確定すると考えられていた。例えば、次の詩節がある

盗人が〔盗人の作った〕穴の入口で捕らえられ、悪い行ないの人が自分のした行為によって〔生命を〕断ち切られるように、そのように、死後にあの世で、人々は自分のした行為（業）から逃れることができない。

teṇe jahā sandhi-muhe gahīe
　　sa-kammuṇā kiccai pāvakārī
evaṃ payā pecca ihaṃ ca loe
　　kaḍāṇa kammāṇa na mukkha atthi（Utt. 4.3）

これには仏教においても同様の詩節がある。

盗人が家の入口で捕らえられ、悪法者が自分のした行為によって打たれるように、そのように、死後にあの世で、悪法者は自分のした行為によって打たれる。

coro yathā sandhimukhe gahīto
sakammunā haññati pāpadhammo,
evaṃ pajā pecca paramhi loke
sakammunā haññati pāpadhammo（Th. 786）

『ウッタラッジャーヤー』の第 5 章によれば、人間の死は 2 つに分類される。1 つは愚者が陥る意志に反した死であり、もう 1 つは自発的な死で、これは賢者たちが行なうものである。ここで述べられる愚者の行為とは以下のごとくである。1. 愛欲に執著し、残虐な行為をする（v. 4)。2. 来世を否定して、現世の享楽に埋没する（vv. 5–7)。3. 生きとし生けるものを殺害する（v. 8)。4. 人を害し、嘘をつき、欺き、中傷し、偽り、酒を飲み肉を食べることに反省がない（v. 9)。5. 身体と言葉に陶酔し、富と婦人に執著する（v. 10)。このような行為をする愚かな人は、自分の形成した業によって形成される境界を避けることができず、苦しみ、悩むことになる。

それから彼は病気になり、病人として苦しむ。自分のしてきた行為を考えるとき、彼は次の世を恐れる。

tao puṭṭho āyaṃkeṇaṃ[37] gilāṇo paritappaī
pabhīo para-logassa kammāṇuppehi appaṇo（Utt. 5.11）

私は地獄における場所と悪習の人たちの行くところを聞いた。そこにおいて残酷な行為をした愚かな人たちは、甚だしく苦しむのである。

suyā me narae ṭhāṇā asīlāṇaṃ ca jā gaī
bālāṇaṃ kūrakammāṇaṃ pagāḍhā jattha veyaṇā（Utt. 5.12）

自分のなした行為に従って、その〔地獄の〕中で再び生まれるべき場所に行き、その後に彼は苦しみ悩む。このように私は聞いている。

tatth’ ovavāiyaṃ ṭhāṇaṃ jahā meyam aṇussuyaṃ
āhākammehiṃ gacchanto so pacchā paritappaī（Utt. 5.13）[38]

車夫は、平坦な道であることを知りつつも公道（大道）を捨てて、でこぼこの道を越えて行って、車軸が壊れたとき、嘆き悲しむように、
jahā sāgaḍio jāṇaṃ samaṃ hiccā mahāpahaṃ
visamaṃ maggam oiṇṇo akkhe bhaggaṃmi soyaī（Utt. 5.14）[39]
そのように、法に背き、罪深い行為をして、愚かな人は、死の口（死地）に至って、車軸の壊れた〔車夫の〕ように嘆き悲しむ。
evaṃ dhammaṃ viukkamma ahammaṃ paḍivajjiyā
bāle maccumuhaṃ patte akkhe bhagge va soyaī（Utt. 5.15）[40]

このように仏教、ジャイナ教ともに、業の思想を受け入れているが、特に「悪因苦果」を説くことが修行への動機づけとして活用されたようにも思われる。そのことは次の地獄の思想において明らかであろう。

3　地獄の思想

「善因楽果・悪因苦果」というウパニシャッドの思想は、仏教やジャイナ教にも取り入れられ、人々の道徳意識を高揚ならしめたことは疑いない。しかしながら、より強い強制力をもつためには、悪いことをした人が堕ちる地獄がどんなに恐ろしいところであるかを、具体的に説き明かす必要があった。そのため仏教もジャイナ教も、初期の段階から地獄の描写を説示している。

まず、『ダンマパダ』には「地獄品」がある。14 詩節から構成されるが、地獄の描写があるのではなく、悪いことをすると地獄に堕ちるという主旨が述べられているにすぎない。『スッタニパータ』の「コーカーリヤ・スッタ」では地獄が描写される。この経は前半が散文、後半が 22 の詩節で構成され、地獄の恐ろしさを生々しい描写で綴っている。

一方、ジャイナ教では『スーヤガダンガ』『ウッタラッジャーヤー』いずれにも地獄の描写がある。『スーヤガダンガ』の第 1 篇第 5 章は 2 部分に分かれ、第 1 部 27 詩節、第 2 部 25 詩節から構成され、諸々の地獄の苦しみを詳細に記述している。また、『ウッタラッジャーヤー』の第 19 章におい

ては、王と王妃が出家を決意した王子に、沙門としての生活がいかに困難であるかを説いたのに対し、王子が両親の同意を得るために、前世において何度も地獄の苦しみに耐えたことを話す部分がある。

今、『ウッタラッジャーヤー』の第19章に見られる地獄を扱った詩節を中心として、その表現に類似する詩節を『スッタニパータ』や『スーヤガダンガ』から抽出して提示してみることにする。

① 大釜で煮られる

限りなく長い期間、火の燃えている揚げ鍋（大釜）の中で、私は金切り声をあげながら、足を上げ、頭を垂れて、かつて煮られたのです。

kandanto kaṃdu-kumbhīsu uddha-pāo aho-siro
huyāsaṇe jalantammi pakkapuvvo aṇantaso（Utt. 19.49）[41]

「大釜の中で煮られる」という描写は、以下の詩節にも見られる。

あなたは聞いたことがあるか。血と膿が煮えたぎり、新鮮な火によって極度（高温）に熱せられ、血と膿で満ちている、人間よりももっと大きい吊り上げられた大釜のことを。

jai te suyā lohiya-pūya-pāī
　　bālāgaṇī teaguṇā pareṇaṃ
kuṃbhī mahantāhiya-porusīyā
　　samūsiyā lohiya-pūya-puṇṇā（Sūy. 1.5.1.24）[42]

〔獄卒たちは〕それら〔大釜〕の中に罪人たちを投げ入れ煮る。彼らは哀れな苦痛の声を発する。喉が渇くと、彼らは溶けた錫や銅を飲まされつつ、強烈な悲しみの声をあげる。

pakkhippa tāsuṃ payayanti bāle
　　aṭṭassare te kaluṇaṃ rasante
taṇhāiyā te tau-tamba-tattaṃ
　　pajjijjamān' aṭṭayaraṃ rasanti（Sūy. 1.5.1.25）[43]

また次に、彼らは火が普く燃えている銅でできた釜に入る。長い時間、彼らは火の普く燃えているそれらの〔釜の〕中で浮動しつつ煮られる。

atha lohamayaṃ pana kumbhiṃ
　agginisamaṃ jalitaṃ pavisanti,
paccanti hi tāsu cirarattaṃ
　agginisamāsu samuppilavāso（Sn. 670）

また、膿や血の混じった〔釜〕がある。その中で罪を犯した人は煮られる。彼がどちらの方角へ行こうとも、そこにおいて〔膿や血に〕触れつつ濡れる。

atha pubbalohitamisse
　tattha kiṃ paccati kibbisakārī,
yañ ñan disataṃ adhiseti,
　tattha kilijjati samphusamāno（Sn. 671）

また、蛆虫の住居である水〔釜〕がある。その中で罪を犯した人は煮られる。〔釜の外へ〕出て行くための〔つかむことのできる〕縁さえもない。というのは、大釜〔の縁〕がどこもすべて同じ〔ように内側に湾曲しているから〕である。

puḷavāvasathe salilasmiṃ
　tattha kiṃ paccati kibbisakārī,
gantuṃ na hi tīram ap' atthi,
　sabbasamā hi samantakapallā（Sn. 672）

② 焼かれる

限りなく長い期間、大火事の森のような〔灼熱の〕砂漠において、Vajravālukā 河において、また Kadambavālukā 河において、私はかつて焼かれたのです。

mahādav' aggi-saṃkāse marummi vairavālue[44]
kalambavāluyāe ya daḍḍha-puvvo aṇantaso（Utt. 19.50）

Kadambavālukā 河で焼かれるという記述は、Sūy. 1.5.1.10 にも見られる。

ある者たちは、頸に石がくくりつけられ、深い水に沈められる。他の者たちは、カダンバヴァールカー河や燃えている籾殻の中を転げ回り、そこにおいて焼かれる。

kesiṃ ca bandhittu gale silāo
　udagaṃsi volenti mahālayaṃsi
kalaṃbuyāvāluya-mummure ya
　lolanti paccanti ya tattha anne（Sūy. 1.5.1.10）[45]

③ 裂かれ、圧しつぶされる、食われる

限りなく長い期間、揚げ鍋（大釜）の中で逆吊りにされて、叫び声をあげながら、親族もなく、私はかつて種々ののこぎり等で切られたのです。

rasanto kandu-kumbhīsu uḍḍhaṃ baddho abandhavo
kara-vatta-karakayāīhiṃ chinna-puvvo aṇantaso（Utt. 19.51）

足かせによって縛られ、私は大変鋭い棘で覆われた、高いシンバラ（Simbala）樹に投げつけられ、押し上げられたり、引き下げられたりしました。〔これは〕耐えがたいのです。

aitikkha-kaṇḍa-gāiṇṇe tuṃge simbali-pāyave
kheviyaṃ pāsa-baddheṇaṃ kaḍḍhokaḍḍhāhiṃ dukkaraṃ（Utt. 19.52）[46]

限りなく長い期間、悪い行為をした私は自分の業によって、大きな圧搾機の中で恐ろしく叫び声をあげながら、さとうきびの茎のように圧しつぶされました。

mahājantesu ucchū vā ārasanto subheravaṃ
pīḍio mi sakammehiṃ pāva-kammo aṇantaso（Utt. 19.53）

限りなく長い期間、私は助けを呼びつつ、黒色で斑点のあるジャッカルどもによって、震えながら引き裂かれ、裂かれ、切断されました。

kūvanto kola-suṇaehiṃ sāmehiṃ sabalehi ya
phāḍio phālio chinno vipphuranto aṇegaso（Utt. 19.54）[47]

Sūy. 1.5.2.20 ではジャッカルが悪人たちを喰らい、Sn. 675 では斑点のある犬と貪欲なジャッカルが悪人たちを食べる記述がある。

腹を空かし、猛獣で、いつも怒り狂った大きなジャッカルどもがいて、それらによって悪い行為をした者たちは、足かせをはめられたまま貪り食べられる。

aṇāsiyā nāma mahāsiyālā
　　pāgabbhiṇo tattha sayāvakovā
khajjanti tatthā bahukūrakammā
　　adūragā saṃkhaliyāhi baddhā（Sūy. 1.5.2.20）

そこにおいて実に、黒い斑点のある犬どもやワタリガラス、〔そして〕貪欲なジャッカルどもが泣き叫ぶ者たちを貪り食う。また、禿鷹や鳥どもがついばむ。

khādanti hi tatthā rudante
　　samā sabalā kākoḷagaṇā ca
soṇā sigālā paṭigijjhā,
　　kulalā vāyasa ca vitudanti（Sn. 675）

④ 剣、矢、槍、剃刀で切られ、裂かれ、突き刺される

悪い行為のために私は黒色の剣、矢、槍によって切られ、裂かれ、きれぎれに裂かれ、引き裂かれました。

asīhi ayasi-vaṇṇāhiṃ bhallehiṃ paṭṭisehi ya
chinno bhinno vibhinno ya oiṇṇo pāva-kammuṇā（Utt. 19.55）[48]

同様のことが Sūy. でも説かれる。

邪悪な行為の者（獄卒）たちは、投げ槍で彼らを突き刺す。

kīlehi vijjhanti asāhukammā（Sūy. 1.5.1.9a）[49]

邪悪な行為をする者（獄卒）たちは、手や足を縛り、斧を手にもって彼らを材木のように切断する。

hattehi pāehi ya bandhiuṇaṃ
　　phalagaṃ va tacchanti kuhāḍa-hatthā（Sūy. 1.5.1.14cd）

彼ら〔獄卒〕は、〔地獄の住人に〕足鎖をはめ、身体を打ち、頭に〔錐を〕突き刺して苦しめる。

andūsu pakkhippa vihattu dehaṃ
　　veheṇa sīsaṃ se 'bhitāvayanti（Sūy. 1.5.1.21cd）

彼らは剃刀で罪人の鼻を切り落とし、唇と2つの耳を切り落とす。彼の舌を1尋の長さに引き出し、鋭い投げ槍で〔突き刺すことによって〕苦しめる。

chindanti bālassa khureṇa nakkaṃ
　　oṭṭhe vi chindanti duve vi kaṇṇe
jibbhaṃ viṇikkassa vihatthi-mettaṃ
　　tikkhāhi sūlāhi 'bhitāvayanti（Sūy. 1.5.1.22）[50]

これらはジャイナ古聖典 Sūy. における同種の描写であるが、Sn. にも同様な描写がある。

またそこでは、〔獄卒たちは鉄〕網を罪人たちにかぶせて、鉄で作られた槌で打つ。

jālena ca onahiyānā
　　tattha hananti ayomayakūṭehi（Sn. 669ab）

⑤ 引き裂かれる、焼かれ煮られる、ついばまれる

私の意志に反して、軛に打たれた木釘が燃えている数台の鉄の車に結びつけられ〔ました。その車を〕突き棒と皮ひもで駆りたて〔引かせ、私は〕羚羊のように引き裂かれました。

avaso loha-rahe jutto jalante samilā-jue
coio totta-juttehiṃ rojjho vā jaha pāḍio（Utt. 19.56）[51]

悪い行為のために邪悪な私は私の意志に反して、火が燃えている薪の上で、水牛のように焼かれ、煮られました。

huyāsaṇe jalantammi ciyāsu mahiso viva
daḍḍho pakko ya avaso pāva-kammehi pāvio[52]（Utt. 19.57）

限りなく長い期間、火箸のような形をした鉄の嘴をもつ鳥によって、また烏と禿鷹によって私は悲しみ泣きながら、否応なしに引き裂かれました。

balā saṃḍāsa-tuṇḍehiṃ loha-tuṇḍehi pakkhihiṃ
vilutto vilavanto haṃ ḍhaṃka-giddhehi 'ṇantaso（Utt. 19.58）[53]

またSūy. には、

〔罪人たちは〕鳥によって貪り食べられ、また、爪をもつ他の動物によって食べられる。

te uḍḍha-kāehi pakhajjamānā
avarehi khajjanti saṇapphaehiṃ（Sūy. 1.5.2.7cd）

そこ（Saṃjīvanī, 地獄）においてもち上げられ、皮を剝がれて、〔罪人たちは〕鉄の嘴をもった鳥たちによって食べられる。

samūsiyā tattha visūṇiyaṃgā
pakkhīhi khajjanti ayomuhehiṃ（Sūy. 1.5.2.9ab）

という表現がある。

仏教文献では、Sn. に、

禿鷹や烏どもがついばむ。

kulalā vāyasa ca vitudanti（Sn. 675d）

が見出せる。

⑥ 渇き、剃刀の刃のある河

私は渇きに苦しめられ、水が飲めるだろうと考えて、走ってVaitaraṇī河にたどり着き、剃刀の刃で殺されました。

taṇhā-kilanto dhāvanto patto veyaraṇiṃ nadiṃ
jalaṃ pāhiṃ ti cintanto khura-dhārāhiṃ vivāio（Utt. 19.59）[54]

剃刀の刃（dhārā には「流れ」の意味もある）をもつVaitaraṇī河の描写は、Sūy. とSn. にも見られる。

鋭い剃刀の刃のように速い流れの渡りがたいVaitaraṇī河のことを、あなたは聞いているか。弓によって駆られ、槍でもって傷つけられつつ、彼らは渡りがたいVaitaraṇī河を渡るのである。

jai te suyā veyaraṇī 'bhiduggā
nisio jahā khura iva tikkha-sogā
taranti te veyaraṇiṃ 'bhiduggaṃ
usucoiyā sattisu hammamāṇā（Sūy. 1.5.1.8）[55]

彼らは鋭い剃刀の刃のある渡りがたいVaitaraṇī河に近づく。愚鈍で悪をなす者どもは罪を犯してそこに堕ちる。

atha Vetaraṇiṃ pana duggaṃ
　　tiṇhadhāraṃ khuradhāram upenti
tattha mandā papatanti
　　pāpakarā pāpāni karitvā（Sn. 674）

⑦ 剣の葉

私はかつて暑さに苦しめられ、剣の葉のある大きな森に到達して、限りなく長い期間、落ちてくる剣の葉によって切られました。

uṇhābhitatto saṃpatto asipattaṃ mahāvaṇaṃ
asipattehiṃ paḍantehiṃ chiṇṇa-puvvo aṇegaso（Utt. 19.60）[56]

「剣の葉の森」（asi-patra-vana）はSn. 673abなどにも見出される[57]。

⑧ 狩猟され、切り裂かれ、打たれる

限りなく長い期間、希望もなく私は金槌、火器、槍、棍棒によって、また手足が折られた人たちによって苦しめられました。

muggarehiṃ musaṃṭhīhiṃ sūlehiṃ musalehi ya
gayāsaṃ bhagga-gattehiṃ pattaṃ dukkhaṃ aṇantaso（Utt. 19.61）[58]

限りなく長い期間、鋭い刃の剃刀、小刀、大ばさみによって、私は切り裂かれ、裂かれ、切られ、切断されました。

khurehiṃ tikkha-dhārehiṃ churiyāhiṃ kappaṇīhi[ṃ] ya
kappio phālio chinno ukkitto ya aṇegaso（Utt. 19.62）[59]

私は私の意志に反して、罠や罠の網によって羚羊のように、狩猟され、捕らえられ、閉じ込められ、しばしば殺されました。

pāsehiṃ kūḍajālehiṃ mio vā avaso ahaṃ
vāhio baddha-ruddho vā bahū ceva vivāio（Utt. 19.63）[60]

限りなく長い期間、私は私の意志に反して、釣針、Makara〔捕獲用〕の網によって魚のように、陥れられ、裂かれ、捕らえられ、殺されました。

galehiṃ magarajālehiṃ maccho vā avaso ahaṃ
ullio phālio gahio mārio ya aṇantaso（Utt. 19.64）[61]
限りなく長い期間、私は狩猟者、網、鳥もちによって鳥のように、捕らえられ、粘着され、縛られ、殺されました。
vīdaṃsaehi jālehiṃ leppāhiṃ sauṇo viva
gahio laggo baddho ya mārio ya aṇantaso（Utt. 19.65）[62]
限りなく長い期間、私は大工によって、斧や手斧等で木のように、切り裂かれ、裂かれ、切られ、樹皮を剝がされました。
kuhāḍa-pharasu-m-āīhiṃ vaḍḍhaīhiṃ dumo viva
kuṭṭio phālio chinno tacchio ya aṇantaso（Utt. 19.66）
限りなく長い期間、私は鍛冶工によって、平手やこぶし等で鉄のように、打ちのばされ、打ち砕かれ、切断され、磨かれました。
caveḍa-muṭṭhi-m-āīhiṃ kumāehiṃ ayaṃ piva
tāḍio kuṭṭio bhinno cunnio ya aṇantaso（Utt. 19.67）[63]

⑨ 溶けた銅、鉄、錫、鉛、燃えているものの飲食

私は恐ろしく叫び声をあげながら、音をたてて溶けた銅、鉄、錫、鉛を飲まされました。
tattāiṃ tamba-lohāiṃ tauyāiṃ sīsayāṇi ya
pāio kalakalantāiṃ ārasanto subheravaṃ（Utt. 19.68）[64]

Sūy. 1.5.1.25 にも類似した描写がある。これは①の Utt. 19.49 の箇所で取り上げた。また、Sn. 667cd にも同様なアイディアがある。

また、溶けた鉄丸に似た食べ物が、なされた業に応じて（patirūpaṃ = katakammānurūpaṃ）ある（食わされる）。
atha tatta ayo guḷasannibhaṃ
bhojanam atthi tathā patirūpaṃ（Sn. 667cd）
あなたは細かく切られ、焼かれた肉が好きです。限りなく長い期間、私は〔燃える火で〕パチパチ音をたてている肉と、燃えているものを食べさせられました。

tuhaṃ piyāiṃ maṃsāiṃ khaṇḍāiṃ sollagāṇi ya
khāvio misamaṃsāiṃ aggivaṇṇāi 'negaso（Utt. 19.69）[65]
あなたは酒、糖酒、木酒、美酒が好きです。私は燃えている脂や血を飲まされました。
tuhaṃ piyā surā sīhu merao ya mahūṇi ya
pāio mi jalantīo vasāo ruhirāṇi ya（Utt. 19.70）[66]

このような地獄における責苦は、人間世界における苦痛とは比べものにならないほど大きいことを説き、王子はジャイナの修行僧として出家するために両親を説得している。以上のことから、仏教とジャイナ教の地獄には類似点が多いことに気づく。

大釜の中で煮られる、斑点のあるジャッカルが悪人たちを食べる、切られる／裂かれる／打たれる。烏によって食べられる。ヴァイタラニー河、剣の葉、溶けた鉄丸を飲まされる、など共通の表現が多い。それればかりでなく、バラモン教の『マハーバーラタ』や『マヌ法典』にも類似の表現がある。

ジャイナ教	仏教	バラモン教
大釜の中で煮られる	大釜の中で煮られる	胡麻油の煮えたぎっている銅の釜[67]
棘で覆われた樹		棘のある樹[68]
斑点のあるジャッカル	斑点のある犬と貪欲なジャッカル	
剣で切られる	鉄の槌で打つ	
鉄の嘴をもった烏	禿鷹や烏	鉄の嘴をもった烏[69]
Vaitaraṇī 河	Vetaraṇī 河	
剣の葉の森	剣の葉の森	剣の葉の森[70]
溶けた銅、鉄、錫、鉛	溶けた鉄丸	

このように、初期のジャイナ教聖典である『ウッタラッジャーヤー』、『スーヤガダンガ』と初期の仏典である『スッタニパータ』、さらにまた、ほぼ同時代の成立と考えられる『マハーバーラタ』、『マヌ法典』に現われる地獄

は極めて類似したものであり、同一素材に由来した伝承であることを窺わせるのである。

第3節　涅槃

涅槃は仏教やジャイナ教の修行者にとって、理想の境界であると同時に最終目標でもある。両宗教の古層聖典では、この涅槃が安穏や彼岸という用語に置き換えられて使用されている。まず、両者にとっての安穏と彼岸の意味、内容の検討から始め、次に、その他に涅槃を表わす種々の表現とその内容を両者で比較し、共通性と異質な要素を提示してみよう。

1　安穏

Sn. 896 に、

〔しかし〕この〔論争によって得られる称賛〕は実に些細なことであって、平安を得るのに十分でない。論争には2つの結果（称賛と非難）があると私は言う。これを見ても、論争のない境地は安穏（khema）であると認識して、論争すべきでない。

appaṃ hi etaṃ na alaṃ samāya,
　　duve vivādassa phalāni brūmi,
etam pi disvā na vivādiyetha
　　khemābhipassaṃ avivādabhūmiṃ（Sn. 896）

とあり、論争のない境地が安穏であると説く。

また、Sn. 953 は、

欲望なく、知ある人にとって、〔徳と不徳の〕積み重ねはない。彼はあくせく労すること（勤労）から離れて、いたるところに安穏を見る。

anejassa vijānato n' atthi kācini saṃkhiti[71],
virato so viyārambhā khemaṃ passati sabbadhi（Sn. 953）

と述べている。これは心に欲望がなく、真理を見る智慧があれば、どこにあっても心穏やかに過ごすことができることを説いている。「論争のない境地が安穏である」という安穏と同様に、この詩節に見られる安穏（khema）は「心のやすらぎ」を意味している。

次に、Sn. 424は以下のように説く。

> 愛欲に危険があると見て、また出家は安穏であると見て、私は努力するために行きましょう。私の心はこれを喜ぶのです。
>
> kāmesv-ādīnavaṃ disvā nekkhammaṃ daṭṭhu[72] khemato
>
> padhānāya gamissāmi, ettha me rañjatī mano（Sn. 424）

在家生活を送っているとさまざまな愛欲が起こり、それに伴ってわずらわしさが生ずるから、出家生活に入ることを勧めている。出家生活を送っていれば、もはや愛欲に対する貪りも起こらないし、無所得の心境で暮らすことができる。Sn. 1098はこのことを教える。

> 世尊は答えた。「ジャトゥカンニンよ、出家は安穏であると見て、愛欲に対する貪りを取り去れ。あなたが取り上げるべきものも、捨て去るべきものも何も存在しないだろう。」
>
> kāmesu vinaya gedhaṃ
>
> Jatukaṇṇī ti Bhagavā
>
> nekkhammaṃ daṭṭhu khemato.
>
> uggahītaṃ nirattaṃ vā mā te vijjittha kiñcanaṃ（Sn. 1098）

これらの詩節に見られる安穏は文字どおり、何ごともなく穏やかな境涯を意味している。

一方、ジャイナ教にも同様な安穏が現われる。まず、Utt. 9.28は、

> 泥棒、強盗、すり、夜盗を〔罰して〕、都市の安全を確立してしまってから、あなたは行く（出家する）ことができるでしょう。おお君主よ。
>
> āmose lomahāre ya gaṃṭhibhee ya takkare
>
> nagarassa khemaṃ kāūṇaṃ tao gacchasi khattiyā（Utt. 9.28）[73]

と述べ、安穏（安全）は何ごともなく穏やかなことを表わしている。この他に2例を示そう。

> 風と雨、寒さと暑さ、安穏と豊年、あるいは繁栄について、「これらは

そもそもいつ生ずべし」、あるいは「あるなかれ」と言うべきでない。

vāo vuṭṭhaṃ va sīuṇhaṃ khemaṃ dhāyaṃ sivaṃ ti vā
kayā ṇu hojja eyāṇi mā vā hou tti no vae（Dasav. 7.51）

悪く言われた言葉や悪く行なわれた行為を、彼（愚者）は安穏をもたらす人にまき散らす。矢の嵐のごとくに。

dubhāsiyāe bhāsāe dukkaḍeṇa ya kammuṇā
joga-kkhemaṃ vahantaṃ tu usu-vāyo va sincati（Isibh. 33.3）

この詩節に現われた安穏はjoga-kkhemaであり、Skt. yoga-kṣema, Pā. yoga-kkhemaに対応する。この語は、古くは『リグ・ヴェーダ』に現われ、さらに『シュラウタ・スートラ』（*Śrauta-sūtra*）に頻出する[74]。これら最古のサンスクリット文献のyoga-kṣemaはdvandva compoundであり、「努力と休息」（exertion and rest）の意味で理解された。そしてそのため、仏教やジャイナ教文献においても、対応する語は同様に解釈されることが一般的であった。しかしながら、近年、パーリ語yoga-kkhemaがtatpuruṣa compoundとして、すなわち「〔肉体や精神の〕激しい活動からの休息」（rest from exertion）、あるいは「束縛からの平安」（peace from bondage）と解釈できること、そしてその方が当該の文献の文脈に適合すること、さらにSkt.のこの語とPā.のこの語との間で、意味、内容の変換が行なわれていたことが解明された。すなわち、仏教文献において、yoga-kkhemaないしkhemaはnibbāna（涅槃）の同義語であった[75]。

このことから類推すれば、ジャイナ教文献でも、ここで取り上げたjoga-kkhemaのように、Pā.と同様、'rest-from-exertion'の意味で理解することが可能であるばかりでなく、「涅槃」と同義と捉える方が、より文脈に適合することがわかる。

ここで仏教文献における、涅槃と同等な概念をもつと考えられるkhema, もしくはyoga-kkhemaの用例を示してみよう。

下は、仏陀がネーランジャラー河の畔で瞑想していたときの回想を述べた詩節である。

ネーランジャラー河の畔で安穏を得るために、努め励み専心し、努力して瞑想していた私に。

tam maṃ padhānapahitattaṃ nadiṃ Nerañjaram pati

viparakkamma jhāyantaṃ yoga-kkhemassa pattiyā（Sn. 425）

そして、ここに現われた安穏（yoga-kkhema）が何であるかは、Dhp. 23 が説き明かしてくれる。

禅定し、堪え忍び、常に力強く努力する賢者たちは涅槃に達する。これは無上の安穏である。

te jhāyino sātatikā niccaṃ daḷhaparakkamā

phusanti dhīrā nibbānaṃ yoga-kkhemaṃ anuttaraṃ（Dhp. 23）

このようにパーリ文献においては、近年、yoga-kkhema = nibbāna とする解釈が一般的となっている。

次に、この khema がどのような意味で nibbāna を示すのか、用例から見てみよう。というのも、これにより、先に述べたように compound を tatpuruṣa と理解することの妥当性も明らかになるからである。

人々は恐怖にかられて、山々、森林、園、樹木、霊樹など、多くのものを拠り所（saraṇaṃ）とする。

しかし、これらは安穏な拠り所ではない。これは最上の拠り所ではない。

この拠り所によって、人はすべての苦しみから解放されることはない。

もし誰かが仏と法と僧伽とを拠り所とするなら、彼は正しい智慧によって四つの尊い真理（四聖諦）を見る。

すなわち、彼は苦と、苦の生起と、苦の超克と、苦の寂滅に導く八支の尊い道（八正道）を見る。

これは安穏な拠り所である。これは最上の拠り所である。この拠り所によって、人はすべての苦しみから解放される。

bahuṃ ve saraṇaṃ yanti pabbatāni[76] vanāni ca

ārāma-rukkha-cetyāni manussā bhayatajjitā（Dhp. 188）

n' etaṃ kho saraṇaṃ khemaṃ n' etaṃ saraṇaṃ uttamaṃ

n' etaṃ saraṇaṃ āgamma sabbadukkhā pamuccati（Dhp. 189）

yo ca buddhañ ca dhammañ ca saṃghañ ca saraṇaṃ gato

cattāri ariyasaccāni sammapaññāya passati:（Dhp. 190）

dukkhaṃ dukkhasamuppādaṃ dukkhassa ca atikkamaṃ

ariyañ c' aṭṭhaṅgikaṃ maggaṃ dukkhūpasamagāminaṃ（Dhp. 191）

etaṃ kho saraṇaṃ khemaṃ etaṃ saraṇaṃ uttamaṃ

etaṃ saraṇaṃ āgamma sabbadukkhā pamuccati（Dhp. 192）

この文脈から明らかなのは、求められているものは「人を苦しみから解放する」「拠り所」であり、そのような拠り所が「安穏な拠り所」「最上の拠り所」と言われていることである。すなわち「安穏」(khema) とは「苦しみからの解放」(yoga-kkhema) であり、まさに tatpuruṣa compound が指し示す涅槃の思想なのである。仏・法・僧を拠り所とすること、すなわち、三帰依こそが安穏な拠り所であり、かつ最上の拠り所である。また、三帰依によって四聖諦を見ることができ、苦から解放されると説く。安穏は当然のこととして涅槃を意味している。

そして、仏陀の説いた言葉は安穏に導く言葉、すなわち、涅槃に到達するため、苦を滅するための言葉である。

涅槃に到達するため、苦を絶滅するためにブッダ（覚者）が説いた安穏の言葉は、実に諸々の言葉のうちで最高のものである。

yam buddho bhāsatī vācaṃ khemaṃ nibbāna-pattiyā

dukkhass' antakiriyāya, sā ve vācānam uttamā（Sn. 454）

日々精進に努め励むなら、安穏、すなわち涅槃に到達するのである。

再度、ジャイナ教について検討を加えてみよう。

Dasav. に、

４つの三昧を学んで、善く清浄となり、善く自己を一心に集中した人は、彼は自己のために、広大な幸福があって安楽をもたらす安穏の境地を作る。

abhigama cauro samāhio suvisuddho susamāhiyappao

viula-hiya-suhāvahaṃ puṇo kuvvai so paya-khemam appaṇo（Dasav. 9.4.11）

と述べられる。4つの三昧とは、規律三昧（vinaya-samādhi）、聞智三昧（śruta-samādhi）、苦行三昧（tapas-samādhi）、正行三昧（ācāra-samādhi）である。この4つの三昧を学んで安穏（khema）の境地を得よ、という。

また、Utt. 7.24には、

これら〔人間の〕愛欲は、限られた寿命において、クサ草の先端の〔水の〕量にすぎない。何故に人は安穏を見出さないのだろうか。

kusaggamettā ime kāmā sanniruddhaṃmi āue
kassa heuṃ purākāuṃ joga-kkhemaṃ[77] na saṃvide（Utt. 7.24）

とあり、瞬時の楽しみである愛欲を捨て去り、安穏（joga-kkhema）を見出すべく努力すべきことを説く。次の詩節でもkhemaやjoga-kkhemaが涅槃を暗示している。

牟尼よ、身体と心を苦しめられた生きものにとって、安穏で、幸福で、苦難のない場所をあなたは知っているか。

sārīra-māṇase dukkhe[78] bajjhamāṇāṇa pāṇiṇaṃ
khemaṃ sivam aṇābāhaṃ thāṇaṃ kiṃ mannasī muṇī（Utt. 23.80）

世界の頂上に不変の場所があります。しかしそれは登りがたい。そこでは老いも死もない。また病気も苦痛もないのです。

atthi egaṃ dhuvaṃ ṭhāṇaṃ log' aggaṃmi durāruhaṃ
jattha natthi jarā maccū vāhiṇo veyaṇā tahā（Utt. 23.81）

世界の頂上にあって苦難のない、つまり、老いであるとか、死であるとか、病気であるとか、苦痛であるとかが全くない、恒久不変の場所が安穏である、という。さらに続けて、

〔パーサ（AMg. Pāsa, Skt. Pārśva）の弟子〕ケーシは〔Mahāvīraの弟子〕ゴーヤマに言った。「あなたはその場所を何と呼ぶのか」と。ケーシのこれらの言葉に、ゴーヤマは次のように答えた。

ṭhāṇe ya ii ke vutte kesī goyamam abbavī
kesim evaṃ buvaṃtaṃ tu goyamo iṇam abbavī（Utt. 23.82）

「それは涅槃、苦痛からの解放、世界の頂上であるシッディ（siddhi, 成就）世界、安穏、幸福、寂静であり、大聖仙たちが渡ります。

nivvāṇaṃ ti abāhaṃ ti siddhī log' aggam eva ya

khemaṃ sivaṃ aṇābāhaṃ jaṃ caranti mahesiṇo（Utt. 23.83）

それは世界の頂上にある恒久の場所でありますが、しかし登りがたいのです。そこに到達した牟尼は悲しまないし、生存の流れの終わりを作ります。」

taṃ ṭhāṇaṃ sāsayaṃ vāsaṃ loyaggaṃmi durāruhaṃ

jaṃ saṃpattā na soyanti bhavohanta-karā muṇī（Utt. 23.84）

と述べ、涅槃、苦痛からの解放、シッディ、安穏、幸福、寂静をすべて同格とみなしており、大聖仙が到達していることを告げる。ここに示されたそれぞれの境地に到達したならば、もはや再生することはない。

さらに、安穏が Siddhi 世界と同一視されている。

身体のないものたちが〔登ることのできる〕はしごを登って、ゴーヤマよ、あなたは安穏で吉祥、無上の Siddhi 世界に行くであろう。ゴーヤマよ、貴重な機会を無駄にすべきでない。

akalevaraseṇim ussiyā

siddhiṃ goyama loyaṃ gacchasi

khemaṃ ca sivaṃ aṇuttaraṃ

samayaṃ goyama mā pamāyae（Utt. 10.35）[79]

以上、仏典とジャイナ教聖典では、理想の境地として涅槃（nibbāna / nivvāṇa）という語が用いられるよりも、より平易に安穏（khema, あるいは yoga-kkhema / joga-kkhema）という語が用いられている例が多く見られた。

なお、Skt. の yoga-kṣema は『バガヴァッド・ギーター』（*Bhagavad-gītā*）にも 1 箇所見られ、辻直四郎博士は至福＝解脱と訳している。

心を他に向けず、われを思念しつつ信奉する人、かく常に誠信に満てる者（nityābhiyukta）に、われは至福（yogakṣema 解脱）を捧ぐ[80]。

ananyāś cintayanto māṃ ye janāḥ paryupāsate

teśāṃ nityābhiyuktānāṃ yoga-kṣemaṃ vahāmy aham（Bh.G. 9.22）

2　彼岸

Sn. 714は次のように述べる。

高低種々の〔修行〕道が沙門によって説かれた。彼らは2度彼岸に行くことはないが、これは1度とは認知されない。

uccāvacā hi paṭipadā samaṇena pakāsitā:

na pāraṃ diguṇaṃ yanti, na idaṃ ekaguṇaṃ mutaṃ（Sn. 714）

第2半詩節は極めて難解であるが、註釈[81]は次のように説明する。1度煩悩を断じて彼岸に達すると、2度と煩悩を断ずる必要がない。反対にすべての煩悩を1つの道で断ずることは不可能であるから、1つの道によって彼岸に達することもない。すなわち、この詩節は「1度彼岸に達したなら、2度と行く必要はないが、しかし、彼岸に到る道はとても険しい」と教示している。それではどれほどの人が彼岸に到達するのであろうか。

Dhp. 85は、

人間たちの中で彼岸に到達する人は、ほんのわずかである。これら他の人たちは、此の岸を走り回っているにすぎない。

appakā te manussesu ye janā pāragāmino[82],

athāyaṃ itarā pajā tīram evānudhāvati（Dhp. 85）

と説き、彼岸に到達することは極めて困難であり、ほとんどの人が生死流転の生活（此岸）にあえいでいることを示している。ここに示されているように、彼岸は疑いもなく此岸に対する対岸を意味する語である。

（1）彼岸に関する譬喩

此岸からこの彼岸に渡る方法を、初期の仏典も初期のジャイナ教聖典も興味ある譬喩を用いて説き明かしているので、まずそれらの譬喩について検討してみよう。

Sn. 1059に、

何ものをも所有せず、愛欲や生存に執著しない人がバラモンであり、ヴェーダに精通した人（vedagu）であるとあなたが知った人、彼は確かに

〔輪廻の〕激流を渡った。彼は彼岸に達して心が荒々しくなく、疑念もない。

yaṃ brāhmaṇaṃ vedaguṃ[83] ābhijaññā

akiñcanaṃ kāmabhave asattaṃ,

addhā hi so ogham imaṃ atāri,

tiṇṇo ca pāraṃ akhilo akaṃkho（Sn. 1059）

とあり、何かを所有し、愛欲に執らわれる生活を送れば輪廻を繰り返す。初期仏典においては、この輪廻を激流（ogha）あるいは洪水に譬えている。そして、この輪廻の激流を渡る手段は舟であることを教える。

それ故、気をつけている人は常に愛欲を避けるべきである。それらを捨て、激流を渡れ。舟から水を汲み出して彼岸に到る人のように。

tasmā jantu sadā sato kāmāni parivajjaye,

te pahāya tare oghaṃ nāvaṃ sitvā va pāragū（Sn. 771）[84]

あるいは輪廻の激流を渡る手段としての筏が説かれる。

世尊は言った。「よく作られた私の筏はよく組まれていた。激流を渡り、渡り終わって彼岸に到達していた。もはや筏の必要はない。神よ、あなたが望むなら、雨を降らせよ。」

“baddhā hi bhisī susaṃkhatā,

iti Bhagavā

tiṇṇo pāragato vineyya oghaṃ,

attho bhisiyā na vijjati,—

atha ce patthayasī, pavassa deva”（Sn. 21）

初期仏典において、筏は仏の教えに譬えられる。したがって、仏の教えによって輪廻を超越して彼岸に到達せよと説いている。

これに対するジャイナ教でも、輪廻を大海に譬え、大海をやはり舟で渡って彼岸に到達すべきことを説く。

あなたは大海を渡った。何故、岸の近くにやって来て立ち止まっているのか。彼岸に急いで行きなさい。ゴーヤマよ、貴重な機会を無駄にすべきでない。

tiṇṇo hu si aṇṇavaṃ mahaṃ

kiṃ puṇa ciṭṭhasi tīram āgao

abhitura pāraṃ gamittae

samayaṃ goyama mā pamāyae（Utt. 10.34）

そして、大海は渡りがたく強い潮流がある[85]ように、輪廻の大海には大きな激流があるので、水漏れのしない舟で行かねば彼岸には到達できない。このことをパーサの弟子ケーシが、マハーヴィーラの弟子ゴーヤマに次のように告げる。

「舟は大激流のある大海で漂流する。ゴーヤマよ、あなたは舟に乗って、どのように彼岸に行くのであろうか。

aṇṇavaṃsi mahohaṃsi nāvā viparidhāvaī

jaṃsi goyama-m-ārūḍho kahaṃ pāraṃ gamissasi（Utt. 23.70）

水漏れのする舟は彼岸に到達しない。しかし、水漏れのしない舟は彼岸に到達するだろう。」

jā u sassāviṇī nāvā na sā pārassa gāmiṇī

jā nirassāviṇī nāvā sā u pārassa gāmiṇī（Utt. 23.71）

さらに続けて次のようにある。

ケーシはゴーヤマに言った。「あなたはこの舟を何と呼ぶのか」と。ケーシのこれらの言葉に、ゴーヤマは次のように答えた。

nāvā ya ii kā vuttā kesī goyamam abbavī

kesim evaṃ buvaṃtaṃ tu goyamo iṇam abbavī（Utt. 23.72）

「身体を舟という。命我は水夫といわれる。輪廻は大海といわれ、大聖仙たちはこれを渡ります。」

sarīram āhu nāva tti jīve vuccai nāvio

saṃsāro aṇṇavo vutto jaṃ taranti mahesiṇo（Utt. 23.73）

舟を操舵するのは水夫であるから、身体を動かすのは命我ということになる。それ故に、命我を愛欲等から護ることができるなら、輪廻の大海を渡ることができ、それは大聖仙の境地である。

また、Isibh. 28.19–20 に、

愛欲の対象である享楽を貪り、諸々の悪をなす人は、四面〔海に〕囲まれ、大きな恐怖に満ちた輪廻を彷徨うことになる。

je giddhe kāma-bhogesu pāvāiṃ kurute ṇare

se saṃsarati saṃsāraṃ cāurantaṃ mahab-bhayaṃ（Isibh. 28.19）

たとえば、生まれつきの盲人が水漏れのする舟に乗って、彼岸に行こうと望んでも、途中で沈むがごとくである。

jahā nissāviṇiṃ nāvaṃ jāti-andho durūhiyā

icchate pāram āgantuṃ antare cciya sīdati（Isibh. 28.20）

とあり、これは恐らく、Utt. 23.73 の大聖仙とは逆に、愛欲に汚され、行ないの悪い人は、命我が清浄でないために、恐ろしい輪廻転生を繰り返していることを述べているのであろう[86]。同様のことが Sūy. においても説かれる。

生まれつきの盲人が水漏れのする舟に乗って、彼岸に行こうと望んでも、途中で沈んでしまうように、

jahā assāviṇiṃ nāvaṃ jāi-andho durūhiyā

icchai pāram āgantuṃ antarā ya visīyai（Sūy. 1.1.2.31）

そのように、聖人でない誤った見解をもつ一群の沙門たちは、輪廻を超越したいと望んでも、輪廻を彷徨うことになる。

evaṃ tu samaṇā ege miccha-diṭṭhī aṇ-āriyā

saṃsāra-pāra-kankhī te saṃsāram aṇuppayaṭṭanti（Sūy. 1.1.2.32）

全く同一の詩節が Sūy. 1.11.30–31 にも存在するし、Sūy. 1.1.2.31 は、前出の Isibh. 28.20 と同趣旨である。『スーヤガダンガ』は異教徒と論争し、論破することを目的として作成された聖典であるので、輪廻を超越するためには異教徒の教義では不可能であるから、ジャイナの教えに従って精進しなければならないことを勧めている。

以上、仏典もジャイナ教聖典も、輪廻を激流や大海に譬えて、それを舟によって渡ることができる対岸が彼岸である、と共通に説いている。そして、仏典は航海中に水が漏れ入ってくる場合があっても、その水を汲み出しなが

ら航海せよと説くが、汲み出すべき水とは愛欲のことである。ジャイナ教聖典も水漏れのしない舟で彼岸に渡ることを勧めているが、漏れ込んでくる水とはやはり愛欲である。ここにも両宗教聖典の共通性がある。

(2) 到彼岸者

次に、彼岸（pāra）とは具体的には何を意味し、彼岸に到達した人がどのような特質をもっているかを検討してみよう。初期ジャイナ教では、

彼らは世界の一地域に住み、智慧と信仰を高める。彼らは輪廻の境界を渡り、すぐれた成就（siddhi）の状態に達する。

logegadese te savve nāṇadaṃsaṇasanniyā
saṃsārapāranitthiṇṇā siddhiṃ varagaiṃ gayā（Utt. 36.68）[87]

とあり、輪廻を超克し、siddhi の状態を得ることを彼岸と呼んでいる。siddhi とは解脱の境地、すなわち、一切の業（karman）を滅し尽くした後の霊魂が清浄になることを意味する。このような到彼岸者の資格をさらに考察してみよう。

仏典における仏の十号の1つにも数えられる「明行足」(vijjācaraṇa-sampanna) が、到彼岸者の資格として挙げられる。

私の名前は Sañjaya である。ゴーヤマの種姓である。私の師匠はガルダバーリで、明知と〔善〕行とを具足した到彼岸者（vijjācaraṇapāraga）である。

saṃjao nāma nāmeṇaṃ tahā gotteṇa goyamo
gaddabhālī mamāyariyā vijjācaraṇa-pāragā（Utt. 18.22）

世間の灯明である名声高き弟子がいた。すなわち、若い沙門 Keśi であり、彼は明知と〔善〕行とを具足した到彼岸者である。

tassa logapadīvassa āsi sīse mahāyase
kesīkumārasamaṇe vijjācaraṇa-pārage（Utt. 23.2）

Gardabhāli も Keśi も偉大な完成者であり、智慧と善行を具備した完成者である。

また、Utt. の第 25 章に dhammāṇa pāragā という定型句が 2 回出てくる。

第7詩節では「ヴェーダを知った僧」(veya-viū vippā)、「祭祀のためのバラモン」(jannatthā diyā)、「ジョーティシャーンガを知る者」(joisaṃga-viū) と同格であり、第38詩節では「祭祀者」(jaiyā jannāṇaṃ)、「ヴェーダを知る者」(veya-viū)、「ジョーティシャーンガを知る者」(joisaṃga-viū) と同格である。これらの者たちは食を施与されるに相応しい人たちである。したがって、「諸法の彼岸に到った者」(dhammāṇa pāragā [pl. nom.]) =「到彼岸者」も食を供されるに相応しい人である。諸法の彼岸に到った人は不殺生に努め、無所有を徹底して実践している人である。次の詩節はこのことを示す。

牟尼は諸法の彼岸に到った者であり、殺害することを止めた。自分のものという観念は悲しい。彼らは自分の財産を獲得しない。

dhammassa ya pārae muṇī
　　ārambhassa ya antae ṭhie
soyanti ya ṇaṃ mamāiṇo
　　no labbhanti niyaṃ pariggahaṃ (Sūy. 1.2.2.9)

この他に、Sūy. には「胎の到彼岸者」(gabbassa pāragā, Sūy. 1.1.1.22)、すなわち「輪廻の終焉に達した人」、「もはや輪廻転生しない人」と、「死の到彼岸者」(mārassa pāragā, Sūy. 1.1.1.25)、すなわち「死を超越した人」、「最後の身体をもつ人」という語が見られる。これら到彼岸者は覚者 (buddha) と同義である。

説示された法を研鑽する人たちは覚者であり、〔現実の生を〕終わらせる。彼らは両方の到彼岸者 ── 解脱して彼岸へ渡る人 ── であり、彼らはよく思慮された質問に答える。

saṃkhāi dhammaṃ ca viyāgaranti
　　buddhā hu te antakarā bhavanti
te pāragā doṇha vi moyaṇāe
　　saṃsodhiyaṃ paṇham udāharanti (Sūy. 1.14.18)

両方 (doṇha) とは、註釈によれば、彼ら自身と他の人々との二者を指すとされる。したがって、両方の pāraga とは、彼ら自身と他の人々を彼岸に到らせることを意味することになる[88]。しかし、仏教もジャイナ教も初期の時代には自己の修行のみで、他の人も共にという発想はない。むしろ上述の胎の到彼岸者、死の到彼岸者の両者を指しているのではないか。

初期ジャイナ教においては、このような到彼岸者になるためには、出家者としての行動をとること以外に彼岸に到達する道がないことを教える。

バラモン、あるいは王族の生まれであろうと、ウグラ族の子孫であろうと、リッチャヴィー族であろうと、出家者となって、他人によって施与された食を食する人は、〔かつての〕誇り高き種姓を誇らない。

je māhaṇe khattiyajāyae vā
tahuggaputto taha lecchaī vā
je pavvaīe paradattabhoī
gotte na je thabbhai māṇabaddhe（Sūy. 1.13.10）

よく修せられた明知と行ない以外は、彼にとって生まれも家系も何の役にも立たない。出離しても在家者のような行動をするなら、解脱して彼岸に到達した人とはならない。

na tassa jāī va kulaṃ va tāṇaṃ
nannattha vijjācaraṇaṃ suciṇṇaṃ
nikkhamma se sevai gārikammaṃ
na se pārae hoi vimoyaṇāe（Sūy. 1.13.11）

出身や出生による差別は、ジャイナ教においても存在しなかった。万人は平等であり、明知と行為がその人の価値を決定すると考えられていた。ジャイナ教においては、あくまでも出家者に相応しい行動をとらねばならなかったのである。

仏教も同様に、彼岸に到達した人の特性について具体的に記述している。

この障害、険道、輪廻、迷妄を超えて、渡り終わって彼岸に達し、禅定し、欲望なく、疑惑なく、執著することなく、心静まった人、彼を私はバラモンと呼ぶ。

yo imaṃ palipathaṃ duggaṃ saṃsāram moham accagā
tiṇṇo pāragato jhāyī anejo akathaṃkathī

anupādāya nibbuto, tam ahaṃ brūmi brāhmaṇaṃ（Sn. 638）

これはDhp. 414に同じである。palipathaは貪欲のこと、duggaは煩悩（kilesa）のことで、moham accagāは情欲に惑わされることがないの意味である。したがって、貪欲や煩悩や情欲に惑わされることがなくなり、彼岸に到達した人は、心静まった人のことであり、真のバラモンである。そして、

あなたは苦を滅ぼした人、彼岸に到達した人です。あなたは阿羅漢であり、等正覚者です。あなたは漏[89]を滅ぼした人だと思います。あなたは輝き、理解力に富み、智慧豊かな方です。苦を滅ぼした方よ、あなたは私を〔彼岸に〕渡らせてくださいました。

antagū si pāragū dukkhassa,
　　arahāsi sammāsambuddho, khīṇāsavaṃ taṃ maññe,
jutimā mutimā pahūtapañño,
　　dukkhass' antakara atāresī maṃ（Sn. 539）

と説き、彼岸に到達した人は、苦と漏を滅ぼし尽くし、阿羅漢、あるいは等正覚者ともみなされる。

また、正覚者とも呼ばれる。

バラモンよ、彼は実に正覚者であり、すべての存在を超越している（すべての法の彼岸に到った人である）。すべての神通と力とを得た。彼はあらゆるものを見透す眼をもっている。彼はすべてのものの消滅に達し、煩いを滅尽して解脱している。

so hi brāhmaṇa sambuddho sabbadhammāna pāragū
sabbābhiññābalappatto sabbadhammesu cakkhumā
sabbadhammakkhayaṃ patto vimutto upadhisaṃkhaye（Sn. 992）

さらに、牟尼を到彼岸者とも見ている。

すべての住処を知り、〔しかし〕それらの何ものも欲しないで、貪りを離れ、欲のないその牟尼は、実に〔善あるいは不善の〕行為をなさない。なぜなら、彼は彼岸に達しているからである。

aññāya sabbāni nivesanāni
　　anikāmayaṃ aññataram pi tesaṃ

sa ve munī vītagedho agiddho
nāyūhatī, pāragato hi hoti（Sn. 210）

このような到彼岸者は再びこの世に戻って来ることはない、とも説かれる。

彼らは見解を形成しない。彼らは〔いずれか1つの見解を〕特に好むことがない。彼らは諸々の事物に固執しない。バラモンは戒や誓戒によって導かれない。彼岸に渡って、聖人（このような人、tādi）[90]は再び戻って来ない。

na kappayanti na purekkharonti,
dhammā pi tesaṃ na paṭicchitāse,
na brāhmaṇo sīlavatena neyyo,
pāraṃgato na pacceti tādī ti（Sn. 803）

ここに述べられた見解とは、註釈によると[91]、六十二見説を指す。しかし、Sn. が作成されるとき、六十二見説が整えられていたとは考えにくい。この詩節の主旨は、排他的独善説を形成することなく、教条主義に陥ってはいけないと諭している。

再びこの世に戻らないとは、輪廻転生から解き放たれたことを意味し、当然のこととして、生まれることがなければ老いることもない。次のようにも言われる。

生存の彼岸に達した人（pāragū）は前より離れよ。後より離れよ。中間より離れよ。あらゆることがらに心が解脱していて、汝はもはや生と老いとに近づかない。

muñca pure muñca pacchato
majjhe muñca bhavassa pāragū,
sabbattha vimuttamānaso
na punañ jātijaraṃ upehisi（Dhp. 348）

註釈において[92]、「前」とは過去の生存に対する執著、「後」とは未来の生存に対する執著、「中間」とは現在の生存に対する執著と説明される。生存に執著のなくなった人は、心が解脱していて、輪廻の流れを渡り、涅槃を得た人なのである。このような人は、「自己堅固で偉大な智慧者」(pahūta-pañña)[93]

であり、仏陀その人を指して使われる[94]。

ジャイナ教で dhammāṇa pāragā, 仏教において dhammāna pāragū という語句は、直訳すれば「諸法の彼岸に到った者」であるが、同時に「諸々のことがら、あるいは事象を知り尽くした人」を意味する。パーリ語において pāragū は pāragata, pāragāmin, pāragavesin, pāraṅgata, pāraṅgamana と同義であり、「彼岸に到った人」「到彼岸者」の意味をもつ。

また、この「諸法の彼岸に到った者」は、聖者の呼称である明行足、牟尼、覚者（以上ジャイナ教)、バラモン、阿羅漢、等正覚者、正覚者、牟尼（仏教）とも呼ばれている。このような聖者は、輪廻の終焉に達した人、死を超越した人、最後の身体をもつ人と言われるように、もはや生存に対する執著はなく、心安らかな境地にある人である。

要するに、彼岸とは輪廻を超克した後に得られる涅槃の境地であり、この境地に達した人が到彼岸者であることを、両宗教とも等しく説いている。

（3）到彼岸の方法

これまで「到彼岸者」の特質について述べてきたが、最後に、彼岸に到る手段、または方法について検討する。まず、初期仏典がどのように告げているかを見てみよう。

Sn. 1130 は彼岸に到るための道を pārāyana と呼んでいる。

> 無上の道を修行する人は此岸から彼岸に行くであろう。それは彼岸に到るための道である。それ故に、彼岸に到る道と言われる。
>
> apārā pāraṃ gaccheyya bhāvento maggam uttamaṃ,
> maggo so pāraṅgamanāya, tasmā pārāyanaṃ iti（Sn. 1130）

無上の道とは仏陀の説かれた道であり、仏陀の教えを実践する人は彼岸に渡ることができる。次のようにも説かれる。

> 1つ1つの質問に対して覚者が説かれたように、そのように実践する人は此岸から彼岸に到るであろう。
>
> ekamekassa pañhassa yathā buddhena desitaṃ,

tathā yo paṭipajjeyya, gacche pāraṃ apārato（Sn. 1129）

仏陀の説かれた道とは、善逝（sugata）のもとで梵行（brahmacariya）を行なうことでもある。

妻も私も従順です。私たちは善逝のもとで梵行を行ないましょう。生死の彼岸に行って苦しみを終わらせましょう。

gopī ca ahañ ca assavā
　　brahmacariyaṃ sugate carāmase,
jātimaraṇassa pāragā
　　dukkhass' antakarā bhavāmase（Sn. 32）

また、怒りを制することも彼岸に到る条件となる。

へびの毒が〔身体を通って〕広がるとき、薬で〔人が制する〕ように、怒りが湧き起こったとき、それを制する比丘は、この岸とかなたの岸とをともに捨てる。へびが脱皮して古い皮を捨て去るように。

yo uppatitaṃ vineti kodhaṃ
　　visataṃ sappavisaṃ va osadhehi,
so bhikkhu jahāti orapāraṃ
　　urago jiṇṇam iva tacaṃ purāṇaṃ（Sn. 1）

「へびが脱皮して古い皮を脱ぎ捨てる」という表現は、ウパニシャッドや『マハーバーラタ』にも見出すことができるし、ジャイナ教においても同様な表現がある[95]。この場合、享楽的生活から改心して、心の自由を求め出家生活に入ることを意味する。

上で「この岸とかなたの岸」と訳した pāda c の ora-pāraṃ は、種々に解釈されている。例えば「此岸と彼岸」である。此岸とは迷いの生存を、彼岸とは悟りの境地を意味しているのであるから、此岸も彼岸も捨てるとは、迷いも悟りも超えたところにある絶対的理想の境地を得ることを示していると思われる[96]。しかし、そのような思想を読み込むことは、時期尚早と言うべきではないだろうか。もし此岸も彼岸も捨てるという思想があったのだとすれば、そこにはまず此岸に対する否定と彼岸への肯定の価値判断があり、その上で、その両者を相対的と見て否定するというもう一段高次な判断があったことになる。

しかし、これまでに見たように、涅槃とも解される安穏（yoga-kkhema）は「苦からの解放」であり、輪廻を超越して彼岸に到達することが、本項で見てきた到彼岸の本旨である。さらに言えば、出家し彼岸を目指すという志向のもとに展開されるこの書の冒頭で、此岸ばかりでなく彼岸をも否定する思想が述べられるとは考えられない。

ここでもう1度、原語を忠実に見ていこう。元来、此岸・彼岸と価値判断を伴って語られる場合には、上のSn. 1129にあるようにapāra, pāraの語が使われる。これに対して、ここで使われているorapāraは、価値判断を伴わずに近い岸と遠い岸を表わす語である[97]。それは言うなれば、今世と生まれ変わった後の世、まさに輪廻の渦中の今世と来世である。であればこそ、へびの抜け殻のように捨てるべきは今世と来世、つまり輪廻の生であると読めるのであり、これまで見てきた沙門の修行、Sn.の思想とも矛盾しない表現であることが理解できる。

他方、ジャイナ教は彼岸に到る方法をどのように説いているのであろうか。想像を絶するような苦行によって、マハーヴィーラが到彼岸者になった事実が、最古の聖典であるĀy.に、しかも古Āryā韻律で記述されている。

> 象が戦闘の長であるように、そのようにそこにおいてかの大雄もまた、到彼岸者である。そこLāḍhaにおいて1つの村へも、彼はかつて到達することができなかった〔が、心乱れることは全くなかった〕。
>
> ‘nāo’ saṃgāma-sīse va　　pārae tattha se mahā-vīre
>
> evaṃ pi tattha Lāḍhehiṃ　　aladdha-puvvo vi egayā gāmo（Āy. 1.9.3.8）

象が戦闘の長であるとは、仏典の『長老偈』[98]によれば、出家修行者が森の中にいて蚊や虻に刺されても、思いをこらしてじっと堪え忍ぶ様を、戦場の先陣にいて、じっと堪え忍ぶ象に譬えている。Utt.やSūy.においてもこれと同様の表現があり[99]、マハーヴィーラも種々の迫害にじっと堪え忍び、到彼岸者となったと記されている。何よりLāḍha国での修行は厳しいものがあり、マハーヴィーラといえども、村人に襲われたり、犬に咬みつかれたりすることがあったという。これについては「村の棘」（gāma-kaṇṭae）に「耐える」（ahiyāsae）という表現が、このことを端的に示している[100]。そのような種々の苦難に耐えることが到彼岸者の条件であり、このような苦行こそが彼岸に渡る最善の方法であった。

3　涅槃に関する種々の表現

古代インドにおいて、精神的解放を意味する最も一般的な語は「解脱」であった。これに対して「涅槃」の語を用いるのは反バラモンの異教徒であった[101]。これまで「安穏」と「彼岸」の用例を通して、それらは涅槃の意味に用いられていたことが明らかとなったが、その他に涅槃に関する表現としてどのようなものがあったかを 2, 3 検討することにする。

(1) 苦しみの終滅

仏教では苦しみの終滅について、「諸行無常」「一切皆苦」「諸法無我」を知見するなら、人は苦から遠ざかり離れることができる、という表現が見られる。これらは後世、三法印として体系化される。

「すべての形成されたものは常ならず」と知によって見るとき、人は苦から遠ざかり離れる。これが清浄になるための道である。
"sabbe saṃkhārā aniccā" ti yadā paññāya passati
atha nibbindatī dukkhe, esa maggo visuddhiyā（Dhp. 277 = Th. 676）[102]
「すべての形成されたものは苦である」と知によって見るとき、人は苦から遠ざかり離れる。これが清浄になるための道である。
"sabbe saṃkhārā dukkhā" ti yadā paññāya passati
atha nibbindatī dukkhe, esa maggo visuddhiyā（Dhp. 278 = Th. 677）
「すべての事物は我ならざるものである」と知によって見るとき、人は苦から遠ざかり離れる。これが清浄になるための道である。
"sabbe dhammā anattā" ti yadā paññāya passati
atha nibbindatī dukkhe, esa maggo visuddhiyā（Dhp. 279 = Th. 678）

また、眼・耳・鼻・舌を制御し、さらに身・口・意を制御する人は、すべての苦から解放されることが説かれる。

眼を制御することはよい。耳を制御することはよい。鼻を制御することはよい。舌を制御することはよい。

cakkhunā saṃvaro sādhu, sādhu sotena saṃvaro,
ghāṇena saṃvaro sādhu, sādhu jivhāya saṃvaro（Dhp. 360）

身体を制御することはよい。言葉を制御することはよい。心を制御することはよい。あらゆることについて制御することはよい。比丘はあらゆることについて制御し、すべての苦から解放される。

kāyena saṃvaro sādhu, sādhu vācāya saṃvaro,
manasā saṃvaro sādhu sādhu sabbattha saṃvaro
sabbattha saṃvuto bhikkhu sabbadukkhā pamuccati（Dhp. 361）

さらに、束縛を振り払う人に苦悩は存在しないとも言われる。

〔人生の〕旅を終え、悲しみを離れ、すべてから解放されて、すべての束縛を振り払う人に、苦悩は存在しない。

gataddhino visokassa vippamuttassa sabbadhi
sabbaganthappahīnassa pariḷāho na vijjati（Dhp. 90）

これに対して、ジャイナ教に説く苦しみの終滅については、Utt. に、

このように、これらの法に一身を捧げた人たちはすべて、やがて悟りを得た。彼らは生と死の恐怖に怯え、苦の終焉を求めた。

evaṃ te kamaso buddhā savve dhamma-parāyaṇā
jamma-maccu-bha' uvviggā dukkhass' anta-gavesiṇo（Utt. 14.51）[103]

虚妄のない教えにおいて、彼らは以前の実践によって修習を得て、短い時間に苦の終焉に達した。

sāsaṇe vigaya-mohāṇaṃ puvviṃ bhāvaṇa-bhāviyā
acireṇeva kāleṇa dukkhass' antam uvāgayā（Utt. 14.52）[104]

と述べられ、Isibh. 17.1 は、

この知は大知であり、すべての知の中で最高のものである。その知を成

就してから後に、すべての苦から解放される。

imā vijjā mahā-vijjā savva-vijjāṇa uttamā

jaṃ vijjaṃ sāhaittāṇaṃ savva-dukkhāṇa muccatī（Isibh. 17.1）

と説示する。また、Sūy. 1.1.1.19 は異教徒を非難して次のように述べる。

〔これらすべての異教徒は言った。〕「家に住み、森に住み、丘に住む人たちが、われわれの教義を受け入れるなら、すべての苦から解放されるだろう。」

agāraṃ āvasantā vi āraṇṇā vāvi pavaiyā

imaṃ darisaṇam āvannā savva-dukkhā vimuccai（Sūy. 1.1.1.19）

これら諸例に見られるように、仏教とジャイナ教で説く「苦の終滅」に関して、極めて類似した表現を指摘することができる。

仏教	ジャイナ教
sabbadukkhā pamuccati （すべての苦から解放される）	savva-dukkhā vimuccai （すべての苦から解放される） savva-dukkhāṇa muccatī （すべての苦から解放される）
nibbindatī dukkhe （苦から遠ざかり離れる） pariḷāho na vijjati （苦は存在しない）	dukkhass' antam uvāgayā （苦の終焉に達した）

（2）最後身

初期仏典においては、最後の身体をもつ、すなわち、この生存が最後の身体で、もはや来世に身体を受けることがないという表現が見られる。

悟りの究竟に到り、恐れることなく、渇愛なく、罪のない人は、生存の矢を断ち切った。これが最後の身体である。

niṭṭhaṅgato asantāsī vītataṇho anaṅgaṇo

acchidda bhavasallāni antimo 'yaṃ samussayo（Dhp. 351）

渇愛を離れ、執著なく、言葉の意義に精通し、諸々の文字の結合と、前後関係を知るならば、彼こそ最後の身体を有する人、大いなる智慧ある人と呼ばれる。

vītataṇho anādāno niruttipadakovido
akkharānaṃ sannipātaṃ jaññā pubbāparāni ca
sa ve antimasārīro mahāpañño mahāpuriso ti vuccati（Dhp. 352）

迷妄から起こる障りは何も存在せず、あらゆる事物に関する知見があり、最後の身体をもち、無上の幸せである悟りに達し、これだけで個人の魂（yakkha）は清浄となる。如来は献菓に値する。

mohantarā yassa na santi keci,
sabbesu dhammesu ca ñāṇadassī,
sarīrañ ca antimaṃ dhāreti,
patto（ca）sambodhi anuttaraṃ sivaṃ —
ettāvatā yakkhassa[104] suddhi —
tathāgato arahati pūraḷāsaṃ（Sn. 478）

また、Sn. 746 には、

生存に対する渇愛を断ち切り、心静まった比丘にとって、生を繰り返す輪廻は超えられた。彼にとってもはや新しい生存はない。

ucchinnabhavataṇhassa santacittassa bhikkhuno
vitiṇṇo jātisaṃsāro, n' atthi tassa punabbhavo（Sn. 746）

とあり、輪廻を超えた比丘にとって、今世の身体は最後身であるため、来世における新しい生存はないことを告げている。少し異なる表現で「新しい生存に戻ることはない」も見られる。

正しく見、正しく知り、ヴェーダに精通した人、賢人たちは、悪魔の束縛に打ち克って、新しい生存に戻ることはない。

sammaddasā vedaguno[106] samma-d-aññāya paṇḍitā
abhibhuyya mārasaṃyogaṃ nāgacchanti punabbhavan（Sn. 733）

それ故に、賢人たちは執著が消滅するが故に、正しく知って、生命の消滅したことを理解して、新しい生存に戻ることはない。

tasmā upādānakkhayā samma-d-aññāya paṇḍitā
jātikkhayaṃ abhiññāya nāgacchanti punabbhavan（Sn. 743）

これに対して、ジャイナ聖典はどうであろうか。まず、Dasav. 10.21 と Utt. 21.24 を見てみよう。

自我が常に幸福に住する人は、この不浄にして無常である身体の住居を、常に捨てるべきである。生死の束縛を断ち切って、比丘は再び戻ることのない境界（不還趣）に至る。

tam̩ deha-vāsam̩ asuim̩ asāsayam̩
　　sayā cae nicca-hiya-t̩t̩hiy'appo
chindittu jāī-maran̩assa bandhan̩am̩
　　uvei bhikkhū apun̩āgamam̩ gaim̩（Dasav. 10.21）

善と悪との両方を滅ぼして、罪のない者となり、すべて〔の束縛〕から解放され、大海のような生存の大きな流れを渡って、サムドゥラパーラ（Samudrapāla）は、再び戻ることのない境界（不還趣）に至った。

duviham̩ khaveūn̩a ya pun̩n̩a-pāvam̩
　　niram̩gan̩e savvao vippamukhe
tarittā samuddam̩ va mahābhav' ogham̩
　　samuddapāle apun̩āgamam̩ gae（Utt. 21.24）

「不還趣に至る」とは、生死の束縛を断ち切って解脱した霊魂が、再びこの世の状態に戻って来ることがないことを意味する。この他、趣（輪廻生存の境界、gai = Skt. gati）の語がなく不還（apun̩āgama）のみの詩節も存在する。

また、Utt. 14.28 は、

私は今日にも法を実践します。これを実践する私たちは、再び生まれることはないでしょう。来世は私たちにとって何の意味もありません。信によって貪欲を消滅することは可能です。

ajjeva dhammam̩ pad̩ivajjayāmo
　　jahim̩ pavannā na pun̩abbhavāmo
an̩āgayam̩ neva ya atthi kim̩cī
　　saddhā-khamam̩ n̩e vin̩aittu rāgam̩（Utt. 14.28）[107]

と説き、法の実践によって再生がないことを示している。この詩節において、再生の原因になるものとして貪欲（rāga）を挙げているが、ジャイナ教においては4 つの煩悩（汚濁）として、怒り（koha, Skt. krodha)、高慢（māṇa, Skt. māna)、偽り（māyā, Skt. māyā)、貪欲（loha, Skt. lobha）を数えるのが普通である[108]。次の詩節は、4 つの汚濁があるうちは、再生を止めることができないことを表わしている。

抑制されない怒りと高慢と、〔悪を〕増長する偽りと貪欲と、これら4 つの黒い汚濁は、再生の根に水を注ぐ。

koho ya māṇo ya aṇiggahīyā
　　māyā ya lobho ya pavaḍḍhamāṇā
cattāri ee kasiṇā kasāyā
　　siñcanti mūlāi puṇabbhavassa（Dasav. 8.39）[109]

さらに、「再びこの世のために速やかに来ない」という表現もある。Isibh. の各章は、

このように、彼は覚者（buddha)、愛著を離れた者（virata)、悪を離れた者（vipāva)、調御する者（danta)、自制者（davia)、乃至、聖者（tāiṇ）であって、再びこの世のために速やかに来ない、と私は言う。

evaṃ se buddhe virate vipāve dante davie alaṃ tāiṇo puṇar-avi icc-atthaṃ havvam āgacchati tti bemi（Isibh. 各章末）[110]

の定型句で終わっている。

以上の最後身に関わる用例については、ウパニシャッドに、

彼は再び行かない。

na ca punar āvartate（*Chāndogya-upaniṣad* 7.15）

の表現があることから、仏教もジャイナ教もウパニシャッドの影響を受けたと考えられよう。

これらの用例（次頁表参照）からも、両宗教間で類似した表現を指摘することができる。

以上は、両宗教が、苦の多い生存の繰り返しである輪廻から脱出して、現世の生存が最後になることを目標とした共通の基盤があったことを推定せ

仏教	ジャイナ教
acchidda bhavasallāni （生存の矢を断ち切った）	chindittu jāī-maraṇassa bandhaṇaṃ （生死の束縛を断ち切って） tarittā samuddaṃ va mahābhav' oghaṃ （大海のような生存の大きな流れを渡って）
antimo 'yaṃ samussayo （これが最後の身体である） sa ve antimasārīro （彼は最後の身体をもつ人である） sarīrañ ca antimaṃ dhāreti （彼は最後の身体をもつ）	uvei bhikkhū apuṇāgamaṃ gaiṃ （比丘は不還趣に至る） apuṇāgamaṃ gae （不還趣に至った）
n' atthi tassa punabbhavo （彼にとってもはや新しい生存はない）	na puṇabbhavāmo （私たちは再び生まれないでしょう） mūlāi puṇabbhavassa （再生の根に〔ならない〕）
nāgacchanti punabbhavan （新しい生存に戻ることはない）	puṇar-avi icc-atthaṃ havvam āgacchati （再びこの世のために速やかに来ない）

しめる。

（3）不死の獲得

Dhp. 411 = Sn. 635 に、

執著がなく、知識の故に疑惑なく、不死の底に達した人、彼を私はバラモンと呼ぶ。

yassālayā na vijjanti aññāya akathaṃkathī

amatogadhaṃ anuppattaṃ tam ahaṃ brūmi brāhmaṇaṃ（Dhp. 411 = Sn. 635）

とあり、バラモンの資格として不死の底に達していることが挙げられる。註釈によれば、不死とはニルヴァーナのことであるという。また、Sn. 204 では、不死、平安、涅槃が同格に扱われている。

欲望と貪欲を離れ、この世において智慧ある比丘は、不死、平安、不滅なる寂静の境地（涅槃）に到達した。

chandarāgaviratto so bhikkhu paññāṇavā idha

ajjhagā amataṃ santiṃ nibbāna-padam accutaṃ（Sn. 204）

また、不死に到達するためには八正道の実践によることも説かれる。

これを行なって、幸せを求める人は幸せを得、名誉を獲得する。すなわち、不死に到達するのに、正しくまっすぐな八支よりなる尊い道（八正道）を修習する人は、彼の名声を増大する。

sukhaṃ sukhattho labhate tad ācaraṃ,
　kittiñ ca pappoti, yas' assa vaḍḍhati
yo ariyam aṭṭhaṅgikam añjasaṃ ujuṃ
　bhāveti maggaṃ amatassa pattiyā（Th. 35）[111]

これに対して、Isibh. 3.11 は、

これら生と死の束縛を知った人は、生と死を断ち、塵がなくなって成就（siddhi）に行く。

jassa ete parinnātā jātī-maraṇa-bandhaṇā
se chinna-jāti-maraṇe siddhiṃ gacchati ṇīrae（Isibh. 3.11）

と説いている。生と死を断ったとは輪廻を断つことを意味している。

そして、不死を獲得した人は涅槃の境地を得たと同じであり、そのような人は修行完成者として、供養を受けるに値することが説かれる。

これらの過失を常に避け、牟尼たちの中において善く誓戒を守る人は、この世界において不死者のように供養される。彼は他の世界と同様にこの世界を得る。

je vajjae ee sayā u dose
　se suvvae hoi muṇīṇa majjhe
ayaṃsi loe amayaṃ va pūie
　ārāhae logam iṇaṃ tahā paraṃ（Utt. 17.21）[112]

これらの諸例が示すように、仏教もジャイナ教も「不死」を涅槃としてとらえ、不死を獲得することを両宗教ともに目標としていたことが知られる。

(4) 涅槃の内容

これまで仏教とジャイナ教の共通の基盤を窺わせる事例をいくつか取り上げ、検討を試みてきた。しかしながら、その後の教法の体系化に伴い、涅槃の内容と涅槃を得るための方法には相違が現われてきた。

仏教では Dhp. 89 に次のようにある。

悟りの〔七〕支分に正しく心を修め、執著なく、愛著を捨てることを喜び、漏を滅して[113]輝く人は、この世において涅槃に達する。

yesaṃ sambodhi-aṅgesu sammā cittaṃ subhāvitaṃ
ādānapaṭinissagge anupādāya ye ratā
khīṇāsavā jutīmanto te loke parinibbutā（Dhp. 89）

悟りの支分とは、後世『倶舎論』等において「悟りを得るために役立つ7つのことがら」として体系化され、七覚支と呼ばれるようになる。七覚支とは、1. 択法覚支、教えの中から真実なるものを選び取り、偽りのものを捨てる。2. 精進覚支、心から努力する。3. 喜覚支、真実の教えを実行する喜びに住する。4. 軽安覚支、心身をかろやかに快適にする。5. 捨覚支、対象へのとらわれを捨てる。6. 定覚支、心を集中して乱さない。7. 念覚支、おもいを平らかにする[114]の7つである。ただ、悟りの支分（覚支）は、初期の段階では七覚支として体系化されていたわけではなく、この世で生活を営みつつもすべての世俗的欲望から解放された状態を指し、これを涅槃と呼んでいた。涅槃（nirvāṇa）は個人の消滅を意味することもあるが、幸福の状態を言い換えている場合もある。

これに対してジャイナ教では、Utt. 5.2–3 に、

死という終わりに関して〔過去の聖者たちによって〕語られた、これら2つの分類がある。すなわち、自分の意に反した死と、自発的な死とである。

sant' ime ya duve ṭhāṇā akkhāyā maraṇantiyā
akāma-maraṇaṃ ceva sakāma-maraṇaṃ tahā（Utt. 5.2）[115]

自分の意に反した死は愚者たちのものであり、何度も起こるであろう。
しかし、自発的な死は賢者（賢人）たちのもので、ただ1度だけ起こる。
bālāṇaṃ tu akāmaṃ tu maraṇaṃ asaiṃ bhave
paṇḍiyāṇaṃ sakāmaṃ tu ukkoseṇa saiṃ bhave（Utt. 5.3）[116]

と述べて、修行を完成し、涅槃の境地を得た賢者は死を選ぶべきこと（自殺）を勧めている。それも断食による死であり、死の選び方によって来世の運命が決定されるとまで説かれるようになった。この断食死が解脱と呼ばれるところにジャイナ教の解脱の特徴がある。

さらに、Āy. 1.8.8 において、自殺するに相応しい状態に達した賢者の3種の死の形式が具体的に説かれている[117]。この3種の死については、第3章第3節2(2)⑬でも紹介したが、ジャイナ教の解脱観を特徴づける重要な要素なので、ここに再説する。すなわち、

1. 森や村において生類がいないことを確かめて、筵を敷き横になりながら断食をする。横になった彼を、地面を這う生きものや空を飛ぶ生きものが襲って来て、彼の肉を食べ、血を吸っても、それを振り払ったりせずにじっと耐えるのである。また、世俗的なことがらに心を奪われない。漏入（āsava）が止み、縛（gantha）[118]が滅したとき、その修行者は生涯を終えるのである。(vv. 7–11ab)
2. 草のある場所を避け、何も生えていない地面に直接横になる。原則として身体を動かさずに静かにしているのであるが、横臥、坐居に疲れたときには、身体の伸縮や歩行が許される。生類のいない場所で食を断ちながらじっと死を迎える。(vv. 11cd–18)
3. 生類のいない場所に留まり、そこを決して動くこともなく、身体の一切の動きをも止める。断食しながら、艱難（parīsaha）辛苦（uvasagga）に耐えて、すべての愛欲を離れて死を迎える。(vv. 19–23)

の3つの型である。1は爬虫類や鳥の襲撃を耐えながらの断食死、2は一定の場所に留まって迎える死、3は身体を全く動かすことなく死ぬことと規定できる[119]。この順番がより高次な死に方とみなされていて、Āy. 1.8.8.25 では、これらの中からどれか1つを選ぶべきことが勧められている。

しかしながら、1〜3はどれも断食死であり、2と3の区別は明瞭であっても、2が1よりどのように勝れているかは判然としないであろう。そこで、次のように考えてみた。1には、未だ他の生きものに喰われて死期を早めたいという姑息な思いが残留している。2は他の生きものに喰われて死期を早めようとする計らいがない分、覚悟が定まっているが、姿勢を変えることが許される分、3より心身のコントロールが劣る。3は禅定に入り、微動だにせずに死を迎えるということで、ヨーガ行者として最高の死に方である[120]。

なぜこれほどまでに断食死が称賛されるのであろうか。それは偏に他の生命を奪うことがないという自己完結的行為であるからである。そればかりか、断食によって身体が憔悴し、それに伴って情欲が一切消滅してしまう。つまりこれは業によって束縛されていたアートマンが自由になり、解脱したことを意味する。言い換えれば肉体の消滅と同時に、清浄になったアートマンはもはや輪廻転生を繰り返すことはない。ここにジャイナ教が断食による死を解脱に向かう最上の方法とする理由がある。

(5) 涅槃に到る方法

Sn. 729–730 は、

> 人々がこの状態から他の状態へと、何度も何度も生死を〔繰り返す〕輪廻に赴くのは、その無明の結果である。
>
> “jātimaraṇasaṃsāraṃ ye vajanti punappunaṃ
> itthabhāvaññathābhāvaṃ, avijjāy’ eva sā gati（Sn. 729）
>
> というのは、この無明は大きな迷妄であり、それによって、長い間、この輪廻に赴いた。しかし、明知に達したいかなる有情も、新しい生存に戻ることはない。
>
> avijjā h’ ayaṃ mahāmoho, yen’ idaṃ saṃsitaṃ ciraṃ,
> vijjāgatā ca ye sattā, nāgacchanti punabbhavaṃ”（Sn. 730）

と述べて、輪廻の原因が無明にあることを指摘する。それ故に輪廻を脱する、すなわち涅槃を得る方法として、「明知を得ること」を提示する。

もし誰かが仏と法と僧伽とを拠り所とするなら、彼は正しい智慧によって四つの尊い真理（四聖諦）を見る。

yo[121] ca buddhañ ca dhammañ ca saṃghañ ca saraṇaṃ gato
cattāri ariyasaccāni sammapaññāya passati:（Dhp. 190）

すなわち、彼は苦と、苦の生起と、苦の超克と、苦の寂滅に導く八支の尊い道（八正道）を見る。

dukkhaṃ dukkhasamuppādaṃ dukkhassa ca atikkamaṃ
ariyañ c' aṭṭhaṅgikaṃ maggaṃ dukkhūpasamagāminaṃ（Dhp. 191）

明知とは正しい智慧であり、四聖諦（cattāri-ariya-saccāni）を意味する。すなわち、1. 苦、2. 苦の生起（原因）、3. 苦の超克、4. 苦の寂滅に導く八支の聖なる道、という四つの真理である。この四聖諦は Dhp. 192 において、安穏な拠り所（saraṇaṃ khemaṃ）であり、最上の拠り所（saraṇaṃ uttamaṃ）でもあり、この拠り所（帰依処）を獲得したなら、すべての苦悩から脱して、涅槃に到達することができる、と説示される。

ここに見られる「正しい智慧をもって四聖諦を見る」ことによって涅槃に到るという表現は、Th. 35 では、正しくまっすぐな八支よりなる尊い道（＝八正道）の実践によって不死に到達する、とも説かれる。これはやがて、仏教教団において八正道の実践が強調されるようになったことの証左であろう。

これに対してジャイナ教では、Dasav. 3.15 で、

自制と苦行によって過去の諸々の業を滅して、成就の道に到達した聖人たちは、涅槃を得る。

khavittā puvva-kammāiṃ saṃjameṇa taveṇa ya
siddhi-maggam aṇuppattā tāiṇo parinivvuḍa（Dasav. 3.15）

と説くが、同趣旨の詩節は他にもある。

自制と苦行によって過去の諸々の業を滅して、すべての苦を取り除くという目的をもった大聖仙は、〔涅槃に〕赴く。

khavettā puvva-kammāiṃ saṃjameṇa taveṇa ya
savva-dukkhapahīṇaṭṭhā pakkamanti mahesiṇo（Utt. 28.36）

ジャイナ教ではやがて、自制に努め励むのは、新たに業を形成しないため

であり、苦行を行なうのは、これまでに形成された業を浄化する効果があるからである、と説かれるようになる[122]。

仏教は、人間が輪廻転生を繰り返すのは無明が原因であるから、明知をもつことによって涅槃を得ると説くのに対して、ジャイナ教は、自制と苦行によって業を滅ぼすことが涅槃へ到る道であるとする。ここに両宗教における実践道に対する基本的立場の相違を読み取ることができる。

第４節　小結

仏教やジャイナ教の古層聖典に現われる法（dhamma）の用例と内容とを比較するとき、法が共通の概念に基づいていることが知られる。主な用例として仏教では「法を喜ぶ」、「法を楽しむ」、「法の喜びを味わっている」、「法の喜び」、「法に住する」、「法に従って行なう」があり、ジャイナ教においては「法を喜ぶ」、「法に住する」、「法に従って生きる」が指摘される。これらは極めて類似した表現であり、法の含む概念がほぼ同一と理解されよう。

すなわち、最初期において、「法を喜ぶ」、「法を楽しむ」という場合の法とは、「執著を離れて平安の境地に到達すること」を意味している[123]。また、「法に住する」、「法に従って行なう」、「法に従って生きる」というときの法は、遵守すべき行為の規範を表わしているように思われ、このことは両宗教の修行者が、行為の規範、あるいは人倫の規範としての法に基づいた行動をしていたという、共通の基盤を推定せしめる。

やがて、宗教としてのそれぞれの立場が確立するにつれ、その宗教独自の教説を伝えることが要求されるようになる。宗教が他人の救済を目的としている以上、他人にその宗教独自の法を伝えることがその教団の発展に不可欠であり、それは慈悲行と考えられるようになった。この場合の法とは、仏陀やマハーヴィーラが悟りえた「真理」であり、真理に基づいた彼らの「教え」を意味している、と言えよう。

そして、法はその宗教教団の独自の教理を包含するようになる。例えば、仏教においては正しい智慧によって、四つの尊い真理を見ることが強調され、また、ジャイナ教においては不殺生（ahiṃsā）と自制（saṃjaya）と苦行（tavo）が最も重要な術語であるが、Dasav. 1.1 では「法は不殺生と自制と苦行である」とまで言われるに至る。

また、輪廻思想は仏教とジャイナ教においてともに説かれるが、これはウパニシャッド以来のインド思想に共通の基盤があるからである。特に業説に基づく表現に共通性を見出すことができ、さらに、善因楽果・悪因苦果の輪廻思想に由来する堕地獄の表現にも共通性が見出される。ただし、ジャイナ教においては、業を物質的に捉える傾向が強くなっていくことが読み取れる。

さらに、修行者の理想の境界を示す「涅槃」（Pā. nibbāna / AMg. nivvāṇa）を表わすのに、「安穏」（khema, yogakkhema / jogakkhema）や「彼岸」（pāra / pāra）等の用語が用いられ、その意味、内容、到達の方法に共通性が見られる。例えば、仏典は輪廻を激流、ジャイナ聖典では大海に譬え、激流や大海を渡って対岸である彼岸に到達するために舟によって渡る、と表現される。その舟とは、ダンマの教えを意味し、愛欲を捨てることによって渡りうる、と等しく説かれている。

涅槃を表わすのに、他にも種々の表現が用いられ、これらの表現とその内容を比較するとき、共通性ばかりでなく、異質な要素も提示されていることを指摘することができる。ここに共通性と異質性とを本文に即して提示してみよう。

1. 苦しみの終滅

仏教では、「すべての苦から解放される」、「苦から遠ざかり離れる」、「苦は存在しない」、ジャイナ教では、「すべての苦から解放される」、「苦の終焉に達した」等の例がある。

2. 最後身

仏教では、「生存の矢を断ち切った」、「これが最後の身体である」、「彼は最後の身体をもつ人である」、「彼にとってもはや新しい生存はない」、

「新しい生存に戻ることはない」、ジャイナ教では、「生死の束縛を断ち切って」、「大海のような生存の大きな流れを渡って」、「比丘は不還趣に至る」、「不還趣に至った」、「私たちは再び生まれないでしょう」、「再生の根に〔ならない〕」、「再びこの世のために速やかに来ない」等の例がある。

3. 不死の獲得

不死を獲得することを涅槃の境地に到達することと同義に考え、両宗教とも不死の獲得を目標として掲げている。

これら 1 〜 3 は両宗教の共通性であると言えるが、しかし、涅槃の内容と涅槃を得るための方法に相違が見出される。

4. 涅槃の内容

仏教においては、涅槃の意味するところは現世において世俗的欲望から解放された状態を言い、あくまでも現世における幸福を意図し、個人の消滅を意味していない。これに対してジャイナ教では、涅槃とは修行を完成し、自殺による死によって達成されると考えられている。ここに相違が見られる。

5. 涅槃に到る方法

両宗教において涅槃を獲得する手段にも相違が現われている。仏教は、明知をもつことによって涅槃を得ることができると説くのに対して、ジャイナ教は、自制と苦行によって業を滅尽することが涅槃へ到る道であるとする。

第5章 註

第1節

1 tamatagge = tama-t-agge. -t- は sandhi consonant である。cf. Geiger, § 73.5.

2 pāda b の類似の詩脚に、Āy. 1.6.5.3 [32.2]: ajjaviyaṃ maddaviyaṃ (cf. Utt. 29.48: ajjavayāe ṇaṃ bhantejīve kiṃ jaṇayai); AN. i 94, iii 248: ajjavena, javena, maddavena 等がある。

pāda d の類似の詩脚に、Āy. 1.2.6.5 [12.30]: na lippai chaṇa-paeṇa vīre がある。

3 「アーサヴァ」については何度か触れてきた。例えば、第2章第2節1(3)⑫、第3章註38等。そしてジャイナ教では「行為に相当する物質が流れ込んで霊魂（jīva）に付着すること」をアーサヴァ（āsava）ということ、仏教の用法では、その語源である ā- √sru の本来の意味が「漏れ込んでくる」ことであるにもかかわらず、むしろ正反対の「漏出」と捉えられ、通常、「漏れ出る汚れ＝煩悩」と解釈されてきたことを説明した。

4 aññāya は āyānāti の absol. である。

atthāni は nt. acc. pl. も可能である。cf. H. Lüders, *Philologica Indica*, p. 288.

5 dhammapīti の pīti には、Pā. pīti < Skt. pīti（drinking）と Pā. pīti < Skt. prīti（joy）という word-play/pun（語呂合わせ）がある。GD, p. 82.

Dhp. は、vippasannena を vipasannena に訂正しており、筆者もこれに従う。

6 pāda d : dhammapītirasa の pīti にも word-play/pun がある。前註5を見よ。

7 中村元『原始仏教の思想　上　原始仏教3』（中村元選集第13巻）春秋社、1970年、p. 216.

8 dipaduttamaṃ = dipa-d-uttamaṃ の -d- は sandhi consonant である。

9 itthī < Skt. (i)strī. たとえば、station に i を付加して i'station と読めば発音しやすいように、MIA では (i) を付加したように思われる。BHSD によれば、BHS では istrī も strī もどちらも使われたようである。

10 akkhāe < ākhyā(y)a(t)e < Skt. ākhyāyate.

tarihinti, kāhinti とも 3rd pl. fut.. kāhinti の etymological development は次のようになる。動詞 √kṛ の 3rd pl. fut. の Skt. は kariṣyanti. したがって、*karṣyanti > *karṣyinti（y の後で a > i）> *kassinti > *kāsinti > kāhinti（s > h）.

loga は logā となって pl. を示さねばならない。しかし、この詩節は Utt. 第8章の最後に当たり、後に tti があるため、logā tti が短母音の loga tti となったと考えることもできよう（cf. 第4章第2節に Utt. 8「Kāvilīyaṃ（カピラの詩節）」全文を掲載）。しかし、ここはむしろ数詞 duve との組み合わせで両数形（du.）が使われたと考えるべきで、logŏ と読みたい。Pischel（§ 360）で、MIA では両数形が失われたと述べられており、それ故に logŏ が消失し、loga の表記が採用されたのではないか。

実際 Utt. においては、両数形と考えられる形がいくつか残っている。例えば、Kesī-Goyamao samāgame（23.88）「Kesi と Goyama の会合で」がある。ここで -ao は gen. 両

数形語尾 -ayoḥ から発展したものと考えられる（Utt., p. 364）。その他にも、ammo（19. 10）= voc. du. ; kesigoyame（23.89）= nom. du. などがある（拙稿「中期印度アリアン語における両数形について」『印仏研』28-1, pp. 148-149）。

11　viuvvī : cty は viuvvī を vaikriya-śarīravāni と説明する。PSM（s.v. viuvvi）は Skt. 対応語として vaikriyin, vikurvin を、AMgD（s.v. viuvvi）は vaikriya（one who has or makes a fluid body）を挙げる。

viuvvi の語源を検討するに、Skt. において動詞 kṛ は present indicative で karoti となる。しかし、現在形の weak grade form は kuru- となる。ex. kurute（cf. SG, § 714）. また、1つの母音で始まる語尾の前の kuru- は kurv- となる。MIA において kurv- は、Pā. においては kubb- になり、Pkt. においては kuvv- となる。すなわち、kurv- > Pā. kubb- > Pkt. kuvv- である。そこで、この kuvv- に接頭辞 vi- と接尾辞 -in が添えられた形が vi-kuvv-in であり、AMg. において -k- は省略されることがあるから viuvvin となる。viuvvī は viuvvin の nom. sg. ということになる。

12　cty : ...... dharmārāmas tasmin cared bhikṣuḥ dhṛtimān, 'dharmasārathiḥ' anyeṣām api dharmapravarttayitā, dharme āramante dharmarāmāḥ —

13　nirārambhe : ārambhe が nir- によって否定形となっている。Skt. sam-ā- √rabh の意味は 'to begin' であるが、ジャイナ教の術語（technical terms）では「生類を殺害しない」、「生類に対して罪深い行為をとらない」という意味になる。cf. asamārabhamānassa（Āy. 1.1.2.6 [2.32]),（a）samārabhantaṃ（Āy. 1.2.2.3 [8.3]),（a）samārabhaī（Utt. 5.8),（a）samārabbha（Sūy. 1.1.2.28, 1.11.17), etc., これらでは、否定の接頭辞は a- となっている。

14　gupti（AMg. gutti）: 三紀律を言う。第 2 章第 2 節 2（1）⑫を見よ。

15　brahme の -e は、brahma の voc. の古い語尾の形である。voc. sg. の新しい語尾の形は、brahma（バラモンよ）である。C. Caillat, *Pour une nouvelle grammaire du Pāli*, Torin 1970, p. 18 ; Geiger, § 83.4.

vijaññaṃ : vijānāti の 1st sg. opt..

16　この章において夜叉は、出家者を支援する善なるものとしての側面と、出家者を軽蔑し虐待するものを打ちのめす恐ろしいものとしての側面の両面から描かれる。

jakkha < Pā. yakkha < Skt. yakṣa（夜叉）.

17　bhūipannā は voc. である。Skt. bhūti + prajña = 'O you who has knowledge of welfare', 'compassionate'.

18　中村元「古代インドに於るダルマ（法）の概念」『思想』第 197 号、1938 年、pp. 135-154（後に『インド思想の諸問題』〈中村元選集第 10 巻〉春秋社、1967 年、pp. 177-204 に収録）.

19　中村元『原始仏教の成立　原始仏教 2』（中村元選集第 12 巻）春秋社、1969 年、p. 68（中村元選集［決定版］第 14 巻、p. 52）.

avadhyatā（avajjhā）: 中村教授は「殺してはならない」と訳す。しかしながら MW には① not to be killed, ② inviolable とあり、第 3 章第 1 節 1（1）で Sn. 288 の訳に示したように不可侵の、神聖で犯すことのできない、と解する方が適していると思われる。これは Norman も支持している（GD, p. 36）。

20　P. Deussen, *Allgemeine Geschichte der Philosophie mit Besonderer Berücksichtigung der Religionen* Band I, Teil II, Die Philosophie der Upanishad's, Leipzig 1898, pp. 334–335 ; *Sechzig Upanishad's des Veda*, Leipzig 1897, p. 97.

21　塚本啓祥『アショーカ王』平楽寺書店、1973 年、pp. 197–244. pakiti（Skt. prakṛti, Pā. pakiti）という語に対して、H. Smith は 'the ancient standard of piety', E. Hultzsch は 'ancient rule', J. Bloch は 'un principle antique' の意味を与えている。中村元『インド古代史　下』（中村元選集第 6 巻）春秋社、1963 年、p. 344 ; 塚本啓祥『改訂増補・初期仏教教団史の研究』山喜房仏書林、1978 年（初版 1973 年）、pp. 664–667.

22　Bloch, *Les Inscriptions d'Asoka*, Paris 1950, pp. 150–151.

23　P. V. Kane, *History of Dharmaśāstra*, vol. I, part 1, Poona 1968, pp. 1–6.

24　金倉圓照「仏教における法の語の原意と変転」『インド哲学仏教学研究［I］』春秋社、1973 年、pp. 83–104.

25　M. Geiger, W. Geiger, *Pāli Dhamma : vornehmlich in der kanonischen Literatur*, München 1920.

26　W. Schubring, *Die Lehre der Jainas : nach den alten Quellen dargestellt*, Berlin 1935, pp. 63, 169 ; *Tattvārthādhigama-sūtra* 9.5.

27　中村元『原始仏教の思想　上』pp. 213–227.

28　Bloch, *op. cit.*, pp. 154–155.

29　M. Winternitz, *A History of Indian Literature*, vol. II, Calcutta 1927, 2nd ed., New Delhi 1972, Appendix III, pp. 606–609.

30　塚本啓祥『アショーカ王』pp. 250–279 ; 同『アショーカ王碑文』pp. 121–122.

第 2 節

31　「善い行ないによって善人になり、悪い行ないによって悪人になる」（*Bṛhadāraṇyaka-upaṇiṣad* 3.2.13）。

32　*Chāndogya-upaṇiṣad* 5.3ff. ; *Bṛhadāraṇyaka-upaṇiṣad* 6.2. cf. 金倉圓照『インド哲学史』p. 33.

33　この pāda b の韻律は Śloka であり、pāda b は even（偶数）詩脚の cadence に当たる。このため、vattatī の語尾は、本来短音（-i）のものが、この韻律を作るために長音 -ī となっている。すなわち m.c. である。

pāda b : ka | mma | nā | va | tta | tī | pa | jā
| ∪ – ∪ –
(opening : 4 音) | (cadence)

34　アーサヴァ（āsava < ā- √sru）の本来の意味は、ここで言う「漏れ込んでくる」ことであり、ジャイナ教ではこの語義に則って教義を形成していく。しかし仏教では、本章註 3 に総括したように正反対の「漏れ出る汚れ」を煩悩と考えており、これは双方の教義を特徴づける大きな相違点と言えよう。

35　ジャイナ教では 4 つの迷いの世界（趣、gati）を説いているが、これは大別すれば 2 種であり、まず sugati（善趣）に神の世界と人間を、durgati（悪趣、AMg. doggai <

Skt. durgati. derivation: durgati > duggati > *duggai > *dŏggai > doggai）に動物界と地獄を含める。実際、例えば Utt. 7.18, 8.1, 9.53 などで doggai は動物界ないしは地獄を意味しているが、各詩節の内容からしてもどちらか一方に断定はできない。

sallaṃ kāmā visaṃ kāmā kāmā āsīvisovamā
kāme patthemāṇā akāmā janti doggaiṃ（Utt. 9.53）

そのため、訳に当たっては doggai を両者の総称とみなし「地獄」の語を用いる。詳しくは DJ, § 93 を見よ。

36　中村元『インド思想史』（第 2 版）岩波書店、1968 年、p. 49f.. cf. 拙稿「初期ジャイナ教における頭陀」『田賀龍彦博士古稀記念論集・仏教思想仏教史論集』山喜房仏書林、2001 年、p. 85.

37　pāda a は、cadence の第 5 音節の後に caesura がなく、古典サンスクリットの韻律規則から逸脱している。参照することのできたすべての版本が J. Charpentier の読みと同様である。しかし、-kĕṇaṃ とみなすことによって韻律を正常化することができる。

38　pāda b = Utt. 5.18b.

pāda c, āhākammehiṃ gacchanto は変則。cadence –, – – – をもつ詩節の opening は ⊻ – ∪ – か ⊻ ∪ – – でなければならない。しかし、ここの opening は – – – – である。Devendra の読み āhākammehi を採用すれば、cadence は pathyā となる。cf. Utt. 3.3d : āhākammehi gacchaī.

pāda d = Isibh. 4.9d.

39　仏典に同様な詩節がある。

yathā śākaṭiko *mārgaṃ* samaṃ hitvā mahāpatham
viṣamaṃ mārgam āgamya cchinnākṣaḥ śocate bhṛśam（Uv. 4.17）
車夫が平坦な道と大道を捨てて、涙を流す道をやって来て、車軸が壊れたとき、烈しく悲しむように、

yathā sākaṭiko *panthaṃ* samaṃ hitvā mahāpathaṃ
visamaṃ maggam āruyha akkhacchinno va jhāyati（SN. i 3.2）
車夫が平坦な道と大道を捨てて、涙を流す道をやって来て、車軸が壊れたとき、落胆するように、

yathā sākaṭiko *nāma* samaṃ hitvā mahāpathaṃ
visamaṃ maggam āruyha akkhacchinno va jhāyati（Miln. p. 66）
車夫が平坦〔な道〕を認識して、大道を捨てて、涙を流す道をやって来て、車軸が壊れたとき、落胆するように、

Utt. 5.14 と上の 3 詩節は、第 1 半詩節において、1 箇所を除けば言語は異なるが単語は全く同一である。すなわち、Utt. 5.14 の jāṇaṃ に対応する仏典の語は、それぞれ mārgaṃ, panthaṃ, nāma である。これらのうち、*Milindapañha* の nāma は 'recognized' に近い意味である。cf. I. B. Horner, *Milinda's Questions*, vol. I, London 1969, p. 91.

Utt. 5.14a の cty において、jāṇaṃ は avabudhyamānaḥ と説明されており、prp. と解されている。しかし、実際は ṇamul-type absol. と解すべきであり、そうであれば、jāṇaṃ は Skt. jñātvā と同義であると思われる。

pāda c : BHS が āgamya, Pā. が āruyha と読むのに対して、Utt. は oiṇṇo（< avatīrṇaḥ）と読む。

pāda d は、AMg., BHS, Pā. の 4 詩節でそれぞれの内容と韻律は同じであるが、文章が異なっている（ただし、Pā. の 2 詩節は上記 pāda a の 1 箇所以外、詩節全体が全同）。

14d : akkhe bhaggaṃmi soyaī ≒ 15d : akkhe bhagge va soyaī.

このように第 14～15 詩節が仏典と並行詩節であること（次註 40 も参照）については、榎本・谷川両教授の指摘があり、特に谷川教授は詳論している。榎本文雄「『雑阿含』*Devatāsaṃyukta と Devatāsūtra の展開」『印仏研』31-1, 1982 年、p.(399)；谷川泰教「『スッタニパータ』第 810 偈をめぐって」『仏教学会報』第 8 号、1982 年、p. 11f.. 谷川教授にはその他に『ミリンダパンハ』と『サンユッタ・ニカーヤ』についての研究もある。拙稿「ミリンダパンハ註記」東北印度学宗教学会『論集』第 9 号、1982 年、pp. 592–593.

40 仏典に同様な詩節がある。

evaṃ dharmād apakramya hy adharmam anuvartya ca
bālo mṛtyuvaśaṃ prāptac chinnākṣa iva śocate（Uv. 4.18）
evaṃ dhammā apakkamma adhammam anuvattiya
mando maccumukhaṃ patto akkhachinno va socatīti（Miln. p. 67）

ジャイナ教は、法を守らない人が輪廻転生して苦しみを受けることを強調する（Utt. 19.21）。

pāda a, viukkamma : Charpentier は viukkammaṃ と読むが、v.l. viukkamma を採る。なぜなら、文脈から absol. が要求されるからである。Pkt. における absol. の語尾は種類が多く、-mma, -uṇaṃ, -yā, -ttā, -ttāṇaṁ, (-t)ūṇaṁ = ūṇaṁ = -ūṇa などがある。

ex. nagarassa khemaṃ kāūṇaṃ（Utt. 9.28c）
（都市の）（安全を）（確立してしまってから absol.）

死の口について、Utt. から 1 例を挙げる。

iha jīvie rāya asāsayammi
dhaṇiyaṃ tu puṇṇāi akuvvamāṇo
se soyaī maccumuhovaṇīe
dhammaṃ akāūṇa paraṃsi loe（Utt. 13.21）

王様、恒久でないこの世の人生において、確かに善〔行〕をなさない人は、法を実践しないままに、死の口に連れてこられたときに、次の世を〔恐れて〕悔やむ。

Sn. においても、「死の口の中で嘆き悲しむ」という表現が見られる。

hīnā narā maccumukhe lapanti（Sn. 776c）

41 地獄の描写は、いつの時代でもすべての宗教で好んで取り扱われたテーマである。MBh. にも、

karambha-vālukās taptā āyasīś ca śilāḥ pṛthak
loha-kumbhīś ca tailasya kvāthyamānāḥ samantataḥ（MBh. 18.2.24）

があり、ここでは「胡麻油の煮えたぎっている銅の釜」が、Manu. には kumbhī-pākāṃś ca dāruṇān（釜で煮られる恐ろしい〔苦痛〕、Manu. 12.76d）が描かれている。

pakka-puvvo : H. Hendriksen（*Syntax of the Infinite Verb-Forms of Pāli*, Copenhagen 1944, § 17）は、Pā. における pres. part. の意味をもつ perf. pp. の例を示している。また、彼（“A Syntactic Rule in Pāli and Ardhamāgadhī”, AO vol. 20, p. 93）は、AMg. における直接話法での perf. pp. + puvva- の時制が pres. part. であることを明示し、この例として pakka-puvvo aṇantaso (v. 49), daḍḍha-puvvo aṇantaso (v. 50) を引用し、それぞれ ‘formerly I have been roasted an infinite number of times’, ‘formerly I have been burnt’ と訳している。

cty : marāv iti maru-vālukā-nivahe iva tātsthyāt tad-vyapadeśa-sambhavād antarbhūtêvârthatvāc ca vajravāluke vajravālukā-nadī-puline kadambavālu-kāyām, ca prāgvat kadambavālukā-nadī-puline.

42　pāda b は cty において、bālaḥ abhinavaḥ pratyagro ’gnis tena tejaḥ abhitāpaḥ sa eva guṇo yasyāḥ sā bālāgni-tejoguṇā pareṇa prakarṣeṇa taptety arthaḥ と説明される。

筆者による Sūy. 1.5.1 の和訳がある。「地獄の描写（Sūyagaḍaṃga 1, 5, 1）」『松濤誠達先生古稀記念・梵文学研究論集』大祥書籍、2007 年、pp. 139–161.

43　pāda a において payayanti の主語がない。Jacobi 訳は、‘The sinners thrown into it and boiled there, while they utter horried cries of agony’ であるが、cty によれば、bāle = bālān で、nārakāṃs を意味する。また、pāda b の te は nārakās を指している。それ故、主語は地獄の住人を苦しめる獄卒にとる。また、tāsuṃ は cty において、tāsu pratyagrāgni-pradīptāsu lohita-pūya-śarīrāvayava-kilbiṣa-pūrṇāsu durgandhāsu と説明される。したがって、人間の血、膿、骨等が煮えたぎり悪臭のする大釜にとる。

44　AMg. において語尾 -e は m. sg. loc. をとるにもかかわらず、cty は vajravālukā- と女性名詞にとっている。Skt. において vālukā は女性名詞であり、AMg. fem. loc. は kalamba-vāluyāe のように -āe をとるはずである。これは性の交替を表わしている（Pischel, § 358）。

Vairavālue = ⏓ ∪ – ∪ – であれば metre は正常化されたように思われるが、Śloka 韻律の偶数 pāda での opening ⏓ – ∪ – は避けられるべきである。Skt. vajra- は Pā. において vajira- となり、Pkt. においては vajja-, vayara-, vaira- となる。vaira- < Pā. vajira < Skt. vajra は 1 つの発展過程を表わしており、その場合、-i- は svarabhakti vowel である。この詩節が作成された時代には、恐らく挿入母音は発展していなかったと思われる。そこで va^{i}ravālue と読むことが可能であり、opening は ∪ – ∪∪ となるように思われる。

45　volenti : AMgD（s.v. vola）は vi-ati-kram-（to transgress）の読みを、PSM（s.v. bola / vola）も vi-ati-kram- を与える。しかし、cty は bolaṃti tti nimajjhayanti を与える。この意味は ‘to cause to dive under water’ であり、文脈によく当てはまる。しかし、volenti < nimajjhayanti は不可能である。この語源は vy-ava-lī- の caus. で、vyavalayanti となる。vo < vy-ava については、Schwarzschild, “The Middle Indo-Aryan Prefix vo- ‘off’ and Some Phonological Problems Associated with it”, JAOS vol. 85, pp. 350–354 を見よ。

mahālayaṃsi : mahālaya- は Pischel（§ 595）をはじめとして、多くの Pkt. 文法学者は mahālaya = mahat を記している。しかし、語源的には mahā（mahat）に 2 つの接尾辞が添えられた形である。すなわち、mahā-la-ka である。この視点から PED（s.v. mahallaka 〈a distorted mah-ariyaka > -ayyaka > -allaka〉）は訂正されねばならない。すなわち、mahā-lla-ka > mahallaka, あるいは mahā-la-ka > mahālaka > Pkt. mahālaya / mahālaga である。

カダンバヴァールカー河の砂は、ターメリックから成る。cf. Utt. 19.50.

46　韻律は Śloka. pāda a は 8 音節でなければならないが、綴りどおりの発音では 9 音節になる。このため、aitikkha- の ai をつなげて 1 音節に発音（⏕）し、この部分が ⏕ – ∪ と 3 音節になることによって metre を正常化することができる。

pāda b, simbalī- : Dasav. 5.1.73 では sambali- と読まれる。AR（s.v. simbalī）によれば、Skt. は śālmalī であり、Śimbala = Sālmali と解されるから、「棘があって赤い花を有する高い木」を意味する。

MBh. にも「棘のある樹」の描写がある。

kūṭa-śālmalikaṃ câpi dusparśaṃ tīkṣṇa-kaṇṭakam（MBh. 18.2.25ab）

pāda c, kheviya- : Charpentier は、従来 AMg. kheviya- は Skt. khinna- と説明されてきたが、これは不可能であると否定し、Skt. kṣepita- を提示する。ただし、その意味は明確でないと考え、'I have been made to glide down' の意味を与えている。一方、Jacobi は kheviyaṃ = dukkaraṃ = 'I have suffered agonies' と考えているように思われる。しかし思うに、kṣepita- > kheviya- は正しい由来である。kṣepita- は √kṣip の pass. caus. pp. であるから、kṣepitaṃ pāśa-baddhena [mayā] = 'bound with fetters, I have been thrown（or injured）into a Śimbala tree' と解すなら、意味は明確になる。

pāda d を Sh のように kaḍḍhokaḍḍhāhi[ṃ] と読むなら、第 5 音節は短母音となり、metre は正常化する。cty : kaḍḍhokaḍḍhāhiṃ ti karṣanâpakarṣaṇaiḥ paramâdhārmika-krtaiḥ duṣkaraṃ duḥsahan idam iti śeṣaḥ.

kaḍḍha < kṛṣṭa = 'pulled', okaḍḍha < ava-kṛṣṭa あるいは apa-kṛṣṭa = 'pulled down' となる。これら過去分詞は action noun として使用されており、それぞれ kṛṣṭa = 'pulling up', apa- or ava-kṛṣṭa = 'pulling down' の意味をもつ。このことは cty からも確認できる。cf. Hendriksen, *Syntax of the Infinite Verb-Forms of Pāli*, pp. 15–19.

47　kūvanta- : cty において kūjanta- として説明される。しかし、Charpentier は -j- が -v- には発展しないと考えて、語源的に kūva- は kūja- よりも kū-（to cry, scream）に属すると述べている。すなわち、Charpentier は母音の前で euphonic glide -v- を伴った kū- の例を示しているのであり、これに対し、cty の解釈は音便上の理由で -y- < -v- を伴った kūv- < kūy- <kūj- を示していると推察できる。K. R. Norman 教授（"Middle Indo-Aryan Studies IV", JOI(B) vol. 13, p. 211）は、kū- と kūj- は擬声語の起源と極めて関係の深い語であるので、この相違は大して重要でないが、kūyamāṇa- と kūvamāṇa-, ukkūiya- と ukkūviya- のような選択の余地がある形から判断すると、cty の解釈がより的を射ていると述べる。したがって、-ū- あるいは -o- と接触した第 2 番目の -y- が -v- に発展したと見ている。i.e. kūva- < kūya- < kūja-. kūvanta- の意味は「助けを呼びつつ」となる。

kola : kola-suṇaehiṃ は cty において śūkara-śva-rūpa-dhāribhiḥ と説明される。Jacobi は śūkaraśvan を 'hog-dog' と訳し、「豚」か「犬」の種類であるが、たぶん犬の種類であろうと考えた。しかしながら、Charpentier は kola- が *kolha- に対する古い改竄であり、*kolha- / kulha- < kroṣṭa-（= śṛgāla-「ジャッカル」）と同等であると見ている。

Norman 教授（“Middle Indo-Aryan Studies I”, JOI（B）vol. 9, p. 269）は、Charpentier の提示した意味「ジャッカル」は正しいと考える。しかし、例えば、Skt. leṣṭu- の展開を MIA から遡りつつ眺めると、Pkt. leṭṭhu-, leḍhukka-, leḍu-, lelu-（*leḷu- を経て）, Pā. leḍḍu-（*leṭṭu- を経て）があり、l < ṣṭ は可能であるので、kola- という形も可能であって改竄ではないと見ている。さらに、kulha- は active sense としての ‘calling, crying at’ の意味をもつ Skt. kruṣṭa に由来して生起したのであるから、kulha- が *kroṣṭa-（= kroṣṭṛ-）に由来して生起するという Charpentier の記述は訂正されねばならない。「ジャッカル」という意味の発展は kroṣṭṛ の意味の発展と同等であり、これは受動形を示す過去分詞が能動形の意味を引き受けた MIA における例であることを示している。

-suṇaehiṃ = ⏖ – – と読む。

cty : pātio bhuvi, pāṭitaḥ jīrṇa-vastravat, chinnaḥ vṛkṣavat. pāḍio に対し、Charpentier は確信をもって phāḍio（< sphāṭita-）の読みをとる。phālio は pātito と説明できるが、PED（s.v. phālita）で示される phaleti（phal-）の受動形を示す過去分詞 phālita と同一のものであるように思われる。cf. CDIAL 9058, s.v. phalati.

48 pāda a の ayasī- は恐らく ayasi- = ⏖ ∪ と解すべきであろう。第 5 音節の -ī- が短母音 -i- になるのは m.c. である。

ayasi-vaṇṇa（Skt. atasī-varṇa）は「亜麻の色をもった」＝「黒青」／「黒」を意味する。AR（s.v. ayasī-vaṇṇa）は Utt. のこの箇所を引用して、atasīvarṇa, atasī-kusuma-varṇe syāma-varṇe と説明する。

oiṇṇa : cty : avatīrṇo naraka iti gamyate pāpa-karmaṇā hetu-bhūtena. この説明から oiṇṇa は「地獄に生まれた私は」という意味になるが、chinno bhinno vibhinno と同じ意味の過去分詞が 3 つ続いてきたのであるから、oiṇṇa- < avadīrṇa-「裂かれた」（cf. MW, s.v.）と解した方がよいように思える。

49 Jacobi によるこの詩節全体の英訳は、‘The punishers pierce them with darts; they go in the boat, losing their memory; others pierce them with long pikes and tridents, and throw them on the ground’ である。Jacobi の訳は、cty の説明、すなわち asādhukarmāṇaḥ = paramādhārmikāḥ に基づいている。AMgD（s.v. asāhukamma）は、asādhukarman = ‘cruel deed, evil deed done in past life’ の意味を与え、CPD（s.v. asādhu-kammi(n)）は、‘of wicked deeds’ の意味を与えているので、文字どおり、Skt. asādhukarman は「悪い行為をする人」の意味に解すべきで、「獄卒」の意味であろう。

50 pāda a, nakkaṃ : PSM は Deśī word とするが、意味は明示していない。AMgD は見出し語（s.v.）を nakkha として nāsikā（nose）と記載するが、語義を除いて誤りである。cty も nakkhaṃ = nāsikāṃ と誤って説明する。正しくは Pischel の説明するとおり、この語は Deśī word であり、‘the nose’（Deśīn., Glossary, s.v. ṇakkha）である。

pāda d は Sūy. 1.5.2.10a : tikkhāhi sūlāhi nivāyayanti に類似している。

51 samilā は Jacobi（JS II, p. 94, n. 4）によって、Skt. samidh（燃料）と考えられた。これは Pischel（§ 247）によって、音韻的にも意味的にも不可能であると否定される。彼は kīlikā, yugakīlikā とする註釈家の説明は *samitā を示唆していると考えた。しかし、Pischel の考えもまた Charpentier によって否定される。彼は次のように述べる。samilā

は Utt. 27.4 にも見られ、yuga-randhra-kīlakaḥ と説明され、samilā = śamyā（the pin of a yoke）である。samilā はもちろん śamyā と同一の語根から形成されるが、接尾辞が異なると見ている。これはSchubringの *Isibhāsiyāiṃ* のテキストに添えられた ṭīkā（*Isibhāsiyāiṃ*, L. D. Series 45, Ahmedabad, p. 146）にある śamilā とも一致する。Charpentier の説明を言い換えるなら、samilā は śamyā と同一の語根 śam- に、-yā の代わりに接尾辞 -ilā が添えられたと結論づけることができる。

totta は cty において totra = prājanaka と説明される。しかしながら、totra は Skt. に存在しない。Charpentier は cotta-（= pratodaḥ, Deśīn. 3.39）が t- > c- の転訛を伴った totta に由来することに言及している。Norman 教授（"Notes on Some Deśī Words", IL vol. 29, p. 77）は、cotta- は cod-（強いる）に接尾辞 -tra が添えられた形に由来して生起した可能性を示唆している。このことが採用されるなら、totta- は tod-（< tud-「打つ」）に接尾辞 -tra が添えられた形に由来して生起したことになる。すなわち、*tod-tra > tottra > totta（突き棒）である。cf. tuda < toda（Sūy. 1.5.2.3）.

rojjho は Deśīn. 7.13 に現われ、rojjho = ṛśyaḥ と考えられ、これは Jacobi や PSM（s.v. rojjha）に採用された。一方、Charpentier は rojjha- = rohita- であり、「カモシカ」の一種と考えたが、カモシカが車につながれ、突き棒で操縦されることは聞いたことがないので、Devendra の註解に paśuviśeṣaḥ があるように、結果的にはある種の家畜を意味すると考えているように思える。

Turner は *rohya-（kind of deer）, *rohiya- を与える（CDIAL 10870）。abhirujjha < abhiruhya, abhiṇigijjha < abhinigṛhya, parigijjha < parigṛhya, etc.（Pischel, § 331）の例があるように、-hya > -jjha は可能であるから、Skt. rohi-（羚羊）に接尾辞 -ya が添えられた形、*rohya- / *rohiya- が rojjha- に転訛したと考えた。筆者もこの見解に従う。

52 cty において pāvio = prāptaḥ と註解される。また、Sv は prāvṛtaḥ = prāpitaḥ を与える。これらは語源学的には可能であるが、Pā. pāpaka = pāpika（cf. PED, s.v.）と解した方が自然であろう。なお、pāviyāe（Utt. 13.19）は pāpikāyāṃ と Skt. に戻される。

53 『マヌ法典』には次のようにある。

vividhāś caiva saṃpīḍāḥ kākôlūkaiś ca bhakṣaṇam（Manu. 12.76ab）

また、種々の苦痛、烏や梟によって食べられる〔苦痛〕がある。

また、MBh. には以下のごとくある。

ayo-mukhaiś ca kākolair gṛdhraiś ca samabhidrutaṃ（MBh. 18.2.20ab）

鉄の嘴をもった烏や禿鷹によって襲われた。

ḍhaṃka-giddhehi は cty において何の説明もされない。Jacobi（JS II, p. 95, n. 2）は ḍhaṃka を変身のできる悪魔であり、ここでは禿鷹の姿をしていると考える。MBh. では kākola, Sn. では kulala が使用されており、Charpentier が説明しているように ḍhaṃka- = dhvāṅkṣa-（鳥）が正しい解釈である。Pā. では dhaṅka となる。cf. CDIAL 6903.

54 pāhiṃ は pāsyāmi と説明される。すなわち、Pischel（§§ 315, 524）によれば、AMg. pāhaṃ = pāsyāmi であり、-aṃ が 1st sg. 現在形の語尾であることは Alsdorf によっても証明されている（cf. Utt. 19.13）。ただし、この詩節では pāhiṃ が正しい読みであり、文脈から当然のこととして 1st sg. fut. が要求されるように思える。pāhaṃ ではなく pāhiṃ

と読まれたのは、推定の域を出ないのであるが、口蓋音 y の後で -a- > -i- となったとみなすことができ、したがって、pāsyāmi の発展過程には 2 とおりの方言が考えられるのではなかろうか。すなわち、以下のように想定される。

pāsyāmi > *pāssāmi > pāhāmi / pāhaṃ.
> pāhimi / pāhiṃ.

ちなみに 1 人称以外の fut., 例えば 2 人称は pāhisi, 3 人称は pāhii である。

pāda d の khura-dhārāhiṃ は ⏕ — — — と読む。

vivāio < vipāditaḥ = vyāpāditaḥ.

55 pāda b, nisio jahā khura iva tikkha-sogā : 13 音節あるが、ここは 11 音節でなければならないため、nisi と khura の各 2 音節を ⏕ と発音することによって解決している。

sattisu は sattesu の m.c. である。そして、-esu は本来 pl. loc. であるが、ここは pl. inst. の意味をもつ。inst. pl. と loc. pl. が混同して用いられることについては、第 2 章註 47 を見よ。

56 pāda c の asipattehiṃ は ⏕ — — — と読む。

chiṇṇa-puvvo の時制については本章註 41 を見よ。

57 asi-patra-vana（剣の葉の森）は本文に例示した、

asipattavanaṃ pana tiṇhaṃ
tam pavisanti samacchidagattā,（Sn. 673ab）

のほか、以下にも見出される。

asi-patra-vanaṃ（Manu. 12.75c）
asi-patra-vanaṃ caiva niśita-kṣura-saṃvṛtam（MBh. 18.2.23cd）

58 musaṃṭhi : v.l. musuṇḍhi がある。Leumann は *Das Aupapātika Sūtra* の中で musuṇḍhi の読みをとり、「一種の武器」の訳語を与える。Charpentier の註記にある bhuśuṇḍi と関連があるとするなら、一種の火器であろう。cf. MW, s.v. bhuśuṇḍi.

gayāsā- : cty によれば、gatāḥ = naṣṭā である。gata + āśā 'hope gone' = 'hopelessly'. これは副詞として使用された acc. である。

Jacobi は bhagga-gattehiṃ を 'which broke my limbs' と訳し、前出の 4 つの inst. にかけているが、'by means of those whose limbs are broken' と訳すべきであろう。

pāda d において cty のテキストは dukkham と読む。母音の前で -ṃ は -m と読まれるのが一般的である。

59 pāda b, churiyāhiṃ kappaṇīhiṃ ya : churiyāhiṃ は ⏕ — — と読む。kappaṇīhiṃ 末尾の ṃ は韻律上あってはならない。

churiyā < kṣurikā. cf. khura < kṣura.

kappio は kalpitaḥ = khaṇḍito vastravat と註釈される。

60 pāda b において vā は正しい読みであり、m.c. で va が vā と表記されなければならない理由は何もない。Jacobi によると vā = iva の意味で使用される。このことは BHSD（s.v. vā）によっても確認することができる。以下のような用例を見ることができる。

cakkaṃ *vā* vahato padaṃ（Dhp. 1f）
cakram *vā* vahato padaṃ（BHS Dhp. 1f）

cakraṃ *vā* vahataḥ padam（Uv. 31.23f）
cakram *vā* vahato padaṃ（PDhp. 1f）
cako *va* vakaṇe pathi（GDhp. 201f）

GDhp. のみ vā が va（= iva）であるが、これは Gāndhārī に長音がない故である。

pāda c, vāhio : cty のテキストは bāhio と読み、bādhitaḥ = pīḍitaḥ と註解する。しかしながら、√bādh と √pīḍ には Jacobi の英訳に示された 'caught' の意味は存在しない（cf. MW, s.v.）。Norman 教授（"Middle Indo-Aryan Studies XIV", JOI（B）vol. 29, p. 38）によれば、Pā. の詩節において bādheti が 'trap' の意味をもち、Pā. の註釈文献の中でも bādhita が 'trapped, snared' の意味をもつ。さらに、Pā. bādhin の中にも 'trapping, smring' の意味が見られる。それ故、v. 63 における vāhio の意味は明らかに 'trapped, snared' であり、Śāntisūri の cty に v.l. gāhio（seized）があるという Charpentier の記述からも支持されると見ている。ここでは 'hunted' の意味にとる。

61 pāda a は magara- を ∪∪∪ ではなく ⏖∪ と読むことによって、pāda c は gahio を ⏖– と読むことによって、恐らく metre は正常化される。

cty : ullito tti ullikhitaḥ galaiḥ, pāṭito makaraiḥ, gṛhītaś ca jālaiḥ, māritaś ca sarvair api. このことから Devendra が magara-jālehiṃ を dvandva 複合語（並列合成語）にとっていることがわかる。しかし、Charpentier は 'a net for（catching）makara's' の意味に解している。これは採用されるべきである。

そうすると cty に示されたように、gala によって ullia され、magara によって phālia され、jāla によって gahia され、sarva によって māria されたとは解釈できなくなる。この詩節の大意は恐らく、釣針や網によって、すなわち餌につられて捕らえられ、引き裂かれて殺される魚のように、悪人は地獄でその魚のような苦しみを無限の時間、味わわなければならないという譬えである。

ullio (nom.) < ulliya-（inf.）: Norman 教授は、この語は Pā. uḍḍeti（結ぶ）と関連があり、uḍḍeti の過去受動分詞 uḍḍita- は「罠にかけられた」という意味をもつと述べる。これは文脈によく適合する。さらに教授は、ulliya- と uḍḍita- との関連が認められることによって、PED の編纂者たちが、uḍḍita- が ud + lī-（Pā. において l > ḍ）に由来して生起したと考えたことは正しいと見ている。"Middle Indo-Aryan Studies II", JOI（B）vol. 10, p. 352. すなわち、Skt. の -l- が Pā. において -ḍ- へと転訛した uḍḍita は、*uḍḍiya を経、AMg. において再度 -l- に転訛して ulliya となったということである。

62 vīdaṃsa- : cty のテキストは vidaṃsaehiṃ と読み、vidaṃśaka- = śyena-（鷲）と註解する。しかし、Charpentier は Skt. vidaṃś が「渇きを引き起こす辛い食べ物」を意味するだけなので、むしろ鳥を捕らえるための道具（cf. saṃdaṃśa-, saṃdaṃsikā-）と考えている。彼はまた「嘴でつかまえる」を示唆している。

Norman 教授（"Voicing and Unvoicing of Consonants in Pāli", IL vol. 26, pp. 132–136）は、Pā. vītaṃsa-（Th. 139 ; Th-a. ii 17 ; Jā. v. 135）, Skt. vītaṃsa-（*Kauṭilāya Arthaśāstra* 9. 6.73 ; *Harṣacarita* vii）, BHS vītaṃsa-（Uv. 14.2）, AMg. vīdaṃsaya- あるいは vīdaṃsaga-（Utt. 19.65 ; *Paṇhāvāgaraṇāiṃ* 1.1）を詳細に検討し、意味の同一性と語形の類似性から、vītaṃsa- と vīdaṃsa- は同じ語の単なる音声上の相違にすぎないことを論証した。そして、

次のようにこの語の原形とその意味を提示する。

1. もし語根が √taṃs なら「罠、おとり」を意味するが、-t- > -d- を示しているのに対し、AMg. では -t- > -y- が普通であるから正常でない。しかしながら、Pā. vidatthi- < Skt. vitasti- の例があるように、-t- > -d- は正常である方言からの借用かもしれない。
2. もし語根が √daṃś（嚙む）であるなら「餌、鷹、罠」を意味するが、-d- > -t- の無声化を示し、hyper Pālism（あるいは hyper Sanskritism）か借用語とされる。これら正常でない音声的発展からは、どちらが正しい語源かを導き出せない。このような状況においては、Uv. の文脈の検討が意味の決定に有用である。

pūrvaṃ kṣiṇoti hy ātmānaṃ, paścād bāhyaṃ vihiṃsati;
sa hatas tv itaraṃ hanti, vītaṃseneva pakṣiṇaḥ（Uv. 14.2）

これを訳すと「彼は彼自身を殺し（譬喩的に）、それから他人を殺す。殺されて（譬喩的に）、彼は他人を殺す。ちょうど鳥が vītaṃsa によって殺されるように」となり、ここでは vītaṃsa は鷹を意味していない（なぜなら、鷹はおとりになりえないから）。そして、おとりとして使用された鳥がちょうど殺された鳥であると仮定するなら、Edgerton（BHSD, s.v. vītaṃsa）の否定にもかかわらず、'decoy-bird' が文脈に適合する。それ故、Uv. の第 2 半詩節の意味は、「殺されておとりとして使用された鳥が、他の鳥の死をもたらすように、殺されて彼は他人の死をもたらす」となる。

このようにして、正確な語源は vi- + taṃs- であることが判明する。Skt. *vitaṃsa- の存在は vītaṃsa- における -ī- が第 2 発展であることを示す。この見解はまた、AR, AMgD, PSM, Abhayadeva による *Paṇhāvāgaraṇāiṃ* の註釈、これらすべてが vidaṃsa-（狩猟者）の読みをとっていることからも支持される。それ故、vidaṃsa- を、「狩猟者」として説明される Deśī 語 vīaṃsaya- と結びつけることができる。viāṃsaya- は正常な発展 -t- > -y- をとり、接尾辞 -ka または -ga が添えられ、「おとりを所有している」=「狩猟者」の意味となる。これらのことから、vīdaṃsaya-（Utt. 19.65）, vīdaṃsaga-（*Paṇhāvāgaraṇāiṃ* 1.1）は、vīdaṃsa- に接尾辞 -ya あるいは -ga が添えられた例であることがわかる。

leppāhiṃ は cty によれば、lepaiḥ = vajra-lep' ādibhir となる。しかし、PSM（s.v. leppa）はこの箇所を引用して Skt. lepyā を与え、AMgD（s.v. leppa）も Skt. lepya を与える。また、Turner も lepya を記す（CDIAL 11114）。しかし、語源としては Skt. lepa > Pkt. leva（汚れ）が普通である。leppā は恐らく粘り気のある「鳥もち」のようなものを意味しているのであろう。cf. bajjhaī macchiyā vā khelaṃmi（Utt. 8.5）.

63 cty において kumāra = ayaskāra と説明される。Jacobi（JS II, p. 96, n. 2）によれば、kumāra は現代語の kumār（鍛冶工）に相当し、kamakāra に由来して生起したことになる。それにもかかわらず、Charpentier が述べているように、capeṭa（平手）や muṣṭi（こぶし）で鉄を取り扱うという文脈は不思議である。

64 pāda b は tauyāiṃ を ⏓ – – と読むことにより、pāda c は kalakalantāiṃ を ⏓ ∪ – – – と読むことによって、metre を正常化することができる。

cty : kalakalayanti, atikvāthataḥ kalakalā-śabdaṃ kurvanti.

65 sollaga- : Charpentier は、Devendra の註解 sollaga = bhaṭitrīkṛta-（焼き串で焼かれた）や、sollaya- が sollai に属し、pac-（焼く）の代わりに使用されたとする Hemacandra の

説（Deśīn IV 90）、さらにPischel（§ 244）の説明であるsollai = sūdayati（彼は料理する）について、これらすべてを誤りとして退ける。そして、A. F. R. Hoernleの語彙集（*The Uvāsagadasāo*, vol. 1, Text and commentary, Culcutta 1890, s.v. sollaya）からsolla- < Skt. śūlya-（串で焼かれた）が正しい由来であり、sollaga-は「焼かれた肉の一片」と見ている。

khāvio : khāvia-,√khād はときとして現在形khāi（Ausg. Erz., 31.33）< khāai（cf. BHS khāyati）をもつ。また、過去分詞はPkt. khāya < Skt. khādita（cf. PSM. s.v. khāa）である。Charpentierは、√khādからの語根√khāがcaus., khāvei = *khāpayatiをもち、khāviya-はkhāvei = *khāpayatiの過去分詞と説明する。ついでながら、√khād = √khadも可能であり（cf. MW, s.v. √khad）、Pkt. khaviya-（Ausg. Erz. 49.32）が存する。

misamaṃsāiṃ : Devendraはkhāvio mi samaṃsāiṃと読んでいる。この読みが正しいなら、samaṃsa-はsa-maṃsa- < sva-māṃsa-あるいはśva(n)-māṃsa-となる。それ故、その解釈は、「私は自分の／犬の肉を無理矢理食わされた」となる。しかし、Charpentierは、misa-がmisimisanta-あるいはmisimisinta- = depīpyamāna-, misimisemāṇa-, misimisiyamāṇa-に属し、Skt. misamiṣāyate（パチパチ音をたてる）の意味であるから、「〔火から〕パチパチ音をたてている一塊の肉」と考えた。ここではCharpentierの説を採る。

66　Pkt.においてもSkt.と同様に、概して形容詞は性、数、格において名詞と一致し、この規則の例外はほとんど認められない。複数の名詞を伴った形容詞の場合、その形容詞は最も近い名詞の性、数、格に一致させるのが普通である。この詩節においてもpiyāがsurāに、jalantīo（prp.）がvasāoに一致している。cf. A. M. Ghatage, "Concord in Prakrit Syntax", ABORI vol. 21, p. 88.

67　MBh.「胡麻油の煮えたぎっている銅の釜」ほかの描写がある。前註41を見よ。

68　前註46を見よ。

69　前註53を見よ。

70　前註57を見よ。

第3節

71　PTSのテキストはkācini saṃkhitiであるが、Norman（GD, p. 124）はkāci nisaṃkhitiと訂正する。

72　daṭṭhu(ṃ) < Skt. draṣṭuṃはabsol.としてのinf.である。

73　lomahāra : AMgDは「虐殺の後に略奪する強盗」と記す。

gaṃṭhibhea : Skt. granthibheda（すり）.

kāūṇaṃ : 動詞√kṛのabsol.はkṛtvā, Pā.ではkatvā, katvāna, kattāの形をとる。すなわちu > va（guṇa）> vā（vṛddhi）であるから、absol. endingは-tvāṇa / -tūṇaとなる。*kattūṇa > kā(t)ūṇa（att > āt）> kāūṇa.

74　M. Bloomfield, *A Vedic Concordance*, Harvard Oriental Series 10, Cambridge 1906, repr. Delhi 1964, p. 808.

75　EV I, p. 128.　註77も参照。

ここで複合語（compound）に触れておく。サンスクリットやパーリにおいては、2

語あるいは数語を合して複合名詞が作られる。古くから六合釈（りくがっしゃく）と呼ばれている。この六合釈には、dvandva（並列複合語），tatpuruṣa（格限定複合語），karmadhāraya（同格限定複合語），dvigu（数詞限定複合語），bahuvrīhi（所有複合語），avyayībhāva（不変化複合語）の 6 種類がある。

76 pabbatāni は、通常は m. であるが、Lüders の読み nt. acc. pl. も可能である。cf. H. Lüders, *Philologica Indica*, p. 288. cf. atthāni（Sn. 58）.

77 pāda d の joga-kkhema- については、本文でもすでに触れたように、その Skt. は yoga-kṣema- であり、dvandva compound として 'acquisition and possession, getting keeping' の意味とされ、これはまた 'exertion and rest' とも理解されてきた。そして、cty も alabdhasya lābho yogaḥ, labdhasya pālanaṃ kṣemaḥ, anayoḥ samāhāre yogakṣemam, ko 'rthaḥ ? aprāpta-viśiṣṭa-dharma-prāptiṃ prāptasya ca pālanam と説明している。また、AMgD（s.v. joga-kkhema）は 'acquisition of a desired object and safe protection of what is already acquired' と記し、Jacobi の英訳も 'to gain and to keep (so precious a good which he risks to lose)' であり、伝統的な解釈に従っているように思われる。

しかし、Pāli 聖典においてこの語 yoga-kkhema は、'rest from exertion, or peace from bondage' と理解されるべきであり、nibbāna（< Skt. nirvāṇa, 涅槃）と同義語であることが、Norman 教授（EV I, p. 128）によって明らかにされた。ジャイナ教の最古の聖典群では、joga-kkhema はこの箇所と Isibh. 24.*9, 先に挙げた Isibh. 33.3 に見られ、いずれも nirvāṇa の意味が適合する。

78 dukkhe : inst. pl. における語尾は -e < Skt. -ais である。i.e. duḥkhais > dukkhe. cf. Geiger, § 79.6.

79 pāda d の解釈については、第 2 章註 85 を見よ。

80 辻直四郎『バガヴァッド・ギーター』講談社、1980 年、p. 154.

81 Pj II, 498.3.

82 pāragāmin（彼岸に到達する）には多くの同義語がある。pāragata, pāragū, pāragavesin, pāraṅgata, pāraṅgamana.

83 vedagu は「ヴェーダに精通した人」の意味をもつ。vedagu の接尾辞 -gu は古代インド・アリアン語の -ka に由来して生起したものである。したがって、この vedagu は vedaka から派生しており、vedaga を経て vedagu となったものである。すなわち、vedaka > vedaga > vedagu である。cf. GD, p. 229. 第 3 章註 115 も参照。

84 kāmāni の語尾 -āni は m. pl. acc. と理解できる。

PTS 版は siñcitvā とあるも、Norman 教授の読み（GD, p. 103）sitvā va をとる。

pāragu は「彼岸に到達した人」の意味をもつ。pāragu の接尾辞 -gu は上に述べた vedagu の -gu と同様である。第 3 章第 6 節 1 ①も参照。

85 Utt. 5.1.

86 ジャイナ教においては、命我（jīva）は本来無垢・清浄であるにもかかわらず、非世界（aloga）に行くことができずに輪廻転生を繰り返すのは、業身（kamma-sarīraga）のために本来の性質を発揮できないからである、と説かれる。本章第 2 節 2 参照。

87 pāda cd は aṇuttaraṃ siddhi-gaiṃ gao とも表現される。

citto vi kāmehi viratta-kāmo
udagga-cāritta-tavo mahesī
aṇuttaraṃ saṃjama pālaittā
aṇuttaraṃ siddhi-gaiṃ gao（Utt. 13.35）

88 Śīlāṅka による。

89 ジャイナ教では、業物質が流れ込んできて命我に付着することを漏というが、仏教では煩悩が漏れ出ることの意味に使われる。しかし、原始仏典の中にも本来の意味、「漏れ入る」をもつ用法のあることが知られる。榎本文雄「āsrava（漏）の成立について ── 主にジャイナ教古層経典における」『仏教史学研究』第22巻第1号、1979年、pp. 17–42.

90 第3章註2を見よ。

91 Pj II, 531.1.

92 Dhp-a. IV 63.1–5.

93 Sn. 359.

94 Sn. 1105.

95 ジャイナ教におけるへびの脱皮の表現は、例えば以下のとおりである。

tayā saṃ va jahāi se rayaṃ
ii saṃkhāya muṇī na majjaī.（Sūy. 1.2.2.1ab）

〔へびが〕その脱け殻を捨て去るように、牟尼は、彼が塵を捨てるべきであると考える。

96 中村元『ブッダの真理のことば』p. 144.

97 GD, p. 1 ; DP（s.v. ora）.

98 Th. 31, 244.

99 Utt. 2.10c : nāgo saṃgāmasīse vā. cf. Sūy. 1.3.3.6ab.

100 マハーヴィーラに対する迫害については、第2章第4節2(3)および第3章第1節2(2)④で紹介した。

101 中村元『原始仏教の思想　上　原始仏教3』（中村元選集第13巻）春秋社、1970年、p. 341.

102 ti を含む Dhp. 277 の pāda a は、類似する Dhp. 278, 279 のそれが8音節であるのに対し、9音節となっているが許容される。また、この3詩節の pāda bcd は全同である。

103 dhamma-parāyaṇā : Charpentier は Śāntisūri の v.l. dhamma-paraṃparā が文脈に適合することを記している。

jamma-maccu-bha' uvvi-ggā < janma-mṛtyu-bhayôdvigrāni.

104 puvviṃ : cty によって pūrvam = anya-janmani と説明される。

bhāvaṇa-bhāviyā : cty は bhāvanayā = kuśala-karmā 'bhyāsa-rūpayā と説明する。bhāvaṇā は m.c. である。また、bhāviyā は bhāvitāni = vāsitāni と説明される。cf. JS II, p. 69, n. 1.

105 Pj II, 411.12 : yakkha ti purisassa. yakkha は「個人」と訳すが、yakkha < yakṣa はブッダ以前の用語（a pre-Buddhist term）である。

ちなみに、nāga もブッダ以前の用語であって、kuñjara のような特別な象を指すのではないかと推測される（第3章第13節1(3)①、同第16節1, 第17節参照）。これに対し、一般的なへびや象を意味するようになったのは、仏教やジャイナ教になってからのことである。

106 vedagu = vedaka. cf. BHS vedaka. 本章註 83 も参照。

107 pavannā, cty : pratipannāḥ, āśritāḥ.

viṇaittu は cty によって vinīya = apanīya と説明される。この語を含む pāda d の Jacobi 訳は、'Faith will enable us to put aside attachment' である。ここで khamaṃ < Skt. kṣamaṃ は impersonal adj. か adv. であり、構文上、inf. を伴って 'it is fitting to, possible to' の意味をもつ（cf. J. S. Speyer, *Vedische und Sanskrit-Syntax*, Strassburg 1896, § 221）。したがって、viṇaittu は inf., vinayitum であろう。saddhākhamaṃ ṇe viṇaittu rāgaṃ は 'it is possible by faith to destroy rāga' と訳すことができよう。

108 ジャイナ教の四汚濁については第 3 章註 67 参照。また、仏教でも同様に 4 つの汚濁を挙げている。ただし、順序は偽り、高慢、貪欲、怒りの順である。cf. Sn. 537. これを含む第 2 章第 6 節 1 (1) および同註 106 を見よ。

109 cf. Utt. 9.36.

110 tāi については第 3 章第 5 節冒頭および同註 89, havvam, āgacchati については第 3 章註 83 参照。

111 Uv. にも同一の詩節がある。

sukhaṃ sukhārthī labhate samācaraṃ
　kīrtiṃ samāpnoti yaśaś ca sarvataḥ
ya āryam aṣṭāṅgikam āñjasaṃ śivaṃ
　bhāvayati mārgaṃ hy amṛtasya prāptaye（Uv. 12.20）

112 amaya < Pā. amata < Skt. amṛta. 本来は「不死」の意味であるが、'nectar' や 'nirvāṇa' の意味に使われる。

pāda d に v.l. がある。Sh: ārāhae duhao logam imaṃ. しかし、Devendra の読みをとる。cf. Utt. 8.20d: tehim ārāhiyā duve loga, tti bemi.

113 「キーナーサヴァ」（khīṇāsava）であり、キーナ（khīṇa, 滅尽）とアーサヴァとの複合語である。

114 中村元『仏教語大辞典』東京書籍、1981 年、p. 582.

115 pāda b, cty : 'ākhyāte' purātana-tīrthakṛdbhir api kathite, maraṇam evāntaḥ—nijanij' āyuṣaḥ paryanto maraṇāntas tasmin bhave māraṇāntike.

maraṇantiyā に v.l. māraṇantiyā（Utt-V）/ -aṃtiyā（Devendra）がある。

116 ukkosa は cty において utkarṣa と説明される。AMgD（s.v.）も PSM（s.v.）も Skt. 対応語は utkarṣa である。しかし、utkarṣa の Pkt. 形は ukkassa であり、ukkosa ではない。Pischel, § 112 は *utkoṣa を与える。これが正しい語源であり、inst. の意味は 'as a maximum' となる。

ジャイナ教の死の分類については、奥田清明教授の論文がある。「ジャイナ教における maraṇa の分類」『奥田慈應先生喜寿記念・仏教思想論集』平楽寺書店、1976 年、pp. 1153-1165.

117 金倉圓照博士（『印度古代精神史』pp. 270-272）と中村元博士（『思想の自由とジャ

イナ教』pp. 304-305）の和訳がある。拙稿「ジャイナ遊行者の衣・食・住 ── マハーヴィーラを中心にして」『神子上恵生教授頌寿記念論集・インド哲学仏教思想論集』永田文昌堂、2004 年、pp. 921-922.

118 縛の原語は gantha である。初期の段階では bandha ではなく、gantha を用いていた。cf. ganthaṃ（Utt. 8.4ab）, ganthaṃ vihāya（Sūy. 1.14.1a）, etc..

119 これら 3 種の死は、後世、註釈家たちによって、1. Bhatta-paccakkhāṇa（< Skt. Bhakta-pratyākhyāna）, 2. Iṅgiṇī-maraṇa（< Skt. Ingita-maraṇa）, 3. Pāovagamaṇa（< Skt. Prāyopa-gamana）に当てはめられている。cf. S. B. Deo, *History of Jaina Monachism*, Poona 1956, p. 200ff..

120 東北大学大学院医学研究科の伊藤道哉氏より多くの示唆を得た。記して感謝の意を表する。

121 yo はラテン語の si quis に相当する。WD, p. 110.

122 谷川泰教「Uttarajjhāyā 研究 II ── 第 29 章 Sammattaparakkame について」『密教文化』第 120 号、p. 80ff. ; 同「ジャイナ教の解脱観 ── 仏教との交渉において」『日本仏教学会年報』第 44 号、pp. 31-48 ; J. Deleu, *Viyāhapannatti*（*Bhagavatī*）, Brugge 1970, p. 92 ; 長崎法潤「マハーヴィーラの業説」『仏教学セミナー』第 20 号、pp. 404-429 ; 拙稿「初期ジャイナ教における頭陀」『田賀龍彦博士古稀記念論集・仏教思想仏教史論集』山喜房仏書林、2001 年、p. 91f..

第 4 節

123 中村元『原始仏教の思想　上』p. 217.

第6章　並行詩脚から見た沙門の実態

第1節　並行詩節・並行詩脚の種々相

ヴィンテルニッツ[1]が、「苦行者の詩」(ascetic poetry) と呼ぶ文献群は、ヴェーダの神話ではなく、歌い継がれた民間伝承に基づいている。つまり、一方にヴェーダからウパニシャッドに至るサンスクリット語による文献群 (いわば「バラモンの文学」) があり、他方、パーリ語やプラークリットによる「沙門の文学」とも言うべき文献群が、沙門の台頭とともに成立するようになった、ということである。とは言え、この両者は相互に、また世間とまったく没交渉に、それぞれの領域に籠って成立し伝えられたわけではない。むしろその作者たち、口承の担い手たちは、それぞれの作品の中によく知られた出来事を組み込み、その一纏まりの物語を素材として思想や教訓をよりリアルに、より生き生きと、よりわかりやすく語ろうとしたのではないか。また、的を射た表現や新鮮な言い回しを編み込んで、自らの作品がより広く流布し、説得力をもって人々の記憶に残るよう、工夫を重ねたのではないか。

ヴィンテルニッツによれば[2]、仏陀の時代にはすでに、散文や韻文からなる無尽蔵庫、すなわちアークヤーナ (Ākhyānas, 説話)、イティハーサ (Itihāsas, 史伝)、プラーナ (Purāṇas, 伝説)、ガーター (Gāthās, 詩頌) が存在し、あたかも文学的公共財産を形成していたということである。

当時、出家遊行者たちを含む人々の間に広く知られた、多数の浮動詩脚 (floating pāda) 群があり、沙門たちは、それらの詩脚を適宜組み合わせることによって、自己の思想を表明し、独自性をも生み出していったと考えられる。しかもそれは仏教徒やジャイナ教徒ばかりでなく、バラモンの派祖や聖仙 (Skt. ṛsi / Pā., Pkt. isi)、「バラモンの文学」に連なる叙事詩の詩人たちも同様で、その定型句的な言い回しや表現を取り入れたとされる。

ヴィンテルニッツはその影響の範囲を具体的に次のように示す。

『スッタニパータ』（*Suttanipāta*, 経集）や『ダンマパダ』（*Dhammapada*, 法句経）をはじめとする初期仏典（Pā.）、『アーヤーランガ・スッタ』（*Āyāraṅga-sutta*）や『スーヤガダンガ・スッタ』（*Sūyagaḍaṇga-sutta*）、『ウッタラッジャーヤー』をはじめとするジャイナ教の古層の聖典（AMg.）、さらにはサンスクリット文学の正統派である『マハーバーラタ』（*Mahābhārata*）や『ラーマーヤナ』（*Rāmāyaṇa*）等にも共通の表現や言い回し、すなわち並行詩節（parallel verse）・並行詩脚（parallel pāda）、さらには並行説話とも言うべき同一素材に取材した物語が見出される、と[3]。

実際、同一素材に由来する作品であることを推定せしめる表現は、並行詩節・詩脚に限定されない。むしろ説話という大きな単位で多く並行（parallel）な関係にある作品が見出され、当然ながら、それらの中には並行詩節・詩脚がいくつも含まれている。

Ākhyāna と言われるそれらの説話作品は、物語を叙述する散文と対話を示す詩節とによって構成されており、以下のような物語がある。

Uttarajjhāyā の第 12 章 Harikeśa（黄色い髪をした者）と類似した説話が、仏教文献の『ジャータカ』（No. 497 Mātaṅga-jātaka）に見られ、すでにシャルパンティエ（Charpentier）によって指摘、検討されている[4]。また、Citra と Sambhūta の物語は、*Uttarajjhāyā* 第 13 章（Citta-Sambhūijjaṃ）と *Jātaka* No. 498（Citta-Sambhūta-jātaka）の双方に見出され[5]、*Uttarajjhāyā* 第 14 章 Iṣukāra 王の物語は、*Jātaka* における Hatthipāla-jātaka（Jā. No. 509）と共通の内容をもつ作品である[6]。

沙門とバラモンの関係を、例えば苦行について見てみれば、バラモン（Pā. brāhmaṇa / AMg. māhaṇa, bambhaṇa ; Skt. brāhmaṇa）は超能力（ṛddhi）を得る手段としてこれを行なったのに対して、沙門（Pā. samaṇa / AMg. samaṇa ; Skt. śramaṇa）は解脱（mokṣa）を得ることを目的としていた。バラモンは世俗での生活を当然のこととし、家族親族や財産をもつことを是としていた。他方、沙門は出家を前提とし、その修行には道徳的要素が強く含まれていた。例えば、沙門は自己犠牲に励み、生きとし生けるものすべてを慈しまなければならず、それらを傷つけることは厳しく戒められた。彼らは、この世俗世界を完全に放棄し、カースト制度も否定していた。したがって、カーストにその存在根拠をおくバラモンとは正反対の立場であったと言えよう。

しかしながら、われわれが本章で見ていく並行詩節や並行詩脚、定型句的表現は、「沙門の文学」である仏教やジャイナ教の聖典におけると同様に、正統派の MBh. にも取り入れられており、さらにその影響は Śānti と Vairāgya のテキスト、Bhartṛhari の *Śataka* 等にも見出される。ヴィンテルニッツはこれをもって、それらの作品群を「苦行者の詩」作品に分類したのである。

ここに、その 1 例を示してみよう。

ジャイナ教の聖典『ウッタラッジャーヤー』(*Uttarajjhāyā*) の第 9 章は、ヴィデーハ (Videha) 国王ナミ (Nami) とバラモンに変装したインドラとの対話で構成された美しい物語である[7]。

「ミティラーで喧騒があり、宮殿が燃えている。何故あなたは後宮に戻らないのか」というインドラの問いに対して、ナミ王は答えて言う。

> 私たちは自分のものを何ももたない。幸福に生活し、生存する。ミティラーが燃えているとき、私の何ものも燃えない。
>
> suhaṃ vasāmo jīvāmo jesi mo natthi kiṃcaṇa
> mihilāe ḍajjhamāṇīe na me ḍajjhai kiṃcaṇa (Utt. 9.14)

仏教文献にも並行詩節が見出される。*Jātaka* にヴィデーハ国王ジャナカ (Janaka) の発言が見られる。

> 私たちは自分のものを何ももたない。幸福に生活する。ミティラーが燃えているとき、私の何ものも燃えない。
>
> susukhaṃ vata jīvāma yesaṃ no n' atthi kiñcanaṃ
> Mithilāya ḍayhamānāya na me kiñci adayhathā 'ti (Jā. 539, g. 125)

Śīvalī 妃が大将軍に命じてミティラーの街に火をつけさせた。そして、彼女はジャナカ王に「白金、黄金、真珠、瑠璃等の宝庫が燃えてしまうので引き返してください」と懇願する。しかし、王の出家への決意は堅く、彼はこの詩節を詠んだのである。

このようにアルダ・マガダ語（Ardha-Māgadhī）とパーリ語（Pāli）の相違はあれ、同一内容の詩節は数多く存在しており、この出来事にまつわる詩節・詩脚の広範な影響の事実が知られる。しかも、この物語の並行詩節は、仏教混淆梵語（Buddhist Hybrid Sanskrit）文献にも見出される。

『ウダーナヴァルガ』（*Udānavarga*）：

私たちは自分のものを何ももたない。幸福に生活し、生存する。ミティラーが燃えているとき、私の何ものも燃えない。

susukhaṃ bata jīvāmo yeṣāṃ no nāsti kiñcanam,
mithilāyāṃ dahyamānāyāṃ na no dahyati kiñcanam（Uv. 30.44）

その他、第 1 半詩節に類似したものとして次のものがある。

『相応部経典』（*Saṃyutta Nikāya*）：

私たちは自分のものを何ももたない。幸福に生活する。喜びを食む者として、われわれは Ābhassara（光音＝光を言葉〈音声〉とするもの、ābhāsvara）の神々のようにするであろう。

susukham vata jīvāma yesan no n' atthi kiñcanaṃ
pītibhakkhā bhavissāma devā ābhassarā yathā ti（SN. i p. 114）

『ダンマパダ』（*Dhammapada*）：

susukhaṃ vata jīvāma yesan no n' atthi kiñcanaṃ
pītibhakkhā bhavissāma devā ābhassarā yathā（Dhp. 200）

『ジャータカ』：

susukhaṃ vata jīvāma yesan no n' atthi kiñcanaṃ
pītibhakkhā bhavissāma devā Ābhassarā yathā ti（Jā. 539, g. 128）

『ウダーナヴァルガ』：

susukhaṃ bata jīvamo yeṣāṃ no nāsti kiñcanam
prītibhakṣā bhaviṣyāmo devā hy ābhasvarā yathā（Uv. 30.49）

第 2 半詩節の類似したものとして、

『大事』（*Mahāvastu*）：

mithilāyāṃ dahyamānāyāṃ nāsya dahyati kiṃcana（Mvu. III 453.1）

がある。

そして、大叙事詩『マハーバーラタ』にも、ジャナカ王に帰せられる物語がある。そこでは *Uttarajjhāyā* 9.14 や *Jātaka* No. 539, g. 125 や *Udānavarga* 30.44 と全く同様に、ミティラーの火事を共通の題材として無所得であることの楽しさを説いている。

> 私は自分のものを何ももたない。幸福に生きる。ミティラーが燃えているとき、私の何ものも燃えない。
>
> susukhaṃ bata jīvāmi yasya me nāsti kiṃcana
> mithilāyāṃ pradīptāyāṃ na me dahyati kiṃcana（MBh. 12.268.4）

この詩節は、前 3 者と比較して、主語に複数形と単数形の相違が見られるだけである。

『マハーバーラタ』がその長期にわたる成立過程で、雑多な内容を含むものに増補改変されてきたことは周知のとおりである。しかし、その一端に「苦行者の詩」文献群の引力のようなものがあり、本来は民族的な叙事詩であったものが、現在の形態から言えばむしろ「苦行者の詩」文献群の 1 つに数えられるべきものとなっていることは、上のような並行する説話、並行詩節や並行詩脚の研究なしには言いえないことであろう。そして、当時の人々にとってそれらは、同時代的な共通基盤の表出としての言葉であり、伝統的な勢力やその作品にも、新興の沙門たち、仏教やジャイナ教にも影響を与えるものとして存在したと推察される。

本書では、原初形態における仏教とジャイナ教の戒や教理、実践倫理等に共通の基盤のあったことを推定し、その存在を炙り出すために並行詩節や並行詩脚を検討してきた。今、「苦行者の詩」文献群に見られる定型句的表現の内容的特色を総括的に究明し、これら仏教やジャイナ教をはじめとする沙門の集団における世界観、人生観、倫理観等の共通部分、並びにその源泉を探ることとしたい[8]。

第2節　『ダンマパダ』並行詩脚対照表

1 『ダンマパダ』並行詩脚対照表の成立経緯

本論考の原形[9]では、『スッタニパータ』と『ダンマパダ』の並行詩脚と考えられるものを、先学の研究に基づき表（リスト）にして示した。その時点では、煩瑣になるのを避けるため、この表には、最古層の部分を含んでいる『アーヤーランガ・スッタ』、『スーヤガダンガ・スッタ』、『ウッタラッジャーヤー』、『ダサヴェーヤーリヤ』、『イシバーシヤーイム』のジャイナ教5作品と、『マハーバーラタ』と『ラーマーヤナ』のバラモン文学作品2点に限り、並行詩脚として意味内容の同一なものを抽出し記載した。

これに先立つ重要な研究としては、水野弘元博士の「法句経対照表」がある[10]。これは、1. パーリ文・法句経の偈文とそれに対応するパーリ文献の偈の番号を掲げ、その右に2. 漢訳法句経類、3. *Udānavarga*, それに4. *Gāndhārī Dharmapada* や仏教梵語法句経の偈文が一目でわかるように対比されており、研究者に一大便宜を供してきた。その後博士は、偈文そのものは省略しているが、この対照表作成後に新たに見出した対応する偈を加えて、パーリ法句偈の半偈（2句）以上の対応文献を指摘表示した「パーリ法句経偈の対応表」[11]等を発表されている。これらは、*Dhammapada* の諸伝承に関する研究の集大成であり、*Dhammapada* そのものの研究はもとより、初期仏教研究の基礎資料として座右に置かなければならない研究成果であることは言うまでもない。

中村元博士は「両方の聖典に存在する共通句」[12]において、*Āyāraṅga* や *Suttanipāta* の並行句を新たに指摘している。

その後1997年には、矢島道彦氏によって『スッタニパータ』の漢訳も含む網羅的な対応句索引が公刊され、研究者に便宜を供した[13]。

この間筆者は、当該分野におけるパーソナル・コンピュータの利用を模索し、逢坂雄美理学博士との共同開発により、初期ジャイナ教文献や初期仏教文献の詩脚（＝句、pāda）や語彙の索引を作成し公表してきた[14]。2000年には4つの初期仏教文献、すなわち *Suttanipāta*, *Dhammapada*, *Theragāthā*, *Therīgāthā* の正順と逆順の詩脚索引[15]を刊行した。

そして、これらの成果により、新たな並行詩脚を見出すことができたので、水野博士の研究では省かれていた *Dhammapada* に対応する詩脚の付加が可能となった。こうして *Gāndhārī Dharmapada*, *Patna Dharmapada*, *Udānavarga* の対応箇所[16]、並びに *Mahābhārata* やジャイナ教文献の並行詩脚[17]をも一括して提示する、パーリ語の『ダンマパダ』の並行詩脚対照表の公表に至ったのである[18]。

このような多種の文献を横断する並行詩脚の情報は、複数の異読があってテキストの読みを確定しなければならない場合や、未解決の難解な語彙に出くわしたときなどに、有益であると考える。というのも、第1章に例示したとおり、並行詩脚により難読な語や文脈を類推、推理できたり、言語的な発展過程や多様さの隙間を埋めていくことができたりするなど、この種の問題解決にとって1詩脚が極めて大きな役割を担うことがあるからである[19]。

遅れて成立したニカーヤやジャータカ等の文献は省かれているが、言語として種々の問題を含んでいる仏教混淆梵語文献（*Mahāvastu*, *Divyāvadāna*）はメモを Early Pāli の欄に当初のまま残した。現在は仏教聖典11種、ジャイナ教聖典5種に『マハーバーラタ』を加えた17テキストからの抽出となっているが、将来さらに並行詩脚を抽出して完全なものにしていきたいと考えている。

2　並行詩脚対照表

対照表で用いるテキスト名略号を以下に示す。なお採録に当たっては、1 pāda からでも並行または類似の作品を見出せるよう、記載詩節と詩脚の重複を避けなかった。また、類似の箇所は cf. を付加して示した。pāda を範囲で示したケースでは、1詩節の複数 pāda を示すもの（ex. 99a–c）と複数詩節の一定の pāda での繰り返しを示すもの（ex. 91cd–99cd）とがある。

《仏教文献》

Dhp O. von Hinüber and K. R. Norman, *Dhammapada*, PTS, Oxford 1994.

GDhp J. Brough, *The Gāndhārī Dharmapada*, London 1962.

PDhp M. Cone, "Patna Dharmapada", JPTS XIII, Oxford 1989, pp. 101-217.

Uv F. Bernhard, *Udānavarga*, Göttingen 1965.

Rau "Bemerkungen und nicht-buddhistische Sanskrit-Parallelen zum Pāli-Dhammapada", *Jñānamuktāvalī*, New Delhi 1959, pp. 159-175.

Sn D. Andersen and H. Smith, *Suttanipāta*, PTS, London 1913, and GD (= Sn*).

Th H. Oldenberg, "The Theragāthā", *The Thera- and Therī-gāthā*, 2nd ed., PTS, London 1966, and Tha-ī (= Th*).

Thī R. Pischel, "The Therīgāthā", *The Thera- and Therī-gāthā*, 2nd ed., PTS, London 1966.

NTh K. R. Norman, "Indicates the list of alternative readings for the Thera-gāthā", *The Thera- and Therī-gāthā*, PTS, London 1966.

Div E. B. Cowell and R. A. Neil, *The Divyāvadāna*, Cambridge 1886.

Mvu É. Senart, *Le Mahāvastu*, 3 vols, Paris 1882-1897 (Identify a quotation by page).

《ジャイナ教文献》

Āy W. Schubring, *Ācārāṅga-Sūtra*: *Erster Śrutaskandha*, Leipzig 1910, and Āy. II. (Identify a quotation by page and line.)

Sūy P. L. Vaidya, *Sūyagaḍaṃ*, Part I, Poona 1928.

Utt J. Charpentier, *The Uttarādhyayanasūtra*, Uppsala 1922.

Dasav E. Leumann, *The Dasaveyāliya Sutta*, Ahmedabad 1932.

Isibh W. Schubring, *Isibhāsiyāiṃ*, Hamburg 1969.

《文学作品》

MBh V. S. Sukthankar et al., *The Mahābhārata*, 22 vols, Poona 1933-1959.

『ダンマパダ』並行詩脚対照表

pāda	Dhp	GDhp	PDhp	Uv	Rau	Early Pāli	MBh・Jaina
1		201	1	31.23	160		
1abd	2abd						
1e						Sn 770c; Th 735c	
2		202	2	31.24			
2abd	1abd						
2f						Th 1041-1043d	
3			5	14.9			
3ab	4ab						
4			6	14.10			
4ab	3ab						
5			253	14.11			cf. Sūy 1.1.8.7
5d						Sn 453b; Th 1229b	
6			254			Th 275, 498	
6acd				14.8acd			
7		217	7	29.15			
7d						Th 147f, 265f	
8		218	8	29.16			
9		192	94	29.7	160	Th 969	
9a							MBh 12.18.33a
9d						Th 971d	
10		193	95	29.8		Th 970	
10b						Th 618d, 988b cf. Th 1077b	cf. Isibh 4.23b
10d						Th 972d	
11		213	171	29.3			
12		214	172	29.4			
13		219	351	31.11		Th 133	
14		220	352	31.17		Th 134	
15		205	3	28.34			
16		206	4	28.35			
17		203					
17d				cf. 28.36d			
18		204					
18ab				28.35ab			
18d				28.37d			
19		190	290	4.22			
20		191	291				
20abcf				4.23			

pāda	Dhp	GDhp	PDhp	Uv	Rau	Early Pāli	MBh・Jaina
20b						Th 373b cf. Sn 69b	
20c						Sn 74a, 493a cf. Th 1092c	cf. Utt 32.9a
20e						Sn 470c	
21		115	14	4.1	160		
22		116	15	4.2			
23		cf. 128	16	4.3			
23b						Th 156b, 979d cf. Th 353b; Thī 161b	
23d						Th 32d, 989d, 990d; Thī 6d, 9d	
24		112	28	4.6			
25		111	29	4.5			
26		117	17	4.10		Th 883	
27		129, 130		4.12			
27ab			26				
27abc						Th 884abc	
27cd		134cd					
28		119	19	4.4	160		
29		118	18	19.4			
29a							Utt 6.16c; MBh 12.220.95a
30		120		4.24			
31		74	23	4.29			
31ab	32ab						
31cd			373cd				
32		73	22	4.32			
32ab	31ab						
33		136	342	31.8			
33d						Th 29b	
34		137B	343	31.2	161		
35			345	31.1			
35b	36b						
35d	cf. 36d						
36		138A	346				
36bd				cf. 31.1bd			
37		137A	344	31.8A	161		
38		137C	335	31.28			

pāda	Dhp	GDhp	PDhp	Uv	Rau	Early Pāli	MBh・Jaina
38b	cf. 60d						
39		137D	347	28.6			
39d				15.7d			
40		138B	350	31.35	161		
41		153	349	1.35			
42abc				31.9abc			
43				31.10			
43b						Sn 296b	
44		301	131	18.1			
44bd	45bd						
45		302	132	18.2			
45bd	44bd						
46		300	134	18.8	162		
47		294	128	18.14	162		
47ab	48ab						
47cd	287cd						
47-48							cf. MBh 12.169.12, 12.169.17
48		cf. 294	129	18.15			cf. MBh 12.169.18
48ab	47ab						
49		292	127	18.8			
49d						Th 946d	
50		271	309				
50abc			310abc	18.9abc			
51		290	125	18.6		Th 323	
51ac	52ac					Th 323ac, 324ac	
52		291	126	18.7		Th 324	
52ac	51ac					Th 323ac, 324ac	
53		293	130	18.10			
54		295	121	6.16			
55		296	122	6.17			
56			123	6.18			
57		297	124	6.19			
57c	cf. 96c						
58		303	135	18.12			
58d						Th 700d	
59		304	136	18.13			
59b						cf. Thī 353d	
59d	187d					Th 368b, 650b, 999b cf. Th 45d, 174b	

pāda	Dhp	GDhp	PDhp	Uv	Rau	Early Pāli	MBh・Jaina
60			185	1.19			
60c						Thī 495a	
60d	cf. 38b						
61a						Th 320c	
61acd				14.15acd			
61c						Sn 821c	
61d	330b						
62				1.20			
63			184	25.22		Div 490	
63c							Sūy 1.1.2.4b, 1.1.4.1b; Utt 6.10d
64		233	191	25.13	163		
64b	65b						
65		234	192	25.14			
65b	64b						
66			174	9.13			cf. Dasav 4.1
67			175	9.14			
67d	68d						
68			176	9.15			
68ab			101ab				
68b	314d					Thī 13b, 118b, 176b	
68d	67d						
69		cf. 283		28.18			
69b			104b				
69bc	119bc						
70		313	389	24.20E		Sn 1038; Mvu III 435	Utt 9.44; Isibh 41.13
70ab			386ab				
70abd				24.17abd			
70cd			385cd	24.29			
70d				24.18d–28d	163	Th 1171d	
71			107	9.17	163		
72			177	13.2	164		
73			178	13.3			
74a–d			179	13.4			
74b							cf. Dasav 6.19d
74ef			180ab	13.5ab			
75ab			180cd	13.5cd			
75c						Sn* 1115c	

pāda	Dhp	GDhp	PDhp	Uv	Rau	Early Pāli	MBh・Jaina
75c–f			181	13.6a–d			
75d						Th 1189b, 1191b, 1193b, 1195b, 1197b, 1201b, 1203b	
75f						cf. Th 27d, 233d	
76		231	206	28.7		Th 993	
77		230	207	5.26		Th 994	
78			205a–d	25.3			
79		224	348	30.13			
80				17.10		Th 877	
80abc	145abc			17.10abc		Th 19abc, 877abc	
81		239	93	29.49			
81ab						Th 643ab	
82		225	275	17.11			
82d							cf. Utt 5.30c
83		226	80	30.52			
84		324	326				
85			261	29.33			
85b							Āy 7.20*
86			262	29.34			
86d						Sn 358d; Th 1278d; Thī 10b	
87			263				
87abc				16.14abc			
88			264				
88ab				16.14ef			
89			265	31.39			
90			86	29.35			
90d						Sn 715d	
91			231	17.1			
92			87	29.26	164		
92ce	93ce					Th 92ce	
93			270	29.29		Th 92	
93ce	92ce					Th 92ce	
94			89	19.3	164		
94bc						Th 205bc, 206bc	
94bcd						Th 205bcd	
95				cf. 17.12			
96			88	31.45			

pāda	Dhp	GDhp	PDhp	Uv	Rau	Early Pāli	MBh・Jaina
96c	cf. 57c						
96cd						Th 441cd	
97			333	29.23			
98			245	29.18		Th 991	
98a						Sn 119a	Āy 33.20*, 1.8.8.7a; MBh 13.234.17
99			155	29.17		Th 992	
100		306	376			Mvu III 434	
100a	cf. 101a						
100bcd				24.1bcd			
100bd	101bd, 102bd			24.1bd			
101		308				Mvu III 434	
101a	cf. 100a						
101bd	100bd, 102bd			24.1bd			
102		309	377				
102bd	100bd, 101bd			24.1bd			
103		305	378	23.3		Mvu III 435	Utt 9.34
104			319	23.4			
105			320	23.5			
106		310	379			Mvu III 435	
106ab			383ab-385ab	24.21ab-29ab			
106c-f	107c-f			24.16c-f	165		
107		319, 320	380	24.16		Mvu III 435	
107b						cf. Th 219b; Thī43b	
107c-f	106c-f			24.16c-f	165		
108		321	381	24.30		Mvu III 435-436	
109		172			165		
110			390	24.3		Mvu III 436	
110ac	111ac, 112ac, 113ac, 114ac, 115ac						
111			391	24.4			
111ac	110ac, 112ac,						

pāda	Dhp	GDhp	PDhp	Uv	Rau	Early Pāli	MBh・Jaina
-111ac	113ac, 114ac, 115ac						
112		316	392	24.5		Mvu III 436	
112ac	110ac, 111ac, 113ac, 114ac, 115ac						
112b						Th 962b, 987b	
113		317	393	24.6		Mvu III 436	
113ac	110ac, 111ac, 112ac, 114ac, 115ac						
114			395	24.15		Mvu III 436	
114ac	110ac, 111ac, 112ac, 113ac, 115ac						
115		318	394	24.14	165	Mvu III 436	
115ac	110ac, 111ac, 112ac, 113ac, 114ac						
116			96	28.23			
117		207	97	28.21			
118		208	98	28.22			
119			102	28.19			
119bc	69bc						
120			103	28.20			
120b			105b				
121		209	193	17.5	165		
121bcdf	122bcdf						
122		210	194	17.6			
122bcdf	121bcdf						
123			116	28.14			
124			106	28.15			
125			115	28.9		Sn 662	
126			274		165		

pāda	Dhp	GDhp	PDhp	Uv	Rau	Early Pāli	MBh・Jaina
126d						Sn 765d; Th 672d cf. Th 364f; Th* 100d, 369d, 704d	
127				9.5		Div 532, 561	
127abc	128abc						
128				1.25	165	Div 532, 561	
128abc	127abc						
129					166		
129a	130a						
129acd			202acd	5.19acd			
129cd	130cd					Sn 705cd	cf. Āy 15.19*
130			202	5.19			
130a	129a						
130b							Āy 8.25*
130cd	129cd					Sn 705cd	cf. Āy 15.19*
131			203	30.3	166		MBh 13.114.5
131a	132a						
131c	132c					Sn 592c	
132			204	30.4			
132a	131a						
132c	131c					Sn 592c	
133			197	26.3			
134			199	26.5			
135		148	200	1.17			
136				9.12			
136ab						Th 146ab	
137				28.26			
138				28.28			
139				28.27			
140		cf. 211					
140abc				28.29abc			
141			195	33.1	167	Mvu III 412; Div 339	
141d						Sn 249f	
142		80	196	33.2		Mvu III 412; Div 339	
142c						Sn 35a, 394c; Th 867b	Sūy 1.13.23b
143Aad				19.5ad			
143Bab			329ab				
144			329c–f	19.2			

pāda	Dhp	GDhp	PDhp	Uv	Rau	Early Pāli	MBh・Jaina
145				cf. 17.10		Th 19	
145abc	80abc					Th 19abc, 877abc	
146		143	233	1.4		Mvu III 376	
146a							cf. Āy 16.10*
147				cf. 27.20		Th 769, 1020, 1157	
148		142	259	1.34	167		
148d							cf. Utt 7.9d
149		154, 155			167	Div 561	
149acd				1.5acd			
150		284		16.23	168		
151		160		1.28			
152			209			Th 1025	
153				31.6			
153a						Thī 164c	
153ab						Th 78ab	
153d						Th 183d, 255d	
154				31.7			
154ab						Th 184ab	
155		139a	229	17.3			
155ab	156ab						
156		139b	230	17.4			
156ab	155ab						
157			312	5.15abef			
157ab			311ab				
158		227	317	23.7	168		
159			318	23.8			
160			321	23.11	168		
160a	380a						
161			307				
161a	165a			28.11a			
162		330	306	11.10			
163		264	167	28.16			
163ab			168ab				
164		258	315	8.7			
164a-d			314a-d				
165			308				
165a	161a			28.11a			
166		265	325	23.10			
166a							Isibh 35.12c
167		121	31	4.8	169		

pāda	Dhp	GDhp	PDhp	Uv	Rau	Early Pāli	MBh・Jaina
167b						Sn 942b	
168		110	27	4.35			
168c	169c						
168d	169d, 242d, 410b			14.1d,		Sn 634b	
169		328	224	30.5			
169abd		225abd					
169c	168c						
169d	168d, 242d, 410b			14.1d		Sn 634b	
170			258	27.15			
170c						Sn 1119e	
170d						Sn 1118d, 1119f	
171				27.17			
171c							cf. Sūy 1.1.4.1b
171d						Th 14f	
172		122	20	16.5			
172ab						Th* 871ab	
172cd	173cd, 382cd					Th 548ef, 871-873cd	
173				16.9			
173ab						Th 872ab	
173cd	172cd, 382cd					Th 548ef, 871-873cd	
174				27.5			
175			232	17.2			
175d						Th 177d, 1166d; Thī 7d, 10d, 56d, 65d	
176			297	9.1			
177			293	10.2			
178bd			338bd				
179			276	29.52		Mvu III 91	
179cd	180cd						
180			277	29.53		Mvu III 92	
180cd	179cd						
181			244	21.9			
181d						cf. Sn 446d	
182		263	334				

pāda	Dhp	GDhp	PDhp	Uv	Rau	Early Pāli	MBh・Jaina
183			357	28.1		Mvu III 420	
183d	185f						Isibh 38.4d
184			239	26.2			cf. Utt 25.22
185				31.50	169		
185b	375d						
185d						Sn 338b	Utt 15.4a
185e						Th 591c	
185f	183d						Isibh 38.4d
186			145	2.17		Div 224	
186b							Isibh 28.9b
187			146	2.18		Div 224	
187d	59d					Th 368b, 650b, 999b cf. Th 45d, 174b	
188			216	27.31		Div 164	
188b							Dasav 7.26b, 7.30b
189			217	27.32		Div 164	
189d	192d, 361f					Sn 80d	Sūy 1.1.1.19d; Utt 6.8d; Isibh 1.2c, 17.1d cf. Sūy 1.11.2b; Utt 26.39d, 26.42d, 26.47d, 26.50d, 19.85b, 26.1b; Sūy 15.5d; Utt 28.36c, 5.25c; Isibh 34.6c; Dasav 3.13c; Isibh 1.3c, 29.19c
190			218	27.33		Div 164	
190c						Th 492a, 1258c; Thī 171a, 215d	
191				27.34		Th 1259; Thī 186, 193, 310, 321; Div 164	
191d		247d				Sn 724f, 726f	
192			219	27.35		Div 164	
192d	189d, 361f					Sn. 80d	Sūy 1.1.1.19d; Utt 6.8d; Isibh 1.2c, 17.1d cf. Sūy 1.11.2b; Utt 26.39d, 26.42d 26.47d, 26.50d,

pāda	Dhp	GDhp	PDhp	Uv	Rau	Early Pāli	MBh・Jaina
-192d							cf. Utt 19.85b, 26.1b; Sūy 15.5d; Utt 28.36c, 5.25c; Isibh 34.6c; Dasav 3.13c; Isibh 1.3c, 29.19c
193		173	79	30.27		Mvu III 109	
194			68	30.22			
197		166	255	30.47			
197a	198a, 199a, 200a						Utt 9.14a
198				30.45			
198a	197a, 199a, 200a						Utt 9.14a
198b						Th 276d	
199		165	256	30.43			
199a	197a, 198a, 200a						Utt 9.14a
200		168		30.49	169		
200a	197a, 198a, 199a						Utt 9.14a
200ab			258ab	30.44ab			Utt 9.14ab; MBh 12.268.4ab
201		180	81	30.1			
202					169		
202a	251a						
203		163	75	26.7			
203c						cf. Sn 732f	
203d	204d						
204		162	76	26.6	170		
204d	203d						
205				28.5		Sn 257	
206		175	69	30.25			
207		176	70	30.26			
208		177	71	25.25			
209		266	173	5.9			
209a						Th 320a	

pāda	Dhp	GDhp	PDhp	Uv	Rau	Early Pāli	MBh・Jaina
210			73	5.5	170		
211			74	5.8			
211c						cf. Sn 857c	
212			72	5.1			
212d	213d, 214d, 215d, 216d						
213				cf. 2.2-3, 5.1			
213d	212d, 214d, 215d, 216d						
214				2.3			
214d	212d, 213d, 215d, 216d						
215				2.2			
215d	212d, 213d, 214d, 216d						
216				cf. 2.2-3, 5.1			
216d	212d, 213d, 214d, 215d						
217		322		cf. 5.24			
217bcd			294bcd				
218				2.9			
218bcd						cf. Thī 12bcd	
219				5.20			
220				5.21			
220b						cf. Sn 185e	
221		274	238	20.1			
222		275		20.22	170		
222a						Sn 1a	MBh 1.17.4a, 3.30.17a
223		280		20.19	170		
223b							cf. Isibh 4.16b

pāda	Dhp	GDhp	PDhp	Uv	Rau	Early Pāli	MBh・Jaina
224		281	292	20.16			
224c							Sūy 1.1.4.12a
225			240	7.7			
225d						Sn 445d; cf. Sn 79d; Th 138d	
226			269	15.8			
226d	293f					Th 636f	
227		237	283		171		
227c-f				29.45			
228		240	284	29.46			
228a						cf. Th 180c	
229		241	286				
229ab				29.47ab			
229cd				29.48ab			
230		242	287				
230ab				22.11cd			
230cd				29.48cd			
231			279	7.1			
232			280	7.2			
232c						Sn 407c	
233			281	7.3			
234		51	282	7.10a-d			
235			161				
235d	237d						
236a						cf. Th 412c	
236abc	238abc						
236ac				16.3be			
236c							cf. Utt 25.21b
236cd			162cd				
237d	235d						
238a						cf. Th 412c	
238abc	236abc						
238acd				16.3bef			
238c			162c				
238d	348d						
239			163	2.10			
239cd						Sn 962cd	
240			160	9.19			
241			157		171		
242			158				
242d	168d,			14.1d		Sn 634b	

pāda	Dhp	GDhp	PDhp	Uv	Rau	Early Pāli	MBh・Jaina
-242d	169d, 410b						
243			159				
244		221	164	27.3			
245		222	165	27.4			
245b						cf. Th 652b, 1001b	
246							cf. Sūy 1.3.4.8
246a							cf. Utt 8.9a
248					171		
248b	307b						
249			327	10.12			
249f	250d						
250			328	10.13			
250ab	263ab						
250d	249f						
251				29.37			
251a	202a						
252		272	166	27.1			
253		cf. 339	268	cf. 27.2			
253cd				4.19ef			
254				29.38			
254ab	255ab			29.38ab			
254c						cf. Th 989b	
255		cf. 183					
255ab	254ab			29.38ab			
255d							cf. Āy 17.2*
256					172		
258b	259b						
258d				cf. 4.26d			
259		114	32	4.21			
259b	258b						
260		182		11.11	172		
261		185 cf. 45					
261a	393c						
261abc			289abc				
261bc				cf. 10.7bc			
261d				cf. 11.12d			
262		186	288	29.10			

pāda	Dhp	GDhp	PDhp	Uv	Rau	Early Pāli	MBh・Jaina
263		187		cf. 10.7, 29.9			
263ab	250ab						
263c			289c				
263cd				10.7cd, 29.9cd			
264		188	235	11.13			
264a							Utt 25.31a
265		189 cf.1	236	cf. 33.8c-f			
265bcd				cf. 11.14def			
266		67		32.18		Mvu III 422	
266a							cf. Dasav 5.1.66a
267		68 cf. 1, 183				Mvu III 422	
267a	412a					Sn 636a	Dasav 4.16a
267abd				32.19abd			
267d	367d					Mvu III 422.15	
268					172		
269a				28.13d, 14d			
270c							Isibh 45.20a
271		65	271	32.31		Mvu III 422.8-9	
272		66 cf. 134	272	32.32		Mvu III 422.10-11	
272b						Thī 201b	
272d						Th 543d	
273		109	358	12.4			
274			360a-d				
274ab				12.11ab			
275					172		
275ab			360ef				
275b						Sn 283d	
275cd			359ab	12.9ab			
276			359c-f				
276ab				cf. 12.9cd			
276cd				6.20, 12.11			
277		106	373	12.5			

pāda	Dhp	GDhp	PDhp	Uv	Rau	Early Pāli	MBh・Jaina
277b						Th 675d, 717b	
277bcd	278bcd, 279bcd					Th 676–678bcd	
278		107		12.6			
278b						Th 675d, 717b	
278bcd	277bcd, 279bcd					Th 676–678bcd	
279		108	374	12.8			
279b						Th 675d, 717b	
279bcd	277bcd, 278bcd					Th 676–678bcd	
280		113	30	cf. 31.32			
281			278	7.12			
281c							cf. Utt 24.11d
282			375	cf. 29.40			
282d						cf. Sn 856c	
283		93	361	18.3			
284		94	362	18.4			
285		299	363	18.5			
285ab							Utt 10.28ab
285c							Utt 10.36c
286		333	364	1.38			
287		334	365	1.39	172		cf. MBh 12.169.17
287bcd			128bcd				
287cd	47cd						
288		261	366	1.40			
289a						Sn 297c	
289c						Th 1212c cf. Th 1023c	
289cd			cf. 368–369cd	6.15cd			
290		164	77	30.30			
292		339	266	4.19a–d		Th 635	
292c						cf. Th 634a	
293		340	267	4.20		Th 636	
293b	299d					Th 468d	
293f	226d					Th 636f	
294		12	47	29.24, 33.61	172		
294a	295a			29.24a			cf. Isibh 36.13b

pāda	Dhp	GDhp	PDhp	Uv	Rau	Early Pāli	MBh・Jaina
294d	295d			29.24d		Th 754d	
295a	294a			29.24a			cf. Isibh 36.13b
295ab				29.24ab			
295abc				33.62abc			
295abd			47abd	29.24abd			
295d	294d			29.24d		Th 754d	
296		100		15.12			
296abc	297abc, 298abc, 299abc, 300abc, 301abc		241abc				
297		101		15.13			
297abc	296abc, 298abc, 299abc, 300abc, 301abc		241abc				
298		102		15.14			
298abc	296abc, 297abc, 299abc, 300abc, 301abc		241abc				
299		103	243	15.15			
299abc	296abc, 297abc, 298abc, 300abc, 301abc		241abc				
299d	293b					Th 468d	
300		104	241	15.17			
300abc	296abc, 297abc, 298abc, 299abc, 301abc		241abc				
301		105	242	15.25			
301abc	296abc, 297abc, 298abc, 299abc, 300abc		241abc				

pāda	Dhp	GDhp	PDhp	Uv	Rau	Early Pāli	MBh・Jaina
302		262					
302a-d				11.8			
303		323	331				
303ad				10.8ad			
304				29.19			
305		259	313	23.2			
305d						Sn 709b	
306		269	114	8.1	173	Sn 661	
307			113				
307abc				11.9abc			
307b	248b						
308		331	295	9.2			
309		270	210	4.14			
310			211	4.15			
311		215	296	11.4			
312				11.3		Th 277	
313				11.2			
314		337					
314ab			100ab	29.41ab			
314cd				29.42ab			
314d	68b					Thī 13b, 118b, 176b	
315		131	234			Th 1005	
315ab				5.16cd			
315a-d						Th 653a-d	
315c-f			201c-f	5.17a-d			
315d						Th 1004d, 1005d cf. Thī 5b	
315def				3.14def		Sn 333def; Th 403bcd	
315ef						Thī 5cd	
316		273abef	169abef				
316cd	317cd, 318cd, 319cd			16.4ef			
317		273c-f	169c-f	16.4c-f			
317cd	316cd, 318cd, 319cd			16.4ef			
318			170				
318ab						Thī 107cd	

pāda	Dhp	GDhp	PDhp	Uv	Rau	Early Pāli	MBh・Jaina
318cd	316cd, 317cd, 319cd			16.4ef			
319cd	316cd, 317cd, 318cd			16.4ef			
320		329	215	29.21	173		
321			90	19.6			
322		341	91	19.7			
323		342	92				
323acd				19.8			
324					173		
325				29.13		Th 17	cf. Sūy 1.7.25
325cd						Th 101cd	
325d							cf. Āy 13.23*, 14.15*, 21.3*, 23.12*
326				31.5		Th 77, 1130	
327			24				
327ab				4.36ad			
327acd		132acd		4.27			
328			9	14.13		Sn 45	
328b	329b						
329			10	14.14		Sn 46	
329b	328b						
330			11	14.16			
330b	61d						
331			65	30.34			
331d							cf. Utt 32.111b
332			66	30.21			
333				30.20			
333ab			67ab				
333cd			82cd				
334		91	137	3.4		Th 399	
335			138	3.9		Th 400	
336			139	3.10		Th 401	
336d						cf. Th 665b	
337						Th 402	
337ab		126ab					
337a-d			140a-d	3.11			
337b						Th 255b	

pāda	Dhp	GDhp	PDhp	Uv	Rau	Early Pāli	MBh・Jaina
338			156	3.16	174		
339			237	31.29			
339c						cf. Th 760c	
339d						Th 760d	
340a						cf. Sn 1034a	Isibh 29.1a
340ab						Th 761ab	
341			148	3.5			
341d						cf. Sn 725d	
342		95	149	3.6	174		
342ab	343ab						
343ab	342ab						
344		92	151	27.29			
345		169	143	2.5			
345cd						Th 187cd	
345d						Sn 38b	
346		170	144	2.6			
347		171					
348		161	150	29.57			
348c						cf. Thī 369c	
348d	238d						
349				3.1			
350ab				3.2ab			
351acd				26.28acd			
351d						Th 339b; Thī 22b, 160b	
352			147				
352a				3.18c		Sn 741c; Th 890a	
352b						Th 1028b	
353				21.1		Mvu III 326	
353b						cf. Sn 211b	
354				26.31			
355				cf. 2.16			
356			152	16.16			
356a	357a, 358a, 359a						
357			153	16.17			
357a	356a, 358a, 359a						
358			154	16.18			

pāda	Dhp	GDhp	PDhp	Uv	Rau	Early Pāli	MBh・Jaina
358a	356a, 357a, 359a						
359				cf. 16.16 -21			
359a	356a, 357a, 358a						
360				cf. 7.11a -d		Mvu III 423	
361		52	51	7.11		Mvu III 423	
361f	189d, 192d					Sn 80d	Sūy 1.1.1.19d; Utt 6.8d; Isibh 1.2c, 17.1d cf. Sūy 1.11.2b; Utt 26.39d, 26.42d, 26.47d, 26.50d, 19.85b, 26.1b; Sūy 15.5d; Utt 28.36c, 5.25c; Isibh 34.6c; Dasav 3.13c; Isibh 1.3c, 29.19c
362		53	52	32.7			
362abc							Dasav 10.15abc
362c						cf. Th 981c	
362cd						Mvu III 423	
362d						Th 981d	
363		54 cf. 24	54	8.10			
363b						Sn 850c; Th 2b, 1006b, 1007b cf. Thī 281b	
363c						cf. Thī 279c	
364		64	226	32.8	174	Th 1032; Mvu III 422.4-5	
364a						Sn 327a; Th 1032a	Utt 16.15c; MBh 12.255.21a
364b						Th 747b	
365		61	55	13.8			
365a	cf. 366b						
366		62	56				
366b	cf. 365a						

pāda	Dhp	GDhp	PDhp	Uv	Rau	Early Pāli	MBh・Jaina
366cd				cf. 13.12cd			
366d	375f			13.12d, 32.6b			
367		79				Sn 950	
367a						Sn 1100a	
367abc		79abc				Sn 950abc	
367b						Th 747b	Āy 12.7
367bc				32.17bc			
367c						Sn 861b	
367d	267d					Mvu III 422.15	
368		70	59a-d	32.21			
368abc						Mvu III 422.18-19	
368bcd	381bcd			32.21bcd			
368c						Thī 196c	
368cd						Th 11cd	
369		76	57	26.12			
370		78			174		
370ac						Th 15ac, 633ac	
371		75		cf. 31.31			
371bcd			33bcd				
372		58	62	32.25			
372d						Sn 822d	
373		55	60	32.9			
373b						Sn 746b; Th 642b	
373d						Th 398d, 1071d; Thī 61d	
374		56	61				
374ab				32.10ab			
374b						Th 23d	
374c				cf. 32.10			
375		59, 60					
375ab				32.36cd			
375a-d			63				
375cd				32.27ab			
375d	185b						
375e				cf. 32.6a		Sn 338a cf. Sn 249c	
375ef			64ab				
375f	cf. 366d			cf. 13.12d,			

pāda	Dhp	GDhp	PDhp	Uv	Rau	Early Pāli	MBh・Jaina
-375f				32.6b			
376		60					
376abc			64cde	32.6cde			
376d						Th 257d	
377		298	133	18.11			
377c							Isibh 3.7c
378			53	32.24			
378d						Sn 848b	
379		cf. 60	324				
379a						Th 637c	cf. Isibh 4.23cd, 4.24cd
380			322	19.14	174		
380a	160a						
381a				32.23c		Th 11a	
381ac		72ac					
381bcd	368bcd			32.21bcd			
381cd						Th 11cd	
382				16.7			
382ab						Th 203ab, 873ab	
382b						cf. Th 256b	
382cd	172cd, 173cd					Th 548ef, 871-873cd	
383		10	34	33.60			
384		14	41	33.72			
385		35	40				
385abd				33.24 abd, 33.26 abd			
385c				cf. 33.27			
385d※	386d, 391d, 395d, 396f, 397d -413d, 414f, 415d -422d, 423f					Sn 620f, 621-637d, 638f, 639-647d	Utt 25.19-29d, 25.34d
386		48 cf. 25	49				

pāda	Dhp	GDhp	PDhp	Uv	Rau	Early Pāli	MBh・Jaina
386ab						Sn 1105ab	
386abd				33.32			
386b						Thī 334d cf. Thī 336d, 337f, 364d	
386c	403c					Sn 627c	
386cd	403cd		48cd	33.33			
386d	※385d					Sn 620f, 621-637d, 638f, 639-647d	Utt 25.19-29d, 25.34d
387		50	39	33.74			
388		16		cf. 11.15			
389		11	46	33.63			
390		15		33.75			
391		23	45	33.16			
391d	※385d					Sn 620f, 621-637d, 638f, 639-647d	Utt 25.19-29d, 25.34d
392		3		33.66			
392abd		36abd					
392acd			35acd				
392b						Th 227b, 263b, 1239b	
393		1		33.7			
393b						Sn 136b, 142b	
393c	261a						
394		2		33.6			
395		38					
395ad				33.53ad			
395b						Th 243b	Utt 2.3b
395d	※385d					Sn 620f, 621-637d, 638f, 639-647d	Utt 25.19-29d, 25.34d
396		17		33.15		Sn 620	
396e	421c					Sn 645c, 1094a	
396f	※385d					Sn 620f, 621-637d, 638f, 639-647d	Utt 25.19-29d, 25.34d
397						Sn 621	
397abd				33.49			
397cd				33.29			

※385d に対して示した Dhp. 並行各詩脚（当該詩節のいずれも最終 pādaである d または f の詩脚）をこの要領で順に記載した場合、同一内容にもかかわらず多大な行数を費やすことになり、表の可読性が損なわれることを危惧する。よって本稿では、以下 Dhp. 欄への '※385d'（385dは参照先の意）の記入をもってこれを避けることとする。

pāda	Dhp	GDhp	PDhp	Uv	Rau	Early Pāli	MBh・Jaina
397d	※385d					Sn 620f, 621-637d, 638f, 639-647d	Utt 25.19-29d, 25.34d
398		42		33.58		Sn 622	
398d	※385d					Sn 620f, 621-637d, 638f, 639-647d	Utt 25.19-29d, 25.34d
399		28		33.18	175	Sn 623	
399b							Āy II 16.3c
399d	※385d					Sn 620f, 621-637d, 638f, 639-647d	Utt 25.19-29d, 25.34d
400		cf. 44		33.19		Sn 624	
400d	※385d					Sn 620f, 621-637d, 638f, 639-647d	Utt 25.19-29d, 25.34d
401		21	38	33.30		Sn 625	cf. Utt 25.27
401c							Isibh 28.3a, 34.6a
401d	※385d					Sn 620f, 621-637d, 638f, 639-647d	Utt 25.19-29d, 25.34d
402		30 cf. 27		33.27		Sn 626	
402c						cf. Th 1021c	
402d	※385d					Sn 620f, 621-637d, 638f, 639-647d	Utt 25.19-29d, 25.34d
403		49 cf. 25	48	33.33		Sn 627	
403b						cf. Th 1231b	
403cd	386cd		48cd	33.33			
403d	※385d					Sn 620f, 621-637d, 638f, 639-647d	Utt 25.19-29d, 25.34d
404		32	44	33.20		Sn 628	
404a							Utt 2.19c, 25.28c
404ab						Th 581cd	
404c							Utt 2.39a, 15.16c
404d	※385d					Sn 620f, 621-637d, 638f, 639-647d	Utt 25.19-29d, 25.34d
405		18		33.36		Sn 629	cf. Utt 25.23
405a							Āy 35.9 cf. Utt 19.89c
405b							Utt 5.8b, 19.89d
405c			252c			cf. Sn 394a	cf. Āy 15.19, 25.24*; Dasav 6.10d
405d	※385d					Sn 620f, 621-637d, 638f, 639-647d	Utt 25.19-29d, 25.34d
406		29				Sn 630	
406abd				33.39			

pāda	Dhp	GDhp	PDhp	Uv	Rau	Early Pāli	MBh・Jaina
406cd				cf. 33.15ef			
406d	※385d					Sn 620f, 621-637d, 638f, 639-647d	Utt 25.19-29d, 25.34d
407		27				Sn 631	
407ad				33.40ad			
407d	※385d					Sn 620f, 621-637d, 638f, 639-647d	Utt 25.19-29d, 25.34d
408		22	43	33.17		Sn 632	
408d	※385d					Sn 620f, 621-637d, 638f, 639-647d	Utt 25.19-29d, 25.34d
409		19		33.25		Sn 633	cf. Utt 25.25
409d	※385d					Sn 620f, 621-637d, 638f, 639-647d	Utt 25.19-29d, 25.34d
410				33.43		Sn 634	
410b	168d, 169d, 242d		27d	14.1d		Sn 634b	
410d	※385d					Sn 620f, 621-637d, 638f, 639-647d	Utt 25.19-29d, 25.34d
411				33.54		Sn 635	
411d	※385d					Sn 620f, 621-637d, 638f, 639-647d	Utt 25.19-29d, 25.34d
412		46 cf. 183				Sn 636	
412a	267a					Sn 636a	Dasav 4.16a
412abd				33.29			
412cd				cf. 33.22, 33.28			
412d	※385d					Sn 620f, 621-637d, 638f, 639-647d	Utt 25.19-29d, 25.34d
413		cf. 36, 40		33.31C		Sn 637	
413b							Utt 5.18c
413c						cf. Sn 175c	
413d	※385d					Sn 620f, 621-637d, 638f, 639-647d	Utt 25.19-29d, 25.34d
414		cf. 47		33.41		Sn 638	
414f	※385d					Sn 620f, 621-637d, 638f, 639-647d	Utt 25.19-29d, 25.34d
414e						cf. Thī 105d	
415		20 cf. 33		cf. 33.35		Sn 639	

pāda	Dhp	GDhp	PDhp	Uv	Rau	Early Pāli	MBh・Jaina
415b	416b					Sn 639b, 640b	
415d	※385d					Sn 620f, 621-637d, 638f, 639-647d	Utt 25.19-29d, 25.34d
416				cf. 33.35		Sn 640	
416b	415b					Sn 639b, 640b	
416d	※385d					Sn 620f, 621-637d, 638f, 639-647d	Utt 25.19-29d, 25.34d
417				33.45		Sn 641	
417c						cf. Th 4c, 91c, 364c	
417d	※385d					Sn 620f, 621-637d, 638f, 639-647d	Utt 25.19-29d, 25.34d
418	cf. 33			33.44		Sn 642	
418d	※385d					Sn 620f, 621-637d, 638f, 639-647d	Utt 25.19-29d, 25.34d
419		44		33.48		Sn 643	
419d	※385d					Sn 620f, 621-637d, 638f, 639-647d	Utt 25.19-29d, 25.34d
420		43 cf. 26				Sn 644	
420abd				33.46abd			
420b							cf. Sūy 1.2.1.5a
420d	※385d					Sn 620f, 621-637d, 638f, 639-647d	Utt 25.19-29d, 25.34d
421		34				Sn 645	
421ab							Āy 20.13*
421ad				33.29A ad			
421c	396e					Sn 620e, 645c, 1094a	
421cd				33.15ef			
421d	※385d					Sn 620f, 621-637d, 638f, 639-647d	Utt 25.19-29d, 25.34d
422		41 cf. 49		33.50		Sn 646	
422d	※385d					Sn 620f, 621-637d, 638f, 639-647d	Utt 25.19-29d, 25.34d
423a-d		5					
423ab						Thī 63cd	
423abcf						Sn 647	
423a-df				33.47a-df			
423cd						Thī 64ab	
423f	※385d					Sn 620f, 621-637d, 638f, 639-647d	Utt 25.19-29d, 25.34d

第 3 節 「苦行者の詩」に見られる定型句的表現

これまで、多くの並行詩節・詩脚を見てきたが、完全に並行とは言えないまでもそれに準じるさまざまな表現が存在する。一種の決まり文句のように、あるテーマ、ある事象についてしばしば登場するそのような表現を、ここでは定型句的表現として、少し視野を広げて取り上げ、検討していきたい。

1 愚者と賢者

パーリ語やアルダ・マガダ語において、buddha は修行者の 1 つの呼称であるが、多くの場合、修行を完成した聖者あるいは修行者の中でも最高とみなされる解脱者の尊称として用いられる。ところが、少数ではあるが、アルダ・マガダ語の buddha は、ただ単に「賢い」「賢者」「知恵者」という意味で用いられる場合があり、この反対語は a-buddha, a-buha（無知）であり、mūḍha（愚者）もある。しかし、「愚者」と「賢者」に関して言えば、一般的な語彙は bāla（Skt. 愚者）と paṇḍita（Skt. 賢人、賢者）であり、パーリの詩節では bāla と paṇḍita あるいは dhīra, アルダ・マガダ語では bāla と paṇḍiya, dhīra である。

(1) 愚者と賢者の対句

いま、パーリ語やアルダ・マガダ語の並行詩脚において、bāla（愚者）と paṇḍita（賢人、賢者）の対語がある。

> もしも愚者にして〔自己を〕愚かであると考えるならば、彼こそが賢者である。しかし、愚者にして〔自己を〕賢者〔である〕と考える者、彼こそが実に愚者と呼ばれる。
>
> yo bālo maññatī balyaṃ paṇḍito vāpi tena so,
> *bālo ca paṇḍitamānī* sa ve bālo ti vuccati（Dhp. 63）
>
> 説得力のある言葉も救済にはならないだろう。どのように学問的教えが

〔救済するのか〕？ 愚かな人たちは、悪い行為の故に落胆しているにもかかわらず、自己を賢者であると考える。

na cittā tāyae bhāsā kuo vijjāṇusāsaṇaṃ
visannā pāvakammehiṃ *bālā paṇḍiyamāṇiṇo*（Utt. 6.10）

Dhp. 63c において、ca は「しかし」で逆接の意味であり、bāla と paṇḍita +māna-in は反対語である。これに対して、Utt. 6.10d も bālā と paṇḍiya-māṇiṇo であり、この paṇḍiya-māṇiṇo は偶数 pāda cadence（∪－∪－）をもつ。

さらに、Sūy. にも、

愚かな人たちは、自己を賢者であると考える。

bālā paṇḍiya-māṇiṇo（Sūy. 1.1.2.4b）

とあり、上の Utt. 6.10d と同一である。しかし、Sūy. 1.1.4.1b では次の 2 つの異読がある。

1. bālā paṇḍiyamāṇiṇo
2. jattha bāle 'vasīyai

P. L. Vaidya のテキストは 1 の bālā paṇḍiyamāṇiṇo であり、Śīlāṅka もテキスト上は bālā paṇḍiyamāṇiṇo である。しかしながら、その註釈には 'yatra' ajñāne 'bālaḥ' ajño lagnaḥ sannavasīdati（= jattha bāle 'vasīyai）とあり、テキストと異なる読みを示している。Bollée は上の 2 の読みに基づいて jattha bāle 'vasīyai（< avasīdati）と読んでいるので、その和訳は「そこにおいて愚者は落胆する」となる。

なお、ここで取り上げた Sūy. 1.1.4.1b を 2 の jattha bāle 'vasīyai と読むならば、それは Dhp. 171c と並行詩脚（parallel pāda）となり、語根 √sad に付加された接頭辞 ava- と vi- が違うだけとなる（cf. Utt. 6.10c : visannā < vi- √sad)。したがって、Dhp. を引用すれば、以下のようになる。

そこにおいて愚者は落胆する。

yattha bālā visīdanti（Dhp. 171c）

仏教では善き友人を「善知識」(kalyāṇa-mitta）というが、「善知識に親近すれば、愚者でも賢者となりうる」というパーリ語の極めて有名な句がある。

Thī. 213 を引用しよう。

世間の人々について善き友だちと交わることが、牟尼によって称賛された。彼が善き友だちに親しむならば、愚者でも賢者となるであろう。

kalyāṇamittatā muninā lokaṃ ādissa vaṇṇitā

kalyāṇamitte bhajamāno api *bālo paṇḍito* assa（Thī. 213）

また、パーリ語詩節には、愚者と賢者（dhīra）と同様に、富者と貧者の対語がある。Th. に、

富者も貧者も〔死に〕接触する。愚者も賢者も同様に〔死に〕触れられる。しかし、愚者は愚かさによって殺されたかのごとくにひれ伏す。賢者は触れられても慄かない。

addhā daliddā ca phusanti phassaṃ,
　bālo ca dhīro ca tath' eva phuṭṭho:
bālo hi bālyā vadhito va seti,
　dhīro ca na vedhati phassaphuṭṭho（Th. 783）

とある。この詩節において、人の生命は短く無常であるから、老いて死を避けることはできないが、人それぞれの境地によって、死に臨む態度は異なっていると述べている。

(2) 賢者は冷静

「賢者は冷静である」という詩脚が仏教とジャイナ教にある。以下に述べるとおり、その細部には差異があるが、並行詩脚に準じる定型句的表現として扱ってよいように思われる。

ちょうど深い湖が、静かで穏やかであるように、そのように教えを聞いて、賢者たちは冷静である。

yathāpi rahado gambhīro vipasanno anāvilo

evaṃ dhammāni sutvāna *vippasīdanti paṇḍitā*（Dhp. 82）

〔愚者と賢者の死を〕熟考して、慈しみの法の卓越したものを得て、賢者は忍辱によって、ありのままの自己（死に直面して困惑しない心）を冷静に見ているであろう。

tuliyā visesam ādāya dayādhammassa khantie

vippasīejja mehāvī tahābhūeṇa appaṇā（Utt. 5.30）

ここで、paṇḍita と mehāvin（< Skt. medhāvin）は同義であり、冷静であることを言う趣旨に違いはない。詳細を言えば、主格は pl.（paṇḍitā）と sg.（mehāvī）であり、動詞 vippasīdanti と vippasīejja は、語根 √sad の pres. と opt. である。

なお、vipasanno（Dhp. 82b）は、前項で見た visannā（Utt. 6.10c）に関連し、

寂静（清らか）と無傷害は

vippasaṇṇa-m-aṇāghāyaṃ（Utt. 5.18c）

清らかで穏やかである

vippasannam anāvilaṃ（Sn. 637b = Dhp. 413b）

とあることから、vipasanno が vippasanno のミスプリントであることがわかる（Dhp. の新版にあたる WD を参照）。

前述した Th. 783 と Utt. 5.30 では、愚者と賢者の「死」に対する態度がテーマであった。両宗教とも他人を傷害・殺生するのを禁止する点では一致するが、自分の死、とりわけ自殺に対する態度は異なっている。すなわち、仏教徒は自殺に対する態度を明確にしなかったが、ジャイナ教徒は死に至る断食の実践を受け入れたのである。Utt. 5.30 にある「死」を含めて、Utt. の第 5 章の主題は「意に反した死」である。

Utt. 5.2–3 には、

死という終わりに関して〔過去の聖者たちによって〕語られた、これら 2 つの分類がある。すなわち、自分の意に反した死と、自発的な死とである。

自分の意に反した死は愚者たちのものであり、何度も起こるであろう。

しかし、自発的な死は賢者たちのもので、ただ 1 度だけ起こる。

と述べられ、修行を完成し、涅槃の境地を得た賢者は死（自殺）を選ぶべきことが勧められている。それも断食による死であり、死の選び方によって来世の運命が決定されるとまで説かれるようになった[20]。この断食死こそが解脱であり、ここにジャイナ教の解脱の特徴がある。

2 修行者の外貌

「一人行く」あるいは「一人修行する」ことを規定されていた出家者は、その外貌として頭を剃っていたことが知られる。

剃髪によって沙門ではない。

na muṇḍakena samaṇo（Dhp. 264a）

剃髪によって沙門ではない。

na vi muṇḍieṇa samaṇo（Utt. 25.31a）

これらの並行詩脚があることから、剃髪は当時の沙門の外形的特徴の 1 つであったことが知られる。

また、もう 1 つの外形的特徴として、仏教やジャイナ教の修行者の外貌が、痩せて血管が浮き出ていた（以下、pāda b）ことが挙げられる。

糞掃衣をまとい、痩せて血管が浮き出ていて、一人森の中にあって瞑想する人、彼を私はバラモンと呼ぶ。

paṃsukūladharaṃ jantuṃ *kisaṃ dhamanisanthataṃ*
ekaṃ vanasmiṃ jhāyantaṃ tam ahaṃ brūmi brāhmaṇaṃ（Dhp. 395）

烏の足の関節のように痩せていて、血管が浮き出ており、食べ物と飲み物の量を知っている人は、憂いのない心をもって行動すべきである。

kālī-pavvaṃga-saṃkāse *kise dhamaṇi-saṃtae*
māyanne asaṇa-pāṇassa adīṇa-manaso care（Utt. 2.3）

また、Utt. 2.3 に類似した詩節は Th. にも見られる。

手足がカーラー樹の結節のような人がいる。彼は痩せて、血管が浮き出ているが、食べ物と飲み物の量を知っており、心の憂えることがない。

kāḷāpabbaṅgasaṃkāso *kiso dhamanisantato*
mattaññu annapānamhi adīnamanaso naro（Th. 243）

このカーラー樹は、恐らく kālī との混同であろう。カーリーは種々に解釈されるが、鳥であることは間違いなく、しかもそれは、黒い色の鳥、すなわち烏を意味していると考えられる[21]。

烏の関節は極めて細いのであり、烏のようであるということは、極端に痩せていることを意味している。血管が浮き出ていることも、痩せた人に見られる特徴である。何故このように出家修行者が痩せているかと言えば、彼らはあくまでも乞食による生活を営んでおり、最小限の食事しかとらないからである。

上の Utt. 2.3, Th. 243 はほとんど並行詩節と言えるが、特に「食べ物と飲み物の量を知る」という pāda c には「飲食に関して量を知り」(Dhp. 185)、「衣食の量を少量で満足すべき」(Sn. 971)、「飲食に関して量を知る者たる」(Sn. 338) 等、類似の表現が多い。またそれが少量であることについても、「わずか少量を食べ」(Utt. 15.16)、「種々の食べ物をわずかの量において」(Dasav. 5.1.74)、「味わうためにわずかを」(Dasav. 5.1.78) という表現があり、これらはすべて、沙門が生命を支える最小限度の食事しかとらないことを示している。

さらにまた、極端な場合は断食によって衰弱した身体になることすらある (Sūy. 1.2.1.14)。断食による死を勧めるのはジャイナ教であるが、ジャイナ教に限らず、当時の沙門に共通した一般的修行であったようである。例えば仏教でも、*Jātaka* では「断食による死」(anāsaka-maraṇa, Jā. vi 63.20*) を認めているし、Dhp. にも、

裸形も、毛髪も、〔身体が〕泥にまみれることも、断食も、露地に臥すことも、

na naggacariyā na jaṭā na paṃkā
nānāsakā thaṇḍilasāyikā vā (Dhp. 141ab)[22]

との詩節があることから、その一般性は理解されよう。

3 法に基づく

① 法を喜び、法を楽しむ

法を喜び、法を楽しみ、法に住し、法の定めを知り、

dhammārāmo dhammarato
dhamme ṭhito dhammavinicchayaññū (Sn. 327ab)

pāda a は Dhp. 364a や Th. 1032a と全く同一であり、MBh. 12.255.21a と

も類似する。

法を喜び、法を楽しみ、

dharmārāmā dharmasukhāḥ（MBh. 12.255.21a）

また、ジャイナ教でも同様のことを言う。

〔比丘は〕法を喜び楽しむ者、調御者〔として〕、

dhammārāmarate dante（Utt. 16.15c）

仏典において法を喜び、法を楽しんでいるのは比丘であり（Dhp. 364）、ジャイナ教聖典においても、法を喜びとする者は上掲の比丘や牟尼である（Utt. 2.15）。したがって、法を喜びとすることは沙門に共通した態度なのである。

② 法に住し、正直で柔和なことを喜ぶ

Sn. には、

法に住し、正直で柔和なことを喜ぶ。

dhamme ṭhito ajjava-maddave rato（Sn. 250b）

とある。また、MBh. においても dharme sthito（2.60.31a）が見られ、ジャイナ教においても、

法に住して、すべての生類に慈悲を示す、

dhamme ṭhio savva-payāṇukampī（Utt. 13.32c）

正直で柔和、

ajjaviyaṃ maddaviyaṃ（Āy. 1.6.5.3 [32.2]）

が見られる。すなわち、比丘は正直で柔和であって、すべての生きものに比丘の法（bhikkhu-dhamma）を教えるべきと考えられていることがわかる。また、Utt. 29.48 には人が正直な人となって（ajjavayāe）、法を実践すべきことが述べられる。

このように出家修行者の依るべきものは法（dhamma）であり、

諸々の事物において、常に法に従って行動する。

dhammesu niccaṃ anudhammacārī（Sn. 69b）

法に従って正しく行動する。

dhammassa hoti anudhammacārī（Dhp. 20b = Th. 373b）
との表現が用いられており、沙門にとって法が拠り所であったことが知られる。

③ 法の会得

法をわきまえ知ることが何にもまして重要であることを説く同一詩節が、仏教とジャイナ教の両宗教文献に存在する。

愚かな人がたとえ毎月吉祥草（kuśa）の先端につけて食べ物を摂ったとしても、その人は善く説かれた法を会得した人の16分の1の価値もない。

māse māse tu jo bālo kusaggeṇa tu bhuṃjae
na so sakkhāyadhammassa kalaṃ agghai solasiṃ（Utt. 9.44）
māse māse ya jo bālo kus'aggeṇa āhārae
ṇa se sukkhāya-dhammassa agghatī satimaṃ kalaṃ（Isibh. 41.13）
māse māse kusaggena bālo bhuñjetha bhojanaṃ
na so saṃkhatadhammānaṃ kalaṃ nāgghati soḷasiṃ（Dhp. 70）
māse māse kuśāgreṇa bālo bhuṃjeya bhojanaṃ
na so svākhyātadharmānāṃ kalām arghati ṣoḍaśīṃ（Mvu. III 435.8）
māse māse kuāgreṇa yo hi bhuñjīta bhojanam
na tat svākhyātadharmasya kalāṃ arghati ṣoḍaśīṃ（Uv. 24.20E）

吉祥草の葉は針のように細く尖っているので、「吉祥草の先端」とは極めてわずかの分量を譬えて言う。また、pāda dの「16分の1の価値もない」という表現は、原始聖典の韻文にしばしば見られる決まり文句で、極めて価値の低いことを言う。つまり、ほんのわずかしか食べないで修行するよりも、法を会得することの方に大きな価値がある、という趣旨である。

なお、pāda cのsakkhāyadhammassaについてはPā.やAMg.において語と解釈に異同があるが、「善く説かれた法（真理)」と解するのが妥当である[23]。

4 修行の目的

① 苦からの解放

Sn. 80d ; Dhp. 189d, 192d, 361f には、

すべての苦から解放される。

sabbadukkhā pamuccati

とあり、いずれも偶数 pāda を形成している。これは Śloka 韻律の制限を受けつつ、1つの定型句を構成しているのである。Dhp. 192 では、四諦の真理を安穏な拠り所、最上の拠り所と見ており、四諦の真理に基づいて自制に努める修行者は、すべての苦から解放されるという。同様な並行詩脚は、ジャイナ教においても見られる。

すべての苦から解放される。

savva-dukkhā vimuccai（Sūy. 1.1.1.19d）

savva-dukkhāṇa muccaī（Utt. 6.8d ; Isibh. 17.1d）

savvato vippamukk’appā（Isibh. 1.2c）

明知を知るとか、阿闍梨を知れば、苦からの解放が実現するという。

また、pāda d を形成するものに同様な表現がある。

このように苦から解放される。

evaṃ dukkhā pamuccati（Sn. 171d, 172d）

ここでは、苦の原因は5種の欲望の対象（pañca kāmaguṇa）にあることを示し、貪欲から離れることが苦しみから解放されることであると教示する。

Āy. でも、

このように、汝は苦から〔他の人を〕解放するだろう。

evaṃ dukkhā pamokkhasi（Āy. 1.3.1.2 [13.17], 1.3.3.4 [16.16]）

とあり、ジャイナ教も仏教も、苦から解放されることを目指していたことがわかる。

② 死から逃れる

死の罠から解き放つことを、

maccupāsā pamocanaṃ（Sn. 166d）

この世において死の罠を解き放て、

ummuñca pāsaṃ iha macciehiṃ（Āy. 1.3.2.1 [14.12]）

人間が最も恐れるものは死であり、その死から逃れることを修行の目的としていたことが知られる。

③ 幸福を求める

悲泣と欲望と自己の憂いがある。自己の幸福を求める人は、自己の〔煩悩の〕矢を抜き取るべきである。

paridevaṃ pajappañ ca domanassañ ca attano:

attano sukham esāno abbahe sallam attano（Sn. 592）

この pāda c に類似した並行詩脚が MBh. にもある。

自己の幸福を求めて、

ātmanaḥ sukham icchan（MBh. 13.114.5c）

「自己の幸福を求める」とは涅槃に到達することであり、換言するならば、1. 苦からの解放と 2. 死から逃れることの 2 つを意味する。また、涅槃は「生と死を超越した」、「もはや新しい生存はない」、「寂静の境地」等と種々に表現され、涅槃に到達した聖人が、「到彼岸者」（pāragū / pāraya, pāraga）、「独存者」（kevalin）、「一切智者」（sabbaññu / savvaṇṇu）と呼ばれた。

5 修行者の心構え

修行者は当然のこととして、涅槃に到達することを目標として日々修行するわけであるが、この目的成就のために精神面において心がけるべきことを、仏教もジャイナ教も等しく説示している。

① 自制に心がける

仏教において手や足や言葉を自制することが説かれる。

手を自制し、足を自制し、言葉を自制し、最高に自制し、内なる心を楽しみ、三昧に入り、一人満足する人、彼を比丘と呼ぶ。

hattha-saññato pāda-saññato
　　vācāya saññato saññatuttamo,
ajjhattarato samāhito
　　eko santusito tam āhu bhikkhuṃ（Dhp. 362）

ジャイナ教でも同様に言う。

手を自制し、足を自制し、言葉を自制し、感官を自制し、内我を楽しみ、自我をよく三昧に入らせ、また経典の意味をよく知る者、彼は比丘である。

hattha-saṃjae pāya-saṃjae
　　vāya-saṃjae saṃjaindie
ajjhappa-rae susamāhiyappā
　　suttattham ca viyāṇaī je sa bhikkhū（Dasav. 10.15）

また、自制に励むとともに自ら自己を励ますことによって、安楽に住することを仏教は説く。

自ら自己を励ませ。

attanā coday' attānaṃ（Dhp. 379a）

ジャイナ教でも自己を励ますことが説かれる。

自ら自己を励ます人は、車に乗って進む。

appaṇā c' eva-m-appāṇaṃ codito vahate rahaṃ（Isibh. 4.23cd）

自ら自己を励まして、彼は清浄を望む。

appaṇā c' eva appāṇaṃ codittā subham ehatī（Isibh. 4.24cd）

そしてここでは、自己を励ますことは車軸に油が塗られた車に乗ること、あるいは車輪のある車に乗って清浄を望むこととイメージされ、それは修行の速やかな進展を促し、戒の遵守を助けると考えられている。この車は戒の譬喩であり、戒を守ることを意味するからである。

このように、比丘が手足を自制し、言葉を自制することは、両宗教経典の等しく説示するところである。また、何のために自制するのかと言えば、自制を行なうことが涅槃へ到る道であり、解脱への橋渡しをする修練であるからである。そのため修行者は苦行となるほどの自制を自らに課し（Dasav. 10.12)、わずかの食事で満足し（Sūy. 1.7.29)、粗末なものを用い、粗末な生活に満足する（Dasav. 5.2.34）というように、徹底した自制の生活を行なう。そして汚れのない場所、すなわち婦人たちに逼られることのない場所に住むべきことが説示される。そのように苦行に邁進するなら、比丘は苦から解放されるのである（Utt. 35.7)。

さらに、他の生類を傷つけたり、殺したりするのを止めることも、自制に含められている（Utt. 2.6 ; Sn. 157)。

② 愛欲を絶つ

蓮華は泥水にあっても泥に汚されることなく、また水滴を払う。そのように自己の愛執や愛欲を断ち切るべきことも共通に述べられる。

自己の愛執を断ち切れ。秋の白蓮華が水滴を払うように。

ucchinda sineham attano

kumudaṃ sāradikaṃ va pāṇinā（Dhp. 285ab)

自己の愛執を断ち切れ。秋の白蓮華が水滴を払うように。

vocchinda siṇeham appaṇo

kumuyaṃ sāraiyaṃ va pāṇiyaṃ（Utt. 10.28ab)

また、仏典では、蓮の葉が水滴を払うがごとく、

牟尼は何ものにも依存することなく、

sabbattha muni anissito（Sn. 811a)

という表現があり、ジャイナ教聖典においても、

何ものにも依存しない人、

savv'-aṭṭhehi nare a-nissie（Sūy. 1.2.2.7b)

が理想的修行者であると言われる。

次に、バラモン、すなわち理想的な修行者は愛欲に執著しない人であることを、仏教もジャイナ教も共に認めている。

水滴が蓮の葉にくっつかないように、あるいは突きぎりの先の芥子の種のように、諸々の愛欲に執著しない人、彼を私はバラモンと呼ぶ。

vāri pokkharapatte va āragge-r-iva sāsapo

yo na lippati kāmesu tam ahaṃ brūmi brāhmaṇaṃ（Sn. 625 = Dhp. 401）

水の中で成長した蓮が水によって汚されないように、そのように諸々の愛欲に汚されない人、彼をわれわれはバラモンと呼ぶ。

jahā pomaṃ jale jāyaṃ novalippai vāriṇā

evaṃ alittaṃ kāmehiṃ taṃ vayaṃ būma māhaṇaṃ（Utt. 25.27）

特にジャイナ教においては、愛欲に乱されないことが成就者（siddha）の資格である。

諸々の愛欲に乱されることのない人、流れを断ち、アーサヴァがなく、すべての苦を滅した人は、塵垢のない成就者である。

je ṇa lubbhati kāmehiṃ chiṇṇa-sote aṇāsave

savva-dukkha-pahīṇo u siddhe bhavati ṇīrae（Isibh. 34.6）[24]

③ 執著を捨てる

パーリ聖典に、

それ故に、見たり、聞いたり、考えたことを、

tasmā hi diṭṭhaṃ va sutaṃ mutaṃ vā（Sn. 798c）

この世で見たり、聞いたり、考えたことに対して、

tassīdha diṭṭhe va sute mute vā（Sn. 802a）

何でも見たり、聞いたり、考えたことを、

yaṃ kiñci diṭṭhaṃ va sutaṃ mutaṃ vā（Sn. 793b）

この見たり、聞いたり、考えたことに、

yad idaṃ diṭṭhasutaṃ mutesu vā（Sn. 813b）

とあり、これらに執らわれるべきでないという。これに対してジャイナ教は、

われわれは見たり、聞いたり、考えた。

se diṭṭhaṃ ca ṇe, suyaṃ ca ṇe, mayaṃ ca ṇe（Āy. 1.4.2.3 [18.15]）

となっていて、1つの完結した文になっている。

「見たり聞いたり考えたこと」というのは、ウパニシャッドの表現を受けている[25]。心が清浄でなければ、見聞きしたことに執著し、欲を貪るのが人

間の常である。それ故に次のように言われる。

賢者は見たり聞いたりしたことに執著しない。

na lippati diṭṭhasutesu dhīro（Sn. 250d）

彼はおよそ何でも、見えたもの、聞こえたもの、あるいは思われたもの、すべての精神現象（法）に対して関心がない。その牟尼は重荷をおろし、解放されており、思い計らいなく、止息なく、求めることもない。

sa sabbadhammesu visenibhūto,
yaṃ kiñci diṭṭhaṃ va sutaṃ mutaṃ vā,
sa pannabhāro muni vippayutto
na kappiyo nūparato na patthiyo（Sn. 914）

この何ごとにも執著しないことにも、愛欲の例と同じく水滴と蓮のイメージが援用される。

牟尼は何ものにも依存することなく、愛しいものも愛しくないものも作らない。悲しみも貪欲も彼にまつわりつかない。たとえば水滴が蓮の葉にくっつかないように。

sabbattha muni anissito
na piyaṃ kubbati no pi appiyaṃ,
tasmiṃ paridevamaccharaṃ
paṇṇe vāri yathā na lippati（Sn. 811）

たとえば、水滴が蓮の葉にくっつかないように、そのように牟尼は見たり、聞いたり、思索したどんなことにも執著しない。

udabindu yathā pi pokkhare
padume vāri yatha na lippati
evaṃ muni nopalippati
yad idaṃ diṭṭhasutaṃ mutesu vā（Sn. 812）

④ 疑惑を超える

次の用例は、並行詩脚ではなく語の一致であるが、疑惑（kathaṃkatho）を超えるという言い回しに特徴的なものがある。いずれも副詞句として人を示す語に掛かるので、該当の語を（　）内に補う。

悩みなく、疑惑を超え、〔苦悩の〕矢のない（比丘は）、

anigho tiṇṇa-kathaṃkatho visallo（Sn. 17b）

疑惑を断ち切り渡った（聖人は）、

tiṇṇe chiṇṇa-kahaṃkahe（Āy. 1.8.6.5 [38.1]）

tiṇṇa（pp.）は断つ、滅する、切るという意味であるが、同時に超えるという意味を含み、Āy. では強調の意味で類義語 chiṇṇa（pp., 断つ、切る、渡る）と重ねて使われている。これまでにも「輪廻の激流を渡る」「彼岸」など、「渡る」イメージがしばしば覚者を指し示したことを見てきたが、さらに、疑惑を超えた人は Dhp. 411（= Sn. 635）において、不死の底に達した人（amatogadha）とも言われ、涅槃に到達した人を表わしている。

また、仏教とジャイナ教とで対句的な表現をとる箇所がある。

余すところなく生と死を捨てて、あらゆる疑惑を超え行く人々がいる。

jahetvā *jāti-maraṇaṃ* asesaṃ

kathaṃkathaṃ sabbam upātivattā,（Sn. 500ab）[26]

生と死を知って、人は堅固に正しい行為を実践すべきである。

jāī-maraṇaṃ parinnāya care saṃkamaṇe daḍhe（Āy. 1.2.3.4 [8.22]）

すなわち、前者では生と死（輪廻転生）を超越することが疑惑を超えることと等価であり、後者では生と死を知ることが正しい行為の礎であると言われる。当然ながらこの「正しい行為」とは、輪廻転生の因となるカルマンを新たに形成することのない行為を言い、生と死を、したがって疑惑を超えるためのものである。つまり、生死を捨てることと生死を知ることは等しく疑惑を超えること、涅槃を得ることの不可欠の条件と言える。そうであれば、ここで言われる疑惑とは、法（真理）に対する根源的な疑惑であって、単に誰か、何かを疑うというようなレベルの疑いのことではないに違いない。

⑤ 貪・瞋・癡を捨てる

怒りを制すべきことが仏典 Sn., Dhp. に、そして MBh. にも述べられている。

湧き起こった怒りを制する人

yo uppatitaṃ vineti kodhaṃ（Sn. 1a）

yo ve uppatitaṃ kodhaṃ（Dhp. 222a）

湧き起こった怒りを〔制する〕人

yaḥ samutpatitaṃ krodhaṃ（MBh. 1.17.4a）

yas tu krodhaṃ samutpannaṃ（MBh. 3.30.17a）

このように怒りを制することは、仏教徒に限らず、沙門といわれる修行者の大切な心構えであった。また怒りだけでなく、驕慢を取り去ることも出家者の大切な心構えである。仏典も、

怒りと驕慢に支配されるべきでない。

kodhātimānassa vasaṃ na gacche（Sn. 968a）

と説き、ジャイナ聖典も、

そして、勇者は怒りと驕慢を殺すべきである。

kohāimāṇaṃ haṇiyā ya vīre（Āy. 1.3.2.3 [15.10]）

と述べ、怒り、驕慢、あるいは高慢、傲慢を取り去り慢心しないことも、出家者の大切な心構えであることを示す。また、怒り（koha）は瞋恚（dosa, Skt. dveṣa）と置き換えられ、貪欲とともに梵行を滅ぼすものと考えられている。

このように貪欲、あるいは瞋恚は梵行を滅ぼすものである。

evaṃ rāgo va doso va bambhacera-viṇāsaṇā（Isibh. 3.7cd）

同様に仏教でも貪欲と瞋恚を捨て去るべきことを説く。

比丘たちよ、このように貪欲と瞋恚を捨て去れ。

evaṃ rāgañ ca dosañ ca vippamuñcetha bhikkhavo（Dhp. 377cd）

この貪・瞋がさらに発展した形態として、貪・瞋・癡の三毒としてまとめられるが、両宗教はともにこの三毒を捨て去るべきことを説く。

貪欲・瞋恚・愚癡を捨て、漏を滅ぼし、梵行を行なう人々がいる。彼らに適切な時に供物を捧げよ。福徳を求めるバラモンは〔彼らを〕供養せよ。

rāgañ ca dosañ ca pahāya mohaṃ
　　khīṇāsavā vusitabrahmacariyā,
kālena tesu havyaṃ pavecche,

yo brāhmaṇo puññapekho yajetha（Sn. 493）

pāda a は Sn. 74a, Dhp. 20c に同じであり、次に掲げる Utt. 32.9a も同一である。

貪欲、瞋恚、そして愚癡を根こそぎにしようと欲する人によって採られるべきそれぞれの方法を、私はやがて説明しよう。

rāgaṃ ca dosaṃ ca taheva mohaṃ
uddhattu kāmeṇa samūlajālaṃ
je je uvāyā paḍivajjiyavvā
te vittaissāmi ahāṇupuvviṃ（Utt. 32.9）

要するに、解脱への障害と考えられる貪欲や瞋恚（嫌悪）等の煩悩を取り去ることを、仏教もジャイナ教も内面的課題と考えていた。このことは次の詩節からも支持される。

突きぎりの先から芥子の種が〔落ちる〕ように、貪欲と瞋恚と高慢と偽善とが落とされた人、彼を私はバラモンと呼ぶ。

yassa rāgo ca doso ca māno makkho ca pātito
sāsapo-r-iva āraggā, tam ahaṃ brūmi brāhmaṇaṃ（Sn. 631 = Dhp. 407）

磨かれた金のように、汚れや悪が火できれいにされ、貪欲や瞋恚や恐怖を取り去ってしまった人、彼をわれわれはバラモンと呼ぶ。

jāyarūvaṃ jahāmaṭṭhaṃ niddhant’ amala-pāvagaṃ
rāga-dosa-bhayāīyaṃ taṃ vayaṃ būma māhaṇaṃ（Utt. 25.21）

⑥ 自己に打ち克つ

自己に打ち克つことが最高の勝利であることは、仏教とジャイナ教双方の説くところである。両者に次のような並行詩節がある。

戦闘において幾千の人々に打ち克つであろう人が、ただ 1 つの自己に打ち克つとしたら、実に最高の勝利者である。

yo sahassaṃ sahassena saṅgāme mānuse jine
ekañ ca jeyya-m-attānaṃ sa ve saṅgāmajuttamo（Dhp. 103）

戦闘において征服しがたい幾千もの〔敵〕を征服するであろう人が、ただ自分自身を征服したとするなら、それは彼にとって最高の勝利である。

jo sahassaṃ sahassāṇaṃ saṃgāme dujjae jiṇe

egaṃ jinejja appāṇaṃ esa se paramo jao（Utt. 9.34）

さらに仏教は、

自己に打ち克つことは、実に、他の人々に勝つことよりもすぐれている。

attā have jitaṃ seyyo yā c' āyam itarā pajā（Dhp. 104ab）

と言い、ジャイナ教も次のように言う。

自己とのみ戦え。何故あなたはうわべだけ戦うのか。自己によって自己を征服してから、人は幸福になるだろう。

appāṇam eva jujjhāhi kiṃ te jujjheṇa bajjhao

appaṇām eva-m-appāṇaṃ jaittā suhamehae（Utt. 9.35）

五根、怒り、高慢、偽り、そして貪りの心を、また同様に征服しがたい自己をさえ〔征服して〕、自己が征服されたとき、すべてが征服されたのである。

paṃcindiyāṇi kohaṃ māṇaṃ māyaṃ taheva lohaṃ ca

dujjayaṃ ceva appāṇaṃ savvaṃ appe jie jiyaṃ（Utt. 9.36）

アートマン（ātman）は自己から分離した存在としては認められない。アートマンと戦うということは、現実に自己によってのみ戦いうるものである。そのような内なる戦いは外の同盟から何ら援助を期待できない。人は自己によって自己を消滅せねばならない。人にとって自己と戦うことが残されているすべてである。これが古代から今日まで続いているインド伝統の精神である。

このようなインド的状況の下で、実際、自己によるアートマンの征服とは自制を意味し、その自制は当然のこととして krodha, māna, māyā, lobha の克服と十分な制御とを含んでいる[27]。また、他の語彙によって、両宗教とも共通の概念を表わしている。

というのは、彼は自ら勝ち、打ち負かされない。

abhibhū hi so anabhibhūto（Sn. 934a）

彼は勝って、打ち負かされない者として見た。

abhibhūya addakkhū aṇabhibhūe（Āy. 1.5.6.1 [26.1]）

⑦ 不放逸

Dhp. の第 2 章は 12 詩節で構成され、不放逸、すなわち「怠けないこと」が修行者の基本姿勢であることを説く。

放逸な人たちの中にあって不放逸である人、眠っている人たちの中にあって目覚めている賢い人は、駿馬が駑馬を後にして進むように進む。

appamatto pamattesu suttesu bahujāgaro

abal' assaṃ va sīgh' asso hitvā yāti sumedhaso（Dhp. 29）

pāda a は Utt. 6.16c にも見られる。

乞食に関して、用心深く、恥じらい、1 つの村に依存しないで、遊行すべきである。放逸な人たちの中にあって、不放逸な者となって、施食を求めるべきである。

esaṇā-samio lajjū gāme aṇiyao care

appamatto pamattehiṃ piṇḍavāyaṃ gavesae（Utt. 6.16）[28]

appamatta あるいは appamāda は「不放逸」と訳され、「怠けないこと」、「注意深く油断しないこと」を意味する言葉である。

なお、この語は *Śāṅkhyāyana-Gṛhyasūtra, Kausītaka-Gṛhyasūtra, Āpastamba-Śrautasūtra* 等の祭式文献をはじめとし、ウパニシャッド文献、叙事詩、初期仏教文献、初期ジャイナ教文献に至るまで、広く使用されているのであるが、それぞれで意味は一様でなく、何に対して不放逸なのかは明確でない。

ジャイナ教における放逸の定義を、J. P. Thaker は次のように述べる[29]。

ジャイナの教相家によれば、pramāda（放逸）あるいは pramatta-yoga（不注意な行為）は hiṃsā（殺生）の第 1 原因である。したがって、彼らは pramatta-yoga も hiṃsā も、他の道徳的な罪と同様に不善（asatya）とみなしている。（中略）放逸とは次の 5 種である。すなわち、飲酒（madya）、感官の対象（viṣaya）、汚濁（kaṣāya）、睡眠（nidrā）、不適切な話（vikathā）である。

しかしながら、この説明では不十分であって、沙門には不放逸＝不死・涅槃、放逸＝死と、それぞれに直結して理解されていたことを見ておかねばならない。Dhp. においては「不放逸は不死の境地である。放逸は死への道である」（Dhp. 21）と説示され、『マハーバーラタ』においても同様に「放逸は死であり、常に不放逸をなすことは不滅である」と説かれる（MBh. 5.42.4）。つまり、単に5種の罪、不善をいうにとどまらないのである。

沙門が怠ることなく努め励むということは、涅槃の境地を獲得するための努力であり、その努力を実りあるものとするためには、師の教えに従い（Sn. 933, 934）、あるいは師の顕示した理法に従った教えを順次実践する（Sn. 316, 317）ことまでを意味する。

6 修行者の実践道

① 辺境の臥坐所に親しむ

修行者は辺境の臥坐所に親しむことが生活条件となる。

辺境の臥坐所に親しむべきである。

sevetha pantāni senāsanāni（Sn. 72c ; Th. 142a ; SN. i 154 ; Miln. 402）

辺境の臥坐所に親しんで、

pantaṃ sayaṇāsaṇaṃ bhaittā（Utt. 15.4a）

この場合、bhaittā（親しんで）の Skt. 対応語は bhajitvā である。PED（s.v. bhajati）によれば、しばしば bhajati = sevati（親しむ）となる。この他に仏典においては以下の2例もある。

善き友と交われ。人里離れた静かな辺境の臥坐所を求めよ。飲食に関して量を知る者となれ。

mitte bhajassu kalyāṇe *pantañ ca sayanāsanaṃ*

vivittaṃ appanigghosaṃ mattaññū hohi bhojane（Sn. 338）

飲食に関して量を知り、辺境の臥坐所にあって、

mattaññutā ca bhattasmiṃ *pantañ ca sayanāsanaṃ*（Dhp. 185cd）

ジャイナ教も、語は異なるが次のように勧める。

三昧を求め、苦行に努める沙門は、適量の食糧をとることを望むべきで

あり、賢い理解のある友を望むべきであり、人里離れた場所に住することを望むべきである。

āhāram icche miyam esaṇijjaṃ

sahāyam icche niuṇattha buddhiṃ

nikeyam icchejja vivegajoggaṃ

samāhikāme samaṇe tavassī（Utt. 32.4）

さらに、「人里離れた坐所に親近する」ことに関して、仏教とジャイナ教とに次のような並行詩脚が存在する。

人里離れた坐所に親近し、厭い退いて行ずる比丘、彼がどんな生存の中にも自己を現わさないなら、そのことが彼にとってふさわしい、と人々は言う。

paṭilīnacarassa bhikkhuno

bhajamānassa vivittam āsanaṃ

sāmaggiyam āhu tassa taṃ,

yo attānaṃ bhavane[30] na dassaye（Sn. 810）

人里離れた坐所に親近するよく教導された聖者（tāiṇo）にとって、彼が自己をどんな恐怖の中にも現わさないなら、彼にとってそのことがふさわしい、と人々は言う。

uvaṇīyatarassa tāiṇo

bhayamāṇassa vivittam āsaṇaṃ;

sāmāiyam āhu tassa jaṃ,

jo appāṇā bhae na daṃsae（Sūy. 1.2.2.17）

比丘は人気のない坐所、すなわち墓地や樹の根元、山間の洞窟に留まっているべきであり、そこにはどんな恐怖や危難（parissaya, ＝苦難）があるかわからないが、それらの危難に打ち勝たなければならない（Sn. 958–960）、としている。また第２章で見たとおり、仏教は、苦難（phassa）として虻と蚊（daṃsādhipāta）、へび、四足獣と人間の襲撃（Sn. 964）、寒冷と酷暑（sīta, accuṇha）、病や飢え等を挙げ（Sn. 966）、危難（parissaya）として他の教えを信奉する人たちからの危害を挙げている（Sn. 965）。ジャイナ教も同様に、虻と蚊（daṃsa-masaga）や寒冷と酷暑（sī’ uṇha）等を挙げ（Utt. 15.4）、さらに『ウッタラッジャーヤー』の第2章においては22のparīsahaを列挙し、両宗教とも、それらを甘受し、ただひたすら耐えて克服すべきことを説く。

このように見ると、仏教におけるparissayaとジャイナ教のparīsahaとには緊密な関係があり、言語上の発展過程を読み取ることができるように思われる。ところが、ここは通常見られるようなSkt. > Pā. > AMg. という展開では説明が難しく、むしろジャイナ教におけるparīsahaがparissayaの原型になっていると考えた方が自然である。というのも、Pā. では -īs- を -iss- と置き換えることが通例であり、当該の音韻変化もこれによって説明できるからである。すなわち、parīsaha > *parīsa a > *parīsaya > parissaya と考えられ、仏教徒がジャイナ教のparīsahaをparissayaとPā. に置き換えたことが推測されるのである[31]。

② 合掌して立つ

> これら300人の比丘たちは合掌して立っています。勇者よ、足を伸ばしてください。龍たちに師〔の足〕を礼拝させましょう。
>
> bhikkhavo tisatā ime *tiṭṭhanti pañjalīkatā*:
>
> pāde vīra pasārehi, nāgā vadantu satthuno（Sn. 573）
>
> 月食後の月（gahāī(y)aṃ < graha + atīta）を〔敬う〕ように、心美しい最上の人（uttamaṃ = Tīrthaṅkara）を敬い、お辞儀をしつつ、合掌して立っている。
>
> jahā candaṃ gah’ āīyā *ciṭṭhantī paṃjalīuḍā*
>
> vandamāṇā namaṃsanta uttamaṃ maṇahāriṇo（Utt. 25.17）

修行者というものは、師の前では礼拝合掌して立つことが基本姿勢である。仏典にはこの他にも、「礼拝しつつ合掌して立っていた」（namassantā tiṭṭhantī pañjalīkatā : Th. 1083, 1178）、「合掌してお願いをする」（yācanti pañjalīkatā : Sn. 566）という表現があり、ジャイナ教でも、例えば、法句を学ぼうとするときには師の面前で、「礼儀正しく合掌する」（sakkārae sirasā pañjalīo : Dasav. 9.1. 12）ことが説かれる。

③ 寂静への道の実践

寂静への道を実践せよ。

santīmaggaṃ ca vūhae（Utt. 10.36c）

註釈者 Devendra は vūhae = vṛṃhayet で、bhavyajana-prarūpaṇayā vṛddhiṃ nayeḥ と説明する。H. Jacobi は 'he should preach to all' と訳す。Pischel（§76）も vūhae = vṛṃhayet と記しているように、vūhae は √bṛh の 3rd sg. opt. であることに疑いはない。同様な並行詩脚が Dhp. にも見られる。

寂静への道を実践せよ。

santimaggam eva brūhaya（Dhp. 285c）

Dhp-a.（III 429）によれば brūhaya = vaḍḍhaya ということになるが、語形的には不可能である。F. M. Müller[32] と S. Radhakrishnan[33] は、'cherish the way of peace' と訳している。さらに仏教梵語文献にも類似した句がある。すなわち、

śāntimārgam eva bṛṃhayen（Uv. 18.5c）

である。

これら並行詩脚から AMg. vūhae は動詞 √bṛh の caus. である Skt. bṛṃhayati（to make big, strong）を語源とし、Pā. brūheti（to make strong, practise, devote oneself to）の opt. に相当することは明らかである。すなわち、vūhae は Skt. bṛṃhayati > Pā. brūheti > AMg. vūhei（vūhayai）と発展した vūhei の opt. であり、意味はパーリ語と同様に、「実践する」が文脈によく適合する。また、śānti は涅槃を意味するので、修行者は涅槃へ到る道を実践しなければならないと言っていることになる。

涅槃へ到るための実践として、仏典は諸悪を静めることを説く。

小さかろうと大きかろうと、悪をすべて静めた人は、諸々の悪を静め滅ぼしたが故に沙門と呼ばれる。

yo ca sameti pāpāni aṇuṃthūlāni sabbaso
samitattā hi pāpānam samaṇo ti pavuccati（Dhp. 265）[34]

寂静にして善と悪とを捨て、塵を離れ、この世とあの世を知り、生と死

を超越した人、〔そのような〕聖人がまさしく沙門と呼ばれる。

samitāvi pahāya puññapāpaṃ
  virajo ñatvā imaṃ parañ ca lokaṃ
jātimaraṇaṃ upātivatto
  samaṇo tādi pavuccate tathattā（Sn. 520）

このように諸悪を静め滅ぼし、生死を超越した人とは涅槃の境地を得た人のことであり、悪を滅ぼし尽くした人に、もはや輪廻はない（Sn. 519)、とも説かれている。

ジャイナ教においても、

このように邪悪なカルマンをもっている生類たちは、繰り返される胎の中にあり、輪廻に倦むことがない。あたかも諸侯がすべての財に飽くことがないように。

evam āvaṭṭa-joṇīsu pāṇiṇo kamma-kivvisā
na nivijjanti saṃsāre savvaṭṭhesu va khattiyā（Utt. 3.5）

と説かれ、悪業が輪廻の原因であることが強調される。悪を滅ぼし尽くした人には、もはや輪廻は存在しないのである。

④ 耐える

嫌悪せずに耐えるという2つの詩脚がある。

罵りや殴打や拘禁に嫌悪をもたないで〔怒らずに〕耐える。

akkosaṃ vadhabandhañ ca *aduṭṭho* yo *titikkhati*（Dhp. 399ab = Sn. 623ab）

知恵ある人は嫌悪の心をもたないで耐える。

titikkhae nāṇi *aduṭṭha*cetasā（Āy. 2.16.3c）

仏教ではまた、

忍耐と堪忍は最高の苦行である。

khantī paramaṃ tapo *titikkhā*（Dhp. 184a）

と言い、

誹謗を耐え、調御された人は、人々の中でも最高である。

danto seṭṭho manussesu yo 'tivākyaṃ *titikkhati*（Dhp. 321cd）

とも言う。

ジャイナ教においても、

実に村における棘、悪口、打撃、脅迫、そして恐怖、恐ろしい声、嘲笑に耐え、等しく楽と苦に耐える人は〔真実の〕比丘である。

jo *sahai* hu gāma-kaṇṭae
akkosaṃ ca pahāra-tajjaṇāo [ya],
bhaya-bherava sadda sa-ppahāse
sama-suha-dukkha-*sahe* ya je, sa bhikkhū（Dasav. 10.11）

比丘は打たれても怒るべきでない。また心を汚すべきでない。忍耐を最高のものであると知って、比丘は法を実践すべきである。

hao na saṃjale bhikkhū maṇaṃ pi na paosae
titikkhaṃ paramaṃ naccā bhikkhū dhammaṃ samāyare（Utt. 2.26）

と説かれる。要するに出家修行者への世間の風当たりは強く、第2章第4節2(3)および第3章第1節2(2)④で取り上げたとおり、マハーヴィーラも例外ではなかった。

いずれにしても修行の途上にある人たちは、何ごとにも耐えなければならない。

心を取り乱すことがなく、歓喜することがなく、すべてを耐える人は〔真実の〕比丘である。

avvagga-maṇe asaṃpahiṭṭhe
je kasiṇaṃ ahiyāsae, sa bhikkhū（Utt. 15.3, 4cd）

⑤ 在家者と接触しない

Sn. 929c に「村に長く留まってはならない」(gāme ca nābhisajjeyya) と説かれているが、これは在家者と極力接触しないことを意味している。

在家者とも出家者とも交わらず、家なく彷徨い、欲望の少ない人、彼を私はバラモンと呼ぶ。

asaṃsaṭṭhaṃ gahaṭṭhehi anāgārehi c' ūbhayaṃ
anokasāriṃ appicchaṃ tam ahaṃ brūmi brāhmaṇaṃ（Dhp. 404 = Sn. 628）

比丘は〔在家の人々とは〕異なった者として行動すべきである。所有物を作るべきでない。在家の人々と接触せずに、住居をもたずに遊行すべきである。

asamāṇe care bhikkhū neva kujjā pariggahaṃ
asaṃsatte gihatthehiṃ aṇieo parivvae（Utt. 2.19）

貪欲でなく、人に知られずに生き、家なく、無一物で、在家者と親密な交際のない人、彼をわれわれはバラモンと呼ぶ。

aloluyaṃ muhājīviṃ aṇagāraṃ akiṃcanaṃ
asaṃsattaṃ gihatthesu taṃ vayaṃ būma māhaṇaṃ（Utt. 25.28）

家において寝ないで、少欲で、見知らぬ人から食を求める、

aṇukkasāī[35] *app'icche* annāesī alolue（Utt. 2.39ab）

上に見られるように、Dhp. 404a は Utt. 2.19c, 25.28c と並行詩脚の関係にあり、Dhp. 404c は Utt. 2.39a と同様の関係にある。

在家者との接触を禁ずるのは、在家者と接触することによって世俗への思いが湧き起これば、修行の妨げとなるからである。在家の生活というのは親戚・縁者との結びつきが深く、享楽、愛執、愛欲、渇愛等に陥りやすい[36]。したがって、これら種々の愛著を取り去るには、出家者の生活以外に方法がないことになる。

そして、避けることのできない死に直面したとき、父母、兄弟、血縁者、友人は誰もその人を助けることができない。

獅子が鹿を捕らえるように、死は最後の時において人間を先導します。彼の母、父、兄弟は、その時、微塵も助けはしないでしょう。

jaheha sīho va miyaṃ gahāya
　　maccū naraṃ nei hu anta-kāle
na tassa māyā va piyā va bhāyā
　　kālammi tamm' aṃsa-harā bhavaṃti（Utt. 13.22）

彼の親類、友人たち、息子たち、血縁者たちは、彼の苦を分かち合うことはありません。自分のみが苦に耐えねばなりません。業は行為者だけに追従するのです。

na tassa dukkhaṃ vibhayanti nāio

na mitta-vaggā na suyā na baṃdhavā

ekko sayaṃ paccaṇuhoi dukkhaṃ

kattāram eva aṇujāi kammaṃ（Utt. 13.23）

仏教も同様に説く。死に捉えられた者を、子も父も親戚も救いえない（Sn. 579)。父母、兄弟、親戚といった者は執らわれの心をかきたてる対象となるから、これらの人々には接触することなく、出家修行者として戒律を守り、涅槃に到る道を浄く行なえ（Dhp. 288-289)、と説く。

また、これまでも種々見てきたように、在家者の中でも婦人が最も修行の妨げになると考えられていた。初期ジャイナ聖典において、婦人というものはあらゆる手段を講じて男を悩殺するものとしてとらえられており、Sūy.I.4（Itthīparinnā）をはじめとし、Utt. 16（bambhacera-samāhiṭhāṇā）等において婦人の誘惑を絶つべきことが強調される。

人は、〔2つの〕腫れ物（突起した乳房）をもち、心変わりやすく、男たちを誘惑して奴隷たちと戯れるかのように戯れる、魔女たちを欲すべきでない。

no rakkhasīsu gijjhejjā　　gaṃḍa-vacchāsu 'nega-cittāsu

jāo purisaṃ palobhittā　　khellantī jahā va dāsehiṃ（Utt. 8.18）

人は婦人たちを欲すべきでない。出家者（aṇāgāra）は婦人たちを捨てるべきである。法を完全に理解して、比丘はそこ（法）において自分自身を確立すべきである。

nārīsu novagijjhejjā　　itthī vipajahe aṇāgāre

dhammaṃ ca pesalaṃ naccā　　tattha ṭhavejja bhikkhu appāṇaṃ（Utt. 8.19）

仏典においても同様に、婦人の誘惑を絶つべきことが説かれる。世俗との交渉を絶ち、森の奥深く入っていても、修行を妨げる種々のものが現われ出るものである。その中で最も危険なものは婦人の誘惑である。

森において火の炎のように〔高低〕種々のものが現われてくる。婦人たちは牟尼を誘惑する。彼女たちをしてあなたを誘惑させるな。

uccāvacā niccharanti dāye aggisikhūpamā

nariyo muniṃ palobhenti, tā su taṃ mā palobhayuṃ（Sn. 703）

また、Th. 1151 では、女性を「胸に腫瘍をもつ魔女」と表現しており、その身体には 9 つの孔があり、そこからいつも流出物が流れ出ていて不浄なものであるから避けよ、と戒めている。一人修行に励み、賢者とみなされる人といえども、淫欲の交わりに耽ると愚者のようになってしまう。それ故に牟尼は独居の修行を堅固にし、婦人との交わりを絶対に行なってはならないのである[37]。

⑥ 指導者たれ

他人を指導するが、他人に導かれない

netāram aññesaṃ anaññaneyyaṃ（Sn. 213f）

彼を賢者（dhīra）たちはまさに牟尼と知る。

taṃ vāpi dhīrā muniṃ vedayanti（Sn. 213g）

他の人に指導される必要がない人は真の意味でのバラモンであり（Sn. 907）、バラモンは妄想分別をすることなく、偏見をもたず、異教徒の教義を受け入れることもない。このような人は、彼岸に達してもはや還ってくることがない（Sn. 803）。上に挙げた Sn. 213f の並行詩脚が Sūy. にも見られる。

他人を指導するが、他人に導かれない。彼らは目覚めており、〔輪廻の〕終わりを作る人たちである。

neyāro annesi aṇannaneyā

buddhā hu te antakaḍā bhavanti（Sūy. 1.12.16cd）

このように、牟尼とか覚者と言われる人々は一般的修行者よりも一格上位にある修行者であるが、自らの悟りを求めるのみでなく指導者としても期待され、理想的修行者たるべきことが課されていた。

7 五戒の遵守

仏教の五戒とジャイナ教の五大誓戒について、並行詩脚が数多く存在するので、それに基づき、個々の戒について少しく検討を加えてみたい。

① 不殺生

すべてのものは暴力を恐れ（Dhp. 129a, 130a)、すべてのものは死を恐れる（Dhp. 129b)。それが人の世の常である。それ故に仏教聖典は、

〔死を恐れる〕自己に引き比べて、〔何ものも〕殺すべきでなく、殺させるべきでない。

attānam upamaṃ katvā *na haneyya na ghātaye*（Dhp. 129cd = 130cd = Sn. 705cd)

生きものを殺すべきではなく、殺させるべきでなく、

pāṇaṃ na hane, na ca ghātayeyya（Sn. 394a)

と述べ、ジャイナ教も同様に言う。

自己と〔思って〕外部〔の世界〕を見よ。それ故に殺さないし、殺させもしない。

āyao bahiyā pāsa ; *tamhā na hantā na vi ghāyae*（Āy. 1.3.3.1 [15.19])

さらに、Āy. はこのことを詳しく説明する。

汝が「殺そう」と考えている者は、他ならぬ汝なのである。
汝が「命令しよう」と考えている者は、他ならぬ汝なのである。
汝が「侮辱しよう」と考えている者は、他ならぬ汝なのである。
汝が「所有しよう」と考えている者は、他ならぬ汝なのである。
汝が「打ちのめそう」と考えている者は、他ならぬ汝なのである。
そして自制者はこのことに目覚めて生きている。
それ故に殺さず、殺させもしない。

tumaṃ si nāma taṃ c' eva jaṃ 'hantavvaṃ' ti mannasi !
tumaṃ si nāma taṃ c' eva jaṃ 'ajjāveyavvaṃ' ti mannasi,
tumaṃ si nāma taṃ c' eva jaṃ 'pariyāveyavvaṃ' ti mannasi,

tumaṃ si nāma taṃ c' eva jaṃ 'parighettavvaṃ' ti mannasi,
tumaṃ si nāma taṃ c' eva jaṃ 'uddaveyavvaṃ' ti mannasi,
añjū c' eyaṃ-paḍibuddha-jīvī.
tamhā na hantā na vi ghāyae（Āy. 1.5.5.4 [25.20–24]）

殺害禁止の範囲は以下のように規定される。

動くものでも、あるいは動かないものでも、残りなくすべて、
tasā vā thāvarā vā anavasesā（Sn. 146b）
すべての生きとし生けるものに暴力を用いない、
sabbesu bhūtesu nidhāya daṇḍaṃ（Sn. 35a = Dhp. 142c）
〔りっぱな衣服で〕飾っていても、平静に行ない、寂静であって、調御し、自制し、梵行をなし、すべての生きとし生けるものに暴力を用いない人、彼はバラモンであり、沙門であり、比丘である。
alaṃkato ce pi samaṃ careyya
santo danto niyato brahmacārī
sabbesu bhūtesu nidhāya daṇḍaṃ
so brāhmaṇo so samaṇo sa bhikkhu（Dhp. 142）
動こうが動くまいが、生きものに暴力を加えることなく、殺すこともなく、殺させることもない人、彼を私はバラモンと呼ぶ。
nidhāya daṇḍaṃ bhūtesu tasesu thāvaresu ca
yo na hanti na ghāteti tam ahaṃ brūmi brāhmaṇaṃ（Sn. 629 = Dhp. 405）

生命の宿る生類すべてについて、殺生するようなことをしてはならないのである。

また、仏教では次のようにも言われる。

上に、下に、横に、障害なく、怨みなく、敵意なく〔、慈しみの心を起こせ〕。
uddhaṃ adho ca tiriyañ ca
asambādhaṃ averaṃ asapattaṃ（Sn. 150cd）
上に、下に、横に、中央にも、苦しみの惨めな結果をもたらすどんな行

為をも回避して、よく知り尽くして行ないつつ、

dukkhavepakkaṃ yad atthi kammaṃ
uddhaṃ adho ca tiriyañ câpi majjhe
parivajjayitā pariññacāri（Sn. 537abc; b = 1055b, 1068b）

一方、ジャイナ教においては、次のように述べられる。

家なき人は、生類（生きもの）に対して杖を〔使用することを〕止め、身体を投げ出し、完全に理解して、世尊はそれら村の棘に耐えるだろう。

nihāya daṇḍaṃ pāṇehiṃ　tam kāyaṃ vosajja-m-aṇagāre
aha gāma-kaṇṭae, bhagavaṃ　te ahiyāsae abhisameccā（Āy. 1.9.3.7）

宗教的教えをよく熟考して、すべての生類に危害を加えることなく、生も死も望まない人は、〔輪廻の〕生存から解放されて遊行すべきである。

āhattahīyaṃ samupehamāṇe
savvehi pāṇehi nihāya daṇḍaṃ
no jīviyaṃ no maraṇāhikaṃkhī
parivvaejjā valayā vimukke（Sūy. 1.13.23）

また、すべての生類とは、文字どおり、生きとし生けるものすべてを指す。

世間においてすべての生類、それが動こうと動くまいと、それらを知っていようと知らなかろうと、殺すべきでないし、殺させるべきでない。

jāvanti loe pāṇā tasā aduva thāvarā
te jāṇam ajāṇaṃ vā *na haṇe no va ghāyae*（Dasav. 6.10）

さらに、同趣旨の以下のような表現が見られる。

動こうと動くまいと生きものを完全に理解し、

tasapāṇe viyāṇettā saṃgaheṇa ya thāvare（Utt. 25.23ab）

動こうと動くまいと、

tasesu thāvaresu ya（Utt. 5.8b = 19.89d）

動こうと動くまいと、

trasānāṃ sthāvarāṇāṃ ca（MBh. 3.185.28a）

ところで、仏教（Sn. 150 ほか）に現われた「上に、下に、横に……」とい

う定型句は、ジャイナ教においては、

上に、下に、横に、諸方にいる、動こうと動くまいと生類に、

uḍḍhaṃ ahe yaṃ tiriyaṃ disāsu

tasā ya je thāvara je ya pāṇā（Sūy. 1.6.4ab）

というように生類を修飾する場合もあるが、

彼は、上にも、下にも、横にも、世間にも、心を統一して禅定し、欲望から逃れている。

uḍḍhaṃ ahe ya tiriyaṃ ca loe jhāyai samāhim apaḍinne（Āy. 1.9.4.14cd）

上にも、下にも、横にも、大海や水の中において、

uḍḍhaṃ ahe ya tiriyaṃ ca samuddammi jalammi ya（Utt. 36.51cd）

のような用例もあり、必ずしも生類と結びつくわけではない。

以上の用例を要約してみると、「すべての生類」、「動く生類や不動の生類」、「上にも下にも横にもいる生類」と、いたるところにいる生類すべてを傷つけないことが重視されている。そればかりでなく、人をして殺させたり、他の人が殺害するのを容認することも許されない。このことは仏教もジャイナ教も等しく説くところである。

世間における強い者でも、怯えている者でも、すべての生類に対して暴力を抑えて、人は生きものを殺すべきではなく、殺させるべきでなく、他の人たちが殺すのを容認すべきでない。

pāṇaṃ na hane, na ca ghātayeyya,

na cānujaññā hanataṃ paresaṃ,

sabbesu bhūtesu nidhaya daṇḍaṃ,

ye thāvarā ye ca tasanti loke（Sn. 394）

もし人が自ら生きものを殺したり、あるいは他の人に殺させたりするなら、あるいは他の人たちが殺害するのを容認するなら、彼の敵意は増大する。

sayaṃ tivāyae pāṇe aduvā annehi ghāyae

haṇantaṃ vāṇujāṇāi, veraṃ vaḍḍhei appaṇo（Sūy. 1.1.1.3）

ところで、生命の宿る微生物を殺さないために、どのような注意をすべきであろうか。当時の出家修行者は「眼を下に向けて歩く」ことによって、路上の虫さえも踏み殺さないように注意深く歩いたのである。

眼を下に向けて気をつけている人は、賤しい家柄の出身の人ではないようである。王の使者たちよ、走りなさい。比丘がどこに行くのか〔見つけるために〕。

okkhitta-cakkhu satimā, nāyaṃ nīcakulā-m-iva
rājadūtā vidhāvantu kuhiṃ bhikkhu gamissati（Sn. 411）

ジャイナ教においても同様で、遊行中に接触する生類に対して細心の注意を払うべきことを勧めて、次のように言う。

注意深く生活し、心（眼）を下に向け、道をよく考えて、供犠の場所を避けて、生類を見て行け。

jayaṃ-vihārī citta-nivāī
pantha-nijjhāī bali-bāhire
pāsiya pāṇe gacchejjā.（Āy. 1.5.4.2 [24.9–11]）

また、

道を掃き清めながら歩け

viniyaṭṭamāṇe saṃpalimajjamāṇe（Āy. 1.5.4.3 [24.13]）

とも言う。

さらにまた、「井戸を掘って、冷水を飲むべきでもないし、飲ませてもならない」(Dasav. 10.2）し、「渇きに悩まされても、冷水を用いるべきでなく、蒸留したものを求めて行為すべきである」(Utt. 2.4）と説示される。

このような厳しい不殺生を説く沙門のグループにとって、バラモンの動物を犠牲にして行なう祭祀[38]は絶対に容認できるものではなかった。

② 不偸盗

この世において、長かろうと短かろうと、小さかろうと大きかろうと、美しかろうと醜かろうと、世間において、与えられないものを取らない人、彼を私はバラモンと呼ぶ。

yo 'dha dīghaṃ va rassaṃ vā aṇuṃthūlaṃ subhāsubhaṃ
loke adinnaṃ nādiyate tam ahaṃ brūmi brāhmaṇaṃ（Dhp. 409 = Sn. 633）

同趣旨のことがジャイナ聖典においても説かれる。

感覚のあるものでもないものでも、わずかなものでも、多くのものでも、与えられないものを取らない人、彼をわれわれはバラモンと呼ぶ。

cittamantam acittaṃ vā appaṃ vā jai vā bahuṃ
na giṇhāi adattaṃ je taṃ vayaṃ būma māhaṇaṃ（Utt. 25.25）

③ 無所有

私たちは自分のものを何ももたない。幸福に生活する。

susukhaṃ vata jīvāma yesan no *n' atthi kiñcanaṃ*（Dhp. 200ab）

所有するものがなければ楽しく生きていけるというのは、ジャイナ教も同様である。

私たちは自分のものを何ももたない。幸福に生活し、生存する。

suhaṃ vasāmo jīvāmo jesi *no natthi kiṃcaṇa*（Utt. 9.14ab）

無所有を称賛する並行詩脚はこればかりではない。

前にも、後にも、中間にも、何も所有せず、無一物で執著のない人、彼を私はバラモンと呼ぶ。

yassa pure ca pacchā ca majjhe ca n' atthi kiñcanaṃ
akiñcanaṃ anādānaṃ tam ahaṃ brūmi brāhmaṇaṃ（Dhp. 421 = Sn. 645）[39]

前にも、後にも、中間にも何もないその人に、どこに〔何が〕あろうか。実に彼は智慧ある覚者であり、〔生類の〕殺生（ārambha）から逃れている。

jassa n' atthi purā pacchā, majjhe tassa kuo siyā ?
se hu pannāṇamante buddhe ārambhovarae;（Āy. 1.4.4.3 [20.13]）

所有と言われるものに、金・銀や財が挙げられる。修行者は無所有を修して解脱することが目標であり、解脱を妨げるものがこれら金銀等に象徴される所有への世俗的欲望であるなら、それを断ち切った無所有こそ最善と説かれる。

比丘は金や銀を心の中でさえ欲しがるべきでない。土塊と金を同等にみなして、売買から離れるべきである。

hiraṇṇaṃ jāyarūvaṃ ca maṇasā vi na patthae
sama-leṭṭhu-kaṃcaṇe bhikkhū virae kayavikkae（Utt. 35.13）

世俗的所有（服、装飾、家屋等）に執著せず、貪らず、無意識に残された残飯〔を乞い〕、偉大かつ充実した修行者であって、売買と蓄積から離れ、そしてすべての執著から離れた人、彼は〔真実の〕比丘である。

uvahimmi amucchie agiddhe
　　annāya-unchaṃ pula-nippulāe
kaya-vikkaya-sannihīo virae
　　savva-sangāvagae ya je, sa bhikkhū（Dasav. 10.16）[40]

仏典も同様で、家畜や黄金や穀物もないことが理想であると説示する（Sn. 285)。当然、売買に携わることはない。したがって、所有とは世俗的な所有物一般のことであり、これらを所有しないことが無所有ということになる。

次に、出家修行者が最も執らわれるものは、妻子と父母である。したがって、「子、妻、父、母」（Sn. 60a）と 4 語並べられ、「子、妻、親族」（Utt. 19. 16b）と並置され、これらをも捨て去った状態としての無所有こそ最善であると教える。

子、妻、父、母、財産、穀物、親族、その他あらゆる愛欲を捨てて、犀の角のようにただ一人歩むべきである。

puttañ ca dāraṃ pitarañ ca mātaraṃ
　　dhanāni dhaññāni ca bandhavāni ca
hitvāna kāmāni yathodhikāni
　　eko care khaggavisāṇakappo（Sn. 60）

田畑、宅地、黄金、子供と妻、親族、そしてこの身体を捨てて、私は私の意志に反して（avasassa）行かねばならない。

khettaṃ vatthuṃ hiraṇṇaṃ ca *putta-dāraṃ ca bandhavā*
caittāṇaṃ imaṃ dehaṃ gantavvam avasassa me（Utt. 19.16）

続いてUtt. 19.18は輪廻転生の生存を、長い旅で飢えと渇きに苦しめられ、苦悩する旅人に譬え、自らの意志でジャイナの法に従う出家生活に入るべきことを説く。

仏教もジャイナ教も、死を間近にしてはじめて、輪廻の苦しみに気づいても遅いことを教える。死はどんな人にもやって来るし、その時、誰も死から逃れることはできないのである。両宗教はそれぞれ次のように説く。

> 子供たちも救いの手とはならないし、父も親族も救い手とはならない。死に捕らえられた者を親族も救うことができない。
>
> na santi puttā tāṇāya na pitā na pi bandhavā
> antakenādhipannassa *n' atthi ñātīsu tāṇatā*（Dhp. 288）
>
> 母、父、継子、兄弟、妻、息子、そして嫡子たちは、業による報いを受けるとき、私を救うことができないであろう。
>
> māyā piyā nhusā bhāyā bhajjā puttā ya orasā
> *nālaṃ te mama tāṇāe* luppantassa sakammuṇā（Utt. 6.3 = Sūy. 1.9.5）

獅子が鹿を捕らえるがごとく、死は最後には、必ず人間を捕らえる（Utt. 13.22）のであり、その時、誰も助けることはできない。したがって、何の役にも立たない親族などに心を奪われていないで無所有となり、修行に励むべきことが説かれる。この場合、所有（所得）とは、財産のような物的なものだけでなく、肉親をも含めて考えていた。

このように、無所有の誓戒を護ることを徹底して実践すること、すなわち、家族を捨て仕事に従事しないことが解脱への近道であることを教える。

> 息子や妻を捨て、仕事に従事しない比丘にとって、愛しいものは何もないし、愛しくないもの（憎いもの）もない。
>
> catta-putta-kalattassa nivvāvārassa bhikkhuṇo
> piyaṃ na vijjaī kiṃci appiyaṃ pi na vijjaī（Utt. 9.15）

8　施物に関する注意

妻子や財産をすべて放棄した修行者は、見知らぬ人々から乞食しつつ遊行することが生活の基本である。彼らは托鉢に歩く時間が決められている。その時間とは「正しい時」（samaya, kāla）である。正しい時とは正午以前、すなわち午前中を意味し、正しからぬ時とは正午以降、すなわち午後のことである。

比丘は正しい時に出発すべきであり、正しい時に帰って来るべきである。正しくない時を避けて、正しい時に正しい時間の間、行動すべきである。

kāleṇa nikkhame bhikkhū kāleṇa ya paḍikkame
akālaṃ ca vivajjittā kāle kālaṃ samāyare（Utt. 1.31）

何故、時の正しい正しくないが定められているのだろうか。正しい時に歩き、正しくない時に歩かないのは何のためだろうか。

比丘は実に、時ならぬ時に歩き回るべきでない。しかし、正しい時に乞食のために村を歩くべきである。というのは、執著は時ならぬ時に歩いている人につきまとうからである。それ故、覚者たちは時ならぬ時に歩くことはない。

na ve vikāle vicareyya bhikkhu,
　　gāmañ ca piṇḍāya careyya kāle,
akālacāriṃ hi sajanti saṅgā,
　　tasmā vikāle na caranti buddhā（Sn. 386）

と言われる。すなわち、時間を区切ることによって食べ物のことを考えたり在俗の人々と接したりすることの制限が明瞭になるからであろう。

そしてもう 1 つ、受け取るべき施食は「他人のために作られたもの」（parakaḍa, Utt. 1.34）であることが前提であり、また「他人のために用意された食べ物のために」（parappavittassa annassa aṭṭhā）乞食に来た（Utt. 12.9）とはっきりと述べられている。当時の食習慣は不明だが、午前中ということは、その時間帯にあまり料理をせず、あるとすれば前日の残り物である確率が高かったのかもしれない。

Dasav. では「自分のために作られた食事を食べるべきでない」（uddesiyaṃ na bhunje）と説かれ、それは「料理することなく、料理させるべきでない」（Dasav. 10.4）と徹底される。

さてここで、食を受けるときの心構えを、並行詩脚を中心に見てみよう。Sn. には、

他人から食べ物を得ても驕るべきでない。

laddhā parabhojanaṃ na majje（Sn. 366c）[41]

とあり、また、

得られたものは貯蔵すべきでない。また、それらが得られなくとも、心配すべきでない。

laddhā na sannidhiṃ kayirā,　na ca parittase tāni alabhamāno（Sn. 924cd）

と述べられている。同様にジャイナ教でも、

「得られた」と言って驕るべきでない。「得られなかった」と言って悲しむべきでない。また、多く得られても貯えるべきではない。

'*lābho' tti na majjejjā*, 'alābho' tti no soyae,

bahuṃ pi laddhuṃ na nihe（Āy. 1.2.5.3 [10.28-29]）

と説示する。なぜなら、ニガンタ・ナータプッタの言葉を遵守する者たちは、塩、油、バター、糖蜜を蓄積することを望まず、もし蓄積することがあるならば、無所得戒を犯すことになり、そのような人は在家者であって出家者ではない（Dasav. 6.18-19）からである。

また、ジャイナ教は、

「〔在家者は〕私に与えない」と言って、彼は怒るべきでない。

'na me dei' na kuppejjā（Āy. 1.2.4.4 [10.4]）

と述べ、托鉢中に施食があろうと、なかろうと怒ってはならないことを説く。

仏教にも次のような並行詩脚がある。

得るものがなくても怒らない。

alābhe na ca kuppati（Sn. 854b）

この箇所では、学問を学んだ結果として利得がなくても怒ってはならないと諭しているのではあるが、何かを得られるはずだと思って行動すること、その期待が裏切られたときに怒るということの心理は、托鉢の施食であれ学問であれ、広く普遍的で、人に根深いものなのである。

したがって、両宗教とも、施物を得たか、得ないかに心煩わされることなく、乞食することを勧めている。Sn. 712 はまさにこのことを教える。

「得たのは良いことだ。得なかったのも良いことだ」と。いずれの場合も同様であり、彼は〔同じ〕樹に帰って来る。

'alatthaṃ yad, idaṃ sādhu, nālatthaṃ, kusalām' iti[42]
ubhayen' eva so tādī rukkhaṃ va upanivattati（Sn. 712）

さらに食べ方について見れば、味に耽溺するところがあってはならないと戒めている。

家において寝ないで（aṇukkasāī）、少欲で、見知らぬ人から食を求める、欲望のない智慧ある人は、美味なものに耽溺すべきでなく、悩まされるべきでない。

aṇukkasāī app'icche annāesī alolue
rasesu nāṇugijjhejjā nāṇutappejja pannavaṃ（Utt. 2.39）

しかも、受ける食の内容については、味のない食べ物を受け取るべきとされる。Utt. 15.13 によれば、味のない食べ物とは、粥汁、大麦粥、冷たい酸い粥、大麦水を指す。そして、生命維持のために、冷えた食べ物、古い酸い粥、くず米、かびた穀粒、あるいはなつめを食することを勧める（Utt. 8.12）。

仏教も、

味に耽溺すべきでない。

rase ca nānugijjheyya（Sn. 922c）

味に耽溺しない。

rase ca nānugijjhati（Sn. 854d）

と説く。

要するに、沙門は正しい時に乞食に歩き、他人のために用意された食を受け取る。遊行時において、施食を得られるか得られないかを心配せずに乞食することを勧める。そして、得られた食べ物は決して貯蔵してはならない。その上、味に耽溺することは決して許されない。粗末な最小限度の食事をすることによって生命を支える。それ故、本章 2「修行者の外貌」で触れたが、当然のこととして沙門の外貌は痩せて血管が浮き出ていた（Dhp. 395 ; Utt. 2.3）。

9　輪廻思想と解脱

① 人は必ず死ぬ

次の２つの並行詩脚がある。

人間の生命もそのようである。

evaṃ maccāna jīvitaṃ（Sn. 577d）

人間の生命もそのようである。

evaṃ maṇuyāṇa jīviyaṃ（Utt. 10.1c）

ここで人間の生命が何に譬えられているかと言えば、Sn. は、

たとえばまた、陶工の作った土器がついにはすべて壊れてしまうように、

yathā pi kumbhakārassa katā mattikabhājanā（Sn. 577ab）

と土器に譬え、Utt. は、

幾夜が過ぎて、木の葉が色褪せて落ちるように、

dumapattae paṇḍuyae jahā
nivaḍai rāigaṇāṇa accae（Utt. 10.1ab）

と木の葉に譬えている。

また、熟した果物もしばしば登場する譬喩であり、その表現は『ラーマーヤナ』にも及んでいる。

熟した果物には早く落ちる恐れがあるように、そのように生まれた人たちには常に死の恐れがある。

phalānam iva pakkānaṃ pāto papatanā bhayaṃ,
evaṃ jātānaṃ maccānaṃ niccaṃ maraṇato bhayaṃ（Sn. 576）

樹木の果物が落ちるように、青年も老人も、人間は身体が壊れると死ぬのです。このことをも知って私は出家したのです。王よ、純真な沙門道こそがすぐれています。

dumapphalānīva patanti māṇavā
dahārā ca vuḍḍhā ca sarīrabhedā;

etam pi disvā pabbajito 'mhi rāja;

apaṇṇakaṃ sāmaññam eva seyyo（Th. 788）

熟した果物には落ちること以外に恐れがないように、そのように生まれた人には、死ぬこと以外に恐れがない。

yathā phalānāṃ pakvānāṃ nānyatra patanād bhayaṃ

evaṃ narasya jātasya nānyayatra maraṇād bhayam（Rām. II 105.17）

このように、人は必ず死ぬ、と語られ、また死に至る人に区別がないことも強調される。次の詩節に現われる「愚者も賢者も」が定型句的表現であることはすでに見たので、ここでは上の Th. 788 に見られる「青年も老人も」のヴァリエーションも挙げる。

若い人も大人も、愚者も賢者も、すべて死の支配下にある。すべての人は必ず死に至る。

daharā ca mahantā ca ye bālā ye ca paṇḍitā

sabbe maccuvasaṃ yanti, sabbe maccuparāyanā（Sn. 578）

また Sūy. でも、

見よ。若い人も老人も、母の胎内にいる子供でさえも死ぬ。鷹がウズラを捕らえるように、そのように生命は時が過ぎれば終わる。

ḍaharā vuḍḍhā ya, pāsahā,

gabbha-tthā vi cayanti māṇavā

seṇe jaha vaṭṭayaṃ hare

evaṃ āu-khayammi tuṭṭaī（Sūy. 1.2.1.2）

と言われる。

そして、世間の人たちが死によって苦しめられ、老いによって囲まれるという人生観（死生観）は、仏教、ジャイナ教、叙事詩のすべてで共有される。

このように世間の人々は死と老いとによって苦しめられる。それ故に賢者は世間の成り行きを知って悲しまない。

evam abbhāhato loko maccunā ca jarāya ca, —

tasmā dhīrā na socanti viditvā lokapariyāyaṃ（Sn. 581）[43]

世間の人たちは死によって苦しめられ、老いによって囲まれています。夜は確実に過ぎて行きます。王族の人たちよ、このように知ってください。

maccun’ abbhāhato loko jarāya parivārito,

ratyā amoghā gacchanti, evaṃ jānāhi khattiya（Jā. 538, g. 104）

世間の人たちは死によって苦しめられ、老いによって囲まれています。夜は空しからぬものと言われています。お父さん、このように知ってください。

maccuṇā ’bbhāhao logo jarāe parivārio

amohā rayaṇī vuttā evaṃ tāya vijāṇaha（Utt. 14.23）

世間の人たちは死によって苦しめられ、老いによって囲まれている。これらの日夜は過ぎ去るのに、何故あなたは目覚めないのか。

mṛtyunābhyāhato loko jarayā parivāritaḥ

ahorātrāḥ patanty ete nanu kasmān na budhyase（MBh. 12.169.9）

世間の人たちが死によって苦しめられ、老いによって悩まされる。確実に〔時が〕過ぎて行くとき、法の乗り物によって渡れ。

mṛtyunābhyāhate loke jarayā paripīḍite

amoghāsu patantīṣu dharmayānena saṃtara（MBh. 12.309.17）

② 死後の不幸

Sn. 278 は、煩悩に満ちた生活をし、修行者を悩ますといった無明に基づく行為をする人は、母胎から母胎へと生まれ変わることになり、

死後苦しみに向かう。

pecca dukkhaṃ nigacchati（Sn. 278d）

と教える。

他方、ジャイナ教は、

この世においては諸々の悪によって不名誉がある。死後に人は地獄に行く。それ故に愚者たちといかなる時も接触すべきでない。

ih' evākitti pāvehiṃ, peccā gacchei dogatiṃ

tamhā bālehi saṃsaggiṃ n' eva kujjā kadāyi vi（Isibh. 33.6）

と説く。

また、罪を犯す者は苦しみの世界に陥ることを、両教等しく説いている。

あなたは不幸への塵を撒き、悪の行為者であるあなたは善人たちを非難する。また、多くの悪行を行なって、あなたは長い間〔地獄の〕深い穴に陥るだろう（gañchisi, fut.）。

rajam ākirasi ahitāya,
　　sante garahasi kibbisakārī,
bahuni ca duccaritāni caritvā
　　gañchisi kho papataṃ cirarattaṃ（Sn. 665）

この世において、殺害の罪を犯し、自己の罪をもち、殺害ばかりする人は、長い期間、悪しき世界、〔すなわち〕アスラの居住地に行く。

je iha ārambha-nissiyā āya-daṇḍā eg'-anta-lūsagā
gantā te pāva-logayaṃ cira-rāyaṃ āsuriyā disaṃ（Sūy. 1.2.3.9）

さらに、いつも腹一杯食べて怠けている人も憂き目を見ることになる。

人が惰眠をむさぼり、大食をし、〔あるいは〕寝ぼけて転げ回って眠る人、そのような愚鈍な人は、餌で飼育された大豚のごとく、何度も母胎に入る。

middhī yadā hoti mahagghaso ca
　　niddāyitā samparivattasāyī
mahāvarāho va nivāpapuṭṭho
　　punappunaṃ gabbham upeti mando（Dhp. 325）

この Dhp. の大豚のイメージは次に挙げる Sūy. の詩節に共有され、Utt. では子羊の譬喩となる。

他人から食を得るために出家し、腹を満腹にしようとおべっかを使う心貧しい人は、野性の穀物を貪求する大豚のごとく、近い将来、苦しみを受けるだろう。

nikkhamma dīṇe parabhoyaṇammi

muhamaṅgalīe uyarāṇugiddhe
nīvāragiddhe va mahāvarāhe
adūrae ehii ghāyam eva（Sūy. 1.7.25）

Utt. 第 7 章「子羊の譬え」[44] は、子羊に栄養のあるたくさんの食べ物を与え、来客のための食肉にすることを述べている（特に前半部、Utt. 7.1–7）。子羊が丸々と太れば食肉として屠殺される。それと同じようにたくさん食べて、大きなお腹をし、血管が血液で膨らんでいる愚かな罪深き人は、子羊が客のために待ち望まれているように、地獄に堕ちる日を待ち望まれているようなもの、と表現される。

さらに、先の Dhp. 325d に類似した表現は Āy. に 4 種見られ、どのような人が再び母胎に入って、迷いの生存を続け苦しみを受けるかを説く。

妄想に捉われた放逸な人は、再び母胎に入る。
māī pamāī puṇar ei gabbhaṃ（Āy. 1.3.1.3 [13.23]）
〔業によって〕影響を受けた人たちは、再び母胎に入る。
saṃsiccamāna puṇar enti gabbhaṃ（Āy. 1.3.2.1 [14.15]）
迷妄によって母胎に〔入り〕死に行く。
moheṇa gabbhaṃ maran'āi ei（Āy. 1.5.1.1 [21.3]）
愚人は死んで母胎等に入る。
cue hu bāle gabbh'āi rijjai;（Āy. 1.5.3.2 [23.12]）

仏教もジャイナ教も、人間としての誕生がきわめて困難であることを説く（Dhp. 182 ; Utt. 3.1）。特にジャイナ教では 4 つの迷いの世界を大別して 2 つの gati として、すなわち sugati＝神の世界および人間と、durgati＝動物界および地獄を説く。つまり、doggai（Skt. durgati > Pā. duggati > *duggai > *dŏggai > AMg. doggai）は、動物界ないしは地獄を意味している。

地獄がどんなに恐ろしいところとしてイメージされていたかは、第 5 章第 2 節 2 で詳しく見たので再掲はしないが[45]、一方で死や地獄への恐怖があり、他方でその恐怖を免れた境地やそのための修行法を説くという宗教的構造は、一般に見られるところでもある。ここで仏教やジャイナ教は解脱を説き、そのありようと修行を以下のように説くのである。

③ 激流を渡る

仏教でもジャイナ教でも、解脱した人たちのことを、次のように表現する。

彼岸に到達する人々は、

ye janā pāragāmino（Dhp. 85b）

彼岸に到達する人々は、

je jaṇā pāra-gāmiṇo（Āy. 1.2.2.1 [7.20]）

では、どのような人が激流を渡り、目的地である彼岸に到達することができるのであろうか。

常に戒をたもち、智慧あり、よく三昧に入り、内心に思いをこらし、思念する人が、渡りがたい激流を渡る。

sabbadā sīlasampanno paññavā susamāhito
ajjhattacintī satimā *ogham tarati duttaraṃ*（Sn. 174）

賢明なバラモン（= Mahāvīra）によって説かれたその道とは何か。その道に正しく入った人が、渡りがたい〔輪廻の〕激流を渡るところの〔道とは〕。

kayare magga akkhāe māhaṇeṇaṃ mayīmayā
jaṃ maggaṃ ujju pāvittā *ohaṃ tarai duttaraṃ*（Sūy. 1.11.1）

また、Isibh. に、

愛欲の対象である享楽を貪り、諸々の悪をなす人は、四面〔海に〕囲まれ、大きな恐怖に満ちた輪廻を彷徨うことになる。

たとえば、生まれつきの盲人が水漏れのする舟に乗って、彼岸に行こうと望んでも、途中で沈むがごとくである。

je giddhe kāma-bhogesu pāvāiṃ kurute ṇare
se saṃsarati saṃsāraṃ cāurantaṃ mahab-bhayaṃ（Isibh. 28.19）
jahā nissāviṇiṃ nāvaṃ jāti-andho durūhiyā
icchate pāram āgantuṃ antare cciya sīdati（Isibh. 28.20）

とあり、これは愛欲に汚され、行ないの悪い人が、命我が清浄でないために、恐ろしい輪廻転生を繰り返していることを述べている。したがって、マハーヴィーラによって説かれている道とは、命我を清浄にすることである。同様のことが Sūy. においても説かれる。特に v. 31 は上の Isibh. 28.20 の並行詩節となっている。

生まれつきの盲人が水漏れのする舟に乗って、彼岸に行こうと望んでも、途中で沈んでしまうように、

そのように、聖者でない誤った見解をもつ一群の沙門たちは、輪廻を超越したいと望んでも、輪廻を彷徨うことになる。

jahā assāviṇiṃ nāvaṃ jāi-andho durūhiyā

icchai pāram āgantuṃ antarā ya visīyai（Sūy. 1.1.2.31）

evaṃ tu samaṇā ege miccha-diṭṭhī aṇ-āriyā

saṃsāra-pāra-kankhī te saṃsāram aṇuppayaṭṭanti（Sūy. 1.1.2.32）

そして、ジャイナ教においては、大聖仙が輪廻の大海を渡ることができると結ぶ。

身体を舟という。命我は水夫といわれる。輪廻は大海といわれ、大聖仙（mahesi）たちはこれを渡ります。

sarīram āhu nāva tti jīve vuccai nāvio

saṃsāro aṇṇavo vutto jaṃ taranti mahesiṇo（Utt. 23.73）

仏教においては、さらに詳しく説かれる。

夜叉よ、聞け。それ（煩悩）がいかなる原因に基づいて起こるかを知る人たちは、それ（煩悩）を除く。彼らは渡りがたい未だ渡ったことのない激流を渡る。もはや再び生存を受けることはない。

ye naṃ pajānanti yatonidānaṃ,

te naṃ vinodenti, suṇohi yakkha,

te duttaraṃ ogham imaṃ taranti

atiṇṇapubbaṃ apunabbhavāyā（Sn. 273）

また、諸々の愛欲を離れた人が激流を渡り終わった人である（Sn. 823）と、あるいはまた次のようにも説かれる。

この世において、見られるもの、聞かれるもの、考えられるものを捨て、また、戒律や誓戒をすべて捨て、種々のやり方をすべて捨て、渇愛を知り、漏のない人たち、私は彼らを激流を渡った人々であると呼ぶ。

ye s' īdha diṭṭhaṃ va sutaṃ mutaṃ vā
　　sīlabbataṃ vā pi pahāya sabbaṃ
anekarūpam pi pahāya sabbaṃ
　　taṇhaṃ pariññāya anāsavāse,
te ve 'narā oghatiṇṇā' ti brūmi（Sn. 1082cdefg）

漏（āsava）や愛欲（kāma）、渇愛（taṇhā）は煩悩の一種であり、涅槃に到る障害と考えられていることから、これら煩悩を捨て去ることが、輪廻の激流を渡ると表現されるのである。

さらに Dhp. 370 は、

5つを断つべきであり、5つを捨てるべきであり、そして特に5つを修習すべきである。5つの執著を超えた比丘は激流を渡った人と言われる。

pañca chinde pañca jahe pañca vuttaribhāvaye,
pañcasaṅgātigo bhikkhu oghatiṇṇo ti vuccati（Dhp. 370）

と説く。註釈（Dhp-a. IV 108.20）は、この断つべき5とは、貪、瞋恚、有身見、戒禁取見、疑の5種の煩悩であり、捨てるべき5とは、色界における貪、無色界における貪、掉挙、慢、無明の5種の煩悩のこと、修習すべき5とは、信、精進、念、定、慧の五根であると説明する。

10　平等思想

仏教とジャイナ教に、以下のような並行詩脚がある。

生まれによってバラモンとなるのではない。生まれによって非バラモンとなるのでもない。行為によってバラモンとなり、行為によって非バラモンとなる。

na jaccā brāhmaṇo hoti, na jaccā hoti abrāhmaṇo,
kammanā brāhmaṇo hoti, kammanā hoti abrāhmaṇo（Sn. 650）

行為によってバラモンとなり、行為によってクシャトリヤ（王族）となり、行為によってヴァイシャ（庶民）となり、行為によってシュードラ（奴隷民）となる。

kammuṇā bambhaṇo hoi kammuṇā hoi khattio
vaiso kammuṇā hoi suddo havai kammuṇā（Utt. 25.33）

ジャイナ教も仏教も、ともにバラモン文化の中で培われてきた四姓制度（varṇa）を認めない。生まれによってその人の価値が決定されるのではなくて、人間の価値はあくまでも行為によって決定されると主張するのである。

生まれによって賤しい人となるのではない。生まれによってバラモンとなるのでもない。行為によって賤しい人となり、行為によってバラモンとなる。

na jaccā vasalo hoti, na jaccā hoti brāhmaṇo,
kammanā vasalo hoti, *kammanā hoti brāhmaṇo*（Sn. 136 = 142）

平等によって沙門となり、梵行によってバラモンとなり、知識によって牟尼となり、苦行によって苦行者となる。

samayāe samaṇo hoi bambhacereṇa bambhaṇo
nāṇeṇa u muṇī hoi taveṇa hoi tāvaso（Utt. 25.32）

このように、出自のよさが尊いのではなく、人間の価値がその人の行為の如何にかかっているという表現は、沙門たちによって当時のどの宗教においてもなされていたようである[46]。

また、螺髪を結うことによって（jaṭāhi）バラモンではない、と外形的な特徴だけではバラモンの本質を満たしたことにはならないと説く。

世襲によって、すなわち種姓（gotta）や出自（jaccā）によって身分が決定されるのではなくて、真理（sacca）と法（dhamma）をつかんだ人が真のバラモンにふさわしいと説くのである（Dhp. 393）。そして、どのような行ないがバラモンたりうるかといえば、意志が堅固であり、慎みによって自己を制するなら、賤しい生まれも何の障害にならないことを説示する（Sn. 462）。

さらに、「世の中で名前と種姓がつけられているものは、単なる名称であるにすぎない」(Sn. 648) とも説かれる。草木、昆虫、四足獣、爬虫類、魚、鳥といった生類には、生まれに基づく特徴があるが、人間は生まれに基づく特徴が異なることはない。人間の間で区別があるのは職業の呼び名だけである、と仏教は説く (Sn. 601-611)。

11　直喩

① へびの脱皮の譬喩

Sn.1-17 の pāda cd は、

かの比丘はこの岸とかなたの岸とをともに捨てる。へびが脱皮して古い皮を捨て去るように。

so bhikkhu jahāti orapāraṃ
　　urago jiṇṇam iva tacaṃ purāṇaṃ (Sn.1-17cd)

である。ここに言う「この岸とかなたの岸」とは輪廻の渦中の今世と来世であり、転生そのものを意味する[47]。そして、へびが古い皮を捨てるように輪廻転生を捨てることは、怒りが起こったのを制する者や、愛欲を断った修行者、妄執や驕慢、貪り、憎悪、迷妄、悪の根、五蓋、疑惑、煩悩の矢等々を滅し尽くした修行者によって可能であると述べられている。

他方、ジャイナ教においては、次のように説かれる。

〔へびが〕その脱け殻を捨て去るように、牟尼は彼が塵を捨てるべきであると考えて、……を自慢することがない。

tayā saṃ va jahāi se rayaṃ
　　ii saṃkhāya muṇī na majjaī (Sūy. 1.2.2.1ab)

令夫人よ、へびが体の脱け殻を脱ぎ捨てて自由に動くように、そのようにこれらの息子たちは享楽を捨てた。一人残された私は何故彼らに追従しないのだろう (aṇugamissam = anugamiṣyāmi) か。

jahā ya bhoī taṇuyaṃ bhuyaṃgo
　　nimmoyaṇiṃ hicca palei mutto
em ee jāyā payahanti bhoe

te haṃ kahaṃ nāṇugamissam ekko（Utt. 14.34）

そのように彼は母と父に繰り返し許しを乞うて、その時わがもの〔という観念〕を取り去った。ちょうど大蛇が殻を〔脱ぎ捨てる〕ように。

evaṃ so ammā piyaro aṇumāṇittāṇa bahuvihaṃ
mamattaṃ chindaī tāhe *mahānāgo vva kaṃcuyaṃ*（Utt. 19.86）

このように仏教、ジャイナ教ともに、へびの脱皮の譬喩を通して、涅槃へ到る道程を辿るために捨て去るべきものを教えている。

このへびの脱皮の譬喩はウパニシャッドにも叙事詩にもある。

あたかも、蛇の脱皮が、蟻垤の上に乾死し、投棄せられて横たわれる如く、かの身幹は横たわるべし、されど、彼は身幹なし。而して不死なり、生命（プラーナ）なり、梵そのものなり、光そのものなり。(Bṛhadāraṇyaka-up. 4.4.7)[48]

あたかも、蛇の皮を脱すが如く、彼は罪より脱す。彼はサーマ・ヴェーダに依て梵界に導かる。(Praśna-up. v. 5)[49]

湧き起こった怒りを、この世において堪え忍んで、ちょうどへびが古い皮を〔脱ぎ捨てる〕ように捨てる人、彼こそ男といわれる。

yaḥ samutpatitaṃ krodhaṃ kṣamayā iha nirasyati
yathoragas tvacaṃ jīrṇaṃ sa vai puruṣa ucyate（MBh. 1.17.4）

へびが脱皮したように、彼はすべての悪から解放され、最高の悟りに達し、この世で悪を離れ、苦悩を離れている。

vimuktaḥ sarva-pāpebhyo *muktatvaca ivorogaḥ*
parāṃ buddhim avāpyeha vipapma vigatajvaraḥ（MBh. 12.242.11）

② 獅子の譬喩

比丘の遊行する場所は人里離れた荒涼とした場所であり、いつも恐怖にさらされていると言ってよい。また、セクトの異なる修行者からはいつ論争を挑まれて非難されるかわからない。そのような状況にあって怯えることなく、勇猛な獅子のように振舞うべきことが説かれる。

「音に驚かない獅子のように」という並行詩脚がある。

sīho va saddesu asantasanto（Sn. 71a = Sn. 213c）

sīho va saddeṇa na saṃtasejjā（Utt. 21.14c）

仏教においては、

音に驚かない獅子のように、網で捕らえられない風のように、水に汚されない蓮のように、犀の角のようにただ一人歩むべきである。

sīho va saddesu asantasanto
vāto va jālamhi asajjamāno
padumaṃ va toyena alippamāno
eko care khaggavisāṇakappo（Sn. 71）

一人遊行する牟尼は、放逸ならず、非難と称賛とに心動かされず、獅子が音に震えないように震えず、風が網で捕らえられないように、蓮が水によって〔汚されない〕ように、他人を指導するが、他人に導かれない人、彼を賢者たちはまさに牟尼と知る。

ekaṃ carantaṃ munim appamattaṃ
nindāpasaṃsāsu avedhamānaṃ
sīhaṃ va saddesu asantasantaṃ
vātaṃ va jālamhi asajjamānaṃ
padumaṃ va toyena alippamānaṃ
netāram aññesaṃ anaññaneyyaṃ,
taṃ vāpi dhīrā munim vedayanti（Sn. 213）

と述べ、りっぱな修行者、牟尼を獅子の勇猛さに譬えている。

これに対してジャイナ教は、

彼（比丘）はときどき国土を歩くべきである。自己の力と非力とを知って、音に驚かない獅子のように、いかなる言葉を聞いても不真実を言うべきでない。

kāleṇa kālaṃ viharejja raṭṭhe
balābalaṃ jāṇiya appaṇo ya

sīho va saddeṇa na saṃtasejjā

vaya-joga succā na asaccam āhu（Utt. 21.14）

と述べ、比丘は獅子のような断固たる態度をとって、真実以外語るべきでないことを説く。

修行者が坐禅する場所は恐ろしい毒蛇がいつ現われるかもわからず、稲妻が光り、雷が轟くところであり、夜の暗闇においては身の毛がぞっとするような場所である（SN. i 154. cf. Dasav. 10.11）。また、この世に神、人間、動物、そして怖くて、恐ろしく、恐れるべき大きなものの、さまざまな声がある。しかし、それらを聞いても沙門は恐れることがない（Utt. 15.14）。百獣の王である獅子は何ものをも恐れることがない。沙門はそのように勇猛に目標に向かって行動せよと説くのである。

③ 犀の角の譬喩

また、遊行に出かける場合、必ず一人で出かけるべきことは、沙門道において基本であったことを推察せしめる。

『スッタニパータ』の「犀の角経」（Khaggavisāṇa-sutta, vv. 35–75）は、その第 4 詩脚がすべて eko care khaggavisāṇakappo（犀の角のようにただ一人歩むべきである）で終わっている。

また、同様にジャイナ教も「一人で行く」とか「一人で修行する」ことが前提となっていたようである。『ウッタラッジャーヤー』の下記の 2 詩節はこのことを示している。

工芸によって生計を立てることなく、家なく、友なく、感官を征服し、すべて〔の束縛〕から解放され、家で寝ることなく、わずか少量を食べ、家を捨てて一人行く、〔そのような〕人は〔真実の〕比丘である。

asippa-jīvī agihe amitte
　ji’indie savvao vippamukke
aṇukkasāī lahu-appa-bhakkhe
　ceccā gihaṃ egacare, sa bhikkhū（Utt. 15.16）

村、町、都市、王都において諸々の苦難を克服して、すばらしい人

(lāḍha)[50]は一人行くべきである。

ega eva care lāḍhe abhibhūya parīsahe

gāme va nagare vāvi nigame vā rāyahāṇie（Utt. 2.18）

さらに、「この世において、ある者たちは一人行く者となる」(iha-m-egesiṃ egacarayā hoi, Āy. 1.5.1.3 [21.16]）もある。

『マハーバーラタ』も同様に、「一人行くべき」ことを説いている。今、村上真完教授の指摘[51]に従って2, 3例示してみよう。

称賛することなく、敬礼することなく、浄・不浄を捨てて、何でも食わせてもらえるものによって、森において一人で彷徨え。

niḥstutir nirnamaskāraḥ parityajya śubhāśubhe

araṇye vicaraikākī yena kenacid āśitaḥ（MBh. 12.234.9）

この私は、解脱に結合したその3種のすべての生活方式を、貪欲から解放されて一人行ずる。最高の立場に立って〔行ずる〕。

so 'haṃ tāṃ akhilāṃ vṛttiṃ tri-vidhāṃ mokṣa-saṃhitām

mukta-rāgaś carāmy ekaḥ pade paramake sthitaḥ（MBh. 12.308.28）

成就のために仲間をもたず、常にただ一人歩むべきである。

eka eva caren nityaṃ siddhy-artham asahāyavān（MBh. 12.237.4cd）

④ 耕作の譬喩

「この耕作を行なって」という並行詩脚が仏教とジャイナ教に存在する。

etaṃ kasiṃ kasitvāna（Sn. 80c）

etaṃ kisiṃ kasittāṇaṃ（Isibh. 26.15a = 32.4a）

Sn. 77–80は、仏道修行を耕作に譬えている。そこではまず、耕作に因むさまざまなものと修行に関わるものとを対応させる。

信仰が種子であり、苦行が雨であり、智慧が私の軛と鋤である。慚が轅であり、心が〔牛に結びつける〕縄であり、思念が鋤先と鋤棒である。

saddhā bījaṃ, tapo vuṭṭhi, paññā me yuganaṅgalaṃ,

hirī īsā, mano yottaṃ, sati me phālapācanaṃ（Sn. 77）

私は身体を守り、言葉を守り、お腹の食べ物を節制する。私は真実が雑草を刈って、〔そして〕柔和が軛を取り外すのである。

kāyagutto vacīgutto āhāre udare yato
saccaṃ karomi niddānaṃ, soraccam me pamocanaṃ（Sn. 78）

努力は私の軛をかけた牛（荷駄牛）である。逆戻りせずに安穏（涅槃）にまで運んで行ってくれる。そこに着ければ悲しむことはない。

viriyam me dhuradhorayhaṃ yogakkhemādhivāhanaṃ
gacchati anivattantaṃ, yattha gantvā na socati（Sn. 79）

そして、耕作の結果としての実りのように、修行の成果を必然のものとして描いている。

このようにこの耕作が行なわれ、不死（甘露）の果をもたらす。この耕作を行なった後、すべての苦から解放される。

evam esā kasī kaṭṭhā, sā hoti amatapphalā:
etaṃ kasiṃ kasitvāna sabbadukkhā pamuccati（Sn. 80）

またさらに、

そして、独存者（kevalin）である大聖仙（mahesi）、漏（āsava）を滅尽し、悪行を消滅させた人に、他の食べ物と飲み物で奉仕せよ。なぜなら、それは福徳を望む者の田地であるから。

aññena ca kevalinaṃ mahesiṃ
　　khīṇāsavaṃ kukkucavūpasantaṃ
annena pānena upaṭṭhahassu,
　　khettaṃ hi taṃ puññapekhassa hoti（Sn. 82 = 481）

と述べ、耕作の終わった田に譬えられる独存者・大聖仙は福田であり、飲食物を施すなら福徳を生ずるであろうという。「彼らに施与されたものは施与者に大いなる果をもたらす」のである。

ジャイナ教における耕作も同様である。Isibh. 26.8–11 は、次のように耕作と修行とを関係づける[52]。

自我（āta）は土地、苦行は種子、自制は軛と鋤である。禅定は磨かれた鋤の先（phāla）であり、制止は堅固な種子である。

ātā chettaṃ, tavo bīyaṃ saṃjamo jua-ṇangalaṃ
jhāṇaṃ phālo nisitto ya, saṃvaro ya bīyaṃ daḍhaṃ（Isibh. 26.8）

偽る者たちにおいて偽りのないこと、規律（viṇaa）は禁戒（niyamaṇa）に住する。しかし、忍耐（titikkhā）は鋤の柄（halīsā）、慈愛と守護とは綱（paggaha）である。

akūḍattaṃ ca kūḍesu, viṇae niyamaṇe ṭhite
titikkhā ya halīsā tu, dayā guttī ya paggahā（Isibh. 26.9）

正しい信仰（sammatta）は小牛（gotthaṇava, Skt. gostanapa）であり、用心（samiti）は軛の木くぎ（samilā）であり、堅固（dhiti）という軛によく縛られた人々は、一切智者の言葉を喜ぶ。

sammattaṃ gotthaṇavo, samitī u samilā[53] tahā
dhiti-jotta-susaṃbaddhā savvaṇṇu-vayaṇe rayā（Isibh. 26.10）

五根は従順にされ、調御され、征服され、しかし、バラモンにおいて彼らは牡牛であって、深く耕作する。

panc' eva indiyāṇi tu khantā dantā ya ṇijjitā
māhaṇesu tu te goṇā gambhīraṃ kasate kisiṃ（Isibh. 26.11）

耕作＝修行の成果は、次のように述べられる。

すべての衆生に慈悲をもたらすこの耕作を行なって、バラモン、クシャトリヤ、ヴァイシャ、シュードラもまた清浄になる。

e aṃ kisiṃ kasittāṇaṃ savva-satta-dayāvahaṃ
māhaṇe khattie vesse sudde vā 'pi visujjhatī（Isibh. 26.15）

次の詩節も同趣旨である。

すべての衆生に慈悲をもたらすこの耕作を行なって、バラモン、クシャトリヤ、ヴァイシャ、シュードラもまた成就する。

eyaṃ kisiṃ kasittāṇaṃ savva-satta-dayāvahaṃ
māhaṇe khattie vesse sudde vā vi ya sijjhatī（Isibh. 32.4）

こうして、耕作されるべき田地（khetta）は、耕作が終わるや種子を蒔けば必ず芽が出て、作物が実る田地に変わる。この田地と種子が具体的にどのようなものと捉えられていたかを検討してみよう。ここに沙門とバラモンとの会話がある。

〔沙門に変装した夜叉が言った。〕「農夫たちは高地と低地に〔成長することを〕期待して、種子を蒔く。この同じ信をもって私に与えよ。実にこの田地は福徳を生ずるはずである。」

thalesu bīyāi vavanti kāsagā
　　taheva ninnesu ya āsasāe
eyāe saddhāe dalāha majjhaṃ
　　ārāhae puṇṇam iṇaṃ khu khittaṃ（Utt. 12.12）

〔バラモンたちは言った。〕「この世において蒔かれたものが福徳として成長する田地を、われわれは知っている。すなわち〔高貴な〕出生と知識を兼ね備えたバラモンたちを。彼らは勝れた田地である。」

khettāṇi amhaṃ viiyāṇi loe
　　jahiṃ pakiṇṇā viruhanti puṇṇā
je māhaṇā jāivijjovaveyā
　　tāiṃ tu khettāi supesalāiṃ（Utt. 12.13）[54]

沙門は施物という種子を私に与えるなら、私という田地から福徳が生ずることを説示している。これに対して、バラモンは高貴な出生と知識を具備した私という田地に施物という種子を蒔けば、その種子は福徳として成長することを示している。すなわち、沙門とバラモンは社会的な身分や考え方の相違があるけれども、両者とも自らを福徳を生ずる「福田」であり、施与のすばらしい対象であると主張しているのである。

以上に掲げてきたような両宗教聖典の箇所に、耕作する土地のイメージが転じて福田思想に発展していく、その原型を見ることができる。

⑤ 月に因んで

満月は星座によって囲まれる星の君主とみなされ、博学な人に譬えられる (Utt. 11.25)。また、月はこの世を照らし出すことから、覚者に譬えられ (Dhp.

382)、清く澄んでいて、濁りなく、快楽と生存を滅し尽くしたバラモンにも譬えられる（Dhp. 413 = Sn. 637）。

次に、月に因んだ詩節をジャイナ教、仏教両宗教文献から 1 例ずつ引用してみよう。

月食後の月を〔敬う〕ように、心美しい最上の人（Tīrthaṅkara）を敬い、お辞儀をしつつ、合掌して立っている。

jahā candaṃ gah' āīyā ciṭṭhantī paṃjalīuḍā
vandamāṇā namaṃsantā uttamaṃ maṇahāriṇo（Utt. 25.17）

人々が欠けることのなくなった月に向かって近づいて、合掌し、敬いつつお辞儀をする。そのように世間において人々はゴータマを敬う。

candaṃ yathā khayātītaṃ pecca pañjalikā janā
vandamānā namassanti, evaṃ lokasmiṃ gotamaṃ（Sn. 598）

Utt. 25.17 は、Jacobi によって「惑星等に月が敬われる」と訳されてきた[55]。しかし、gah' āīya は gahāī(y)aṃ で、gahāī(y)aṃ < graha（月食）+ atīta（過ぎ去れる）であるから、月食後（after an eclipse）の月の意味である。そして、両詩節とも月が人々によって敬われている。月のごとく敬われる人は、ジャイナにおいてはマハーヴィーラ、仏教においてはゴータマ・ブッダである。

12 その他の定型句的表現

① 彼を私（われわれ）はバラモンと呼ぶ

仏教もジャイナ教も理想的修行者、もしくは修行完成者をバラモンと呼んでいた。

彼を私はバラモンと呼ぶ。

tam ahaṃ brūmi brāhmaṇaṃ（Dhp. 385d, etc., 対照表を参照）

彼をわれわれはバラモンと呼ぶ。

taṃ vayaṃ būma māhaṇaṃ（Utt. 25.19d, 25.34d, etc.）

② これが諸仏の教えである

このように、賢人は種々の異なるもの（aṇega-vaṇṇāga (m.c.) < Skt. aneka-varṇaka）、それ（教説）を捨てて、智慧ある者は他において迷わない。これが諸々の覚者（ブッダ）の教えである。

evaṃ aṇega-vaṇṇāgam taṃ pariccajja paṇḍite
ṇ' aṇṇattha lubbhaī paṇṇe, *eyaṃ buddhāṇa sāsaṇaṃ*（Isibh. 38.4）

すべての悪いことをなさず、善いことを行ない、自己の心を浄めること、これが諸々の覚者の教えである。

sabbapāpassa akaraṇaṃ kusalassa upasampadā
sacittapariyodapanaṃ *etaṃ buddhāna sāsanaṃ*（Dhp. 183; 183d = 185f）

これらの詩節において覚者とは、「目覚めた人」「完全な智慧に到達した人」を指すのであり、現在、複数のブッダがおり、過去に幾人かのブッダが存在し、将来にも多くのブッダが現われるであろう、というように使用されるブッダのことである。このDhp. 183は、「諸悪莫作、諸善奉行、自浄其意、是諸仏教」（大正蔵4巻、567b）と漢訳され、七仏通戒偈としてあまりにも有名である。

pāda dの韻律は etaṃ buddhā- | na sāsanaṃ（– – – – | ∪ – ∪ –）であり、これはŚloka韻律における偶数pāda（末尾は⊻）を形成するのに都合がよく、りっぱな教えを述べる詩節の最後のpādaとして格好の定型句である。

③ 貪りの対象となるもの

人が田畑、家、黄金あるいは牛馬、奴隷と召使、婦人、親族、個々の〔ものに〕愛欲を抱くなら、

khettaṃ vatthuṃ hiraññaṃ vā gavāssaṃ dāsa-porisaṃ
thiyo bandhū puthu kāme yo naro anugijjhati（Sn. 769）[56]

田畑と家、黄金、家畜、奴隷と召使という4つ〔に対する〕愛欲の集まっているところに彼は生まれる。

khettaṃ vatthuṃ hiraṇṇaṃ ca pasavo dāsa-porusaṃ
cattāri kāma-khandhāṇi tattha se uvavajjaī（Utt. 3.17）

ここでは、kāma（愛欲）は貪りの心、愛著する欲動であり、その対象として仏教では6種、ジャイナ教では4種の、財産として代表的なものを挙げている。これらを見ると、kāma は身近に存在し、触れたり所有したりすることの可能な個物や具体的なもの、感覚的なものを対象とする欲（情欲）であると考えられる。

これに対するに、「対象」の意の -guṇa を合した kāmaguṇa（愛欲の対象）の語がある。kāmaguṇa は文字どおり kāma の対象である具体的なものを示す場合（ex. Sn. 50）もあるが、むしろ、個物ではなく範疇（category, 基本的分類の概念）として、五境（五根の対象である色、声、香、味、触）をその内容として語られている。

> この世において、5種の愛欲の対象と意〔の対象〕の第6〔のもの〕が説かれる。これらに対する貪欲を捨てれば、このように苦から解放される。
> “pañca kāmaguṇā loke manochatthā paveditā,
> ettha chandaṃ virājetvā evaṃ dukkhā pamuccati（Sn. 171）[57]
> 彼は常に、5種の愛欲の対象を避けるべきである。すなわち、色、声、香、味、触である。
> sadde rūve ya gandhe ya rase phāse taheva ya
> paṃca-vihe kāmaguṇe niccaso parivajjae（Utt. 16.10）

漢訳仏典ではこれら5種の愛欲の対象に執著して起こす欲を「五欲」としている。

④「わがもの」という観念

Āy. 1.2.6.2 [12.7] に jassa n' atthi mamāiyaṃ がある。

同様に、仏教においては、pāda b が上の並行詩脚となる次の詩節がある。

> 彼自身の名色（名称と形態）について、わがものという思いが全く存在しないで、何もないことを悲しまない人、彼は実に比丘と言われる。
> sabbaso nāmarūpasmiṃ *yassa n' atthi mamāyitaṃ*
> asatā ca na socati sa ve bhikkhū ti vuccati（Dhp. 367）[58]

何故所有しないことが勧められるかといえば、次のごとくである。

わがものと思うために人々は悲しむ。なぜなら、所有物は常住でないからである。これは別れがあるだけだと見て、家に住むべきでない。

socanti *janā mamāyite*,
　　na hi santi niccā pariggahā,
vinābhāvasantam ev' idaṃ,
　　iti disvā nāgāram āvase（Sn. 805）

牟尼は諸法の彼岸に到った者であり、殺害することを止めた。自分のものという観念は悲しい。彼らは自分の財産を獲得しない。

dhammassa ya pārae muṇī
　　ārambhassa ya antae ṭhie
soyanti ya *ṇaṃ mamāiṇo*
　　no labbhanti niyaṃ pariggahaṃ（Sūy. 1.2.2.9）

一切の所有を捨てて森に隠棲するという考え方は、古くからバラモン教にも見られる[59]。しかし、「わがものと思う人」(Pā. mamāyita, AMg. mamāi / mamāiya）という表現は、インドにおいて、仏教とジャイナ教のみに限られているようである。何故「わがものという思いを抱かない」かといえば、その理由として仏教は次のように説く。妻子が自分のものであると考えるからこそ、人々はいつも悲しい目にあう。このような所有物はいつまでももとのままではありえず、変化しないようなものはこの世に存在しないからである、と。ジャイナ教においても、子供や妻は愛しいものであり、束縛の原因となるから、「私たちは自分のものを何ももたない」ことが幸福な生活の条件である (Utt. 9.14)、と説かれる。仏教もジャイナ教も、無所有こそ最善であり、そのために出家生活を送るべきことを説いている。

⑤ 明行足

1 単語で 1 pāda を形成するものがある。

vijjācaraṇa-sampannaṃ（Sn. 163Ac, Bc, 164c）
vijjācaraṇa-saṃpanne（Utt. 18.24c）

この語は「明知と行ないを完全に兼ね備えている人」を指す。すなわち、仏教においては仏陀を、ジャイナ教においてはマハーヴィーラもしくは彼と同等のティールタンカラを指す。両宗教聖典から1例ずつ示してみよう。

牟尼の心は行動と言葉とを具備している。さあ、明知と行動を具備したゴータマにまみえよう。

sampannaṃ munino cittaṃ kammanā vyappathena ca,

vijjācaraṇasampannaṃ handa passāma Gotamaṃ（Sn. 164）

ナータ（Nāta）族の出身者であり、解脱者であり、明知と善行とを具足した、真理を語り、真理に精進するブッダは、このように明らかにした。

ii pāukare buddhe nāyae pariṇivvue

vijjācaraṇasaṃpanne sacce sacca-parakkame（Utt. 18.24）

後世、仏教においては、仏の十号の1つとして vijjācaraṇasampanna（明行足）を数えるようになる。

⑥ 沙門・バラモン

ある沙門・バラモンたちは、この〔戦いの〕中に埋没してしまって、姿が見えない。そして、よく誓戒を行なう人たちが行く道を知らない。

pagāḷhā ettha na dissanti *eke samaṇabrāhmaṇā*

tañ ca maggaṃ na jānanti, yena gacchanti subbatā（Sn. 441）

これらの言葉（聖典の意味）を無視して、ある沙門・バラモンたちは無知で、頑固であり、愛欲に執著する有情である。

ee ganthe viukkamma *ege samaṇa-māhaṇā*

a-yāṇantā viussittā sattā kāmehi māṇavā（Sūy. 1.1.1.6）

元来、沙門とバラモンとは相反する立場にある人たちのことであったが、沙門の共同体が確立される頃になると、samaṇa-brāhmaṇa の複合語が生まれるようになった。これについては第1章第1節や第2章第1節1(1)③④、同2(1)⑦でも、沙門の社会的承認の証として見たが、ここでは否定的に語られる対象としても、このくくりが使われたことがわかる。

⑦ 三業の清浄

言葉を護り、心をよく制御し、身体で悪いことをなすべきでない。これら 3 つの行為の道を清浄にするなら（visodhaye, prp.）、人は聖仙（isi）たちによって説かれた道を獲得するであろう。

vācānurakkhī manasā susaṃvuto
　kāyena ca akusalaṃ na kayirā
ete tayo kammapathe visodhaye,
　ārādhaye maggam isippaveditaṃ（Dhp. 281）

仏教文献において「3 つの行為を清浄にする」という場合は、身・口・意であるが、以下のように種々の説き方をされる。

身体も静か、言葉も静か、心も静か

santakāyo santavāco santavā（Dhp. 378）

身体を制御することはよい。言葉を制御することはよい。心を制御することはよい

kāyena saṃvaro sādhu, sādhu vācāya saṃvaro, manasā saṃvaro sādhu（Dhp. 361）

言葉や心や行為によって逆らわず

vacasā manasā ca kammanā ca aviruddho（Sn. 365）

身体、言葉、心にも悪いことをなさず

yassa kāyena vācāya manasā n' atthi dukkataṃ（Dhp. 391）

このように身口意を三業とする仏教に対して、ジャイナ教文献において三業の清浄を述べる詩節は、次のようである。

求めること、受け取ること、そして食を乞うことに関して、食・衣・住のこれら 3 つを清浄にすべきである（visohae, opt.）。

gavesaṇāe gahaṇe ya paribhogesaṇāya ya
āhārovahi-sejjāe *ee tinni visohae*（Utt. 24.11）

この pāda d は Dhp. 281c の並行詩脚であるが、内容はより具体的、日常的な注意事項となっている。

しかし、ジャイナ教においても身・口・意を護ることは三紀律と呼ばれ、

重要な教義の1つとなっている。それは例えば、Utt. で次のように表現されている。

maṇaguttī vayaguttī kāyaguttī ya aṭṭhamā（Utt. 24.2cd）

彼は意を護り、語（口）を護り、身を護った

maṇa-gutto vaya-gutto kāya-gutto jiindio（Utt. 12.3ab）

「意・口・身」をよく護っている

maṇa-vaya-kāya-susaṃvuḍe（Utt. 15.12d）

心によっても、身体によっても、言葉によっても肉体的に交わらない

na sevai mehuṇaṃ maṇasā kāya-vakkeṇaṃ（Utt. 25.26bc）

このように、「心や言葉や身体によって罪深い行為をとるべきでない」ことは、ジャイナ教においても重要な意味をもっていた。

⑧ 苦は恐怖

「すべての生きものにとって、苦は不愉快であり、涅槃とは異なるものであり、大きな恐怖である」と私は言う。

"savvesiṃ pāṇāṇaṃ (/ sattāṇaṃ) asāyaṃ apariṇivvāṇaṃ
mahab-bhayaṃ dukkhaṃ" ti — tti bemi（Āy. 1.1.6.2 [5.6-8], 1.4.2.6 [19.7-8]）

そして、大きな恐怖であるところの苦については、

生は苦であり、老いは苦であり、病と死も苦である。ああ！ 輪廻は苦であり、そこにおいて人々は苦しむ。

jammaṃ dukkhaṃ jarā dukkhaṃ rogāṇi maraṇāṇi ya
aho dukkho hu saṃsāro jattha kīsanti jantavo（Utt. 19.15）

と述べている。

仏教も苦は大きな恐怖であると説く。

世尊が言った。「アジタよ、世間は無明によって覆われているし、貪りと放逸との故に輝かない。欲の心が〔世間的な〕汚れであり、苦がこの〔世間の〕大きな恐怖である、と私は言う。」

avijjāya nivuto loko,

Ajitā ti Bhagavā

vevicchā pamādā na-ppakāsati,

jappābhilepanaṃ brūmi, *dukkham assa mahabbhayaṃ*（Sn. 1033）

したがって、人々は苦の恐怖にかられて、拠り所を求めるようになる。

人々は恐怖にかられて、山々、森林、園、樹木、霊樹など、多くのものを拠り所とする。

bahuṃ ve saraṇaṃ yanti *pabbatāni vanāni ca*

ārāma-rukkha-cetyāni manussā bhayatajjitā（Dhp. 188）

しかし、これらは安穏な拠り所ではないし、最上の拠り所でもない（Dhp. 189ab)、と説かれる。

なお、Dhp. 188b は偶数 pāda として、その cadence は必ず ∪−∪∪ であり、ジャイナ聖典にも並行詩脚が見られる。

pavvayāṇi vaṇāṇi ya（Dasav. 7.26b, 7.30b）

また、Dasav. の pavvayāṇi の語尾 -āni は m. pl. acc. であり、Dhp. の pabbatāni も同じである。

⑨ 村にあっても森にあっても

gāme vā yadi vārañño (Pā.), gāme vā adu vā raṇṇe (AMg.) は広く行なわれた定型句であり、それは MBh. にも並行詩脚があることからも明らかであろう。

grāme vā yadi vāraṇye（MBh. 13.234.17）

今、盗みを禁ずる詩節が仏教にもジャイナ教にもあるので、ここに示そう。

村にあっても森にあっても、与えられないのに他人の所有物を盗み心をもって取る人、彼を人は賤しい人であると知るべきである。

gāme vā yadi vārañño yaṃ paresaṃ mamāyitaṃ

theyyā adinnaṃ ādiyati, taṃ jaññā ‘vasalo’ iti（Sn. 119）

村にあっても森にあっても、村に住まなくても森に住まなくとも、バラモン、思慮ある人（マハーヴィーラ）によって説かれた法を知れ。3つの誓戒が説かれた。

gāme vā adu vā raṇṇe

n' eva gāme n' eva raṇṇe

dhammam āyāṇaha paveiyaṃ māhaṇeṇa maīmayā.

jāmā tiṇṇi udāhiyā,（Āy. 1.8.1.4 [33.20–23]）

註釈によると、3つの誓戒とは1. 生きものを殺すことをしない、2. 嘘をつくことをしない、3. 禁じられたこと（盗みと性交）をしない、である。

また、Dhp. では次のとおり、少々趣を異にする。

村にあっても森にあっても、低地にあっても高地にあっても、阿羅漢が住するところ、それは楽しい土地である。

gāme vā yadi vāraññe ninne vā yadi vā thale

yatth' arahanto viharanti taṃ bhūmiṃ rāmaṇeyyakaṃ（Dhp. 98 = Th. 991）

いずれにしても、村は俗世間、森は遊行者の世界であろう。

そして、「並行詩脚対照表」（Dhp. 98a の項）に掲載しなかった文献にも、例えばSN. i 69, 233 ; AN. i 281, iii 354 などに、この句を見出すことができる。

⑩ 同趣旨の詩節

並行詩節あるいは並行詩脚とはいえないが、全く同趣旨を述べた詩節を4例示そう。

沙門たちや世俗人から多くの言葉を聞いて、腹が立っても荒々しい言葉でもって、彼らに答えてはならない。なぜなら、善き人たちは報復的な態度をとらないからである。

sutvā rusito bahuṃ vācaṃ　　samaṇānaṃ vā puthujjanānaṃ vā

pharusena ne na paṭivajjā,　　na hi santo paṭisenikaronti（Sn. 932）

比丘は、悪い〔異教徒の〕教義を嘲ってはならない。また、それらが真実であっても厳しい言葉を避けるべきである。彼は空しくあってはならないし、自慢してもならない。彼は戸惑いと愛著なく〔法を説くべきである〕。

hāsaṃ pi no saṃdhai pāvadhamme

　　oe taīyaṃ pharusaṃ viyāṇe

no tucchae no ya vikaṃthaijjā

anāile yā akasāi bhikkhū（Sūy. 1.14.21）

聞いたり見たりしたことで、他人を傷つけることを言うべきでない。また、いかなる方法によっても、在家者の仕事を行なうべきでない。

suyaṃ vā jai vā ditthaṃ na lavejjovaghāiyaṃ

na ya keṇai uvāeṇaṃ gihi-jogaṃ samāyare（Dasav. 8.21）

それによって好ましからざることが生じ、あるいは他人の怒るべき、すべてが不幸に至るべきこの話をすべて言うべきでない。

appattiyaṃ jeṇa siyā āsu kuppejja vā paro

savvao taṃ na bhāsejjā bhāsaṃ ahiya-gāmiṇiṃ（Dasav. 8.47）

13　小結

以上、1から12まで、順次、定型句、並行詩脚の検討を行なってきた。そして、個々の事項に関連した並行詩脚が仏教とジャイナ教の古層に属する聖典に存在し、しかも詩節全体が同趣旨のことを述べている場合も多いという事実は、これまで両宗教が原初形態において共通の基盤を有していたであろうと推測してきたことが、間違いでないことの証左となろう。

すなわち、これらの実践倫理は、仏教やジャイナ教が独自の集団として活動を始める以前、つまり、バラモンに対抗して遊行・遍歴する集団として共同生活を送っていた頃に形成された共通の行法であって、彼らが独自の宗派を形成した最初期の頃においても、その実践倫理として採用されていたことが示されているのである。

第3節では、仏教やジャイナ教にある並行詩脚（parallel pāda）や並行詩節（parallel verse）、そして定型句的表現を検討したが、残念ながら全体を網羅しているわけではない。ここに挙げた以外にも「苦行者の詩」に見られる定型句的表現はまだ多数あるので、今後、それらを検討した上で加え、意味内容をより充実させていきたい。

第４節　沙門の動態と変容

1　遊行者の共同体

Aṅguttara Nikāya i pp. 185-188 が伝えるサラバの物語によれば、仏教初期の遊行者たちが、仏陀の教法を「釈子沙門の法、釈迦牟尼〔の宗徒〕に所属した沙門らの法」（samaṇānaṃ Sakyaputtiyānaṃ dhammaṃ）と名づけており、仏教が当時の遊行者の共同体の一派とみなされていたことを知りうる。また、『律蔵』「犍度・大品」Mahāvagga I 23.1-10, 24.1-6 が伝える Sāriputta と Moggallāna 改宗の物語によれば、彼らは、初め六師外道の１人である Sañjaya（250 人の遊行者衆を擁した）の弟子であったが、行乞中の Assaji から、「釈種より出て出家した大沙門釈子があって、私は世尊に依って出家した。かの世尊を師とし、かの世尊の法を選択した」（atth' āvuso mahāsamaṇo Sakyaputto Sakyakulā, pabbajito, tāhaṃ bhagavantaṃ uddissa, so ca me bhagavā satthā, tassa cāhaṃ bhagavato dhammaṃ rocemi）と聞いて、法眼を得た。Sañjaya は「われら３人は、相並んでこのガナを統御しよう」と反対したが、２人は 250 人の遊行者とともに仏陀に帰依した、という。ここにも、師（satthā）と法（dhamma）に帰依する遊行者の共同体の存在を推定できる。

Sn. III 6. Sabhiyasutta には、遊行者サビヤが行って質問する相手として、ブッダと同時代の六師外道のそれぞれについて、

> 彼らは、沙門・バラモンであり、サンガの指導者、ガナの指導者、ガナの軌範師（阿闍梨）であり、有名で名声があり、教派の開祖であって、多くの人々からよく尊敬されていた。
>
> ye te samaṇa-brāhmaṇā saṃghino gaṇino gaṇācariyā ñātā yasassino tittha-karā sādhusammatā bahujanassa,（Sn. pp. 91-92）

と述べられており、彼らがサンガやガナの指導者（saṃghin, gaṇin）、軌範師（ācariya）、教派の開祖（titthakara）であったことが窺える。また、Dasav. にも、

> ガナの指導者にして、経典に通達し、〔ガナの〕園に来たり住する者、

gaṇim āgama-saṃpannaṃ ujjāṇammi samosaḍhaṃ（Dasav. 6.1cd）

とあって、ガナの園（ujjāṇa, Skt. udyāna, 比丘の住処、僧院）に来たり住するガナの指導者（gaṇin）に言及している。

平川彰教授[60]は、Pātimokkha には「四方僧伽」の名称は見られず、「僧伽」とのみ記されているから、現前僧伽と四方僧伽の区別は存在しなかったと見ている。これは、初期の仏教僧伽が遊行者の単なる共同体として具体的に存立していたことを意味する。

これに対して、Maurya 王朝期には、沙門はすでに有力な教団を形成していたようである。S. Dutt[61]は、ニカーヤ（DN. i p. 5, ii p. 150 ; AN. i pp. 110, 173 ; Itv. p. 64 ; Sn. 189 ; Vin. ii p. 295）における samaṇa-brāhmaṇa の用例を指摘して、これは、バラモン社会における「司祭者」と、乞食者の共同体における「沙門」とが同等の地位にあると見られていたことを示し、宗教生活における沙門のエリート性を表わすと主張している。

塚本教授[62]は、アショーカ法勅に沙門とバラモンの複合語が現われること、及びギリシア文献に、インドにおける哲学者の 2 派として、brakhmānai = Skt. brāhmaṇāḥ と sarmānai = Skt. śramaṇāḥ についての言及があることを根拠として、Dutt の説を支持している。さらに、アショーカの石柱法勅第 7 章で、沙門の共同体に、仏教僧伽（saṃgha）、邪命外道（ājīvika）、ニガンタ（nigaṃṭha）、及び種々の宗派（nānā-pāsaṃḍa, Skt. pāṣaṇḍa）が記載されていることを、この時代における教団形成の顕著な例証と見ている。

2 修行者の生活様式の変化

Dutt[63]と塚本教授[64]は、季節風モンスーンによって毎年繰り返される河川の増水と洪水が、インドにおける遊行者の生活形態に制約を与えたことを推論している。というのも、ジャイナ教文献 *Kappa-sutta*（1.6-9）では、遊行の時期を夏季と冬季に限定して、雨季の 4 ヵ月は、修行者が遊行することを禁じており、また、仏教文献でも類似の規定があるからである。『律蔵』の「安居犍度」（Mahāvagga III 1-4）では入雨安居を「前」と「後」の 2 区分とし、

「前安居」はĀsāḷha月の満月の翌日から3ヵ月、「後安居」はĀsāḷha月の満月の翌日から1ヵ月後に3ヵ月の安居に入ることと定める。つまり、トータルでは4ヵ月であるが、入りと出の各1ヵ月は半数は遊行できるようにしたのである。そして、各々の安居期間に遊行した者に対しては、悪作（dukkaṭa, 突吉羅罪＝最も軽い罪）とすることを規定している。

このような規定を制定した理由として、仏教の修行者は、初めは年中遊行していたが、人々が「沙門釈子らは冬季も夏季も雨季も遊行して、青草を踏んで一根の命を害し、多くの小生類の命を殺している。かの外道らはその法は悪説であっても、雨安居を求めて準備している」と非難したからであるという。

こうして、雨季に遊行を中止することは、当時の遊行者の共同体に共通の決め事となった。しかし、雨安居の住処については、バラモンやジャイナ教には特定の規定は見られないが、仏教では知人を頼って雨安居に入ることを指示している（Mahāparinibbāna-suttanta 2.22）。修行者にとって、乞食は不可欠の生活手段であったので、その一時的定住地は町や村の近郊に設けられた。

雨安居の一時的定住地にはāvāsa（住処）とārāma（園）の2種が形成された。この4ヵ月の共同生活によって、布薩（uposatha）・自恣（pavāraṇa）・迦絺那衣（kaṭhiṇa）等の儀式が制定された。また、食料の寄進と貯蔵が認められたことによって、乞食の必然性が希薄となり、やがては、半永久的な定住地（僧院）へ変容する契機となった。

āvāsaは、初めは雨を避けるための一時的仮小屋にすぎなかったが、当時のサンガの支援者であった王族や資産家らが、町や市の郊外に所有していたārāma（楽園、果樹園、花園）をサンガに永久的に寄進して、修行者の集会・瞑想・法に関する討議の場所となった。これをsaṃghārāma（僧伽藍、僧院）といい、ārāmaの所有権が寄進者からサンガに移される以前から、彼らはそれを自発的に管理し維持していた。

このような修行者の生活様式の変化は、緩慢ではあったが、初期のサンガにおいて徐々に進行したものと推定される。遊行（阿練若住、林住）から定住（僧院）へ、遊行者の1グループとしてのサンガから修行僧の組織体へと変容していったのである。そして、これは必然的に律の形成とその体系化、並びにサンガ運営のための機関である saṃghakamma（僧伽羯磨）を成立せしめた。

3　生活法をめぐる論争

仏教やジャイナ教のような反バラモンの沙門の台頭は、紀元前 6 〜 5 世紀のインドにおける都市の発展を基盤とした、王族や資産家階層の支持によるものであった。そして、貨幣経済の進展に伴う社会生活の変化は、僧院における修行者の生活環境にも多大の影響を与えたものと考えられる。初期仏教の伝承に、修行者の生活法をめぐる論争が伝えられている。

（1）Devadatta の五法

『律蔵』の「破僧犍度」（Cullavagga VII 3）によれば、仏陀の晩年、Devadatta（提婆達多）は仏陀に代わってサンガを統率することを申し出た。これに対して仏陀は彼の傲慢さを叱った。これを恨んだ Devadatta は仏陀のもとを去ったので、仏陀は彼の言動が仏教に関係ないことを公示した。彼はマガダの Ajātasattu（阿闍世）王子を扇動して王位を奪わしめ、自らは仏陀を亡きものにしようとの策を講じたが、すべて失敗した。そこで彼は、破僧伽（saṃghabheda）の陰謀をもって、仏陀に五法を要求した。これに対して仏陀は、「五法を守るもよく、守らなくてもよい」と答えている。そこで彼は、ヴェーサーリーへ行って、ヴァッジー族出身の 500 比丘を味方にして分派したという。

さて、Devadatta が提唱した五法の内容について、中村元教授[65]と田賀龍彦教授[66]の詳細な伝承の比較研究がある。まず、「破僧犍度」によれば、

1. 修行者は生涯、林住者（āraññaka）となるべきで、村邑に入る者は罪に抵触するでしょう。
2. 〔修行者は〕生涯、行乞者（piṇḍapātika, 托鉢者）となるべきで、請食を受ける者は罪に抵触するでしょう。

3.〔修行者は〕生涯、糞掃衣者（paṃsukūlika, ボロを縫い合わせた衣をまとう者）となるべきで、居士衣を受ける者は罪に抵触するでしょう。

4.〔修行者は〕生涯、樹下坐者（rukkhamūlika）となるべきで、屋内に入る者は罪に抵触するでしょう。

5.〔修行者は〕生涯、魚と肉（macchamaṃsa）を食すべきではなく、魚と肉を食す者は罪に抵触するでしょう。

との5箇条である。他の伝承と比較すれば、以下の表のとおりである。

律の対照表（食・衣・住）

律名	食				衣	住
四分律	①乞食	④不食酥	⑤不食魚肉	④不食塩	②糞掃衣	③露坐
毘尼母経	①乞食	③不食酥	④不食魚肉	③不食塩	②糞掃衣	⑤露坐
五分律	④乞食	②不食酥乳	③不食魚肉	①不食塩		⑤露坐
十誦律	②乞食		⑤断肉	③一食	①納衣	④露坐
根本有部律	③乞食				④三衣 ⑤糞掃衣	①居阿練若 ②樹下住
		①不食乳酪	②不食魚肉	③不食塩	④用長縷績	⑤住村舎
パーリ律	②乞食		⑤不食魚肉		③糞掃衣	④樹下住 ①林住

この中で、南北両伝に概ね共通するものは乞食、不食魚肉、糞掃衣であり、北伝のみにあるのは不食塩、不食乳等と、露坐であるが、南伝のみで北伝にはほとんど見られないのは林住（居阿練若）と樹下住である。このように各部派の伝承に相違がある理由として、枝末分裂以前の上座部においては、五法がまだ固定していなかったことを、田賀教授は推測している。

さて、『高僧法顕伝』コーサラ国の条（大正蔵51巻、861a）によれば、提婆達多（Devadatta）にもまた衆があり、常に過去三仏を供養し、ただ釈迦牟尼仏（Śākyamuni Buddha）のみは供養しなかった、と伝えている。これは、5世紀に法顕がインドを旅行したとき、Devadattaの後継者が存在していて、賢劫の四仏中、Śākyamuniを除くKrakucchanda, Koṇākamuni, Kāśyapaの3仏のみを礼拝していたことを言っており、反仏教サンガの立場が窺える。

『大唐西域記』カルナスヴァルナ国の条（大正蔵51巻、928a）によれば、別に3伽藍があって、乳酪を食することなく、提婆達多の遺訓に遵っていたことを記している。これは、7世紀に玄奘がインドを旅行したとき、提婆達多の後継者が存在していて、五法の1つである「乳酪を食せず」を遵守していたことに言及するものであって、上の表に見られるように、説一切有部（『十誦律』）を除く北伝の諸派がこれを支持することによっても、その関連性を認めうる。

Dutt[67]は、Devadattaの五法の提唱について、「四依（nissaya）はなおも受具の人に形式的に勧められてはいるが、単なる好みや随意の問題となっていた。Devadattaはそのいくつかについて厳格さを課すことを主張したが、認められなかった。しかしながら、初期仏教の歴史において、隠遁主義（Eremitical Principle）が僧院主義（Cenobitical Principle）と争った。……2つの主義の間の教団における論争の最も初期の挿話的出来事が、Devadattaの物語において具体的に表現せられたのであろう。彼はかつての理想を復活しようと試みたが成功しなかった。僧院の設立以後でさえも、多くの比丘たちは彼らの隠遁的な習慣を保持した」と論じている。

(2) ヴェーサーリー結集の論争

『律蔵』の「七百犍度」（Cullavagga XII）によれば、仏陀の滅後100年に、ヴェーサーリーのヴァッジー族出身の比丘らが十事を宣言した。たまたま持律者のヤサがヴェーサーリーの僧院を訪れたとき、そこの比丘たちが布薩の日に信者から金銀（貨幣）の寄進を受け、それを自分たちの間で分配していた。ヤサはそれを律に抵触する行為として指摘した。これが発端となって、十事の是非をめぐる論争が起こった。かようにしてヴェーサーリーに700の阿羅漢が集会して討議し、十事を非法と決定した。

各部派の伝える十事の詳細な比較研究は、金倉教授[68]によってなされている。Cullavaggaの伝える十事の内容は、

1. 角〔器の中に〕塩〔を蓄える〕慣行は、合法である（kappati siṅgilona-kappo）。
2. 〔正午を過ぎて、影が〕二指〔の幅となる間の食事〕の慣行は、合法

である（kappati dvaṅgula-kappo）。

3. 村に入って〔残飯でない食事をとる〕慣行は、合法である（kappati gāmantara-kappo）。
4.〔同一境界内の〕住処〔で各別に行なう布薩〕の慣行は、合法である（kappati āvāsa-kappo）。
5.〔一部の衆によって羯磨を行ない、事後に〕承諾〔を求める〕慣行は、合法である（kappati anumati-kappo）。
6.〔和尚阿闍梨の〕常法〔に従う〕慣行は、合法である（kappati āciṇṇa-kappo）。
7.〔食後に残飯でない非乳非酪の〕未攪乳〔を飲む〕慣行は、合法である（kappati amathita-kappo）。
8.〔未醱酵の〕椰子汁（薄酒）を飲むことは、合法である（kappati jalogi-kappo）。
9. 縁飾りのない莫蓙〔を用いること〕は、合法である（kappati adasakaṃ nisīdanaṃ）。
10. 金銀〔を受けること〕は、合法である（kappati jātarūparajataṃ）。

となっている。

ところで、上座部系の諸律が十事を挙げるのに対して、大衆部の律は五浄法・九法の序・毘尼の五事の記を挙げる。これは仏陀の入滅の年に開催された第一結集における編纂内容と一致する（大衆部の伝承）。さて、この中で五浄法の内容は、平川教授[69]によれば、「五浄法」の〈制限浄〉は特定の僧院の比丘の慣習的規定、〈方法浄〉は国土の慣習的規定、〈戒行浄〉は持戒比丘の慣習的規定、〈長老浄〉は長老の慣習的規定、〈風俗浄〉は在家の慣習で、非時食、飲酒、行淫をいう。

上引の十事においては、十事の各項目に対して、“kappati”と主張している。kappati は √kṛp から派生した動詞 kappeti の受動形で、その項目が律の条文に照らして「適切である、妥当である、合法である」ことを意味する。漢訳では「浄」と訳しており、「罪に抵触しないこと」である。また、kappa

(Skt. kalpa）は、同じく √kṛp から派生した中性名詞で、「条令、戒告、規定、慣習」を意味する。したがって、十事の宣言は、律の規定には抵触するが、当時慣習化していたので合法であるとの主張である。五浄法は、一応正しい規定ではあるが、そのまま是認すべきではなく、四大教法に照らして妥当であるときにのみ、合法であると認められている。

これらの事情について塚本教授[70]は、〈十事〉も〈五浄法〉も浄法であって、ある点では律の条文に抵触するが、条文の解釈によって罪に抵触しないと断定している。律は〈仏制不改変〉を標榜してきたので、仏滅後に弟子たちによって、未確認の状態にあった規則が条文化されたのちは、条文の改変は困難であった。しかし、比丘の生活様式や社会生活の変化によって、律の条文をそのまま実行することに不都合が生じた。このために、律の条文を改変することなく、条文の解釈によって処理する〈浄法〉の成立が要求された、との見解を提示している。

要するに、Devadatta の五法が保守的立場にあるのに対して、十事の提唱は生活様式の変化に対する進歩的な対応と見ることができるようである。

第6章 註

第1節

1 M. Winternitz, *Some Problems of Indian Literature*, Calcutta 1925, p. 19.

2 Winternitz, *A History of Indian Literature*, vol. I, Calcutta 1927, 2nd ed., New Delhi 1972, p. 314.

3 すでに1900年代初期に、R. O. Franke が *Suttanipāta* の並行詩節・詩脚を収集している。Franke, "Die Suttanipāta-gāthā mit ihren parallelen", ZDMG 63（1909, pp. 1-64, 255-286, 551-586), 64（1910, pp. 1-57, 760-807), 66（1912, pp. 204-260, 699-708）; Franke, "Majjhimanikāya und Suttanipāta", WZKM 28, 1914, pp. 261-276.

その後も E. M. Hare, W. Schubring, J. Charpentier, E. Leumann 等によって、初期仏教聖典とジャイナ教古層聖典との並行詩脚や類似の句が指摘されてきたが、より正確かつ網羅的に並行詩脚を収集したのは、Bollée の一連の研究書である。

W. B. Bollée, *The Pādas of the Suttanipāta: With Parallels from the Āyāraṅga, Sūyagaḍa, Uttarajjhāyā, Dasaveyāliya and Isibhāsiyāiṃ*, SII Monographie 7, Reinbek 1980 ; *Reverse Index of the Dhammapada, Suttanipāta, Thera- and Therīgāthā Pādas: With Parallels from the Āyāraṅga, Sūyagaḍa, Uttarajjhāyā, Dasaveyāliya and Isibhāsiyāiṃ*, SII Monographie 8, Reinbek 1983.

本邦における研究については、第2節1に「『ダンマパダ』並行詩脚対照表の成立経緯」として紹介する。

4 第1章第1節3に当該箇所と研究史を紹介した。

Charpentier, "Studien über die indische Erzählungsliteratur 2", ZDMG 63, pp. 171-188 ; Utt., pp. 323-327. 両伝承の比較による説話祖形の探求を試みた矢島道彦氏の2論文がある。「Mātaṅga-jātaka と Uttarajjhāyā 12 の比較研究」『仏教学』第11号、1981年、pp. (1)-(25) ;「パーリ Mātaṅga-jātaka とジャイナ伝承の比較研究 ―〈布施〉をめぐるバラモンと僧の対論」『高崎直道博士還暦記念論集・インド学仏教学論集』春秋社、1987年、pp. (61)-(74).

5 第1章第2節2(1)①に概略と研究史を紹介した。

研究に次の3論文がある。Leumann, "Die Legende von Citta und Sambhūta", WZKM vol. 5, pp. 111-146 ; vol. 6, pp. 1-46（テキストは pp. 22-27 に掲載されている）; Utt., pp. 329-331 ; L. Alsdorf, "The Story of Citta and Sambhūta", *Felicitation volume presented to Professor S. K. Belvalkar*, Benares 1957, pp. 202-208.

6 前註箇所同様、第1章第2節2(1)①に概略と研究史を紹介した。

Leumann, "Die Legende von Citta und Sambhūta", WZKM vol. 6, pp. 27-33. また、p. 14ff. でこの章の導入となる Śāntyācārya の Niryukti についても言及している。Charpentier, "Studien über die indische Erzählungsliteratur 1", ZDMG 62, pp. 725-747. p. 735ff. で Utt. 14 のドイツ語訳をしている。

本邦では、村上真完博士が古代インドの出家志向を扱う中で、MBh. と Jā. に関連して Utt. 14 の vv. 9, 12, 21-23 を取り上げている。村上真完「無常観と出家志向 —— マハーバハーラタと原始仏教」『仏教研究』第 10 号、pp. 51-74.

7　第 1 章第 2 節 2 (1) ②及び③に該当箇所を含む研究史を紹介した。

8　定型句的表現の中には、前章までに種々の観点から検討したものも含まれているが、より広い視座からその全貌を把握するためになるべく再録を心がけた。

第 2 節

9　本論考は 1989 年の学位論文をもとにしている。ここではその後二十有余年の研究史を概観し、それらを含む先行研究に負うもののあることを記しておきたい。

10　水野弘元「法句経対照表」『法句経の研究』春秋社、1981 年、pp. 73-261.

11　水野弘元「パーリ法句経偈の対応表」『仏教研究』第 20 号、1991 年、pp. 1-50. さらに「Udānavarga を柱とした諸法句経の偈の比較対照表」『仏教研究』第 24 号、1995 年、pp. 5-76 も発表されている。

12　中村元「両方の聖典に存在する共通句」『思想の自由とジャイナ教』（中村元選集［決定版］第 10 巻）春秋社、1991 年、pp. 742-753.

13　矢島道彦「Suttanipāta 対応句索引 —— An Index to Parallel Verses and Pādas of the Suttanipāta collected from Buddhist, Jain, and Brahmanical Texts」『鶴見大学仏教文化研究所紀要』第 2 号、1997 年、pp. 1-97.

14　M. Yamazaki, Y. Ousaka, *A Pāda Index and Reverse Pāda Index to Early Jain Canons*, Kosei Publishing Co., Tokyo 1995 ; Yamazaki, Ousaka and M. Miyao, *Indexes to the Dhammapada*, PTS, Oxford 1995 ; Yamazaki, Ousaka, *A Word Index and Reverse Word Index to Early Jain Canonical Texts: Āyāraṅga, Sūyagaḍa, Uttarajjhāyā, Dasaveyāliya and Isibhāsiyāiṃ*, Monograph Series 15 of Philologica Asiatica, The Chūō Academic Research Institute, Tokyo 1999 ; Yamazaki, Ousaka, *A Word Index to Early Pāli Canonical Texts: Suttanipāta, Dhammapada, Theragāthā and Therīgāthā*, Monograph Series 16 of Philologica Asiatica, The Chūō Academic Research Institute, Tokyo 2000.

15　Yamazaki, Ousaka, *A Pāda Index and Reverse Pāda Index to Early Pāli Canonical Texts: Suttanipāta, Dhammapada, Theragāthā and Therīgāthā*, Kosei Publishing Co., Tokyo 2000.

16　これらの対応箇所は、主として PTS 版 *Dhammapada* からの引用である。

17　Bollée や中村元博士等、先学の研究成果に負うところが大きい。

18　拙稿「Dhammapada 並行詩脚対照表」『高木訷元博士古稀記念論集・仏教文化の諸相』山喜房仏書林、2000 年、pp. 203-236.

19　拙稿「初期仏教・ジャイナ教の共通基盤」『ジャイナ教研究』第 4 号、pp. 23-43 を参照。

第 3 節

20　ジャイナ教における自発的な死については、第 3 章第 3 節 2 (2) ⑬を見よ。

21　EV I, p. 171.

22　Sn. 249ab もほぼ同じ。

23　Dhp. 70c に saṃkhata- とあるのは、筆者の結論を先に述べれば、パーリ語への翻訳者が dharma の別名としての svā-khyāta-（well taught, svākhyātadharma,「善く説かれた法」）を saṅkhāta- に取り違えた結果に他ならないと考える。

まず saṃkhata- の読みを検討するに、ビルマ本、シャム本ともに saṅkhāta- と表記している。metre は Śloka であり、pāda c は ∪−−∪|∪−−− でも可能である。そして、Dhp. 70c において saṃkhātadhammānaṃ（Triṣṭubh pāda, pl. gen., sg. nom. は dhammo）とあり、また Sn. 1038a にも saṃkhātadhammāse（Śloka pāda, pl. nom.）の用例があることを考慮すれば、saṅkhāta- はひとまず妥当と考えてよいかもしれない。

この saṃkhātadhamma について、註釈書は ñātadhamma, tulitadhamma と解説し、PED は 'one who has examined or recognized the dhamma' と記載する。また、Radhakrishnan は 'those who have well understood the law' と英訳し、F. M. Müller は 'those who have well weighted the law' と訳しており、いずれもこの註釈の立場を採用したことが明らかである。しかしこの読みを採用すれば、Dhp. 70c の該当語は「善く法を理解した者」となり、他の並行詩節に見られる well taught の意味は失われる。これらに対し、K. R. Norman は 'those who have perfected the doctrine' と読む。

また他方、この語は並行詩節である BHS 文献（Mvu., Uv.）においては、上のとおり svākhyātadharma として現われる。Uv. 24.20E においては svākhyātadharmasya（Tibet : legs par gsuṅs par paḥi dam chos kyi）. Mvu. III 435.8 においては svākhyātadharmānāṃ である。このことから考えれば、Dhp. 70 の Pā. も本来は svākkhāta- (su + ākkhāta) dhamma- とあるべきであろうし、第 2 半詩節は「彼は善く説かれた法を会得した人たちの 16 分の 1 にも値しない」と訳すべきであろう。

以上、ジャイナ教聖典を含めた 5 例の比較検討から、svākkhātadhamma が Dhp. において saṃkhātadhamma と混同されたという事実が立証されたと考えてよかろう。

さらに、この語にはもう 1 つの v.l. がある。Utt. 9.44 の sakkhāyadhammassa では、語の発展過程は Skt. svākhyāta の v が s に同化され、sakkhā(t)a になり、t が y に変化し、sakkhāya となったと理解することができる。つまり svākhyāta > *sakkhā(t)a > sakkhāya であり、語の発展過程から見て無理のないものである。ところが、註釈者 Devendra はこの sakkhāyadhammassa を svākhyātadharmasya と置き換えている。接頭辞 sva- には 2 とおりの解釈が可能であり、1.「自分自身」という意味に読めば、この語は「自分に〔向けて〕説かれた法」と、2. sva = su（善い）と読めば、他と同様に「善く説かれた法」となる。Devendra は語の置き換え以上のコメントを残してはいないので真意は不明だが、上と同様に 5 例の比較検討から、また AMg. の言い回しとしての自然さから導けば、sva = su と理解する方が妥当であろう。

なお、Utt. では sakkhāya- であったものが Isibh. では sukkhāya- と表記されているが、sukkhāya の派生は Skt. svākhyāta > Pā. svākkhāta > *svakkhāta > AMg. sukkhāya と考えられ、sakkhāya-, sukkhāya- それぞれに Skt. svākhyāta からの展開が可能と考えられる。

これらについては拙稿「Uttarajjhāyā 研究 II」『中央学術研究所紀要』第 10 号、p. 23, および同「ダンマパダ語源学研究ノート」『印仏研』29-2, 1981 年、pp. 931-930 を参照。

pāda d : この 5 例のほか、Th. 1171d などにも並行詩脚が見出せる。

24 pāda a の並行詩脚として、je lubbhanti kāmesu（Isibh. 28.3a）がある。

pāda a, kāmehiṃ : 語尾 -ehi(ṃ) は通常 pl. inst. として使用されている。しかし、東部方言において -ehi は loc. として使用されており、-esu に取って代わったことがアショーカ王碑文などから知られている。詳しくは第 2 章註 47 を見よ。

25 中村元『ブッダのことば』p. 382, Sn. 793 註、および p. 425, Sn. 1086 註を参照。

26 jahetvā jāti- : Norman はこれを absol. と解して jahitvă jātī- と読む。

27 J. P. Thaker, "Genuineness of Uttarādhyayana-sūtra IX, 34–36", *Shrī Mahāvīra Jaina Vidyālaya Golden Jubilee Volume*, part 1, Bombay 1968, p. 181.

28 esaṇā-samio : Jaina 教では 5 つの注意規定（samiti）を説く（Utt. 24 に詳しい）。その内容については第 2 章第 2 節 2 (1) ⑤を見よ。また、pāda c の AMg. pamattehiṃ（Pā. は pamattesu, Dhp. 29a）には、pl. inst. と pl. loc. の間の変化形の混用がある。第 2 章註 47 を見よ。

29 Thaker, "'Apramāda' in Mahāvīra's Teachings", JOI (B), vol. 24, p. 25.

30 pāda d, bhavane : 生存、生きることを言う中性名詞。通常であればここでは bhave であるが、韻律上、後の na の影響を受けて bhavane の語形をとっていると解する。趣旨は、厭い退いた〔当の世俗的な〕生存の中に姿を見せる（自ら出ていく）べきでない、ということと思われる。

しかしこの語には v.l. がある。Norman は 'he should not show himself in any dwelling' と読んでおり、全体として「人里離れた場所に住んでいるのだから、どのような住居の中にも姿を見せるべきでない」と理解できる。また並行詩脚である Sūy. 1.2.2.17 では該当箇所の語は bhae（恐怖）であり、うろたえて自らを見せてはいけない、ということとも読めよう。

31 parissaya の語源に関する論究は、第 1 章第 2 節 2 (2) ②で詳しく紹介した。すなわち、荒牧典俊教授は parissaya の語源としてジャイナ古経に見られる parissava（< Skt. pari-srava）を提示し（「Pāli parissaya について」『足利惇氏博士喜寿記念・オリエント学 インド学論集』pp. 381–396）、榎本文雄教授は āsrava との関連を述べている（「āsrava（漏）の成立について」『仏教史学研究』第 22 巻第 1 号、p. 33）。なお、BHS pariśraya については Norman 教授の研究（GD, pp. 147–148 ; WD, p. 141）がある。これらに加え、ここに示したもう 1 つの語源説が可能となろう。拙稿「Pā. parissaya と AMg. parīsaha との関連性について」『印仏研』39-2, pp. 935–939 ; 同「沙門の国土観 ── 沙門の逗留した所」『日本仏教学会年報』第 58 号、1993 年、pp. 54–61 ; 同「初期仏教・ジャイナ教の共通基盤」『ジャイナ教研究』第 4 号、1998 年、pp. 30–33 を見よ。

32 Müller, *The Dhammapada*, SBE vol. 10, part 1, p. 70.

33 Dhp-R, p. 149.

34 ここでの samaṇa（沙門）は、動詞語根 √sam（Skt. √śam）と音が似ていることにより導き出されている。つまり samet（静める）、samitatta（寂静）から通俗語源解釈（folk etymology）をしている。

35 aṇukkasāin- は Skt. anokaśāyin に由来しており、'not sleeping in a house' の意味をもつ。

Norman, “Middle Indo-Aryan Studies III”, JOI(B) vol. 11, pp. 323–324. cf. 第2章註77.

36 Utt. 25.29, 8.2 ; Sn. 639–640 も参照のこと。

37 Sn. 820–821, 218 も併せ参照のこと。

38 Sn. 303 は供犠祭として、馬祠祭、人祠祭、擲棒の祀り、ソーマの祀り、無遮会などを挙げる。

39 Sn. 620, 949, 1094 でも同様なことが説かれる。

40 pāda b の韻律は Indravajrā（cf. pāda ac: Aupacchandasaka, pāda d: Vaitālīya）である。

annāya-uñchaṃ : Schubring は annāya-unchaṃ = ‘[gleaning that which has been] carelessly left [by others]’ と訳しており、托鉢の施し物（残飯）の意味にとっている。Pā. においてもこの語は見られ、CPD（s.v. uñcha）は、家々を遊行して集められた「托鉢の施し物」の意味とする。uncha は Alsdorf が述べているように、piṇḍa あるいは bhikkhā と完全な同義語である。Sūy-A, p. 264 ; 拙稿「婦人と関わりをもたないこと — Sūyagaḍaṃga 1.4」『中央学術研究所紀要』第34号、2005年、pp. 32–33.

pula-nippulāa : AMg. pulānippulāa（devoid of fauls which spoil self-restraint）の Skt. は pulākaniṣpulāka とされる。cty は saṃyamāsāratā-pādaka-doṣa-rahitā と記し、AMgD では、pulāya（Skt. pulāka）の意味を ‘An ascetic whose conduct is worthless like chaff ’, すなわち、「籾殻のような価値のない苦行者」としている。この籾殻については、*Tattvārthādhigama-sūtra* 9.48 : pulāka-bakuśa-kuśīla-nirgrantha-snātakā-nirgranthāḥ に、ジャイナ教徒を5種に分類した名称が示されており、それによれば、5種のうちの第1が pulāka＝籾殻者であって、ジャイナから離反はしないが必ずしも禁制を厳守しない者をいう（金倉圓照『印度精神文化の研究 — 特にヂャイナを中心として』培風館、1944年、p. 203）とのことである。

とすれば、nippulāa < Skt. niṣpulāka は、否定の ni- を伴う pulāka, すなわち「籾殻者のような修行者でない者」、言い換えれば「殻粒のある者」つまり「充実した修行者」の意味と解すべきであろう。そして、pula には「大きい、偉大な」の意味があるので、「偉大かつ充実した修行者」と解する。

41 同様の詩脚は Jā. 3, g. 88 にもある。

42 韻律は Śloka. よって、pāda b, nālatthaṃ, kusalam’ i ti の第6音は長音にならなければいけない。本来は -alaṃ iti で、ā としなくても長音であるが、‘ ’ があるために -alam’ iti となっている。m.c. により -alām iti と読む。

43 pāda d, viditvā lokapariyāyaṃ : 韻律は ∪−−−|∪∪∪−− となっている。すなわち、8音節であるべきところ、9音節あり、Śloka の cadence（∪−∪−）が崩れている。

-pariyāyaṃ は m.c. である。

44 拙稿に和訳、韻律、註記がある。「Elayaṃ（Uttarajjhāyā 7）— 小羊の譬え」『北條賢三博士古稀記念論文集・インド学諸思想とその周延』山喜房仏書林、2004年、pp. 262–282.

45 第5章第2節3では地獄のイメージを9種に分け、Utt., Sūy., Sn. から例示し、また註では MBh., Manu. 中の例にも触れた。拙稿「Uttarajjhāyā 研究 VII」『中央学術研究所紀要』第13号、p. 28ff. も参照。

46　中村元『ブッダのことば』p. 364, v. 650 の註。

47　orapāraṃ : 第 5 章第 3 節 2 (3) 参照。

48　『ウパニシャッド全書　一』p. 118.

49　『ウパニシャッド全書　五』p. 103.

50　lāḍha の解釈については、第 2 章註 46 を見よ。

51　村上真完・及川真介『仏のことば註（1）── パラマッタ・ジョーティカー』p. 297.

52　松濤誠廉「聖仙の語録 ── ジャイナ教聖典 Isibhāsiyāiṃ 和訳」『創立四十周年記念論文集』九州大学文学部、1966 年、pp. 105–106.

53　samilā : Skt. 語根 śam- から見出された śamyā と同一であるが、接尾辞は -yā に代わって -ilā となっている。cf. Utt. 27.4 : "wooden peg put in a yoke".

54　これらは Jā. 497, gg. 4–5 に対応する。

55　JS II, p. 138 : as the planets, & (praise) the moon.

56　この Sn. 769ab と次の Utt. 3.17ab は並行詩脚であり、また本節 7 ③に引用した Utt. 19. 16a もこれらの pāda a と並行詩脚である。

57　Sn. 171d と 172d は並行詩脚である。また Āy. にも並行詩脚がある。
evaṃ dukkhā pamokkhasi（Āy. 1.3.1.2 [13.17], 1.3.3.4 [16.16]）

58　この Dhp. 367 の並行詩脚は多い（第 2 章註 30 に挙げた Sn. 950abc ほか）。また、Sn. 951 は語句こそ異なるものの、同趣旨の詩節である。

59　中村元『原始仏教の思想　上』p. 144.

第 4 節

60　平川彰『原始仏教の研究』春秋社、1964 年、p. 353.

61　S. Dutt, *Buddhist Monks and Monasteries of India: Their History and Their Contribution to Indian Culture*, London 1962, pp. 48–49.

62　塚本啓祥『アショーカ王』pp. 173–178 ; 同『改訂増補・初期仏教教団史の研究』pp. 547–551. 教授は J. Bloch, *Les Inscriptions d'Asoka*（samaṇa-brāhmaṇa の用例については pp. 97, 98, 112, 115, 120, 沙門の共同体については pp. 170–171）の研究成果、並びに Strabon（XV 1.59）の記述を取り上げている。

63　Dutt, *op. cit.*.

64　塚本啓祥『改訂増補・初期仏教教団史の研究』pp. 305–323.

65　中村元『原始仏教の成立　原始仏教 2』（中村元選集第 12 巻）春秋社、1969 年、pp. 425–449.

66　田賀龍彦『授記思想の源流と展開 ── 大乗経典形成の思想史的背景』平楽寺書店、1974 年、pp. 227–250.

67　Dutt, *Early Buddhist Monachism*, London 1924, revised ed. 1960, p. 95.

68　金倉圓照「十事非法に対する諸部派解釈の異同 ── 特に諸律における十事各項の理解の比較」『中野教授古稀記念論文集』高野町・中野教授古稀記念会、1960 年。なお、金倉圓照『印度中世精神史　中』岩波書店、1962 年、pp. 216–243 ; 平川彰『律蔵の研究』山喜房仏書林、1960 年、pp. 699–733 ; 佐藤密雄『原始仏教教団の研究』山喜房仏書林、

1963年、pp. 595–609 ; 塚本啓祥『改訂増補・初期仏教教団史の研究』pp. 156–162, 208–228も参照せよ。

69 平川彰、*op. cit.*, p. 675f..

70 塚本啓祥「初期仏教における持法者と持律者の論争」『仏教思想史3』平楽寺書店、1980年、pp. 42–43.

第7章　結論

われわれはまず第1章において、「沙門の文学」の担い手である沙門の立ち位置や歴史的背景を、そしてそれらについての研究史を概観した。その上で、沙門グループの代表格と言うべき仏教・ジャイナ教両宗教の聖典を繙き、第2章と第3章では修行者と聖者の呼称をキーワードに、その特質や修行道・実践道を表現するものとして、並行詩節・詩脚を含むさまざまな定型句的表現を探った。また第4章、第5章においては、戒と教理に深く関係するそれらを検討し、そこに浮き彫りになる世界観や人生観を見た。そして第6章では、Dhp. を軸とする並行詩脚の対照表を掲載し、かつテーマ的にそれらの文献（ヴィンテルニッツの言葉を借りれば「苦行者の詩」）に見られる定型句的表現の内容的特色を示した。

このような検討を通して、多くの詩節・詩脚・説話が宗教の別なくほとんど同趣旨を述べていることが判明し、それによって、両宗教が原初形態において共通の基盤を有していたことは、ほぼ確実な事実として提示しえたと考える。

本章では、これらの事例を顧みつつ、その要点をまとめ、本書の結びとしたい。

第1節　修行者の実践道

まず、修行者の代表的呼称である比丘（bhikkhu）に要求される実践道として、仏教とジャイナ教がともに説くところを示せば、

1. 貪欲（rāga）、瞋恚（dosa）、愚癡（moha）をはじめとし、愛欲（kāma）、渇愛（taṇhā）、愛執（siṇeha）等、人間が愛著するものを断ち切る。
2. 人里離れた辺境の地を生活基盤として、種々の苦難に耐え、恐ろしい野獣にも決して怯えない。

3. すべての生類に危害を加えない。

4. 在家者と接触することなく、何ものをも所有しない。

5. 正しい時に托鉢し、食に無執著でなければならない。すなわち、他人のために料理されたもので、生命を維持するのに必要な最小限を食する。

6. 身・口・意を制御する。

7. 占相や呪法を行なわない。

が挙げられた。これらの実践項目は比丘に帰せられてはいるが、当時の沙門全般に当てはまる実践道であると言えよう。なぜならば、比丘の実践道の1～7の項目は、沙門の共通基盤を物語る重要な要素である並行詩脚に見出されるからである。その実例を上の7項目に即し、主に第6章第3節から示してみよう。

1. 沙門は蓮華に譬えられて、蓮華が水滴を払うように、沙門は愛欲（kāma）を打ち払うべきことが説かれる〔5.2, これは第6章第3節の5②を表わす〕。

このkāmaに「対象」の意のguṇaを合したkāma-guṇaは、五根の対象である色・声・香・味・触の五境を意味した〔12.3〕。

また、貪欲、瞋恚、愚癡等は解脱への障害と考えられ、これらの煩悩を取り去るべきことが、沙門の内面的課題と考えられていた〔5.5〕。

2. 沙門にとっては、辺境の人里離れた臥坐所が生活の場所となる。すなわち、墓地、樹の根元、山間の洞窟に留まることが沙門の生活条件となる。このような場所はへびや虻、蚊、野獣等にいつ襲われるかわからない危険の多い所であり、また、寒冷や酷暑といった両極端な環境のもとにあるが、沙門はこれらの苦難をすべて耐え、克服しなければならない〔6.1〕。

さらに悪いことには、修行者の坐禅する場所は稲妻が光り、雷の轟くところであり、夜の暗闇においては身の毛がぞっとするような場所である。しかし、沙門は恐れることがない。百獣の王である獅子は何ものをも恐れることがない。沙門はそのように勇猛に目標に向かって行動せよと説かれた〔11.2〕。

3. 自身も死を恐れるのだから、その自己に引き比べて、他の生類を殺すべきでなく、人をして殺させるべきでもないことを説く。殺害の禁じられている範囲がどこまで及ぶのかといえば、「動く生類や不動の生類」、「上にも下にも横にもいる生類」、いわば「すべての生類」が対象となる。また、それればかりでなく、他の人が殺害するのを容認することも決して許されない〔7.1〕。

4. 在家者と接触することによって世俗への思いが湧き起これば、修行の妨げとなる。在家の生活というのは親戚・縁者との結びつきが深く、享楽、愛執、愛欲、渇愛等に陥りやすい。したがって、これら種々の愛著を取り去るには、出家者の生活以外に方法がないことになる。

いずれにせよ、避けることのできない死に直面したとき、父母、兄弟、血縁者、友人は誰もその人を助けることができない。それ故、死や転生からの救いを望むならば、これらの人々と接触することなく、出家修行者として戒律を守り、涅槃に到る道を浄く行なうほかはない、と説く〔6.5〕。

出家修行者の目指すものが解脱であり、解脱への障害が所有にあると考えられていたことを考慮するなら、1で見たとおり、当然のこととして所有を放棄しなければならない。この場合の所有とは、財産ばかりでなく、肉親も含めて考えている〔7.3〕。

また、どんなものにも「わがもの」という思いを抱いてはならない。妻子にしろ家族にしろ、永遠に自分の所有物であり続けることは不可能であり、愛しい妻子は束縛の原因となるからである〔12.4〕。

5. 恣意に任せて托鉢するのでは、執著に縛られる。それ故、正しい時（定められた時）に乞食することが大切であり、以下の4項目を遵守しなければならない。

a. 乞食行を行なっても必ずしも施食を得られるとは限らない。食べ物を得ても驕るべきでないし、得られなくても悲しむべきでない。ましてや乞食する前から、得ることができるかどうかの心配をすべきではない。

b. 乞食で得られた食べ物を貯蔵すべきでない。貯蔵することは無所得戒を犯すことになる。

c. 味に耽溺してはならない。

d. 生命を維持することのみを目的として、わずかばかりの食べ物をとることを勧める〔8〕。最小限の食事しかとらないことから、沙門の外貌は痩せて血管が浮き出ていたことが知られ、しかもその身体は烏の足の関節のごとく細いと表現される〔2〕。

6. 仏教においては、言葉を護り、心をよく制御し、身体によって悪をなすべきでないことが説かれ、身・口・意の3つの行為を清浄にすることが大切とされた。ジャイナ教においても同様で、身・口・意を護ることを三紀律と称した。これは重要な教義の1つである。ただし、ジャイナ教においては、「心によっても、身体によっても、言葉によっても肉体的に交わらない」等の表現もあるが、不殺生を説く場合に用いられることも多く、「心や言葉や身体によって罪深い行為をとるべきでない」と表現される〔12.7〕。

7. 修行の妨げとなり、禁止されるものとして種々の占相が挙げられた。具体的に見れば、仏教では天変地異の占い、夢占い、相占い、吉凶の占い等、ジャイナ教では相占い、夢占い、肢分占い、動物の鳴き声の占い等である。さらに、医学的治療を避け、あくまでも、野獣のように歩き回ることが、義務づけられた〔第2章第1節2(2)③、同第2節1(3)⑬、2(1)⑦⑧〕。

第2節　聖者の理想像と実践道

次に、聖者の代表的名称である牟尼（muni / muṇi）に要求される理想像、あるいは実践道として、仏教やジャイナ教が共通に説くところを示せば、

1. 食事に無執著であり、生命維持のために食する。
2. 他を傷つけることを自制し、寂静なる人となる。
3. 不放逸の実践によって解脱を目指す。
4. 乞食行の結果としての、得られた食べ物に満足する。
5. 怒り、高慢、偽り、貪りから遠離する。
6. 不殺生の実践。
7. 「わがもの」という観念をもたない。
8. 婦人との交わりを絶つ。

等が挙げられる。これらの徳目は牟尼に帰せられてはいるが、沙門全体に具備されるべき理想像であるとみなすことができる。上の 8 項目に即して見ていこう。

1. 施食に関する並行詩脚の存在は、すでに前節の 5 で述べた。

2. 手を自制し、足を自制し、言葉を自制し、さらに他の生類を傷つけたり殺したりすることを止めることは、涅槃へ到る道であり、解脱への橋渡しをする修練であった〔5.1〕。

この涅槃へ到る道は「寂静への道」(santimagga) でもあり、寂静へ到るための実践として諸悪を寂止することが説示される。悪を滅尽した人にもはや輪廻は存在しない〔6.3〕。

3. パーリ語とアルダ・マガダ語における appamatta, あるいは appamāda は「不放逸」と訳され、怠けないこと、注意深く油断しないことを意味する。『マハーバーラタ』や『アーヤーランガ』や『ダンマパダ』において、放逸＝死、その反対に不放逸＝涅槃・不死の境地、と定義されることから、沙門が怠ることなく努め励むということは、涅槃の境地を獲得するための努力である。この努力の規範となるものは師の顕示した理法である〔5.7〕。

4. これは 1 と同一範疇に入るべきことがらであり、すでに述べたところである。要するに、施食が得られたとき、その施物に満足すべきであり、味の善し悪しに固執してはならない。

5. 4 つの煩悩、すなわち、怒り、高慢、偽り、貪りの心を征服することは、自己を征服することと同程度に困難である〔5.6〕。仏教ではジャイナ教のように法数として体系化されてはいないが、滅ぼし尽くすべきものであり、それが完成されない限り、悟りはない。

6. 不殺生は、前節の 3 においても言及したように、すべての生類に危害を加えることは許されず、また、他の人が生類を殺害することを容認してはならない〔7.1〕。

7. これも前節の 4 で述べたことであるが、所有物が常住でないにもかかわらず、人々は「わがもの」と思うために悲しい思いをすることになる。妻子はいつまでももとのままであることはできないし、所有物も同様である。したがって、無所有こそ最善である〔7.3, 12.4〕。

8. ジャイナ教において、婦人というものはあらゆる手段を講じて男を悩殺するものとしてとらえられ、婦人の誘惑を絶つべきことが、再三強調された。

他方、婦人との交わりや誘惑を絶つことに関する並行詩節は仏典には見られないながら、避けるべきものと考えていることは同様である。仏教においては、女性は突起した乳房をもち牟尼を誘惑する者であった。そしてそれ故に避けるべき対象と目される。牟尼といわれる聖者であっても、1度婦人との交わりに耽ると愚者のように深みにはまってしまうから、婦人とは絶対に交わってはならないと説かれた。

これら仏教とジャイナ教の聖者群の実践道や理想像が、このように多くの並行詩脚によって語られたという事実は、それらが当時人口に膾炙した浮動詩脚を生み出した共通の文化風土に根ざしており、沙門全体に共通したものであることの論拠となりえたと確信する。

第3節　戒と法、涅槃の概念

出家修行者と聖者の名称が、仏教とジャイナ教において共通に見られ、修行者や聖者に要求される実践道に共通項目が数多く存在し、しかもそれらが、並行詩脚として両宗教の古層聖典に存在したことを考察した。このことは、仏陀やマハーヴィーラの時代に、すでに遊行者の共同体が存在していたことを推定せしめる。そして、これら共同体が仏教の僧伽（saṃgha）やジャイナ教のガナ（gaṇa）の形成に深い関わりをもっていたであろうことに疑いはない。

ここに、仏教やジャイナ教が、これら共通の遊行者の共同体から独立・分離して独自の宗教教団を形成せしめた動機と契機を検討することの必要が生じた。これらの問題を解決する糸口は、仏教・ジャイナ教両宗教における戒律や教団組織、教理とその体系化の関連を尋究することによって得られるものと考えた。これを解明するために、仏教とジャイナ教の古層の聖典に現われる戒と教理について検討を加えた。

すなわち、仏教やジャイナ教の古層の聖典に現われる戒（sīla）の項目を比較すれば、共通な戒と特殊な戒が提示されていることを指摘できる。仏教においては、煩悩を滅し、涅槃に到達するための行為規定が述べられ、ジャイナ教においては、解脱を得るために比丘が守るべき行為規定が挙げられている。両宗教ともに、初期の段階では五戒に相当する項目をすべて挙げているわけではなかった。しかし、時間の経過とともに戒の項目が次第に整備されたようである。「梵網経」に列挙される「小戒・中戒・大戒」、及び「沙門果経」に列挙される「聖なる戒蘊」は初期仏教時代の沙門の戒を集成したものであるが、ここに記された「なすべきでない行為」を「捨てて離れること」として行為規定の基本としている。そして、この戒蘊を具足すれば、無垢清浄な安楽を感受するという。「戒」とは本来「善い習慣、善い行動」の意味で、この基本の立場は仏教やジャイナ教でも同様であった。例えば、ジャイナ教の第 23 祖パーサが説いた「四禁戒の法」や実質的な開祖であるマハーヴィーラが示した「五大誓戒」も、「なすべきでない行為」を「やめる」「放棄する」ことが規定されている。仏教の「四非事」または「四不応作」も同じ立場に立っていた。

さて、沙門の戒蘊の中で、冒頭に記される「殺生・不与取・淫行・妄語を離れること」の 4 種の戒が、配列の順序はともかくも、パーサの四禁戒の法、マハーヴィーラの五大誓戒、仏教の四非事・四波羅夷法（最重罪）ともに共通であることは、沙門の戒が当時のインド社会の同じ慣習法の基盤に立脚していることを証するものである。

そして、その特殊化の過程で、ジャイナ教は第 5 に「無所得」を、第 6 に「非時食を離れること」を、仏教では第 5 に「不飲酒」を、第 6 に「非時食を離れること」を、追加している。

要するに、初期の遊行者としての生活から、saṃgha や gaṇa の形成に伴い、僧院での生活が主となるにつれて、沙門の戒は次第に戒律条文の増広・整備が進み、共通の基盤に沿ったものから、両宗教教団独自のものへと発展していったことが確認されたのである。

次に、仏教やジャイナ教の古層聖典に現われる法（dhamma）の用例と内容とを比較するとき、法が共通の概念に基づいていることを指摘できた。両宗教の聖典に共通の表現である「法を喜ぶ」、「法を楽しむ」という場合の法とは、「執著を離れて平安の境地に到達すること」を意味していた。また、「法に住する」、「法に従って生きる」というときの法は、遵守すべき行為の規範を表わしていると思われた。さらに、仏陀やマハーヴィーラが悟りえた「真理」を意味すると同時に、その真理に基づいた彼らの「教え」を意味する用例もあったのである。

ところで、古代インドにおける法（dharma）の概念は、中村元教授の研究によれば、以下のようにまとめられよう。ダルマの語は、ヴェーダ聖典における「古えよりの慣例・習慣・風習」の意味を源流とし、社会の成員が守るべき４種の義務、すなわち、人間の行為の規範を表わすようになり、やがて制裁の観念を包含して社会の秩序・制度を規定する「律法」の意味をもつに至る。他方、人倫を実現するようにたもつという主体的な意味では、「真理」と同一視された。また、法は宗教的に「祭祀の規定・法則」の意味を伴ったが、これに対しては、やがて哲学的思索者の立場が区別され、対立させられるようになる。

さらに、塚本啓祥教授によれば、アショーカ法勅では、基本的法の概念を「古えよりの法則」と規定しているが、実践的な法には、当時のインド社会において履行すべき生活の規範が挙げられており、上引の沙門の戒とも相通ずるものが認められる。

このように、沙門に共通な法は、人間の行為の規範、あるいは人倫を実現する主体的な意味での真理、という古代インド社会のダルマの概念を基盤としつつ、「教え」という法の特殊な意味づけを加えるに至った、その経緯を辿りえたように思う。

また、ウパニシャッド以来のインド思想の共通の基盤に立って、仏教もジャイナ教も業説とともに、それと深く結びついた輪廻思想を説いた。そして、善因楽果・悪因苦果という道理に善行への一層の強制力をもたせるために、堕地獄の観念を明瞭にするが、その表現にも共通性が見出された。

さらに、その対極をなす修行者の理想の境界である「涅槃」について、「安穏」「彼岸」等が同義語として用いられているが、その意味、内容、到達の方法にも共通な表現を指摘することができた。ここでは、それ以外に共通して見られる、涅槃に関する表現を再掲してみよう。

まず「苦しみの終滅」について、仏教では、「すべての苦から解放される」、「苦から遠ざかり離れる」、「苦は存在しない」、ジャイナ教では、「すべての苦から解放される」、「苦の終焉に達した」等の例がある。

「最後身」については、仏教では、「生存の矢を断ち切った」、「これが最後の身体である」、「彼は最後の身体をもつ」、「彼にとってもはや新しい生存はない」、「新しい生存に戻ることはない」といった例があり、ジャイナ教では、「生死の束縛を断ち切って」、「大海のような生存の大きな流れを渡って」、「比丘は不還趣に至る」、「不還趣に至った」、「私たちは再び生まれないでしょう」、「再生の根に〔ならない〕」、「再びこの世のために速やかに来ない」の例があった。

さらに、「不死の獲得」についても共通性を見ることができた。

しかし、涅槃の内容と涅槃に到達する方法には、その後の教法の体系化に伴い、相違が見出されるようになった。仏教において涅槃とは、世俗的欲望から解放された「現世における幸福」を意味し、ジャイナ教では、修行を完成した後の個人の消滅を意味したのである。また、涅槃を獲得する手段として、仏教は明智をもつことを説き、ジャイナ教は自制と苦行による業滅を説いている。なお、ジャイナ教においては業を物質的に捉える傾向が強くなっていくことが読み取れたことも、特筆しておかなくてはならない。

以上のことは、仏教とジャイナ教の戒と教理が、その原初形態において共通の基盤を有したことの論拠を与えるばかりでなく、両宗教が遊行者の共同体という共通基盤から生起しながら、次第にそれぞれの独自色を強め、異質化を進めていったことをも明らかにした。

第４節　沙門の実践道と変化の兆し

仏教とジャイナ教の古層の聖典を比較検討することによって、仏教やジャイナ教を支えた修行者や聖者たち、すなわち沙門の実態を解明することに努めてきた。ここに沙門の実践道と、その実践を通して彼らが目標としたところのもの、換言するなら悟りの内容の要点を記してみよう。

1. 実践道

⑴遊行時の注意

一人で行く、歩く

正しい時に乞食する

獅子のように勇猛に振舞う

村に長く留まらない

⑵施食に関する注意

食べ物を得て驕らず、得られなくても悲しまない

乞食する前から得られるか否かの心配をしない

他人のために用意された食を受け取る

食べ物を貯蔵しない

味に耽溺しない

生命を維持するためのわずかな食事をする

⑶修行者の生活場所

辺境の人里離れたところ：墓地、樹下、山間の洞窟

悪環境での苦難を耐え、克服する

⑷解決すべき内面的課題

無所有：妻子や所有物に対して「わがもの」という思いを抱かない

愛欲、愛執の遠離

貪欲、高慢、傲慢、瞋恚、愚癡等の除去

不殺生に努める

⑸修行の妨げとなるもの

占相

医学的治療

婦人

2. 目標

⑴苦からの解放

⑵死から逃れる

⑶涅槃に到達する

このような実践道（生活規範）をもつ沙門は、バラモン社会からの離脱による社会的拘束の排除と共同体の形成による切磋琢磨を目的として、アーラヌヤカやウパニシャッドの林棲者、哲人らの生活形態や思想に触発されながら、生まれに束縛されない新たな反バラモンの立場と人間の生き方とを提唱する修行者であった。

さて、アーラヌヤカやウパニシャッドには安居が述べられ、バラモンの出家修行者（parivrājaka）は雨期の４ヵ月間について、慣習法に従い、一定の場所で修行することが規定されている。この修行者の居住の場所が「住処」（āvāsa）、あるいは園（ārāma）であり、出家修行者は雨期の間、ここに定住しなければならなかった。この規則は仏教やジャイナ教の修行者にも遵守されるようになる。そして、初めのうちは、安居の期間だけの居住にすぎなかったが、その共同生活を踏まえ、やがて修行者たちの定住化に至る。というのも、安居の住処は信施を得るのに可能な場所が選ばれ、修行者は毎年同じ住処に帰って居住したからである。このことは一人遊行する沙門から、サンガやガナに属する精舎（vihāra）に移り住むことを出家とする修道僧への移行を意味している。

恐らく、サンガやガナを形成していった初期の段階では、それ以前からの出家遊行者たちの行なっていた沙門の実践道や悟りの内容等が継承されたに違いない。しかし、定住化が進むにつれて、生活規範に改変が必要になったり、各教団の独自性が際立っていったりしたと考えられる。両宗教の典籍を比較したときに見出される相違点がこの独自性に相当する。修行者群と聖者群においても、仏教とジャイナ教とでは、共通性ばかりでなく、異質な要素が見出された。また、戒や教理においては、共通な基盤から特殊化していく過程が指摘される。2, 3 例示してみよう。

例えば戒について見ると、共通な四戒に仏教は不飲酒を加えて五戒とし、ジャイナ教は無所得を加えて五大誓戒とする。この相違は、仏教の五戒が在家者を対象としていることから生じている。すなわち、在家者は所有を避けて通れないため、無所得ではなく、生活や人間関係に不幸をもたらす飲酒が問題視されるようになったのである。

涅槃に関しては、仏教が現世における心の平安を説くのに対し、ジャイナ教では修行完了後の肉体の死滅が重視され、自殺が肯定された。また、仏教は明知をもつことによって、ジャイナ教は自制と苦行によって、涅槃に到達することができるとしている。

ジャイナ教は、その後の教団の発展にもかかわらず、その教理体系は開祖マハーヴィーラの思想から大きく展開することはなかった。なぜなら、戒に対する厳格な遵守を堅持したからである。

これに対し仏教は、修行者の生活様式や社会環境の変化に対して、主体的に適応する立場を取った。さらに、開祖ゴータマ・ブッダの教えに対する解釈の自由を認めたことも特筆すべき点であろう。それらの結果、後世においては広範な思想体系が展開し、発展することとなったのである。

こうして、両宗教はわれわれが現在に見るような、全く異なった宗教としての外貌を獲得していくこととなるが、仏教とジャイナ教双方の聖典の古層を繙くことを主眼とした本書の射程はここに尽きる。

あとがき

1992（平成4）年3月、『古代インド沙門の研究』により東北大学から文学博士の学位を授与された。しかし、校務に追われて、学位論文の出版を果たせないまま25年以上の歳月が流れてしまった。

本書は、上記の学位論文に加筆・修正を施し、大幅に編集し直したものである。研究者のみならず、一般の読者でも理解できるよう、本文、註ともに心を砕いたが、特に註で、私が専門とする韻律や音韻論に関する箇所を解説するのは難しかった。

学位論文を提出した時点では、*Dhammapada*（= Dhp.）は Radhakrishnan のテキストを底本にしていたが、その後、Pali Text Society（パーリ聖典協会）のテキストが1994年に公表されたので、今回はそれを使用し、さらにノーマンの Dhp.（1997年）と *Suttanipāta*（2001年）の英訳も参照できた。

また、当時まだ完成していなかった筆者による初期ジャイナ教聖典5作品（*Āyārāṅga*, *Sūyagaḍa*, *Uttarajjhāyā*, *Dasaveyāliya* and *Isibhāsiyāiṃ*）と初期仏典4作品（*Suttanipāta*, *Dhammapada*, *Theragāthā* and *Therīgāthā*）の網羅的な語彙索引と詩脚（pāda = 句）索引が1995–2000年に完成し、2000年には Dhp. の並行詩脚対照表も完成したので、その成果を本書に取り入れた。

さらに、本書で取り上げたジャイナ教聖典のテキスト原文は、なるべく本文に併記し、あるいは註に示すようにした。

さて、仏教研究の成果は次々と公表され、仏教文献の研究書や和訳も数多く出版されている。それに比してジャイナ教については、資料が得にくいことや言語の難解さも手伝って、日本では顧みられることが少なかった。ジャイナ教の研究者も極めて少数であり、これまで、両宗教の文献を取り上げて、双方の視点から比較・検討するという研究がほとんどないことを残念に思っていた。

本書は、紀元前6～4世紀のインドにおいて、正統のバラモンに対抗して台頭してきた、遊行・遍歴する修行者「沙門」（Skt. śramaṇa, Pkt. samaṇa）の実態とその特性を、仏教とジャイナ教の最古層の聖典群を対等に比較・検討することによって解明し、両宗教成立の共通基盤と独自性形成の諸条件の把握を試みたものである。

振り返ってみると、立正大学の松濤誠廉教授から週に一度、先生のご自宅で個人指導を受けるようになったことが、研究を志す契機となったように思う。そして、その時の講読テキストが『大乗集菩薩学論』(*Śikṣāsamuccaya*)であった。その成果として、古典サンスクリットとは異なる文法事項を拾い出し、体系化しつつ和訳を試みて提出したのが修士論文である。やがて博士課程に進み、サンスクリット語、パーリ語や仏教混淆梵語で書かれた作品を読んでいくにつれ、これらのものを厳密に読もうとすれば中期インド・アリアン語(Middle Indo-Aryan)を本格的に学ばなければならないことに気づき始めた。そのような折、松濤先生の勧めもあってケンブリッジ大学のK. R. Norman教授の許で勉強する機会を得ることができた。

Norman先生は中期インド・アリアン語、プラークリット語(Prākrit)の専門家であり、当時、Pali Text Societyの評議委員(後に会長)や*Critical Pali Dictionary*(Copenhagen, 1924-)の編集責任者の要職にあった。多忙であったにもかかわらず、一対一の個人指導を丸2年間、午前中、週4回のペースでしてくださった。この指導期間中に読んだ中期インド・アリアン語、プラークリットのテキストは、アルダ・マガダ語で書かれた*Uttarajjhāyā*をはじめとして、マハーラーシュトラ語で書かれた*Sattasaī*やアパブランシャ語で書かれた*Sthūlabhadrakathā*など膨大な量に及び、韻律や音韻論、語源学など、いわゆる言語学研究の厳密な方法論を学ぶことができた。しかも、学恩はこれだけでは終わらなかった。帰国後も、数年にわたり手紙による指導をしてくださったのである。

こうした日々のお蔭で、テキストの一語一語を語源論から正確に読もうとする姿勢が身につき、アルダ・マガダ語作品の翻訳に際しては、韻律と音韻、さらには並行詩節・並行詩脚を参照して語を確定するという方法論に辿り着くことができた。

その後、東北大学の塚本啓祥教授の許で博士論文を書く機会に恵まれた。塚本先生は、それまでに培った言語の能力を活かして学位論文を書くように勧めてくださり、論文作成中、経典には成立の基盤となったインド社会の種々の事情が反映しているのだから、それらの事象と歴史・社会・文化との関連を読み取ることが大切であるとご指導くださった。

審査に当たっては、主査の塚本先生他、村上真完先生、中嶋隆蔵先生、磯田煕文先生からも批判と叱責を頂戴し、数々の貴重なご教示を賜った。

時を経て、平成22年1月、塚本先生は亡くなられた。休むことのない機関車の如く我々学生を牽引し、走り続けて来られた先生の研究に対する熱意と姿勢を、これからも見習って努力していく覚悟である。長年のご指導に心から感謝し、本書の刊行をご仏前に謹んでご報告申し上げる。

さらに、金倉圓照先生、田賀龍彦先生、北條賢三先生、金子良太先生、松濤誠達先生、三友健容先生、その他多くの先生にお世話になった。海外では、ケンブリッジ留学時代に個人的にご指導いただく機会のあったベイリー（H. W. Bailey）先生、授業を受けたジョン・ブラフ（John Brough）先生のような偉大な学者というべき先生方の謦咳に接する機会の得られたことは、研究者を目指す私にとっては、実にありがたいことであった。また、オーストラリア国立大学のドゥ・ヨング（J. W. de Jong）先生からは、来日（仙台）の折、大叙事詩『マハーバーラタ』（*Mahābhārata*）を通して、定型句表現のヒントをいただいた。『ジャータカ』（*Jātaka*）の読みを訂正してくださったケンブリッジ大学のコーン（Margaret Cone）先生、『マハーヴァストゥ』（*Mahāvastu*）を共同研究したフランス、ストラスブール大学のボリス・オギュベニン（Boris Oguibénine）先生にも忘れがたい思い出がある。

また約30年前、手書きの論文を清書するためにワープロ専用機を使い始めたが、英文にはない特殊文字（例えば ā, ī, ṇ, ḍh, ś 等）のある原文を入力すると、1つのファイルに打ち込めるページ数が少なくなり、容量をオーバーしないようにいつも気をつけていなければならなかった。ワープロからパーソナルコンピューターに速やかに切り替えてこの不便さから解放されることができたのは、東北大学情報処理センターの先生方や院生の方々、そして国立仙台高専の同僚であった理学部や工学部出身の研究者諸氏のお蔭である。

私事になるが、何度も大病を患い、本書の出版作業が中断して、大勢の方々に多大なご心配とご迷惑をかけた。今日まで研究を続けることができたのは、これら多くの方々の暖かいご支援の賜物である。

中央学術研究所からは、出版補助金を受けることができた。

皆様に心から感謝申し上げたい。

そうしたご支援がなければ、学位論文をさらに精査して上梓するには至らなかったであろうと思う。

本書が幾分なりとも学界に寄与できるとすれば、これほど嬉しいことはない。後に続く人々がさらに発展させてくれることを願っている。

療養中もその後も筆者を励まし続け、今回の出版では助手として全面的に支えてくれた妻多紀枝に感謝している。

最後になったが、この出版を快く引き受けてくださった大蔵出版株式会社社長の石原大道氏、そして、時間をかけて細部にわたり丁寧に編集・校閲作業をしてくださった編集長の上田鉄也氏と推敲舎の上田恵子氏に厚く御礼申し上げる。

2018(平成30)年4月8日

山　崎　守　一　しるす

A Study of *Samaṇa* in Ancient India

The Common Foundation of Early Buddhism and Early Jainism and the Formation of Their Respective Characteristics

by Moriichi YAMAZAKI

DAIZŌ-SHUPPAN, Tokyo 2018

Chapter 1: Problems and Methods in Research of *Samaṇa*s

Chapter 12 of the Uttarajjhāyā, one of the oldest Jain scriptures, is entitled "One Whose Hair Is Yellow (Hariesa; Skt., Harikeśa)." This is one of the most interesting Jain documents about *samaṇa*s.

The hero in this chapter is a *bhikkhu* called Harikeśa-Bala (hereafter called Bala) who was born to a family of untouchables (*cāṇḍāla*). He controls his sense organs and is a holy man (*muṇi*) of great virtue. He is emaciated and shabby with dark skin, protruding teeth and a low nose in an ugly face, and wears a robe of rags. He calls himself a *samaṇa*, strives for self-control and the practice of self-purification (*brahmacārin*), and owns nothing. He never cooks himself and never eats food prepared for him, but lives by begging for food prepared by and for others.

On the other hand, there is a Brahman in this chapter described as an officiant who conducts rituals in worship of the fire god. Naturally, the Brahman knows the Vedas and would therefore be worthy of offerings. His meals are the kind prepared for a Brahman.

Bala's narrative in chapter 12 of the Uttarajjhāyā, which concludes with Bala's explanation to him and other Brahmans present about what true rituals consist of, shows us the existence of religious practitioners who competed with Brahmans as officiants. Here we learn that there were *samaṇa*s whose religions were different from those of Brahmans.

According to the context of the narrative, below is a list of the basic characteristics of the *samaṇa* Bala's religion which differ from those of the Brahman's religion.

1) Even someone born into the caste of untouchables can become a holy man through religious practice.
2) In appearance he is lean and wears a robe of rags.
3) He basically lives an itinerant life and supports himself by begging.
4) He opposes animal sacrifice as a religious offering.

These four points, which can be found both in the earliest Buddhist and Jain scriptures, show us that there existed *samaṇa*s who upheld their own religious beliefs that were different from Brahmans'.

Therefore, those religious practitioners, called *samaṇa*s because of their differences from Brahmans in terms of the spiritual lives they led, were anti-Brahmanists striving to be the highest victors who conquer themselves spiritually. Many scholars point out that groups of these *samaṇa*s might have been deeply involved in the rise of Buddhism and Jainism. However, the reality of the *samaṇa* has not yet been made clear.

The purpose of this study is to clarify the actual status and characteristics of itinerant practitioners, or *samaṇa*s, who were the common foundation of Buddhism and Jainism, by examining a collection of their earliest scriptures, and discover the factors leading to the origins of these religions.

Although various religions existed in India in the sixth to fourth century BC, most of them left no records which describe themselves. It is no exaggeration to say that Buddhism and Jainism are the only two Indian religions of that time whose records survive. Therefore, this study is based chiefly on the literature of Buddhism and Jainism, and we will limit this study to what seem to be the earliest scriptures. We cannot indeed trace the establishment of the Suttanipāta to the time of the Buddha nor the earliest Jain scriptures back to the time of Mahāvīra. But they can give us many more clues than the less early scriptures, when we examine the actual status and characteristics of the *samaṇa* in the time of the Buddha or Mahāvīra.

Therefore, we have decided to study the Suttanipāta and Dhammapada as Buddhist literature as well as the Āyāraṅgasutta, Sūyagaḍaṅgasutta, Uttarajjhāyā, Isibhāsiyāiṃ, and Dasaveyāliyasutta as Jain literature.

By using these earliest scriptures as basic references, we will compare and examine both Buddhism and Jainism and find the terms, concepts, and religious disciplines common to both. These will be clues to understanding how *samaṇa*s actually lived. We can assume that Buddhism and Jainism had common rules of life (customs and conventions) shared by *samaṇa*s that existed before or soon after Buddhists and Jains formed separate groups.

Chapter 2: Terms for Religious Practitioners and Their Characteristics

The following are some of the main terms for religious practitioners used in the earliest Buddhist and Jain scriptures:

1) *Samaṇa* in general: *samaṇa* in Buddhism; *samaṇa* in Jainism.
2) Mendicant: *bhikkhu* in Buddhism; *bhikkhu* in Jainism.
3) Self-controller: *saññata* in Buddhism; *saṃjaya* in Jainism.
4) One who left home: *anagāra* in Buddhism; *aṇagāra* in Jainism.
5) Recluse: *pabbajita* in Buddhism; *pavvaia* in Jainism.
6) Itinerant practitioner: *paribbājaka* in Buddhism; *parivvāyaga*, *parivvāyaka* in Jainism.
7) Ascetic: *tapassin* in Buddhism; *tavassin* in Jainism.
8) Voice-hearer: *sāvaka* in Buddhism; *sāva(g)a* in Jainism.

I will discuss *bhikkhu*, as the most representative term, summarizing characteristics and religious disciplines of *bhikkhu*s.

Below I list the disciplines that both Buddhism and Jainism require *bhikkhu*s to observe.

1) *Bhikkhu*s rid themselves of such human attachments as *rāga*, *dosa*, *moha*, *kāma*, *taṇhā*, and *siṇeha*.
2) *Bhikkhu*s basically live in areas remote from villages and towns, endure various hardships, and have no fear of dangerous animals.
3) *Bhikkhu*s harm no living beings.
4) *Bhikkhu*s have no contact with lay people and have no belongings.
5) *Bhikkhu*s must beg for alms but not crave food. They eat only enough to stay alive, accepting food cooked originally for others.

6) *Bhikkhu*s control their words, thoughts and deeds.

7) *Bhikkhu*s do not practice physiognomy or other kinds of divination.

Other disciplines, required of Jain *bhikkhu*s but not of Buddhist *bhikkhu*s, included careful speech, seeking liberation from suffering for both oneself and others, and abstinence from intoxicating beverages. Disciplines for Buddhist *bhikkhu*s but not Jain *bhikkhu*s included shunning involvement with women, ridding oneself of ignorance and outflow (*āsrava*) or evil thoughts, and no generation of subconscious evil thoughts (*anuśaya*) or delusions. However, these disciplines were not only for *bhikkhu*s but also for religious practitioners indicated by other terms.

Moreover, the term *bhikkhu* was often replaced by other terms for religious practitioners. In Buddhism these were *paṇḍita*, *muni*, and *pabbajita*, while in Jainism the term *bhikkhu* was identified with other terms such as *aṇagāra*, *samaṇa*, *sāhu*, *muṇi*, *saṃjaya*, *tavassin*, *paṇḍia*, *niggantha*, and *tavohaṇa*.

The final goal of both Buddhism and Jainism was to end the cycle of rebirth by entering nirvāṇa, or a state of immortality. Thus, practitioners of both religions followed the teachings of the awakened who have become perfect in religious practice (*buddha*s) and strove for that goal.

The disciplines above were required for *bhikkhu*s to keep, and the same can be found in the instances of the seven other terms for religious practitioners. Moreover, since the number of instances of these terms varies between the two religions, sometimes I cannot find a term's Buddhist idea in Jainism, and vice versa. But a general consideration of all eight terms suggests that Buddhism and Jainism both taught the same disciplines, with few exceptions.

Chapter 3: Terms for Various Kinds of Holy Men and Their Characteristics

Early Buddhist and Jain scriptures use the following various terms for holy men:

1) Brahman: *brāhmaṇa* in Buddhism; *māhaṇa*, *bambhaṇa* in Jainism.

2) Bather: *nhātaka* in Buddhism; *siṇāyaa* in Jainism.

3) Muni: *muni* in Buddhism; *muṇi* in Jainism.

4) Sacred hermit: *isi* in Buddhism; *isi* in Jainism.

5) Holy one: *tādi(n)* in Buddhism; *tāi(n)* in Jainism.

6) Arahat: *arahant* in Buddhism; *arahaṃta* in Jainism.

7) Good person: *sādhu* in Buddhism; *sāhu* in Jainism.

8) Sagacious person: *medhāvin* in Buddhism; *mehāvin* in Jainism.

9) A man of great learning: *bahussuta* in Buddhism; *bahussua* in Jainism.

10) Reacher of the other shore: *pāragū* in Buddhism; *pāraa*, *pāraga* in Jainism.

11) Awakened one: *buddha* in Buddhism; *buddha* in Jainism.

12) Victor: *jina* in Buddhism; *jiṇa* in Jainism.

13) Hero: *vīra* in Buddhism; *vīra* in Jainism.

14) One who thus comes: *tathāgata* in Buddhism; *tahāgaya* in Jainism.

15) Independent one: *kevalin* in Buddhism; *kevalin* in Jainism.

16) Fine horse: *ājañña*, *ājāniya*, *ājānīya* in Buddhism; *āiṇṇa* in Jainism.

17) Naga: *nāga* in Buddhism; *nāga* in Jainism.

The following are the disciplines and ideals that Buddhism and Jainism required of a holy man called *muni*/*muṇi*, or the third and most typical term of all those above.

In Buddhism *muni*s receive food to live on as they wander to beg for alms from village to village while living in neighboring forests. In their itinerancy they never socialize with villagers or verbalize their desire for food, but just fully satisfy themselves with what they are given. Their behavior is compared to that of bees flying from flower to flower for nectar.

When an itinerant *muni* comes across another religious practitioner, whether cleric or lay, the *muni* should never dispute with that person self-righteously. In addition, *muni*s should resolutely avoid all contact with women since women are the greatest obstacle to their spiritual progress.

Next, *muni*s should always avoid lust, greed, stinginess, arrogance, and idleness, and never become attached to anything they see, hear, or ponder. The early scriptures teach that *muni*s should renounce any idea of possession and give up all forms of self-indulgence to end their transmigration in the cycle of birth and death.

The ideal of these *muni*s, also called "knowers of the field" (*khettajina*) or "sages," is to become a "fine horse" (*ājāniya*), or one who has completed his religious practices.

*Muni*s are not only referred to as religious practitioners who have abandoned home life but also as those who have completed their religious practices. In other words, they are described as "those who have extinguished their defilements and rebirth," "those who have avoided greed and reached the other shore." They are "the liberated ones who have extinguished craving," "those who have not been bound by lust but crossed over a raging stream." They are "those who have attained emancipation and will not be reborn," "those self-controllers who attain immortality," "those of tranquility who are aloof from stinginess," "those holy men who are complete in knowledge and conduct," and so forth.

Further, Gotama Buddha is called a *muni*, alternatively "one who is complete in knowledge and conduct" (*vijjācaraṇasampanna*), "one who is provided with eyes" (*cakkhuma*) or "offspring of the sun" (*ādiccabandhu*).

In Jainism, *muṇi* in terms of a practitioner who has abandoned home life also means as "renouncer of home life," *bhikkhu*, "sacred hermit," "ascetic" (*tavodhaṇa*), "sage" (*paṇḍia*), "wise man" (*mehāvin*), "self-controller," "Brahman," and *tahāgaya* (Skt., *tathāgata*).

The religious disciplines for Jain *muṇi*s are summed up as follows: (1) eating meals to stay alive without being attached to them; (2) not staining their karma by refraining from hurting others; (3) becoming men of tranquility; (4) not showing any interest in seeing a play or game; (5) aiming for liberation through the practice of non-indulgence; (6) being wise men; (7) being "fields of blessings"; (8) being well-versed in and practicing the precepts taught and shown by their teachers; (9) being satisfied with the food that they could receive by begging for alms; (10) being itinerant practitioners liberated from secular attachment; (11) detachment from anger, pride, falsehood, and greed; (12) commitment to asceticism through fasting; (13) practicing the precept of not killing; (14) not having an idea of personal possessions; and (15) right speech.

Buddhist *muni*s also observe the same religious disciplines except for the fourth, twelfth, and fifteenth. But in Buddhism there are many instances of the use of the term *muni* in contexts related to religious discipline. The Buddhist religious disciplines that define *muni* are more detailed than those of Jainism. In Jainism, only five epithets—"fine horse," "hero," "great hero," "unrestricted one," and *ācariya*—are applied to *muṇi*.

Similarly, regarding terms other than *muni*/*muṇi* in early Buddhist and Jain scriptures, I can point out usages of them for concepts common to both religions as well as other usages indicating different concepts in the two religions. That suggests that holy men emerged from the seminal common groups that they joined in ancient India. Buddhism and Jainism gradually diverged and showed their respective uniqueness as their practitioners formed groups under different leadership of those holy men, and awareness of their distinction led to the establishment of the two religions.

Chapter 4: Precepts' Common Origins and Features

In the previous chapter we established that Buddhism and Jainism shared many common terms and disciplines for religious practitioners and holy men. We can therefore assume that some communities of itinerant practitioners already existed in the days of the Buddha and Mahāvīra. These communities were doubtless deeply involved in the formation of the Buddhist *saṃgha* and Jain *gaṇa*.

Here we need to examine what prompted Buddhism and Jainism to become independent, separating from these common communities and forming their own religious groups. In our opinion, a clue to this development can be found in research on the relations among each religion's precepts, organization, and doctrinal systematization. To understand the development, we have examined the precepts and doctrines mentioned in early Buddhist and Jain scriptures.

When we compare precepts (*sīla*), we can see how some are common to the two religions and how some are specific to one. Buddhist scriptures state rules of conduct to enable *bhikkhu*s to help them extinguish defilements and attain nirvāṇa. Jain scriptures state rules of conduct for *bhikkhu*s to enable them to attain liberation from suffering.

In the beginning, neither Buddhism nor Jainism had the equivalents of all of the five precepts, but seem to have acquired them gradually over time. "Minor precepts, middle precepts, and major precepts" are enumerated in the Brahma Net Sutra, and the "sacred precept-aggregates" are enumerated in the Samaṇa's Fruit Sutra. Those precepts were collected from *samaṇa*'s precepts in the days of early Buddhism, and according to them, the deeds that *samaṇa*s must not do are basically prescribed as what they abandon and separate themselves from. Keeping the precept-aggregates completely is followed by feeling the peace and comfort of purity.

"Precept" means "good habits" or "good deeds." Both Buddhism and Jainism understood this basic meaning in the same way. In Jainism, for example, refraining from immoral conduct is included in the "four commandment-dharmas" taught by the twenty-third patriarch Pāsa and the "five great vow-precepts" shown by the founder Mahāvīra. In Buddhism, the same is true of the "four inappropriate deeds" or "the four non-corresponding manners."

At the beginning of *samaṇa*'s precept-aggregates above, the four kinds of precepts are stated as "refraining from killing, stealing, adultery, and lying." Although the numerical order is different, these precepts are common to Pāsa's "four commandment-dharmas," Mahāvīra's "five great vow-precepts," and Buddhism's "four inappropriate deeds" as well as its "four most serious offenses." That shows that *samaṇa*'s precepts were founded on the customary law of India in those days.

In the course of specification of the precepts, Jainism added "nonpossession" as the fifth precept and "not eating at inappropriate times" as the sixth, while Buddhism added "not drinking intoxicating beverages" as the fifth and "not eating at inappropriate times" as the sixth.

Summing up, religious practitioners at first lived an itinerant life, but as they became permanently settled, their *saṃgha*s and *gaṇa*s were established; and *samaṇa*'s precepts arising from a common foundation were gradually put in order as articles and then developed into the respective precepts of Buddhist and Jain groups.

Chapter 5: Doctrines' Common Origins and Features

When I compared the usages and meanings of "dharma" that appears in both Buddhist and Jain scriptures, I found that the term dharma is based on a concept common to both religions. "Rejoice in the dharma" and "find pleasure in the dharma" are common expressions for the two religions, and dharma here means "attainment of peace of mind free of attachments." Dharma in "abide by the dharma" and "live a life following the dharma" seems to mean the ethical rules of conduct that human beings should observe. Further, in other usages of dharma, it also means the truth to which the Buddha or Mahāvīra was enlightened, as well as their teachings based on that truth.

As Prof. Hajime Nakamura showed, the original concept of dharma in ancient India was "customs and conventions since old times" in the Vedas' description. Dharma then came to mean the "rules of conduct" for all people of society, and four specific rules of conduct were set for Brahmans. Later, dharma also meant "laws and regulations" for the social order and system as well as norms of human conduct. On the other hand, the dharma was also considered "truth" that helps embody ethics among humanity. Moreover, the term dharma also came to include the meaning of "rules for religious rituals," which Brahmans thought much of. But the thinkers of the Upaniṣads later held a different position and distinguished themselves from ritual-oriented Brahmans. Moreover, as Prof. Keisho Tsukamoto wrote, the Aśokan edicts define the basic concept of dharma as "rules since old times," and the dharma for practice as rules of conduct for ordinary people in Indian society. This is somewhat related to the *samana*'s precept-aggregates mentioned earlier.

When we take the studies of these scholars into consideration, it can be said that the notion of dharma common to all *samana*s was based on the ancient Indian concept of dharma and then later acquired the special meaning of "teachings."

Moreover, Buddhism and Jainism, which were based on the Indian thought since the time of the Upaniṣads, taught the concept of *saṃsāra*. In both Buddhist and Jain texts I could find expressions based on the theory of karma and the expression "falling-into-the hell," based on the concept of *saṃsāra*, according to which good causes produce pleasant effects and bad causes unpleasant effects. But we can learn that Jainism shows a stronger tendency to see karma in a physical sense.

Further, both Buddhism and Jainism shared such terms for nirvāṇa as "peace" and "the other shore" as ideal realms sought by religious practitioners. Buddhism and Jainism shared common expressions for the meaning of nirvāṇa and how to enter it.

Here are some examples:

1) Extinction of suffering

Buddhism used phrases meaning "liberation from all suffering," "separation from suffering," and "cessation of suffering." Jainism used "liberation from all suffering" and "having attained the end of suffering."

2) The final physical body

Buddhism used the phrases "destruction of the arrow of existence," "final bodily existence," "He has his final body," "There will be no new existence for him," and "no return to a new existence." Jainism used the phrases "release from the bonds of birth and death," "crossing a stream as wide as a great ocean," "A *bhikkhu* enters the realm of no return," "becoming someone who will never return," "We will not be reborn," "[will not be] a root of rebirth," and "will not soon come again into this world."

3) Attainment of immortality; the meaning of nirvāṇa; how to enter nirvāṇa

Buddhism and Jainism used the phrase "attainment of immortality" in the same way, but used differently the phrases "the meaning of nirvāṇa" and "how to enter nirvāṇa." In Buddhism, nirvāṇa means happiness in this world after being freed of worldly desires, while in Jainism it means physical extinction after the completion of religious practices. Moreover, Buddhism teaches that entrance into nirvāṇa requires supreme wisdom, while Jainism teaches that it requires extinction of karma through self-control and asceticism.

These examples support the theory that Buddhism and Jainism had a common origin in terms of the earliest forms of their precepts and doctrines. Moreover, these examples show that both Buddhism and Jainism arose from communities of itinerant practitioners that gradually diverged.

Chapter 6: *Samaṇa* as Described in Parallel *Pāda*s

The document that Moriz Winternitz (1863-1937) called "Ascetic Poetry" or the "Literature of the Samaṇas" is not based on Vedic myths but on a long tradition of oral folklore. The poems influenced orthodox Brahmans' Mahābhārata in the same way they did Buddhist and Jain scriptures. "Parallel *pāda*s" validate this fact. Floating *pāda*s, that is, elements for the creation of parallel *pāda*s, were popular among people in ancient times. We can understand that *samaṇa*s and Brahman hermit-sages (*ṛsi*, Skt.; *isi*, Pāli and Prākrit) created poetic stanzas to express their thoughts by freely making use of those floating *pāda*s. Therefore, we can find parallel *pāda*s in early Buddhist scriptures in Pāli, Jain scriptures in Ardha-Māgadhī, Mahābhārata, and others.

Further, this tendency is not limited to the poetic stanzas of parallel *pāda*s. Early Buddhist and Jain legends have many parallel narratives, with many parallel *pāda*s, so we assume that the narratives of both religions had one source. These narratives consist of stories in prose and dialogue in verse.

For example, we find parallel *pāda*s in the following literature: the Suttanipāta, Dhammapada, and other early Buddhist sutras; the Āyāraṅgasutta, Sūyagaḍaṅgasutta, Uttarajjhāyā, and other early Jain scriptures; and the Upaniṣads, Mahābhārata, and other Brahmanic or Hindu scriptures. This chapter includes a chart of relevant parallel *pāda*s, and the following are topics and typical expressions from "Ascetic Poetry."

1) A wise man and a fool

"A fool thinks himself a wise man," "A wise man is calm and collected," "Death is a common concern of both the wise and the foolish."

2) A religious practitioner's outward appearance

"[A religious practitioner] meditating in solitude in the woods looks so thin that his veins show."

3) Actions based on the dharma

"Rejoice in the dharma and enjoy the dharma," "abide by the dharma and rejoice in being honest and flexible," "mastery of the dharma."

4) Purpose of religious practice

"Liberation from suffering," "escape from death," "seek happiness."

5) The right attitude for religious practitioners

"Strive for self-control," "refrain from affection and lust," "renounce attachments," "overcome doubts and illusions," "dismiss greed, anger, and foolishness," "defeat of oneself," "nonindulgence."

6) Disciplines of religious practitioners

"Become used to sitting and lying in remote areas," "stand with palms placed together," "prohibit oneself from physiognomy," "practice the way to tranquility," "endure," "do not socialize with lay people," "be a leader."

7) Observance of three of the five precepts

"Do not kill," "Do not steal," "Own nothing."

8) Instructions for begging alms

9) *Saṃsāra* thought and liberation from suffering

"All people die," "unhappiness in the afterlife," "cross a turbulent stream."

10) Thoughts of equality

11) Words used in similes

"A snake shedding its skin," "a lion," "cultivation [of virtues, etc.]," "the moon after an eclipse."

12) Other typical expressions

"I (We) also call him a Brahman," "This is the teaching of the buddhas," "something coveted," "ideas of ownership," "complete in knowledge and conduct," "*samaṇa*-brahman," "the purity of three kinds of karma," "Suffering is fear," "whether one is in a village or a forest."

Chapter 7: Conclusion

We have tried to clarify the real state of *samaṇa*s, or religious practitioners and holy men who came to support Jainism and Buddhism, by comparing and examining the two religions' early scriptures. Now we will summarize their (1) religious disciplines and (2) the goals of their disciplines, that is, what constitutes a *samaṇa*'s enlightenment.

1) Religious disciplines

a) Instructions for itinerant practice

Move alone; beg at appropriate times; behave as bravely as a lion; do not stay long in one village.

b) Instructions for receipt of food as alms

Neither be proud when receiving food nor sad when denied it; before begging for alms, do not worry about success; accept food prepared by and for other people; store no food; do not indulge oneself in savoring taste; eat only enough to live.

c) Appropriate dwelling places

Live in a place far from towns and villages, such as in a cemetery, under a tree, or in a mountain cave; accept and overcome the hardships of a harsh environment.

d) Spiritual problems for practitioners to solve

Having an idea of possessing nothing, including wife and children, personal belongings and property; refraining from lust and affection; elimination of greed, pride, anger, and foolishness; striving to avoid killing.

e) Impediments to religious discipline.

Physiognomy and divination; medical treatment; women.

2) Goals that *samaṇa*s seek through practice

a) Liberation from suffering

b) Escape from death

c) Attainment of nirvāṇa

*Samaṇa*s with these practices and goals left Brahman society to escape social restrictions and formed communities to compete with one another in religious discipline. Those practitioners advocated new anti-Brahmanist positions and lifestyles while they were stimulated by the lifestyles and thoughts of those sages and forest-dwellers who embraced the Āraṇyaka or Upaniṣads.

The Āraṇyaka and Upaniṣads, which refer to the annual monsoon retreat, stipulate that Brahman practitioners who renounced secular life (*parivrājaka*) should keep the precepts, and engage in religious discipline, and live together in one place during the four months of the monsoon. The kinds of places where they stayed are called *āvāsa*s or *āramā*s. In the beginning, an *āvāsa* or *āramā* was merely the practitioners' temporary dwelling for the monsoon, but in time these dwellings became permanent. *Āvāsa*s were established in areas where devotions could be performed and donations were received from lay people during the monsoon. Eventually practitioners would return to the same *āvāsa* for every monsoon. We can therefore suppose that after the dwellings became permanent, the residents formed groups with the same ideas and aspirations. Thus a solitary itinerant *samaṇa* became a *bhikkhu* living in a monastery (*vihāra*) belonging to a *saṃgha* or *gaṇa*.

Probably, in the early stage when *saṃgha*s or *gaṇa*s were formed, *samaṇa*'s religious disciplines as well as the truths to which they were enlightened, both of which were established in itinerant practitioners' communities, must have been handed down to *saṃgha*s or *gaṇa*s. But as their settlements grew, the distinctions between Buddhism and Jainism seemed to have been emphasized. A comparison of Jain and Buddhist scriptures shows the two religions' differences, or their distinct, unique natures. When we looked at the terms for and characteristics of religious practitioners and holy men in Buddhism and Jainism, we found not only common but different elements. Further, we could discover how their precepts and doctrines diverged from similar foundations. A few examples are mentioned below.

Concerning precepts, the five precepts of Buddhism included "not drinking intoxicating beverages" as the fifth in addition to the four precepts common to Buddhism and Jainism, while the five great vow-precepts of Jainism included "nonpossession" as the fifth in addition to the other four precepts. This is because the five precepts of Buddhism were intended for the laity, who could not avoid possessing things. Instead, Buddhism came to regard intoxicating beverages as a greater source of unhappiness than possession.

Buddhism taught that nirvāṇa means peace of mind in this world, while Jainism teaches that it means extinction of the body after completion of religious practices.

Further, Buddhism teaches that supreme wisdom leads to nirvāṇa, while Jainism teaches that nirvāṇa is attained through self-control and asceticism.

Later, although Jainism developed greatly in terms of organization, its doctrine, based on the teachings of its founder, Mahāvīra, did not develop into a greater, widely accepted system, because Jainism clung to rigorous observance of the precepts.

On the other hand, Buddhism adapted to the transformation of practitioners' lifestyles as well as social change with a positive attitude. Furthermore, it is noteworthy that Buddhism allowed followers free interpretations of the teaching of its founder, Gotama Buddha. As a result, in later times, Buddhist philosophy developed extensively.

Thus Buddhism and Jainism have become two religions that appear considerably different to us today. The comparative study of both religions using their earliest scriptures leads us to a conclusion that, although itinerant practitioners, or *samaṇa*s, were the common foundation of both Buddhism and Jainism in the beginning, they diverged during the course of time and finally established themselves as independent unique religions.

索　引

印欧語

A

abbhintara *237*
Abhayadeva *533*
abhisaṃbhaveyya *101*
abrahmacarya *119*, *323*
abuddha, abuha *306*, *575*
ācāra-samādhi *493*
ādāna-samiti *120*
adattādāna *341*
adhikaraṇikī *120*
adhivāsayeyya *101*
aduvā *193*
āgacchati, agacchai *377*
Āgama *36*
Aggavaṃsa *379*
ahiṃsā *119*, *322*, *439*
ahiyāsae *182*, *210*
āiṇṇa, Skt. ājanya *71*, *389*, *394*
-a + iva *379*
ājānīya, Skt. ājāneya *71*, *393*
ājañña *395*
ajyeyatā *467*
akataññu *380*
Ākhyāna *52*, *540*
a-loga, aloka *348*, *476*
L. Alsdorf *48*, *73*, *74*, *75*, *192*, *370*
amatogadha *589*
amatogadhaṃ anuppattaṃ *200*
amaya, amata, Skt. amṛta *537*
ammo *451*
aṇagāra *169*
aṇāsava *372*, *452*
D. Andersen *394*
Aṅga *39*, *327*
annāya-uñchaṃ *653*
antagū *270*
antaparigraha-dṛṣṭi *296*
antimasarīra *199*
aṇukkasāī *64*, *188*
aṇukkasāin *188*, *190*
anusaya *106*, *301*
Anuṣṭubh *42*
anuvrata *58*
apāra, pāra *506*
aparigraha *119*, *323*
appabodhati *394*
appamāda, appamatta, apramāda *95*, *137*, *243*, *374*, *593*
appamattaka *413*
appa(ṇ)-, atta(ṇ)-, āta-, āya- *179*
apuṇāgama *511*
ārāma *643*, *667*
ārambha *157*, *451*
arcā *467*
āriya-sīla-kkhandhaka *413*
ārjava *439*
Āryā *42*, *394*, *421*, *452*
asahia *191*
-āsas *180*
asatya tyāga *119*, *322*
āsava, Skt. āsrava *56*, *57*, *106*, *107*, *168*, *476*, *522*
āsavakkhaya *107*
ascetic poetry *19*, *539*
-āse *180*

āśrama *7*, *447*
assaddha *380*
assāvī, Skt. āsrāvin *57*
asteya *119*, *322*
ātman *179*, *238*, *304*, *339*, *592*
attan- *368*
atthikāya *325*
auddhatya-kaukṛtya *98*
āu-kāiyā *15*
Aupacchandasaka *180*, *372*, *373*, *386*, *421*
avadhyatā *467*
āvāsa *643*, *667*
avijjā *98*, *106*
ayogi-kevalin *323*

B

bāhirabbhantara *237*
Bala *205*, *257*
bāla *575*
bambhacera, brahmacariya *137*, *199*, *217*
bambhacera-samāhiṭhāṇā *175*
bambhaṇa *71*, *175*
bambhayārin *137*
bāmha-samaṇa-, baṃbhaṇa-samana-, bramaṇa-śramaṇa-, brāmhaṇa-sramaṇa *4*
bandha *168*, *361*, *476*, *538*
A. L. Basham *184*
bhae *652*
D. Bhagwat *22*, *72*
bhaittā *183*, *594*
bhāṣā-samiti *120*
bhavane *652*
bhavaparikkhīṇa *200*
bhikkhavatti, Skt. bhikṣā-vṛtti *112*
bhoga-kāmin *85*
J. Bloch *70*
M. Bloomfield *534*
W. B. Bollée *64*, *75*, *385*
brahmacārin *21*, *86*, *468*, *469*
brahmacariya *199*, *217*
brahma-saṃstha *468*
break *180*, *192*, *373*
J. Brough *79*
buddha / buddhā *306*, *575*
Buddhaghosa *230*
buddha-vutta- / buddha-putta- *313*, *387*
G. Bühler *21*, *72*, *449*, *455*

C

ca *178*
cadence *180*, *185*, *524*, *525*, *653*
caesura *180*, *449*, *525*
C. Caillat *377*, *385*
cakṣur-indriya *119*
calculation of metrical scheme *180*, *394*, *449*
cattāri akaraṇīya *418*
cattāri-ariya-saccāni *518*
cattāro kamma-kilesā *433*
M. Caturvedi *381*
cāujjāma dhamma, Skt. cāturyāma dharma *417*
caukkasāya, Skt. catur-kaṣāya *238*, *376*
chadmastha-vīta-rāga *323*
K. R. Chandra *175*
channa *210*, *369*, *376*
J. Charpentier *21*, *70*, *71*, *72*
R. C. Childers *189*
Citta-Sambhūijjam *47*
Clemens *4*
compound *534*
M. Cone *75*
contracted / truncated dative *457*
contraction *384*
critical edition *67*
cūla-sīla *413*
Cūrṇi *306*

D

dama *199*, *279*
daṃsaṇa-parīsaha *165*
dāna *439*, *467*
daratha *106*
davia, daviya, Skt. dravika *175*
P. Davids *449*
T. W. R. Davids *70*
J. Deleu *192*
S. B. Deo *38*, *73*
P. Deussen *21*, *72*, *449*, *524*
Devadatta *644*
devandva compound *490*
devayāna *474*
Devendra *64*
N. L. Dey *390*
dha *177*
dhammajīvin *270*
dhamma-magga *294*
dhammāṇa pāragā, Pā. dhammāna pāragū *288*, *500*, *504*
dhaṃmapaliyānāni *473*
dharma *467*
dharma-pati *468*
dharma-skandha *468*
dharmo purāṇaḥ *467*
dhīro *394*
Digambara *148*
digiṃchā-parīsaha *165*
ditthi *97*, *270*
K. K. Dixit *42*, *73*
doggai *524*
dosa, Skt. dveṣa *96*, *97*, *590*
dṛṣṭi-parāmarśa-dṛṣṭi *296*
du.（dual）*390*, *451*, *522*
P. Dundas *73*
durgati *524*
S. Dutt *23*, *72*, *449*, *642*, *646*

E

F. Edgerton *390*
edhate *383*
egacare *131*, *174*
egaīya, ekākiyo *191*
-ehi(ṃ) *182*
eko care khaggavisāṇakappo *78*, *223*, *626*
M. B. Emeneau *185*
eṣaṇā-samiti *120*
-esu *182*
-eva *379*
ewige und höchste Wahrheit *471*

F

J. N. Farquhar *447*, *457*
M. V. Fausböll *183*, *370*
folk etymology *83*, *153*
R. O. Franke *64*, *75*, *649*

G

gabbassa pāragā *289*, *500*
Gaddabhāli, Skt. Gardabhāli *151*
gah' āīya *631*
gai, Skt. gati *511*, *524*
gāmadhamma *209*
gāma-kaṇṭaa *150*
gaṇa *31*, *33*, *399*, *663*
Gaṇacchandas *180*
gantha *361*, *538*
M. Geiger *524*
W. Geiger *66*, *75*, *524*
Gesetz *470*
A. M. Ghatage *46*, *73*, *182*, *534*
S. N. Ghosal *189*
ghrāṇa-indriya *119*
H. v. Glasenapp *37*, *72*
gotta *622*
Goyama, Skt. Gautama / Gotama *190*, *428*

gṛhastha *155, 469*
-gū *269, 381*
guṇa-sthāna *323*
guṇavrata *58*
gupti, gutti *120, 128, 137, 457*
guttindia *137*

H

S. Hardy *21, 72*
E. M. Hare *266, 378*
Harikeśa-Bala *9, 205*
hatāvakāsa *380*
havvaṃ *377*
H. Hendriksen *527*
hiatus-bridger *193, 378*
hiṃsā *341*
höchste Sein / Wesen *471*
A. F. R. Hoernle *182, 534*
E. W. Hopkins *186*
I. B. Horner *380*
E. Hultzsch *386*
hyper form *387*
hyper Pālism / hyper Sanskritism *533*

I

-i- *384*
-ima *186*
īryā-samiti *120*
-īs- / -iss- *596*
Iṣukāra *48, 71*

J

jaccā *622*
H. Jacobi *21*
Jagatī *381, 421, 438*
jakkha *523*
jalaṇa, Skt. jvalana *248, 376*
jaṭāhi *622*
jhāṇa *226*
jihvā-indriya *119*
jiṇ'inda *326*
jīva *150, 168, 348, 476*
joga-kkhema *490, 493, 535*
H. M. Johnson *373*

K

-ka *269, 381*
kāla *611*
kāma *98, 285, 621, 633*
kāma-guṇa *254, 583, 633*
kamma-sarīraga *168, 476*
P. V. Kane *470, 524*
kappa *193, 216*
karman *474, 475*
kaṣāya *210, 368, 376, 593*
kathaṃkathā, kathaṃkatho *96, 588*
Kāvilīyaṃ *408*
kāya *443*
kāya-gupti *128, 443*
kāya-indriya *120*
kāyikī *120*
H. Kern *21, 72, 184, 456*
kevalin *323, 628*
khema *488, 490*
khetta *629*
khettajina *174, 304, 372, 384*
khīṇāsava *107*
R. Kloppenborg *183*
koha, Skt. krodha *248, 376*
kriyā *120*
kṣetrajña *174, 304, 372*
kuṇaī *185*
kuñjara *349*
kūvanta- *528*

L

Lāḍha / lāḍha *181, 209, 627*
lajjū *456*

B. C. Law *183*
N. N. Law *23, 72*
Lehre *471*
leśyā *150*
E. Leumann *47, 71, 182, 395*
loan-word *29*
loha, Skt. lobha *248, 376*
H. Lüders *192*

M

madya *593*
māgadhism *180*
maggadesaka *384*
maggadesin *84*
maggadūsin *384*
maggajina, Skt. mārgajña *84, 174, 302, 384*
maggajīvin *84*
maggajjhāyin *384*
maggakkhāyin *384*
magge jīvati *384*
Māghadika *180*
māhaṇa *175, 368*
mahāpainna *236, 374*
mahā-sīla *413*
mahāvrata *58*
maithuna *341*
majjhattha, Skt. madhyastha *248, 376*
majjhima-sīla *413*
R. C. Majumdar *70*
mala *153*
G. P. Malalasekera *377*
mamāyita, mamāi, mamāiya *102, 634*
māṇa, Skt. māna *97, 98, 248, 376*
manas *443*
mano-gupti *128, 443*
māṇusatta *167*
mārassa pāragā *289*
Mātrāchandas *180*
māyā, Skt. māyā *248, 376*
m.c.（metri causa）*179, 385, 389, 392, 456, 524, 531*
Megasthenes *4*
M. A. Mehendale *370*
metathesis *177, 383*
metre *372, 380, 384, 389, 450, 527*
J. J. Meyer *183*
mithyā-dṛṣṭi *296*
M. Miyao *650*
moha *96*
mṛṣavāda *341*
mūḍha *306*
mūḍhāṇaṃ *306*
F. M. Müller *176, 449*
muṇi *413*

N

Nami *51*
B. Nanjio *184*
Nāyaputta *89*
nibbāna, nivvāṇa, Skt. nirvāṇa *494, 535*
nidrā *593*
nijjarā *168*
nipphatti *293*
niyāgaṭṭhī *387*
niyāṇaṃ *373*
Norm *470*
K. R. Norman *64, 74, 175, 183, 184, 193, 372, 378, 380, 388, 396, 528, 530, 532*
nūma *248, 376*

O

Old Āryā *180, 421, 449*
H. Oldenberg *24, 72*
opening *180, 185, 451, 524, 527*
oramattaka *413*
ora-pāraṃ *505*
Y. Ousaka *650*

P

paccekabuddha, Skt. pratyekabuddha *147*, *335*
pagāsa, Skt. prakāśa *210*, *369*, *376*
pahāya *415*
M. G. Pai *51*, *73*
pakkhanda *378*, *389*
pamāda, pamāya, Skt. pramāda *95*, *244*, *593*
pamāyae *190*
pañca dhamma *454*
pañca mahavvayāṇi, Skt. pañca mahāvratāni *417*
pañca nīvaraṇa *98*
pañcāsava, Skt. pañcāsrava *120*, *341*
pañca sīkkhāpada *454*
paṇca-sīla *454*
paṇḍita, paṇḍiya *575*
paññā *98*
pāra *499*, *506*
pāragū *269*
pārājikā *419*
parallel gāthā *52*
parallel pāda *18*, *68*, *540*
parallel verse *540*
parāyana *293*
pārāyana *504*
parigraha *341*
parinibbānaṃ *293*
parīsaha, Skt. parīṣaha *89*, *116*, *176*, *262*, *596*
parissava *56*
parissaya *56*, *57*, *101*, *596*, *652*
paritāpanikī *120*
parivrājaka *439*, *447*, *469*
pasaṃsa, Skt. praśaṃsā *210*, *369*, *376*
patch-work *65*, *181*, *422*
paṭivirata, Skt. prativirata *415*
phāsa, phassa, Skt. sparśa *85*, *86*, *175*
phassa, phāsa *101*, *178*
pipāsā-parīṣaha, Skt. pipāsā-parīṣaha *141*
Pischel *181*
pitṛyāṇa *474*
pivāsā-parīsaha, Skt. pipāsā-parīṣaha *141*
pluta / pluti *373*, *382*
poggala *168*, *476*
porāṇā pakitī *469*
pradveṣikā *120*
pramatta-yoga *593*
prāṇātipātikī *120*
pratigha *98*
pre-Buddhist term *536*
puḍhavi-kāiyā *15*
pula-nippulāa *653*
puñña-khetta *347*

R

S. Radhakrishnan *176*
rāga *96*, *97*, *98*
raya *168*
Recht *470*
G. Roth *51*, *74*, *378*

S

sacca *622*
saccamanā *225*
saddhā *98*, *167*
saddhādīni pañcindriyāni *98*
sahie *181*
sāhu *413*
samādhi *98*, *137*, *226*
samaṇa *413*
samana-baṃbhana, samana-bāhana, śramaṇa-bramaṇa *4*
samārambha *386*
samaya *611*
samayaṃ *190*
sambuddha *295*

saṃgha *33*, *399*, *663*
saṃghakamma *644*
saṃghārāma *643*
samii, samīi samiti *120*, *143*, *379*
saṃjaa, Skt. saṃyata *118*
saṃjamamammi vīriya *167*
saṃjaya *118*
saṃkhata-, saṅkhāta- *651*
sammādiṭṭhi *270*
saṃnyāsin *22*, *439*, *447*, *469*
Samprasāraṇa *183*, *187*
samūhatāse *180*
saṃvara, saṃvuta *15*, *137*, *168*, *443*
saṃyama *137*, *199*
B. J. Sandesara *451*
U. J. Sandesara *51*, *73*
sandhicchedo *380*
sandhi consonant *189*, *190*, *193*, *522*
saññata *178*
sannisejjā *175*
Śāntisūri *306*
Śāntyācārya *71*
saraṇaṃ *184*, *381*, *491*
saraṇaṃ khemaṃ *518*
saraṇaṃ uttamaṃ *518*
sati *98*
satkāya-dṛṣṭi *296*
satya *468*
satyavacana *439*
sāvaka sādhu *190*, *274*
W. Schubring *37*, *72*, *450*
L. A. Schwarzschild *185*, *191*
sejjā-parīsaha *165*
sevati *183*, *594*
shame *456*
H. D. Sharma *72*
Siddhānta *36*
siddhi *276*, *348*, *493*
śikṣāvrata *58*
sīla, Skt. śīla *226*, *416*
sīla-bbata-parāmāsa *97*
sīlamattaka *413*
śīlavrata *58*
śīla-vrata-parāmarśa-dṛṣṭi *296*
Śloka *373*, *421*, *425*, *452*, *524*, *527*, *528*, *632*, *653*
H. Smith *454*
so *373*
J. S. Speyer *71*, *537*
śrotra-indriya *119*
śruta-samādhi *493*
S. Stevenson *37*, *72*
Strabon *70*
styāna-middha *98*
sugata *301*
sugati *524*
suī *167*
sukkāya-ditthi *97*
V. S. Sukthankar *73*
sva- *651*
svarabhakti vowel *174*, *177*, *184*, *384*, *527*
Śvetāmbara *148*
syncopated *383*

T

tāī *379*
taṇa-phāsa-parīsaha *142*
taṇhā *99*, *383*, *621*
tapas *199*, *298*, *439*
tapas-samādhi *493*
tasa-kāiyā *15*
tasiṇā *177*
tatpuruṣa compound *490*
technical terms *29*, *386*, *523*
teu-kāiyā *15*
J. P. Thaker *374*, *451*, *593*, *652*
S. Thera *370*
P. Thieme *383*

titthayara, Skt. tīrthaṅkara 321, 322
B. Tivārī 381
-tm- > -tp- , -tm- > -tt- 179
Triṣṭubh 42, 180, 421, 438
ṭṭhiyappā, ṭṭhiy'appo 189
R. L. Turner 153

U

uccāra-samiti 120
uddhacca 98
ukkasa, ukkosa, Skt. utkarṣa 210, 248, 369, 376
unmetre 378, 383
A. N. Upadhye 25, 72
Upajāti 188
upāsaka 169
uposatha 436, 643

V

vāc 443
vāg-gupti 128, 443
vaha-parīsaha 142
P. L. Vaidya 73, 576
Vaitālīya 180, 421
vānaprastha 155, 469
vaṇassai-kāiyā 15
vanatha, vanathaja 98, 177
Vārattaya 54
Vardhamāna 89
varṇa 12, 622
varṇāśrama 468
vāu-kāiyā 15
vedagū 381, 394
vicikicchā, vicikitsā 97, 98
vidvan 103
vihāra 667
vijjaṃ 184
vikathā 593
vinaya-samādhi 493
viṇīa, Skt. vinīta 308, 388
vīraṃ 373
viriya 98
viṣaya 593
visenikatvā 230
visodhaye / visohae 371
viśreṇī-kṛtvā 231
vissa-dhamma 94, 176
vitakka 106
viukkamma 526
vivattachaddho 388
vrata 58, 226
vūhae 63, 189, 597

W

Wahrheit 471
A. K. Warder 185, 379
H. Warren 377
W. D. Whitney 175
R. Williams 388
M. Winternitz 18, 72, 73
word-play / pun 177, 266, 522

Y

yakkha 510, 536
yakkha, jakkha, yakṣa 206, 466, 523
yoga-kkhema, Skt. yoga-kṣema 490, 492, 494, 535

和漢語

あ

アーガマ *36*
アークヤーナ *18*
アーサヴァ（漏）*107*
アーサヴァッカヤ *107*
アートマン *471, 592*
アーリヤー韻律 *42*
愛著 *112, 268, 277, 380, 600*
愛執 *600*
愛欲 *85, 98, 200, 600, 621, 633*
愛欲の対象 *633*
垢の苦難 *280*
悪因苦果 *478*
悪趣 *524*
欺き *210, 369, 376*
味に耽溺すべきでない *13, 613*
アショーカ王碑文 *4, 179, 472*
アショーカ法勅 *469*
与えられないもの *292, 424*
新しい生存 *510, 513, 584*
アダンマ *325*
アチェーラカ *24*
暑さの苦難 *116*
アヌシュトゥブ *42*
虻と蚊の苦難 *116*
誤った見解 *97*
荒牧典俊 *55, 389*
アルスドルフ（L. Alsdorf）*48, 52, 64, 67, 400*
アンガ *39, 327*
安穏な拠り所 *492, 518*

い

怒り *210, 248, 369, 510, 590*
瞋り *98*
意・口・身 *128*
一切皆苦 *507*
５つの愛欲の対象 *254*
５つの感官（五根）*119*
５つの繋縛 *97*
５つの執著 *96*
５つの制御 *15*
偽り *248, 512*
伊藤道哉 *538*
古えの苦行者 *197*
古えよりの法則 *469*
意（志）に反した死 *477, 516, 578*
犬殺しのマータンガ *11*
意味の転化 *77, 195*
淫愛 *341*
『インド誌』*4*
韻律 *42, 65, 180, 188, 312, 384, 408, 423, 524*
韻律規則 *525*
韻律上 *184, 373, 652*
韻律の図解 *180, 394, 449*

う

ヴァーラッタヤ（Vārattaya）*54*
雨安居 *643*
ヴィンテルニッツ（M. Winternitz）*18, 46, 68, 539*
ヴェーダ期 *468*
ヴェーダの伝統 *447*
飢えの苦難・危難 *165*
有身見 *97, 296*
ウパーデ（A. N. Upadhye）*25*
ウポーサタ（布薩）*436*
ウマースバーティ *40*

え

慧 *98*
榎本文雄 *57, 389, 526*

お

及川真介 *64, 75, 389*
応供 *347*
奥田清明 *537*
汚濁 *593*
オルデンベルク（H. Oldenberg）*24*
飲酒 *593*

か

我 *238, 339*
カースト制度を否定 *10*
ガイガー（W. Geiger）*66*
ガイガー教授夫妻 *470*
戒行浄 *647*
戒禁取見 *97, 296*
外的苦行 *237*
戒に関すること *413*
学禁戒 *58*
覚者たち *294, 303*
学処 *416*
学生期 *8, 21*
影山哲雄 *72*
臥坐所 *101*
家住期 *8, 155, 447*
火身 *15*
渇愛 *99, 200, 292, 600, 621*
ガテギ（A. M. Ghatage）*46*
ガナ *31, 33*
金倉圓照 *38, 237, 389, 470, 524, 646, 654*
悲しみの克服の教え *49*
ガナの指導者 *641*
ガナの園 *642*
カネ（P. V. Kane）*470*
カピラの詩節 *408*
下方に結びつける５つの繋縛（五下分結）*97*
カルマンの流入 *57*
渇きの危難 *141*
感官の対象 *593*
感官を護ること *137*

き

疑 *97, 98*
キーナーサヴァ *107*
黄色い髪をした者 *9, 540*
帰依処 *518*
喜覚支 *515*
帰趣 *293*
危難 *101, 595*
木村泰賢 *72*
究極の目的 *293*
軽安覚支 *515*
驕慢 *96, 590*
享楽 *277, 600*
紀律 *137*
規律三昧 *493*
疑惑 *96*

く

空衣派 *40, 148*
供犠 *8*
苦行 *164, 199, 298, 439, 507, 540*
苦行三昧 *493*
苦行者 *22, 308, 444, 653*
「苦行者の詩」*19, 539, 541*
苦行に努め励むこと *167*
苦行を主とする禅定 *59*
具眼者 *296*
愚者の行為 *198, 477*
具足戒 *94*
愚癡 *96*
苦難 *85, 101, 151, 164, 175, 176, 595*
雲井昭善 *27*

グラーゼナップ（H. v. Glasenapp）*37*
苦しみからの解放 *492*
クレメンス（Clemens）*4*

け

経験的事物 *471*
ケーシ（Kesi, Skt. Keśin）*428*, *493*, *497*
汚れ *153*, *368*
激流＝輪廻 *279*
繋縛 *361*
ケルン（H. Kern）*21*
見解 *198*
眼根 *119*
見取見 *296*
患悩 *106*

こ

古 Āryā 韻律 *67*, *91*, *108*, *149*, *176*, *388*, *408*, *449*, *450*
後安居 *643*
香 *119*
業 *474*, *499*
行為 *475*
行為規定 *406*, *412*
行為（カルマン）に相当する物質 *168*
後期ウパニシャッド *23*
耕作されるべき田地 *629*
耕作の譬喩 *65*
口承文学 *18*
業身 *168*
幸福 *132*, *278*, *279*, *282*, *492*, *592*
高慢 *248*, *376*, *512*
傲慢 *590*
「コーカーリヤ・スッタ」*478*
ゴーヤマ *428*, *493*, *497*
個我 *304*
五蓋 *98*
五学処 *454*
五火二道の輪廻説 *474*
五境 *119*, *209*, *633*
虚空 *325*
五見（5つの誤った見解）*296*
五眼 *293*
五行為 *120*
五根 *119*, *208*
五根（五勝根）*98*
五著 *97*
5種の愛欲 / 欲望の対象 *254*, *583*, *633*
5種の有聚 *325*
5種の欲望 *209*
五浄法 *647*
五誓戒 *213*
五大誓戒 *22*
乞食・遊行の生活 *17*
言葉を慎む *225*
この岸とかなたの岸 *505*
五法 *454*
五用心（注意規定）*120*
五欲 *633*
五倫 *439*
五漏 *120*, *341*
語呂合わせ *177*, *266*, *522*
勤 *98*

さ

在家者の実行すべき5徳目 *434*
最後身をもつ人 *199*
最後の身体 *286*
祭祀 *8*
祭事学 *468*
最上の拠り所 *491*, *518*
再生の原因 *512*
犀の角 *78*, *223*
「犀の角経」*626*
些細なこと *413*
坐所 *100*, *595*
殺害につながる行為 *157*
佐藤密雄 *654*

寒さの苦難 *117*
サンガ *31, 33, 643*
サンガの指導者 *641*
三紀律（防護規定）*120*
3 種の死の形式 *516*
サンデサーラ（U. J. Sandesara）*51*
三毒 *96, 113, 590*
三法印 *507*
三昧 *226, 345, 493*

し

ジーヴァ *168*
字位転換 *177*
四汚濁 *193, 248, 376*
自我の幸福 *465*
時間 *325*
此岸と彼岸 *505*
色 *119*
色界における貪 *98*
自己を知る者 *471*
自己を励ます *585*
四禁戒の法 *417, 429*
自殺 *516, 578*
四住期 / 四生活階梯 *7, 317, 447*
四聖諦 *491, 518*
四姓制度 *622*
四姓の生活階梯 *468*
自制 *118, 137, 199, 215, 456, 592*
自制と苦行 *518*
七覚支 *515*
実践的ダルマ *469*
シッダーンタ *36*
自発的な死 *515, 578*
四波羅夷法 *419*
四非事 *418*
自負 *210, 369, 376*
自分の意に反した死 *515, 578*
自分のために料理されたもの *143*
四分律 *94*
遮 *168*
『ジャーバーラ・ウパニシャッド』*447*
ジャイナ教の禁戒 *58*
ジャイナ教の信仰 *167*
ジャイナ教の聴聞 *167*
ジャイナ教の説く世界観の基礎 *325*
ジャイナ僧院生活 *39*
捨覚支 *515*
寂静 *493*
寂静の境地 *108, 297, 513*
借用語 *29, 177, 533*
邪見 *296*
ジャナカ王 *50, 541*
「沙門果経」*413*
沙門の修道 *54*
沙門の文学 *52, 539*
沙門の理想 *17*
沙門・バラモン *4, 88, 416, 641*
シャルパンティエ（J. Charpentier）*21, 67*
趣 *511, 524*
宗教的托鉢主義 *23*
十事 *646*
自由思想家 *5, 26*
十四徳位 *323*
執著 *103*
住処 *643*
羞恥心 *456*
12 アンガ *327*
シューブリング（W. Schubring）*37, 67*
14 の宝 *391*
修行時代のマハーヴィーラ *147*
修行実践の道 *406*
修行者の外貌 *12*
修行の心構え *402*
修行の妨げ *107, 117, 121, 407, 600*
修習すべき 5 つ *98*
樹身 *15*
出家遊行の生活 *96*
術語 *29, 41, 55, 150, 175, 178, 386, 421,*

520, 523
声 *119*
定 *98*
小戒 *413*
定覚支 *515*
正行三昧 *493*
掉挙 *98*
調御 *199*
小禁戒 *58*
生死の束縛 *132, 514*
成就 *276, 348*
成就者 *211, 476, 587*
清浄になるための道 *507*
精進覚支 *515*
小誓戒 *322*
正法 *472*
浄法 *648*
上方に結びつける５つの繋縛（五上分結） *97*
静慮を主とする禅定 *59*
初期ウパニシャッド *23*
初期の仏教僧伽 *642*
諸行無常 *295, 507*
食料の寄進と貯蔵 *643*
食を受けるときの心構え *612*
所得 *341*
諸法（教え）*205*
諸法の彼岸に到った者 *504*
諸法無我 *507*
所有 *91*
信 *98*
「シンガーラへの教え」*433*
身・口・意 *636*
身根 *120*
真実・最高の実在 *471*
真実・真理 *468*
真実の言葉 *202, 439*
「迅速経」*402*
寝台の苦難 *116, 165*
瞋恚 *96, 113*
真の比丘 *94*
神路 *474*

す

洲＝解脱 *279*
水身 *15*
睡眠 *98, 593*
随眠 *106, 301*
スティーヴンソン（S. Stevenson）*37*
捨てて離れること *415*
捨てるべき５つ *97*
『ストロマティス』*4*
「スンダリカ・バーラドヴァージャ」*343*

せ

制御 *137, 443, 508*
制御された人 *308*
生存の彼岸 *285*
聖なる戒蘊 *413*
性の交替 *451, 527*
征服すべきもの *101*
西方 Girnār *179, 182*
世尊 *255*
世尊たち *273*
舌根 *119*
殺生 *341*
説話 *18*
染 *422*
前安居 *643*
善因楽果 *474*
潜在的煩悩（随眠）*301*
善趣 *524*
禅定 *137, 226*
占相 *90, 108, 413*

そ

僧伽 *399*
僧伽羯磨 *644*

僧伽藍 *643*
挿入母音 *174, 177, 184, 384, 527*
触 *120*
束縛 *120, 265, 304*
素材 *118, 325*
祖道 *474*
園 *643*
尊敬 *467*

た

田（＝感覚や認識の領域）*304*
大海 *497, 511, 620*
大戒 *413*
大禁戒 *58*
大誓戒 *322*
提婆達多 *644*
第 4 生活階梯 *22, 447*
耐えるべきもの *101*
高木訷元 *54, 453*
田賀龍彦 *644, 654*
托鉢 *93, 103*
托鉢時の注意 *217*
蓄え *155*
正しい行為 *589*
正しい時 *127, 611*
「正しい遊行の経」*317*
ダット（S. Dutt）*23, 25*
断つべき 5 つ *97*
谷川泰教 *59, 190, 385, 526*
他人のために用意された食べ物 *143, 611*
田の勝者 *372*
田を知る者 *304, 372*
断食死 *516*
ダンマ *325*
「ダンミカ経」*434*

ち

知見の苦難・危難 *165*
地身 *15*
『チャーンドーグヤ・ウパニシャッド』 *439*
択法覚支 *515*
チャドマスタ・ヴィータ・ラーガ *323*
中戒 *413*
偸盗 *341*
中道 *297*
長老浄 *647*
塵 *168*

つ

通俗語源解釈 *83, 153, 216, 228, 347, 370*
塚本啓祥 *32, 70, 451, 473, 524, 642, 655*
辻直四郎 *70, 494, 535*
土橋恭秀 *191*

て

ティールタンカラ *31, 36*
ディクシット（K. K. Dixit）*42*
定型句的表現 *541*
デーヴェーンドラ（Devendra）*64*
デオ（S. B. Deo）*38*
転訛 *174, 179, 185, 189, 376, 451, 530, 532*

と

土井久弥 *381*
ドイセン（P. Deussen）*21*
動身 *15*
東部（形）*180, 384*
動物を犠牲にして行なう祭祀 *14, 607*
東部方言 *182, 193, 377, 378*
時ならぬ時 *103, 611*
突吉羅罪 *643*
徳禁戒 *58*
独存者 *323*
土着の思想 *25*
独覚 *147*
トリシュトゥブ *42*
貪 *97*

遁世期 *33*
貪欲 *113, 210, 219, 369, 376, 512*

な

内的苦行 *237*
長崎法潤 *58, 538*
中野義照 *73*
中村元 *28, 41, 70, 73, 174, 177, 193, 296, 372, 378, 383, 385, 388, 389, 467, 471, 523, 524, 525, 644*
なすべきでない行為 *413, 417, 420*
7種の経名 *473*
7種の禁戒 *58*
7種の法門 *473*
7つの宝 *391*
「七百犍度」*646*
ナミ王 *51, 275, 541*
難儀・苦難 *101*

に

耳根 *119*
22の苦難・危難 *116, 176*
2種類の苦行 *237*
2種類の法 *428*
ニッガンタ *24*
二道 *474*
入雨安居 *642*
入漏 *476*
如来 *302*
人間としての誕生 *167, 618*

ね

涅槃 *108, 584*
涅槃寂静 *298*
涅槃に到る障害 *621*
涅槃に到る道 *297*
念 *98*
念覚支 *515*

の

ノーマン（K. R. Norman）*64, 67*

は

バーヴァリ *255, 295, 318*
パーサ / パールシュヴァ *31, 58*
ハーディ（S. Hardy）*21*
パーリ律 *94*
『バウダーヤナ・ダルマ・スートラ』*440*
縛 *168, 538*
バグワット（D. Bhagwat）*22*
八斎戒 *59, 436, 454*
八正道 *491, 518*
バラモン・沙門 *4*
バラモン衰退の理由 *27*
バラモンの苦行者 *22*
バラモンの宗教 *8*
バラモンの文学 *539*
バラモンを圧迫してはならないこと *467*
バラモンを殺してはならないこと *467*
反バラモン（的）*17, 22, 32, 55, 413, 446, 473, 507, 644*

ひ

比丘 *170, 413, 418, 442, 459, 463, 510, 585*
鼻根 *119*
非世界 *348*
否定（辞）*71, 95, 179, 371, 387, 653*
一人行く *78, 131, 626*
批判校訂本 *67*
白衣派 *40, 148*
ビューラー（G. Bühler）*21*
病気の苦難 *102*
平等によって *89, 622*
平川彰 *642, 647, 654*

ふ

不淫 *119*

風身 *15*
風俗浄 *647*
不飲酒 *58, 434*
複合語 *534*
複数形の用法 *392*
複数のブッダ *299, 303, 311*
福田 *347, 630*
不還趣 *132, 511*
布薩 *437, 643, 646*
藤田宏達 *378*
不死の底に達した人 *200, 589*
婦人の沙門 *172*
婦人の声聞 *172*
布施 *8, 439, 467, 468, 469*
不殺生 *119, 202*
不善 *593*
２つの gati *618*
不偸盗 *119*
仏教僧伽 *33*
ブッダゴーサ *225*
ブッダの息子 *314*
不適切な話 *593*
舟 *57, 286, 496, 620*
不放逸 *95, 137, 374*
不妄語 *119*
プラティマー *119*
ブラフ（J. Brough）*79*
フランケ（R. O. Franke）*64*
糞掃衣 *13*

へ

ペイ（M. G. Pai）*51*
並行詩脚 *18, 68, 350, 540, 649*
並行詩節 *52, 540, 649*
並行説話 *540*
へびの章 *96, 222*
辺執見 *296*

ほ

母音接続結合 *193*
母音転訛 *396*
放逸 *95, 244, 593*
『法経』*447, 468*
法眼 *293*
法則・正当・基準 *470*
『法典』*447, 468*
法と律 *321*
法に従って生きる *472*
法に住する人 *460*
法の王 *462*
法の三枝 *468*
法の主 *462, 468*
法の道 *294*
方法浄 *650*
法を楽しむ人 *461*
法を喜ぶ人 / 者 *461, 464*
ボードヤの歌 *50*
北部 Kalsi *179*
暴流の外流 / 内流 *56*
ボレー（W. B. Bollée）*64, 67*
梵行 *137, 199, 217*
梵行期 *8, 21, 447*
梵行者 *468*
梵行達成の（ための）条件 *86, 175, 387, 394*
本庄良文 *54, 71, 389*
梵に安住する者 *468, 469*
煩悩 *98, 107, 368, 621*
「梵網経」*413*

ま

マガダの宗教 *25*
松濤誠廉 *40*
マハーヴィーラ *37, 45, 58, 87, 151*
『マハーバーラタ』*19, 543*
慢 *98*

み

ミーマーンサー学派 *468*
水野弘元 *544*
身近なこと *413*
道に生きる者 / 人 *84, 384*
道を汚す人 *384*
道を知る者 / 人 *84, 384*
道を説く者 / 人 *84, 384*
蜜蜂 *218, 277*
ミティラー *50, 541*
宮坂宥勝 *30*
命我 / 霊魂 *118, 150, 348, 497*
命我の本質 *325*
名色 *633*
明知 *518*

む

無衣服の苦難 *117*
無穢濁位 *323*
無作為独存位 *323*
貪り *376*
無色界における貪 *98*
無所有 *201, 634*
無所有の教え *50*
無所得 *119*
無所得の人 *464*
無明 *98, 106*
村上真完 *49, 52, 64, 75, 389*
村の棘 *150, 210*
無漏 *266, 452*

め

メガステネス（Megasthenes） *4*
滅 *168*

も

妄語 *341*
妄想分別 *193, 216*
沐浴 *259, 368*
沐浴者 *54*
聞智三昧 *493*

や

ヤコービ（H. Jacobi） *21, 64*
矢島道彦 *47*
夜叉 *206, 257, 374, 466*

ゆ

遊行期 *23, 447*
遊行乞食 *13*
遊行者の起源 *449*

よ

欲望の対象 *583*
欲望の道程 *293*
４つの汚濁 *238, 512*
４つの行為の汚れ *433*
４つの三昧 *493*
４つの煩悩（汚濁） *369, 375, 512*
拠り所 *459, 491, 518*
４種の義務 *467*

ら

螺髪 *9, 22, 197, 255*

り

六合釈 *535*
離繋者 *464*
『律蔵』 *418, 641, 644*
離不与取 *202*
両数形 *390, 451, 522*
林住期 *8, 447*
林棲期 *155*
輪廻の激流 *57, 285, 496*
輪廻の洪水 *57*
輪廻の５段階 *474*
輪廻の大海 *497*

れ

霊魂 *348, 476*
レーシュヤー *150*

ろ

漏 *57, 106, 168, 621*
ロイマン（E. Leumann）*47, 67*
ロウ（N. N. Law）*23*
ロート（G. Roth）*51*
六師外道 *26, 27, 416, 641*
六十二見（説）*27, 416*
六生類 *15, 342*
漏出 *107*
漏入 *249*

わ

わがものという思い *102, 250*
渡辺研二 *73, 387*
悪い思惟 *106*

引用索引

仏教・ジャイナ教文献

AN. i 94：522(2)
AN. i pp. 185-188：641
AN. i 281：453(38)
AN. iii 248：522(2)
AN. iii 354：453(38)
AN. iii p. 203：454(42)
AN. iii p. 212：454(42)
AN. iv pp. 249-251：454(45)

Aṇu. g. 129：90

Āy. 1.1.2.6 [2.32]：523(13)
Āy. 1.1.6.2 [5.6-8]：637
Āy. 1.2.2.1 [7.20]：619
Āy. 1.2.2.1 [7.23-25]：148
Āy. 1.2.2.3 [8.3]：523(13)
Āy. 1.2.3.4 [8.22]：589
Āy. 1.2.4.4 [10.4]：612
Āy. 1.2.5.3 [10.28-29]：612
Āy. 1.2.6.2 [12.7]：102, 249, 383(125), 633
Āy. 1.2.6.5 [12.28-29]：193(105)
Āy. 1.2.6.5 [12.30]：522(2)
Āy. 1.3.1.2 [13.17]：583, 654(57)
Āy. 1.3.1.3 [13.23]：618
Āy. 1.3.2.1 [14.12]：584
Āy. 1.3.2.1 [14.15]：618
Āy. 1.3.2.3 [15.10]：590
Āy. 1.3.3.1 [15.19]：603
Āy. 1.3.3.3 [16.1]：100
Āy. 1.3.3.4 [16.16]：583, 654(57)
Āy. 1.4.1.1 [17.16-18]：273
Āy. 1.4.2.3 [18.15]：587
Āy. 1.4.2.6 [19.7-8]：637
Āy. 1.4.4.3 [20.13]：441, 608
Āy. 1.5.1.1 [21.3]：618
Āy. 1.5.1.3 [21.16]：627
Āy. 1.5.3.2 [23.12]：618
Āy. 1.5.4.2 [24.9-11]：607
Āy. 1.5.4.3 [24.13]：607
Āy. 1.5.5.4 [25.20-24]：603-4
Āy. 1.5.6.1 [26.1]：592-3
Āy. 1.6.2.3 [29.12]：174(1), 372(35), 392(207)
Āy. 1.6.5.2 [31.22-25]：466
Āy. 1.6.5.3 [32.2]：522(2), 581
Āy. 1.8.1.4 [33.20]：453(38)
Āy. 1.8.1.4 [33.20-23]：638-9
Āy. 1.8.6.5 [38.1]：589
Āy. 1.8.8.3：132-3
Āy. 1.8.8.7：249
Āy. 1.8.8.7-23：249, 516
Āy. 1.8.8.14：242
Āy. 1.8.8.24：208
Āy. 1.8.8.25：516
Āy. 1.9.1.1：89
Āy. 1.9.1.2：287
Āy. 1.9.1.4：147
Āy. 1.9.1.9：243
Āy. 1.9.1.16：281
Āy. 1.9.1.20：241
Āy. 1.9.1.22：147-8
Āy. 1.9.2.2-3：87
Āy. 1.9.2.4：87, 243
Āy. 1.9.2.10：182(48), 208
Āy. 1.9.3.3：209

Āy. 1.9.3.4：209-10
Āy. 1.9.3.7：150-1, 210, 605
Āy. 1.9.3.8：287-8, 356, 506
Āy. 1.9.4.3：209, 369(13)
Āy. 1.9.4.14：606
Āy. 2.15 [131-137]：417-8, 422
Āy. 2.16.2：397(239)
Āy. 2.16.3：598

BHS Dhp. 1：531(60)

Candāvejjhaya v. 44：385(151)

Cullavagga XII：646-7

Dasav. 1.2：277, 443
Dasav. 1.3：88, 277, 443
Dasav. 1.5：278, 307
Dasav. 3.11：341
Dasav. 3.13：263
Dasav. 3.15：267, 518
Dasav. 4.1：426, 452(31)
Dasav. 4.2：426, 452(31)
Dasav. 4.3：426-7, 452(31)
Dasav. 4.4：427, 452-3(31)
Dasav. 4.5：427, 453(31)
Dasav. 4.6：427, 453(31)
Dasav. 4.18：12, 156
Dasav. 4.19：156
Dasav. 4.22：323, 348
Dasav. 4.23：323
Dasav. 4.26-27：85
Dasav. 5.1.2：246-7
Dasav. 5.1.66：132
Dasav. 5.1.74：13, 580
Dasav. 5.1.78：13, 580
Dasav. 5.1.87：133
Dasav. 5.1.92：333
Dasav. 5.1.93：334
Dasav. 5.2.4：178(31)
Dasav. 5.2.6：127-8
Dasav. 5.2.9：239
Dasav. 5.2.25：112
Dasav. 5.2.34：87, 242, 586
Dasav. 5.2.36：135
Dasav. 5.2.42：166
Dasav. 5.2.50：132, 312
Dasav. 6.1：641-2
Dasav. 6.10：605
Dasav. 6.16：244
Dasav. 6.18-19：612
Dasav. 6.19：155
Dasav. 6.21：260, 268
Dasav. 6.23：456(54)
Dasav. 6.37-39：267-8, 307
Dasav. 6.49：260
Dasav. 6.50：464, 471
Dasav. 6.55：313
Dasav. 6.61：217, 370(25)
Dasav. 6.62：217, 370(25)
Dasav. 6.63：217, 370(25)
Dasav. 6.65：12
Dasav. 6.67：307
Dasav. 6.69：268
Dasav. 7.26：638
Dasav. 7.30：638
Dasav. 7.41：241
Dasav. 7.51：489-90
Dasav. 7.55：250
Dasav. 7.56：308
Dasav. 8.21：640
Dasav. 8.39：512
Dasav. 8.47：640
Dasav. 8.62：268
Dasav. 9.1.12：596
Dasav. 9.1.13：456(54)
Dasav. 9.1.17：281, 381(113)
Dasav. 9.3.14：238, 376(67), 381(113)

Dasav. 9.3.15：246, 334
Dasav. 9.4.10：329
Dasav. 9.4.11：492
Dasav. 10.1：312
Dasav. 10.2：115, 177(27), 607
Dasav. 10.3：115, 193(110)
Dasav. 10.4：115, 611
Dasav. 10.5：121
Dasav. 10.6：126, 312
Dasav. 10.7：187(70), 457(57)
Dasav. 10.8：133, 187(70)
Dasav. 10.9：187(70)
Dasav. 10.10：114-5, 188(76)
Dasav. 10.11：116, 599
Dasav. 10.12：118-9, 586
Dasav. 10.13：235
Dasav. 10.15：105-6, 585
Dasav. 10.16：127, 609
Dasav. 10.17：118
Dasav. 10.20：463-4, 471
Dasav. 10.21：132, 511
Dasav. 11.8：333
Dasav. 11.10：285
Dasav. 12.5：263
Dasav. 12.11：130-1
Dasav. 12.14：395(234)

Dhp. 1：531(60)
Dhp. 20：581-2
Dhp. 21：594
Dhp. 23：491
Dhp. 24：140
Dhp. 25：279
Dhp. 26：279
Dhp. 29：457(54), 593
Dhp. 31：95-6
Dhp. 32：96
Dhp. 33：280
Dhp. 36：279-80
Dhp. 49：80, 218, 442-3
Dhp. 63：575
Dhp. 70：582, 651(23)
Dhp. 73：95
Dhp. 74：154
Dhp. 75：108, 170, 297
Dhp. 79：461
Dhp. 82：577
Dhp. 85：495, 619
Dhp. 89：515
Dhp. 90：508
Dhp. 91：271
Dhp. 94：266
Dhp. 95：264
Dhp. 97：271
Dhp. 98：271, 453(38), 639
Dhp. 103：591
Dhp. 104：140, 592
Dhp. 105：140
Dhp. 115：472
Dhp. 129：603
Dhp. 130：603
Dhp. 141：282, 580
Dhp. 142：80, 604
Dhp. 143A：352
Dhp. 143B：352
Dhp. 144：352-3
Dhp. 164：270
Dhp. 169：461-2
Dhp. 171：576
Dhp. 179：292
Dhp. 180：292
Dhp. 182：294, 618
Dhp. 183：299, 632
Dhp. 184：82, 164, 298, 311, 598
Dhp. 185：13, 299, 580, 594, 632
Dhp. 188：491, 638
Dhp. 189：491, 583, 638
Dhp. 190：291, 492, 517-8

Dhp. 191：291, 492, 518
Dhp. 192：492, 518, 583
Dhp. 193：294, 352
Dhp. 194：294, 311
Dhp. 200：542, 608
Dhp. 205：461
Dhp. 208：282
Dhp. 222：590
Dhp. 225：229
Dhp. 239：278
Dhp. 243：106
Dhp. 246：434, 438
Dhp. 247：434, 438
Dhp. 255：295
Dhp. 257：280
Dhp. 262：279
Dhp. 263：279
Dhp. 264：81, 445, 579
Dhp. 265：83, 597
Dhp. 266：94
Dhp. 267：99
Dhp. 268-269：228
Dhp. 272：106, 107
Dhp. 275：343
Dhp. 276：343
Dhp. 277：507
Dhp. 278：507
Dhp. 279：507
Dhp. 281：255, 371(28), 444, 636
Dhp. 285：190(85), 586, 597
Dhp. 288：601, 610
Dhp. 289：601
Dhp. 296：290
Dhp. 297：290
Dhp. 298：290
Dhp. 306：475
Dhp. 320：397(239)
Dhp. 321：598
Dhp. 322：349, 393(224)
Dhp. 325：617
Dhp. 330：355
Dhp. 343：99
Dhp. 348：286, 503
Dhp. 351：509
Dhp. 352：509-10
Dhp. 360：508
Dhp. 361：105, 444, 508, 583, 636
Dhp. 362：105, 584-5
Dhp. 363：105
Dhp. 364：105, 461, 581
Dhp. 365-366：104
Dhp. 367：102, 633
Dhp. 368：109, 297-8
Dhp. 370：97, 621
Dhp. 373：472
Dhp. 377：590
Dhp. 378：104, 636
Dhp. 379：106, 585
Dhp. 381：298
Dhp. 382：109, 298, 630-1
Dhp. 385：198, 631
Dhp. 386：199
Dhp. 387：297
Dhp. 388：153, 200
Dhp. 389：200
Dhp. 391：200, 444, 636
Dhp. 393：9, 12-3, 197, 445, 622
Dhp. 394：198
Dhp. 395：13, 198, 579, 614
Dhp. 396：201, 441
Dhp. 397：200
Dhp. 398：300
Dhp. 399：598
Dhp. 400：199
Dhp. 401：586-7
Dhp. 402：200
Dhp. 403：278
Dhp. 404：64, 146, 188(77), 200, 599

Dhp. 405：202, 604
Dhp. 407：200, 591
Dhp. 408：202
Dhp. 409：202, 607-8
Dhp. 410：200
Dhp. 411：200, 513, 589
Dhp. 412：200
Dhp. 413：200, 578, 631
Dhp. 414：198
Dhp. 415：147, 200
Dhp. 416：147, 200
Dhp. 418：203, 336
Dhp. 419：203, 301
Dhp. 420：203, 270
Dhp. 421：203, 441-2, 608
Dhp. 422：203, 216, 300, 315, 335-6
Dhp. 423：203, 232

DN. i pp. 3-12：413
DN. i pp. 47-49：417
DN. i p. 63.13-18：416
DN. i pp. 63-69：413
DN. i p. 70.4-5：415
DN. ii pp. 100-101：459-60
DN. ii p. 154.4-8：321
DN. iii p. 83：472
DN. iii p. 181：433
DN. iii p. 182：433

GDhp. 66：179(37)
GDhp. 118：457(54)
GDhp. 201：532(60)
GDhp. 329：397(239)

Isibh.(各章初)：256, 310
Isibh.(各章末)：256, 310, 512
Isibh. 1.2：583
Isibh. 3.4：422
Isibh. 3.7：590
Isibh. 3.11：514
Isibh. 4.23：178(36), 585
Isibh. 4.24：178(36), 585
Isibh. 5.3：422-3
Isibh. 9.33：328
Isibh. 11.2：340
Isibh. 17.1：508-9, 583
Isibh. 19.5：276
Isibh. 24.1：328
Isibh. 26.7：214
Isibh. 26.8：628-9
Isibh. 26.9：629
Isibh. 26.10：629
Isibh. 26.11：629
Isibh. 26.15：627, 629
Isibh. 27.1：114, 129-30
Isibh. 27.2：244-5
Isibh. 27.7：464
Isibh. 28.3：652(24)
Isibh. 28.19：498, 619
Isibh. 28.20：498, 619
Isibh. *32.1：162
Isibh. 32.4：627, 629
Isibh. 33.3：490
Isibh. 33.6：616-7
Isibh. 34.4：131-2
Isibh. 34.6：587
Isibh. *34.33：162
Isibh. 35.23：252, 340
Isibh. *37.2：162
Isibh. 38.4：311, 632
Isibh. 38.5：311
Isibh. 38.12：326
Isibh. 38.13：339-40
Isibh. 41,13：582
Isibh. 45.21：253
Isibh. 45.23：326
Isibh. 45.25：329
Isibh. 45.27：328

Isibh. 45.30：328
Isibh. 45.32：328
Isibh. 45.37：329-30
Isibh. 45.42：329

Jā. vi 63.20*：580
Jā. 497, g. 2：193(113)
Jā. 497, g. 3：368(11)
Jā. 497, g. 4：368-9(11), 375(64)
Jā. 497, g. 5：369(11), 375(65)
Jā. 497, g. 6：369(11)
Jā. 498, g. 21：381(111)
Jā. 509, g. 4：376(72)
Jā. 538, g. 104：616
Jā. 539, g. 125：541
Jā. 539, g. 128：542
Jā. 539, g. 170：393(225)
Jā. 629, g. 12：373(53)

Kalp. Jinacaritra 124：385(148)
Kalp. p. 37：388(177)

Mahāvagga I 23.1-10, 24.1-6：641
Mahāvagga I 78.1-5：418
Mahāvagga III 1-4：642

Miln. p. 66：525(39)
Miln. p. 67：526(40)
Miln. 402：594

Mvu. III 387.19-388.1：371(32)
Mvu. III 388.6：370(28)
Mvu. III 388.8：370(28)
Mvu. III 398.19-399.2：372(34)
Mvu. III 421.18-19：383(137)
Mvu. III 422.4-5：178(34)
Mvu. III 422.10-11：179(37)
Mvu. III 423.1-2：178(35)
Mvu. III 435.8：582, 651(23)
Mvu. III 453.1：542

Paṇhāvāgaraṇāiṃ 1.1：533(62)

PDhp. 1：532(60)
PDhp. 18：457(54)
PDhp. 215：397(239)

SN. i 3.2：525(39)
SN. i 69：453(38)
SN. i 87：174(4)
SN. i 89：174(4)
SN. i 154：594, 626
SN. i 233：453(38)
SN. i p. 17：472
SN. i p. 18：373(49)
SN. i p. 114：542
SN. i p. 137：472
SN. i pp. 138-140：472

Sn. pp. 91-92：416, 641
Sn. 1：505, 589-90, 623
Sn. 1-17：623
Sn. 4：97
Sn. 7：106
Sn. 11：96
Sn. 12：96
Sn. 13：96
Sn. 14：106-7
Sn. 15：107
Sn. 16：98-9
Sn. 17：98, 589, 626
Sn. 21：496
Sn. 31：233
Sn. 32：505
Sn. 35：604
Sn. 35-75：78, 223, 626
Sn. 43：154
Sn. 44：335

Sn. 53：355
Sn. 58：460-1
Sn. 60：609
Sn. 69：581
Sn. 71：625, 628
Sn. 72：183(50), 594
Sn. 77：65, 627
Sn. 78：65, 628
Sn. 79：65-6, 628
Sn. 80：583, 627, 628
Sn. 82：347, 628
Sn. 83：301-2, 462
Sn. 84：384(145)
Sn. 85：302-3, 384(145)
Sn. 86：83, 110, 303
Sn. 87：84, 110, 231
Sn. 88：84, 110, 140
Sn. 117：431
Sn. 119：431, 453(38), 638
Sn. 121：431
Sn. 122：431-2
Sn. 123：431
Sn. 129：432
Sn. 131：432
Sn. 134：169
Sn. 136：11, 432, 446, 622
Sn. 142：11, 432, 446, 622
Sn. 143：449(3)
Sn. 143-152：400-402
Sn. 146：604
Sn. 150：604
Sn. 153-164：437
Sn. 155：266
Sn. 156：139
Sn. 157：139, 292, 586
Sn. 161：292
Sn. 163A, B：231, 634
Sn. 164：232, 634, 635
Sn. 165：232, 337
Sn. 166：78-9, 356, 583-4
Sn. 167：293
Sn. 171：583, 633
Sn. 172：583
Sn. 174：619
Sn. 186：271
Sn. 189：81
Sn. 190：81
Sn. 202：109
Sn. 204：109, 513-4
Sn. 207：222
Sn. 208：79, 223
Sn. 209：223
Sn. 210：224, 286, 502-3
Sn. 211：224
Sn. 212：226
Sn. 213：223, 602, 625
Sn. 214：227
Sn. 215：228
Sn. 216：227
Sn. 217：218
Sn. 218：220
Sn. 219：228, 265
Sn. 220：229
Sn. 221：111
Sn. 225：472
Sn. 242：432-3
Sn. 249：282
Sn. 250：460, 581, 588
Sn. 252：302
Sn. 257：461
Sn. 273：620
Sn. 274：154
Sn. 276：95
Sn. 278：95, 616
Sn. 284：163, 254
Sn. 285：609
Sn. 286：196
Sn. 287：196-7

Sn. 288：197
Sn. 295：14
Sn. 316：282, 594
Sn. 317：594
Sn. 318：282
Sn. 320：282
Sn. 321：282
Sn. 322：282
Sn. 323：278, 282
Sn. 327：461, 471, 580
Sn. 338：13, 580, 594
Sn. 347：343
Sn. 360：107-8
Sn. 365：444, 636
Sn. 366：612
Sn. 367：97
Sn. 368：100, 177(26)
Sn. 372：317-8
Sn. 375：106
Sn. 376：146, 169, 381(109)
Sn. 377：293
Sn. 378：466
Sn. 379：319
Sn. 383：299
Sn. 385：110, 146
Sn. 386：103, 442, 611
Sn. 388：104
Sn. 389：170
Sn. 393：274, 438
Sn. 394：434, 603, 606
Sn. 395：434-5
Sn. 396：435
Sn. 397：435
Sn. 398：435
Sn. 399：435-6
Sn. 400：436
Sn. 401：436
Sn. 402：436-7
Sn. 408：295
Sn. 411：100, 607
Sn. 423：155, 297
Sn. 424：155, 489
Sn. 425：491
Sn. 441：635
Sn. 454：299, 492
Sn. 462：11, 221, 352, 622
Sn. 467：343
Sn. 468：343
Sn. 469：204, 344
Sn. 470：344
Sn. 471：344
Sn. 472：344
Sn. 473：344
Sn. 474：344
Sn. 475：344
Sn. 476：344-5
Sn. 477：345
Sn. 478：345, 510
Sn. 481：347, 628
Sn. 484：224
Sn. 486：293
Sn. 490：347
Sn. 493：590-1
Sn. 500：589
Sn. 513：291
Sn. 514：99
Sn. 515：83, 177(26)
Sn. 517：291
Sn. 519：204, 346-7, 598
Sn. 520：83, 264, 597-8
Sn. 521：216
Sn. 522：264-5, 356
Sn. 523：174(8), 221-2, 303-4
Sn. 524：222, 265, 304
Sn. 525：265
Sn. 526：265-6
Sn. 527：228
Sn. 528：351

Sn. 529：351
Sn. 530：265, 351
Sn. 531：266, 351
Sn. 532：12, 265, 351
Sn. 533：160
Sn. 534：161
Sn. 535：161-2
Sn. 536：161, 162
Sn. 537：160, 604-5
Sn. 539：269, 286, 502
Sn. 540：83, 233, 373(52)
Sn. 541：233
Sn. 543：337, 355
Sn. 544：12, 351
Sn. 545：234, 301
Sn. 547：336
Sn. 551：79-80
Sn. 554：462
Sn. 555：462
Sn. 558：293
Sn. 566：596
Sn. 571：234, 301
Sn. 573：109, 356, 596
Sn. 576：614
Sn. 577：614
Sn. 578：615
Sn. 581：615-6
Sn. 587：475
Sn. 592：584
Sn. 598：631
Sn. 601-611：623
Sn. 620：201, 441
Sn. 621：200
Sn. 622：300
Sn. 623：598
Sn. 624：199
Sn. 625：586-7
Sn. 626：200
Sn. 627：278
Sn. 628：146, 200, 599
Sn. 629：202, 604
Sn. 631：200, 591
Sn. 632：202
Sn. 633：202, 607-8
Sn. 634：200
Sn. 635：200, 513, 589
Sn. 636：200
Sn. 637：200, 578, 631
Sn. 638：198, 501-2
Sn. 639：147, 200
Sn. 640：147, 200
Sn. 642：203, 336
Sn. 643：203, 301
Sn. 644：203, 270
Sn. 645：203, 441-2, 608
Sn. 646：203, 216, 300, 315, 335-6
Sn. 648：622-3
Sn. 650：11-2, 198, 446, 621
Sn. 654：475
Sn. 655：199, 298
Sn. 661：475
Sn. 665：617
Sn. 667：486
Sn. 669：483
Sn. 670：479-80
Sn. 671：480
Sn. 672：480
Sn. 673：485, 531(57)
Sn. 674：485
Sn. 675：482, 484
Sn. 679：254
Sn. 689：254-5
Sn. 696：294
Sn. 697：319
Sn. 698：319
Sn. 703：220, 601-2
Sn. 705：603
Sn. 708：218

Sn. 711：221
Sn. 712：613
Sn. 714：82, 495
Sn. 716：140
Sn. 729：517
Sn. 730：517
Sn. 733：510
Sn. 741：100
Sn. 743：510
Sn. 746：99, 510
Sn. 749：460
Sn. 769：285, 382(118), 632
Sn. 770：286
Sn. 771：286, 496
Sn. 776：526(40)
Sn. 779：219-20, 441
Sn. 780：225
Sn. 790：201-2
Sn. 793：587
Sn. 795：202
Sn. 798：587
Sn. 802：587
Sn. 803：198-9, 503, 602
Sn. 805：102-3, 250, 383(125), 634
Sn. 809：219
Sn. 810：595
Sn. 811：220, 586, 588
Sn. 812：220, 588
Sn. 813：380(105), 587
Sn. 821：79, 220
Sn. 823：224, 620
Sn. 844：218-9
Sn. 845：219, 356
Sn. 848：380(105)
Sn. 850：225
Sn. 853：380(105)
Sn. 854：13, 612, 613
Sn. 860：229
Sn. 868：82
Sn. 877：225
Sn. 896：488
Sn. 907：205, 602
Sn. 912：225
Sn. 914：225-6, 588
Sn. 915-934：402-6
Sn. 919：108-9
Sn. 922：13, 613
Sn. 923：101
Sn. 924：612
Sn. 927：108
Sn. 929：101, 599
Sn. 932：639
Sn. 933：109, 180(42), 594
Sn. 934：592, 594
Sn. 941：219
Sn. 946：232
Sn. 947：470
Sn. 950：178(30)
Sn. 953：488
Sn. 954：230
Sn. 957：264, 302
Sn. 958-959：100-1
Sn. 958-960：595
Sn. 960：101
Sn. 964：101, 595
Sn. 965：101-2, 595
Sn. 966：101, 102, 595
Sn. 968：590
Sn. 971：13, 580
Sn. 989：318
Sn. 991-993：318
Sn. 992：287, 296, 363, 502
Sn. 993：296-7
Sn. 996：318
Sn. 998：295
Sn. 999：295
Sn. 1000：295
Sn. 1003：270

Sn. 1005：296
Sn. 1019：295-6
Sn. 1022：296
Sn. 1025：255
Sn. 1031：342
Sn. 1033：637-8
Sn. 1041：99
Sn. 1055：604-5
Sn. 1056：103
Sn. 1058：355-6
Sn. 1059：495-6
Sn. 1064：472
Sn. 1065：466
Sn. 1068：604-5
Sn. 1077：230
Sn. 1078：230
Sn. 1079：82
Sn. 1080：82
Sn. 1082：82, 621
Sn. 1091：226-7
Sn. 1096：337
Sn. 1098：489
Sn. 1102：336, 472
Sn. 1104：100
Sn. 1105：286
Sn. 1126：256, 302
Sn. 1128：297
Sn. 1129：299-300, 504-5
Sn. 1130：504

Sut. vol. I, p. 227：417

Sūy. 1.1.1.3：606
Sūy. 1.1.1.6：635
Sūy. 1.1.1.19：509, 583
Sūy. 1.1.2.4：576
Sūy. 1.1.2.28：523(13)
Sūy. 1.1.2.31：498, 620
Sūy. 1.1.2.32：498, 620
Sūy. 1.1.3.2：345
Sūy. 1.1.3.12：241
Sūy. 1.1.4.1：576
Sūy. 1.1.4.12：247-8
Sūy. 1.1.4.13：132
Sūy. 1.2.1.2：615
Sūy. 1.2.1.7：283
Sūy. 1.2.1.11：341
Sūy. 1.2.1.12：338
Sūy. 1.2.1.14：253, 580
Sūy. 1.2.1.15：211
Sūy. 1.2.1.21：338
Sūy. 1.2.2.1：214-5, 239, 536(95), 623
Sūy. 1.2.2.4：87-8
Sūy. 1.2.2.5：215, 239
Sūy. 1.2.2.6：215, 240
Sūy. 1.2.2.7：586
Sūy. 1.2.2.9：103, 250, 289, 500, 634
Sūy. 1.2.2.16：118
Sūy. 1.2.2.17：595
Sūy. 1.2.2.18：240, 345-6
Sūy. 1.2.2.19：134
Sūy. 1.2.2.25：209
Sūy. 1.2.2.29：210
Sūy. 1.2.2.30：465
Sūy. 1.2.3.9：617
Sūy. 1.2.3.15：465
Sūy. 1.2.3.22：272
Sūy. 1.3.2.1：113
Sūy. 1.3.2.13：113
Sūy. 1.3.2.14：306
Sūy. 1.3.4.8：423
Sūy. 1.4.1.1：191(91)
Sūy. 1.4.1.7：149
Sūy. 1.4.1.8：149
Sūy. 1.4.1.9：149
Sūy. 1.4.1.13：149
Sūy. 1.4.1.16：85
Sūy. 1.4.1.26：85

Sūy. 1.4.1.27：150
Sūy. 1.4.1.30：150
Sūy. 1.4.2.1：85
Sūy. 1.4.2.21：150
Sūy. 1.4.2.22：341
Sūy. 1.5.1.1：253-4
Sūy. 1.5.1.8：484
Sūy. 1.5.1.9：482
Sūy. 1.5.1.10：480-1
Sūy. 1.5.1.14：482
Sūy. 1.5.1.21：482
Sūy. 1.5.1.22：483
Sūy. 1.5.1.24：479
Sūy. 1.5.2.7：484
Sūy. 1.5.2.9：484
Sūy. 1.5.2.20：481-2
Sūy. 1.5.2.24：100
Sūy. 1.6.4：606
Sūy. 1.6.7：325
Sūy. 1.6.22：261
Sūy. 1.6.23：89
Sūy. 1.6.25：339
Sūy. 1.6.29：272
Sūy. 1.7.25：617-8
Sūy. 1.7.29：235-6, 586
Sūy. 1.8.23：309
Sūy. 1.9.1：325
Sūy. 1.9.5：610
Sūy. 1.9.29：243
Sūy. 1.9.32：316
Sūy. 1.9.33：339
Sūy. 1.9.34：340
Sūy. 1.9.36：238
Sūy. 1.10.4：247
Sūy. 1.10.9：238
Sūy. 1.11.1：619
Sūy. 1.11.17：521(13)
Sūy. 1.11.22：315
Sūy. 1.11.23：275
Sūy. 1.11.25：306
Sūy. 1.11.33：209, 369(15)
Sūy. 1.11.38：348
Sūy. 1.12.9：184(56)
Sūy. 1.12.16：346, 602
Sūy. 1.13.10：158, 501
Sūy. 1.13.11：501
Sūy. 1.13.23：605
Sūy. 1.14.1：538(118)
Sūy. 1.14.18：289, 500
Sūy. 1.14.21：639-40
Sūy. 1.15.20：346
Sūy. 2.6.28：385(149)

Th. 31：397(239)
Th. 35：514, 518
Th. 142：594
Th. 173：350
Th. 174：350
Th. 243：71(20), 579
Th. 244：397(239)
Th. 250：304
Th. 288：318-9
Th. 358：350, 394(228)
Th. 373：581-2
Th. 475：319
Th. 477：319
Th. 585：179(37)
Th. 626：319-20
Th. 631：199, 298
Th. 659：350
Th. 676：507
Th. 677：507
Th. 678：507
Th. 684：397(239)
Th. 783：577
Th. 786：477
Th. 788：614-5
Th. 991：271, 453(38), 639

Th. 1083：596
Th. 1131：320
Th. 1151：602
Th. 1178：596

Thī. 75：381(110)
Thī. 213：577

Ud. 3.9：188(77)
Ud. 4.8：397(239)

Utt. 1.7：314
Utt. 1.12：353, 395(234)
Utt. 1.19：141
Utt. 1.24：134
Utt. 1.27：385(151)
Utt. 1.29：306
Utt. 1.31：134, 178(31), 611
Utt. 1.32：133
Utt. 1.34：143, 611
Utt. 1.35：143-4
Utt. 1.36：241
Utt. 1.39：274-5
Utt. 1.45：281
Utt. 2 章初：89
Utt. 2.2：133, 164
Utt. 2.3：13, 579, 614
Utt. 2.4：141, 177(27), 456(54), 607
Utt. 2.6：241-2, 586
Utt. 2.7：117
Utt. 2.10：356-7, 536(99)
Utt. 2.12：117
Utt. 2.14：151
Utt. 2.15：242, 464, 581
Utt. 2.18：181(45), 626-7
Utt. 2.19：126, 600
Utt. 2.22：117, 165
Utt. 2.24：128
Utt. 2.26：116, 599
Utt. 2.27：85, 142
Utt. 2.34：142, 165-6
Utt. 2.36：280
Utt. 2.38：243
Utt. 2.39：13-4, 64, 188(77), 600, 613
Utt. 2.42：165
Utt. 2.43：165
Utt. 2.44：165
Utt. 2.45：165, 334
Utt. 3.1：618
Utt. 3.5：598
Utt. 3.11：167
Utt. 3.17：382(118), 632
Utt. 3.18：374(55)
Utt. 4.3：476
Utt. 4.8：244
Utt. 4.10：263
Utt. 4.11：86, 121
Utt. 5.2：515, 578
Utt. 5.3：516, 578
Utt. 5.4：477
Utt. 5.5-7：477
Utt. 5.8：477, 523(13), 605
Utt. 5.9：477
Utt. 5.10：477
Utt. 5.11：477
Utt. 5.12：477
Utt. 5.13：477
Utt. 5.14：478
Utt. 5.15：478
Utt. 5.18：578
Utt. 5.20：137
Utt. 5.28：283
Utt. 5.29：283
Utt. 5.30：577-8
Utt. 6.3：610
Utt. 6.8：583
Utt. 6.10：575-6
Utt. 6.16：442, 593

Utt. 7.1-7：618
Utt. 7.24：493
Utt. 7.30：245
Utt. 8.1-20：408-11
Utt. 8.2：114
Utt. 8.4：111-2, 266-7, 538(118)
Utt. 8.5：533(62)
Utt. 8.6：277
Utt. 8.7：14, 90
Utt. 8.9：267
Utt. 8.12：613
Utt. 8.13：91
Utt. 8.14：174(9)
Utt. 8.18：601
Utt. 8.19：121-2, 148-9, 463, 601
Utt. 8.20：463, 537(112)
Utt. 9.14：51, 541, 608, 634
Utt. 9.15：127, 610
Utt. 9.16：132, 234
Utt. 9.22：244
Utt. 9.28：489, 526(40)
Utt. 9.34：591-2
Utt. 9.35：592
Utt. 9.36：375(67), 592
Utt. 9.38：88, 207
Utt. 9.44：582, 651(23)
Utt. 9.53：525(35)
Utt. 9.56-58：275-6
Utt. 9.60：252
Utt. 10.1：614
Utt. 10.28：586
Utt. 10.29：157
Utt. 10.31：320-1
Utt. 10.34：496-7
Utt. 10.35：494
Utt. 10.36：63, 144-5, 308, 597
Utt. 11.13：308
Utt. 11.16：12, 284, 330, 353
Utt. 11.17：284, 331, 354
Utt. 11.18：284, 331
Utt. 11.19：284, 331
Utt. 11.20：284, 331
Utt. 11.21：284, 331
Utt. 11.22：284, 331-2
Utt. 11.23：284, 332
Utt. 11.24：284, 332
Utt. 11.25：284, 332, 630
Utt. 11.26：285, 332
Utt. 11.27：285, 332
Utt. 11.28：285, 332-3
Utt. 11.29：285, 333
Utt. 11.30：285, 333
Utt. 11.31：267, 330
Utt. 11.32：284, 330
Utt. 12.1：131, 235
Utt. 12.2：143
Utt. 12.3：443, 637
Utt. 12.8：466-7
Utt. 12.9：143, 611
Utt. 12.10：166-7
Utt. 12.11：14, 206, 368(11)
Utt. 12.12：206, 368-9(11), 630
Utt. 12.13：206, 369(11), 630
Utt. 12.14：206-7, 369(11), 374(64)
Utt. 12.15：246
Utt. 12.21：257
Utt. 12.22：144, 257-8
Utt. 12.23：258
Utt. 12.27：260
Utt. 12.31：236, 259
Utt. 12.33：467
Utt. 12.37：276
Utt. 12.41：15
Utt. 12.42：15
Utt. 12.44：15
Utt. 12.47：259
Utt. 13.17：122
Utt. 13.21：526(40)

Utt. 13.22：600, 610
Utt. 13.23：600-1
Utt. 13.27：276-7, 381(111)
Utt. 13.32：463, 581
Utt. 13.35：261, 536(87)
Utt. 14.7：7
Utt. 14.9：7, 251
Utt. 14.12-14：16
Utt. 14.16：7, 16
Utt. 14.17：16, 91-2
Utt. 14.22：16
Utt. 14.23：16, 616
Utt. 14.26：16
Utt. 14.27：17
Utt. 14.28：17, 511
Utt. 14.29-30：17
Utt. 14.34：623-4
Utt. 14.51：508
Utt. 14.52：508
Utt. 15.1：111
Utt. 15.2：112-3, 188(76)
Utt. 15.3：114, 236, 599
Utt. 15.4：116, 594, 596, 599
Utt. 15.5：117, 144, 166
Utt. 15.6：121, 167
Utt. 15.7：123
Utt. 15.8：123
Utt. 15.9：125
Utt. 15.10：126
Utt. 15.11：127
Utt. 15.12：128, 457(57), 637
Utt. 15.13：129, 613
Utt. 15.14：130, 626
Utt. 15.15：130
Utt. 15.16：13, 78, 131, 372(35), 580, 626
Utt. 16.2：122
Utt. 16.3：122
Utt. 16.4-5：86
Utt. 16.10：633
Utt. 16.11：394(234)
Utt. 16.12-14：394-5(234)
Utt. 16.15：464, 581
Utt. 17.1：158-9
Utt. 17.21：514
Utt. 18.19：151-2
Utt. 18.21：314
Utt. 18.22：288, 499
Utt. 18.23：5
Utt. 18.24：309, 634, 635
Utt. 18.30：144
Utt. 18.32：310
Utt. 18.48：159
Utt. 19.5：85, 144
Utt. 19.10：423
Utt. 19.15：637
Utt. 19.16：609
Utt. 19.18：610
Utt. 19.21：526(40)
Utt. 19.25：424
Utt. 19.26：424
Utt. 19.27：424
Utt. 19.28：424
Utt. 19.29：424
Utt. 19.30：424
Utt. 19.49：479
Utt. 19.50：480
Utt. 19.51：481
Utt. 19.52：481
Utt. 19.53：481
Utt. 19.54：481
Utt. 19.55：482
Utt. 19.56：483
Utt. 19.57：483
Utt. 19.58：483
Utt. 19.59：484
Utt. 19.60：485
Utt. 19.61：485
Utt. 19.62：485

Utt. 19.63：485
Utt. 19.64：485-6
Utt. 19.65：486
Utt. 19.66：486
Utt. 19.67：486
Utt. 19.68：486
Utt. 19.69：486-7
Utt. 19.70：487
Utt. 19.75：124
Utt. 19.76：124
Utt. 19.77：124
Utt. 19.78：124
Utt. 19.79：124
Utt. 19.80：124
Utt. 19.81：124
Utt. 19.82：125
Utt. 19.83：125, 247
Utt. 19.84：125
Utt. 19.86：624
Utt. 19.88：425
Utt. 19.89：605
Utt. 19.96：258
Utt. 20.4：275
Utt. 20.8：156
Utt. 20.34：156-7
Utt. 20.45：91
Utt. 20.51：280
Utt. 20.53：236
Utt. 21.1-2：171
Utt. 21.5：171
Utt. 21.12：421
Utt. 21.14：625-6
Utt. 21.19：113
Utt. 21.20：262
Utt. 21.22：262
Utt. 21.23：261
Utt. 21.24：511
Utt. 22.32：158, 283-4
Utt. 22.48：348
Utt. 23.1：273, 322
Utt. 23.2：288, 499
Utt. 23.5：321
Utt. 23.12：322, 428
Utt. 23.23：322, 428
Utt. 23.24：428-9
Utt. 23.25：429
Utt. 23.26：429
Utt. 23.27：429
Utt. 23.32：322
Utt. 23.63：327-8
Utt. 23.70：497
Utt. 23.71：497
Utt. 23.72：497
Utt. 23.73：497, 620
Utt. 23.78：321-2
Utt. 23.80：493
Utt. 23.81：493
Utt. 23.82：493
Utt. 23.83：493-4
Utt. 23.84：494
Utt. 23.88：522(10)
Utt. 23.89：523(10)
Utt. 24.1：120, 326
Utt. 24.2：120, 128, 326-7, 457(57), 637
Utt. 24.3：327
Utt. 24.11：371(28), 636
Utt. 24.27：246
Utt. 25.2：247
Utt. 25.8：135
Utt. 25.17：596, 631
Utt. 25.19：211, 631
Utt. 25.20：212
Utt. 25.21：212, 591
Utt. 25.22：212
Utt. 25.23：212, 605
Utt. 25.24：213
Utt. 25.25：213, 608
Utt. 25.26：213, 637

Utt. 25.27：213, 587
Utt. 25.28：213, 441, 600
Utt. 25.29：213
Utt. 25.31：10-1, 89, 445, 579
Utt. 25.32：10-1, 89, 211, 245, 315, 622
Utt. 25.33：10-1, 315, 446, 454(41), 622
Utt. 25.34：214, 217, 315, 631
Utt. 27.1：251, 354
Utt. 28.2：324
Utt. 28.7：324-5
Utt. 28.19：324
Utt. 28.32：324
Utt. 28.33：324
Utt. 28.36：518
Utt. 29.48：522(2), 581
Utt. 30.2：425
Utt. 30.37：237
Utt. 31.3：113
Utt. 31.7：119
Utt. 32.4：86-7, 594-5
Utt. 32.9：591
Utt. 32.14：86
Utt. 32.21：86
Utt. 35.1：138, 313
Utt. 35.2：234
Utt. 35.7：118, 586
Utt. 35.13：126-7, 609
Utt. 35.15：112
Utt. 35.17：241
Utt. 36.1：118
Utt. 36.51：606
Utt. 36.68：499
Utt. 36.248：242
Utt. 36.254：248
Utt. 36.267：309

Uv. 4.17：525(39)
Uv. 4.18：526(40)
Uv. 12.20：537(111)
Uv. 14.2：533(62)
Uv. 18.5：190(85), 597
Uv. 18.8：370(26)
Uv. 19.4：457(54)
Uv. 24.20：582
Uv. 29.21：397(239)
Uv. 30.44：542
Uv. 30.49：542
Uv. 31.23：532(60)
Uv. 32.5：188(77)
Uv. 32.32：179(37)
Uv. 33.29：177(25)

Vin. i p. 5：472
Vin. iii p. 21：419
Vin. iii p. 45：419
Vin. iii p. 71：419
Vin. iii pp. 90-91：419-20

その他の文献

Aitareya-upaniṣad 7.17：470

Atharva-veda 11.7.17：470
Atharva-veda 18.3.1：467

Baudhāyana-dharma-sūtra II 10.18.2：440

Bh.G. 3.17：471
Bh.G. 9.22：494

Bṛhadāraṇyaka-upaniṣad 1.4.14：470
Bṛhadāraṇyaka-upaniṣad 3.2.13：524(31)
Bṛhadāraṇyaka-upaniṣad 4.4.7：624
Bṛhadāraṇyaka-upaniṣad 11.5.11：468

Chāndogya-upaniṣad 2.23.1：468
Chāndogya-upaniṣad 7.15：512

Mahānārāyaṇa-upaniṣad 22.1：468

Manu. 8.379：9
Manu. 12.75：531(57)
Manu. 12.76：526(41), 530(53)

MBh. 1.17.4：590, 624
MBh. 2.60.31：581
MBh. 3.30.17：590
MBh. 3.185.28：605
MBh. 5.42.4：594
MBh. 12.169.6：376(72)
MBh. 12.169.9：616
MBh. 12.220.95：457(54)
MBh. 12.234.9：174(2), 372(35), 627
MBh. 12.237.4：174(2), 627
MBh. 12.242.11：624
MBh. 12.255.21：581
MBh. 12.268.4：543
MBh. 12.308.28：174(2), 627
MBh. 12.309.17：616
MBh. 13.114.5：584
MBh. 13.234.17：453(38), 638
MBh. 18.2.20：530(53)
MBh. 18.2.23：531(57)
MBh. 18.2.24：526(41), 532(66)
MBh. 18.2.25：528(46)

Praśna-upaniṣad v. 5：624

Rām. II 105.17：615

Śatapatha-brāhmaṇa 5.3.3.9：468
Śatapatha-brāhmaṇa 11.5.7.1：467

Tattvārthādhigama-sūtra 9.19-27：237
Tattvārthādhigama-sūtra 9.48：653(40)

著者紹介
山崎　守一（やまざき　もりいち）

1948年、福島県生まれ。東北大学大学院文学研究科博士課程（印度学仏教史学専攻）修了。文学博士。専門は初期仏教・ジャイナ教、特に中期インド・アリアン語（Middle Indo-Aryan）。1976〜1978年、英国ケンブリッジ大学留学、K. R. ノーマン教授の下でプラークリット語（パーリ語、アルダ・マガダ語等）を学ぶ。第29回・日本印度学仏教学会学術賞受賞。国立仙台高等専門学校教授、宝仙学園短期大学学長、こども教育宝仙大学学長を歴任。現在、中央学術研究所顧問、パーリ学仏教文化学会理事、印度学宗教学会理事。
主要著書に、
・『梵文法華経写本集成 ── ローマ字本・索引』（*Sanskrit Manuscripts of Saddharmapuṇḍarīka, Collected from Nepal, Kashmir and Central Asia, Romanized Text and Index*）［共編］第1巻、第2巻、梵文法華経研究会、1986, 1988年
・*A Word Index and Reverse Word Index to Early Jain Canonical Texts*, co-compiled, Philologica Asiatica, Monograph Series 15, Tokyo 1999
・*A Pāda Index and Reverse Pāda Index to Early Pāli Canonical Texts,* co-compiled, Kosei Publishing Company, Tokyo 2000
・*Index to the Jātaka*, co-compiled, Pali Text Society, Oxford 2003
・*Mahāvastu-Avadāna: Word Index and Reverse Word Index*, co-compiled, Philologica Asiatica, Monograph Series 25, Tokyo 2009
・『沙門ブッダの成立 ── 原始仏教とジャイナ教の間』大蔵出版、2010年
ほか多数。

古代インド沙門の研究　最古層韻文文献の読解

2018年6月10日　第1刷発行

著　者　山崎守一
発行者　石原大道
発行所　大蔵出版株式会社
〒150-0011 東京都渋谷区東2-5-36 大泉ビル2F
TEL.03-6419-7073　FAX.03-5466-1408
http://www.daizoshuppan.jp/
装　幀　CRAFT 大友
印刷所　三協美術印刷株式会社
製本所　東京美術紙工協業組合

ISBN 978-4-8043-0595-0　C3015